Die ›Daten deutscher Dichtung‹ haben inzwischen ihre Probe als nützliches und wichtiges Handbuch vielfach bestanden. Diese Überarbeitung des Gesamtwerks berücksichtigt die neuen Forschungsergebnisse und bedeutet eine erhebliche Vermehrung. Die Verfasser behandeln im ersten Teil (dtv-Band 3003) die Geschichte der deutschen Literatur von den Anfängen über Klassik, Romantik, Biedermeier bis zum Jungen Deutschland und interpretieren und ordnen in der vorliegenden Fortsetzung die deutsche Dichtung vom Realismus bis zur Gegenwart nach dem gleichen Prinzip. Neben den Angaben über die Erstveröffentlichung eines Werkes oder Termin und Ort der Uraufführung eines Schauspiels werden Inhalt, Form und Wirkung dargestellt. Dies und die zusammenfassenden Einleitungen und Biographien charakterisieren die Autoren und ihren Bezug zur dargestellten Epoche der Literaturgeschichte. Erweitert wurde wieder die Darstellung der gegenwärtigen deutschen Literatur bis zum Beginn des Jahres 1990, so daß noch weitere Werke von Braun, Handke, Hein, Hürlimann, Sarah Kirsch, Ortheil, Strauß, Christa Wolf und außerdem Hettche, Hilsenrath, Ransmayr erfaßt sind.

Herbert A. und Elisabeth Frenzel:
Daten deutscher Dichtung

Chronologischer Abriß
der deutschen Literaturgeschichte

Band 2
Vom Realismus bis zur Gegenwart

Deutscher
Taschenbuch
Verlag

1. Auflage August 1962
26. Auflage September 1991: 586. bis 600. Tausend
Deutscher Taschenbuch Verlag GmbH & Co. KG,
München
© 1953 Verlag Kiepenheuer & Witsch, Köln
Umschlagentwurf: Celestino Piatti
Gesamtherstellung: C. H. Beck'sche Buchdruckerei
Nördlingen
Printed in Germany · ISBN 3-423-03004-6

Inhaltsverzeichnis

1925–1950 Dichtung der verlorenen und der verbürgten Wirklichkeit

Nach 1945 Faszination durch Abbild, Zerrbild, Vexierbild

Seit 1968 Revision der Theorie, Regeneration der Literatur

Verzeichnis der Abkürzungen

a (in Zusammensetzungen) . . . alt		Jh. . . . . . . Jahrhundert
Abt. . . . . . Abteilung		kelt. . . . . . keltisch
ags. . . . . . . angelsächsisch		Kom. . . . . . Komödie
ahd. . . . . . althochdeutsch		lat. . . . . . . lateinisch
alem. . . . . . alemannisch		Lit. . . . . . . Literatur
amerikan. . . amerikanisch		lit. . . . . . . literarisch
as. . . . . . . altsächsisch		Lsp. . . . . . Lustspiel
Auff. . . . . . Uraufführung		m (in Zusammensetzungen) . mittel
Aufl. . . . . . Auflage		MA. . . . . . Mittelalter
Ausg. . . . . Ausgabe		ma. . . . . . . mittelalterlich
Auslfg. . . . . Auslieferung		mdl. . . . . . mündlich
bayr. . . . . . bayrisch		mdt. . . . . . mitteldeutsch
bearb. . . . . bearbeitet		m.G. . . . . mit Gesang
Bearbg. . . . Bearbeitung		mhd. . . . . . mittelhochdeutsch
Bd. . . . . . . Band		mlat. . . . . . mittellateinisch
Dg. . . . . . . Dichtung		Ms. . . . . . . Manuskript
Dld. . . . . . Deutschland		nd (in Zusammensetzungen) . nieder
Dr. . . . . . . Drama		ndld. . . . . . niederländisch
dram. . . . . dramatisch		nhd. . . . . . neuhochdeutsch
dt. . . . . . . deutsch		Nov. . . . . . Novelle
engl. . . . . . englisch		P. . . . . Posse
entst. . . . . . entstanden		R. . . . . Roman
ersch. . . . . erschienen		Red. . . . . . Redakteur
Erz. . . . . . Erzählung		red. . . . . . . redigiert
Forts. . . . . Fortsetzung		russ. . . . . . russisch
fr. . . . . fränkisch		Schsp. . . . . Schauspiel
frz. . . . . . . französisch		Singsp. . . . . Singspiel
Fsp. . . . . . Fastnachtspiel		Slg. . . . . . . Sammlung
germ. . . . . germanisch		Sp. . . . . . . Spiel
Gesch. . . . . Geschichte		span. . . . . . spanisch
got. . . . . . . gotisch		Tr. . . . . . . Tragödie, Trauerspiel
griech. . . . . griechisch		
hdt. . . . . . . hochdeutsch		Übs. . . . . . Übersetzung
hgg. . . . . . herausgegeben von		Verf. . . . . . Verfasser
hist. . . . . . historisch		Verfn. . . . . Verfasserin
Hörsp. . . . . Hörspiel		Vst. . . . . . Volksstück
Hs. . . . . . . Handschrift		Wb. . . . . . . Wörterbuch
hs. . . . . . . handschriftlich		Zs. . . . . . . Zeitschrift
ind. . . . . . . indisch		Ztg. . . . . . . Zeitung
ital. . . . . . . italienisch		
Jg. . . . . . . Jahrgang		

Eine Ziffer hinter Dr., Tr. usw. bedeutet die Anzahl der Akte, Verdoppelung des letzten Buchstabens = Mehrzahl. Zwei durch einen Schrägstrich getrennte Erscheinungsdaten bedeuten für das Mittelalter die sog. termini post quem und ante quem.

Nach dem Einschnitt in der geistigen Entwicklung des 19. Jh., den das Fehlschlagen der Revolution von 1848 hervorrief, kennzeichnete der Realismus, den sowohl das Biedermeier als auch die Jungdeutschen nur in beschränktem Ausmaß zum Prinzip ihrer Dg. gemacht hatten, die folgende Lit.-Epoche. Sie hat ihn selbst als ihr Ziel und Merkmal angesehen und sich nach ihm genannt. Neuere Forschung pflegt den Realismus der Jahre 1850–1890 als »poetischen«, »psychologischen«, »bürgerlichen« Realismus zu bezeichnen, um eine genauere Abgrenzung des Realismus als Epochenbezeichnung gegenüber dem Realismus als einer schon wiederholt aufgetauchten und immer wieder möglichen Kunsttendenz zu gewinnen.

In der seit längerem geführten Diskussion um den Realismus-Begriff betonte Erich Auerbach den Mimesis-Charakter: Wirklichkeitsdarstellung sei Nachahmung der »alltäglichsten Vorgänge«. Nach Georg Lukács erzeugen die ökonomisch-gesellschaftlichen Verhältnisse zwangsläufig die ihr angemessene Widerspiegelung; für den echten Realisten sei Wirklichkeit das, was durch die Dialektik der Entwicklung als Fortschritt und Ziel erkennbar ist. Richard Brinkmann forderte, neben nur inhaltlichen Gesichtspunkten auch den der Struktur zu berücksichtigen; er wandte sich gegen die Gleichsetzung von Realismus und Objektivismus, da mit dem fortschreitenden Erfassen von Wirklichkeit diese Wirklichkeit die Form der Subjektivität annehme und die Dg. bei einer »Objektivierung des Subjektiven« ende. Fritz Martini sah diese Entwicklung zum Subjektivismus nicht als spezifisches Kennzeichen des Realismus an, sondern der modernen Lit. überhaupt. Er stellte für die Erzählformen der Zeit nach 1848 eine gegen die bis dahin vorherrschende Subjektivierung gerichtete Wendung zur Objektivierung fest und bezeichnete für die zweite Jh.-Hälfte ein »Bemühen um Gleichgewicht zwischen dem Objektiven und Subjektiven« als charakteristisch. Eine ähnliche Position nahm Friedrich Sengle ein, der von einer »gelassenen Welthaftigkeit«, einem »Immanentismus« sprach, »der sich von der bloßen Verneinung der alten Mythen ebenso fernhält wie von der bewußten Produzierung neuer und damit wirklich zu sich selbst gekommen ist«. Wolfgang Preisendanz, dem es besonders um den Begriff des »poetischen Realismus« und den aus ihm resultierenden Humor ging, kennzeichnete den realistischen Dichter als denjenigen, der »weder in die Gewalt des Objekts noch seiner subjektiven Gefangenheit« gerät. Werner Hahl betonte besonders die gemeinsamen philosophischen Grundlagen von ästhetischem Realismus und Liberalismus, denen ein bildungsbürgerliches Gepräge gemeinsam sei. Die von der vergleichenden Litwiss. vollzogene Abwertung des dt. Realismus gegenüber den gleichzeitigen wesentlich »welthaltigeren« realistischen Werken der frz., engl. und russ. Lit. hat in den letzten Jahren eine Korrektur, auch vom Ausland her (Walter Silz, Roy Pascal, Eda Sagarra), erfahren, indem vor allem die andersartigen weltanschaulichen und gesellschaftlichen Voraussetzungen der dt. Lit. geltend gemacht wurden.

Die Verbindung des liberalen Selbstbestimmungsstrebens und des nationalen Einheitsgedankens, die für die Revolution kennzeichnend gewesen war, brach in der Folgezeit auseinander, das vom Mißerfolg seiner Bemühungen enttäuschte und von den Gewaltakten beider Seiten erschreckte Bürgertum gab den Freiheitsgedanken zugunsten des Einheitsverlangens

auf – ein Höhepunkt dieser Entwicklung war die Gründung des National-
vereins 1859 – und überließ die Herstellung der Reichseinheit den staatlichen Führungsmächten. Auch die Furcht vor der Industrialisierung begünstigte ein Einschwenken auf konservative und evolutionäre Tendenzen. Der sich von der Humanitätsidee entfernende liberale Fortschritts-
danke arbeitete einem ungehemmten Macht- und Gelddenken vor. Die
Dg. der Zeit zeigt, daß nur eine Beruhigung an der Oberfläche eingetreten war. Die Haltung der Realisten ihrer Zeit gegenüber war zunehmend
kühl, bisweilen resignierend.

In den 50er Jahren setzte der große Aufschwung der Naturwissenschaften
ein. Er brachte die schnelle Entwicklung der Technik, die schon dem
damaligen Beobachter bedrohlich erschien. Die mit ihr zusammenhängende Industrialisierung und der wachsende Kapitalismus führten zur Pro-
letarisierung weiter Schichten, die nur ihre Arbeitskraft besaßen. Der
Gegensatz der Klassen und der Gegensatz von Stadt und Land traten ins
Bewußtsein. Während Friedrich List (*Das nationale System der politischen
Ökonomie* 1846) bürgerliche Kreise für den Gedanken gewann, daß der
Wirtschaftsprozeß durch Einwirken des Staates, nach Hegel Garant und
Moderator des Eigentums, im Griff behalten werden könne und eine
geplante Volkswirtschaft notwendig sei, hatte schon 1840 der frz. Sozia-
list Pierre-Joseph Proudhon *(Was ist Eigentum?)* nicht durch Arbeit ent-
standenes Eigentum abgelehnt und eine Gesellschaftsform entworfen, bei
der Zwangsmittel des Staates überflüssig werden sollten. 1848 hatte Karl
Marx zus. mit Friedrich Engels das *Kommunistische Manifest* herausgegeben, 1867 erschien der erste Band von Marx' Hauptwerk *Das Kapital*.
Probleme waren aufgeworfen, die dringend der Antwort bedurften.

Die Wirkung Ludwig Feuerbachs blieb auch für den Realismus noch entscheidend. Seine Auflösung der Religion in Anthropologie, seine Wendung zu einer diesseitigen, sinnlich erfaßbaren Wirklichkeit schlossen damit alle falsche »Poesie«, die das Leben von außen her schmücken wollte,
aus. Einfluß zeigt sich vor allem bei Hebbel und Keller.

Eine wesentliche Festigung erhielt die materialistische Philosophie durch
entscheidende naturwissenschaftliche Erkenntnisse. Der aus einer Medi-
zinerfamilie stammende Bruder Georg Büchners, Ludwig Büchner, gab
1855 seine wissenschaftlich unterbaute, aber allgemeinverständlich geschriebene materialistische Naturlehre *Kraft und Stoff* heraus. Die systematische Begründung der deterministischen Naturauffassung erfolgte
durch den Engländer Charles Robert Darwin (1809–1882) in seinem
Hauptwerk *Über den Ursprung der Arten durch natürliche Zuchtwahl*
(1859). Neben ihm wirkte bahnbrechend sein Landsmann Thomas Henry
Huxley (1825–1895) mit *Über die Stellung des Menschen in der Natur*
(1863). Der bedeutendste Schüler Darwins in Dld. war Ernst Haeckel
(1834–1919), dessen Wirkung mit *Natürliche Schöpfungsgesch.* (1868)
begann. Der einzelne wurde als Objekt größerer naturgegebener Kräfte

erkannt. Auch die seelischen Regungen erschienen als mechanische, kausalen Gesetzen unterworfene Funktionen.

Während die Philosophie Feuerbachs und der Materialisten einen gewissen Fortschrittsglauben förderte, wurden gegen Ende der Epoche die Schriften des lange Zeit ohne Widerhall gebliebenen Arthur Schopenhauer (1788–1860) für die Formulierung von Resignation und Pessimismus in Anspruch genommen: *Die Welt als Wille und Vorstellung* (1819), *Die Freiheit des Willens* (1839), *Das Fundament der Moral* (1840). Nach Schopenhauer war die Welt Äußerung einer unvernünftigen und blinden Kraft; in ihr zu leben heiße leiden. Der Wille zum Leben entspringe der Begierde, dem Unbefriedigtsein, erst mit diesem Willen zum Leben werde auch das Leid überwunden. Die begierde- und wunschlose Wendung zum Nichts (Nirwana) hebe das Leiden auf. Eine Vorbereitung dazu bedeute schon das Mitleid, das die Schranken der Individualität durchbricht. Manchen Zeitgenossen gab diese Philosophie Schopenhauers die Möglichkeit, sich dem Kausalzwang der materialistischen Anschauung zu entziehen. Wesentliche Werke und Programme des Realismus waren jedoch schon erschienen, ehe Schopenhauers Wirkung einsetzte; bemerkenswert bleibt der Einfluß auf den reifen Raabe, auf Busch, v. Saar.

Bedeutender Ästhetiker der Zeit war der Hegel-Schüler Friedrich Theodor Vischer (1807–1887) mit seinem Versuch eines Systems der Ästhetik (*Ästhetik oder Wissenschaft des Schönen,* 1847–1858). Er verwies die Autoren auf die »grünen Stellen« mitten in der eingetretenen Prosa«, die »offenen Stellen«, an denen sie »Blitze der Idealität« aufsteigen lassen könnten. In seinem Spätwerk verzichtete er dann auf die Vorstellung einer metaphysischen, aus sich seienden Objektivität des Schönen und setzte statt dessen eine subjektive Produktion des Schönen durch die Phantasie der mythenschaffenden Einbildungskraft. Kritische Vernunft sowie personales und soziales Gewissen bleiben ethische Verpflichtung des Menschen.

Die 1859 zwischen Lassalle, Verf. des idealistisch-individualistischen Revolutionsdr. *Franz von Sickingen* (1858), und Marx sowie Engels brieflich ausgetragene »Sickingen-Debatte« gilt der materialistischen Lit.-Kritik als Grundmodell.

Das Bürgertum huldigte einem auf Pflichterfüllung beruhenden Optimismus, der die Problematik des Lebens verdeckte. Daher verflüchtigte sich die Ethik beim gebildeten Durchschnitt vielfach zu einem theoretischen Ideal, während die tieferen geistigen Strömungen der Epoche durch viel Pessimismus, Resignation und Glaubenslosigkeit gekennzeichnet sind. Andere Länder sind den Weg des Realismus schneller gegangen als Dld., das immer noch stark im Banne des von ihm geschaffenen Idealismus stand. So wirkten die realistischen Rr. des Auslands auf den dt. realistischen R.

Neben die anhaltende Wirkung Balzacs trat die Stendhals (1783 bis 1842), des Schöpfers des psychologischen R.: »Je serais compris vers

1880.« An Gustave Flaubert (1821–1880) ließ sich die Präzision des Stils, die Objektivierung der Dg. und die Kritik des Bürgertums lernen; *Madame Bovary* (1857), das Schicksal der unverstandenen Frau, wurde auch in Dld. der berühmteste R. der Zeit.

Die eindringliche Wirkung des Engländers Charles Dickens (1812 bis 1870) lag in der Schilderung des engl. Alltags, auch des traurigen, der Typen des kleinbürgerlichen Lebens und der Verbrecher (*Die nachgelassenen Papiere des Pickwick-Clubs,* 1836/37; *Oliver Twist,* 1837/38; *David Copperfield,* 1849/50). D. fand, besonders auch wegen seines Humors, in Dld. Nachahmer, man entdeckte die »dt. Pickwickier«, der Genre-R. entstand. Russ. Realisten wie Turgenjew (1818–1883) hatten vorläufig nur geringe Wirkung auf Dld.

Vorbild für das Theater war das frz. Gesellschaftsstück von Dumas d. J. (1824–1895), Sardou (1831–1908) und Feuillet (1821–1890).

Der Realismus wollte die ihm faßbare Welt unparteiisch beobachten und schildern. Ausgeschaltet wurde, was jenseits des Realen liegt, ebenso wie Gefühl und Meinung des Dichters selbst. Voraussetzung dafür war der Glaube an eine klare Scheidung von Subjekt- und Objektsphäre. Der realistische Dichter will nicht klüger sein als das Leben, er wendet sich gegen jede die Wirklichkeit verfälschende Tendenz, er ist, wie Otto Ludwig formulierte, gegen Schiller genauso wie gegen die Jungdeutschen. Er haßt das Pathos und ist skeptisch gegenüber dem Heroischen. Als unerläßlich galten bei Verzicht auf jegliche Ideologie Kenntnis und Schilderung der gesellschaftlichen Verhältnisse, bei hist. Stoffen auch der vergangenen. Das Milieu war freilich noch nicht Ziel wie im späteren Naturalismus, es diente dazu, den Menschen in seiner Spannung zur Umwelt zu zeigen. Wichtige Themen der realistischen Lit. waren die soziale Frage, das Staatswesen, der Gemeinschaftsgedanke. Selbst bei dem scheinbar so gegenwartsfernen Hebbel scheint häufig die politische Gegenwart durch, etwa in der Idylle *Mutter und Kind.*

Mittelpunkt der realistischen Dg. wurde der Mensch. Auf dem Erfahrungswege suchte man das Wesen der seelischen Funktionen und ihre Beziehung zum Leib zu ergründen; von der menschlichen Seele her erschien die gesamte wirkliche Welt erreichbar, und die Spannung zwischen menschlicher Seele und der den Menschen umgebenden Welt war das eigentliche Thema der Dg. Den Menschen sah man in seinen Alltag, in seine – bürgerliche – Arbeit gestellt. »Bürger« war im Gegensatz zur Romantik und zu späteren Epochen ein Ehrentitel. Da, wo der Mensch ohne Prätention auftritt, fühlte man sich dem Natürlichen, Menschlichen am nächsten. Bildung erschien nicht mehr als wichtiges Element der Menschenformung, wie noch bei Stifter, sondern als künstlich und lebensfern. Der Blick für die Bedeutung der sozialen Lage schärfte sich, geistige Ansprüche und finanzielles Vermögen wurden in Abhängigkeit voneinander gebracht. Indem das Individuum sich zum Dienst an der Gemeinschaft entwickeln sollte, verband sich dem idealistischen Gedanken der Ich-Entfaltung ein altruistischer und demokratischer.

Da die Religion nicht mehr über die Dissonanzen des Daseins hinwegzuhelfen schien, wandte man sich von ihr ab. Der Mensch wurde ohne Beziehung zum Transzendenten gesehen. Als illusionsloser Beobachter der Wirklichkeit erkannte der Realist im Leben eine Macht, der die menschlichen Vorstellungen von Schuld und Unschuld fremd sind und der der Mensch ausgeliefert ist. An die Stelle der Gottheit und des unfaßbaren Schicksals war die Welt selber getreten. Ihr erliegt Hebbels tragisches Individuum, weil sein Handeln die Ordnung stört. Auch Storm nannte den allertragischsten Untergang den schuldlosen im Kampf mit den Mächten der Umwelt und der eigenen menschlichen (ererbten) Begrenztheit. Das Leben, die Gesellschaft schreitet bei Hebbel und Fontane über die tragisch verwickelten Individuen ebenso hinweg wie über die komisch anmaßenden etwa bei Keller. Beherrschend ist das Bewußtsein der Vergänglichkeit.

Dagegen war die Bindung des Realismus an die Ästhetik und Geschichtsphilosophie des Idealismus stärker und die Teilhabe am Empirismus geringer, als die ältere Forschung angenommen hat. Die Realisten schrieben der Kunst die Möglichkeit zu, das Leben ganzheitlich, über die Empirie hinausgehend, zu erfassen. Sie sahen ihr Wesen bestimmt durch Ganzheit, Zweckfreiheit und Übereinstimmung mit der sittlichen Weltordnung, gaben ihr also eine aus dem Idealismus hergeleitete apriorische Bestimmung, wenn auch die Durchführung im einzelnen realistisch geprägt war. Der Versöhnung des realistisch zu sehenden Lebens mit dem überlieferten Kunst- und Weltbild galt ihr eigentliches Bemühen. Otto Ludwig bezeichnete das Ergebnis mit »Idealrealismus«. Infolge der raschen Veränderung der gesellschaftlichen Wirklichkeit erforderte die Versöhnung der Gegensätze zunehmende künstlerische Anstrengungen. Entsagung und Resignation waren Grundzüge des Realismus. Sie verbinden die Epoche mit dem Biedermeier, von dem sie sich durch ihre Illusionslosigkeit unterscheidet. Der Begriff Innerlichkeit und seine dichterische Ausformung sind kennzeichnend. Am wenigsten sichtbar ist die Resignation bei Keller. Seine realistischen Darstellungen haben die Ausgewogenheit echter Idyllen, was auf die besondere politische Struktur der Schweiz zurückgeführt worden ist (Georg Lukács). *Das Fähnlein der sieben Aufrechten* (1860) »ist die programmgemäße dichterische Verklärung« (Werner Hahl) der durch die Gründung des schweizerischen Bundesstaates (1848) geschaffenen hist. Gegebenheiten. Die von Wilhelm Raabe geschaffenen Außenseiter suchten in einer noch dem Biedermeier verwandten Haltung ihre Seele in die Einsamkeit zu retten. Der junge Storm begegnete der Lebensproblematik mit einer »lyrischen Selbstbeschränkung auf eine Novellistik der Erinnerungen« (Lukács). Im Spätwerk Raabes und Storms ist jedoch eine schonungslosere Darstellung des Schicksals und eine größere Herbheit und Härte der Charaktere festzustellen. Fontane vermied es, der Frage nach dem Warum des erbarmungslosen Lebensweges auf den Grund zu gehen: »Das ist ein zu weites Feld.« Die Autoren unterscheiden sich durch einen mehr objektivierenden oder mehr subjektivierenden Darstellungsstil, jedoch gehört ein gewisser Sentimentalismus zu den formbildenden Elementen.

Humor stand fast allen großen Realisten zu Gebote, am wenigsten vielleicht Storm. Nach Fontane hat der Humor »das Darüberstehen, das heiter souveräne Spiel mit den Erscheinungen des Lebens zur Voraussetzung«. Humor ist die Waffe gegen die Bedrohung des Daseins. Die Bedeutung des Humors innerhalb des bürgerlichen Realismus hängt mit dessen verstehender Haltung, seinem Achselzucken den Zuständen gegenüber, dem Nicht-Partei-Ergreifen zusammen. Der Humor lebt aus der Spannung des Objektiven und Subjektiven, ermöglicht Relativierung und Distanz und dient sowohl schonungsloser Demaskierung wie einem bittere Einsichten überwindenden Lebensvertrauen. Komische Züge sind in den Charakteren oft mit tragischen gemischt.

Der poetische Realismus stellte den Menschen noch nicht, wie der Naturalismus, als Produkt der materiellen Kräfte dar, sondern zeigte ihn im Kampf mit ihnen. Dieser Kampf ist von vornherein – dem Kämpfenden auch erkennbar – gegen das Individuum entschieden, das sich zu ihm verpflichtet fühlt. Dem als autonom betrachteten Individuum wird die Möglichkeit der Auflehnung und inneren Unabhängigkeit gegenüber den realen Zuständen und Determinationen zugesprochen. Es soll möglichst nur durch eigene Schuld leiden und überwindend oder auch tragisch untergehend zur Übereinstimmung mit der sittlichen Weltordnung gelangen. Hier zeigen sich die Aufrechterhaltung gewisser ethischer Normen und die noch gültige Bindung an das Sittengesetz der klassischen Zeit. Es war das letzte Gefecht des bürgerlichen Humanismus (Georg Lukács). »Was ewig gleich bleiben muß, ist das Bestreben nach Humanität« (Keller). Raabe formulierte: »Sieh nach den Sternen.« Fontane ging es um die Wahrung des inneren Abstandes, um das Sittengesetz als Ordnungsmacht im menschlichen Leben, vor allem gegenüber den Leidenschaften: »Ehe ist Ordnung.« Zu ihr bekannte sich auch Hebbel im Gegensatz zu den jungdt. Emanzipationsrufen.

Die Dg. des Realismus war beherrscht von dem »Bemühen, Mensch und Dinge durch einen Zusammenhang der Dinge zusammenzuhalten, der eine Ordnung und Notwendigkeit über dem Einzelnen und Zufälligen, also eine ›Ganzheit‹ wenigstens erahnen ließ« (Fritz Martini). Von hier aus versteht sich wohl auch das »Poetische« dieses Realismus, den Fontane mit Bezug auf ein Werk Turgenjews formulierte: » ... eigentlich langweilt es mich, weil es ... so grenzenlos prosaisch, so ganz unverklärt die Dinge wiedergibt. Ohne diese Verklärung gibt es aber keine eigentliche Kunst, auch dann nicht, wenn der Bildner in seinem bildnerischen Geschick ein wirklicher Künstler ist.«

Der Stil der Realisten zeigt gegenüber den vorangegangenen Epochen eine größere Sach- und Dinggebundenheit. Er vermied Extreme wie Pathos und Exaltation, war gedämpft, nüchtern und gefeilt und zeigte innerhalb dieser mittleren Lage eine große, an den Persönlichkeitsstil geknüpfte Variationsbreite. Bevorzugt wurde die »geschlossene Form« in Erzählkunst und Drama. Vorbilder für die Erzählkunst boten sowohl die Spätprosa Goethes als auch die Darbietungsweise von Scott und Dickens an.

Die Dg. des Realismus war fast ausschließlich episch. Die Beliebtheit der Nov., die zu einer vorher nicht erreichten Höhe entwickelt wurde, hielt an. »Die heutige Nov. ist die Schwester des Dr. und die strengste Form der Prosa-Dg. Gleich dem Dr. behandelt sie die tiefsten Probleme des Menschenlebens. Gleich diesem verlangt sie zu ihrer Vollendung einen im Mittelpunkt stehenden Konflikt, von welchem aus das Ganze sich organisiert, und demzufolge die geschlossenste Form und die Ausscheidung alles Unwesentlichen« (Storm). Das ist eine Nov.-Theorie im Sinne Goethes. Im Realismus, der besondere Charakterzüge und Milieu geschildert wissen wollte, gewann die Nov. gegenüber der ital. Ursprungsform, die mit feststehenden Typen arbeitete und gesellschaftliche und künstlerische Wirklichkeit voraussetzen konnte, größere Breite, Detailliertheit und verfeinerte Psychologie. Sie entsprach der in den realistischen Kunsttendenzen liegenden Spannung zwischen Objektivem und Subjektivem, »indem sie in der objektivierten Form von einem zum Subjektiven hin pointierten Geschehen erzählte. In der Nov. prägt sich die geistes- und dichtungsgeschichtliche Lage dieser Zeit nachdrücklich aus« (Fritz Martini).

Versenkung ins Detail zeigte sich besonders in der von Keller, Auerbach, der Ebner-Eschenbach gepflegten, von Arnim und Immermann eingeführten Sondergruppe der Dorfgesch. Sie erschien jetzt landschaftlich gebunden.

Der erstrebten Entsubjektivierung der Nov. diente ebenso die Form der Chronik wie die dem Handelnden selber in den Mund gelegte Erz. oder die Zwischenschaltung eines fingierten Erzählers. Die Nov., die den Anspruch auf strenge künstlerische Disziplin erhob, hat sich im besonderen der Technik eines Symbol-Überbaus über der realen Handlung bedient.

Gegenüber der Nov. nahm die – in der europäischen Lit. führende – Gattung des Romans in Dld. die zweite Stelle ein.

Der realistische R. vermied alles Lyrische, Subjektive, das in der Nov. noch gelegentlich hervortrat. Stärkere Beachtung noch schenkte er der Umwelt, dem Detail, der Entwicklung der Charaktere. Der realistische R. (Raabe, *Hungerpastor;* Keller, *Grüner Heinrich*) setzte die geistige Entwicklung des Helden in Beziehung zu seinen materiellen Verhältnissen, die der vorangegangene Bildungs-R. unberücksichtigt gelassen hatte.

Gegenüber der Leistung der großen realistischen R.-Autoren blieb Friedrich Spielhagens R.-Theorie (1883) sehr zurück. Sie vereinigte die Tradition der klassischen Ästhetik mit einem modernen Pragmatismus und forderte eine Objektivität im vordergründig stofflichen Sinne. Um der vollständigen und getreuen Abbildung willen solle der Erzähler aus dem Erzählten ausgeschaltet werden. Der für unentbehrlich gehaltene Held solle das Auge sein, durch das Dichter und Leser die Welt sehen, und erweise sich damit als objektiv gefärbte Maske der Subjektivität.

Eingehende Beachtung des äußeren Daseins erfolgte besonders bei hist. Stoffen, wo mit dem Interesse des Lesers am Ungewöhnlichen gerechnet werden konnte. Die Entwicklung des hist. R. und der hist. Erz. im 19. Jh. erreichte im Realismus ihren Höhepunkt. Von den großen politischen Ereignissen und Persönlichkeiten wandte man sich – vor allem unter dem Einfluß von Wilhelm Heinrich Riehl – dem Milieu der Vergangenheit, der Kulturgesch., dem Durchschnittsmenschen zu. Nur C. F. Meyer bevorzugte das große, maßlose Individuum. Im Zuge dieser Entwicklung übernahm der hist. und archäologische sog. Professoren-R. allmählich eine ähnliche Kenntnis vermittelnde Funktion wie der heroisch-galante im 17. Jh.: auch er wollte gelehrt sein und belehren, hatte einen Zug zum Abenteuerlichen und endete mit dem Sieg der Tugend. Der Trivial-R. hielt sich als hist. R. an das Anekdotische sowie Effektvolle und im Gewand des ethnographischen R. an Buntheit sowie Detektivisches (Gerstäcker, Karl May).

Der epische Grundzug der Zeit, die Gelassenheit und die Neigung zu Milieu- und Zustandsschilderungen waren dem Drama ungünstig. Heyse, M. von Ebner-Eschenbach, Meyer bemühten sich vergeblich um dram. Gestaltung. Otto Ludwig, bedeutsam in seinen *Shakespeare-Studien* (1871), erwies sich als Dramatiker von untergeordnetem Rang. Nur Hebbel gelang die Weiterführung der Tradition des dt. Dr. In seiner *Maria Magdalene* machte er das Milieu zum Motor des Ganzen. Später sah er in der Milieudarstellung die Gefahr des bürgerlichen Dr., das zu erneuern er eigentlich plante, und wandte sich bekannten historischen, mythischen Stoffen zu. In ihnen konnte er die Menschen im Kampf mit ihrer Umwelt zeigen, ohne das Milieu schildern zu müssen, dessen Kenntnis er voraussetzte. H.s Schuld-Vorstellung ist durch das Problem der sittlichen Verantwortung vor einer metaphysischen Ordnung noch mit dem Idealismus verbunden: »Das böse Gewissen des Menschen hat die Tr. erfunden« (H.). Individuation führe notwendig zur Verletzung des Persönlichkeitsrechts anderer: Pantragismus. H. zeichnete Konflikte am Wendepunkt zweier Zeiten, wo der außergewöhnliche Mensch im Kampf zwischen dem noch nicht Überwundenen und dem noch nicht Durchgesetzten scheitert. Im Anschluß an Hegels Dialektik gab er am Schluß den Ausblick auf eine kommende Synthese. H.s Realismus zeigt sich in der detaillierten psychologischen Analyse.

Die Krisensituation des Dr. wird sichtbar einerseits an dem Versuch Richard Wagners, das Sprechdr. durch das Musikdr. als den Ausdruck der totalen Kultur zu ersetzen, und andererseits an dem Pragmatismus Gustav Freytags, dessen *Technik des Dramas* (1863) das Wesen des Dr. in einem System von Einzelregeln umschrieb.

Hebbels Trr. fanden in ihrer Zeit wenig Beachtung, in der die epigonalen Werke von Geibel, Rudolf Gottschall und Adolf Wilbrandt (1837–1911; *Der Meister von Palmyra*, 1889) den Vorzug erhielten. Das Theater der Zeit lebte vor allem von Dumas, Sardou, Feuillet u. a. und ihren dt. Nachfolgern Oskar Blumenthal (1852–1917), Gustav Kadelburg (1856–1910), Gustav von Moser (1825–1903), Franz von Schönthan (1849–1913), Adolf L'Arronge (1833–1908), Hugo Lubliner (1846–1911).

Für das hist. Dr. wurde der von dem Meininger Hoftheater und seinen Gastspielen ausgehende, das Prinzip der hist. »Echtheit« betonende Freskenstil entscheidend.

Für die Lyrik ist das Auslaufen von zwei Traditionssträngen bezeichnend: dem des »Erlebnisgedichts« und dem der »Stimmungslyrik«, die durch seit der Romantik bestehende Beziehungen zur Musik geprägt ist. Für beide war Storm letzter Repräsentant. Je mehr der Einklang von Ich und Natur schwand, um so stärker wurde das Stimmungshafte zu Monolog und Andeutung subjektiviert (Alterslyrik von Storm und Fontane) und um so mehr verselbständigte sich die Welt der Dinge. In C. F. Meyers Dinggedichten, die schon zum Symbolismus hinweisen, ist die Symbolisierung der Außenwelt ein Mittel indirekter Aussage. Für die meisten Autoren der Epoche war die Lyrik eine Sache der Jugend oder poetischer Nebenstunden. Systematische, wenn auch epigonale Pflege erfuhr die Lyrik um die Mitte des 19. Jh. durch den sog. Münchener Dichterkreis.

Die Dichter des Realismus waren fast durchweg Angehörige des mittleren und kleinen Bürgertums, wenige Ausnahmen stammten aus adligen (Louise von François, Marie von Ebner-Eschenbach) oder großbürgerlichen, patrizischen Kreisen (C. F. Meyer).

Der Realismus war nicht landschaftlich gebunden, sondern über den ganzen dt. Sprachraum verbreitet. Stark vertreten sind Nd.-Dld. (Hebbel, Raabe, Busch, Storm, Groth, Reuter), die Mark (Alexis, Fontane), andererseits die Schweiz (Keller, Meyer), weniger stark Österreich (M. von Ebner-Eschenbach, Rosegger, von Saar); auch Thüringen (Otto Ludwig, Luise von François), Schwaben (Auerbach, Scheffel), Schlesien (Freytag) waren beteiligt. Bezeichnend ist jedoch, daß die Autoren kaum aus einem gesamtdeutschen, sondern aus einem partikularen Bewußtsein heraus schrieben, zu Sprechern jeweils einer bestimmten Region und Landschaft wurden.

Die führenden Persönlichkeiten des Realismus standen ähnlich wie die des Biedermeier ihrer Zeit mit Reserve gegenüber. Diese war jedoch nicht bedingt durch Festhalten an der Tradition, sondern durch das Gefühl, die Zeit hinter sich gelassen zu haben oder außerhalb von ihr zu stehen; die zunehmende Kommerzialisierung des lit. Lebens stieß sie ab. Ihr Realismus war ohnehin für den Zeitgeschmack zu hart, der von gefälligen Talenten wie Heyse, Geibel und Scheffel bestimmt wurde. Der dieser lit. Neben- oder Unterströmung eigene Hang zu Formschönheit, starken Farben und erhabenen Gestalten gewann nach der Reichsgründung 1871 im Zuge des sich geltend machenden Selbstgefühls, Machtbewußtseins und Prunkes neuen Aufschwung und äußerte sich vor allem auf dem

Gebiet des hist. Dr. und R. (Felix Dahn, Georg Ebers, Rudolf Gottschall, Robert Hamerling, Wilhelm Jordan, Albert Lindner, Adolf Friedrich v. Schack, Julius Wolff). An diesen Autoren wird die für ihre künstlerische Bewertung bezeichnende Kluft zwischen dem Hang zur traditionellen gro-ßen Kunst und der Problemsituation der Zeit ebenso deutlich wie bei den Idyllikern von Bodenstedt bis Heinrich Seidel, bei denen Ästhetisches und Ethisches in anderer Weise auseinanderklaffte.

Auch die Lit.-Kreise waren mehr von diesen Talenten bestimmt als von den eigentlichen Realisten, die sich nicht zu einer gesonderten Gruppe zusammenschlossen. In den 50er Jahren hatte der von Gottlieb Moritz Saphir 1827 gegründete »Tunnel über der Spree« seine lit. Bedeutung durch die Mitgliedschaft von Heyse, Storm, Fontane, Felix Dahn. Er vertrat einen gemäßigten Realismus. Seit 1854 erschien sein Jahrbuch *Argo*. Der seit 1852 um Maximilian von Bayern versammelte »Münchener Dichterkreis« oder die »Gesellschaft der Krokodile« umfaßte die Formkünstler und idealisierenden Traditionalisten (Geibel, Heyse, Bodenstedt, Wilbrandt, Graf Schack, Leuthold, Lingg, Hertz); entsprechend dem um Leconte de Lisle gescharten frz. »Parnassiens« betonte man Formbemühen und den Grundsatz L'art pour l'art. Der sich vor allem um die Frage des Urheberrechts bemühende, 1865 gegründete Deutsche Schriftstellerverein fand nur wenig Resonanz.

Von schon bestehenden Zss. vertraten *Die Grenzboten* während ihrer Leitung durch Julian Schmidt und Gustav Freytag 1848–1857 die Tendenzen des Realismus.

Unter den Revuen und Familienblättern, die durch ihre Vorabdrucke von Rr. und Novv. neben den Leihbibliotheken die wichtigsten Abnehmer und Mittler von Lit. waren, ragen hervor:

Die Gartenlaube, seit 1853, hgg. Ernst Keil bis 1890. Großer Bildungs- und Geschmackseinfluß, im lit. Teil jedoch Repräsentant pseudoromantischer Trivialit. (Eugenie Marlitt, Wilhelmine von Hillern, Wilhelmine Heimburg).

Westermanns Monatshefte, seit 1856, hgg. Adolf Glaser 1865 ff.

Über Land und Meer, seit 1858, gegründet von Friedrich Wilhelm Hackländer.

Daheim, seit 1864, hgg. Robert König, später Hans von Zobeltitz.

Die Gegenwart, seit 1872, gegründet von Paul Lindau, hgg. Theophil Zolling 1881 bis 1901.

Dt. Rundschau, seit 1874, hgg. Julius Rodenberg bis 1914. 1919–1942 und 1946 bis 1961 Rudolf Pechel. Starke Förderung der Nov., der fast die Hälfte jedes Heftes zur Verfügung stand (Beiträge von Auerbach, Heyse, Storm, Keller, Meyer, Fontane). Bedeutsam auch für die Einbürgerung des Essays als lit. Gattung.

Die wichtigsten Dichter des Realismus:

Fontane, Theodor, geb. 1819 in Neuruppin, entstammte einer Refugié-Familie. Wurde in Berlin Apotheker, Fühlung mit den lit. Kreisen Berlins, Mitglied des »Tunnels über der Spree«. 1849 Heirat und Aufgabe des Apothekerberufs. 1855–1859 Berichterstatter in England, in den Kriegen der Bismarck-Ära Kriegsberichterstatter. 1870–1890 Theaterkritiker der *Vossischen Ztg.* für das Kgl. Hoftheater. Schrieb erst seit etwa 1870 Rr. Gest. 1898 in Berlin.

Hebbel, Friedrich, geb. 1813 in Wesselburen in Dithmarschen als Sohn eines Maurers. 1827–1835 untergeordnete Schreibertätigkeit. 1835 nach

Hamburg, durch Unterstützung von Gönnern Vorbereitung zum Studium. Bekanntschaft mit Elise Lensing. 1836–1839 an den Universitäten Heidelberg und München. Aufgabe des Jurastudiums und damit der Stipendien. Depression durch den Tod der Mutter und des Freundes Emil Rousseau. Winter 1839 zu Fuß nach Hamburg zurück. 1842/43 in Kopenhagen, dänisches Reisestipendium für zwei Jahre: 1843/44 in Paris, 1844/45 in Rom und Neapel. 1845 in Wien, wo H. 1846 die Schauspielerin Christine Enghaus heiratete. Reisen nach München, Weimar, Hamburg, Paris, London. Führte seit 1835 eingehende Tagebücher. Gest. 1863 in Wien.

Keller, Gottfried, geb. 1819 in Zürich als Sohn eines Drechslermeisters. Infolge Verweisung von der kantonalen Industrieschule 1834 von der höheren Bildung ausgeschlossen, Autodidakt. 1840 nach München. Der Plan, Maler zu werden, scheiterte an der Erkenntnis der eigenen Unzulänglichkeit. 1842 Rückkehr nach Zürich, Wendung zum Schriftstellerberuf. Nach Erscheinen der *Gedichte* (1846) Stipendium der Stadt Zürich zur Ausbildung in Dld. 1848 Heidelberg, Einfluß Feuerbachs. 1850 bis 1855 Berlin, dann Rückkehr nach Zürich. 1861–1876 Staatsschreiber von Zürich. Gest. 1890 in Zürich.

Meyer, Conrad Ferdinand, geb. 1825 in Zürich als Sohn eines Staatsmannes und Historikers. 1843 Schulbesuch in Lausanne, von da an unter Einfluß der frz. Lit. Von Jugend auf schwermütig, 1852 in einer Heilanstalt. Reisen mit der Schwester Betsy nach Paris, München, Italien. Beginn als Übersetzer aus dem Frz., dann auch ins Frz. Durch den Krieg 1870/71 Wendung zur dt. Lit. 1891 geistiger Zusammenbruch. Gest. 1898 auf seinem Landsitz Kilchberg.

Raabe, Wilhelm, geb. 1831 in Eschershausen/Braunschweig als Sohn eines Justizaktuars. 1849 Buchhändlerlehrling. 1855 stud. phil. in Berlin. 1857 nach dem Erfolg der *Chronik der Sperlingsgasse* Aufgabe des Studiums; lebte von da an als Schriftsteller, zunächst in Wolfenbüttel, 1862 bis 1870 in Stuttgart, seitdem in Braunschweig. Gest. 1910 ebd.

Storm, Theodor, geb. 1817 in Husum als Sohn eines Advokaten. 1837 stud. jur. in Kiel, seit 1847 Advokat in Husum. Nach der Einverleibung Holsteins in Dänemark Aufgabe der Advokatur. 1853–1856 Assessor am Kreisgericht Potsdam, Verbindung mit den Berliner lit. Kreisen. 1856 Kreisrichter in Heiligenstadt auf dem Eichsfeld. 1864 Rückkehr nach Husum, 1880 Übersiedlung nach Hademarschen. Gest. 1888 ebd.

1840   **Friedrich Hebbel**
            (Biogr. S. 418/419):
            Judith

Tr. 5, Prosa. Auff. 6. 7. in Berlin, Königliches Hoftheater; durchgesetzt von der durch Amalie Schoppe auf das Werk hingewiesenen Schauspielerin Auguste Stich-Crelinger.

Geschrieben von Oktober 1839 bis Januar 1840.

Das Motiv für den blutigen Mord der biblischen Judith an dem feindlichen Feldhauptmann Holofernes ist anfänglich Vaterlandsliebe, im eigentlichen Augenblick der Tat aber verletzter weiblicher Stolz. Judiths Gefühl, das sich dem Holofernes zuwandte, empfand sich erniedrigt, als er es – und damit auch sie – wie Kriegsbeute entgegennahm. Die von den Ihren dann umjubelte Heldin ist belastet von dem Bewußtsein gebrochenen Stolzes und unreiner Tat. »Die Gottheit selbst, wenn sie zur Erreichung großer Zwecke auf ein Individuum unmittelbar einwirkt und sich dadurch einen willkürlichen Eingriff ins Weltgetriebe erlaubt, kann ihr Werkzeug vor Zermalmung durch dasselbe Rad, das es einen Augenblick aufhielt und anders lenkte, nicht schützen.« Mit diesen 1838 formulierten, auf die von H. abgelehnte idealisierende Haltung Schillers in der *Jungfrau von Orleans* zielenden Sätzen war bereits der Grundgedanke der *Judith* und H.s Auffassung vom Tragischen überhaupt ausgesprochen. In Holofernes gingen Züge Napoleons aus einem geplanten Napoleon-Dr. ein; der Subjektivismus und Nihilismus sind den Gestalten Grabbes und der Jungdeutschen verwandt.

Zugleich gegen die jungdt. Gedanken der Frauenemanzipation: die Frau zum Dulden, nicht zum Tun bestimmt.

Buchausg. 1841.

1840   **Emanuel Geibel**
             (1815–1884, Lübeck, München):
             Gedichte

Mit Blick auf die klassische Dg., insbesondere Goethes, entstandene, im Formalen noch durch Beherrschung auch schwieriger Versformen ansprechende, geistig aber epigonale Formkunst. Reiner Schönheitskult, gegen Tendenzpoesie. Dem realistischen Zeitgeschmack fern, ohne ihm neue Ideen gegenüberzusetzen. »Was schön ist, ist schon dagewesen, / Und nachgeahmt ist, was uns glückt.« *(Bildhauer des Hadrian)*.

Großer Erfolg, 1884 100. Aufl. – Zweite Slg. reiferer Gedichte *Juniuslieder* (1848). Außerdem: *Neue Gedichte* (1856), *Gedichte und Gedenkblätter* (1864), *Heroldsrufe* (1871), *Spätherbstblätter* (1877).

1843   **Wilhelm Meinhold**
             (1797–1851, Pfarrer auf Usedom):
             Die Bernsteinhexe

Chronikalische Erz., anonym ersch. unter dem verschleiernden Titel »Maria Schweidler, die Bernsteinhexe, der interessanteste aller bisherigen Hexenprozesse, nach einer defekten Handschrift ihres Vaters, des Pfarrers Abraham Schweidler in Coserow auf Usedom«.

Teil-Vorabdrucke 1841 und 1842 in *Christoterpe*.

Um zu beweisen, wie unzuverlässig die moderne Textkritik (Bibelkritik) sei, fingierte M. eine Aufzeichnung aus dem 17. Jh. und ahmte die Sprache so geschickt nach, daß man sie für echt hielt. Die »Fälschung« wurde 1844 von M. selbst aufgeklärt.

Entscheidend für die Entstehung des kulturhist. R. in der zweiten Hälfte des 19. Jh.

1843	**Friedrich Hebbel**
	(Biogr. S. 418/419):
	Genoveva

Tr. 5, in Jamben.

Angeregt 1839 durch Dr.-Skizze von Maler Müller. Begonnen 1840 unter dem Eindruck von Tiecks *Leben und Tod der heiligen Genoveva,* beendet 1841. Das Nachspiel entst. 1851 auf Anregung Holteis.

Genoveva wird von ihrem ins Heilige Land ziehenden Gatten Siegfried in den Schutz Golos gestellt. Golo liebt Genoveva und wird zurückgewiesen. Er bezichtigt sie vor dem heimkehrenden Siegfried des Ehebruchs. Zum Tode verurteilt, wird sie auf wunderbare Weise gerettet und lebt mit ihrem Kinde in einer Waldhöhle. Golo sticht sich die Augen aus und wird von einem Mitwisser getötet.

H. – in ähnlicher verworrener Seelenlage – gestaltete vor allem die psychologische Tr. Golos, den das edelste Gefühl zum Verbrechen treibt. Später drängte sich die Märtyrertr. der Genoveva, die, wie H.s Agnes Bernauer in dem gleichnamigen Dr., ihrer Schönheit zum Opfer fällt, stärker vor. Die künstlerische Vereinigung beider Motive und die Ent-Episierung des Stoffes nicht gelungen. Jungdt. Stileinflüsse.

Auff. 13. 5. 1849 in Prag in einer tschechischen Übs., 20. 1. 1854 in Wien, Burgtheater, unter dem Titel *Magellona,* gekürzt, zus. mit dem 1851 geschriebenen Nachspiel, in dem Siegfried nach sieben Jahren Frau und Sohn wiederfindet.

1843 ff.	**Berthold Auerbach**
	(1812–1882, aus Württemberg, in Weimar, Leipzig, Wien,
	Berlin):
	Schwarzwälder Dorfgeschichten

Die bekanntesten: *Diethelm von Buchenberg, Edelweiß, Barfüßle, Die Frau Professorin* (Vorlage für das Dr. der Charlotte Birch-Pfeiffer: *Dorf und Stadt*).

Häufiges Motiv: Gegensatz von bäuerlicher Sitte und »höherer Sittlichkeit«. Im Gegensatz zu dem etwa gleichzeitigen Gotthelf ist die Bauernwelt mehr von außen, sentimentalisch gesehen, auf der Linie von Immermanns *Oberhof.* A. hat »den Bauern den Mist vom Rock gewischt«.

Forts.: *Neue Schwarzwälder Dorfgeschichten.*

A. nahm die Gattung der von Arnim und Immermann begründeten dt. Dorfgesch. auf und bewirkte ein Anwachsen bäuerlicher Stoffe in der Lit. In der weiteren Entwicklung dieser Gattung traten die romantischen hinter den realistischen Motiven zurück.

1844	**Friedrich Hebbel**
	(Biogr. S. 418/419):
	Maria Magdalene

Bürgerliches Tr. 3, Prosa.

Angeregt durch Ereignisse in der Familie, bei der H. in München 1837 wohnte. »Klara dramatisch« Tagebuchnotiz Februar 1839. Begonnen 1843 in Kopenhagen, abgeschlossen im Dezember in Paris. Der fehlerhafte Titel *Maria Magdalene* bereits im Erstdruck; die Theaterzettel der Urauff. und der Erstauff. in Wien schrieben noch *Maria Magdalena*.

Das Bürgermädchen Klara hat sich – aus trotzigem Schmerz um den verlorenen Jugendgefährten – dem ungeliebten Verlobten hingegeben, der sie aus kalter Berechnung verläßt. Die Angst, durch ihre »Schande« den strengen und von Schicksalsschlägen geprüften Vater zu töten, treibt Klara in den Selbstmord. Stärkster Charakter ist der Vater, Meister Anton.

Konflikt nicht Gegensatz zweier Schichten, sondern das Milieu der bürgerlichen Welt selbst, ihre Gebundenheit an einen überlebten Sittenkodex. »Im Hintergrunde bewegen sich die Ideen der Familie, der Sittlichkeit, der Ehre, mit ihren Tag- und Nachtseiten, und Konsequenzen dämmern auf, die wohl erst nach Jahrhunderten in den Lebenskatechismus Aufnahme finden werden« (H.).

Bemühen um Objektivität und Realismus. »Ganz Bild, nirgends Gedanke ... Das ist schwerer als man denkt, wenn man gewohnt ist, die Erscheinungen und Gestalten, die man erschafft, immer auf die Ideen, die sie repräsentieren, überhaupt auf das Ganze und Tiefe des Lebens und der Welt zurückzubeziehen.«

H. schrieb 1844 ein Vorwort, in dem er das Werk als bewußte Regeneration des bürgerlichen Tr. rechtfertigte und seine Thesen mit Hegelschen Begriffen stützte. Auff. 13. 3. 1846 in Königsberg, Schsp.-Haus.

1846	**Gottfried Keller**
	(Biogr. S. 419):
	Gedichte

Erste Slg. von K.s Lyrik. Umfaßt die Gedichte vom Beginn des Schaffens (1843) an. Zum großen Teil politische Gedichte unter dem Einfluß Freiligraths, Herweghs, Grüns: Programmreden, Anklagen, darunter der Zyklus *Lebendig begraben*. Die unpolitischen Gedichte – später in den Zyklen *Buch der Natur* und *Erstes Lieben* – in der Nachfolge der Romantik und Heines. Formal nicht besonders gepflegt, wenig entwickelte metrische Technik.

1846   **Willibald Alexis**
(eigentlich Wilhelm Häring, 1798–1871, Breslau, Berlin):
Die Hosen des Herrn von Bredow

»Vaterländischer R.«, 2 Bdd.
Bekanntester der acht Rr., in denen A. die brandenburgisch-preußische Gesch. behandelte. Die ledernen Hosen, die nur gewaschen werden können, wenn ihr Besitzer seinen Rausch ausschläft, werden zum Indizium dafür, daß Herr von Bredow nicht an der Verschwörung gegen Kurfürst Joachim (1499–1535) teilnahm.

A.' brandenburgisch-preußische Rr. umfassen die Zeit von der Mitte des 14. Jh. bis 1806. Außer dem genannten: *Cabanis* (1832), *Der Roland von Berlin* (1840), *Der falsche Woldemar* (1842), *Der Wärwolf* (1848), *Ruhe ist die erste Bürgerpflicht* (1852), *Isegrimm* (1854), *Dorothea* (1856). Unmittelbare Anlehnung an Scott, mit dem A. sich 1821–1823 in den *Wiener Jahrbüchern* auseinandergesetzt hatte. Seinen ersten dreibändigen R. *Walladmor* ließ A. 1824 als »frei nach dem Englischen des Walter Scott« erscheinen, ebenso *Schloß Avalon* (1827).

Verzicht auf die romantischen Elemente Scotts. Fester Schauplatz: Brandenburg. An Stelle von Scotts dramatischer Spannung epische Breite, kulturhist. Detail, Landschaft, Episoden, Schicksal des Volkes an Stelle des Schicksals eines Helden: »Sieg der Objektivität über die Subjektivität« (A.). Stilistisch beeinflußt durch den jungdt. R.: sprunghaft, geistreichelnd, unbeholfene Handlungsführung.

A. gilt als Entdecker des »Märkischen« in Stoff und Stimmung. In Gestaltung des Dialogs und Schilderung von Gesellschaften Vorbild Fontanes.

1847   **Friedrich Hebbel**
(Biogr. S. 418/419):
Der Diamant

Kom. 5, Prosa.

Begonnen 1838, beendet 1841; ursprünglich auf 3 Akte geplant. Quelle: Jean Paul, *Leben Fibels,* Kap. 7 und 8.

Von der Auffindung eines Diamanten hängt das Leben der Prinzessin ab. Ein Jude hat ihn gestohlen und verschluckt und leidet die heftigsten Schmerzen, bis schließlich sein Leib den Stein wieder hergibt. Aber niemand glaubt ihm, daß er den Stein nicht mehr besitzt, die Tragikom. seiner Verfolgung geht weiter.
Märchenhaftes Lsp. im Gefolge der Romantik. Nebeneinander von idealisierter Welt (Königshof) und burlesk-realistischer, deren Verbindung zu einer künstlerischen Einheit H. trotz langer Bemühungen um den Stoff nicht glückte.

Auff. 1852 in Kremsier/Böhmen.

1849   Friedrich Hebbel
            (Biogr. S. 418/419):
            Herodes und Mariamne

Tr. 5, in Jamben. Auff. 19. 4. in Wien, Burgtheater.

Plan Dezember 1846, begonnen Februar 1847, beendet November 1848. Quelle: Flavius Josephus' *Jüdische Altertümer* und *Geschichte des jüdischen Volkes*.

Mariamne, die ihrem Gemahl Herodes freiwillig gern in den Tod folgen würde, weigert sich, ihm ein solches Opfer zu versprechen. Zweimal nacheinander gibt er beim Abschied den Befehl, sie im Falle seines Todes zu töten, und jedesmal erfährt Mariamne davon. Tief in ihrer Frauenwürde verletzt – »ich war ihm nur ein Ding und weiter nichts« –, spielt sie die Ungetreue und zwingt Herodes zum Bluturteil über sie, das sie ohne Verteidigung hinnimmt. Erst nach ihrem Tode erfährt Herodes von ihrer wahren Gesinnung. Beide verlangen aus übersteigertem Recht der eigenen Individualität die unbedingte Liebe des anderen und vernichten ihre Liebe.

Erstes der Reife-Drr. H.s. Klassisch im Aufbau, Einfluß des Burgtheater-Stils; der 5. Akt behält etwas Konstruiertes. Realistisch gesehenes Verhältnis des Menschen zur Umwelt: »Die speziellen Ereignisse und Handlungen aus den allgemeinen Zuständen der Welt, des Volkes und der Zeit hervorgegangen, das Fieber des Herodes aus der Atmosphäre, in der er atmete, und diese aus dem dampfenden, vulkanischen Boden, auf dem er stand, entwickelt« (H.).

Einfluß von Hegels Gesch.-Auffassung: Erscheinung der Heiligen Drei Könige am Schluß soll eine künftige Wertschätzung der menschlichen Persönlichkeit als Synthese andeuten.

Buchausg. 1850.

1850   Theodor Storm
            (Biogr. S. 419):
            Immensee

Nov. Im Biernatzkischen *Volksbuch für Schleswig, Holstein und Lauenburg.*

Entst. 1849.

Für St.s frühe Schaffensperiode (1847–1856) bezeichnende, stimmungsvolle Erinnerungs-Nov. um eine verlorene Jugendliebe. Rahmen-Erz.: der »Alte« des Rahmens erinnert sich an Kindheit, Jugend, die ihm entglittene Geliebte. Bilderreihe, an deren Verknüpfung der Leser mitarbeiten muß. Symbolische Vorgänge (das Schwimmen nach der Wasserlilie) illustrieren das nur Angedeutete. An wichtigen Punkten tritt Lyrik an die Stelle der Erz. Nach St.s eigenen Worten hat sich seine Novellistik »aus der Lyrik entwickelt und lieferte zuerst nur einzelne Stimmungsbilder

oder solche Szenen, wo dem Verf. der darzustellende Vorgang einen besonderen Keim zu poetischer Darstellung zu enthalten schien; andeutungsweise eingewebte Verbindungsglieder gaben dem Leser die Möglichkeit, sich ein größeres geschlossenes Ganzes vorzustellen.«
Flucht in Erinnerung und Idylle; die Wirklichkeit ihrer Härte und Schwere entkleidet, Aktion und Entscheidung vermieden. In der lockeren Reihung einzelner Situationen und der Resignationsthematik noch der Nov. des Biedermeier zugehörig. Großer Erfolg.

Umgearbeitete Fassung 1851 in *Sommergeschichten und Lieder,* Einzelausg. 1852. Durch Streichung von Berichtspartien, Motivwiederholung und Konzentrierung auf die nun mit Überschriften versehenen Situationen gewonnene größere Dichte der Struktur.
Zu den frühen Erinnerungs-Novv. gehören: *Ein grünes Blatt* (Zs.-Druck 1854, Buchausg. 1855, entst. 1850); *Im Sonnenschein* (Buchausg. 1854, entst. 1854); *Späte Rosen* (Zs.-Druck 1860, Buchausg. 1861, entst. 1859).

1850   **Otto Ludwig**
(1813–1865, Leipzig, Dresden):
Der Erbförster

Dr. 4, Prosa. Auff. 4. 3. in Dresden, Hoftheater.
Zwei Freunde geraten in einen sachlichen Konflikt über die Behandlung eines Waldes. Das übersteigerte Rechtsbewußtsein des Försters führt dazu, daß er seine Tochter in der Verblendung versehentlich erschießt.
Auffällige Nähe zum Schicksalsdr., kolportagehaft.

Buchausg. 1853 in *Dramatische Werke,* Bd. 1.

1851   **Gottfried Keller**
(Biogr. S. 419):
Neuere Gedichte

Zweite Slg. von K.s Lyrik nach der ersten Slg. von 1846.
Ausgesprochene Bekenntnisdg. Weltanschauung unter dem Einfluß Feuerbachs, z. B. der philosophische Zyklus *Sonnwende und Entsagen.* Große Anschaulichkeit, realistische Sicht auf Natur und Volk. Keine Stimmungslyrik: *Winternacht, Abendlied, Stille der Nacht, Via mala,* der Zyklus *Waldlieder.* Naturfrömmigkeit. Natur als Ruhe und Erlösung bietende Sphäre jenseits des Menschlichen. Starke Annäherung an den Volksausdruck; das Volkstümliche hat die Bedeutung eines ästhetischen Programmpunktes (die Zyklen *Rhein- und Nachbarlieder, Alte Weisen, Wanderlieder*).
Überlieferte, schlichte Vers- und Strophenformen.

Die *Gesammelten Gedichte* (1883) brachten im wesentlichen eine Bereicherung durch patriotische Gelegenheitsdg. (entst. 1855–1861), scharf charakterisierende, unter dem Einfluß von Conrad Ferdinand Meyer stehende Balladen (entst. 1878/79) und durch das Versepos *Der Apotheker von Chamonix.*

1852   Theodor Storm
        (Biogr. S. 419):
        Gedichte

Erste Einzelausg. von St.s Gedichten.

Vorher waren Jugendgedichte im *Liederbuch dreier Freunde* (1843 zus. mit Tycho
und Theodor Mommsen), Gedichte der Reifezeit einzeln im *Volksbuch für Schleswig, Holstein und Lauenburg* (Jgg. 1846–1851) und in dem Sammelbd. *Sommergeschichten und Lieder* (1851) erschienen.

Enthalten die entscheidende Natur- und Liebeslyrik St.s. Stark musikalisch, Abstufung der Klangfarben, melancholische Grundstimmung, vor
allem in den Liebesgedichten, Sehnsucht, Erinnerung, Selbstbescheidung.
Enge Beziehung zwischen Mensch und Natur *(Juli; April; Meeresstrand;
Abseits)*. Viele Gedichte um den Tod und um Tote *(Einer Toten; Ein
Sterbender; Im Zeichen des Todes)*. Humoristisches, mit Mörike verwandt
(Sommermittag). Heimatliches; Idyllisches. In den Liebesgedichten seit
1843 elementare Intensität. In den Naturgedichten der Reifezeit Eingren-
zung des Ich zugunsten einer Durchseelung der Dingwelt.
Einfluß von Heine, Uhland, vor allem Eichendorff, Mörike. »Sobald ich
recht bewegt werde, bedarf ich der gebundenen Form. Daher ging von
allem, was an Leidenschaftlichem und Herbem, an Charakter und Humor
in mir ist, die Spur meist in die Gedichte hinein« (St.).

Vermehrt wurde St.s Lyrik bis zur Ausgabe letzter Hand (1885) um politische
Gedichte zur schleswig-holsteinischen Frage (entst. 1850–1864) und die schmerzvol-
len Gedichte um den Tod seiner Frau (entst. seit 1865, *Begrabe nur dein Liebstes;
Tiefe Schatten*). Alterslyrik herb, verhalten, nur andeutend, verschwebend.

»Ich weiß, ich bin der größte lebende Lyriker« (St.).

1852   Klaus Groth
        (1819–1899, Heide in Norderdithmarschen, Bonn, Kiel):
        Quickborn

»Volksleben in plattdeutschen Gedichten dithmarscher Mundart.«

Vorbild: Johann Peter Hebel und der Schotte Robert Burns. Die besten Gedichte
entst. 1851/52.

Dialektlyrik von sprachlicher Ausgewogenheit und großer Zartheit, auch
Humoristisches. Volksliedhaftes, z.T. Überarbg. von Volksliedern *(De
Duw)*. Balladen *(Ol Büsum)*. Ziel die Literarisierung des Nddt., betonte
Suche nach den echten nddt. Formen und Wörtern im Gegensatz zu Reu-
ters saloppem, mit hdt. Wendungen durchsetztem Nddt.

2. Aufl. 1853, vermehrt um *Dünjens, Elegische Lieder* und *Hist. Gedichte*. Weitere
Gedichte laufend bis 1888 aufgenommen.

1852   **Friedrich Hebbel**
(Biogr. S. 418/419):
Agnes Bernauer

»Ein dt. Tr.« 5, Prosa. Auff. 25. 3. in München, Hoftheater; nach der
Premiere abgesetzt, als man das Dr. auf die Verhältnisse im damaligen
bayrischen Königshaus bezog und politischen Demonstrationen veranstal-
tete. Buchausg. im gleichen Jahr.

Angeregt durch August von Törrings *Agnes Bernauerin* (1780). Geschrieben 1851.
Quellen: Bayrische Landes- und Augsburgische Stadtgeschichten.

Der Bayernherzog Albrecht heiratet die Augsburger Baderstochter Ag-
nes und schließt sich damit von der Thronfolge aus. Sein Vater Herzog
Ernst läßt das Todesurteil über Agnes aussprechen und vollziehen, als der
Bestand des Königshauses gefährdet ist. Sohn und Vater stehen sich im
Bürgerkrieg gegenüber, Albrecht erklärt sich für überwunden, als der
Vater auf den Thron verzichtet, um im Kloster als Mensch zu büßen, was
er als Herrscher um der Staatsnotwendigkeit willen tat.
H.s Grundanschauung von der schuldfreien Tragik: die Schönheit muß
wie jedes Individuelle, das den Gang der Weltgesetze stört, zerbrechen.
Die Gesch. der Menschheit kann jedoch nur durch außergewöhnliche
Individualitäten vorwärtsgetrieben werden, über die das »große Rad«
nach der Erfüllung ihrer Aufgaben hinweggeht. Sieg des »positiven«
Rechts über das »absolute« Recht, für das auf Erden kein Raum ist. In
Agnes Bernauer für den politischen Bereich angewandt: »Nie habe ich das
Verhältnis, worin das Individuum zum Staat steht, so deutlich erkannt«
(H.). Eine bittere Lehre, für die H. »von dem hohlen Democratismus
unserer Zeit keinen Dank« erwartete.

Der gleiche Stoff behandelt von: Otto Ludwig *Der Engel von Augsburg* (1846),
Melchior Meyr *Herzog Albrecht* (1851).

1852   **Gustav Freytag**
(1816–1895, Breslau, Gotha, Wiesbaden):
Die Journalisten

Lsp. 4, Prosa. Auff. 8. 12. in Breslau.

Entst. 1849–1852.

Harmlose Liebeshandlung auf dem Hintergrund parteipolitischer Ausein-
andersetzungen. Für Überbrückung politischer Gegensätze im privaten
Leben. »Gemütliche« Grundstimmung des Bürgertums in der zweiten
Hälfte des 19. Jh.; Spiegelung der neu errungenen Pressefreiheit.

Buchausg. 1854 nach dem für die Auff. in Karlsruhe am 2. 1. 1853 von F. und dem
Theaterleiter Eduard Devrient gekürzten und korrigierten Text.
Endgültige Fassung 1887 in *Gesammelte Werke*.

1853   Fritz Reuter
            (1810–1874, Stavenhagen, Treptow, Eisenach):
            Läuschen un Rimels

»Plattdeutsche Gedichte heiteren Inhalts in mecklenburgisch-vorpom-
merscher Mundart.«
Gereimte Schwänke in der Tradition der adt. Schwanklit. Anekdoten aus
mündlicher Überlieferung, z. T. Kalendern und volkstümlichen Witzblät-
tern entnommen. Oft an wirkliche, genau bezeichnete Personen und Örtlichkeiten angeknüpft.

2. Bd. 1859.

1854   Hermann Kurz
            (1813–1873, Reutlingen, Tübingen):
            Der Sonnenwirt

R.

Anregung: Schiller, *Der Verbrecher aus verlorener Ehre;* Zusammenhang mit K.'
erstem R. *Schillers Heimatjahre* (1843).

Realistisch-psychologische Schilderung der Lebensgesch. des Räubers Johann Friedrich Schwan auf Grund amtlichen Materials. Die streckenweise
aktenmäßige Darstellung unterscheidet K.' R. sowohl von der stoffglei-
chen Nov. Schillers als auch von der romantischen Haltung Hauffs und
der schönfärbenden Auerbachs, denen K. bei der Darstellung des schwä-
bischen Volkscharakters verpflichtet war.

1854/55   Gottfried Keller
            (Biogr. S. 419):
            Der grüne Heinrich

R., 4 Bdd.

Geplant 1842/43, begonnen 1846 unter dem Einfluß Jean Pauls. Die Heidelberger
Jahre 1848–1850 führten von der subjektiv-romantischen Anlage weg, Umarbeitung der Jugenderz.; 1850 Arbeit in Berlin und Druckbeginn. 4. Bd. Frühjahr 1855
beendet. Eine Neufassung empfand K. schon 1853 als notwendig; sie erschien 1879/
80.

Heinrich (wegen seiner Kleidung »der grüne«) glaubt ein Maler zu sein,
zieht von der Schweizer Heimat nach München, sein Künstlertum und
seine Herzensneigungen scheitern. Sein erfolgloses Leben vernichtet ma-
teriell und seelisch auch das der Mutter, bei seiner späten Heimkehr trifft
er ihren Leichenzug und stirbt bald darauf in Verzweiflung. Zu Beginn
der Münchener Zeit wird die als Autobiographie gefaßte Erz. der Jugendjahre nachgeholt (analytische Technik, Einfluß von *Wilhelm Meister*).
Die zweite Fassung entsubjektiviert und stilistisch durchgefeilt. Die Jugendgesch. jetzt am Anfang, die Form der Ich-Erz. für das ganze Werk

durchgeführt. Heinrich findet im öffentlichen Dienst seiner Heimat Erfüllung, die Jugendliebe Judith ist ihm als Freundin nah.

Der autobiographische R. spiegelt das Spannungsverhältnis zwischen dem einzelnen und einer nicht mehr wie im *Wilhelm Meister* utopischen, sondern real vorhandenen, schweizerischen, Gemeinschaft. Nach K. entsteht dann ein Tendenz-R., wenn ein Werk das gesellschaftliche Moment für das Scheitern eines Lebensweges verantwortlich mache, es habe dagegen moralischen Charakter, wenn – wie im *Grünen Heinrich* – die Schuld im Individuum liege (Exposé an den Verleger).

Heinrichs Verhängnis ist die »Unverantwortlichkeit der Einbildungskraft« (K.), die ihm die Wirklichkeit – Gesellschaft, die Frauen, Natur – sowie die eigene künstlerische Begabung in falschen Dimensionen erscheinen läßt; durch unverantwortliche Selbsteinschätzung artet der Drang zur Selbstverwirklichung in Selbstsucht aus. Fragwürdigkeit der Beziehung zwischen Phantasie und Wirklichkeit durch Humor verdeutlicht, der Mittel des erzählenden Ichs ist. Die zweite Fassung führt Heinrich aus der Isolation in die Gemeinschaft zurück: »Er entdeckt endlich, daß der Mensch selbst Gegenstand seiner Anlage ist, und zwar läuft es nicht etwa auf einen Poeten heraus (um das ewige Literaturdichten zu umgehen), sondern auf das reine Gefühl des Menschlichen, das, mit der Persönlichkeit oder individuellen Erfahrung ausgestattet, unter konkretes Menschentum (das vaterländische) tritt oder treten und nach den Gesetzen des Wahren und Einfachen wirken will« (K.).

Weltanschaulich Einfluß Feuerbachs: Abkehr von der Vorherrschaft des Geistes und des Transzendenten, Hinwendung zu Natur, Realität, Diesseits, die bis zum Atheismus führt (besonders deutlich bei der Darstellung des Münchener Künstlerkreises).

1854   **Paul Heyse**
             (1830–1914, Berlin, München):
             La Rabbiata

Nov. In *Argo, Belletristisches Jahrbuch.* Titel später orthographisch korrigiert in *L'Arrabbiata.*

Die unter ital. Fischern spielende Erz. begründete H.s in mehreren hundert weiteren Prosa- und Versnovv. gefestigten Erfolg. Von der aital. Nov., von Tieck und E. T. A. Hoffmann beeinflußt, pries H., formal glatt, mehr ästhetisch als realistisch, weniger psychologisch als auf malerische Bildwirkung bedacht, die Schönheit, vor allem der Frau, verfocht das Recht der Persönlichkeit, des genialen Außenseiters, die Künstlermoral.

1855 in H.s Sammelbd. *Novellen.*

H.s an Boccaccios *Decamerone* (Giornata V, Nov. 9) entwickelte »Falkentheorie« (1871) sah »eine starke Silhouette« als wesentlich für die Nov. an.

1855   Otto Ludwig
           (1813–1865, Leipzig, Dresden):
           Die Heiterethei und ihr Widerspiel

Erz. In *Kölnische Ztg.*

Entst. Sommer 1854 nach älteren Entwürfen.

Die Haupterz. *Heiterethei* steht mit der kurz danach entstandenen kleineren Erz. *Aus dem Regen in die Traufe,* dem »Widerspiel«, in engem Zusammenhang. Thüringische Dorfgesch., der Trotz eines Mädchens wird durch die Liebe bezwungen.
Humoristische, behaglich breite realistische Schilderung.

Buchausg. 1857.

1855   Gustav Freytag
           (1816–1895, Breslau, Gotha, Wiesbaden):
           Soll und Haben

R. Das Motto von Julian Schmidt: »Der R. soll das deutsche Volk da suchen, wo es in seiner Tüchtigkeit zu finden ist, nämlich bei seiner Arbeit.«
Ein junger Kaufmann, eine Zeitlang durch zu hoch gespannte Gedanken und Sehnsüchte vom Wege abgezogen, bewährt sich dann und wird in die natürliche Bahn praktischer bürgerlicher Pflichterfüllung zurückgelenkt.
Einfluß von Dickens' *Die Pickwickier* und *David Copperfield,* besonders auf die Nebenfiguren.
Querschnitt durch die sozialen Schichten und Entwicklungen der Zeit. Bewußte Parteinahme für das – noch in patriarchalischen Bindungen gesehene – Bürgertum. Realistischer Genre-R. in Fortbildung des jungdt. Zeit-R. unter Zurückdrängung der tendenziösen Elemente.

Großer, nachhaltiger Erfolg.

1855   Joseph Viktor von Scheffel
           (1826–1886, Karlsruhe, Heidelberg, München):
           Ekkehard

Mit wissenschaftlichen Anmerkungen versehener kulturhist. R.

Angeregt durch den Heidelberger Germanisten Adolf Holtzmann hatte Sch. 1853/54 den lat. *Waltharius* in ein der Nibelungenstrophe ähnliches Versmaß übertragen. Nach anschließenden Studien über das altalem. Recht zum Zwecke der Habilitation faßte Sch. den Plan eines R. aus dem 10. Jh., in dem er die in den *Casus Sancti Galli* erwähnten Ekkeharde zu einer Person zusammenfaßte.

Der Mönch Ekkehard von St. Gallen unterrichtet auf dem Hohentwiel die Herzogin Hadwig im Lateinischen. Die Frucht seiner resignierenden Lie-

be zu ihr ist sein Waltharilied. Starke Einbeziehung des Landschaftlichen.

Großer Erfolg. Bis zu Sch.s Tode 90 Aufll. Das 1854 erschienene romantisierende
Versepos *Der Trompeter von Säckingen* brachte es auf 140 Aufll.

1856	**Friedrich Hebbel**
(Auslfg.	(Biogr. S. 418/419):
1855)	**Gyges und sein Ring**

Tr. 5, in Jamben.

Anregung 1853, beendet 1854.
Quelle: Pierers *Universal-Lexikon* im Anschluß an Herodot und Platon.

Zwischen den Lyderkönig Kandaules, einen aufklärerischen Reformer,
und seine Gemahlin Rhodope, für die Pietät eine sittliche, religiöse Kraft
ist, tritt der Grieche Gyges, der mit Kandaules die Freiheit des Denkens,
mit Rhodope die Feinheit des Gefühls gemeinsam hat. In primitiver Besit-
zerfreude will Kandaules sich die Schönheit Rhodopes, die nach alter Sitte
kein Mann außer dem Vater und dem Gatten gesehen hat, bestätigen
lassen. Durch den Zauberring unsichtbar, soll Gyges Rhodope im Schlaf-
gemach belauschen. Gyges wird von Liebe zu Rhodope ergriffen, Rhodope entdeckt das Verbrechen. Vergeblich versucht Gyges, sich zum Opfer zu bringen, Rhodope fordert von ihm Kandaules' Leben. Im Zwei-
kampf fällt Kandaules, Rhodope vermählt sich dem Gyges und gibt sich
am Altar den Tod. Gyges wird König von Lydien.
»Ich hoffe, den Durchschnittspunkt, in dem die antike und die moderne
Atmosphäre ineinander übergehen, nicht verfehlt und einen Konflikt, wie
er nur in jener Zeit entstehen konnte und der in den entsprechenden
Farben hingestellt wird, auf eine allgemein menschliche, allen Zeiten zu-
gängliche Weise gelöst zu haben« (H.). »Wie ist das filtriert!« (Grillpar-
zer).

Auff. 25. 4. 1889 in Wien, Burgtheater.

1856	**Otto Ludwig**
	(1813–1865, Leipzig, Dresden):
	Zwischen Himmel und Erde

Erz.

Entst. Sommer und Herbst 1855.

Der frivole, leichtsinnige Fritz Nettenmair bringt den Bruder Apollonius
um die Braut. Als er nach Jahren Entdeckung seines Betruges fürchtet,
will er den Bruder bei der Dachdeckerarbeit vom Kirchturm stürzen, aber
er selbst fällt zu Tode. Apollonius, von Skrupeln geplagt, wagt nicht
mehr, das Glück zu ergreifen, Entsagung steht über dem Rest seines
Lebens.

Psychologischer R.; realistisch vor allem in der Schilderung des Milieus sowie des Dachdeckerhandwerks. Die Realismus-Theorien L.s machen sich vordringlich bemerkbar.

1856	**Wilhelm Heinrich Riehl**
	(1823–1897, München):
	Kulturgeschichtliche Novellen

Darstellung frei erfundener Charaktere, die als typischer Ausdruck ihrer Zeit aus den Sittenzuständen dieser Zeit erwachsen, an Stelle der bis dahin üblichen Gestaltung großer hist. Persönlichkeiten (vgl. R.s programmatisches Vorwort). Milieutheorie im hist. Bezirk.

Großer Einfluß auf den hist. R. und die hist. Nov. der zweiten Hälfte des 19. Jh. Weitere Slgg. folgten, z. B. *Geschichten aus alter Zeit,* 2 Bdd. (1863).

1856 und **1874**	**Gottfried Keller**
	(Biogr. S. 419):
	Die Leute von Seldwyla

Novv. Der erste Bd. (1856, entst. 1855) enthält: *Pankraz, der Schmoller; Romeo und Julia auf dem Dorfe; Frau Regel Amrain und ihr Jüngster; Die drei gerechten Kammacher; Spiegel, das Kätzchen.* Der zweite Bd. (1874, entst. seit 1860) enthält: *Kleider machen Leute; Der Schmied seines Glükkes; Die mißbrauchten Liebesbriefe; Dietegen; Das verlorene Lachen.*
Die besonderen und zugleich typischen Verhältnisse in dem Ort Seldwyla bilden den Hintergrund für die einzelnen Novv., von verschiedenen Seiten diese Verhältnisse beleuchten. Jede Nov. in sich abgeschlossen, alle zusammen geben das Gesamtbild eines leicht ironisch gesehenen Gemeinwesens, das in seiner etwas verspielten patriarchalischen Form am Ende des zweiten Bd. gefährdet erscheint.
Im Gefolge von Jeremias Gotthelf, aber »entprovinzialisiert«. Stilistisch und kompositorisch mehr durchgeformt als *Der grüne Heinrich.* An Goethe geschulter Stil, in der Wortgebung jedoch stärker individualisierend, aus der Umgangssprache gespeist. »Väterlich liebende Stellungnahme zu den Dingen« (Ricarda Huch).

1857	**Wilhelm Raabe**
	(Biogr. S. 419):
	Die Chronik der Sperlingsgasse

R. Unter dem Pseudonym Jakob Corvinus.

Begonnen 1854, teilweise während des Studiums in Hörsälen geschrieben. Trotz des anerkennenden Urteils von Alexis anderthalb Jahre liegengeblieben, bis sich ein Verleger fand.

Realistische Schilderung der Menschen und des Lebens in einer Altberliner Gasse. Tagebuchaufzeichnungen Johannes Wacholders, in denen

Vergangenheit und Gegenwart, Traum und Wirklichkeit, gesehen aus der Perspektive des alternden Einsamen, sich mischen. Einfügung früherer Erinnerungsblätter und alter Briefe. Als roter Faden geht das Schicksal von Johannes' Jugendgeliebter durch das Werk, die seinen Freund heiratete und ihm nach ihrem und ihres Mannes Tod eine Tochter hinterließ, die nun selbst verheiratet ist und in Italien lebt. Die Binnenhandlung reicht in die dritte Generation zurück, deren Schuld durch die jüngste Generation getilgt wird.

Stilistisch Einfluß von Thackeray, Ähnlichkeit mit Jean Paul, den R. damals noch kaum kannte. Noch biedermeierlich in Milieu, Raumvorstellung und Haltung.

1857	**Friedrich Hebbel**
	(Biogr. S. 418/419):
	Gedichte

Gesamtausg. von H.s Gedichten.

Vorher zwei Slgg. *Gedichte* (1842; überwiegend Balladen und Romanzen unter dem Einfluß Uhlands, abschließend ein Buch Sonette) und *Neue Gedichte* (1848; Ertrag der Erlebnisse in Frankreich und Italien, stärkeres Hervortreten von Naturgedichten; Vermischte Gedichte, Sonette, Epigramme).

Ludwig Uhland als »dem ersten Dichter der Gegenwart« gewidmet. Die Slg. enthält: *Lieder, Balladen und Verwandtes; Vermischte Gedichte; Dem Schmerz sein Recht; Des Dichters Testament; Sonette, Epigramme und Verwandtes.*

Grundzug von H.s Lyrik ist nicht Musikalität und Farbe, sondern ein – oft schwer ringendes – Gefühl und eine Gedanklichkeit, die auf Weichheit und Schmuck verzichtet. Sprachlich oft prosanah. Auch die Lyrik vom tragischen Grunderlebnis her geformt. Für die Wesselburener Gedankenlyrik entscheidend der Einfluß der Schriften Gotthilf Heinrich Schuberts, seiner Traumsymbolik und romantischen Naturmystik und seines Individuationsproblems *(Gott, Der Mensch, Proteus, Gott über der Welt)* sowie Ludwig Feuerbachs *Gedanken über Tod und Unsterblichkeit* (1830) mit der Vorstellung einer metaphysischen Urschuld *(Das Lied der Geister, Die Toten, Naturalismus, Mittag)*. Seit der Heidelberger Zeit direkter Einfluß Schellings und des Problems der Theodizee *(Was ist die Welt?, Das Element des Lebens, Das abgeschiedene Kind an seine Mutter, Unergründlicher Schmerz).*

Zu den bekanntesten Gedichten gehören: *Sommerbild; Nachtlied; Herbstbild; Gebet;* die Ballade *Der Heideknabe.*

»Gefühl ist das unmittelbar von innen heraus wirkende Leben. Die Kraft, es zu begrenzen und darzustellen, macht den lyrischen Dichter« (H.).

In den späteren Jahren trat die Lyrik in H.s Schaffen zurück, die Slg. wurde nur noch durch einige Balladen vermehrt.

1858   Fritz Reuter
           (1810–1874, Stavenhagen, Treptow, Eisenach):
           Kein Hüsung

Nddt. Verserz. in vierhebigen Reimpaaren.

Entst. 1856.

Ein Gutsherr verhindert die Heirat des Knechts mit der Magd, die er
selbst begehrt. Der Knecht ersticht ihn und flieht, die Magd stirbt und
hinterläßt ein Kind, das der Knecht nach Jahren in das freie Amerika
hinüberholt.
Soziales Thema. Ernsteste Arbeit R.s, die er selbst als sein bestes Werk
ansah.

1859   Friedrich Hebbel
(Auslfg.   (Biogr. S. 418/419):
1858)   **Mutter und Kind**

»Ein Gedicht in sieben Gesängen«, Hexameter.

Schon 1847 als Nov. geplant. Geschrieben 1856/57.

Ein kinderloses Ehepaar ermöglicht seinen Dienstleuten die Heirat unter
der Bedingung, daß sie ihr Kind abtreten. Die Geburt des Kindes und die
erwachende Elternliebe läßt die Reichen dann doch auf ihre unmenschliche Forderung, die Armen auf das Geld verzichten. Bürgerliches Epos in
der Nachfolge von Goethes *Hermann und Dorothea*.
Humanitäre Lösung der sozialen Frage. Kapitalismus und Kommunismus
als entscheidende Faktoren der Zukunft erkannt. Von H. als sein »soziales Glaubensbekenntnis« bezeichnet.

1860/64   Fritz Reuter
             (1810–1874, Stavenhagen, Treptow, Eisenach):
             Olle Kamellen

Autobiographische R.-Trilogie.
1. Teil *Ut de Franzosentid* (1860) schildert die Zeit der frz. Besatzung um
1810.
2. Teil *Ut mine Festungstid* (1862). Zeit von R.s Festungshaft als politischer Gefangener 1833–1840.
3. Teil *Ut mine Stromtid* (1863/64). Erlebnisse und Erfahrungen von R.s
zehnjähriger Zeit als Landwirt 1840–1850. Farbigster der drei Teile, Fülle von nddt. Typen, vor allem die populär gewordene Gestalt des Inspek-
tors Bräsig.
Die sozialen Gegensätze von *Kein Hüsung* (1858) sind hier gemildert.
Humor unmittelbar neben Ernstem und Traurigem. Einfluß von Dickens:
freundlich-ironische Behandlung der Gestalten, Neigung zum Anekdoti-
schen und zu philosophischen Betrachtungen.

1861   **Friedrich Hebbel**
            (Biogr. S. 418/419):
            Die Nibelungen

»Ein deutsches Trauerspiel.« Jamben. Drei Abteilungen: *Der gehörnte Siegfried* (Vorspiel 1), *Siegfrieds Tod* (Tr. 5), *Kriemhilds Rache* (Tr. 5). Auff. 31. 1. und 18. 5. in Weimar durch Dingelstedt.

Erste Anregung wahrscheinlich 1847 durch die Burgtheater-Auff. der Raupachschen *Nibelungen* mit Christine Hebbel als Kriemhild, rezensiert von H. 1853 in der Zs. *Der Wanderer.* Einfluß von Friedrich Theodor Vischers *Kritischen Gängen* (1844), die die Möglichkeit einer dram. Erneuerung des Nibelungen-Stoffes nur der Oper zusprachen. Gleichzeitig mit der Entstehung der Trr. Auseinandersetzung mit anderen Bearbgg. in einem Lit.-Brief für die *Leipziger Illustrierte Ztg.*, mit Geibels *Brunhild,* die 1857 den Schillerpreis erhielt, mit Raupach und Fouqué.
Beginn der Arbeit 1855, Abschluß 1860. Ursprünglich als Doppeldr. geplant, erst 1859 als Trilogie.

Drei Zeit- und Kulturstufen: die mythische, die heidnisch-germanische und die christliche. Brunhild und Siegfried gehören der mythischen an; daß Siegfried dies nicht erkennt und nicht zu Brunhild findet, sondern sie um Kriemhilds willen an Gunther abtritt, ist seine Schuld. Die mythische Welt erliegt in *Siegfrieds Tod* der heidnisch-germanischen. Dietrich von Bern, der am Schluß von *Kriemhilds Rache* im Namen dessen, der am Kreuz verblich, die Herrschaft übernimmt, ist der Repräsentant des christlichen Zeitalters, das die antithetischen Prinzipien der Riesenwelt und der germ.-heidnischen Welt ablöst. Dem »Schöpfer unseres Nationalepos ... mit schuldiger Ehrfurcht für seine Intentionen auf Schritt und Tritt zu folgen, soweit es die Verschiedenheit der epischen und dram. Form irgend gestattete, schien dem Verf. Pflicht und Ruhm zugleich.«
Buchausg. 1862.

1861/62   **Friedrich Spielhagen**
               (1829–1911, Magdeburg, Hannover, Berlin):
               Problematische Naturen

R. 2 Bdd.
Spielt in der Zeit des Vormärz und endet mit der Revolution von 1848.
Dr. Oswald Stein ist ein Feind des Adels, besitzt aber selbst adlig-ritterliche Eigenschaften und ist der Liebhaber adliger Frauen. Seine Erlebnisse als Hauslehrer in einem adligen Hause führen schließlich dazu, daß er seine eigene uneheliche adlige Abstammung entdeckt.
Unterhaltender Zeit-R. mit stark politischen Tendenzen. Einfluß der jungdt. Rr., vor allem Gutzkows. Sozialkritik aus bürgerlich-liberaler Sicht. Aus einer Art Haßliebe genährte Darstellung des Adels. Im Detail realistisch, in der Handlung jedoch phantastisch, scheut vor Effekten und Unwahrscheinlichkeiten nicht zurück. Gebrochene Charaktere, deren Pläne und Phantasien größer sind als ihre Taten.

S. begleitete in einer Reihe von Rr. die Ereignisse bis 1900, darunter auch die soziale Frage: *Die von Hohenstein* (1864), fortgesetzt durch *In Reih und Glied* (1867) und *Hammer und Amboß* (1869). S. verharrte auch nach 1871 bei seiner politischen Haltung: *Sturmflut* (1877), *Was will das werden?* (1887).
Von den Brüdern Hart angegriffen (*Kritische Waffengänge,* Heft 6, 1884).

1863   Wilhelm Raabe
              (Biogr. S. 419):
              Die Leute aus dem Walde, ihre Sterne, Wege und Schicksale

R. Ursprünglicher Titelplan: *Robert Wildhahn.*

1859 unter dem unmittelbaren Eindruck von Dickens' *David Copperfield* begonnen, 1862 beendet.

Erziehungs-R. mit den Richtlinien: »Sieh nach den Sternen« – »Gib acht auf die Gassen«.
Die Vereinigung beider Grundsätze wird gezeigt an dem Lebenslauf des Waldkindes Robert Wolf und der Helene Wienand, die nach vielen Wirrnissen zueinander finden. Klar durchgeführte Komposition: die ersten zwölf Kapitel zeigen Wolf voller Ratlosigkeit in der Großstadt, die zweiten zwölf führen bis zum Abschluß seiner Jugendbildung; in den letzten erkämpft er sich, auf eigenen Füßen stehend, sein Lebensglück.
Die Hauptgestalten sind realistische Originale, die Nebenfiguren sind leicht karikiert (Einfluß von Dickens). Ziel R.s war die Verschmelzung des Erziehungsgedankens von Goethes *Wilhelm Meister* mit der realistischen Lebensbreite von Dickens. Daneben Einflüsse des Sensations-R.: Victor Hugo, Friedrich Gerstäcker.

1864   Friedrich Hebbel
              (Biogr. S. 418/419):
              Demetrius

Tr. in Jamben. Fragment. Aus dem Nachlaß hgg. Emil Kuh.

Plan 1857, gefördert durch das Schiller-Jubiläum 1859. Bei H.s Tod Dezember 1863 bis zum Anfang des 5. Aktes gediehen.

Das Spiel mit dem falschen Demetrius ist bei H. ein Schachzug der katholischen Kirche, die sich in ihm einen romtreuen Herrscher erziehen will. Demetrius, der Illegitime, Rechtlose, offenbart eine solche Fülle wahrhaft fürstlicher Eigenschaften, die ihn zum Herrscher innerlich berechtigen, daß gerade diese Größe die Ursache seines Sturzes wird: er unterliegt gegenüber einer politisch verkommenen, unsauberen, egoistischen, hinterhältigen Welt. Nach H.s Plan sollte Demetrius das Schicksal ereilen, während er um der Sicherheit seiner Freunde willen noch auf seinem Anspruch beharrte, obwohl er nach Aufdeckung des Betruges entschlossen war, auf die Macht zu verzichten.
Realistisch: »Mein Dr. schöpft seine eigentliche Kraft aus den Zuständen,

und Charaktere, die nicht im Volksboden wurzeln, sind Topfgewächse.«
»Allerdings kann für mein Dr. nur die große und doch wieder in sich
selbst zerrissene slavische Welt den Humus abgeben, während Schiller
ohne Zweifel einzig und allein von dem allgemein menschlichen Moment
angeregt wurde.«

1864   **Wilhelm Raabe**
           (Biogr. S. 419):
           Der Hungerpastor

R.

Entst. 1862–1863.

Der Schusterssohn Hans Unwirsch ist getrieben von Erkenntnisdrang und
jenem »Hunger nach dem Maß der Dinge, den so wenige Menschen be-
greifen und welcher so schwer zu befriedigen ist«. Er geht unter großen
Schwierigkeiten seinen Weg und endet als Pfarrer auf der Hungerpfarre
Grunzenow, ein freier und froher Mensch. Im Gegensatz dazu zielt der
Weg des Moses Freudenstein nach äußerem Glanz und Besitz; er endet als
Spitzel der preußischen Regierung gegen verbannte Freiheitskämpfer im
Ausland.

Der für R. typische Aufbau: die Pyramide. Von den drei Teilen des R. hat
jeder seine eigene Pyramide. 1. Entfaltung des Hungermotivs, 2. Auseinandersetzung des Hungers mit der Welt, 3. Erfüllung des Hungers. Die
»funkelnde Spitze« der Pyramide, die von der Mitte getragen wird, bringt
die Auseinandersetzung der Ideenträger miteinander.

Klare, oft sehr direkte Charakteristik. Realistisches Zeit- und Lokalkolo-
rit: die Jugendgesch. spielt zur Zeit der Judenemanzipation, Schauplätze
sind Berlin, Universitätsstädte, mehrere mitteldt. Höfe. Erfüllung bringt
erst das Leben auf dem Dorf.

Kritisches Abrücken des späten R.: »Das Volk ist ja völlig befriedigt mit dem mir
abgestandenen Jugendquark: *Chronik* und *Hungerpastor* und läßt mich mit allem
Übrigen sitzen.«

1864   **Gustav Freytag**
           (1816–1895, Breslau, Gotha, Wiesbaden):
           Die verlorene Handschrift

R. aus der Welt des dt. Gelehrten.

Der Professor findet auf dem Bauernhof nicht die ersehnte Tacitus-Hs.,
sondern gewinnt die Bauerntochter als Lebensgefährtin. Problem des in
die Stadt und in Hofkreise verpflanzten Bauernmädchens, themaverwandt mit Auerbachs *Frau Professorin* (1846) und *Regine* in Kellers *Sinngedicht*.

Ergebnisse von F.s kulturhist. Studien *Bilder aus der dt. Vergangenheit*
(seit 1859) mitverarbeitet.

1868   **Wilhelm Raabe**
(Biogr. S. 419):
Abu Telfan oder Die Heimkehr vom Mondgebirge

R.

Plan 1865, beendet März 1867.

Motto: »Wenn ihr wüßtet, was ich weiß, sprach Mahomet, so würdet ihr viel weinen und wenig lachen.«

Gesch. eines aus Afrika Heimkehrenden, der den Anschluß an die heimatliche dt. Enge nicht mehr findet. Nur Durchschnittsmenschen können hier Glück fühlen. Alle edleren Menschen stehen am Schluß vor einem zerstörten Leben, überwinden aber mit Haltung das Leid. Wie *Der Hungerpastor* ein Entwicklungs-R. Der Pessimismus hat hier einen noch stärkeren Grad erreicht. Erkenntnis der Abhängigkeit der geistigen Welt von der Philisterwelt, »daß überall die Katzenmühle liegt und liegen kann und Nippenburg rund umher sein Wesen hat« (R.), daß der Genius ein Drittel seiner Kraft aus dem Philistertum zieht (Wilhelm Fehse).

1870   **Louise von François**
(1817–1893, Weißenfels):
Die letzte Reckenburgerin

Hist. R. In *Deutsche Romanzeitung.*

Hist. Studien. Modell für die Figur des Prinzen vielleicht Konstantin von Sachsen-Weimar, der als Offizier in Querfurt Beziehungen zu mehreren Mädchen der Gegend unterhielt.

Um die Wende vom 18. zum 19. Jh. spielende Gesch. der armen und unattraktiven Hardine v. Reckenburg, die den von ihr geliebten Prinzen mit ihrer kleinbürgerlichen Jugendfreundin heimlich vereint sieht. Sie deckt nach dessen Tod das Geheimnis, kümmert sich um beider Sohn, fühlt sich aber schuldig gegenüber dem Ehemann der Freundin und nimmt den Verdacht auf sich, selbst Mutter des Waisen zu sein. Schließlich fühlt sie sich mit der Sorge für die Enkelin des einst Geliebten belohnt.
Wechsel von olympischem Erzähler und Ich-Erzählung. Mischung von konservativer und fortschrittlich kritischer Haltung. Nüchtern-realistisch, gegen Ende leicht sentimental:

Buchausg. 1871. Von Gustav Freytag lobend besprochen. Eine Novv.-Slg. war bereits 1868 erschienen.

1870   **Wilhelm Raabe**
(Biogr. S. 419):
Der Schüdderump

R. 3 Teile in 3 Bdd.

Plan 1866, beendet 1869.

Vielfach als Quelle benutzt: Wilhelm Görges' *Vaterländische Geschichten und Denk-
würdigkeiten der Vorzeit . . . der Lande Braunschweig und Hannover* (1843/45).
Anregung: R. fand auf der Durchreise in einem Städtchen einen Schüdderump
(Schütthernum) aus dem Jahre 1516, d.h. einen Karren, in dem Pestleichen zum
Grabe gefahren wurden. In ihm sah R. das Symbol des Vergänglichen.

Ein elternloses Mädchen, das im Siechenhaus und auf dem Gutshof groß
geworden ist, wird von seinem Großvater in eine verderbte Umgebung
gebracht. Im Kampf um die Reinerhaltung ihrer Seele geht sie körperlich
zugrunde. Die Gemeinheit triumphiert. Dazwischen taucht leitmotivisch
der Schüdderump auf, die Erinnerung an das Poltern des Karrens, »dessen Fuhrmann so schläfrig-düster mit dem Kopfe nickt und dessen Begleiter, die Leidenschaften, mit Zähneknirschen und Hohnlachen die eisernen Stangen und Haken schwingen«.
Einfluß des Pessimismus Schopenhauers. Für R. ist nicht die Gebundenheit des Schönen und Edlen an die Vergänglichkeit entscheidend, sondern
der Glanz des Hohen, der die Vergänglichkeit überstrahlt.

1871/80   **Theodor Storm**
             (Biogr. S. 419):
             Novellen der Reifezeit in Einzelerscheinungen

Die wichtigsten:
Draußen im Heidedorf (Zs.-Druck 1872, Buchausg. 1873, entst. 1871/
72). Ein Bauer wird durch die Liebe zu einem slowakischen Mädchen
zugrunde gerichtet. Einbeziehung von Spuk- und Wahnvorstellungen.

Aquis submersus (Zs.-Druck 1876, Buchausg. 1877, entst. 1875/76).
Chroniknov. Die Liebesbeziehung eines Malers zur Tochter seines adeli-
gen Gönners führt nicht nur zur Zwangsehe Katharinas mit einem ungeliebten Manne, sondern schließlich auch zum Tode des aus der Liebesbeziehung hervorgegangenen Kindes: culpa patris aquis submersus. Rah-
men- und Binnenhandlung durch die Auffindung von drei Gemälden und
die Aufhellung ihrer Entstehung verbunden.

Waldwinkel (Zs.-Druck 1874, Buchausg. 1875, entst. 1874). Gesch. der
Leidenschaft eines an bitteren Erfahrungen gereiften Mannes zu einem
jungen Waisenmädchen dunkler Herkunft, das ihn betrügt und vor der
Hochzeit kalt berechnend verläßt.

Carsten Curator (Zs.-Druck und Buchausg. 1878, entst. 1877). Die Verblendung des Curators durch die Schönheit einer leichtsinnigen Frau rächt
sich an dem ehrenfesten Manne mit der Haltlosigkeit des Sohnes, der des
Vaters Ruf und Vermögen ruiniert.

Renate (Zs.-Druck und Buchausg. 1878, entst. 1877/78). Um 1700 spielende Chroniknov. Zerstörung der Liebe zwischen einem jungen Theologen und einer Bauerntochter. Renate gerät in den Verdacht, eine Hexe zu
sein, und Josias und seine Familie sind Anhänger des Hexenglaubens.

Eekenhof (Zs.-Druck, Buchausg. 1880, entst. 1879). Hist. Nov. um einen düsteren Ritter, dessen Besitzgier die Familie zerstört und ihn um den einzigen von ihm geliebten Menschen, eine außereheliche Tochter, bringt.

Nach einer Übergangsperiode (1857–1870), in der St.s Realismus in bezug auf Landschafts- und Menschendarstellung zwar gewachsen, die Lösung der Probleme aber noch immer in Ausgleich und Resignation gesucht worden war, setzte mit den genannten Novv. die Wendung zu tragischen Lösungen ein. Psychologische Probleme, bei denen Verstrickung und Schuld, oft angeborene Charakterschwäche, entscheidend sind, obwohl St. in theoretischen Äußerungen außerpersönliche Mächte als Ursachen des Scheiterns angibt: ». . . die Begrenzung, die Unzulänglichkeit des Ganzen, der Menschheit, von der der . . . Held ein Teil ist.«

Aufgabe der anfänglichen Bildertechnik und Situationsmalerei. Straffe, richtungsbestimmte Handlung. Starke, meist der heimatlichen Landschaft entnommene Atmosphäre. Häufigeres Hervortreten von hist. Stoffen: Gefühl des Hineinreichens der Vergangenheit in die Gegenwart, der Verankerung des eigenen Lebens in der Vergangenheit.

1871	**Conrad Ferdinand Meyer**
	(Biogr. S. 419):
	Huttens letzte Tage

Verserz., acht Kapitel mit 71 Gedichten in jambischen Zweizeilern.

Entst. 1870/71; Erlebnis von M.s Wendung vom frz. zum dt. Kulturkreis infolge des Krieges 1870/71; das Autorenhonorar dem dt. Invalidenfonds zugewiesen.

Verherrlichung des Künstlers, der zugleich Kämpfer ist und sein Leben in den Dienst des Vaterlandes stellt. M. reizte der Kontrast »zwischen der in den Weltlauf eingreifenden Tatenfülle der Kampfjahre Huttens und der traumartigen Stille seiner letzten Zufluchtstätte«. Die wesentlichen Persönlichkeiten der Reformationszeit mit Hutten in Verbindung gebracht. Auch hier einer der Grundzüge von M.s gesamter Lyrik: Ausdeutung hist. Persönlichkeiten und Werke.

Erweiterte 3. Aufl. 1881, bis zur Ausg. letzter Hand 1894 stets verändert.

1872	**Gottfried Keller**
	(Biogr. S. 419):
	Sieben Legenden

Angeregt durch die *Legenden* Kosegartens (1804). Urfassung 1855–1860 als Teil des *Sinngedichts* gedacht und 1857/58 niedergeschrieben (1918 wiederentdeckt). Legenden als Novv. aufgefaßt und zu thematischen gegensätzlichen Paaren für das Erzählduell des *Sinngedichts* geordnet. Zwischen 1860 und 1862 aus dem *Sinngedicht*-Komplex gelöst und das Wunder-Element wiederhergestellt.

Die *Sieben Legenden* enthalten: drei Legenden, die zu den Heidenchristen nach Alexandria und an den Pontus Euxinus führen: *Eugenia, Der*

schlimmheilige Vitalis, Dorotheas Blumenkörbchen; drei Marienlegenden: *Die Jungfrau und der Teufel, Die Jungfrau als Ritter, Die Jungfrau und die Nonne.* Für sich steht *Das Tanzlegendchen.*
Bekehrung der Heiligen zur Ehe.

K. versuchte, aus den überlieferten Legenden eine »ehemalige, mehr profane Erzählkunst« wiedererstehen zu lassen, wobei den Gestalten freilich »zuweilen das Antlitz nach einer andren Himmelsgegend hingewendet wurde, als nach welcher sie in der überkommenen Gestalt schauen«. Die Vorgänge werden aus der weltfeindlichen Blickrichtung gelöst, und das Recht des Natürlichen und Sinnlichen wird wiederhergestellt. Thema: Dialektik von Weltlust und Entsagung. Die Wunderwelt ironisch gebrochen, jedoch die Ironie gegenüber K.s Urfassung weniger aggressiv, »skeptischer, resignativ-versöhnlicher« (Karl Reichert).
Einfluß Feuerbachs.

Wirkung auf die Legendendg. Heinrich Federers und Georg Bindings.

1872   **Wilhelm Busch**
(1832–1908, Wiedensahl, München, Frankfurt/Main, Mechtshausen):
Die fromme Helene

Verserz.

Entst. 1871 unter dem Eindruck des Aufenthalts in Frankfurt.

Einer der Höhepunkte der humoristischen Bildergeschichten B.s. Die Sünderin, die ihre Triebhaftigkeit hinter Sittsamkeit und Frömmelei zu verbergen sucht, muß schließlich in der Hölle büßen. Konstanz des Charakters nach der Lehre Schopenhauers. Antikatholische Tendenz unter Einfluß des Kulturkampfes.
Einheit von Bilderfolge und erklärenden Zweizeilern, die eine ironisch-redensartliche Lehre ziehen: »Das Gute – dieser Satz steht fest – ist stets das Böse, was man läßt.«

Die Entlarvung heuchlerischer Frömmigkeit außerdem in *Pater Filucius* (1872), des bürgerlichen Ehe- und Familienglücks in *Herr und Frau Knopp* (1876) u. a.

1872/80   **Gustav Freytag**
(1816–1895, Breslau, Gotha, Wiesbaden):
Die Ahnen

R.-Zyklus.

Einfluß von Scott, Alexis und Riehls kulturhist. Programm. Beruhend auf F.s hist. Studien *Bilder aus der dt. Vergangenheit* (seit 1859).

Die Ahnen schildern »die hist. Entwicklung der dt. Volkseigentümlichkeit« am Geschick eines Geschlechtes von den Germanen bis zur Gegenwart, bezeichnenderweise nur bis 1848. Am stärksten und beliebtesten

die in der dt. Frühzeit spielenden *Ingo und Ingraban, Das Nest der Zaun-
könige.* F. paßte unter Verwertung seiner germanistischen Kenntnisse
auch die Sprache den jeweiligen Epochen an.

Vorbild für den sog. Professoren-R., in dem die gelehrte Kenntnis der Vergangenheit die lit. Fähigkeit mehr und mehr überwog. Weitere, z. T. sogar archäologische
Rr. schrieben Felix Dahn, Georg Ebers, Ernst Eckstein.

1874   Conrad Ferdinand Meyer
        (Biogr. S. 419):
        Georg Jenatsch

»Eine Geschichte aus der Zeit des Dreißigjährigen Krieges.« In der Zs.
Die Literatur, hgg. Wislicenus.

Plan Anfang der 60er Jahre. 1866, 1867 und 1871 Reisen ins Engadin, Lokalstu-
dien. 1873/74 ununterbrochene Arbeit.
Quellen: Ritter Fortunat Sprecher von Berneggs zeitgenössische *Gesch. der bündne-
rischen Kriege und Unruhen* sowie B. Reber *Georg Jenatsch, Graubündens Pfarrer
und Held während des Dreißigjährigen Krieges* (1860).

Drei Bücher: *Die Reise des Herrn Waser; Lukretia; Der gute Herzog.* Jürg
Jenatsch ist ein streitbarer protestantischer Pfarrer, der zur Zeit der Glaubenskämpfe in Dld., Dalmatien, Venedig zwischen Spaniern und Franzosen umhergeworfen wird. Sein Leben wird bestimmt durch leidenschaftli-
chen Patriotismus, um dessentwillen er auch vor Verrat und Mord nicht
zurückschreckt, und von der Liebe zu Lukretia Planta. Er erliegt auf
einem Maskenball der katholischen Partei und empfängt den Todesstreich
von der Geliebten mit dem gleichen Beil, mit dem er einst ihren Vater
erschlug.
In der Darstellung des »Renaissancemenschentums« Einfluß von Jacob
Burckhardt. Historisches Detail in zahllosen Einzelsituationen. Neigung
zum Theatralischen, zu gestellten Szenen. Gefahr der Historienmalerei.

Durchgefeilte Buchausg. 1876. Seit der 4. Aufl. 1883 *Jürg Jenatsch. Eine Bündner-
gesch.* Großer Erfolg, Mode-R.

1875   Theodor Fontane
        (Biogr. S. 418):
        Gedichte

2. Ausg. der lyrischen Produktion aus F.s Jugend und Reifezeit.

Vorher: *Männer und Helden* (1850); *Gedichte* (1851).

Wichtigster Bestandteil Balladen, entst. in der Zeit der Mitgliedschaft im
»Tunnel über der Spree« 1844–1854. Anknüpfung an Strachwitz, Bürger, die altengl. Ballade *(Archibald Douglas).* 1846/47 Gruppe der Preu-
ßenlieder, in volkstümlichem Ton gehaltene, nach dem Typ des hist.-
epischen Preisliedes gestaltete Porträts bedeutender Heerführer unter Betonung des unfeierlich Menschlichen *(Seydlitz, Der alte Ziethen).* In späte-

ren Balladen auch Stoffe der Gegenwart *(Die Brück' am Tay; John May-
nard)*. Politisch-patriotische Gedichte *(Wo Bismarck liegen soll)*. Stimmungsbilder, Sprüche.

Seit 1885 erneut lyrisches Schaffen. Gelegenheitsgedichte in salopper, prosanaher
Sprache, das Privatleben, den Dichterruhm, Gesellschaft und Alltag Berlins behandelnd; humorvoll-kritisch, resignierend, fragend. 5. Aufl. der Gedichte 1898.

1875   Peter Rosegger
            (1843–1918, Alpl bei Krieglach, Graz):
            Die Schriften des Waldschulmeisters

Pädagogischer R. Das Handlungsmäßige zurücktretend hinter dem Di-
daktischen in Gesprächen, Briefen, Tagebuchnotizen. Ein Leben im
Dienst der Betreuung der Waldleute. Einfluß Stifters.
Der Waldschulmeister trägt viele Züge R.s, dessen Werke fast alle autobiographischen Charakter haben und aus der Weltferne und Einsamkeit
der steirischen Heimat gespeist sind. Gegen den Einbruch des modernen
Geistes in diese Welt.

Außerdem: *Waldheimat* (1877; Autobiographie); *Jakob der Letzte* (1888); *Peter
Mayr* (1893); *Das ewige Licht* (1897).

1876/78   Gottfried Keller
              (Biogr. S. 419):
              Züricher Novellen

Novv.-Zyklus. 1. Teil (Die Rahmenerz. vom Herrn Jacques, *Hadlaub,
Der Narr auf Manegg, Der Landvogt von Greifensee*) in *Dt. Rundschau*
1876/77. Buchausg. mit zugefügtem 2. Teil *(Das Fähnlein der sieben Aufrechten, Ursula)* 1878 (Auslfg. 1877).

1860 Plan einer Novv.-Reihe aus der Gesch. Zürichs nach Art der Seldwylaer Erzz.,
für die *Das Fähnlein der sieben Aufrechten* (1861 in Auerbachs *Volkskalender*) und
Ursula (konzipiert 1853/55, ausgearbeitet 1877) ursprünglich bestimmt waren.
Auch die Erz. der Familiengesch. der Manesse, später in *Hadlaub* und *Der Narr auf
Manegg* enthalten, schon vor 1872 konzipiert. Ausarbeitung des 1. Teiles nach K.s
Ausscheiden aus dem Amt 1876/77, dabei Ausweitung des mit der Manesse-Gesch.
verbundenen Rahmens auf den 1875 als selbständige Nov. konzipierten *Landvogt
von Greifensee*. Da der Rahmen sich als zu eng erwies, nicht auf den 2. Teil ausge-
dehnt.

Dem jungen Züricher Jacques wird an drei Beispielen aus der Gesch.
Zürichs demonstriert, was ein wirkliches, was ein falsches Original ist; die
pädagogische Wirkung ist jedoch in Frage gestellt: Jacques entwickelt sich
zum Snob. Kulturkritik. Wirkliche Originale kann K. nur im Zürich der
Vergangenheit ausfindig machen.
Das Fähnlein der sieben Aufrechten spielt nach Einführung der Schweizer
Verfassung von 1848 und war ursprünglich als Höhe- und Endpunkt der
Kulturbildreihe gedacht, die den neuen Staatsgedanken hist. legitimieren

sollte: Erziehung eines jungen Mannes für die Gemeinschaft, Einreihung in eine politische Tradition, die im Begriff ist zu erstarren und der durch ihn neues Blut zugeführt wird. Die Überwindung der politischen Engherzigkeit der Väter öffnet den Jungen zugleich das Tor zur Erfüllung ihrer Liebe. Ähnliche Absicht wie Freytags *Die Ahnen*. Durch K.s wachsende politische Skepsis Aufgabe der chronologischen Reihenfolge, durch verschiedene sich kreuzende »Baupläne« (Karl Reichert) Uneinheitlichkeit in der Fügung des Ganzen.

1877	Ferdinand von Saar
	(1833–1906, Wien):
	Novellen aus Österreich

Enthält die seit 1866 ersch. fünf Novv.: *Innocens, Marianne, Die Steinklopfer, Die Geigerin, Das Haus Reichegg.*
Absicht, nach dem Vorbild Turgenjews einen Spiegel des Heimatlandes, der Zeit und des geselligen Kreises zu geben; getreue Topographie Wiens. Biographische und autobiographische Novv., die oft große Zeiträume überspringen, um ein Schicksal zu verfolgen. Beherrschend das Ich des Verf.: häufig Rahmenerzähler, aber auch Handlungsträger, manchmal in mehreren Figuren einer Erz. verborgen. Vielfach Zeitereignisse seit 1848 Hintergrund, bis auf Ausnahmen keine bewußte und konsequente Sozialkritik. Hauptgestalten: Resignierende, Duldende, Halbe, Haltlose, Triebhafte, Sonderlinge, Prinzipienreiter, von der Zeit Überholte. Einfluß Schopenhauers.

Eine zweite Slg. gleichen Titels von 14 Erzz. (2 Bdd., 1897) zeigt Überwindung der in der früheren Slg. noch vorherrschenden Sentimentalität und einprägsame, in Abgründe des Psychologischen vorstoßende Charakterstudien *(Leutnant Burda, Seligmann Hirsch),* die sich im Spätwerk *(Herbstreigen* 1897, *Camera obscura* 1901, *Tragik des Lebens* 1906) noch vermehrten.

1878	Theodor Fontane
	(Biogr. S. 418):
	Vor dem Sturm

R. in der Zs. *Daheim.* Buchausg. im gleichen Jahr.

Plan und Konzept 1862–1866. Weiterarbeit 1875, beendet 1878.

Einfluß von Walter Scott und von Alexis' *Isegrimm* (1854). Berliner und märkischer R. aus der Zeit vor den Befreiungskriegen. Thema: »Erhebung« ohne staatlichen Auftrag. Frage nach Wert und Aufgabe des preußischen Adels sowie nach Wesen und Grenzen des Patriotismus.
Handlung noch locker gereiht, Charaktere mehr beschrieben als gestaltet, sehr viel Diskussion. Im Landschaftlichen wie im Lokalhistorischen deutlich sichtbar das Nachwirken der *Wanderungen durch die Mark Brandenburg* (4 Bdd., 1862–1882). Der Dichterklub »Castalia« des R. spiegelt

die Erfahrungen F.s im »Tunnel über der Spree« (vgl. auch: F.s *Christian Friedrich Scherenberg und das lit. Berlin von 1840 bis 1860,* Buchausg. 1885).

1879/80   Conrad Ferdinand Meyer
(Biogr. S. 419):
Der Heilige

Nov. In *Dt. Rundschau.*

Erster Entwurf 1874/75, Wiederaufnahme der Arbeit 1877. Quelle: Augustin Thierry *Histoire de la conquête de l'Angleterre par les Normands* (1825).

König Heinrich verführt die Tochter seines Freundes und Kanzlers Thomas Becket. Sie fällt der Eifersucht der Königin zum Opfer. Scheinbar überwindet in Thomas die Treue zum Herrscher die Rachsucht. Erst als Primas von Canterbury und Diener eines höheren Herrn nimmt er Rache. Als politischer Gegner, als Heiliger, als Vertreter der Kirche wird er dem sinnenfreudigen, leichtsinnigen König gefährlich, bis dieser ihn schließlich am Altar ermorden läßt.
Hohe Objektivität: die Geschehnisse werden berichtet – als Rahmenerz. durch Hans den Armbruster –, ohne daß ihr Sinn ausgedeutet würde. Psychologische Zergliederung der Charaktere wird vermieden.

Buchausg. 1880.

1880   Theodor Fontane
(Biogr. S. 418):
L'Adultera

R. In der Zs. *Nord und Süd.*

Angeregt durch Geschehnisse in der Berliner Gesellschaft. Entst. 1879/80.

Thema des Ehebruchs und der Scheidung. Die von ihrem parvenühaften Mann unverstandene junge Frau findet einen wesensverwandten Partner und eine neue Ehe. Dem bourgeoisen Milieu entsprechend ein versöhnlicher Schluß.
Erster Berliner Gegenwarts-R. F.s. Das Thema Bourgeoisie weitergeführt in *Frau Jenny Treibel,* das des Ehebruchs in *Cécile, Unwiederbringlich* und *Effi Briest.*

Buchausg. 1882.

1881   Gottfried Keller
(Biogr. S. 419):
Das Sinngedicht

Novv.-Zyklus. In *Dt. Rundschau*; vermehrte Buchausg. ebenfalls 1881 (mit Datum 1882).

Plan 1851, als Widerlegung der in Berthold Auerbachs *Die Frau Professorin* behandelten Unversöhnlichkeit von Kultur und Natur konzipiert. Deutlich in der Nov.

Regine, die das gleiche hist. Urbild hat wie Auerbachs Professorin und ursprünglich
versöhnlich enden sollte. Bis 1855 entstanden der Rahmenbeginn, *Von einer törich-
ten Jungfrau* und ein Teil von *Regine,* die weiteren Novv. folgten nach 1860, als·K.
die *Sieben Legenden* aus dem Zyklus ausgesondert hatte.

Sechs Novv., durch einen Rahmen verbunden. Die Rahmenhandlung berichtet, wie ein junger Mann auszieht, um die Wahrheit von Logaus Sinngedicht »Wie willst du weiße Lilien zu roten Rosen machen? / Küß eine
weiße Galathee: sie wird errötend lachen« zu erleben. Er kommt auf ein
Schloß, und hier werden nun die sechs Novv. von dem Schloßherrn, seiner
Nichte Lucie und Reinhart, dem Reisenden, erzählt und so eine Art geistiges Duell ausgetragen. Thema der Debatte ist das Wesen der Liebe,
besonders die Frage der geistigen und moralischen Ebenbürtigkeit von
Mann und Frau, das Verhältnis von Sitte und Sinnlichkeit, das in der
Rahmenhandlung als Erröten und Lachen versinnbilicht ist. Über dem
Erzählen der Geschichten sind sich die beiden jungen Leute innerlich
nahegekommen, so daß nun der Rahmen mit dem Sichfinden der beiden
schließt. Die Gegensätze der Standpunkte bleiben in ihrer relativen Be-
rechtigung bewahrt, werden aber auch in der Gefühl und Geist vereinen-
den Liebe überwunden. Der tragische Schluß der Nov. *Regine* durchbricht
die versöhnliche Atmosphäre, aber durch das Wissen um eine mögliche
Tragik erhält der Glaube an Versöhnung erst Gewicht.
Nach der Erprobung an den *Züricher Novv.* Höhepunkt zyklischer Rah-
mennovellistik. Rahmenhandlung als Haupthandlung; die Novv. durch
ihren Beweis-Charakter zweckhaft auf den Rahmen gerichtet. Je mehr
sich die Dialektik des Erzählduells verschärft, desto mehr werden die
Gegensätze zwischen den Erzählenden abgetragen.

1881/88   Theodor Storm
(Biogr. S. 419):
Altersnovellen in Einzelerscheinungen

Entst. nach St.s 1880 erfolgter Übersiedlung nach Hademarschen.

Die wichtigsten:
Hans und Heinz Kirch (Zs.-Druck 1882, Buchausg. 1883, entst. 1881/
82). Vater-Sohn-Konflikt. Ein ehrgeiziger Vater verliert seinen Sohn, als
er sich gegen dessen Liebe zu einem Mädchen aus nicht gut beleumdeter
Familie stellt, und verschließt sich einer Versöhnung. Den durch den Tod
des Sohnes Gebrochenen umsorgt die einst von ihm abgelehnte Wieb.
Zur Chronik von Grieshuus (Zs.-Druck und Buchausg. 1884, entst. 1883/
84). Chroniknov. Thema der feindlichen Brüder, in der Zeit Karls XII.
spielend. Den Brudermörder trifft nach Jahrzehnten der Tod an dem
gleichen Ort und Tag, an dem er den Bruder erschlug, und mit ihm seinen
geliebten Enkel.
John Riew' (Zs.-Druck und Buchausg. 1885, entst. 1884/85). Verer-
bungsthema. Ein junges Mädchen wird das Opfer ererbter Trunksucht.

Ein Fest auf Haderslevhuus (Zs.-Druck und Buchausg. 1885, entst. 1885). Thema der ungleichen Ehe und der verbotenen Liebe außerhalb der Ehe. Der beleidigte Vater des verführten Mädchens lädt den Verführer zu einem Hochzeitsfest, auf dem Junker Rolf seine Dagmar als Tote wiederfindet. Mit ihrer Leiche stürzt er sich vom Schloßturm.

Ein Bekenntnis (Zs.-Druck und Buchausg. 1887, entst. 1887). »Mein Thema: wie kommt ein Mensch dazu, sein Geliebtestes zu töten? Und wenn es geschehen ist, was wird aus ihm?« (St. an Keller). Ein Arzt tötet seine unheilbar erkrankte Frau und erfährt zu spät, daß eine Heilung möglich gewesen wäre.

Der Schimmelreiter (Zs.-Druck und Buchausg. 1888, entst. 1886/88).

Quelle: Die in *Lesefrüchte vom Felde der neuesten Lit.* (Jg. 1838) unter dem Titel *Der gespenstige Reiter* mitgeteilte Weichselsage um einen Deichgeschworenen aus dem Dorfe Güttland, die St. im Erscheinungsjahr las; er verlegte das Motiv von den Weichselmarschen bei Danzig nach der Nordseeküste.

Kampf und Aufstieg einer ehrgeizigen Herrschernatur bis zum Deichgrafen. Hauke Haien scheitert an der Bosheit und Beschränktheit der Mitmenschen ebenso wie an den Naturgewalten. Stärkste Wirkung aus Verbindung von Handlungsdramatik und Landschaftsstimmung, die bis zur Naturdämonie gesteigert ist.

St. rückte seit 1881 immer stärker von dem Problem der persönlichen Schuld ab. Der Untergang im Kampf mit der Umwelt und den ererbten Anlagen erschien ihm als der eigentlich tragische, realistische. Schicksalstrotz und ethische Bewährung in diesem Kampf zeichnen seine Gestalten aus.

Technisch entwickelte St. die schon früh geübte Kunst der Andeutung zu höchster Stufe: er stellte »das Vorletzte, nicht das Letzte« dar (Emil Kuh).

1882   **Conrad Ferdinand Meyer**
(Biogr. S. 419):
Gedichte

Die Slg. enthält die seit 1870 entstandenen Gedichte und überarbeitete Gedichte der früheren Slgg.: *Zwanzig Balladen von einem Schweizer* (1864), *Romanzen und Bilder* (1871). Zyklisch gegliedert, der Aufbau symbolisch gemeint.

Balladen und Stimmungsbilder. Die vorwiegend hist. Balladen lassen eine Metaphysik der Gesch. sichtbar werden. Interpretation großer Gestalten und Zeiten, besonders des 16. und 17. Jh., in bedeutsamen Augenblicken. Darstellung des Großen, Machtvollen, Aristokratischen. Unter den Stimmungsbildern Deutungen fremder Kunstwerke. Wenig Liebesgedichte. Die Natur nicht als Stimmung, sondern als Symbol *(Schwüle; Nachtgeräusche; Abendwolke)*; gleichnishafte Dinggedichte, verhüllte Aussage des Ich.

An der Überarbg. der älteren Gedichte das Reifen der Lyrik M.s ersichtlich. Gefeilt, zusammengezogen, »kristallisiert« (vgl. die beiden Fassungen von *Der römische Brunnen*). Formenstrenge Architektonik. »Intimität« bewußt vermieden. Im Formstreben und in der Bildhaftigkeit dem Münchener Dichterkreis verwandt, andererseits auf den Symbolismus vorausweisend.

Nach Gottfried Kellers Urteil »Brokat«.

1882   Theodor Fontane
             (Biogr. S. 418):
             Schach von Wuthenow

»Erz. aus der Zeit des Regimentes Gensdarmes«. In der *Vossischen Ztg.*

Vermittlung des 1815 spielenden hist. Stoffes – Verlobung und Selbstmord des Majors von Schack – durch Mathilde von Rohr. Quellenstudium und Planung seit 1878, intensive Arbeit 1881–1882.

F. verlegte den Stoff in das Jahr 1806, für dessen geistige Atmosphäre ihm die Titelgestalt exemplarisch schien. Ein Offizier des feudalen Regiments Gensdarmes heiratet statt der geliebten Frau deren von ihm nicht geliebte, häßliche Tochter, nachdem er sie verführt hat, glaubt sich aber durch Erfüllung einer solchen Ehrenpflicht zu einer Ehe fern der Gesellschaft verdammt und dem Spott der Kameraden ausgesetzt; er erschießt sich.

Auch hier Thema: preußischer Adel, dessen Unfähigkeit zum Handeln und erstarrter Ehrenkodex in der Zeit um 1806 dargestellt wird. Psychologische Studie. Handlung und Charaktere erwachsen organischer aus dem hist. Kolorit als in *Vor dem Sturm;* Skala der Meinungen über einen Krieg mit Napoleon. Moderne Färbung durch geistreichen Dialog und die Causerien sowie Reflexionen der eingelegten Briefe.

Buchausg. 1883 (Auslfg. 1882).

1882/83   Conrad Ferdinand Meyer
             (Biogr. S. 419):
             Kleine Novellen

Erste Novv.-Slg. in 4 Bdd., enthält die bisher einzeln erschienenen Novv.:

Das Amulett (Buchausg. 1873, Plan seit den 60er Jahren, Niederschrift 1872/73). Rahmen-Nov. Rückerinnernde Erz. von der Errettung aus der Bartholomäusnacht. Zu den Charakteren standen Freunde M.s Modell.

Der Schuß von der Kanzel (ersch. 1878 in *Zürcher Taschenbuch,* Buchausg. zus. mit *Das Amulett* in *Denkwürdige Tage* 1878, Plan seit etwa 1869, Niederschrift 1877). Heitere Erz. von dem jagdlustigen Pfarrer, dem mittels seiner Liebhaberei die Erlaubnis zur Heirat seines Kindes abgelistet wird.

Plautus im Nonnenkloster (ersch. als *Das Brigittchen von Trogen* 1881 in *Dt. Rundschau,* entst. 1880/81). Rahmen-Nov. Der Florentiner Humanist Poggio erzählt von den Mißständen in einem Nonnenkloster.

Gustav Adolfs Page (ersch. 1882 in *Dt. Rundschau,* entst. 1882). Der Page Leubelfing ist ein verkleidetes Mädchen, das für den geliebten König stirbt. Anregung durch die Gestalt Klärchens in Goethes *Egmont.*

In allen Novv. hist. Stoffe. Dabei starke Verwendung eigenen Erlebens. Große Geschlossenheit in Aufbau und Stil schon in diesen Werken. Die von M. häufig benutzte Technik der Rahmenerz. gab ihm die Möglichkeit der Distanzierung von seinem Stoff, milderte die bewegte, ernste Handlung.

1883   **Conrad Ferdinand Meyer**
             (Biogr. S. 419):
             Das Leiden eines Knaben

Nov. Unter dem Titel *Julian Boufflers. Das Leiden eines Knaben* in *Schorers Familienblatt.* Buchausg. mit endgültigem Titel im gleichen Jahr.

Entst. Sommer 1883. Quelle: Memoiren des Herzogs von Saint-Simon (1675 bis 1755).

Ein Knabe wird im Kloster von den Jesuiten zu Tode gequält, weil sie seinen Vater, der ihnen als Marschall unerreichbar ist, hassen. Diese Gesch. läßt M. den Leibarzt Ludwigs XIV. dem König an dem Tag erzählen, an dem Ludwig einen Jesuiten zu seinem Beichtvater ernannt hat. M. stellte dadurch eine Beziehung zwischen dem rein privaten Geschick des Knaben und der großen politischen Gesch. her. Nachwirken persönlicher Jugenderlebnisse.

1883/84   **Conrad Ferdinand Meyer**
              (Biogr. S. 419):
              Die Hochzeit des Mönchs

Nov. In *Dt. Rundschau.*

Plan seit Anfang 1881, Niederschrift Ende 1883.

Die Rahmenhandlung zeigt Dante als den Erzähler einer Gesch., zu deren Gestalten er Personen aus seiner höfischen Umgebung als Vorbilder nimmt. Die Gesch. behandelt das Schicksal des Mönches Astorre, der dem sterbenden Vater die Rückkehr ins weltliche Leben verspricht, mit dem Mönchtum aber den sittlichen Halt verliert. Die Handlung treibt in raschem Tempo auf die Katastrophe zu; effektvolle dramatische Szenen. Kompositorisch unter dem Einfluß von Kellers *Sinngedicht.*

Buchausg. 1884.

1885   Conrad Ferdinand Meyer
              (Biogr. S. 419):
              Die Richterin

Nov. In *Dt. Rundschau.* Buchausg. im gleichen Jahr.

Erste, teils epische, teils dram. Entwürfe 1881–1883. 1883 Verlegung des Stoffes aus Sizilien und der Zeit Friedrichs II. von Staufen nach dem heimischen Bünden in die Zeit Karls des Großen. Geschrieben 1885.

Die Richterin Stemma hat den ihr aufgezwungenen Gatten vergiftet, die Schuld lastet viele Jahre auf ihr; von Gesichten verfolgt, bekennt sie schließlich am Grabe des Gatten die Tat. Um ihrer Tochter, die sie belauscht hat, den Weg in die Zukunft frei zu machen, gibt sie sich den Tod.
Hauptgewicht im Psychologischen der Gestalten.

1886   Gottfried Keller
              (Biogr. S. 419):
              Martin Salander

R. In *Dt. Rundschau.* Buchausg. im gleichen Jahr.

Plan zu Beginn der 80er Jahre.

Das Individuum im Kampf mit den politischen und sozialen Zuständen. Der allzu optimistische, vertrauensselige Salander wird immer wieder betrogen und beiseite gedrängt, während charakterlose Streber einer anderen Familie zu Ansehen und Macht gelangen. Martins Töchter scheitern in Ehen mit gewissenlosen Politikern. Das Glück, das Martin nicht erringen konnte, soll sein Sohn Arnold erkämpfen und bewahren.
Zeitbild der Gründerjahre. Stark ausgeprägter Realismus. Schweizerische Verhältnisse sollen, wie schon in den Seldwylaer Erzz. angestrebt, als Sinnbild der allgemein-europäischen Zustände angesehen werden. In Sprache und Aufbau nicht mehr so gefeilt wie die vorangehenden Werke. Es fehlt die Spannkraft, auch die des Humors, um den pessimistischen Gesamteindruck zu heben. Wo K. mit realistischer Unerbittlichkeit das kommende Zeitalter zeichnet, zerfällt seine aufs Idyllische gerichtete Welt (Georg Lukács). K.s sorgenvolles politisches Vermächtnis.

Plan eines zweiten R. *Arnold Salander* nicht mehr ausgeführt.

1886   Theodor Fontane
              (Biogr. S. 418):
              Cécile

R. In der Zs. *Universum.*

In Thale/Harz und Krummhübel in den Sommermonaten 1884–1885 geschrieben.

Thema der Mesalliance. Cécile, die einmal die Geliebte eines Fürsten war, folgt freiwillig einem Verehrer, dem Opfer ihrer Schönheit, den ihr sie eifersüchtig und ehrempfindlich bewachender Mann erschießt, in den Tod. Scheinehe wie in *L'Adultera*.

Im Harz und in Berlin spielender Gesellschafts-R. Kühle, sachliche, fast referierende Darstellungsweise. Karge Handlung. Zwei Drittel der Nov. bestehen aus Idyllik und Milieu.

Buchausg. 1887.

1887   Conrad Ferdinand Meyer
(Biogr. S. 419):
Die Versuchung des Pescara

Nov. In *Dt. Rundschau*. Buchausg. im gleichen Jahr.

Entst. 1886–1887. Studium der hist. Darstellungen von Ranke, Gregorovius, Schlosser u.a. sowie von Alfred von Reumonts *Vittoria Colonna* (1881), der ursprünglich die Hauptrolle in der Nov. zugedacht war.

Unter der Bedingung, vom Kaiser abzufallen und statt dessen einer Liga zur Befreiung Italiens sein Schwert zu leihen, wird dem siegreichen kaiserlichen Feldherrn Pescara bald nach der Schlacht bei Pavia die Krone von Neapel angeboten. Er hält jedoch dem Kaiser die Treue und weiß zudem, daß er an einer bei Pavia erhaltenen Wunde sterben muß und nur noch die nächste Aufgabe, die Eroberung Mailands, bewältigen kann. Danach bricht er tot zusammen.

Versuchung zu Untreue und Verrat konstantes Motiv M.s seit *Das Amulett*. M. reizte an dem hist. Stoff die Unerforschbarkeit der letzten Gründe für Pescaras Ablehnung; sie sicherte ihm volle Gestaltungsfreiheit. Seine Darstellung der hist. Wirklichkeit ist ein Konzentrat aus zahlreichen Motiven seiner Quellen.

1887   Marie von Ebner-Eschenbach
(1830–1916, Mähren, Wien):
Das Gemeindekind

R.

Der auf Gemeindekosten erzogene Sohn minderwertiger Eltern bringt es durch eigene Kraft zu einer sauberen, geachteten Existenz.

Volkspädagogische Grundhaltung. Interesse an der sozialen Frage, am Vererbungsproblem, am Gegensatz Dorf-Stadt. Bekanntestes Werk der Verfn.

M. v. E.-E. schrieb ferner: *Bozena,* R. (1876); *Oversberg,* Nov. (1883); *Dorf- und Schloßgeschichten* (1883/86); *Unsühnbar,* R. (1890); *Glaubenslos,* R. (1893) u.a.

1887   **Theodor Fontane**
                  (Biogr. S. 418):
                  Irrungen, Wirrungen

R. In der *Vossischen Ztg.*

1882 konzipiert, 1886 beendet.

Thema des »Verhältnisses«, das gelöst werden muß, weil nach dem Ehrenkodex des preußischen Adels und des kleinbürgerlichen Mädchens nur eine Heirat innerhalb des gleichen Standes denkbar ist. Bei aller Freiheit des Urteils und fast poetischer Verklärung des Liebesverhältnisses stellte sich F. auf die Seite der »Ordnung«, gegen den »Lärm in Gefühlen«. Die sozialen Schranken, an denen die Liebe scheitert, sind Ausdruck nicht der Moral, sondern der Konvention und Sitte, die für F. Gültigkeit haben, auch wenn es »mitunter hart« ist, sich ihnen zu beugen. Der Verstoß gegen sie und gegen das Gebot, daß man »nicht Herzen hineinziehen« dürfe (F.), muß gesühnt werden. Tragischer Ausgang, jedoch »an die Stelle einer heroischen Vernichtung den Untergang durch alltägliche Nichtigkeit« gesetzt (Walther Killy).
Realistische Schilderung des kleinbürgerlichen Alltagslebens, berlinischer Örtlichkeiten, der Sprechweise der Offiziere und des Berliner Volkes. Die vorkommenden Realien haben Kunst- und Verweisungscharakter.

Buchausg. 1888.
Großer Erfolg. Das Thema machte F. für seine Zeit zum »modernen Autor«. Reaktionäre Kreise lehnten die »gräßliche Hurengeschichte« ab.

1888   **Wilhelm Raabe**
                  (Biogr. S. 419):
                  Das Odfeld

Erz. In *Nationalzeitung.*

Entst. Oktober 1886 bis November 1887.

Behandelt die Schicksale der Bewohner des ehemaligen Klosters Amelungsborn am Tage des Gefechts auf dem Odfeld am 5. November 1761. Die genaue hist. Fixierung und Einbettung in hist. Details nicht mit dem Ziel der Rekonstruktion einer hist. Realität, sondern zur Sichtbarmachung sich immer wiederholenden menschlichen Elends und der Möglichkeit des Menschen, dennoch in Menschlichkeit zu bestehen. Das Odfeld hat im Laufe der Gesch. bis in mythische Zeiten zurück viele Kämpfe gesehen, die Zeit der Erz. wird transparent für einen tiefen Vergangenheitsraum. In der Hauptperson des Sonderlings Magister Noah Buchius und seinem aus antikem und christlichem Bildungsgut erlesenen und erlebten Wissen wird diese Tiefendimension des Lebens deutlich; über dem realen Handlungsverlauf ein Bezugssystem aus Bildern, Zitaten, Symbolen. Streng symmetrischer Aufbau in 25 Kapiteln.

Buchausg. 1889.

1890	**Theodor Fontane**
	(Biogr. S. 418):
	Stine

R. In der Zs. *Deutschland*. Buchausg. im gleichen Jahr.

Entworfen 1881, beendet bereits vor der das gleiche soziale Thema behandelnden Nov. *Irrungen, Wirrungen,* deren Erfolg erst auch für *Stine* einen Verleger finden ließ.

Im Gegensatz zu *Irrungen, Wirrungen* will hier der kränkliche, vom Leben vernachlässigte Graf die Schranken der Konvention brechen, während die arme Näherin fühlt, wohin sie gehört, und ihn abweist. Der Graf nimmt Gift.

Neben der Blässe und der etwas gewaltsamen Durchführung der Haupthandlung steht das farbige, mit Verwendung des Berliner Dialekts echt getroffene, moralisch weitherzige, aber gesunde Milieu der Witwe Pittelkow, der Schwester Stines.

1891	**Conrad Ferdinand Meyer**
	(Biogr. S. 419):
	Angela Borgia

Nov. In *Dt. Rundschau*. Buchausg. im gleichen Jahr.

Ursprünglich Plan eines Dr. Entst. 1889/91.
Quelle: Ferdinand Gregorovius' *Lukrezia Borgia;* an sie lehnte M. sich bei der Schilderung der Lukrezia an, hinter der die Gegengestalt Angela streckenweise in den Hintergrund tritt. Im übrigen freie Behandlung der Quelle.

Angela Borgia, eine Verwandte der Lukrezia Borgia, rühmt die schönen Augen Giulios. Sein Bruder, der Angela liebt, läßt Giulio blenden. Angela schenkt dem Blinden dafür ihr Leben. Der gläubige Moralismus des Schlusses wirkt aufgesetzt, widerspricht dem Haß und Grauen der aufgezeigten Welt.

Letztes Werk vor M.s geistigem Zusammenbruch. Spürbares Nachlassen der dichterischen Kraft, doch sprengte auch der Stoff den Rahmen des auf einen Helden und ein Problem konzentrierten Formtyps der M.schen Novv.

1891	**Theodor Fontane**
	(Biogr. S. 418):
	Unwiederbringlich

R. In *Dt. Rundschau*. Buchausg. im gleichen Jahr.

Entst. 1887–1890. Handlung nach einer Begebenheit, die F. als Anregung für einen R. mitgeteilt wurde; von Strelitz nach Dänemark transponiert.

Graf Holk läßt sich von seiner Frau scheiden und kehrt zu ihr zurück, als die Geliebte ihn von sich weist. Nach wieder vollzogener Trauung er-

tränkt sich die Frau, weil beide ihre aus verschiedener Veranlagung erwachsenen Lebensansprüche nicht überwinden können. Der Titel des R. bewahrt das Wort, das in F.s Quelle die Heldin ihrem Mann hinterließ und F. im Kontext seines R. durch ein Gedicht Waiblingers ersetzte.
Das Thema der auf Grund entgegengesetzter Temperamente scheiternden Ehe später in *Effi Briest* wiederholt.

1891	**Wilhelm Raabe** (Biogr. S. 419): **Stopfkuchen. Eine See- und Mordgeschichte**

In *Dt. Romanztg.* Buchausg. im gleichen Jahr.

Entst. Dezember 1888 bis Mai 1890. Für die Ausarbeitung hatte R. sich selbst 17 Monate zur Verfügung gestellt.

Heinrich Schaumann, genannt Stopfkuchen, steht von Jugend auf abseits und sucht Anschluß an die Menschen, die »hinter der Hecke liegengelassen worden sind«. Schwer gewinnt er das Vertrauen des als Mörder verschrienen Bauern auf der »roten Schanze« und seiner verwilderten Tochter. Er kann den Geächteten vom Mordverdacht reinigen und heiratet die Tochter; den wirklichen Mörder nennt er erst nach dessen Tode.
Rahmenhandlung: ein von einer Dld.-Reise nach Afrika heimkehrender Freund Stopfkuchens schreibt dessen Bericht nieder. Des Durchschnittsmenschen Eduard großes Erlebnis in Dld. ist die Eigenständigkeit Stopfkuchens, der trotz philisterhafter Züge mehr vom Leben weiß und dem Philisterium seiner Mitmenschen souveräner gegenübertritt als der Weitgereiste. Stopfkuchens Lebensweg hat viele Parallelen zu R.s eigener Entwicklung.
Die Schopenhauersche Welt- und Menschenfeindschaft im Glauben an den inneren Reichtum des menschlichen Herzens überwunden. Humorvoll, breit. R. nannte *Stopfkuchen* sein bestes, sein subjektivstes Buch. Nähe zu Jean Paul. Struktur der Detektivgesch.
Der Untertitel ironische Spitze gegen den Publikumsgeschmack. Hervortreten der idealistischen Basis des Realismus.

1892	**Theodor Fontane** (Biogr. S. 418): **Frau Jenny Treibel oder Wo sich Herz zu Herzen find't**

›R. aus der Berliner Gesellschaft‹. In *Dt. Rundschau.* Buchausg. im gleichen Jahr.

Entst. 1888–1891.

Jenny, aus kleinen Verhältnissen in die wohlhabende Bourgeoisie aufgerückt, hält sich selbst für eine Idealistin, offenbart aber ihre materielle Gesinnung, als es sich um die Heirat ihres Sohnes mit einem mittellosen Mädchen handelt.

Auch hier F.s Prinzip der Ordnung: die kluge, gebildete Corinna findet zu der äußerlich bescheidenen, aber innerlich reichen Gelehrtenwelt ihres Vaters zurück, und der Sohn Treibel heiratet in die Kreise, die seine Mutter für angemessen hält. Gegenüberstellung der Bourgeoisie und der bürgerlichen Gelehrtenstube.

Kritik an der Kulturfeindlichkeit der Bourgeoisie nicht aggressiv, sondern indirekt. Behaglich-ironische Gesamtstimmung. Milieuschilderung, gut getroffene Atmosphäre. Verwendung des Leitmotivs; es ist nach F. der »richtige Taktaufschlag« für eine Erz.

1894/95	**Theodor Fontane**
	(Biogr. S. 418):
	Effi Briest

R. In *Dt. Rundschau.*

Angeregt durch die Nachricht vom Schicksal des Barons Armand Léon von Ardenne und seiner Frau Elisabeth. Erster Entwurf 1890.

Gesch. einer Ehebrecherin, die aus Unerfülltheit und Langeweile einem leichtsinnigen Liebhaber anheimfällt. Ihr Mann, Baron von Innstetten, mit dem sie früh verheiratet wurde und der versäumte, ihrem Leben Erfüllung zu geben, entdeckt diesen Fehltritt erst nach Jahren und durch Zufall. Nicht aus Leidenschaft und spontaner Rachsucht, sondern aus Komment und Pedanterie tötet er den Liebhaber im Duell. Effi wird geschieden und aus ihren Kreisen ausgeschlossen, sie stirbt frühzeitig an Gram und Einsamkeit.

Hinter den Sinn dieser aus Konvention geschlossenen Ehe setzte F. ein Fragezeichen: »Das ist ein zu weites Feld.« Kein Aufbegehren aus dem Recht der Leidenschaft oder Grundsätzen der Emanzipation, die F. an Ibsens *Nora* verurteilte: »Ehe ist Ordnung.«

Endgültige Wendung von der äußeren Gesellschaftsschilderung zur Seelendarstellung, »fast mit dem Psychographen geschrieben« (F.). »Alle rational erfaßbaren Seelenvorgänge sind durch zarte Andeutungen in Wort und Gebärde sichtbar gemacht« (Julius Petersen).

Technisch von klassischer Klarheit: drei gleich umfangreiche Hauptteile, eingeschlossen von einem Einleitungs- und einem Schlußteil, die zu den Hauptteilen im Verhältnis eins zu zwei stehen.

Buchausg. 1895.

1895/96	**Theodor Fontane**
	(Biogr. S. 418):
	Die Poggenpuhls

R. In *Vom Fels zum Meer.*

Entst. 1890–1894.

Darstellung bescheiden-tüchtigen Aristokratentums, Gegenstück zu *Frau Jenny Treibel*. Im Mittelpunkt der sparsamen Handlung, die in der Sicherung des Lebensunterhalts für die Offizierswitwe und ihre fünf Kinder resultiert, steht das Familienereignis des Jahres, der Geburtstag der Majorin.

Im wesentlichen Milieuschilderung und Herausarbeitung des Familiencharakteristikums, der Poggenpuhl-Atmosphäre, das in seinen Nuancen alle Personen der Handlung verbindet. Darstellung des Berliner Lebens; die Schilderung einer Auff. von Wildenbruchs *Quitzows* im Hoftheater spiegelt F.s Erfahrungen als Theaterkritiker.

Buchausg. 1896.

1896   Wilhelm Raabe
            (Biogr. S. 419):
            Die Akten des Vogelsangs

R. In *Dt. Romanztg.* Buchausg. im gleichen Jahr.

Entst. 1893–1895.

Der Vogelsang ist die Vorstadt eines kleinen norddt. Städtchens, in dem einige Nachbarkinder zusammen aufwachsen, über deren Lebensschicksal die von einem von ihnen niedergeschriebenen »Akten« berichten. Im Mittelpunkt steht die unglückliche Liebe des Velten Anders, der an allem Glück und Gut der Erde vorbeigeht, weil die Jugendgeliebte einen amerikanischen Millionär geheiratet hat. Zu spät erkennt sie ihre Schuld, Velten kann nur noch in ihren Armen sterben.

R.s leidenschaftlichstes Buch. Das Motiv ins Unmögliche gesteigert, der Stil teilweise pathetisch.

1897/98   Theodor Fontane
            (Biogr. S. 418):
            Der Stechlin

R. In *Über Land und Meer.*

Entst. 1895–1897.

Ursprünglicher Plan »Gegenüberstellung von Adel, wie er bei uns sein sollte, und wie er ist«, d. h. ein Erziehungs-R., in dem der junge Woldemar von Stechlin zum Vertreter des Adels, wie er sein sollte, heranzubilden war. In der Ausführung jedoch der Adel, wie er ist, in den Vordergrund getreten, repräsentiert durch den alten Dubslav von Stechlin. Alle Partien, in deren Mittelpunkt Dubslav steht, zeichnen sich gegenüber denen um den Sohn durch größere Farbenfülle aus.

Im Herrenhause Stechlin wird das Alter durch die Jugend, eine Zeit, die sich überlebt hat, durch eine neue abgelöst. In der Gestalt des alten Dubslav von Stechlin viel von F.s eigenem Wesen und seiner Lebensanschauung. Ein liberaler »Frondeur« und doch kein »Moderner«. Wehmütiges, aber tapferes, zukunftsgläubiges Abschiednehmen von einer alten Zeit. Thematisch, stimmungsmäßig und im Aufbau Nähe zu F.s erstem R. *Vor dem Sturm*. Altersstil. Die Neigung zu Maximen besonders ausgeprägt. Die wenigen handlungsmäßigen Begebenheiten und die Charaktere sind mehr Anlaß für die Formulierung von Gesprächen. Kurze, die Rede und Gegenrede unterbrechende Zwischensätze wirken wie Regieanweisungen. Lange Partien ließen sich in die Druckanordnung eines Dr. umredigieren.

Buchausg. 1899.

1899   **Wilhelm Raabe**
            (Biogr. S. 419):
            Hastenbeck

Erz. In *Dt. Romanztg*. Buchausg. im gleichen Jahr.

Entst. August 1895 bis August 1898.

Behandelt die Schicksale des Blumenmalers Pold Wille von der Herzogl. braunschweigischen Porzellanfabrik Fürstenberg, der von Werbern der englischen Armee zu den Soldaten gepreßt wird und nach der Schlacht bei Hastenbeck 1757 desertiert, sowie seiner Braut, des Pfarrerstöchterleins Bienchen von Boffzen. Beide fliehen unter Führung einer alten Marketenderin durch die winterliche Landschaft in die neutrale Grafschaft Blankenburg in den Schutz des Landesherrn.
Thematisch und stilistisch mit *Das Odfeld* verwandt; auch hier das Geschehen durch den idealen Bereich von Geßners Idylle *Daphnis* und einer mit dieser kontrapunktisch zitierten protestantischen Erbauungsschrift umspielt und überhöht. Durch distanzierenden Humor sind Kriegsgrauen und Rokokogeist, menschliches Elend und Noblesse des Herzens zu einer Einheit verschmolzen.

1880–1900   **Naturalismus**

Um 1880 wurde, besonders von der Lit.-Kritik, eine konsequente Befolgung der realistisch-materialistischen Erkenntnisse gefordert. Der Beginn des Naturalismus wird im allgemeinen mit den *Kritischen Waffengängen* (1882) der Brüder Hart angesetzt. Der extreme Naturalismus wurde bald abgelöst, nachdem sich schon in seinen Anfängen Strömungen bemerkbar gemacht hatten, die sich nicht nur gegen ihn, sondern gegen die gesamte zu ihm hinführende Entwicklung des 19. Jahrhunderts wandten. Die im Realismus der voraufgehenden Epoche zusammengezwungenen Tendenzen sowohl zur subjektivierenden als auch zur objektivierenden Gestaltungsweise trennten sich am Ausgange des 19. Jh. voneinander und wurden einerseits im Naturalismus, andererseits in seinen Gegenströmungen, dem Impressionismus und verwandten Richtungen, radikalisiert. Die revolutionäre Stoßkraft des Naturalismus war um 1900 erschöpft, er trat jedoch in mancherlei Varianten weiterhin auf.

Außer dem bereits von den Kritikern und Dichtern der Epoche benutzten Namen »Naturalismus« wurde für die neue Richtung wieder das Wort »modern« in Anspruch genommen, wie es schon andere Richtungen, etwa das Junge Deutschland, für sich gebraucht hatten. Im Kreise der Berliner Lit.-Kritiker Otto Brahm, Paul Schlenther, Maximilian Harden, Leo Berg wurde von Eugen Wolff das Substantivum »Die Moderne« geprägt.

Die Naturalisten empfanden ihre Kunst als etwas Neues, als »Revolution der Lit.«, und sahen die gesamte nachklassische Vergangenheit als »idealistisches Epigonentum« an, obgleich deren realistische Tendenzen doch zu ihnen hingeführt hatten.

Der Naturalismus fiel in die letzten Jahre Bismarcks und die ersten entscheidenden Regierungsjahre Wilhelms II., also in die Blütezeit des politischen und wirtschaftlichen Imperialismus. Der erbarmungslose Konkurrenzkampf im Zeichen des Manchestertums und die Technisierung beschleunigten die Verarmung weiter Schichten, die sozialen Gegensätze verschärften sich. Die sog. soziale Frage wurde zu einem Hauptproblem der Innenpolitik.

Die Arbeiterschaft hatte sich 1864 unter Lassalle im *Allgemeinen dt. Arbeiterverein* und 1869 unter Bebel und Liebknecht in der marxistisch fundierten *Sozialdemokratischen Arbeiterpartei* organisiert, die sich 1875 als *Sozialistische Arbeiterpartei Deutschlands* vereinigten. Den revolutionären Kräften suchte Bismarck zunächst durch das Sozialistengesetz zu begegnen, das 1890 unter dem Druck der politischen Arbeiterbewegung fallengelassen wurde. Mit dem Arbeiterschutzgesetz 1891 wollte man ein Mindestmaß an Existenzsicherung schaffen. Die von Bismarck eingeleitete schutzzöllnerische Wirtschaftpolitik sicherte zwar die dt. Wirtschaft, besonders die Landwirtschaft, vor fremden Konkurrenten, beschleunigte aber noch das Anwachsen des Kapitals in den Händen der Unternehmer und in weiten Kreisen des Bürgertums.

Die um die Jh.-Mitte in Erscheinung getretenen philosophischen Erkenntnisse kamen im 9. Jahrzehnt erst zu voller Wirkung.

Charles Darwins Abstammungslehre, die die biologischen Arten durch natürliche Auslese entstanden sein ließ, begründete mit dem Glauben an die steigende Durchsetzung der vorteilhaften Eigenschaften die Hoffnung auf eine Aufwärtsentwicklung des Menschengeschlechts. Herbert Spencer (1820–1903) lehrte, daß auch die moralischen Vorstellungen sich auf ererbte Erfahrungen, und zwar des Nützlichen, gründen. Gut sei, was der Selbsterhaltung des einzelnen und der Gruppe diene, schlecht, was sie schädige. Sowohl er wie auch John Stuart Mill (1806–1873) fanden, daß der Wert oder Unwert der Handlungen von den Folgen abhänge, die sie für die Gesellschaft haben. Ziel habe das größte Glück der größten Zahl zu sein. Ein steigendes Übergewicht der altruistischen gegenüber den egoistischen Motiven sei für die Zukunft zu erhoffen. Die beiden engl. Philosophen gingen auf den Positivismus Auguste Comtes (1798–1857) zurück und betrachteten wie er die Erfahrung als die Basis menschlichen

Wissens. Unter den Wissenschaften ließen sie nur die Naturwissenschaften und die ihnen verwandte Soziologie gelten. Auch die psychischen Äußerungen des Menschen seien eine Funktion des körperlichen Mechanismus. Die geistige Welt funktioniere wie die natürliche nach Kausalgesetzen.

Starken Einfluß auf die Kunstanschauungen des Naturalismus hatte Hippolyte Taine (1828–1893), der den Positivismus auf die Beurteilung von Gesch. und Kunst übertrug und den bestimmenden Einfluß von race, milieu, temps herausstellte (*Philosophie de l'art,* 1882). Summe dieser Philosophie war Loslösung vom Transzendenten. Nur die Erde und das kurze Leben auf ihr sind dem Menschen gegeben. Die Sinne und Triebe, allenfalls der Intellekt regieren den Menschen. Er ist eingespannt in einen naturgesetzlichen, »determinierten« Ablauf der Dinge, es gibt keine Willensfreiheit.

Der Staat des Imperialismus erschien als Unterdrücker des Individuums, vor allem der unteren Klassen. Die von Karl Marx begründete Gesellschafts- und Geschichtslehre gab nicht nur diesen ihre leitende Idee, sondern formte auch das allgemeine Denken. Als Held der Entwicklung galt nicht mehr der einzelne, sondern seine Gruppe, die Klasse. Sein Individualismus geht auf in einem sozialen Willen, der der Gemeinschaft dient. Die Klasse befreit den Menschen aus der Passivität und läßt ihn handeln, wandelt seinen privaten Pessimismus in altruistischen Optimismus.

Der entstehende dt. Naturalismus konnte sich an die in anderen Ländern bereits weiter fortgeschrittene naturalistische Entwicklung anlehnen. Er tat das bewußt, auch um die dt. Lit. aus ihrer Gebundenheit an den dt. Kulturraum zu lösen und ihr wieder internationale Geltung zu verschaffen.

Aus Frankreich wirkten auch jetzt noch Balzac und Flaubert. Das Neue, die anti-metaphysische Sicht der Welt, die Darstellung des Menschen als Triebwesen, lernte man von Guy de Maupassant (1850–1893). Die Kunst, den »accent fiévreux« des Lebens wiederzugeben, die Behandlung sozialer Probleme (*Germinie Lacerteux,* 1864: Gesch. eines Dienstmädchens) fand man bei den Brüdern Edmond (1822–1896) und Jules Goncourt (1830–1870) vorgebildet. Bestimmend wurde die Wirkung von Emile Zolas (1840–1902) »roman expérimental«; hier verband sich die Forderung nach wissenschaftlicher Exaktheit des Zeitbildes mit der thematischen Ausweitung auf die Welt der Deklassierten.

Neben die Franzosen traten die großen russischen Realisten. Am wenigsten sichtbar ist eine Wirkung der Gesellschaftsschilderungen Turgenjews (1818–1883), am stärksten die der sozialen Anklage und des Besserungswillens Leo Tolstojs (1828–1910). Im Mittelpunkt seiner großen Rr. stehen nicht Einzelpersonen, sondern das Schicksal einer ganzen Schicht oder Klasse. Vorbildlich wurde vor allem sein Dr. *Macht der Finsternis* (1886). Von den Werken Fjodor Dostojewskijs (1821–1881), der sich selbst einen »Proletarier-Literaten« nannte und in dem die Zeit einen politischen Märtyrer sah, hatte damals den größten Erfolg *Schuld und Sühne* (1867, dt. 1881), die Gesch. eines Proletarier-Studenten, der zum Mörder wird.

Der überraschend starke Einfluß der skandinavischen Lit. ist zum großen Teil auf den dän. Lit.-Historiker Georg Brandes (1842–1927) zurückzuführen, der die seit seinen Kopenhagener Vorträgen (1871) in den nordischen Ländern entstandene sozialkritische Lit. nach Dld. vermittelte. Seit Anfang der 80er Jahre erschienen dt. Übss. der Rr. von Alexander Kielland (1849–1906), Jonas Lie (1833–1908), Arne Garborg (1851 bis 1924), Hans Jaeger (1854–1910) und Christian Krogh (1852–1925). Die Entwicklung eines Charakters aus Umwelt und Vererbung lernte man vor allem von Jens Peter Jacobsen (1847–1885), dessen *Niels Lyhne* (1880) den Typ des »halben Helden« prägte. Von August Strindberg (1849 bis 1912) waren damals nur der Journalisten-R. *Das rote Zimmer* und die Drr. *Der Vater* (1887) und *Fräulein Julie* (1888) von Bedeutung, seine große Wirkung setzte erst mit dem Symbolismus ein. Henrik Ibsen (1828 bis 1906), der in seinen Gesellschaftsstücken das frz. Konversationsstück weiterentwickelte, lehrte die vorbildliche Form des realistischen psychologischen Dr. Er diskutierte in *Nora* (1879), *Gespenster* (1881), *Wildente* (1884), *Volksfeind* (1882) die modernen Fragen der Frauenemanzipation, der Vererbung, der bürgerlichen Lebenslüge, der Gemeinschaft. Er gab nicht Lösungen, sondern setzte an den Schluß das für den Naturalismus typisch gewordene Fragezeichen. Neben dem Einfluß seiner Drr. konnte sich von denen Björnstjerne Björnsons (1832–1910) nur das *Fallissement* (1875) behaupten.

»Unsere Welt ist nicht mehr klassisch, / Unsere Welt ist nicht romantisch, / Unsere Welt ist nur modern« (Arno Holz). Die Modernität dieser Welt wurde im wesentlichen in ihrer Natürlichkeit und die Modernität der Lit. in der Wiedergabe dieser Natürlichkeit gesehen. Zola formulierte: »L'œuvre d'art est un coin de la nature, vu à travers un tempérament.« Bei Arno Holz hieß dieser Grundsatz: »Kunst = Natur – x« oder »Die Kunst hat die Tendenz, wieder Natur zu sein, sie wird sie nach Maßgabe ihrer jeweiligen Reproduktionsbedingungen und deren Handhabung« (*Die Kunst. Ihr Wesen und ihre Gesetze*, 1891 f.): Reportage wurde Dg. Der Mensch als Produkt seines Milieus schien am ehesten am Durchschnittsmenschen erkennbar. Moderner Nachfolger des traditionellen »Helden« war der passive Held, der unentschlossene und schwankende Charakter, der »halbe Held«. Das Natürliche trat auch auf dem Gebiet des Gefühls- und Seelenlebens in den Vordergrund, die Liebe wurde in ihrer Abhängigkeit vom Trieb gezeigt, und die Wahrheit verlangte, daß auch das Perverse nicht ausgeschlossen blieb. Die Einbeziehung des nach alten Maßstäben Unschönen und Unsittlichen führte in oppositionellem Gegenschlag zu einer einseitigen Bevorzugung des Häßlichen und Niederen: Kranke, Geistesgestörte, Alkoholiker, die Dirne wurden beliebte Handlungsträger.

Im sog. Realistenprozeß wurden 1890 Konrad Alberti, Hermann Conradi und Wilhelm Walloth wegen Verletzung des Scham- und Sittlichkeitsgefühls angeklagt und bei Einziehung der inkriminierten Schriften zu Geldstrafen verurteilt.

Die genaue Erfassung der zu schildernden Wirklichkeit verlangte Präzision der schriftstellerischen Technik. Je mehr der Dichter zum Darsteller wurde, je mehr er sich der Deutung enthielt und mit seinen Geschöpfen in ihrem Milieu zu stehen suchte, desto mehr wurde seine Leistung zur wissenschaftsähnlichen Beobachtung. Ibsen suchte die Zeitungen regelmäßig nach Stoff ab und legte sich eine Sammlung von Tatsachenmaterial an. Zola notierte sich seine Beobachtungen über das Leben in Paris und den Industriestädten, und mancher Deutsche, wie etwa Wilhelm Bölsche, ist ihm darin gefolgt. Intuition und Inspiration wurden einer solchen Schriftstellergeneration verdächtig, ebenso der Begriff Genie. Die methodisch festgelegte Arbeitsweise ermöglichte die Zusammenarbeit zweier Autoren wie Holz und Schlaf. Mit der wachsenden Intimität der Beobachtung wuchs das Gefühl für die Nuance und das Streben nach Verfeinerung der Darstellungsmittel. Die erhöhte Sensitivität schuf den »Nervenkünstler«. Gestik, Mimik, Sprache wurden differenziert. Im Dr. fielen die alten, »unnatürlichen« Hilfsmittel wie Monolog und Bei-Seite-Sprechen. Der Vers wurde als unnatürlich abgelehnt, und wo er, wie in der Lyrik, noch auftrat, war er kaum mehr als solcher zu erkennen. Richtschnur war die Umgangssprache: Dialekt, abgebrochene Sätze, ja selbst grammatische Fehler schienen die Natürlichkeit zu erhöhen. Schließlich wurden die phantastischen Züge in Zolas Rr. als ebenso inkonsequent empfunden (vgl. Arno Holz: *Zola als Theoretiker*) wie das konstruktive Element in Ibsens Sprache; der Symboleinsatz beider widersprach dem strikten Naturalismus.

Als objektiver Darsteller der Wirklichkeit hat der Künstler sich fortschrittlich an die Spitze seiner Zeit zu stellen. Seine Arbeit dient der Aufklärung, der Erziehung, der ändernden Gestaltung der Zukunft. So kam Otto Brahm zu der Formulierung, der Naturalismus wolle nicht »Wahrheit im objektiven (das ist keinem Kämpfer möglich), sondern im subjektiven Sinn«.

Der Durchbruch des Naturalismus erfolgte zunächst auf dem Gebiete des Romans. Von entscheidendem Einfluß war Zolas Theorie *Le Roman expérimental* (1880), die im Dichter einen wissenschaftlichen Experimentator sieht. Seine Aufgabe sei, »alle Ereignisse auf den erfahrungsgemäß richtigen Beweggrund zurückzuführen«, wie Zola selbst in *Les Rougon-Macquart* (1871/93, 20 Bdd.) durch fünf Generationen die Eigenschaften der Personen aus denen der Vorfahren ableitete und durch Umwelteinflüsse modifizierte. Nach skandinavischem Muster schuf man den Bohemien-R., der die Gesellschaftskritik aus der Sicht des Literaten und Künstlers ansetzte.

Der frühnaturalistische R. war nur in seinen sozialkritischen Themen, in seiner Betonung psychologisch-pathologischer Züge und in der Wiedergabe des Details naturalistisch, während Sprache, Stilmittel und manche Einzelmotive (romanhaft-phantastische Erfindungen, geniale Kraftweiber und zerrissene Männer) noch eine Verwandtschaft mit dem jungdt. R. zeigten. Erst in den Skizzen von Holz und Schlaf herrschte Einheit von Stoff und Form.

An erster Stelle stand der psychologische R. Neben ihm waren alle Formen einer Stimmung und Milieu einfangenden Erzählkunst vertreten: Erzz., Skizzen, Studien, Naturschilderungen. In der Spätzeit der Epoche wurde in einigen stark lokal gespeisten Erzählwerken ein Kompromiß mit den strengeren Formen des Realismus gefunden (v. Polenz, Sudermann, Clara Viebig).

Auf dem Gebiet des Dramas hatte bereits Anzengruber mit der Tradition des frz. Gesellschaftsstückes und der üblichen Lspp. gebrochen. Der endgültige Durchbruch des konsequenten Naturalismus im Theater in den Drr. von Holz, Schlaf und Hauptmann ist verknüpft mit der Gründung der Freien Bühne 1889. Einige Elemente des naturalistischen Dr. stammten aus dem psychologischen Dr. Ibsens, dessen typische Merkmale, die Figur des Räsoneurs, die geringe Personenzahl (durchschnittlich fünf) und die Rückkehr zur »natürlichen« Einheit von Zeit und Ort, man übernahm. Besonders weist auf Ibsen die Anwendung der analytischen Technik, die langsame Aufdeckung eines zurückliegenden Verbrechens, die unabwendbare Annäherung der Katastrophe. Sie verlieh dem Dialog Doppelsinn. »Das Dr. hat vor allem Charaktere zu zeichnen, die Handlung ist nur Mittel« (Arno Holz). Folge dieser Tendenz wurden die ausführlichen szenischen Bemerkungen. Hatte die traditionelle Dramaturgie immer wieder die Möglichkeiten des tragischen Konfliktes vorzüglich bei den »Standespersonen« oder den großen Ausnahmeerscheinungen gesucht, was noch Hebbel nach *Maria Magdalene* zur historisch-mythischen Tr. zurückkehren ließ, so öffnete sich nunmehr die Bühne auch den untersten Schichten. In Hauptmanns Dramatik ist jedoch hinter der sozialen eine existentielle Problematik zu erkennen: die Unauflöslichkeit der Antinomien des Lebens, die in der Weltordnung ihren Ursprung haben.

Für die naturalistische Lyrik wurden durch die neu formulierte Poetik Pathos, Schönheitsdrang, Mystik ausgeschlossen. Wie die Lyrik des Vormärz verwandte sie Motive aus der Technik, und sie erfaßte erstmals Großstadt und Großstadtmenschen. Formal blieb sie zunächst traditionell, indem sie vielfach an Muster des Vormärz anknüpfte.

Eine typisch naturalistische Lyrikform versuchte Arno Holz zu begründen. Die Übereinstimmung von Form und Gehalt sollte dadurch erreicht werden, daß der innere Rhythmus des Auszusagenden zum Ausdruck gebracht wurde. H. wollte auf »jede Musik durch Worte als Selbstzweck« verzichten, wollte weder Reim noch Strophen noch freie Rhythmen, sondern notwendige Rhythmen, die vom Stoff her sich der Prosa nähern mußten. Diese Thesen (*Revolution der Lyrik,* 1899) fanden erst im Expressionismus Widerhall.

Viele Schriftsteller standen im Gegensatz zur bestehenden Gesellschaftsordnung. Während die Realisten eine bürgerliche Existenz geführt hatten, betonten die Naturalisten die Unsicherheit und Unbürgerlichkeit ihrer Lebensform, fühlten sich als Außenseiter und dem Proletarier verwandt, banden sich aber parteilich nicht. Hauptmann z. B. wollte dem Sozialismus nahestehen, ohne sich zu ihm zu bekennen.

Die Sozialisten selbst lehnten den Naturalismus ab, da er die Parteiperspektive außer acht ließ, zuviel Individualismus und zuviel Pessimismus zeigte; 1896 wurde auf dem Parteitag auch der Vorwurf der Anstößigkeit erhoben. Die seit den 60er Jahren hervorgetretene agitatorische sozialistische Lit. orientierte sich am »idealen« Menschenbild der Klassik und dem Pathos des Vormärz; das *Bundeslied* (1864) für den *Allgemeinen dt. Arbeiterverein* schrieb Georg Herwegh (vgl. die Lyrikanthologie *Vorwärts*, hgg. Rudolf Lavant 1884).

Zentren der Lit. waren vor allem München und Berlin, wo sich viele kleine Lit.-Gruppen bildeten.

Die Münchener Gruppe unter Führung von Michael Georg Conrad entstand 1882. Zs.: *Die Gesellschaft* (seit 1885), hgg. Conrad, vom 4. Jg. an zus. mit Karl Bleibtreu, der in *Revolution der Lit.* (1885) mit der gesamten Lit. des 19. Jh. abgerechnet hatte. Wichtiger Kritiker: Konrad Alberti.

Etwa 1883 bildete sich in Berlin ein Kreis um die Brüder Heinrich (1855–1906) und Julius (1859–1930) Hart, die mit den *Kritischen Waffengängen* (1882ff.) Aufsehen erregt hatten. Er umfaßte etwa 20 Personen, vielfach Studenten, darunter: Arno Holz, Hermann Conradi, Karl Henckell, Gerhart Hauptmann. Von den Harts erschien außerdem *Kritisches Jahrbuch* (1889–1890), von Heinrich Hart *Berliner Monatshefte für Lit., Kritik und Theater* (1885).

Eine zweite Berliner Gruppe war der 1886 von Konrad Küster, Leo Berg und Eugen Wolff gegründete Verein »Durch«, dessen Mitglieder sich auch das »Jüngste Dld.« nannten und der die *Akademische Zs.* herausgab.

Entscheidend für den Durchbruch des konsequenten Naturalismus wurde der nach dem Muster des Pariser Théâtre libre gegründete lit. Verein Freie Bühne und das dazugehörige Theater 1889. Die Aufführungen des von Otto Brahm (1856–1912) geleiteten Theaters waren wegen der Zensur nicht öffentlich. Man eröffnete im September mit Ibsens *Gespenstern*, es folgte Hauptmanns *Vor Sonnenaufgang*. Seit 1890 erschien die Zs. *Freie Bühne für modernes Leben* (hgg. 1890–1891 Otto Brahm, red. Arno Holz, Wilhelm Bölsche), seit 1894 als *Neue dt. Rundschau*, 1904 bis 1944 als *Die Neue Rundschau* (hgg. Oskar Bie u. a.). Maximilian Harden (1861 bis 1927), einer der Mitbegründer der Freien Bühne, gab seit 1892 die politische und Kultur-Zs. *Die Zukunft* heraus.

Seit 1890 bestand der Friedrichshagener Dichterkreis, dessen Mitglieder z. T. schon den früheren Berliner Naturalistengruppen angehört hatten. Im Mittelpunkt standen die Häuser von Wilhelm Bölsche (1861–1939) und Bruno Wille (1860–1928), später der Brüder Hart. Das Hauptwerk des Darwin- und Haeckel-Anhängers Bölsche war *Die naturwissenschaftlichen Grundlagen der Poesie* (1887). Er gründete zus. mit Wille 1890 die Freie Volksbühne.

Bald nach Gründung der Freien Bühne standen die konsequenten Naturalisten im Gegensatz zu den Münchener Frühnaturalisten. Konrad Alberti und Karl Bleibtreu gründeten 1890 in Berlin die Dt. Bühne. Unter Michael Georg Conrads Vorsitz entstand 1890 in München die Gesellschaft für modernes Leben.

Die wichtigsten Autoren des Naturalismus:

Anzengruber, Ludwig, geb. 1839 in Wien. Zuerst Buchhändler, 1860 bis 1867 Schauspieler, 1869 Kanzleibeamter der Wiener Polizei. Mußte 1870 infolge des Aufsehens, das *Der Pfarrer von Kirchfeld* erregte, von seinem Amt zurücktreten. Seit 1871 widmete er sich ganz der Schriftstellerei und gab *Die Heimat* (1882–1884) und das Witzblatt *Figaro* (1884–1889) heraus. Für die Weihnachtskom. *Heimg'funden* (1885) erhielt er 1887 den Grillparzerpreis. Gest. 1889 in Wien.

Halbe, Max, geb. 1865 in Güttland bei Danzig. 1883 stud. jur. in Heidelberg, 1884 in München. 1885–1887 Stud. der Gesch. und Germanistik in Berlin; Dr. phil. Lebte 1888–1894 als freier Schriftsteller in Berlin, 1894/95 in Kreuzlingen/Bodensee, seit 1895 in München. Gest. 1944 in Burg bei Neuötting.

Hauptmann, Gerhart, geb. 1862 in Obersalzbrunn/Schlesien als Sohn eines Hotelbesitzers. Nach dem Besuch der Realschule in Breslau zunächst Ausbildung als Landwirt, 1880–1882 Besuch der Breslauer Kunstschule, wurde Bildhauer. Erste dram. Versuche. 1883/84 als Bildhauer in Rom. Seit 1884 in Berlin, Studium an der Universität, Kontakt mit dem Kreis der Brüder Hart, Beschäftigung mit der zeitgenössischen Lit. Seit *Vor Sonnenaufgang* (1889) Mittelpunkt der naturalistischen Lit. 1894 Reise nach Paris und Amerika. 1896 von Erich Schmidt für den Schillerpreis vorgeschlagen, von Wilhelm II. abgelehnt. Aufenthalt im Winter meist in Berlin, während des Sommers in dem 1900 erworbenen Haus Wiesenstein in Agnetendorf oder auf Hiddensee. Viele Reisen. 1905 Ehrendoktor der Universität Oxford, 1912 Verleihung des Nobelpreises. 1932 zweiter Amerika-Aufenthalt. Gest. 1946 in Agnetendorf, beigesetzt auf Hiddensee.

Holz, Arno, geb. 1863 in Rastenburg/Ostpreußen als Sohn eines Apothekers. Von 1875 an in Berlin, seit 1881 als Redakteur. Erhielt 1885 für *Buch der Zeit* den Schillerpreis. Im Winter 1888/89 Zusammenleben und Zusammenarbeit mit Johannes Schlaf, praktische und theoretische Versuche zu einer konsequent naturalistischen Kunstlehre. Nach den aufsehenerregenden Ergebnissen dieser Zusammenarbeit in seinen späteren Werken eigenwillige Bahnen beschreitend, vielfach übersehen und verkannt. Gest. 1929 in Berlin.

Liliencron, Detlev von, geb. 1844 in Kiel. Seit 1863 preußischer Offizier, Teilnahme an den Kriegen 1866 und 1870/71, mußte 1875 schuldenhalber den Dienst quittieren. 1882 Hardesvogt auf der Insel Pellworm, 1884–1887 Kirchspielvogt in Kellinghusen, mußte abermals schuldenhalber das Amt aufgeben. Lebte als freier Schriftsteller in München, Berlin, Altona, seit 1901 in Alt-Rahlstedt. Gest. ebd. 1909.

1870   **Ludwig Anzengruber**
                  (Biogr. S. 464):
                  Der Pfarrer von Kirchfeld

Vst. m. G. 4. Auff. 5. 11. in Wien, Theater an der Wien. Unter dem Pseudonym L. Gruber.

Angeregt durch den österreichischen Kulturkampf der 60er Jahre, gerichtet vor allem gegen das Vatikanische Konzil von 1870. »Ein anderer wollte sich nicht finden, welcher der Zeit von der Bühne herab das Wort redete, also mußte ich es sein« (A.).

Pfarrer Hell arbeitet in seinem Dorf für ein freies Menschentum und gegen die unduldsame Herrschaft des Klerus, dessen Engherzigkeit er schließlich unterliegt.
Tradition des Altwiener Vst.: Typen, Verbindung des Sprechtheaters mit der Musik, Volkssprache. Realistische Allegorien im Gegensatz zu den phantastischen Raimunds, dessen märchenhafte, lyrische Züge bei A. fehlen. Das Thema und die Hauptgestalt in ihrer Zerrissenheit und Schwäche weisen bereits auf Ibsen und Hauptmann, den Naturalismus.
Buchausg. 1871.

1871   **Ludwig Anzengruber**
                  (Biogr. S. 464):
                  Der Meineidbauer

Vst. m. G. 3. Auff. 9. 12. in Wien, Theater an der Wien.

Geschrieben Februar bis August 1871.

Tr. des Selbstbetruges. Der Bauer, der ein heimlicher Sünder ist, sieht sich durch seinen äußeren Erfolg in seiner Auserwähltheit bestätigt und dankt sogar Gott für das Gelingen seiner bösen Taten, »versündigt sich im Gebet«.
Noch weiter gehende Kritik an der Kirche als im *Pfarrer von Kirchfeld* (1870): Während dort der Pfarrer um eine Kirche kämpfte, wie sie nach seiner Vorstellung sein müßte, wird hier die Verirrung eines an sich nicht wertlosen Charakters auf kirchliche Erziehung zurückgeführt.
Buchausg. 1872.

1872   **Ludwig Anzengruber**
                  (Biogr. S. 464):
                  Die Kreuzlschreiber

Bauernkom. m. G. 3. Auff. 10. 12. in Wien, Theater an der Wien. Buchausg. im gleichen Jahr.

Der Grundeinfall aus einer Zeitungsnotiz von 1871 übernommen. Geschrieben 1871 bis Juni 1872.

Die Zwentdorfer Bauern haben sich verleiten lassen, ihren Einspruch gegen die Beschlüsse des Vatikanischen Konzils (1870) nach München zu schicken. Da sie Analphabeten sind, unterzeichnen sie mit Kreuzeln. Die Frauen, von der Geistlichkeit dazu angehalten, verweigern ihnen bis zur Zurücknahme des Einspruches ihre ehelichen Rechte, bis sie dann doch nachgeben, da die Männer mit den Mitgliedern des »Jungfernklubs« zusammen die ihnen auferlegte Wallfahrt antreten wollen.

Komisches Gegenstück zum *Pfarrer von Kirchfeld* (1870). Themaverwandt mit Aristophanes' *Lysistrata*.

1874   **Ludwig Anzengruber**
              (Biogr. S. 464):
              Der G'wissenswurm

Bauernkom. m. G. 3. Auff. 19. 9. in Wien, Theater an der Wien. Buchausg. im gleichen Jahr.

Geschrieben 2.–16. April 1874.

Der reiche Bauer Grillhofer fühlt sein Gewissen von einer Jugendsünde belastet, sein Schwager, der Dusterer, nutzt diese Angst aus, ihn erbschleicherisch zu erpressen. Als Grillhofer die Verlassene der Jugendzeit aufsucht, findet er statt einer Gebrochenen eine herrsch- und habsüchtige Bäuerin, so daß seine Gewissensangst einer gesunden Lebensfreude Platz macht.

Charakterkom. gegen asketischen, weltabgewandten Kirchengeist.

1877   **Ludwig Anzengruber**
              (Biogr. S. 464):
              Das vierte Gebot

Vst. 4. Auff. nach der für den 18. 12. vorgesehenen, aber von der Zensur verbotenen am 29. 12. in Wien, Theater in der Josephstadt.

Skizze schon 1864. Ausarbeitung Herbst 1877.

Gegen die Unbedingtheit des vierten Gebotes. Die verwahrlosten Eltern werden zum Untergang der Kinder, die nicht die Kraft haben, sich von dem verderblichen Vorbild frei zu machen. Schilderung der Großstadt Wien, deren obere und untere Schichten gleich verderbt sind.

Die religiöse Kritik der früheren Drr. durch soziale Kritik erweitert.

Buchausg. 1878.
Berühmte Auff. der Freien Bühne in Berlin 2. 3. 1890. Einfluß auf die Berliner Naturalisten.

1881   **Ernst von Wildenbruch**
          (1845–1909, Beirut, Konstantinopel, Berlin, Weimar):
          Die Karolinger

Tr. 4, in Jamben. Auff. 6. 3. in Meiningen, Hoftheater.
Streit um die Thronfolge im Hause Ludwigs des Frommen. Im Mittelpunkt die Kaiserin Judith, die für ihren Sohn Karl die Erbberechtigung erkämpft.
Die Historie als Vehikel des zeitgenössischen Patriotismus. »Das Schicksal des Volkes ist seine Gesch. Darum ist und bleibt das hist. Dr. das eigentliche« (W.). Pathetische Schiller-Nachfolge. Theatralisch geschickt.

Buchausg. 1882.
W. versuchte sich erfolglos auch in naturalistischen, sozialen Gegenwartsdrr.: *Die Haubenlerche* (1890), *Meister Balzer* (1892).

1883   **Detlev von Liliencron**
          (Biogr. S. 464):
          Adjutantenritte und andere Gedichte

Erlebnislyrik aus dem Kriege 1870/71. Betonung des Sinnenhaft-Natürlichen, Kreatürlichen gegenüber der idealisierenden Kriegsdg. Die lyrische Stimmung erzeugt durch eng aneinandergereihte minuziöse Momentbilder. Erste Anzeichen des naturalistischen »Sekundenstils« (vgl. *Zwei Meilen Trab*). Betonte Formstrenge im Gegensatz zu den Frühnaturalisten. Weniger schöpferisch als erarbeitet und ausgefeilt. Häufig Übernahme volksliedhafter Formen. Als Gegenschlag gegen die Heyse-Geibelsche Richtung in der Wortwahl bewußt salopp.
Politisch reaktionär.

In L.s späterem Schaffen nahm das Kriegserlebnis weiter einen großen Raum ein. Außerdem realistische Naturlyrik, naiv-sinnliche Liebeslyrik und Balladen, die, anfangs an Fontane und Strachwitz geschult, häufig einen leichten, humoristischen Ton haben. Weitere Slgg.: *Gedichte* (1889), *Der Haidegänger* (1890), *Neue Gedichte* (1893), *Nebel und Sonne* (1897), *Bunte Beute* (1903).

1885   **Moderne Dichtercharaktere**

Lyrik-Anthologie, hgg. Wilhelm Arent. Vorangestellt *Unser Credo* von Hermann Conradi und *Die neue Lyrik* von Karl Henckell. Motto: »Wir rufen dem kommenden Jahrhundert« und »Der Geist des Künstlers wiegt mehr als das Werk seiner Kunst« (J. M. R. Lenz).
Vertreten sind 21 Autoren, z. B. Wilhelm Arent, Heinrich und Julius Hart, Oskar Lincke, Otto Erich Hartleben, Arno Holz, Karl Henckell, Hugo Kralik, Ernst von Wildenbruch, Hermann Conradi.
Während die Einleitungen eine »vom Scheitel bis zur Sohle« moderne Lyrik, die »das Intime, das Wahre, das Natürliche, das Ursprüngliche, das

Große und Begeisternde« zu Wort bringen sollte, versprechen, beschränkt sich das Neue der formal noch traditionellen Slg. fast nur auf den Stoff: die soziale Frage, das Hinterhaus, Vorstadt- und Dirnenmilieu. Ästhetische und politische Programmlyrik, Forts. der Tendenzlyrik des Jungen Dld.

1885	**Ludwig Anzengruber**
	(Biogr. S. 464):
	Der Sternsteinhof

R.
Ein armes Mädchen hat sich in den Kopf gesetzt, Herrin des reichen Sternsteinhofes zu werden. Hart und rücksichtslos geht sie diesen Weg, erweist sich jedoch dann wirklich als vorbildliche Bäuerin.
Naturalistische, nicht romantische oder sentimentale Darstellung eines bäuerlichen Charakters. Gegensatz zu Auerbach.

Weitere epische Werke: *Der Schandfleck,* R. 1877; *Dorfgänge,* Novv., 1879.

1886	**Arno Holz**
	(Biogr. S. 464):
	Das Buch der Zeit

Von 200 Gedichten einige autobiographisch deutbare im Abschnitt *Großstadt,* Mitleidspoesie aus der Dachstube, dem Inbegriff von Armut und Vereinsamung, die proletarische Nachbarschaft den Besitzenden gegenübergestellt. Keimzelle für *Phantasus* (1898/99).
Details und einzelne stimmungsgesättigte Bilder vom Leben in der Großstadt; das neue Thema erkannt und propagiert, selten bewältigt.

1887	**Hermann Conradi**
	(1862–1890, Berlin, Leipzig, München):
	Lieder eines Sünders

Gedichte.
Persönliche lyrische Beichte und rücksichtslose Selbstenthüllung, Kampf der niedrigen und der geistigen Kräfte im Menschen. Meist triumphiert die »Sünde«. Wissen um ein verspieltes Leben und einen frühen Tod. Nekrologe auf sich selbst.

1887	**Hermann Sudermann**
	(1857–1928, Ostpreußen, Berlin):
	Frau Sorge

R.
Lebensweg eines in Not, Bedrückung und Verkennung aufwachsenden ostpreußischen Bauern, der aus Liebe zu seinen Angehörigen eine große Schuld auf sich nimmt. Er befreit sich dadurch von dem Gespenst seiner

Jugend, der Sorge, und gewinnt sich die Liebe von Menschen, die ihn
einer besseren Zukunft zuführen.
Nicht eigentlich naturalistisch, in der Nachfolge der älteren sozialpsycho-
logischen Rr. Stofflich Einfluß von Kellers *Martin Salander,* Björnsons
Arne und Ibsens *Wildente* (die Gestalt des Vaters).

Obgleich der R. auf S. aufmerksam machte, hatte er seine Breitenwirkung erst nach
dem Erfolg des Dr. *Die Ehre.*

1888	Michael Georg Conrad
	(1846–1927, München):
	Was die Isar rauscht

R.

Neben *Die klugen Jungfrauen* (1889; Ibsen gewidmet) und *Die Beichte des Narren*
(1893) Teil eines von C. nach dem Vorbild von Zolas *Rougon-Macquart* geplanten
zehnbändigen R.-Zyklus über das zeitgenössische München.

Künstler-R. Im Mittelpunkt das Recht auf das »Sichausleben«. Schwabin-
ger Milieu: Maler, Mäzene, Ballettmädchen, Modelle (»Malweiber«).
Einbeziehung auch des Häßlichen und Unappetitlichen. Feuilletonistische
Technik: Aneinanderreihung von Skizzen und Szenen, von tendenziösen
Exkursen unterbrochen. Noch nicht naturalistisch.

1888	Max Kretzer
	(1854–1941, Berlin):
	Meister Timpe

R. der Berliner Gründerzeit.
Wie der Handwerksbetrieb Timpes von der Konkurrenz der Fabriken, so
wird sein noch halb ländliches Häuschen von den Hochbauten der wachsenden Großstadt erdrückt. Der Sohn geht zur Konkurrenz über. Der
königstreue Drechslermeister endet als Revolutionär. K. bezeichnete »die
soziale Dg. als künstlerische Darstellung der in der ökonomischen Lage
gefesselten Persönlichkeit«.
Weiterentwicklung des jungdt. R. Stofflich angeregt durch Zolas *Au bon-
heur des dames,* in seiner rückwärtsgewandten Haltung aber noch von
Dickens und Freytag beeinflußt. Der Kampf ist einseitig dargestellt.

K.s zweiter Berliner sozialer R. *Das Gesicht Christi* (1897) behandelte die Wiederkehr Christi in der Welt des Berliner Proletariats.

1888	Karl Bleibtreu
	(1859–1928, Berlin):
	Größenwahn

Pathologischer R.
Welt der Großstadtboheme, ihre Überheblichkeit und Scheinprobleme.
Milieu: Kaffeehaus (die Kellnerin!), Kneipe, Salon. Behandlung sexueller

Fragen. Abkehr vom Literatentum, Bekenntnis zur exakten Naturwissenschaft und zur Tat. Kritik an der jungen Schriftstellergeneration. Schlüssel-R., vor allem gegen den Kreis um die Brüder Hart. Einfluß Zolas und Michael Georg Conrads. Stofflicher, noch nicht stilistischer Naturalismus.

1888	**Gerhart Hauptmann** (Biogr. S. 464): **Bahnwärter Thiel**

»Novellistische Studie aus dem märkischen Kiefernforst«. In *Die Gesellschaft*.

Entst. 1887.

Obgleich in Träumen und Gesichten mit seiner toten ersten Frau verbunden, verfällt Thiel der sinnlichen Ausstrahlungskraft seiner zweiten Frau, die sein Söhnchen mißhandelt und schließlich durch Fahrlässigkeit am Tod des Kindes schuldig wird, das ein Schnellzug überfährt. Thiel, schon vorher von Scham und erwachendem Gewissen gepeinigt, fällt in Wahnsinn und ermordet seine Frau sowie sein zweites, von ihr stammendes Kind.

Intensive Darstellung einer dumpfen, introvertierten Gefühlswelt im Zusammenspiel mit den düsteren und den glühenden Farben des märkischen Waldes. Der Mann zwischen zwei Frauen durchgehendes Motiv in H.s Dgg.

Buchausg. 1892.

1888	**Ernst von Wildenbruch** (1845–1909, Beirut, Konstantinopel, Berlin, Weimar): **Die Quitzows**

Schsp. 4. Auff. 9. 11. in Berlin, Kgl. Schsp.-Haus. Buchausg. im gleichen Jahr.

Neben *Der Generalfeldoberst* (1889) und *Der neue Herr* (1891) Teil eines von W. geplanten Dr.-Zyklus über die Gesch. der Hohenzollern. Entst. 1886/87.

Schildert die Kämpfe des ersten Hohenzollern mit dem eingesessenen Adel Brandenburgs. Verwendung von Jamben für die heroischen Partien, von Prosa für die bürgerlich-realistischen.

Stärkster Gegensatz zu den naturalistischen Kunsttendenzen. Mangel an Umwelt- und Charakterzeichnung, Typen statt Charaktere. Pathetische Pose, laute Leidenschaftlichkeit. Hoftheaterstil.

Größter Theatererfolg W.s.

1889   **Hermann Conradi**
(1862–1890, Berlin, Leipzig, München):
Adam Mensch

R.

Einfluß von *Christiania-Boheme* des Norwegers Hans Jaeger.

Der zukünftige Privatdozent als großsprecherischer, bornierter Nichtstu-
er, dem nichts fremd ist außer Arbeit und Pflicht. Ein Mensch, der sich
aus der Tradition löste, ohne einen neuen Halt zu haben. Seine Überlegenheit ist nur sexuelle Zügellosigkeit. Adam Mensch ist nicht Überwin-
der, sondern Opfer seiner Zeit.
Die soziale Problematik als sexuelle Problematik gedeutet, bewußte Darstellung des Gemeinen und Untermenschlichen.

Nach dem Erscheinen des R. wurde C. wegen Verbreitung unzüchtiger Schriften
zus. mit Wilhelm Walloth und Konrad Alberti in den sog. Realistenprozeß verwik-
kelt. Das Buch wurde verboten.

1889   **Arno Holz**
(Biogr. S. 464) und
Johannes Schlaf
(1862–1941, Querfurt, Berlin, Weimar):
Papa Hamlet

Novv.

Als Übs. aus der naturalistisch fortgeschritteneren norwegischen Lit. getarnt, fin-
gierter Lebenslauf des angeblichen Autors Bjarne P. Holmsen von dem »Übersetz-
zer« Bruno Franzius vorausgeschickt.
Einfluß von Arne Garborg.

Enthält: *Papa Hamlet*. Untergang eines alten Schauspielers mit Frau und
Kind. *Der erste Schultag*. Leiden eines zartbesaiteten Kindes unter den
Roheiten des Schulbetriebes. *Ein Tod*. Letzte Nacht eines unter der Obhut zweier Freunde an den Folgen eines Duells sterbenden Studenten.
Die Novv. werden im Vorwort nur als Studien zu Kunstwerken hingestellt.
Vorwegnahme der Zeitlupentechnik in der Wortkunst: minuziös gezeichnete Eindrücke im Nacheinander des Sekundenstils. Betonung des Akustischen: phonographische Abwandlungen eines Wortes im Munde verschiedener Sprecher und in verschiedenen Situationen. Der größte Teil
der Skizzen aus Dialog bestehend. Tendenz zum naturalistischen Dr.

Zus. mit *Die papierne Passion* und *Familie Selicke* in dem Sammelbd. *Neue Gleise*
(1892). Diese gemeinsamen Dgg. beider Autoren nicht in Holz' *Das Werk* (1924ff.)
aufgenommen.

1889   **Gerhart Hauptmann**
                (Biogr. S. 464):
                Vor Sonnenaufgang

»Soziales Dr.« 5, Prosa. Buchausg. im Sommer, Auff. 20. 10. in Berlin,
Freie Bühne.

Erstes Dr. des Dichters. Ursprünglicher Titel *Der Säemann*. Geschrieben unter dem
Eindruck des *Papa Hamlet* von Holz und Schlaf. Von der Redaktion der *Gesellschaft*
abgelehnt, dagegen von Theodor Fontane an Otto Brahm, den Leiter der Freien
Bühne, empfohlen.

Das für H. typische, von Ibsen beeinflußte Handlungsschema: ein Bote
aus der Außenwelt bringt Verwirrung in eine brüchig gewordene Gemeinschaft, ein Rettungsversuch wird zur Katastrophe. Loth scheint Helene
aus ihrer gesunkenen Familie retten zu können. Als er hört, daß sie aus
einer durch Trunksucht belasteten Familie stammt, verläßt er sie und gibt
ihr damit den Todesstoß.
Deterministische Weltanschauung. Vererbungsproblem (vgl. Ibsens *Gespenster*). Am stärksten die Milieudarstellung der schlesischen Kohlenre-
viere, Parteinahme für die entrechteten Arbeiter gegen die Parvenüs (vgl.
auch H.s *Weber*). Die Liebesszene Loth–Helene Zeugnis für H.s über den
Naturalismus hinausreichende Fähigkeiten. Stilistisch und sprachlich mit
den auch von Holz/Schlaf angewandten Mitteln gearbeitet. Die ausführlichen szenischen Bemerkungen entsprechen den verbindenden Erzählpartien zwischen den Dialogpartien in *Papa Hamlet*. Einheit des Ortes und
der Zeit.

1889   **Hermann Sudermann**
                (1857–1928, Ostpreußen, Berlin):
                Die Ehre

Schsp. 4, Prosa. Endgültige Fassung nach den Anweisungen des Theaterleiters Oskar Blumenthal für die Auff. am 27. 11. in Berlin, Lessingtheater.
Die Relativität der Ehrbegriffe von Vorderhaus und Hinterhaus: man
akzeptiert im Hinterhaus die Abfindungssumme, die das Vorderhaus der
Geliebten des reichen Erben zahlt. Die »ideale Forderung« des aus Indien
ins Hinterhaus heimkehrenden Bruders stößt bei beiden Parteien auf Verständnislosigkeit. Dieser Bruder und die Tochter aus dem Vorderhaus,
die auch ein Außenseiter ist, schließen den Lebensbund, um sich eine
»neue Ehre« zu gründen.
Der Mann aus dem Volke ohne Herablassung, aber auch ohne Verherrlichung gesehen. Beide Welten auch stilistisch geschieden: das Hinterhaus
im Stile des Naturalismus, das Vorderhaus im Stile des konventionellen
Gesellschaftsstückes dargestellt. Als Schriftsteller der Gesellschaft zeigt
S. ihre Probleme auf, macht sie interessant, überspielt sie aber am Schluß
wieder und wahrt die Konvention. Die Frage, was Ehre ist, bleibt offen.

Einfluß des frz. Gesellschaftsstückes (der »Räsoneur« Graf Trast) und Ibsens unter Vermischung mit Theatereffekten des volkstümlichen Rührstückes (Kotzebue, Birch-Pfeiffer).

Buchausg. 1890. Sensationeller Erfolg.

1890	**Arno Holz**
	(Biogr. S. 464) und
	Johannes Schlaf
	(1862–1941, Querfurt, Berlin, Weimar):
	Die Familie Selicke

Dr. 1, Prosa. Auff. 7. 4. in Berlin, Freie Bühne. Buchausg. im gleichen Jahr.

Weihnachtsnacht einer verelendeten, zerrissenen Kleinbürgerfamilie. Die Eltern finden auch nicht am Totenbett des jüngsten Kindes wieder zueinander. Die Tochter opfert ihr Liebes- und Zukunftsglück für ihre Pflicht gegenüber den Eltern. Über der Weiterentwicklung steht ein Fragezeichen, im Grunde die Gewißheit der Sinnlosigkeit.
Reine Zustandsschilderung. Ausführliche szenische Bemerkungen, die aus den referierenden Teilen der früheren novellistischen Skizzen *Papa Hamlet* (1889) hervorgegangen sind.

Von Theodor Fontane als dram. Neuland noch über *Vor Sonnenaufgang* gestellt.

1890	**Gerhart Hauptmann**
	(Biogr. S. 464):
	Das Friedensfest

Dr. 3, Prosa. Zunächst in Zs. *Freie Bühne;* Auff. 1. 6. in Berlin, Freie Bühne; Buchausg. im gleichen Jahr.
Eine Familie wird in ihrem gegenseitigen Haß, ihrem Verfall, ihrem Pessimismus geschildert. Auch die Verlobung des einen Sohnes, die scheinbar friedliche gemeinsame Feier des Weihnachtsfestes lassen keine Hoffnung aufkommen. In jedem dieser Menschen wird durch das Zusammensein das Negative ausgelöst, das zur allgemeinen Zerrüttung treibt.
Einfluß von Ibsens *Gespenstern*. Reine Zustandsschilderung. »Die Familie ist das moderne Schicksal« (H.). Schließt mit einem Fragezeichen.
Schuldvorstellung, tragische Konstellationen, Szenenfügungen und Affektgestaltungen dieses Frühwerks wiederholen sich in H.s Dgg. bis zur *Atridentetralogie*.

1891	**Gerhart Hauptmann**
	(Biogr. S. 464):
	Einsame Menschen

Dr. 5, Prosa. Auff. 11. 1. in Berlin, Freie Bühne. In Zs. *Freie Bühne,* Buchausg. im gleichen Jahr.

Der aus der Enge überkommener Anschauungen strebende, unter dem Einfluß Ernst Haeckels stehende Johannes Vockerath geht an der Verständnislosigkeit seiner Umgebung, an der Macht des Alltäglichen zugrunde. Nachdem ihm durch seine Neigung zu der Zürcher Studentin Anna Mahr seine Einsamkeit erst ganz deutlich wurde und er sich von ihr trennen mußte, bleibt ihm nur noch der Selbstmord. Einfluß von Ibsens *Rosmersholm.*

1892   Gerhart Hauptmann
(Biogr. S. 464):
Die Weber

»Schsp. aus den vierziger Jahren« 5, Prosa. Ursprüngliche Fassung in schlesischem Dialekt als *De Waber,* die hdt. gefärbte Fassung fast gleichzeitig.

Dem Vater gewidmet, dessen Erzählung H. die Kenntnis vom Aufstand der schlesischen Weber 1844 verdankte. Sehr genaue Anlehnung an den Gang der Ereignisse, Übernahme des hist. *Weberliedes.*

Arbeitslosigkeit, hervorgerufen durch die Einführung der maschinellen Weberei, treibt die hungernden schlesischen Weber zum Aufstand gegen die kapitalistischen Arbeitgeber, die von dem Unternehmer Dreißiger (dessen Urbild Zwanziger hieß) repräsentiert werden.
Ein Dr. ohne den traditionellen Helden, der durch das Volk, die Weber, abgelöst wird. Die drückende, mit Zündstoff und geheimer Spannung geladene naturalistische Zuständlichkeit wird zum dram. Motor, indem sie die Revolte auslöst. Hinter dem sozialen Problem wird im Tod des alten Hilse, der sich als einziger nicht am Aufstand beteiligt, die von H. aufgeworfene existentielle Frage sichtbar: die nach der Überwindung der irdischen Antagonismen.

Öffentliche Auff. des »Umsturzdr.« anfangs polizeilich verhindert. Geschlossene Auff. durch Verein Freie Bühne 26. 2. 1893 in Berlin, Neues Theater, durch Neue Freie Volksbühne Oktober und Freie Volksbühne Dezember 1893 in anderen Berliner Theatern. Erste öffentliche Auff. 25. 9. 1894 in Berlin, Deutsches Theater.

1892   Johannes Schlaf
(1862–1941, Berlin):
Meister Oelze

Dr. 3, Prosa.
Meister Oelze hat vor langem im Einverständnis mit der Mutter den Stiefvater ermordet, um seine Stiefschwester nicht zur Erbin werden zu lassen. Die Schwester kommt nach Jahren zurück. Das Verbrechen ahnend, will sie Oelze das Geheimnis ablisten, aber noch auf dem Totenbett bleibt er hart und ungedemütigt, sie erfährt nichts. Ein überdurchschnittlicher Mensch, den seine kleinbürgerliche Herkunft und Umgebung an der Ent-

wicklung seiner Größe hindern. »Hinter den Trivialitäten der Erbschlei-
cherei, des gemeinen Verbrechens aus elendesten Motiven, steht eine
Natur von gewaltiger Größe, unbeugsamer Energie, höhnischer Men-
schenverachtung« (Paul Ernst).

Auff. 2. 2. 1901 in Berlin, Berliner Theater.

1893   **Hermann Sudermann**
             (1857–1928, Ostpreußen, Berlin):
             Heimat

Schsp. 4, Prosa. Auff. 7. 1. in Berlin, Lessingtheater. Buchausg. im glei-
chen Jahr.
Die berühmte Sängerin, die in die Heimat zurückkehrt, wird von ihrem
Vater fast gezwungen, den Partner eines verjährten Fehltrittes zu heira-
ten. Ein Schlaganfall, der den Vater trifft, macht sie frei und bewahrt ihn
vor dem Mord an der Tochter.
Verficht das Recht der Frau und Künstlerin auf Selbstgestaltung ihres
Schicksals, stellt Wahrheit gegen Konvention. Einfluß von Ibsens *Hedda
Gabler*. Die ersten beiden Akte mit ihrer Zustandsschilderung eine Annä-
herung an die Technik von Arno Holz.

Internationaler Erfolg, besonders durch die Tourneen der Eleonora Duse (1859 bis
1924) bekannt geworden. Erreichte 1903 die 31. Aufl.

1893   **Max Halbe**
             (Biogr. S. 464):
             Jugend

»Liebesdr.« 3, Prosa. Auff. 23. 4. in Berlin, Residenztheater. Buchausg.
im gleichen Jahr.
Der kurze Liebestraum des angehenden Studenten Hans Hartwig und des
– von seiner Mutter vorbelasteten – naiv sinnlichen Annchen. Annchens
eifersüchtiger, schwachsinniger Stiefbruder Amandus erschießt statt Hans
die Schwester.
Lyrischer Einklang von erster Liebe und Frühlingslandschaft; Nähe zum
Jugendstil. Spannung und Atmosphäre verstärkt durch weitere, dem dt.-
polnischen Grenzland entnommene Elemente.

Erster und einziger großer Erfolg H.s.

1893   **Gerhart Hauptmann**
             (Biogr. S. 464):
             Der Biberpelz

»Eine Diebskomödie« 4, Prosa. Auff. 21. 9. in Berlin, Deutsches Theater. Buchausg. im gleichen Jahr.
Eine Diebskom. aus der Berliner Vorstadt zur Zeit des Septennatskamp-
fes (1887). Der Pelzdiebstahl, den die Wäscherin Mutter Wolffen began-

gen hat, wird langsam vor dem Zuschauer aufgedeckt. Unwissender bleibt allein der in Arroganz beschränkte Amtsvorsteher Wehrhahn. Die durch ihn repräsentierte Obrigkeit verhindert die Aufdeckung des Verbrechens, sie schützt den Verbrecher und verdächtigt die Ehrlichen.

Analytisch aufgebaut wie Kleists *Zerbrochener Krug*. Das Verbrechen bleibt hier ohne Strafe, entsprechend der naturalistischen Poetik, nach der ein Ausschnitt aus dem wirklichen Leben, aber nicht ausgleichende Gerechtigkeit angestrebt wird.

Das Berliner Vorstadtmilieu, die Gestalt der Mutter Wolffen und des Wehrhahn von H. nach Studien aus seiner Erkner-Zeit gezeichnet.

Forts.: *Der rote Hahn* (1901, Auff. 27. 11. in Berlin, Dt. Theater). Frau Wolff-Fielitz geht zur Brandstiftung über, Darstellung einer ganzen hochstaplerischen Gemeinschaft.

1895   Wilhelm von Polenz
**   (1861–1903, Oberlausitz, Berlin):**
**   Der Büttnerbauer**

R. »Dem dt. Nährstande gewidmet.«
Sozialer Kampf des Bauerntums in der 2. Hälfte des 19. Jh. Der Bauer kann trotz fleißigster Arbeit den väterlichen Hof gegenüber der kapitalistischen Wirtschaftsform und der Technisierung nicht halten und verliert ihn an den Wucherer. Als der Hof versteigert worden ist, erhängt er sich in seinem Garten.

Charakter- und Milieuzeichnung von stark atmosphärischer Kraft.

1896   Detlev von Liliencron
**   (Biogr. S. 464):**
**   Poggfred**

»Kunterbuntes Epos in 12 Cantussen.« Zwei Teile: *Einkehr in Poggfred; Streifzüge um Poggfred.* Verwendung von Stanzen und Terzinen.

Begonnen 1879, beendet 1896.

Poggfred heißt ein fingiertes Dichterheim in der Heide, nahe dem Meer. Der Herr auf Poggfred ist L. selbst. Dessen »Erinnerung, Traum, Erlebnis, Phantasie« bilden den Inhalt der einzelnen, durch keine einheitliche Handlung zusammengehaltenen Gesänge.

Lyrisch-epische Skizzen im Telegrammstil: ». . . Ich kam. Das Herrenzimmer. Cour d'amour. / Das Bismarcksopha. Stürmisch, zärtlich, dreist . . .«. »Leises Protzen mit Derbheit« (Karl Busse).

1904 auf 24, 1908 auf 29 Cantusse erweitert.

1896   **Helene Böhlau**
           (1856–1940, Weimar, München):
           Der Rangierbahnhof

R.

Lebensweg einer künstlerisch empfindenden Frau, die am Unverständnis ihrer Mitmenschen und in der erstickenden Welt des Alltags zugrunde geht.

Naturalistische Darstellung, besonders der psychologischen Vorgänge. Frühe Verwendung symbolischer Mittel: Rangierbahnhof als Sinnbild des Alltagsdaseins.

Wie auch die späteren Rr. der B. (vgl. *Halbtier,* 1899) im Geist der Frauenemanzipation.

1896   **Gerhart Hauptmann**
           (Biogr. S. 464):
           Florian Geyer

»Die Tr. des Bauernkrieges.« Vorspiel und 5 Akte, Prosa. Auff. 4. 1. in Berlin, Dt. Theater. Mißerfolg. Buchausg. im gleichen Jahr.

Das ins Große, Historische, auf den Hintergrund der Bauernkriege Mai bis Juni 1525 projizierte Thema der *Weber*. Florian Geyer, der seiner adligen Abkunft absagte und Führer der Bauern wurde, ist nicht das große Individuum, der Held im alten Sinne, sondern Vertreter der geknechteten, unentschlossenen, leidenden und unterliegenden Bauern. Der Reinheit seines Wollens fehlt die Tatkraft. Das Zeitbild ist in rund 50 Personen abschattiert, wobei Geyers Gegenpartei wenig Akzent bekommt.

Versuch, das hist. Dr. mit naturalistischen Mitteln zu erneuern. Breite Zustandsschilderung, lange Diskussionen, die mit philologischer Gründlichkeit rekonstruierte archaische Sprache hemmen Handlung und Wirkung.

1897   **Otto Julius Bierbaum**
           (1865–1910, Grünberg, Berlin, Dresden):
           Stilpe

»Ein R. aus der Froschperspektive.«

Schicksal eines größenwahnsinnigen Literaten, der beim Tingeltangel und Café chantant endet und dem der Freitod Erlösung ist. Im Mittelpunkt die Berliner Boheme.

Schlüssel-R. mit autobiographischen Momenten, z. B. Schilderung von B.s Zusammenleben mit Dehmel, Hille, Schlaf, Harden u. a. in Berlin.

Der bänkelsängerische, kabarettistische Ton, auch für diesen ernsten Stoff, beherrschte B.s spätere lyrische und epische Werke.
Die in dem R. geschilderte Gründung des Varieté-Lit.-Theaters hatte Einfluß auf die Gründung des Überbrettls durch Ernst von Wolzogen (1901).

1898   **Arno Holz**
(Biogr. S. 464):
Phantasus

Fortgesetzt mit einem weiteren Heft 1899. Keim des Zyklus: die Phantasus-Gedichte im *Buch der Zeit* (1886). Proben bereits in Zss. und Bierbaums *Musenalmanach* (1893).

Gedichte um die Gestalt des in der Dachstube hungernden Dichters, der sich kraft seines Talents über die Welt erhebt. Sein Weg führt durch eine Anzahl von früheren Leben und Wiedergeburten, durch Erinnerung und Traum, bis zur grundsätzlichen Auseinandersetzung mit den Größen der Lit., die ihn in der Dachkammer besuchen. Autobiographie, Naturgesch. und Universalgesch. zusammengesehen. Ich und Welt identisch, die Natur besteht aus unendlichen Inkarnationen des Ich. Antithetik von Traum und Realität; das Dichterleben bestimmt von den Begriffen »Liebe« und »Schaffen«.

Im Druckbild der Gedichte sind in jeder Zeile die gleiche Zahl von Silben rechts und links von einem gedachten Vertikalstrich, der Längsachse, angeordnet. H. wollte dadurch die Leser zwingen, rhythmisch zu lesen. Den immanenten Rhythmus dessen, was gesagt werden soll, zum Ausdruck zu bringen, war für H. Aufgabe einer naturalistischen Lyrik *(Revolution der Lyrik,* 1899). Einfluß von Walt Whitman. Verzicht auf Reim und Strophe. Lyrischer Telegrammstil (vgl. Liliencron): »Vor mir, glitzernd, der Kanal, / den Himmel spiegelnd, beide Ufer leise schaukelnd. / Über die Brücke, langsam, Schritt, reitet ein Leutnant.« Wortzusammensetzungen, Assoziationsreihen, die der exakten Wiedergabe äußerer und innerseelischer Phänomene dienen sollen; dem »inneren Monolog« verwandt. Bemühen um sprachliche Präzision bis zur Grenze des Sagbaren.

H. änderte seine Gedichte später beliebig durch Zusätze oder Abstriche, ohne damit den immanenten Rhythmus zu ändern – eine Weiterführung der Jean Paulschen »Streckverse«. In den späteren *Phantasus*-Ausgg. schwollen die Gedichte barock an. Aufschwellung der Motivkerne durch Rankenwerk weiterer Stoffbezüge. Einfluß auf den Expressionismus.

Zyklisch durchkomponierte Fassung 1916, erneut erweitert in der dreibändigen Fassung 1925. Nachgelassene erweiterte und überarbeitete Fassung (entst. 1929) 1961/ 62.

1898   **Gerhart Hauptmann**
(Biogr. S. 464):
Fuhrmann Henschel

Schsp. 5, Prosa. Auff. 5. 11. in Berlin, Dt. Theater.

Wiederaufnahme des Themas der Nov. *Bahnwärter Thiel* (entst. 1887, ersch. 1888).

Der Fuhrmann Henschel bricht den Schwur, den er seiner ersten Frau getan hat, und heiratet in Sinnenbetörung die herrschsüchtige und raffinierte Hanne Schäl. Er empfindet ihre Lieblosigkeit und Untreue als Strafe für seine Schuld, aus der ihn schließlich der Selbstmord erlöst.
Einer der Höhepunkte der naturalistischen Dramatik H.s. Aus der Zustandsschilderung erwächst eine wirklich dram. Entwicklung. Einsatz aller Mittel des konsequenten Naturalismus: schlesischer Dialekt, Krankenbett, Schwindsucht, Trinker- und Kneipenmilieu, moralische Verkommenheit, die Frau als Fallstrick der Natur.

Buchausg. 1899.

1900   **Otto Erich Hartleben**
            (1864–1905, Clausthal, Berlin):
            Rosenmontag

»Offizierstragödie« 5, Prosa. Auff. 3. 10. in Berlin, Dt. Theater, und in München, Kgl. Schsp.-Haus. Buchausg. im gleichen Jahr.
Der formelhaft gewordene Begriff der Offiziersehre zerbricht Lieben und Leben zweier Menschen. Ungewöhnlicher Theatererfolg.

1900   **Hermann Sudermann**
            (1857–1928, Ostpreußen, Berlin):
            Johannisfeuer

Schsp. 4, Prosa. Auff. 5. 10. in Berlin, Lessingtheater. Buchausg. im gleichen Jahr.

Geplant als Nov. *Das Notstandskind.*

Georg von Hartwig und Marike, die Tochter eines litauischen Pracherweibes, wachsen als Notstandskinder des Hungerjahres 1867 in der Pflege des Gutshauses auf. Die Johannisnacht, die für alle die da ist, denen das Leben die Erfüllung ihrer Wünsche versagte, vereint sie zu kurzem Glück, am nächsten Morgen entscheidet sich Georg aus Opportunismus und Konvention für die Tochter seiner Pflegeeltern.
Theaterstück unter dem offensichtlichen Einfluß von Ibsens *Rosmersholm* und Hauptmanns *Einsame Menschen.*

1900   **Gerhart Hauptmann**
            (Biogr. S. 464):
            Michael Kramer

Dr. 4, Prosa. Auff. 21. 12. in Berlin, Dt. Theater. Buchausg. im gleichen Jahr.

Entst. Frühjahr-Herbst 1900 in Agnetendorf. Vorbild der Titelgestalt war der Breslauer Akademie-Prof. Albrecht Bräuer.

Der nur mittelmäßig begabte Maler Michael Kramer hat sein Leben auf

Streben und Pflicht aufgebaut und erlebt in seinem Sohn Arnold das Genie, das es aus Mangel an Festigkeit und Willen zu keiner Leistung bringt. Die Verachtung seiner Mitmenschen treibt Arnold in den Tod, und dieser Tod erst weckt im Vater das Verständnis für den Sohn. Deterministische Gebundenheit des Menschen, der gegenüber alle Erziehung sinnlos ist.

1902   Arno Holz
              (Biogr. S. 464):
              Die Blechschmiede

Entst. aus den satirischen Elementen des *Phantasus*-Komplexes.

Satirisch-parodistische Gedichte, verbunden durch die Fiktion eines lit. Wettkampfes, bei dem jeder Dichter Proben seines Könnens ablegt. Verspottung der zeitgenössischen Lyrik von Baumbach über die Naturalisten bis zu George. H. spricht sich selbst als einzigem auch das Recht zu, über Goethe zu Gericht zu sitzen: »Auch bei Wolfgang fehlt die Spitze.« Das Ende ist der Sieg der »Makulaturbrüder« über H., den Außenseiter.
Einteilung in 5 »Akte«. Lyrische Formgebung wie bei *Phantasus* (1898f.).

Weitere Fassungen 1917, 1921; endgültige Gestalt 1924.

H.' zweite parodistische Slg. *Lieder auf einer alten Laute* (1903, seit 1904 unter dem Titel *Dafnis. Ein lyrisches Porträt aus dem 17. Jh.)* enthält fingierte Gedichte eines lebenslustigen Barockdichters, der im Alter »aufrichtige und reumüthige Buß-Tränen« vergießt. Vom rein Parodistischen fortschreitend zu einer Darstellung barocken Lebensgefühls.

1903   Gerhart Hauptmann
              (Biogr. S. 464):
              Rose Bernd

Schsp. 5, Prosa. Auff. 31. 10. in Berlin, Dt. Theater. Buchausg. im gleichen Jahr.

Angeregt durch einen Kindesmordprozeß, dem H. 1903 als Geschworener in Hirschberg beiwohnte.

Das Bauernmädchen Rose fällt der Gier der Männer zum Opfer. Sie erkauft das Schweigen des einen über ihr Verhältnis zu dem verheirateten Gutsherrn, indem sie sich ihm hingibt. Sie verstrickt sich in ein Netz von Lügen, die sie schließlich zum Meineid vor Gericht und zum Kindesmord führen. Psychologisches Motiv: »Ich hoa mich geschaamt.« Der tragische Schluß des *Fuhrmann Henschel* wird vermieden, indem die verzeihende Liebe des bisher mißachteten Verlobten der Gefallenen entgegenkommt.
Naturalistische Fortführung des alten Kindsmörderin-Motivs. Neben *Fuhrmann Henschel* Höhepunkt von H.s naturalistischer Dramatik.

1903   **Max Halbe**
            (Biogr. S. 464):
            Der Strom

Dr. 3, Prosa. Auff. 19. 10. in Wien, Burgtheater.

Hochwasser und Dammbruch der Weichsel symbolisieren die Katastrophe einer Bauernfamilie, in der der Betrug des Hofbesitzers an seinen
beiden Brüdern offenbar und gesühnt wird.

Als starkes Stimmungsmoment wirkt die in die Handlung eingreifende
Stromlandschaft. Erneute Verwendung des von H. schon in dem früh. Dr.
Eisgang (1892) für eine soziale Katastrophe verwendeten Symbols.

Buchausg. 1904.

1904   **Fritz Stavenhagen**
            (1876–1906, Hamburg, Berlin):
            Mudder Mews

Nddt. Dr. 5, Prosa.

Entst. Sept. bis Okt. 1903 in Berlin im Kreise des Theaterleiters Otto Brahm.

Die tyrannische Schwiegermutter, die ein glückliches Familienleben vernichtet, den Mann von der Frau fortzieht und diese in den Tod treibt.
Versuch einer Erneuerung des ernsten nddt. Theaterstücks. Technisch
von Hauptmann abhängig. Stark als Charakter- und Milieudarstellung.
Von Einfluß auf die sog. Heimatkunst.

Auff. 10. 12. 1905 in Hamburg, Stadttheater.

1905   **Hermann Sudermann**
            (1857–1928, Ostpreußen, Berlin):
            Stein unter Steinen

Schsp. 4, Prosa. Auff. 8. 10. in Berlin, Lessingtheater. Buchausg. im
gleichen Jahr.

Problem der Wiedereingliederung des entlassenen Strafgefangenen in die
Gesellschaft. Zusammen mit der auch ausgestoßenen unehelichen Mutter
erwirbt er sich die Achtung der Umwelt.

Lösung des sozialen Konflikts durch Rückführung ins Reinmenschliche:
der Hilfsbedürftigkeit tritt die Hilfsbereitschaft zur Seite. Thematisch das
dem konsequenten Naturalismus am nächsten stehende Stück des Autors.
Einfluß von Hauptmanns *Rose Bernd*. Vst.-Charakter. Schluß kolportagehaft.

1907   Ernst von Wildenbruch
             (1845–1909, Beirut, Konstantinopel, Berlin, Weimar):
             Die Rabensteinerin

Schsp. 4, Prosa. Auff. 13. 4. in Berlin, Kgl. Schsp.-Haus. Buchausg. im
gleichen Jahr.

Angeregt durch Rankes *Gesch. im Zeitalter der Reformation*. Begonnen 1905 nach
älterem Plan. Studium der Gesch. des Hauses Welser.

Kampf zwischen dem untergehenden Adel (Rabensteiner) und dem er-
starkenden Bürgertum (Welser). Verbindung beider Geschlechter durch
eine Heirat.
Vst.-Charakter. Großer Erfolg.

1911   Gerhart Hauptmann
             (Biogr. S. 464):
             Die Ratten

Berliner Tragikom. 5, Prosa. Auff. 13. 1. in Berlin, Lessingtheater. Buchausg. im gleichen Jahr.
Frau Maurerpolier John kauft nach dem Verlust des eigenen Kindes einem Dienstmädchen das neugeborene Kind ab und läßt das Mädchen
umbringen, als es später Ansprüche auf das Kind macht. Den Gerichten
entgeht sie durch Selbstmord. Ihr Geschick wird von einem Theologie-
kandidaten erläutert und verteidigt.
Darstellung einer moralisch unterhöhlten Gesellschaft, symbolisiert durch
die Ratten, die unten und oben im Hause nagen; die Theaterwelt Symbol
für die konventionelle Verfälschung des Menschen. Klischeehaftes Sprechen weist ironisch auf die soziale Bestimmtheit aller, das Aneinandervor-
beireden auf ihre Isoliertheit. Der anti-idealistische Standpunkt wird auch
unterstrichen, wenn der Theologiekandidat als Verteidiger des naturalistischen Theaters Goethes *Regeln für Schauspieler* als »mumifizierten Unsinn« abtut, wobei H. die Regeln fälschlich nach einem Pamphlet des
Goethe-Gegners Karl Reinhold zitiert.

1912   Gerhart Hauptmann
             (Biogr. S. 464):
             Gabriel Schillings Flucht

Dr. 5, Prosa. Auff. 14. 6. in Lauchstädt. In *Die Neue Rundschau*. Buchausg. im gleichen Jahr.

Geschrieben 1905–1906.

Wie in *Einsame Menschen* und *Die versunkene Glocke* das Motiv des
Mannes zwischen zwei Frauen. Ein willensschwacher Mensch versucht
sich vergebens von den Frauen, die seinem Künstlertum verständnislos
gegenüberstehen, zu lösen und geht schließlich an ihnen zugrunde.

Beispiel für den typisch naturalistischen »halben Helden«. Im ganzen ein Zurückgreifen H.s, der sich inzwischen dem Symbolismus genähert hatte, auf den Naturalismus. Gehobene, fast rhythmische Prosa.

1914   Karl Schönherr
        (1867–1943, Tirol, Wien):
        Der Weibsteufel

Dr. 5, Prosa.

Naturalistisches Drei-Personen-Stück, das mit sparsamen Mitteln die Dämonie einer die Männer verderbenden Frau beschwört. Bisher Gehilfin ihres schwächlichen Mannes beim Hehlen von Schmugglerware, erwacht sie zu sich selbst, als der Mann sie zwingt, gegenüber einem Grenzjäger als Lockspitzel zu dienen. Sie erprobt ihre Attraktivität an dem Jäger und erreicht ihr Ziel, sich durch den Grenzjäger des Ehemannes zu entledigen, ohne sich an das hoffnungslose Schicksal des Mörders zu binden. Als reiche Erbin wird sie ihre Lebensgier befriedigen können: »Ihr Mannsteufel. Euch ist man noch über.«

Auff. 8. 4. 1915 in Wien, Burgtheater.

1917   Hermann Sudermann
        (1857–1928, Ostpreußen, Berlin):
        Litauische Geschichten

Novv.-Slg.: *Miks Bambullis, Jons und Erdme, Die Reise nach Tilsit, Die Magd.*

Schon früher, z. T. 1885, geplant und vorbereitet.

Realistische, nicht so sehr naturalistische Erzählkunst. Bildhaft, straff, ohne lyrische und stimmungshafte Abschweifungen. Stark getragen durch Atmosphäre und Menschentum der Memelniederung.

1890–1920   Gegenströmungen zum Naturalismus

Noch während der Naturalismus seinen Durchbruch erlebte, traten aus verschiedenen Quellen gespeiste lit. Strömungen zutage, die nicht nur ihren Gegensatz zum konsequenten Naturalismus, sondern zu der gesamten realistischen Entwicklung des 19. Jh. betonten. Ihren Beginn bezeichnen sowohl die ersten Werke Stefan Georges, Hugo von Hofmannsthals und Ricarda Huchs als auch einige Programmschriften: Hermann Bahrs *Kritik der Moderne* (1890) und *Überwindung des Naturalismus* (1891) sowie Richard Dehmels Aufsatz *Die neue dt. Alltags-Tr.* (1892 in *Die Gesellschaft*).

Während Kunstanschauungen der Klassik und Romantik und idealistische Geisteshaltung von der sog. Neuromantik und Neuklassik sowie z. T. in der als Wendung gegen die Großstadtlit. erklärbaren sog. Heimatkunstbewegung mit aufgenommen wurden, wurde die Wiedergabe feinster Stimmungen durch die sog. Impressionisten, die diese Bezeichnung von der zeitgenössischen frz. Malerei übernahmen, als neues Kunstideal aufgestellt.

Diese Varianten einer Zeittendenz begegneten sich in der Erfahrung sozialer Entfremdung und Isolierung, damit einem Krisenbewußtsein, das nach einem neuen Lebensstil, Gesellschaftsreform und Überwindung des Rationalismus durch Gefühlsintensität verlangte. Der den Realitätsanspruch negierende Drang zu Stilisierung ergab den allen Gruppen gemeinsamen, wesentlich auf frz. Vorbilder zurückgehenden symbolistischen Zug.

Die frz. Symbolisten fühlten sich als Erben einer sterbenden Kultur, sie prägten für ihre Situation Schlagworte wie »décadence« und »fin de siècle«. Ihre oft sehr jungen oder zweitrangigen dt. Nachahmer haben diese Gefühle mehr und mehr posiert.

Wie der Naturalismus waren auch seine Gegenströmungen auf dem Boden des zweiten Kaiserreiches, im Zeitalter des Imperialismus, entstanden. Für die soziale Stellung der Autoren wurde das *Gesetz betreffend das Urheberrecht an Werken der Lit. und Tonkunst* (1901) wichtig, in dem die seit dem 18. Jh. wirkenden Bemühungen um den Schutz des geistigen Eigentums zum vorläufigen Abschluß kamen.

Während der Naturalismus die zeiterfüllende Kunstrichtung war und der Weltanschauung des Materialismus entsprach, standen die nur lose miteinander verbundenen Individualitäten der Gegenströmungen dieser Zeit und der Wirklichkeit distanziert gegenüber. Die von ihnen am zeitgenössischen Bürgertum geübte Kritik erfolgte nicht aus ökonomischen Gesichtspunkten, sondern richtete sich gegen philiströse und amusische Gesinnung. Die Dg. am Jh.-Ausgang schied sich »in der Richtung auf ein mehr sozialistisches oder mehr aristokratisches Zukunftsbild. Im Naturalismus führt die Wirkung Nietzsches und das ihr entsprechende Ärgernis an der Zeit nach links, im Symbolismus nach rechts« (Fritz Martini).

Allen Gegenströmungen gegen den Naturalismus war die Ablehnung des philosophischen Untergrundes des Naturalismus gemeinsam, dem sie eine Rückwendung zum Irrationalen, zur Metaphysik, zur Seele, zu Mystik und Mythos entgegensetzten. An die Stelle von Positivismus und Optimismus traten einerseits Lebensmüdigkeit, Resignation und Todesverherrlichung, ein pessimistischer Grundzug im Gefolge der Wirkung Schopenhauers, der in der Vermittlung durch die Musikdrr. Richard Wagners (1813–1883) eine romantische, rauschhafte Note bekam, andererseits Jugendlichkeit, Schönheitskult, Lebensgier, Tendenzen, die in der sog. Lebensphilosophie ihre Unterbauung fanden und das Dekadenzbewußtsein sowie den Nihilismus überwinden wollten. Leben erschien hier als dynamisch-ästhetischer Selbstwert, der weit über den Wert des Genusses hinausging. Argumente für diesen Vitalismus lieferte Friedrich Nietzsche (1844–1900). In ihm fand man den Widersacher der materialistischen, positivistischen und der selbstgenügsamen, philiströsen Haltung. Seinen Kulturpessimismus hatte N. durch eine eigene Zukunftsphilosophie ergänzt: »Die Zukunft gebe unserm Heute die Regel.« Der Mensch, der zeitgenössische Bürger, ist etwas, was überwunden werden muß. Es gelte, einen Übermenschen zu schaffen. Dieser Herrenmensch kenne zwar Mitleid im christlichen Sinne nicht, aber sein Schöpfertum sei Güte zugleich. Er werde Herr der Erde sein, die Rangordnung der Menschen werde durch ihren Kulturwert bestimmt. N. entsprach sowohl in seiner Lebenshaltung, da er sich in »azurner Einsamkeit« von der Majorität sonderte, als auch in seinen ästhetischen Theorien den Idealen der Symbolisten: Die Welt sei nur ästhetisch »zu retten«, Kunst die einzige nicht der Absurdität verfallene, da jenseits aller Werte und Zwecke liegende Sphäre. Die zahlreichen allgemeinen kulturellen Erneuerungsbewegungen suchten ihr Ziel meist durch Absonderung einzelner oder von Kreisen, durch »Verinnerlichung«, durch Pflege des Geschmacks und durch Anknüpfung an kulturelle Leistungen der Vergangenheit zu erreichen. Das Stilbemühen der Zeit fand seinen deutlichsten Ausdruck im sog. Jugendstil (Zs. *Die Jugend,* 1896–1940) der bildenden Kunst, vor allem der Innenarchitektur und des Kunstgewerbes. Seine antinaturalistische Tendenz, die auf ästhetische Verfeinerung, Erlesenheit, lineare Arabesken und eine kunstvoll arrangierte Naturszenerie abzielte, hatte Parallelen in der Lit. (George, Rilke, Dehmel, Däubler, Dauthendey, das Frühwerk von Hofmannsthal, Hesse, Stadler, der impressionistische Hauptmann), so daß von einem lit. Jugendstil gesprochen werden kann (Volker Klotz, Jost Hermand).

Die älteren programmatischen Bücher wie Julius Langbehns *Rembrandt als Erzieher* (1890) und Paul de Lagardes *Dt. Schriften* fanden Nachfolge etwa mit Rudolf Huchs *Mehr Goethe* (1899), Paul Ernsts *Der Zusammenbruch des Idealismus* (1919) und den national-klassizistischen Veröffentlichungen Friedrich Lienhards. Die Aktivierung der religiösen Bekenntnisse zeigte sich auch in der Gründung konfessioneller Zss. wie der katholischen Zss. *Hochland* (1903–1974) und *Gral* (gegr. 1906) sowie der protestantischen Zs. *Der Türmer* (gegr. 1898). Die Reform des künstlerischen Betriebes und die Neubelebung älterer Kunstperioden vertrat der schon 1887 gegründete *Kunstwart.* Buch- und Schriftgestaltung des Jugendstils bestimmten die Ausstattung der Werke Stefan Georges und der *Blätter für die Kunst* durch Melchior Lechter. Die kulturellen Ziele und die neue äußere Form prägten die Verlagsarbeit von Eugen Diederichs, sein Eintreten für agerm. und adt. Kultur und Dg. (*Slg. Thule),* die Herausgabe der großen internationalen Märchenslgg. Auch die Jugendbewegung, der Wandervogel mit dem *Zupfgeigenhansl,* gehört in das Hintergrundbild. Die Abkehr der Expressionisten vom Jugendstil verursachte für lange Zeit einen pejorativen Gebrauch des Begriffs.

Bei den Hauptvertretern des frz. Symbolismus Charles Baudelaire (1821 bis 1867) und Paul Verlaine (1844–1896) fand man das wollüstige Grauen, das Aufspüren des Leidens, die Melancholie und Ekstase (Übss. von Richard Dehmel und Stefan George), bei Stéphane Mallarmé (1842 bis 1898) war der symbolisierende Ausdruck des Tatsächlichen am meisten vorgeprägt (Übs. Stefan George). Dazu traten noch Arthur Rimbaud

(1854–1891), Joris-Karl Huysmans (1848–1907) mit dem antinaturalistischen R. *Là-bas* (1891) und die Belgier Émile Verhaeren (1855–1916) und Maurice Maeterlinck (1862–1949). Mit dem Symbolismus kehrten z. T. Kunstanschauungen der dt. Romantik aus Frankreich nach Dld. zurück.

Der überlegene Zynismus, der Persönlichkeitskult und die ästhetische Lebensbetrachtung des Engländers Oscar Wilde (1854–1900) vor allem in seinem *Bildnis des Dorian Gray* (1891) kamen der vom Idol des Übermenschen ergriffenen dt. Lit. entgegen. Erstmalig wirkte auch amerikanische Lit.: Edgar Allan Poes (1809–1849) bizarre, grausige Erzz. und seine klangfarbigen Gedichte, seine ästhetische Bewertung der Kunst wurden schon von Baudelaire als Beginn der symbolistischen Kunstanschauung bezeichnet; Walt Whitmans (1819–1892) freie Rhythmen wirkten vom Formalen her, während ihr Gehalt erst im Expressionismus zur Geltung kam.

Von der skandinavischen Lit. schenkte man jetzt den symbolhaften Werken des späten Ibsen sowie den Drr., die vor den Gesellschaftsstücken lagen *(Brand, Peer Gynt, Kaiser und Galiläer)*, stärkere Beachtung. Der Schwede August Strindberg (1849–1912) hatte seine Wirkung zunächst auf Frank Wedekind, maßgebendes Vorbild wurde er erst im Expressionismus. Auch die antibürgerliche Haltung Knut Hamsuns (1859–1952), dessen erster R. *Hunger* noch in der naturalistischen *Freien Bühne* erschien, hatte wachsenden Einfluß.

Psychologische Zergliederungskunst und mystische Frömmigkeit des russischen R.-Schriftstellers Dostojewskij blieben von dieser Lit.-Epoche an unter den am stärksten wirkenden Einflüssen.

Zu den Mustern einer neuen europäischen Formkultur gehörte auch der Italiener Gabriele d'Annunzio (1863–1938) mit seinem Subjektivismus, seinem schmerzvollen Schönheitskult und seiner musikalischen Sprache.

Die Gegenströmungen gegen den Naturalismus diskutierten in erster Linie die Kunst-Form. Kämpferische Haltung und Tendenzen der naturalistischen Dichtkunst, ihre Einbettung in das Milieu wurden aufgegeben. Hermann Bahr sprach vom »Straßenkleid der Wahrheit« und von der »frechen Despotie der toten Dinge« und sah in der neuen Kunst »die Rückkehr zum lebendigen Menschen«, den »Einzug des auswärtigen Lebens in den inneren Geist«. Formung des Wortes, Dichten, war eine bewußte, sich stetig verfeinernde Leistung. Seinen Zwecken widersprach der Gebrauch einer vorgeprägten Sprache, die vorhandenen Symbole genügten nicht. Der Kreis um George sah seine Hauptaufgabe darin, das Wort aus seiner Alltäglichkeit emporzureißen. Das Bemühen um das Wort schloß ein Bewußtsein von der Fragwürdigkeit des Wortes ein, die zum lit. und psychologischen Problem wurde; es brachte auch die Gefahr der Künstlichkeit. Leuchtende Sphäre war vor allem der Vers, der nicht nur mit der bevorzugten Stellung der Lyrik, sondern auch im Dr. und im

Versepos wieder in den Vordergrund rückte. Auch die Prosa wurde über die normale Sprache hinausgesteigert.

Die antinaturalistischen Kunstströmungen zielten in ihren Anfängen – mit Ausnahme der sog. Neuklassik – auf Reizwirkung ab. »Car nous voulons la nuance encore, / Pas la couleur, rien que la nuance!« Nach diesem von Verlaine in *Art poétique* formulierten Vorbilde wollte die neue Kunst »keine Erfindung von Geschichten, sondern Wiedergabe von Stimmungen, keine Betrachtung, sondern Darstellung, keine Unterhaltung, sondern Eindruck« (Stefan George). Nach Hugo von Hofmannsthal habe der Dichter »die Leidenschaft, alles, was da ist, in ein Verhältnis zu bringen ... Ein Harmonisieren der Welt, die er in sich trägt«. Die von der Romantik aufgestellte Forderung einer Vermischung der Sinneswahrnehmungen wurde erneuert. Insbesondere trennte der Standpunkt des l'art pour l'art diese Dg. von der des Naturalismus. In den *Blättern für die Kunst* wurde proklamiert: »Eine Kunst frei von jedem Dienst: über dem Leben, nachdem sie das Leben durchdrungen hat.« Wo menschliche Schönheit gerühmt wurde, war es seltener die Schönheit der Stärke als die Schönheit der zarten und interessanten, weil nicht gewöhnlichen Schwäche. Die Neuromantik mischte diesem Kult noch dionysische, orgiastische Elemente hinzu, ein Streben nach Mythisierung, das an den Einfluß Richard Wagners denken läßt.

Der Standpunkt einer extrem in sich selbst begrenzten künstlerischen Wirkung konnte nur von sehr jungen, noch mit der eigenen Entwicklung kämpfenden Menschen oder von einer Epoche, die äußerlich so befriedet schien wie die wilhelminische, aufrechterhalten werden. Rilke, Stefan George, Hugo von Hofmannsthal haben schon im ersten Jahrzehnt des 20. Jh. diesen Standpunkt verlassen und der Dg. neben ästhetischen ethische und religiöse Aufgaben zugewiesen, bei Paul Ernst verstärkte sich noch die von Beginn an vorhandene pädagogische Tendenz.

Die stärksten Leistungen der Epoche lagen auf lyrischem Gebiet. Die Aneignung der symbolistischen Kunsttheorien wurde in den Frühwerken Georges vollzogen. Fast alle bedeutenden Lyriker der Epoche sind durch seine Schule hindurchgegangen. Im Laufe der Entwicklung trat dann Rilke in den Mittelpunkt.

Bevorzugt wurden gebundene, aber schlichte Formen. Die seltener auftretenden freien Rhythmen knüpften an Hölderlin, den damals Norbert von Hellingrath der Vergessenheit entriß, und an Walt Whitman an. Die ausgesprochene Preziosität der Lyrik liegt weniger in ihrer metrischen Form als in der Wortwahl, die sich besonders im Reimwort zeigt.

Die Wiederbelebung der Ballade durch den Göttinger Kreis (Börries von Münchhausen) und die Balladendichterinnen (Agnes Miegel und Lulu von Strauß und Torney) knüpfte an die Tradition an. Etwa gleichzeitig erfolgte auch eine Erneuerung der Ballade aus dem Geiste des Bänkelsangs im Zusammenhang mit der Entstehung des lit. Kabaretts. Die Song-Ballade hatte ihr Vorbild in François Villon, Rimbaud, Kipling und der frz. Chansondg. des späten 19. Jh. Wedekind trat 1902 als Mitglied des Kabaretts »Die elf Scharfrichter« in München mit schon früher entstandenen Bänkelliedern zur Laute auf. Weitere Beiträge zu der neuen Gattung waren die parodistischen Gedichte aus Arno Holz' *Blechschmiede* (1902) sowie die *Galgenlieder* und Groteskballaden Morgensterns.

Der Roman behielt vom Naturalismus die mikroskopische Kleinarbeit, den sog. Sekundenstil, bei, wirkte jedoch verschleiernd, andeutend, lyrisch zerfließend. Er richtete sein Hauptbestreben auf die differenzierte Darstellung von Seelenzuständen, die äußere Handlung trat zurück, wurde sprunghaft, durchbrochen durch eine zweite Wirklichkeit von Träumen und Gesichten; das Zeitbild hatte nur Nebenfunktion. Die Verschränkungen zwischen Rationalität und Irrationalität sowie die Entlarvung der Selbsttäuschungen des Menschen gehen auf Nietzsches Einfluß zurück. Thomas Mann gelang die Verschmelzung des Neuen mit der realistischen Erzähltradition.

Die Nov. verlor ihre im 19. Jh. errungene Vormachtstellung. Paul Ernsts Bemühungen um eine an die Renaissance-Nov. angelehnte kompresse Form blieben vereinzelt.

Auch in der Erzählkunst herrschte eine vom Naturalismus abgesetzte Stilisierung der Alltagssprache, die bis an rhythmische Prosa heranführte.

Das impressionistische und neuromantische Drama ließ wie in der Romantik die Architektonik in Gefühlen und Stimmungen aufweichen. Es nahm lyrische und epische Elemente auf, die Grenzen zu den anderen Gattungen wurden unscharf. Die Konzeption reichte nur für den Einakter, den Dialog, das Stimmungsbild. Der Vers wurde wieder beherrschend, die Sprache gewann an Schönheit und Melodie. Die eingehenden szenischen Bemerkungen verschwanden. In den Einaktern des frühen Hofmannsthal, der später dann doch die große Tr. anstrebte, sah man den Beginn einer neuen Theaterkunst: »Es wird . . . kein Haupt leuchten, das nicht mit einem Tropfen Hofmannsthalschen Öles gesalbt wäre« (Hermann Bahr). Die einzelnen Akte in Schnitzlers Drr. stellen »statt festaneinandergefügte Ringe einer Kette . . . mehr oder minder echte Steine vor – nicht durch verhakende Notwendigkeit aneinandergeschlossen, sondern am gleichen Bande nachbarlich aneinandergereiht« (Schnitzler). Ähnliches gilt auch für die Lulu-Tr. Wedekinds. Eine Mischung von naturalistischen und romantisch-symbolistischen Zügen zeigen die impressionistischen Drr. Gerhart Hauptmanns.

Im Gegensatz dazu hat sich die sog. Neuklassik, vor allem Paul Ernst, vorwiegend im Theoretischen, um eine Erneuerung der inneren und äußeren Struktur der Tr. bemüht. An die Stelle der Diskussion des Naturalismus und der Stimmungsmalerei des Impressionismus wollte sie die tragische Erschütterung setzen, an die Stelle des passiven Menschen sollte der kämpfende Held, der große Einzelne, zwischen zwei tragischen Notwendigkeiten treten; der Durchschnittsmensch schien für das Dr. uninteressant (Paul Ernst, *Weg zur Form,* 1906; Wilhelm von Scholz, *Gedanken zum Dr.,* 1905 und 1915).

Die Neigung zum Einakter, beim späteren Hofmannsthal auch die zum Festsp., entsprang der Abwendung vom normalen Theaterabend, dem Zug zum Kunsterlebnis im ausgewählten Kreis. Ein aus anderen Wurzeln stammender Ausbruch aus der üblichen Theaterkunst, aus dem normalen Raum und Publikum war die Literarisierung des Tingeltangels. In Paris eröffnete Rodolphe Salis 1881 die Künstlerkneipe *Le Chat Noir,* deren Räume 1885 von Aristide Bruant in das Cabaret *Le Mirliton* verwandelt wurden; *Le Chat Noir* bestand an anderer Stelle bis 1897 und galt als gesellschaftliche Sehenswürdigkeit. Angeregt durch Pläne des Dänen Holger Drachmann (*Forskrevet* 1890) und Bierbaums Boheme-R. *Stilpe* (1897) gründete Ernst von Wolzogen 1901 in Berlin ein *Buntes Theater,* nach Nietzsches »Übermensch« *Überbrettl* genannt, das bis 1903 bestand. Gleichfalls 1901 entstanden in München »Die elf Scharfrichter«. Zentrale Funktion hatten Sketch und Einakter; Song und Ballade waren in diese dramatischen Gattungen eingebaut oder wurden als Einzeldarbietung gebracht.

Die literarischen Zentren der Zeit waren Wien, Berlin und München. Der Zustrom an Kräften kam von der Peripherie Dld.s (aus Wien, Prag, dem Rheinland, dem oberalemannischen Raum, Bremen).

Dem Kreis um Stefan George, der sich Anfang der 90er Jahre sammelte, gehörten eine Zeitlang Dichter wie Hugo von Hofmannsthal, Max Dauthendey, Ernst Hardt, Karl Wolfskehl, Wissenschaftler wie Friedrich Wolters, Friedrich Gundolf, Ludwig Klages, Norbert von Hellingrath, Ernst Bertram, Ernst Kantorowicz an. Die Programme und Dgg. des George-Kreises erschienen in den *Blättern für die Kunst,* die in 12 Folgen 1892–1919 zuerst im Selbstverlag, seit 1899 im Verlag Georg Bondi öffentlich herauskamen. Friedrich Gundolf und Friedrich Wolters gaben 1910–1912 *Jahrbücher für die geistige Bewegung* heraus. Die Tradition des George-Kreises wird von der Zs. *Castrum Peregrini* (seit 1951, Amsterdam) aufrechterhalten.

Die Jung-Wiener Gruppe scharte sich in den 90er Jahren um Hugo von Hofmannsthal, Arthur Schnitzler, Hermann Bahr. Sie betonte die Fin-de-siècle-Stimmung.

Die Neuklassik, die vor allem nach einer Erneuerung des antiken und klassischen dt. Dr., besonders Hebbels, strebte, ist verbunden mit den Namen Paul Ernst, Wilhelm von Scholz, Samuel Lublinski.

Zur Neuromantik im engeren Sinne gehörten der junge Hofmannsthal, Ernst Hardt, Karl Vollmoeller, Eduard Stucken, Herbert Eulenberg, die Frühwerke Jakob Wassermanns und Ricarda Huchs, die in *Blütezeit der Romantik* (1899) und *Ausbreitung und Verfall der Romantik* (1902) die Beziehungen der Zeit zur Romantik dokumentierte. Die Bezeichnung Neuromantik läßt sich jedoch auch auf einen großen Teil der übrigen Autoren bis zu Rudolf Georg Binding, Albrecht Schaeffer und dem auch als Dante-Übersetzer hervorgetretenen Rudolf Borchardt (1877–1945; *Der Durant,* Verserz., 1920; *Die Schöpfung aus Liebe,* Gedichte, 1923) ausdehnen.

Der von Friedrich Lienhard (1865–1929) begründeten Heimatkunstbewegung sind zuzurechnen: Ernst Wachler, Hermann Löns, Adolf Bartels, Lulu von Strauß und Torney. Zs.: *Heimat,* seit 1900.

Außer den angeführten Zss. sind zu nennen:

Der Kunstwart, seit 1887, hgg. Friedrich Avenarius. Mitarbeiter: Wilhelm Raabe, Karl Spitteler, Wilhelm Bölsche, Hermann Hesse, Gustav Frenssen, Emil Strauß, Julius Langbehn. Kunst- und Kulturpropaganda als volkspädagogische Aufgabe.

Pan (1895–1900), hgg. Genossenschaft *Pan,* später Cäsar Flaischlen. Mitarbeiter: Otto Julius Bierbaum, Richard Dehmel, Otto Erich Hartleben.
Die Insel (1899–1902). Begründet in München von Alfred Walter Heymel, Rudolf Alexander Schröder und Otto Julius Bierbaum. Mitarbeiter: Hugo von Hofmannsthal, Richard Dehmel, Detlev von Liliencron, Rudolf Borchardt, Rainer Maria Rilke. Aus der Zs. ging 1901 in Leipzig der Inselverlag hervor.
Die Fackel (1899–1936), hgg. Karl Kraus.
Berner Rundschau (1906–1913; seit 1910 unter dem Titel *Die Alpen*), hgg. Franz O. Schmidt. Mitarbeiter: Hermann Hesse, Otto Flake, Karl Friedrich Henckell.
Neue dt. Beiträge (1922–1927), hgg. Hugo von Hofmannsthal.

Die bekanntesten Dichter waren:

Dehmel, Richard, geb. 1863 in Wendisch-Hermsdorf als Sohn eines Försters. Stud. phil. in Berlin und Leipzig. Sekretär einer Versicherungsgesellschaft. Hatte in Berlin zus. mit den Brüdern Hart, Karl Ludwig Schleich, Otto Erich Hartleben, August Strindberg eine Tafelrunde im Schwarzen Ferkel. Seit 1901 in Blankenese. Im Ersten Weltkrieg Soldat. Gest. 1920 in Blankenese.
Ernst, Paul, geb. 1866 in Elbingerode als Sohn eines Grubensteigers. Stud. der Theologie, dann Gesch., Lit., Staatswissenschaften und Volkswirtschaft in Göttingen, Tübingen und Berlin. Promovierte in Bern. Redakteur einer sozialdemokratischen Ztg. Lebte seit 1900 ausschließlich seinem dichterischen Schaffen, vorübergehend als Dramaturg in Düsseldorf tätig. Lange in Weimar, nach dem Ersten Weltkrieg auf Gut Sonnenhof in Oberbayern, seit 1925 in St. Georgen/Steiermark. Gest. 1933 ebd.
George, Stefan, geb. 1868 in Büdesheim bei Bingen als Sohn eines Weingutsbesitzers. Seit 1888 Stud. der Philosophie und Kunstgesch. in Paris, Berlin, München. Sammelte seit Beginn der 90er Jahre einen schöngeistigen Kreis um sich und gründete für diesen Kreis 1892 die *Blätter für die Kunst.* Meist in Berlin, München, Heidelberg ansässig, viel im Ausland. Gest. 1933 in Minusio.
Hesse, Hermann, geb. 1877 in Calw. Entstammte einem pietistischen Elternhaus, wurde zum Theologiestudium bestimmt und kam 1891 auf das Seminar nach Maulbronn. Von dort 1894 entlaufen, kam er in eine Uhrmacherlehre nach Calw, 1895 in die Buchhändlerlehre nach Tübingen. 1899 Buchhändler in Basel. Nach dem Erfolg des *Peter Camenzind* (1904) siedelte er nach Gaienhofen/Bodensee über und lebte als freier Schriftsteller. 1911 Reise nach Indien, anschließend in Bern, später in Montagnola bei Lugano ansässig. Erhielt 1946 den Nobelpreis. Gest. 1962 in Montagnola.
Hofmannsthal, Hugo von, geb. 1874 in Wien. Studium in Wien, Dr. phil.; 1891 Begegnung mit Stefan George, dessen Kreis er bis 1905 angehörte. Lebte als freier Schriftsteller, Mitherausgeber der Zs. *Morgen* und Her-

ausgeber der *Neuen dt. Beiträge* (1922–1924). Gest. 1929 in Rodaun bei Wien.

Huch, Ricarda, geb. 1864 in Braunschweig, entstammte einer wohlhabenden Patrizierfamilie. Studierte als eine der ersten Frauen in Zürich Gesch. und Philosophie, promovierte 1891. Bis 1897 Lehrerin in Zürich, dann in Bremen und Wien. 1899 Heirat mit Dr. Ermanno Ceconi, mit dem sie in Triest lebte. Nach der Scheidung dreijährige Ehe mit ihrem Vetter Richard Huch, die ebenfalls geschieden wurde. Lebte bis 1926 in München, dann in Berlin und Jena. Gest. 1947 in Schönberg/Taunus.

Mann, Thomas (vgl. S. 581).

Morgenstern, Christian, geb. 1871 in München als Sohn eines Malers. Stud. der Rechte, Philosophie, Kunstgesch. in Breslau und München. Zog 1894 nach Berlin, wo M. das Studium aufgab und freier Schriftsteller wurde. Reisen nach Norwegen, der Schweiz und Italien. 1903–1905 Leitung der Zs. *Das Theater.* Langjährige Freundschaft mit dem Schauspieler Friedrich Kayßler. Gest. 1914 in Meran.

Münchhausen, Börries Freiherr von, geb. 1874 in Hildesheim. Stud. der Rechte, Philosophie und Naturwissenschaften in Heidelberg, München, Berlin und Göttingen. Teilnahme am Ersten Weltkrieg. Lebte auf seinen Gütern am Solling und in Thüringen. Gest. 1945 auf Windischleuba/Thüringen.

Rilke, Rainer Maria, geb. 1875 in Prag. Besuch der Militärschule, dann Nachholung des Abiturs und Stud. der Philosophie, Kunst- und Lit.-Gesch. 1894 Beginn dichterischen Schaffens. 1896 Freundschaft mit Lou Andreas-Salomé in München. 1897 Übersiedlung nach Berlin. 1899 und 1900 zwei Reisen nach Rußland mit Lou Andreas-Salomé. 1900 Übersiedlung nach Worpswede, dort 1901 kurze Ehe mit der Bildhauerin Clara Westhoff, einer Schülerin Rodins. 1902/03 Aufenthalt in Paris, anschließend Reisen nach Rom, Schweden, Dld. 1905/06 Privatsekretär Rodins in Paris. In den folgenden Jahren Reisen durch Dld., Frankreich, Italien, Böhmen, Nordafrika, Spanien. 1911 auf Einladung der Fürstin Marie von Thurn und Taxis auf Schloß Duino an der Adria. 1919 Übersiedlung nach der Schweiz, seit 1921 auf Schloß Muzot. Gest. 1926 in Val Mont/Wallis.

Schnitzler, Arthur, geb. 1862 in Wien als Sohn eines Prof. der Medizin. Wurde praktischer Arzt. Mittelpunkt des Jung-Wiener Dichterkreises. Gest. 1931 in Wien.

Scholz, Wilhelm von, geb. 1874 in Berlin als Sohn des späteren Staatsministers Adolf v. Sch. Schulzeit in Berlin und Konstanz. Stud. der Philosophie und Lit.-Wissenschaft in Berlin, Lausanne, Kiel, München. 1897 Dr. phil. 1914–1923 Dramaturg und Spielleiter am Hof- bzw. Landestheater Stuttgart. Freier Schriftsteller in Berlin und Konstanz. Gest. 1969 in Konstanz.

Wassermann, Jakob, geb. 1873 in Fürth als Sohn eines Kaufmanns. Erlernte den Buchhandel, wurde Redakteur des *Simplizissimus.* Seit 1893 als freier Schriftsteller hauptsächlich in München und Wien tätig. Gest. 1934 in Altaussee/Steiermark.

Wedekind, Frank, geb. 1864 in Hannover als Sohn eines Arztes und einer ungarisch-kalifornischen Schauspielerin. Wuchs in der Schweiz auf, wurde Reklamechef einer Züricher Firma und arbeitete nebenbei als Schriftsteller. In Zürich Verkehr mit Karl Henckell und Carl Hauptmann. Nach einem Aufenthalt in Paris versuchte er sich als Schauspieler und Dramaturg in München, war seit 1906 Mitglied des Dt. Theaters in Berlin. Lebte zuletzt in München. Gest. 1918 ebd.

Zweig, Stefan, geb. 1881 in Wien. Stud. in Berlin und Wien. Lebte als freier Schriftsteller meist in Wien, unternahm lange Auslandsreisen. Wohnte während des Ersten Weltkrieges in der Schweiz, seit 1919 in Salzburg. Emigrierte 1938 nach England, dann nach Amerika, ließ sich 1941 in Brasilien nieder. Gest. 1942 in Petropolis/Brasilien durch Selbstmord.

1890	**Isolde Kurz**
	(1853–1944, Stuttgart, Italien, München):
	Florentiner Novellen

Entst. aus dem Plan einer wissenschaftlichen Darstellung der Florentiner Renaissance, deren Ideale hier dichterisch verkündet werden. Die kulturgesch. Fakten wurden zum »hochwertigen Plasma, um Menschengeschick daraus zu formen« (I. K.). Die Novv. kreisen um die beiden polaren Gestalten Lorenzo di Medici und Savonarola.

Unter dem Einfluß von I. K.' Vater Hermann Kurz. Thematisch und formal verwandt mit Conrad Ferdinand Meyer.

Schneller und durchschlagender Erfolg. Zeitgenössisches ital. Leben gestaltete I. K. in *Ital. Erzz.* (1895).

1890	**Stefan George**
	(Biogr. S. 490):
	Hymnen

Als Privatdruck im Dezember in Berlin.

Entst. Frühjahr bis Winter 1890 in Berlin und Paris.

Lobgesänge. Bewußtsein von der Sendung des Dichters. Nach den Anfängen in *Die Fibel* (entst. 1886–1887, ersch. 1901) Maß und Bändigung erstrebende Formgebung, manchmal noch von übertriebener Härte in der Fügung der Worte.

Erste öffentliche Ausg. im Verlag Georg Bondi 1899 in dem Sammelbd. *Hymnen – Pilgerfahrten – Algabal.*

1891   **Richard Dehmel**
(Biogr. S. 490):
Erlösungen

»Eine Seelenwanderung in Gedichten.«
Gedankenbeschwerte Lyrik, Dehmels Lebenslehre enthaltend. Der Wert
der Sinne für die Entwicklung des einzelnen und der Menschheit: der
Mensch soll die Sinne nicht knechten, aber auch nicht Knecht der Sinne
sein.
Formal noch aus der Nachfolge Goethes und Schillers erwachsene, aber
schon selbständige Sprachkunst: Wägen der Worte, Klangbilder.

Wesentlich umgearbeitete Fassung 1898.
Spätere Lyrik-Slgg.: *Aber die Liebe* (1893), *Weib und Welt* (1896).

1891   **Ricarda Huch**
(Biogr. S. 491):
Gedichte

Erste Lyrik-Slg. R. H.s.
Grundgefühl ähnlich wie in den bald danach erscheinenden epischen Werken: Lebensverlangen, leidenschaftliches Ergreifen des Augenblicks,
Trauer um die Vergänglichkeit des Lebens. Der Tod erscheint in vielen
Gestalten. Die Slg. enthält eine Anzahl von Liebesgedichten, besonders
kleine achtzeilige Liebesstrophen, die R. H.'s Liebe zu ihrem Vetter Richard H. spiegeln. Historische Themen weisen in die Nähe der epischen
Werke. Häufige Wiederkehr von Gedichten über denselben Gegenstand
zeigen das Bemühen, ein Gefühl gedanklich und formal zu erfassen. Bewußt, reflektiert, weniger unmittelbar als die Prosawerke. Am stärksten
im Hymnischen.

1891   **Frank Wedekind**
(Biogr. S. 492):
Kinder und Narren

Kom. 3, Prosa.

Entst. 1889/90.

Diskussionsstück um die Frauenbewegung, deren Ziele als naturwidrig
abgelehnt werden. Satirisch gegen die Naturalisten, vor allem gegen Gerhart Hauptmann, gerichtet, deren Forderung der Wirklichkeitsdarstellung
ad absurdum geführt wird.

Seit 1897 umgearbeitet unter dem Titel *Junge Welt.* Auff. 22. 4. 1908 in München.

1891   **Frank Wedekind**
          (Biogr. S. 492):
          Frühlings Erwachen

Kinder-Tr. 3, Prosa.

Entst. Herbst 1890 bis Ostern 1891.

Tr. zweier junger Menschen in der Reifezeit, die das erwachende Gefühl
zusammenführt. Sie scheitern am Sittenkodex der bürgerlichen Welt und
enden in Vernichtung und Verzweiflung. Das Mädchen stirbt bei einem
Abtreibungsversuch; aus der Korrektionsanstalt wieder entflohen, wird
der Junge auf dem Friedhof durch einen vermummten Herrn vom Selbstmord zurückgehalten, zu dem ihn sein toter Freund – den Kopf unter dem
Arm – aufforderte.
Versuch, das erotische Problem noch aufklärerisch-pädagogisch zu lösen.
Über den Naturalismus sowohl durch seinen ethischen Willen als auch
formal hinausweisend. Während Naturalismus noch für die Zeichnung
und Sprache der Jugendlichen verwendet wird, haben die Erwachsenen
schon die scharfkantigen, karikierten Züge, mit denen der spätere W.
arbeitete. Die Schlußszene von romantisch-symbolistischem Gepräge: der
vermummte Herr, dem der Schüler folgt, ist das Leben, dessen Preis W.s
Werk gilt; Vitalismus.
An den Sturm und Drang und Büchners *Woyzeck* erinnerndes Szenar von
19 nur rein äußerlich auf drei Akte verteilten Szenen, das seinerseits
Tendenzen des Expressionismus vorwegnimmt.

Auff. 20. 11. 1906 in Berlin, Kammerspiele.

1891   **Hugo von Hofmannsthal**
          (Biogr. S. 490/491):
          Gestern

Dram. Studie in Versen, 1. In *Moderne Rundschau*. Buchausg. im gleichen Jahr.

Entst. 1890–1891. Veröffentlicht unter dem Pseudonym Theophil Morren, da Gym-
nasialschülern die Publikation von Druckschriften verboten war.

Skizze aus der ital. Renaissance. Dem Helden Andrea ist über der Hingabe an das Heute das Gestern bedeutungslos. Durch die gestern erfolgte
Untreue der Geliebten erkennt er zwar, daß, was war, ewig fortlebt,
bleibt aber dem Wechsel, dem Wandel ergeben und fürchtet die Gewohnheit als Erstarrung.
Bis ins Wörtliche gehende Anlehnung an Nietzsches *Menschliches, Allzu-
menschliches* (1878), Bekenntnis zu einer Wandlung.
Schwermütig-nachdenkliches Erstlingswerk des 17jährigen H. »Proverb
in Versen mit einer Moral.« (H.)

Auff. 26. 3. 1928 in Wien, Komödie.

1892 · **Stefan George**
(Biogr. S. 490):
Algabal

Gedichte. Als Privatdruck in Paris ersch. Dem Gedächtnis Ludwigs II. von Bayern gewidmet.

Entst. seit Mai 1892 in Lüttich und Paris.

Gesänge um den zum Herrschen bestimmten Menschen. Schönheit und Macht verschmelzen in der Gestalt des Priesterkaisers Algabal (3. Jh. n. Chr.). Verpflichtung und Versuchung der Macht.
Betonter Abstand gegen den Naturalismus. Einfluß der frz. Symbolisten, u. a. Baudelaire: *Fleurs du mal,* jedoch Überwindung der Pariser Fin-de-siècle-Stimmung. Höhepunkt der formalistischen frühen Epoche G.s.

Erste öffentliche Ausg. im Verlag Georg Bondi 1899 in dem Sammelbd. *Hymnen – Pilgerfahrten – Algabal.*

1892 **Hugo von Hofmannsthal**
(Biogr. S. 490/491):
Der Tod des Tizian

Dr.-Bruchstück in Versen. Im 1. Heft der *Blätter für die Kunst.*
Gespräche der Schüler Tizians vor seinem Sterbezimmer, in denen sich die Welt dieses Künstlers spiegelt; der Tod als Krönung eines reichen Lebens. Bei den Jünglingen wird die Dissonanz zwischen Kunst und Leben, die Gefahr des Ästhetentums spürbar, die in der Persönlichkeit des Meisters überwunden ist.
Traumartige Schönheit, durch Sprachmelodie und Bildwirkung beschworen.

Auff. 14. 2. 1901 in München, Künstlerhaus, zur Totenfeier für Böcklin.

1893 **Ricarda Huch**
(Biogr. S. 491):
Erinnerungen von Ludolf Ursleu dem Jüngeren

R.

Entst. in Zürich um 1890.

Zusammenbruch einer norddt. Kaufmannsfamilie, ausgelöst durch die leidenschaftliche Liebe zwischen Galeide und ihrem Vetter Edzard. Übrig bleiben am Schluß nur der kleine Sohn Edzards und der Erzähler dieses Familienschicksals, Galeides Bruder Ludolf, der nach durchstürmter Jugend in ein Kloster geht.
Der R. spiegelt die Liebe R. H.s zu ihrem Vetter und Schwager Richard H. Bewußter Gegensatz zum Naturalismus, symbolistische Stilmittel, starker Stimmungsgehalt, melodiöse Sprache.

1893 **Arthur Schnitzler**
(Biogr. S. 491):
Anatol

Szenenfolge in Prosa. Entst. 1888–91, z. T. bereits einzeln veröffentlicht.

Vorangestellt der stimmungsvolle *Prolog* von Hugo von Hofmannsthal: ». . . Frühgereift und zart und traurig . . .« in dem von Heine übernommenen Kurzvers.

Sieben Gesprächsszenen zwischen zwei, manchmal drei Personen, im Grunde aneinandergereihte Einakter. Stationen aus dem Liebesleben Anatols, der Verkörperung von »Liebe ohne das Bedürfnis der Treue«. Das schon hier angeschlagene erotische Grundmotiv blieb in fast allen späteren Werken Sch.s bestimmend. Erotisches Abenteuertum als unechte Existenzform. Dem lebensgierigen Anatol gelingt es nicht, sich aus dem Schwanken zwischen Selbsterkenntnis und Selbsttäuschung zu befreien, das ihn am echten Leben hindert.
Herausarbeitung der Stimmungselemente mit den Mitteln des Impressionismus.

Auff. des gekürzten Gesamtzyklus 3. 12. 1910 in Wien, Dt. Volkstheater, und in Berlin, Lessingtheater.

1893 **Gerhart Hauptmann**
(Biogr. S. 464):
Hannele

»Traumdichtung in 2 Teilen«, Prosa, der Schluß in Versen. Auff. als *Hannele* 14. 11. in Berlin, Kgl. Schauspielhaus.

Ursprünglicher Titelplan *Hannele Matterns Himmelfahrt.* Das Thema keimartig schon in dem Gedicht *Die Mondbraut* (in *Das bunte Buch,* entst. um 1885).

Dg. um das Sterben eines gequälten und mißhandelten Kindes, das aus Furcht vor dem Vater im Winter ins Wasser geht, vom Lehrer aber gerettet und ins Armenhaus gebracht wird. In den religiös-mystischen Fieberphantasien, in denen der heimlich geliebte Lehrer in die Gestalt Christi übergeht, findet Hannele einen Ausgleich für das, was sie im Leben erlitt.
Über den Naturalismus der Eingangsszenen führt die weitere Handlung mit der Doppelwelt des Diesseits und des Jenseits sowie der Traumwirklichkeit hinaus. Die soziale Haltung der naturalistischen Drr. H.s beibehalten.

Buchausg. als *Hannele* 1894 (Herbst 1893), seit 1896 unter dem Titel *Hanneles Himmelfahrt.*

1893   **Max Dauthendey**
(1867–1918, Würzburg, Java):
Ultra Violett

Gedichte, Dialoge, Prosaskizzen.
Das ultraviolette Licht als Symbol von Einsamkeit und Phantasie des
Dichters. Die für den Symbolismus kennzeichnende Verwendung des Far-
bengleichnisses schon durch den Titel hervorgehoben.
Der wache Sinn für Eindrücke vervielfältigt ihre Bezeichnung, das Eigen-
schaftswort rückt an die erste Stelle im Satz. Die pointillistische Methode
setzt die Sinneswahrnehmungen in enge Beziehung zueinander, so daß
eine Mischung der Empfindungen von Gehör, Geruch, Gesicht eintritt.
Ansätze zu expressiver Bewegtheit.
Einfluß Stefan Georges, aus dessen Kreis sich D. bald danach löste.

1894   **Hugo von Hofmannsthal**
(Biogr. S. 490/491):
Der Tor und der Tod

Dr. 1, in Versen. In *Moderner Musenalmanach*.
Der junge Mann des Fin de siècle, der sich selbstsüchtig »an Künstliches
verlor«, fühlt in der letzten Stunde das von ihm ungelebte Leben, das er
nun nicht mehr erobern kann. Bezeichnend für H. die Darstellung der
»Präexistenz« des Jugendlichen, der, ohne die Wirklichkeit zu kennen, in
»früher Weisheit« Welterkenntnis vorwegnimmt. Lyrisch-monologische
Beichte eines Frühreifen, der einer ganzen Generation den Spiegel vor-
hält. Vgl. H.s eigene Interpretation in den nachgelassenen Aufzeichnungen *Ad me ipsum* (1931). Einfluß der Lebensphilosophie.

Auff. 13. 11. 1898 durch die »Literarische Gesellschaft« in München, Theater am
Gärtnerplatz. Erste öffentliche Auff. 30. 3. 1908 in Berlin, Kammerspiele.
Buchausg. 1900. Zus. mit *Der weiße Fächer, Der Kaiser und die Hexe, Die Frau am
Fenster* in dem Sammelbd. *Die kleinen Drr.* (1906); diese zus. mit den *Gedichten*
(einzeln zuerst in *Blätter für die Kunst,* 1903) in dem Sammelbd. *Die Gedichte und
kleinen Drr.* (1911).

1895   **Arthur Schnitzler**
(Biogr. S. 491):
Liebelei

Schsp. 3, Prosa. Auff. 9. 10. in Wien, Burgtheater.
Wienerisches Gegenstück zu Halbes *Jugend*. Tragische Konsequenz aus
Stimmung und Thema des *Anatol*. Enttäuschte Liebe Christines, des »sü-
ßen Wiener Mädels«, zu einem jungen Offizier, der im Duell um eine
andere fällt. Dem dekadenten ein echter Mensch gegenübergestellt.

Erster großer Bühnenerfolg des Autors.
Buchausg. 1896.

1895   **Frank Wedekind**
            (Biogr. S. 492):
            Der Erdgeist

Tr. 4, Prosa.

Erster Teil einer ursprünglich 5aktigen Tr. *Die Büchse der Pandora,* entst. in Paris und London 1892–1894, 1895 in 2 – erweiterte – Trr. geteilt.

Auf Desillusion abzielende Darstellung der sexuellen Triebgebundenheit in symbolischen Gestalten und Handlungsvorgängen. An Lulu, die den reinen Geschlechtstrieb verkörpert, scheitern die Männer und werden ihren höheren Aufgaben entfremdet. Mitschuldig an Lulus Werdegang ist der Redakteur Dr. Schön, der sie liebt und ausbilden läßt, aber aus Rücksicht auf seine bürgerliche Existenz nicht sie, sondern seine Braut heiraten will und Lulus Ehen mit dem alten Medizinalrat Goll, dann mit dem Maler Schwarz vermittelt, bis er dann doch als dritter Lulu heiratet. Sie ermordet ihn und kommt ins Gefängnis.

Auff. 25. 2. 1898 in Leipzig, Kristallpalast (W. als Dr. Schön).
2. Aufl. 1903 unter dem Titel *Lulu.*

Der 2. Teil der Lulu-Doppeltr., *Die Büchse der Pandora* (Tr. 3, Prosa, in *Die Insel* 1902, Buchausg. 1904) setzt ein mit der Befreiung Lulus durch Dr. Schöns Sohn. Der 2. Aufzug, ursprünglich frz. geschrieben, spielt in Paris, wo Lulu von Männern, die ihr Verbrechen kennen, erpreßt wird, so daß sie fliehen muß. Der 3. Aufzug, in Engl. konzipiert, spielt in England. Er enthält Lulus Ermordung durch den Lustmörder Jack the Ripper. Der seelenlose verbrecherische Trieb wird durch einen anderen verbrecherischen Trieb vernichtet.

W. will »das wahre Tier, das so schöne, wilde Tier« zeigen. Eine durch die bürgerliche Scheinmoral korrumpierte Gesellschaft soll durch offenes Bekenntnis zum Triebleben geheilt werden. Während Gerhart Hauptmann W.s Dgg. als »Darminhalte« bezeichnete, sah W. das Ziel seiner Gestalten in der Überwindung der passiven Gestalten Hauptmanns.

Aphoristische Verkürzung der Sprache, Reduzierung auf den Gefühlskern. Der Witz als gewendetes, verdecktes Pathos. Einfluß auf den Expressionismus.

Auff. 1. 2. 1904 in Nürnberg, Intimes Theater. Buchausg. im gleichen Jahr.
1904 Beschlagnahmung der Restaufl. von *Die Büchse der Pandora,* Anklage gegen W. und seinen Verleger Cassirer wegen Verbreitung unzüchtiger Schriften; Freispruch. 1906 Buchausg. einer überarbeiteten Fassung.
1913 Zusammenfassung beider Teile mit dem Titel *Lulu* unter Weglassung des 3. Aufzuges von *Der Erdgeist* und des 1. Aufzuges von *Die Büchse der Pandora.*
1937 Opernbearbg. beider Teile als *Lulu* von Alban Berg.

1895   Stefan George
        (Biogr. S. 490):
        **Die Bücher der Hirten- und Preisgedichte, der Sagen und
        Sänge und der hängenden Gärten**

Im Verlag der Blätter für die Kunst; einzelnes schon vorher in den *Blättern für die Kunst*.

Entst. Herbst 1892–1895.

Rückkehr aus der lebensfernen Welt Algabals zu den Mächten der Natur
und Gesch. Drei geschlossene Gedichtkreise, die sich um drei Bildungs-
mächte der modernen Kultur gruppieren: Antike, MA., Morgenland. Die
Formen jeweils dem Charakter des Zeitraums angenähert, in den die
Dgg. führen. »In diesen drei Büchern Gedichte ist das Leben so völlig
gebändigt, so unterworfen, daß unserem an verworrenen Lärm gewöhn-
ten Sinn eine unglaubliche Ruhe und die Kühle eines tiefen Tempels
entgegenweht« (Hofmannsthal). Die *Preisgedichte* verherrlichen erstmalig sinnbildlich den George-Kreis in seinen einzelnen Gestalten.

Erste öffentliche Ausg. 1899 im Verlag Georg Bondi.

1896   · Gerhart Hauptmann
        (Biogr. S. 464):
        Die versunkene Glocke

»Ein dt. Märchendr.« 5, in Versen. Auff. 2. 12. in Berlin, Dt. Theater.

Geplant schon während des Amerikaaufenthaltes 1894.

Behandelt die Problematik des künstlerisch schaffenden Menschen, der
zwischen die Realität des Alltags und den Ruf urtümlich-magischer Kräfte
gestellt ist. Der Glockengießer Heinrich verbindet sich mit Rautendelein,
einem »elbischen Wesen«, das ihm seine verlorengegangene Schaffens-
kraft wiedergibt. Aber er bleibt der alten Welt verhaftet und sühnt die
Überschreitung seiner Grenzen mit dem Tod.

Der Eindruck des Märchenhaften wird dadurch erreicht, daß die Geister
ein reales Leben führen, während in *Hannele* die unwirklichen Dinge nur
im Traum erlebt werden. Einfluß Nietzsches.

Anklänge an Fouqués *Undine* und an die Welt des Dovre-Alten im 2. Akt von Ibsens
Peer Gynt.
Buchausg. 1897. Das Dr. erreichte bis 1900 mit 52000 Exemplaren die doppelte
Aufl. der *Weber*.

1897   **Jakob Wassermann**
        . . (Biogr. S. 491/492):
        Die Juden von Zirndorf

R.

W.s Erstlingswerk. Das Vorspiel berichtet von den Messiashoffnungen
der Fürther Juden im 17. Jh., die durch den Übertritt des Propheten

Sabbatai Zewi zum Islam betrogen werden. Der Hauptteil erzählt von einem modernen Nachfahren dieser Judengemeinde, die sich in Zirndorf niederließ: Agathon Geyer ist ein echter Prophet und Erlöser, wenn er die »alten Tafeln« in sich selbst zerbricht.

Forts. 1900 mit der *Geschichte der jungen Renate Fuchs*, in der Agathon noch auf dem Totenbett die Frau findet, die auch auf schmutzigsten Wegen die Reinheit ihrer »Asbestseele« bewahrte. R. unter dem Einfluß der Eros-Problematik von Jens Peter Jacobsens *Frau Marie Grubbe*.

1897	**Stefan George**
	(Biogr. S. 490):
	Das Jahr der Seele

Gedichte. Im Verlag der Blätter für die Kunst; einzelnes schon vorher in den *Blättern für die Kunst*.

Entst. seit 1894.
Titel nach Hölderlin: »Wo die Gesänge wahr und länger die Frühlinge schön sind und von neuem ein Jahr unserer Seele beginnt«.

Der Dichter erlebt den Wandel der Liebe im Wechsel des Jahres, die Liebe nimmt den gleichen Charakter an wie die reifende, vereiste und aufblühende Natur: *Nach der Lese, Waller im Schnee, Sieg des Sommers*. Die Geliebte wird nicht besungen, erscheint nicht als Gestalt, sondern nur als das Du, das den Dichter begleitet.

Die Slg. enthält die meisten rein lyrischen Gedichte G.s und wurde sein größter Erfolg. Klare Form, erlesener, aber nicht preziöser Stil. Klassische Darstellung besonders des Herbstes. Vokalharmonisierung. Starker Einsatz der Klangfarbe.

Erste öffentliche Ausg. 1899 (Auslfg. 1898) im Verlag Georg Bondi.

1898	**Friedrich Nietzsche**
	(1844–1900, Naumburg, Schulpforta, Basel, verschiedene
	Orte in der Schweiz und Italien, Naumburg, Weimar):
	Gedichte und Sprüche

N. selbst hat die meisten seiner Gedichte im Rahmen seiner philosophischen Schriften veröffentlicht: den größten Teil der Sprüche unter dem Titel *Scherz, List, Rache* (1882) als »Vorspiel in dt. Reimen« zur *Fröhlichen Wissenschaft*, die *Lieder des Prinzen Vogelfrei* als Anhang zur 2. Ausg. der *Fröhlichen Wissenschaft* (1887). Einige schon in *Also sprach Zarathustra* veröffentlichte Lieder erschienen überarbeitet in dem von N. als *Dionysos-Dithyramben* gesondert herausgegebenen Gedichtband (1888, entst. 1884–88).

In den Sprüchen Lebensweisheit und Kampfansage an die Gegner; ihre Prägnanz und Zuspitzung sind der aphoristischen Form der Prosaschriften verwandt. Die Lieder sehr persönliche Bekenntnisse, zwischen Stolz und Klage schwankender Ausdruck der Einsamkeit, Heimatlosigkeit, Vergänglichkeit und des Todesbewußtseins. Häufig Motiv des Wanderers nach unbekanntem Ziel. Farbenreiche Natursymbolik, impressionistische Stimmungskunst (*Der Wanderer; Venedig; Der neue Kolumbus; Liebeserklärung; Vereinsamt; Aus hohen Bergen*). Vielfach die Thematik der philosophischen Schriften wiederholend, in die Gedichte als überhöhter Ausdruck des Gesagten eingelassen waren.

Die *Dionysos-Dithyramben* sind »die Lieder Zarathustras, welche er sich selber sang, daß er seine letzte Einsamkeit ertrüge«. Hymnisch-pathetische freie Rhythmen, darunter die beiden bekenntnishaften Gedichte der letzten Schaffenszeit: *Die Sonne sinkt; Ruhm und Ewigkeit*. Klage mit trotzigem Hohn gemischt.

Einfluß von Klopstock, Hölderlin, Novalis. Suggestiv durch Musikalität in Rhythmus, Tongebung, Wiederholung, durch Wortballungen und Farbakzente.

Später aus dem Nachlaß um verschiedene Stücke, auch um die mit wenigen Ausnahmen (*Dem unbekannten Gotte*) noch unselbständigen Jugendgedichte, vermehrt.

1899   **Arthur Schnitzler**
           (Biogr. S. 491):
           Der grüne Kakadu

Dram. Groteske 1, Prosa. Auff. 1. 3. in Wien, Burgtheater. Buchausg. im gleichen Jahr.

Am Vorabend der Frz. Revolution spielen Schauspieler vor einer adligen Gesellschaft das, was nun bald Wirklichkeit sein wird, bis am Schluß diese Wirklichkeit im Bastillesturm hereinbricht und den noch eben gespielten Mord tatsächlich geschehen läßt. Die eindrucksstarke Groteske wird zur Tr.

1900   **Stefan George**
           (Biogr. S. 490):
           Der Teppich des Lebens und die Lieder von Traum und Tod, mit einem Vorspiel

Gedichte. Im Verlag der Blätter für die Kunst.

Entst. seit 1897.

Drei Teile mit je 24 Gedichten, die jeweils aus 4 vierzeiligen Strophen bestehen. Im ersten Teil »überwiegt die Bewegung in der Zeit und daher auch das Zeitwort, im zweiten das Geschehen im Raum und daher auch das Dingwort, im dritten das Schweben über Raum und Zeit und daher auch die Eigenschaften und Umstände bezeichnenden Wörter« (Friedrich Wolters).

Nach Friedrich Gundolf hat G. in diesem Werk die Richtlinie seines Schaffens gefunden, »das Leben im Geist unter dem geoffenbarten Gesetz«. Statt der rein optisch-plastischen Schau nun Wesensschau. Vom Formalen durchstoßend zum Sittlichen. Das Schöpfertum des Künstlers, Sichtbarmachen der Formen und Erhöhung der Gehalte, als einzige Rettung im Kampf gegen die einebnende und auflösende Macht des Todes. Die Ganzheit des Lebens in seinen Bildern und Rätseln im Teppich symbolisiert. Einfluß von Nietzsches Lebensphilosophie. In den 24 Gedichten des *Vorspiels* hält der Dichter Zwiesprache mit dem Engel über seine Berufung.

1901 öffentliche Ausg. bei Georg Bondi.

1900   **Arthur Schnitzler**
             (Biogr. S. 491):
             Reigen

Dialoge.

Entst. 1896/97.

Zehn den verschiedensten Gesellschaftsschichten angehörige Paare enthüllen ihre Gefühle vor und nach dem, was auch Sch. nur mit Gedankenstrichen wiedergab; die Dirne und der Soldat, der Soldat und das Stubenmädchen, das Stubenmädchen und der junge Herr, der junge Herr und die junge Frau, die junge Frau und der Ehemann, der Ehemann und das süße Mädel, das süße Mädel und der Dichter, der Dichter und die Schauspielerin, die Schauspielerin und der Graf, der Graf und die Dirne. Der Reigen, zu dem sich das Ganze in der letzten Paarung schließt, dokumentiert die Gleichheit der Menschen unter der Gewalt des Sexus. Die Verwandtschaft dieses Lebensreigens mit dem Totentanz löst die Sehnsucht nach dem aus, »was der Dichter mit Absicht aus seinem Stück ausgeklammert hat: nach der wahren Liebe und dem wahren Leben« (William H. Rey).

Von der Zensur verboten.
Auff. 23. 12. 1920 in Berlin, Kleines Schauspielhaus. An sie knüpfte sich der bekannte »*Reigen*-Skandal«, da der preußische Kultusminister die Auff. in dem in der Staatlichen Musikhochschule gelegenen Theater untersagte.

1900   **Frank Wedekind**
             (Biogr. S. 492):
             Der Marquis von Keith

Schsp. 5, Prosa. In *Die Insel*.
Die beiden Leitprinzipien in W.s Dramatik, bis zum Verbrechen gehender Lebensgenuß und Moral, in zwei Personen, den Hochstapler Keith und den Idealisten Scholz, aufgespalten. Keiths Schwindelprojekte brechen zusammen, aber er ergreift gleich wieder die nächste Chance: »Das Leben ist eine Rutschbahn.« Scholz verzichtet desillusioniert. Einfluß der Lebensphilosophie.
Der Außenseiter der Gesellschaft im Gegensatz zu dem – satirisch gezeichneten – Bürgertum. Einfluß auf die Bürgersatire Sternheims.

Buchausg. 1901.
Auff. 11. 10. 1901 in Berlin, Residenztheater.

1900   **Arthur Schnitzler**
(Biogr. S. 491):
Leutnant Gustl

Erz. In der Weihnachtsbeilage der *Neuen Freien Presse*.
Ein Leutnant, der beim Verlassen eines Konzerts von einem Bäckermeister beleidigt worden ist, sieht sich, da der Beleidiger nicht satisfaktionsfähig ist, vor die Notwendigkeit gestellt, sich zu erschießen, und entgeht ihr nur dadurch, daß der Bäcker noch in der gleichen Nacht vom Schlag getroffen wird. Dies erfährt der Leutnant, nachdem er die ganze Nacht hindurch Wien durchstreift und über seine Lage gegrübelt hat. Durch die Technik des inneren Monologs, die Sch. von dem Franzosen Édouard Dujardin übernahm, wird die Durchschnittlichkeit des Leutnants, seine Angst, Beschränktheit und Oberflächlichkeit und damit die Leere der Konvention enthüllt. Der Schock löst jedoch keine Besinnung aus, die erlösende Botschaft des Morgens läßt ihn unberührt in die alte Durchschnittsexistenz zurückkehren.

Buchausg. 1901. Das Thema mit tragischem Ausgang (Selbstmord) durchgeführt in der Nov. *Spiel im Morgengrauen* (1927).

1900/05   **Karl Spitteler**
(1845–1924, Schweiz):
Olympischer Frühling

Versepos.
Versuch einer Mythisierung der Moderne. Eingeteilt in: *Die Auffahrt; Hera, die Braut; Die hohe Zeit; Ende und Wende*. Wiederbelebung der antiken Götterwelt durch neue mythische Sinngebung. Nach der Herrschaft der Riesen beginnt die Zeit der olympischen Götter; die Gestalt des Herkules, Symbol des »Dennoch« in sinnloser Welt, läßt hoffen, daß dem olympischen Frühling ein irdischer folgen wird. Einfluß von Schopenhauers Kulturpessimismus.
Das Versepos der als Verrohung angesehenen naturalistischen Form entgegengestellt. Pathetischer Stil, dem Symbolismus fernstehend, eine neue Stilepoche vorbereitend.

Nahezu ohne Nachhall und Einfluß. 1910 umgearbeitet und erweitert.

1901   **Börries von Münchhausen**
(Biogr. S. 491):
Balladen

Einzeln schon vorher mit Balladen gleichgesinnter Autoren in *Göttinger Musenalmanach* 1898–1901, hgg. B. v. M.

Stoffe vor allem aus dem dt. und frz. MA. und der germ. Vorzeit. Daneben vereinzelt auch nicht-hist. Stoffe (u. a. *Der Todspieler*). In Anknüpfung an Strachwitz und Fontane Wiederaufnahme der vom Naturalismus abgelehnten Kunstform. Bewußt reaktionär gegenüber den Berliner Lit.-Kreisen und den proletarischen Tendenzen des Naturalismus.

Seit 1908 mit dem *Ritterlichen Liederbuch* (1903) in *Die Balladen und ritterlichen Lieder* vereinigt. B. v. M.s Theorie der Ballade in *Meisterballaden* (1923).

1901   Gustav Frenssen
              (1863–1945, Barlt in Dithmarschen):
              Jörn Uhl

Heimat-R.
Ein Marschbauer ringt um die Erhaltung seines verschuldeten Hofes. Zwischen Heimatkunst und Unterhaltungskunst. Ungewöhnliche Popularität.

1901   Thomas Mann
              (Biogr. S. 581):
              Buddenbrooks

R. »Verfall einer Familie.«

Angeregt durch den R. *Renée Mauperin* von Edmond und Jules de Goncourt.
1897 zunächst als Knaben-Nov. um Hanno Buddenbrook geplant.

Der Verfall eines hanseatischen Geschlechts im Laufe des 19. Jh. auf dem Hintergrund des soziologischen Umschichtungsprozesses vom Bürgertum zur Bourgeoisie, sichtbar gemacht am Schwinden der bürgerlichen Tüchtigkeit und Zunehmen seelisch-geistiger Überfeinerung. Während Christian das Bürgerliche ablehnt, keine neue Lebensform findet und in Dekadenz sinkt, sucht sein Bruder Thomas durch äußere Haltung die gefährdete Form zu wahren. Schopenhauer bestärkt ihn in seinem Leiden an der Welt, seiner Fin-de-siècle-Stimmung. In Thomas' kleinem Sohn Hanno wird die Sensibilität zur Lebensunfähigkeit; die schon bei Hannos Großvater als Religiosität zutage tretende Innerlichkeit bei Hanno durch die von der Mutter ererbte Musikalität zu einem dem Vater, der Tradition und der Lebensaufgabe feindlichen Prinzip gesteigert; Musik als Verlockung zum Tode.
Geistig-künstlerische Neigungen als Verfallserscheinung des Bürgerlichen; Gegensatz von bürgerlicher und künstlerischer Lebensform, Grundthema von M.s Schaffen. Einfluß von Nietzsches Kulturpessimismus und des von ihm betonten Gegensatzes von Geist und Leben.
Kunstvolle Komposition. Die Familiengesch. erwuchs aus den »Stammbäumen« für Hanno in einer Raum- und Gewichtsverteilung, die den ursprünglichen Schwerpunkt bei den letzten beiden Generationen bewahrte. Die beiden älteren Generationen, die Zeit von 1835–1855 (bis Ende Teil 4), werden summarischer behandelt als die kurze Zeit bis 1876 (Teil 5–11), die dem Wirken Thomas Buddenbrooks und dem Heranwachsen Hannos bestimmt ist; zunehmende Ereignisdichte. Die Schicksa-

le der dritten Generation, die von Thomas, Christian und Toni, ziehen sich durch das ganze Buch hin. Verwendung von Fakten aus der Gesch. Lübecks und M.s eigener Familie.

Präziser Stil. Tradition des realistischen R. von Fontane, Dickens, Thakkeray, Zola. Gesellschaftskritik, bei den Randfiguren von Simplizissimus-Schärfe. Verwendung von Leitmotiven »nicht als bloßes Merkwort physiognomischen und mimischen Inhalts«, sondern »direkt musikalisch« (M.).

1902   Emil Strauß
         (1866–1960, Freiburg, Berlin, Südamerika, Freiburg):
         Freund Hein

R.

Bedrängnis und Freitod eines unter dem Zwang der Schule leidenden musischen Jungen. Hölderlinsches Lebensgefühl: »Begeisterung ... ein selig Grab.« Die Tr. vollzieht sich jenseits von Anklage und Schuldspruch. Die Spannung zwischen Vater und Sohn erwächst nicht aus ihrer Verschiedenheit, sondern ihrer Ähnlichkeit. Gedämpfte, betont schlichte Erzählkunst.

1902   Lulu von Strauß und Torney
         (1873–1956, Bückeburg, Jena):
         Balladen und Lieder

Themen und Helden der Balladen, die aus der gleichen Erneuerungsbewegung wie die B. v. Münchhausens entstanden, sind der ganzen Weltgesch. und allen Ständen entnommen, nicht wie dessen formal verwandte dem MA. und der Aristokratie.

Weitere Slgg.: *Neue Balladen und Lieder* (1907); *Reif steht die Saat* (1919).

1902   Rainer Maria Rilke
         (Biogr. S. 491):
         Das Buch der Bilder

Gedichte.

Entst. seit 1898.

Die Slg. zeigt, nach den Zweifeln der *Frühen Gedichte* (ersch. erst 1909), den spezifischen Charakter von R.s Frömmigkeit: Heiligung der Dinge. Jedes Ding ist ihm ein »Gleichnis«, Aufgabe des Künstlers sei es, die Dinge zu lieben, zu schmücken und singen zu lassen. »Gott ist selber viel tausendmal / an alle Straßen gestellt.« Einfühlendes Versenken in Menschen und Landschaften, hohe Sensitivität. Differenzierte Klang- und Bildwirkungen impressionistischer Technik.

Erweiterte Ausg. 1906.

1903   **Thomas Mann**
                (Biogr. S. 581):
                Tonio Kröger

Nov. In dem Sammelbd. *Tristan* zus. mit *Der Weg zum Friedhof, Tristan, Der Kleiderschrank, Luischen, Gladius Dei.*

Entst. 1902.

In engem Zusammenhang mit den *Buddenbrooks* stehende Künstler-Nov. Der Bürger lebt das Leben, der Künstler gestaltet es und steht damit außerhalb des Lebens. Für den »verirrten Bürger« Tonio, den Sohn eines Lübecker Patriziers, behält das Bürgerliche eine geheime Anziehungskraft: »... das Normale, Wohlanständige und Liebenswürdige ist das Reich unserer Sehnsucht, ist das Leben in seiner verführerischen Banalität.« Er erkennt in dieser unerfüllbaren Sehnsucht den Nährboden seiner Kunst.
Nach M.s eigenem Geständnis das seinem Herzen am nächsten stehende Werk. Selbstprüfung, Legitimation der eigenen Daseinsform. Die Alternative Geist und Leben in der Nachfolge Nietzsches.

Einzelausg. 1914.

1903   **Ricarda Huch**
                (Biogr. S. 491):
                Vita somnium breve

R. Seit 1913 unter dem Titel *Michael Unger.*
Das Leben geht an Michael Unger vorüber, ohne ihm eine seiner Hoffnungen zu erfüllen. Dem letzten Glück, der geliebten Frau, entsagt er aus Rücksicht auf seine Familie. Er muß dann erleben, daß das Opfer umsonst ist, ihm mit Undank gelohnt wird und die Familie untergeht.
Leidenschaftliche Sehnsucht nach der Schönheit des Lebens. Konflikt zwischen dem individuellen Recht auf Selbstbestimmung und der Familienbindung. Feinste Stimmungswerte eingefangen und in Reflexionen gespiegelt. Im Geist der Romantik geschrieben, die R. H. damals studierte. Thematische Beziehung zu *Buddenbrooks.*

1903   **Börries von Münchhausen**
                (Biogr. S. 491):
                Ritterliches Liederbuch

Besingung der ritterlichen Tugenden im Gegensatz zu dem »dekadenten« Weltgefühl der Zeitgenossen: »Reiten, trinken, fechten, küssen die ganze Nacht.« Gegen die »Kleine-Leute-Vergötterei« des Naturalismus. Rittertum, Minnesang, Gräfinnen und Pagen, Landsknechte, Zigeuner.

Seit 1908 mit *Balladen* (1901) als *Die Balladen und ritterlichen Lieder* vereinigt.

1903   Richard Dehmel
(Biogr. S. 490):
Zwei Menschen

Epos in Romanzen.

Begonnen 1897.

Zwei Menschen finden zueinander und erweitern ihr Glück zum Weltglück.

Eingeteilt in drei Umkreise: *Die Erkenntnis, Die Seligkeit, Die Klarheit.* Jeder Umkreis umfaßt 36 Romanzen, jede Romanze 36 Verse. Jede Romanze hat einen Natureingang, aus dem der Dialog der Liebenden erwächst. Auf dem Gipfel des Werkes, der 18. und 19. Romanze des zweiten Umkreises, steht nur je ein Monolog der Frau und des Mannes. Der dritte Umkreis variiert thematisch und metrisch Seelenlage und Handlungsorte des ersten Umkreises.

Von Nietzsches Idee des Übermenschen beeinflußte, jugendstilhaft-pathetische Szenenfolge.

1903   Hugo von Hofmannsthal
(Biogr. S. 490/491):
Ausgewählte Gedichte

Im Verlag der Blätter für die Kunst. Einzeln schon vorher in Zss. und in den *Blättern für die Kunst.*

Entst. zum großen Teil 1895–1896.

»Eine Ahnung des Blühens, ein Schauder des Verwesens, ein Jetzt, ein Hier und zugleich ein Jenseits, ein ungeheures Jenseits« umschrieb H. das Wesen seiner Gedichte. Alle Dinge werden empfänglich und ergriffen aufgenommen und durch Magie der Sprache in Traum und Wunder verwandelt. Die bekanntesten Gedichte: *Terzinen über Vergänglichkeit, Vorfrühling, Lebenslied, Ballade des äußeren Lebens.*

Seit 1911 in dem Sammelbd. *Die Gedichte und kleinen Drr.*

1903   Hugo von Hofmannsthal
(Biogr. S. 490/491):
Elektra

Tr. 1, in Versen. Auff. 30. 10. in Berlin, Kleines Theater.

Entst. September 1901 bis September 1903 aus der Auseinandersetzung mit dem Hamlet-Problem. Archaisches Griechentum im Sinne Nietzsches und Burckhardts, Gegensatz zum Antikebild der Goethezeit. Einfluß von Freud/Breuers *Studien über Hysterie* (1895).

Seit dem Mord an Agamemnon liegt über dem Haus der Tantaliden ein dämonischer Bann. Klytemnästra verfällt der Selbstzerstörung, ihre Tochter Chrysothemis flieht die Entscheidung zwischen Vater und Mutter, und die Hysterikerin Elektra glaubt, dem Vater durch Haß auf die Mutter die Treue zu wahren. Der Haß straft sie mit der unfruchtbaren prophetischen Gabe, die sie die Rache schauen, aber nicht vollziehen läßt. Überführung des Mythos in Psychologie.

Beginn von H.s Bemühungen um eine Erneuerung der Tr. Bewußte Überwindung des anfänglichen Lyrismus, die Personen mehr Masken als Charaktere. H.s lyrischer Grundzug schuf die Verbindung zur Oper: »Die Franzosen nennen eine Oper un drame lyrique, und vielleicht waren sie darin instinktiv der Antike näher als wir; sie vergessen nie ganz, daß die antike Tr. eine gesungene Tr. war« (H.).

Buchausg. 1904. Von Richard Strauss 1909 als Opern-Libretto verwandt.
Weitere Neuinterpretationen mythischer Stoffe: *Ödipus und die Sphinx* (1906), *Ariadne auf Naxos* (1912 u. 1916), *Die ägyptische Helena* (1928).

1903/06 **Friedrich Lienhard**
(1865–1929, Straßburg, Berlin, Eisenach):
Wartburg

Dram. Trilogie. Teil 1: *Heinrich von Ofterdingen* (1903, Auff. 29. 9. 1903 in Weimar), Teil 2: *Die heilige Elisabeth* (1904, Auff. 21. 10. 1905 in Weimar), Teil 3: *Luther auf der Wartburg* (1906, Auff. 30. 10. 1917 in Weimar).
Die Wartburg als Inbegriff der christlichen Tradition Dld.s, die L. mit dem Geist von Weimar vereinen wollte. Eklektischer Versuch einer Anknüpfung an den dt. Idealismus.

1904 **Hermann Hesse**
(Biogr. S. 490):
Peter Camenzind

R. in Ich-Form.
Ein junger Mann, der vom Lande in die Stadt kommt, flieht zuletzt die städtische Kultur und kehrt zur Natur und zum einfachen Leben zurück.
Weich, lyrisch, von melancholischer Grundstimmung. Die Naturschilderungen steigern sich fast zu rhythmischer Prosa. Romantische Grundhaltung, jedoch Bemühen um realistische Darstellung nach dem Vorbild Kellers.
Entwicklungs- und Erziehungs-R. mit autobiographischen Zügen wie alle folgenden Rr. H.s. Das Thema, die Polarität der Flucht vor und zu den Menschen, ist auch durchgehendes Motiv der folgenden Werke H.s. Die kulturpessimistische Lösung wird später, seit *Demian* (1919), durch Sinnfindung in der Kultur abgelöst. H.s erstes erfolgreiches Werk.

1904   **Richard Beer-Hofmann**
              (1866–1945, Wien, New York):
              Der Graf von Charolais

Tr. 5, in Versen. Auff. 23. 12. in Berlin, Neues Theater am Schiffbauerdamm.

Quelle: Philip Massinger und Nathanael Field *The Fatal Dowry* (1632).

Der Graf von Charolais gewinnt sich durch die Treue, mit der er sich für die Schulden seines verstorbenen Vaters opfern will, die Liebe eines wohlhabenden Mädchens, das er später betrügt.
Von der Neuromantik geprägt, lyrisch, zerfließend, die ersten drei Akte mit den letzten nur locker verbunden.

Buchausg. 1905.

1905   **Wilhelm von Scholz**
              (Biogr. S. 491):
              Der Jude von Konstanz

Tr. 5, in Versen. Auff. 17. 12. in Dresden. Buchausg. im gleichen Jahr.

Entworfen 1901.

Ein Jude zwischen Christen und Juden im Konstanz des ausgehenden MA. Er fühlt sich beiden Welten nicht zugehörig, wird von beiden angefeindet und geht vom Leben angewidert in den Tod.
Versuch der Erneuerung eines klassizistischen Dr. Einheit des Ortes und in den ersten vier Akten auch Einheit der Zeit. Der fünfte Akt ist ein lyrischer Epilog.

Endgültige Fassung 1906.

1905   **Christian Morgenstern**
              (Biogr. S. 491):
              Galgenlieder

Groteske Gedichte.

Die frühesten schon Mitte der 90er Jahre von M. zur Unterhaltung seines Kreises ohne den Gedanken an eine Veröffentlichung geschrieben.

M. wollte mit diesen Liedern eine Atmosphäre schaffen, »in der die erdrückende Schwere und Schwerfälligkeit des sog. physischen Planes, der heut mit dem ganzen bitteren Ernst einer gott- und geistlos gewordenen Epoche als die alleinige und alleinseligmachende Wirklichkeit dekretiert wird, heiter behoben, durchbrochen, ja mitunter völlig auf den Kopf gestellt zu sein scheint«. Die Dinge werden aus den Fesseln der Kausalität befreit. Durch »Umwortung aller Worte« absonderliche Neuprägungen und Entdeckung der merkwürdigen Unter- und Nebenbedeutungen von Lauten und grammatischen Formen.

1932 mit *Palma Kunkel* (1916), *Palmström* (1910) und *Der Gingganz* (1919) vereinigt zu *Alle Galgenlieder*.

1905 **Rainer Maria Rilke**
(Biogr. S. 491):
Das Stundenbuch

Gedichte, eingeteilt in drei Bücher: *Vom mönchischen Leben, Von der Pilgerschaft, Von der Armut und vom Tode.*

Begonnen im Herbst und Winter 1899 in Berlin unter dem Eindruck des ersten Rußlandaufenthaltes 1899, der für R. ein entscheidendes religiöses Erlebnis bedeutete. Weitere wesentliche Arbeit 1901 in Worpswede. Abschluß 1903.

Ein russischer Mönch sucht in Bekenntnissen und Gebeten Gott, das Ding der Dinge, zu erfassen. Aus der Brüderlichkeit zu den Dingen erwächst die Brüderlichkeit zu Gott. Mystische Gedankengänge: »Was wirst du tun, Gott, wenn ich sterbe? / Ich bin dein Krug, (wenn ich zerscherbe?)«. Mensch und Gott reifen aneinander und miteinander. Die Preziosität der Metaphern jugendstilhaft.

1906 **Gerhart Hauptmann**
(Biogr. S. 464):
Und Pippa tanzt

»Ein Glashüttenmärchen.« Dr. 4, Prosa. Auff. 19. 1. in Berlin, Lessingtheater. Buchausg. im gleichen Jahr.

Entst. 1905 als erstes Stück einer geplanten Tetralogie. Titel nach Robert Brownings *Pippa Passes.*

Geist und Natur, der weise Wann und der alte Huhn kämpfen um das Mädchen Pippa. Weil sie selbst ein Stück Natur ist, kann sie sich der elementaren Gewalt Huhns, vor dem sie zuerst flieht, nicht entziehen. Sie muß tanzen, bis sie tot umfällt.
Enge Verflechtung der realistischen Welt aus H.s frühen naturalistisch-sozialen Drr. mit einer Traumwelt von bewußtem Sinnbild- und Märchencharakter. Pippa symbolisiert Zauber und Vergänglichkeit der Schönheit.

1906 **Hugo von Hofmannsthal**
(Biogr. S. 490/491):
Das Bergwerk zu Falun

»Ein Vorspiel« in Versen. In *Kleine Drr.*

Entst. 1899. Quelle: E. T. A. Hoffmann, *Die Bergwerke zu Falun* (in *Die Serapionsbrüder,* 1819–1821).

Elis Fröbom, ein heimkehrender Matrose, flieht Welt und Menschen, auch die ehemalige Geliebte, und verbindet sich mit der Bergkönigin. Die Handlung versinnbildlicht das Recht des geistigen Menschen auf Einsamkeit und Lösung aller Bindungen, die Vereinigung des künstlerischen

Menschen mit der Schönheit. Das Bergwerk ist das Symbol der verschlungenen Wege des menschlichen Innern.

H.s letzter Einakter, ursprünglich erster Akt einer fünfaktigen Tr. gleichen Titels, zeigt ihn auf dem Wege zur Tr. Das lyrische Schwelgen der früheren Einakter tritt zurück hinter stärkerer dram. Konfliktbildung. Romantisch im Thema und in der Verwendung märchenhafter Gestalten.

Erst aus dem Nachlaß veröffentlicht wurde i. J. 1933 *Das Bergwerk zu Falun,* Tr. 5. Die Tr. führt das Problem des »Vorspiels« breiter aus und stellt Elis in einen neuen Konflikt durch seine Liebe zu Anna, die er verlassen muß. (Auff. 4. 3. 1949 in Konstanz.)
1961 Oper von Rudolf Wagner-Régeny.

1906   **Enrica von Handel-Mazzetti**
           (1871–1955, Wien, Steyr, Linz):
           Jesse und Maria

»R. aus dem Donaulande.«

Glaubenskämpfe in der Zeit der Gegenreformation. Der protestantische Graf Jesse von Velderndorff wird von der Förstersfrau Maria bei der katholischen Reformationskommission angezeigt. Vor der Hinrichtung versöhnen sich die Gegner im Glauben an eine höhere Liebe.

Die Verfn. ist nicht nur mit ihren Themen (*Meinrad Helmpergers denkwürdiges Jahr,* 1900; *Stephana Schwertner,* 1912–1914), sondern auch mit ihrem fast ekstatisch erregten Stil im österreichischen Barock beheimatet.

1906   **Rainer Maria Rilke**
           (Biogr. S. 491):
           Die Weise von Liebe und Tod des Cornets Christoph Rilke

Nov.

Durch Familienüberlieferung angeregt, in einer Nacht Herbst 1899 geschrieben.

Lyrisch-monologischer, in fast rhythmischer Prosa abgefaßter Bericht von der ersten Liebe und dem Schlachtentod eines jungen Offiziers zur Zeit der Türkenkriege in Ungarn.

Wegen seiner Stimmungsdichte und bezwingenden Form populärstes Werk des jungen R.

1907   **Stefan George**
           (Biogr. S. 490):
           Der siebente Ring

Gedichte.

Entst. seit 1900.

Sieben Bücher, um das Mittelbuch *Maximin* geordnet, G.s geistiges und
sittliches Gesetz enthaltend. Die *Zeitgedichte* stellen dem »Stroh der
Welt« große Gestalten und Werte der Gesch. und Gegenwart gegenüber;
in *Gestalten* werden Führer und Verführer der Menschheit behandelt; die
Gezeiten enthalten Liebesgedichte. Die Gedichte an Maximin gelten dem
früh verstorbenen jugendlichen Freund, der für G. seit dem Beginn des
Jh. Inbegriff einer besseren Jugend gewesen war und dem er auch das
»Gedenkbuch« *Maximin* (1907) gewidmet hat. Die Gedichte sind eine
Vergottung des Lebens und Leibes unter dem Einfluß von Nietzsches
Lebensphilosophie. Die letzten drei Bücher *Traumdunkel, Lieder, Tafeln*
sind noch bestimmt von der Gläubigkeit des Maximin-Erlebnisses und
durch Gegenständlichkeit und Ursprünglichkeit gekennzeichnet. Gelöste-
re Formen.

1907	**Agnes Miegel**
	(1879–1964, Königsberg, Bad Nenndorf):
	Balladen und Lieder

Die Balladen nach dem Bekenntnis von A. M. im Gegensatz zu B.
v. Münchhausen nicht vom »Ritterballaden-Typus«. Stoffe der ganzen
Weltgesch. (*Die Nibelungen, Die Frauen von Nidden, Rembrandt, Die
schöne Agnete*). Häufiges Motiv: geheimnisvolle Mächte, die den Menschen berühren und binden. Symbolistische Züge. Schwermutsvolle Stimmungen, dunkle Töne.
Unter den lyrischen Gedichten besonders erste Mädchengedichte von
Einsamkeit und verschmähter Liebe. Lyrisch-epische Mischformen. Betont landschaftlich und heimatlich.

Seit 1939 unter dem Titel *Frühe Gedichte*.

1907	**Carl Hauptmann**
	(1858–1921, Obersalzbrunn, Schreiberhau):
	Einhart der Lächler

R. 2 Bdd.
Lebensweg eines einsamen, weltfremden Künstlers und Träumers. Abkehr H.s von der naturwissenschaftlichen Gebundenheit und den sozialen
Themen seiner Frühzeit, Abwendung vom naturalistischen Stil: Zusam-
mendrängung auf das Wesentliche, Bevorzugung substantivischer Neubil-
dungen. Symbolistisch und in Ansätzen schon expressiv.

Der hier ansetzende und dann in H.s späten Drr. (*Die goldenen Straßen,* Trilogie
1916, 1917, 1919; *Der abtrünnige Zar,* 1919) entwickelte Stil wurde von der expressionistischen Generation als Vorbild empfunden.

1907   **Ernst Hardt**
        (1876–1947, Graudenz, Köln, Berlin, Weimar, Ichenhausen):
        Tantris der Narr

Dr. 5, in Versen. Auff. 7. 12. in Köln, Stadttheater. Buchausg. im gleichen Jahr.
Psychologisierende Wiederbelebung des Tristan-Stoffes im Anschluß an ma. nicht-höfische Quellen, z. B. die sog. »Folie«. Tristan kehrt nach seiner Verbannung unerkannt als Narr Tantris an Markes Hof zurück. Stilisierte, bildersuchende, romantisierende Sprache.

H. erhielt für das Dr. 1908 die Hälfte des Schillerpreises und den ganzen Volks-Schillerpreis.
Weitere Versuche der dram. Erneuerung ma. Stoffe: *Gudrun* (1911), *Schirin und Gertraude* (1913).

1907/08   **Rainer Maria Rilke**
        (Biogr. S. 491):
        Neue Gedichte und **Der neuen Gedichte anderer Teil**

Entst. seit 1903.

In einem Stil, der sich mit dem Seltenen, mit Alleen, Parken, Fontänen, Edelsteinen und kostbaren Stoffen drapiert und die Liebe und Wertschätzung der »Dinge« betont. Die Symbolkraft am stärksten in den Tiergedichten aus dem Pariser Jardin des plantes. Der Dichter lebt im Sich-in-die-Dinge-Einfühlen, er geht in ihnen auf.
Unter dem Einfluß Rodins, der R. das ruhige Anschauen der Natur, das »Arbeiten und Geduldhaben« gelehrt hatte, näherte der Dichter sich hier dem Gegenständlichen nach Art des bildenden Künstlers. Abwendung von dem bisherigen Werk, von der »lyrischen Oberflächlichkeit« und dem »à peu près«. Die neue Arbeitsweise, der die ganze Welt zur »Aufgabe« geworden ist, ließ R.s Bücher in langen Zeiträumen entstehen. Vorprägung der Gedanken in R.s Briefen. Häufige Verwendung der Sonettform.

1908   **Arthur Schnitzler**
        (Biogr. S. 491):
        Der Weg ins Freie

R.
Darstellung des Ästhetentums als Lebensform und -gefahr. Ein vornehmer junger Lebensgenießer und Künstler wird durch ein Liebeserlebnis, in dem die Geliebte um seiner Laufbahn willen entsagt, zum reifen Menschen und Künstler geläutert.
Einfluß von Jens Peter Jacobsens *Niels Lyhne*. Neben der schmalen Haupthandlung eine Fülle von Episodischem und Zeitkritischem aus dem

damaligen Österreich, vor allem Schilderung des jüdischen Bevölkerungs-
teils. Schlüssel-R. der Wiener Gesellschaft um 1900; zahlreiche Porträts
von Freunden und Bekannten, der Verf. selbst in der Figur des Dichters
Heinrich Bermann.

1908   **Jakob Wassermann**
          (Biogr. S. 491/492):
          Caspar Hauser oder Die Trägheit des Herzens

R. um die rätselhafte Gestalt des 1828 in Nürnberg aufgetauchten und
bald darauf ermordeten C. H., der bei W. als der einzig reine Mensch
inmitten einer seelenlosen Menschheit erscheint. W. wollte in dem R. dt.
Wesen darstellen und sah in diesem Problem und dem der *Juden von
Zirndorf* die polaren Punkte seines Schaffens (*Mein Weg als Deutscher
und Jude,* 1921).

1908   **Karl Schönherr**
          (1867–1943, Tirol, Wien):
          Erde

»Kom. des Lebens.« 3, Prosa. Auff. 13. 1. in Düsseldorf, Schsp.-Haus.
Buchausg. im gleichen Jahr.
Ein robuster alter Bauer widersteht dem Tode, der wartenden »Erde«,
und wird, seiner Familie und Umwelt zum Trotz, wieder gesund und Herr
seines Hofes.
Einfluß Anzengrubers, dem Naturalismus nahe Heimatkunst.

Erhielt die Hälfte des staatlichen Schillerpreises.

1908   **Wilhelm Schmidtbonn**
          (1876–1952, Bonn, Düsseldorf, Ascona, Godesberg):
          Der Graf von Gleichen

Schsp. 3, in Versen. Auff. 3. 2. in Düsseldorf, Schsp.-Haus. Buchausg. im
gleichen Jahr.
Neuromantische Behandlung des legendären Stoffes mit tragischem Ausgang (im Gegensatz zu Ernst Hardt: *Schirin und Gertraude,* 1913). Die
Gattin tötet die morgenländische Geliebte des Mannes und flieht in die
Wälder, als sie das Sinn- und Ruchlose ihrer Tat erkennt. Der Mann, der
doppeltes Glück erobern wollte, bleibt in Einsamkeit zurück.

1908   **Ludwig Thoma**
          (1867–1921, Oberammergau, München, Rottach):
          Moral

Kom. 3, Prosa. Auff. 21. 11. in München, Schsp.-Haus.
Die Mitglieder eines Sittlichkeitsvereins als heimliche Sünder.
Kritik des Spießbürgertums aus dem Geist des *Simplizissimus.*

Buchausg. 1909.

1909   **Robert Walser**
(1878–1956, Biel, Zürich, Berlin, Biel, Bern, seit 1929 in
Heilanstalten):
Jakob von Gunten

R.

Entst. in Berlin. Wie die Rr. *Geschwister Tanner* (1907) und *Der Gehülfe* (1908)
Selbstbespiegelung.

Als Tagebuch stilisierte Gesch. eines Knaben in einem Internat, endend
mit einer visionären, Jakob der europäischen Kultur entrückenden Reise.

Das Leben im Institut Benjamenta als Gleichnis der Situation des Men-
schen. In den Motiven und der zur Chiffre tendierenden Sprache war W.
Vorläufer Kafkas, der W.s »Konzept . . . weiterdachte und weiterdrehte«
(Walter Höllerer).

1909   **Thomas Mann**
(Biogr. S. 581):
Königliche Hoheit

R.

Der Thronerbe und Stellvertreter des Herrschers eines kleinen deutschen
Fürstentums heiratet die Tochter eines amerikanischen Millionärs, saniert
dadurch den Staat und gibt zugleich seiner eigenen, bisher nur dekorati-
ven Existenz einen Sinn.

»Lustspiel in Romanform« (Thomas Mann) mit bewußt optimistischer,
spielerischer Behandlung der sozialen Problematik, die in eine Märchen-
sphäre entrückt wird. Sympathisierende Ironie. Mit einem Zentralpro-
blem des M.schen Gesamtwerkes verbunden durch das Thema der aufer-
legten – auch den Künstler kennzeichnenden – Sonderexistenz sowie des
Verzichts auf ein normales Dasein, der Würde verleiht. Nach M.s Absicht
symbolisiert sich im Schicksal der Personen die Krise des Individualismus.

1909   **Paul Ernst**
(Biogr. S. 490):
Brunhild

Tr. 3, in Versen.

Erste Auseinandersetzung mit dem Stoff in einem Ibsen-Essay (1904), dann in *Die
Nibelungen, Stoff, Epos und Drama* (in *Weg zur Form,* 1906). Niedergeschrieben
1908.

Das Dr. setzt nach der Brautnacht der beiden Paare Siegfried–Kriemhild
und Gunther–Brunhild ein und umfaßt den Zeitraum bis Sonnenunter-
gang. Siegfried und Brunhild, die nach ihrer höheren Wesensart zusam-
mengehören, sind erst im Tode vereint.

Nach dem Vorbild von Sophokles' *Ödipus* aufgebautes Werk des Neu-
klassizismus, für den es ein Musterbeispiel ist, das zugleich E.s Theorien
deutlich verwirklicht. Da hist. Stoffe nicht restlos zu typisieren seien, im
mythischen Bereich spielend.

Auff. 7. 4. 1911 in München, Residenztheater.

1910   **Franz Karl Ginzkey**
             (1871–1963, Pola, Wien, Seewalchen/Attersee):
             Balladen und neue Lieder

Erste repräsentative Slg. des seit 1901 als Lyriker hervorgetretenen G.
Lieder von Balladen umrahmt, die Stoffe aus Gesch., Sage, Märchen und
Selbsterfundenes behandeln. Vielfach heiter, schwankhaft. Volkstümli-
che sprachliche und klangliche Mittel.

Spätere Slgg.: *Balladenbuch* (1931 und 1948), *Lieder und Balladen* (1951).

1910   **Gerhart Hauptmann**
             (Biogr. S. 464):
             Der Narr in Christo Emanuel Quint

R. In Die *Neue Rundschau*. Buchausg. im gleichen Jahr.

Begonnen im Winter 1901/02, beendet 1910. Vorbild und Anregung: Dostojewskijs
Großinquisitor (aus *Brüder Karamasow*).

Emanuel Quint sieht seine Aufgabe darin, das Leben Christi in der modernen Welt noch einmal zu leben. Er steht im Gegensatz zur Kirche, da
er die *Bibel* als irreführend verwirft und als einzige Offenbarung den
Menschen preist, in dem Gott lebendig ist. Er endet, verfolgt und verlassen, auf dem St. Gotthard.
Rationalistische, von David Friedrich Strauß' *Leben Jesu* mitgeprägte
Auffassung Christi. H. gibt sich als objektiv referierender Chronist, ver-
schanzt sich hinter Ironie, die sowohl dem Narren wie der aufgeklärten
Gegenpartei gilt.

1910   **Rainer Maria Rilke**
             (Biogr. S. 491):
             Die Aufzeichnungen des Malte Laurids Brigge

R. in Ich-Form.

Entst. 1904/10, beeinflußt von Jens Peter Jacobsens *Niels Lyhne*.

Bedrängnis und Reifen eines armen, in Paris lebenden Dichters, einer
sensiblen Natur, die sich in Gefühl und Reflexion verströmt, ohne die
Kraft zum Handeln, zum künstlerischen Werk zu besitzen.
Die Erz. hat autobiographischen Charakter und nimmt in des Dichters
Leben eine ähnliche Stellung ein wie *Werther* in dem Goethes: die einer
»Wasserscheide«, Gestaltung und zugleich Überwindung der Dekadenz.

»Wer der Verlockung nachgibt und diesem Buch parallel geht, muß notwendig abwärts kommen«; man müsse »es gewissermaßen gegen den Strich zu lesen unternehmen« (R.).

1910   **Erwin Guido Kolbenheyer**
              (Biogr. S. 581):
              Meister Joachim Pausewang

R.
Autobiographie des Breslauer Schuhmachermeisters und Gottsuchers für seinen Sohn. »Als ein einfältiger Chronist« berichtet er vor allem von seiner Begegnung mit Jakob Böhme.
Im Sprachstil des beginnenden 17. Jh.

1910   **Karl Schönherr**
              (1867–1943, Tirol, Wien):
              Glaube und Heimat

Tr. 3, Prosa. Auff. 17. 12. in Wien, Dt. Volkstheater.
Gewissenskonflikt der protestantischen Zillertaler Bauern während der Gegenreformation.
Vst.-Charakter, Heimatkunst. Starke, auch sentimentale Theatereffekte.

Buchausg. 1911.

1911   **Heinrich Federer**
              (1866–1928, Obwalden, Jonschwil, Zürich):
              Lachweiler Geschichten

Entst. um 1905.

In der Nachfolge von Kellers *Die Leute von Seldwyla* stehende Erzz. um Figuren einer Schweizer Dorfgemeinde. Vermischung von Jugenderlebnissen mit Beobachtungen aus der Kaplanszeit in Jonschwil.

Das Lachweiler Milieu auch in *Jungfer Therese* (R. 1913) und *Papst und Kaiser im Dorf* (R. 1925).

1911   **Stefan Zweig**
              (Biogr. S. 492):
              Erstes Erlebnis

Folge von Novv. Enthält: *Geschichte in der Dämmerung, Die Gouvernante, Brennendes Geheimnis, Sommernovellette.*

Angeregt auch durch Gespräche mit der schwedischen Sozialpädagogin Ellen Key, der der Bd. gewidmet ist.

Thema der Novv. ist die seelische Not und Gefühlsverwirrung, die eine erste Liebe in jungen Menschen hervorruft.

Seit 1927 Bestandteil der dreibändigen Novv.-Reihe *Die Kette*. Weitere Bände: *Amok* (1922), *Verwirrung der Gefühle* (1927).

1911	**Rudolf G. Binding**
	(1867–1938, Basel, Buchschlag, Starnberg):
	Der Opfergang

Nov. In dem Sammelbd. *Die Geige*.
Seelengröße einer Frau, die der erkrankten Geliebten ihres Mannes, der plötzlich einer Seuche zum Opfer gefallen ist, in seinen Kleidern und auf seinem Pferde den gewohnten täglichen fernen Gruß bringt. Die menschliche Größe gab dem Thema von ehelicher Bindung und Ehebruch eine Wendung ins Ungewöhnliche.

Einzelausg. 1912.

1911	**Christian Morgenstern**
	(Biogr. S. 491):
	Ich und Du

Gedichte.

Entst. zum größten Teil im Herbst 1908 in Meran, nachdem M. seine spätere Frau kennengelernt hatte.

Der erste und dritte Teil je ein Sonettenkranz, der mittlere Teil Ritornelle und Lieder.
Grundstimmung der Slg. ist schwermütiger Ernst, oft durch Lächeln verdeckt. Vielfach winzige Erlebnisse, Natureindrücke, Erinnerungen, die M. fast zum mythischen Symbol wurden. Zucht als innerster Gedanke des Buches, die Form des Sonetts schien M. diesem Gedanken am meisten gemäß.

Fortführung in: *Wir fanden einen Pfad* (1914); Gedichte um den gemeinsamen Weg der theosophisch-anthroposophischen Erkenntnis, Rudolf Steiner gewidmet.

1911	**Börries von Münchhausen**
	(Biogr. S. 491):
	Das Herz im Harnisch

Balladen und Lieder. Die Balladen kräftiger, der Volksballade näher als die der früheren Slgg., die Pagen- und Königinnen-Romantik, die balladesken Requisiten treten zurück, z. B. *Ballade vom Brennesselbusch, Birken-Legendchen, Lederhosen-Saga*. Ein Zug zur Verinnerlichung, der sich auch in den Liedern, z. T. rein lyrischen Gedichten, bemerkbar macht, die den Wechsel der Jahreszeiten, Landschaftlich-Heimatliches behandeln.

1911   **Hugo von Hofmannsthal**
         (Biogr. S. 490/491):
         Der Rosenkavalier

Kom. für Musik 3. Auff. in der Vertonung durch Richard Strauss am
26. 1. in Dresden, Opernhaus. Buchausg. im gleichen Jahr.

Entst. im Zusammenhang mit H.s Bemühungen um die Tr., als er auch der heiteren
Seite der Konflikte Interesse abgewann und Typen-Komm. schrieb. Theaterprakti-
sche Einflüsse von Richard Strauss und Max Reinhardt.

Wiederbelebung der Typen und Themen der Wiener Theatertradition.
Handlung aus dem Wien des 18. Jh. »Die reife Frau und ihr jugendlicher
Schatz; der alte Weiberverschlinger und Mitgiftjäger mit seiner rührend
jungen Braut; Entsagung der Marschallin, Entlarvung des Kammerherrn,
Vereinigung der jungen Leute: das wird genau besehen in drei Einaktern
heruntergespielt. Der erste ist ein Alkovenstück: der junge Liebhaber
verkleidet sich in eine Kammerzofe und rettet die Lage. Der zweite ist ein
Degen- und Mantelstück: der alte Bräutigam wird vor seinen Augen um
seine junge Braut betrogen. Der dritte ist eine parodistische Zauberposse:
der Kammerherr wird beim Stelldichein mit dem als Zofe verkleideten
jungen Helden entlarvt« (Josef Nadler).

1911   **Hugo von Hofmannsthal**
         (Biogr. S. 490/491):
         Jedermann

»Spiel vom Sterben des reichen Mannes«. Auff. 1. 12. in Berlin, Zirkus
Schumann. Buchausg. im gleichen Jahr.

Geplant 1903, ausgeführt 1911 unter dem Einfluß Max Reinhardts. Quellen: vorwiegend das engl. Dr. *Everyman* (Ende 15. Jh.) unter starker Heranziehung von
Hans Sachs' *Comedi von dem reichen sterbenden Menschen* (1549).

H.s auf einer dreigestuften Bühne spielendes Stück wird eingeleitet durch
ein Vorspiel im Himmel, den Dialog zwischen Gott und Tod. Jedermann,
dem genießerischen Typ aus H.s Jugenddrr. verwandt, ist mehr ein moderner als ein ma. Mensch. Er erkennt keine höhere Ordnung über dem
eigenen Willen an, daher ist er schuldig. Am Schluß steht die fürbittende
Liebe der Mutter, die Hilfe von »Glaube« und »Werke«. Das Moralisie-
rende des ma. Spiels fehlt.
Starkes Herausarbeiten der optischen Wirkung. Festspielcharakter.

Seit 1920 jährlich vor dem Salzburger Dom aufgeführt.

1912   **Rudolf Alexander Schröder**
         (1878–1962, Bremen, Berlin, Bergen/Obb.):
         Elysium/Gesammelte Gedichte

Die Slg. enthält hauptsächlich die schon vorher einzeln veröffentlichten
Zyklen: *Bodenseesonette* (1905, Liebesgedichte); *Kreuzlingen* (1904,

Wander- und Liebesgedichte); *Baumblüte in Werder* (1905, Schilderung der blühenden Gärten in Bremen); *Elysium* (1906, Darstellung der Schatten im Jenseits). Sch. bezeichnete sich selbst als »Fortsetzer«, nicht als »Neubeginner, Neutöner«. Verwurzelt im Erbe der Antike und Goethes. Ziel seiner Dg. »Harmonisierung des Unharmonischen« (Sch.). Bevorzugte Formen Sonett, Elegie, Ode. Sch.s Frühwerk ist dem Hofmannsthals und Rilkes verwandt.

1912	**Arnold Zweig**
	(Biogr. S. 492):
	Novellen um Claudia

Psychologische Novv., die sich zu einem R. zusammenschließen.
Stationen des Weges zweier Menschen zueinander. Analyse moderner Sensibilitätshemmungen, ihre Überwindung durch natürliche Triebe.
Zum Teil als Berichte des Erzählers, zum Teil in Ich-Form gefaßt.

1913	**Thomas Mann**
	(Biogr. S. 581):
	Der Tod in Venedig

Nov.

Geplant als Einschub in den unvollendeten R. *Bekenntnisse des Hochstaplers Felix Krull* (1954). Entst. 1911.

In Gustav von Aschenbach scheint die Synthese von Bürgerlichkeit und Künstlertum vollzogen. Er ist der Dichter »all der Moralisten der Leistung, die, schmächtig von Wuchs und spröde von Mitteln, durch Willensverzückung und kluge Verwaltung sich wenigstens eine Zeitlang die Wirkung der Größe abgewinnen«. Die Sinnverrückung durch die Schönheit eines Knaben am Strande Venedigs zeigt die Gefährdung dieser Scheinharmonie: Der Ausbruch aus der rein formalen Existenz führt zur Zerstörung der Existenz überhaupt.
M. bezeichnete sich als »den Chronisten und Erläuterer der Dekadence, Liebhaber des Pathologischen und des Todes, einen Ästheten mit der Tendenz zum Abgrund«, die Nov. als »zugespitzte und gesammeltste Gestaltung des Décadence- und Künstlerproblems«, zugleich als »eine Art Mimikri«. Klassizistisch streng in der Form.

Die Problematik der Schriftsteller-Existenz bereits in den Novv. *Tristan* (1903) und *Tonio Kröger* (1903).

1914	**Stefan George**
	(Biogr. S. 490):
	Der Stern des Bundes

Gedichte.

In wenigen Exemplaren bereits 1913 für den engeren Kreis.

Eingeteilt in Eingang, drei Bücher und Schlußchor, die zusammen hundert Gedichte umfassen, von denen jedes zehnte gereimt ist. Ausgehend vom Erlebnis Maximins, der »Herr der Wende« ist, gibt G. im 1. Buch ein Bekenntnis zur Sendung des Dichters, zu seiner eigenen Sendung, als Mittler zwischen Gott und Menschheit zu wirken. Daran schließt sich ein Gericht über die Gegenwart: »Zu spät für stillstand und arznei / Zehntausend muß der heilige wahnsinn schlagen / Zehntausend muß die heilige seuche raffen / Zehntausende der heilige krieg!« Verkündung eines neuen Bundes zwischen Volk und Gott.

1915	Jakob Wassermann

1915   **Jakob Wassermann**
(Biogr. S. 491/492):
Das Gänsemännchen

R.

Entst. 1911–1913.

»Ein charakteristisches Stück bürgerlicher dt. Gesch., dt. Zustände um 1900« (W.), gezeigt am Schicksal des Musikers Daniel Nothafft, den die Ich-Sucht und der Undank der Zeit vernichten. Schauplätze Nürnberg, die Landschaft um diese Stadt, Bayreuth und die Heimat des Parzival-Dichters, Eschenbach.
Anknüpfung an Jean Paul (Kapiteleingänge) und E. T. A. Hoffmann. In der Auffassung des Musikers, der in seinen Träumen über sein Ich hinauswachsen will, spiegelt sich intensive Dostojewskij-Lektüre. »Viel Schnörkelhaftes, viel Skurriles, Enges, Grelles, Kunterbuntes« (W.).

W.s größter Erfolg.

1917   **Walter Flex**
(1887–1917, Eisenach, gefallen auf Ösel):
Der Wanderer zwischen beiden Welten

Erinnerungen an einen Kriegskameraden.
Beispielhafte Darstellung der jungen Generation. Die unbedingte Sittlichkeit, der Glaube an Gotteskindschaft und Menschenbruderschaft, die Forderung der Selbstaufopferung für die Idee zeigt Nähe zum Expressionismus.

1917   **Gerhart Hauptmann**
(Biogr. S. 464):
Winterballade

Tr. 7, in Versen. Auff. 17. 10. in Berlin, Dt. Theater. Buchausg. im gleichen Jahr.

Seit 1912 geplant. Quelle: Selma Lagerlöfs Nov. *Herrn Arnes Schatz.*

Ein schottischer Offizier ermordet ein junges Mädchen, dem er sich von dieser Stunde an innerlich verbunden fühlt. Zum Verhängnis wird ihm die

Ähnlichkeit des Mädchens mit dessen Milchschwester Elsalil, die seit der Mordnacht in einem Trancezustand ist, ihn wie ein Vampir an sich zieht und schließlich in Wahnsinn und Tod treibt.

Aus verdichteter Atmosphäre und Bildwirkung lebendes Werk, in dem die Grenzen zwischen dem Reich des Todes und des Lebens, Bewußtsein und Unterbewußtsein, Spuk und Wirklichkeit verwischt sind.

1917/26   Erwin Guido Kolbenheyer
(Biogr. S. 581):
Paracelsus

R.-Trilogie, bestehend aus *Die Kindheit des Paracelsus* (1917), *Das Gestirn des Paracelsus* (1922), *Das dritte Reich des Paracelsus* (1926).

Entst. 1913–1923.

Durch je ein symbolisches Vorspiel *Einaug und Bettler, Das lohende Herz, Requiem* eingeleitete Darstellung des Lebens des Arztes, Naturforschers und Begründers der neueren Heilmittellehre (1493–1541), der als »ingenium teutonicum« und dessen Kampf um die Lösung der Medizin aus dogmatischer Gebundenheit von K. als Auseinandersetzung des »deutscheigenen Wesens« mit der »fremden Kirche« unter dem Ziel geistiger Freiheit überhaupt gedeutet wird.

1918   Arthur Schnitzler
(Biogr. S. 491):
Casanovas Heimfahrt

Erz.

Demütigendes Ende des alternden Abenteurers: Casanova darf in seine Vaterstadt Venedig unter der Bedingung zurückkehren, daß er ihr als Spion dient. Er erkauft sich ein letztes erotisches Abenteuer, indem er mit dem in Spielschulden geratenen Liebhaber einer Schönen, den er erpreßt, die Rolle tauscht. Am Entsetzen der erwachenden Frau erkennt er seine Schmach, mehr noch beim Anblick ihres von ihm im Duell getöteten Liebhabers, der eine jugendliche Wiederholung seiner selbst zu sein scheint.

Erneute, schärfere Formulierung des Motivs vom Abenteurer als einer verbrecherischen Lebensform.

1918   Hermann Stehr
(1864–1940, Habelschwerdt, Schreiberhau):
Der Heiligenhof

R.

Entst. 1911–1916.

Der Bauer Sintlinger lernt durch sein blindes Töchterchen die Welt mit den Augen der Seele suchen. Er verliert sein Kind zum erstenmal, als es durch ein Liebeserlebnis sehend und ein Mensch wie alle anderen wird, zum zweitenmal, als es das Ende seiner Liebe nicht überleben kann. Nun muß er neu aus der eigenen Seele den Weg zu Gott finden.

Mystisches Gedankengut, Begriffe wie »Auge der Seele« und »inneres Licht« sind von Jakob Böhme übernommen. »Die Augen sind nur ein Umweg. Und was wir in der Seele sehen, ist ein anderes als die Welt in unseren Augen.«

Alle früheren Werke St.s zielten auf den R. hin und erhielten in ihm ihren Gipfel. Das Thema bereits angeschlagen in *Drei Nächte* (1909) – der Lebenserzählung des Lehrers Faber, nach dem Tode des Lenleins der geistige Berater des Heiligen-hofbauern wird – und noch einmal mit *Peter Brindeisener* (1924) aufgenommen, als St. die Welt des *Heiligenhof* aus der Perspektive des ungetreuen Liebhabers schilder-te.

1918   Gerhart Hauptmann
(Biogr. S. 464):
Der Ketzer von Soana

Erz. In *Die Neue Rundschau.* Buchausg. im gleichen Jahr.

Begonnen 1911 in Italien, beendet 1917 auf Hiddensee.

Ein junger Priester liebt die Tochter eines in Geschwisterehe lebenden Paares, verläßt sein bisheriges Leben und führt mit Agatha im Hochgebir-ge ein Hirtendasein. Seine schriftlich niedergelegte Lebensbeschreibung übergibt er einem Reisenden, der sie als »Herausgeber dieser Blätter« veröffentlicht.

Der Eros als das eigentlich Göttliche in Gegensatz zum kirchlichen Chri-stentum gestellt. »Ich weiß selbst nicht, wieso ich das Griechentum in seiner ganzen Nacktheit so erleben und darstellen mußte« (H.). Eindruck der Griechenlandreise von 1907 (vgl. *Griechischer Frühling,* 1908); Wir-kung von Nietzsches Begriff des Dionysischen (der Dionysus-Zug auf dem römischen Sarkophag) und der Lebensphilosophie.

1918–22   Eduard Stucken
(1865–1936, Moskau, Dresden, Hamburg, Berlin, viele Rei-sen):
Die weißen Götter

R. 4 Bdd.

Auf jahrelangen hist. Studien beruhende Darstellung der Eroberung Me-xikos durch Cortez sowie der aztekischen Kultur. Ausweitung ins Mythi-sche angestrebt.

Fülle an Gestalten, weitausgreifende Handlung, detaillierte Schilderung. Das Ungenügen an der Realität führt zu lyrisch-rhetorischen Imaginatio-nen jugendstilhafter Art.

1919   **Rudolf G. Binding**
                (1867–1938, Basel, Buchschlag, Starnberg):
                Keuschheitslegende

Nov.

Die von der Jungfrau Maria verliehene Begnadung eines Mädchens, die Begehrlichkeit der Männer nicht zu erregen, wird zur Qual dem Geliebten gegenüber; die Jungfrau Maria nimmt ihr Geschenk zurück.

Höhepunkt der Legendendg. B.s, die den irdischen Dingen ihr irdisches Recht gibt.

Weitere Legenden: *Coelestina* (1908), *St. Georgs Stellvertreter* (1909), *Weihnachtslegende vom Peitschchen* (1909), vereinigt in *Legenden der Zeit* (1909).

1919   **Hermann Hesse**
                (Biogr. S. 490):
                Demian. Die Geschichte von Emil Sinclairs Jugend

R.

1.–8. Aufl. noch unter dem auf Hölderlins Freund weisenden Pseudonym Emil Sinclair mit dem Titel *Demian. Die Geschichte einer Jugend.*

Entst. 1917 in völliger Depression, nach psychoanalytischer Behandlung H.s durch einen Arzt (1916).

Gedacht als Bekenntnis eines schwerverwundeten Soldaten. Sinclair ist als Knabe von seinem Freunde Demian aus seelischer Not gerettet worden, seitdem trägt er sein Bild als das eines Vorbildes in sich, und in den entscheidenden Augenblicken taucht Demian auf, um ihn auf den Weg zu sich selbst zurückzuführen. Demians Mutter wird ihm Urbild mütterlicher und fraulicher Liebe.

Hoheslied auf die Freundschaft. In dem Freundespaar ist die Polarität von Kunst und Leben verkörpert, ein später durchgehendes Motiv bei H. Mystisches Verhältnis zur Musik, die das künstlerische Wunder schlechthin ist.

Entscheidende Wandlung gegenüber H.s früheren Werken, Abkehr von der lyrisch-romantischen Haltung. Einfluß der Gnostik, Bachofens und von Nietzsches Übermenschen-Vorstellung.

1919   **Jakob Wassermann**
                (Biogr. S. 491/492):
                Christian Wahnschaffe

R. 2 Bdd.

Entst. während des Ersten Weltkrieges.

Gesch. eines reichen Jünglings, der sich von seinem Vater, dem Industriemagnaten, und allem Besitz trennt, um nach dem Vorbild Buddhas und Tolstojs mit den Armen zu leben und ihnen Hilfe zu bringen.

Absage an die bürgerliche Welt des Vorkriegs, Hoffnung auf eine neue Welt der wahren Nächstenliebe, Bruch mit den Grundsätzen des Besitzes und Erwerbes. Probleme des Expressionismus: »Die Welt der Söhne muß sich gegen die Welt der Väter erheben; anders kann es nicht anders werden.« Auch in der Neigung zu stilistischer Übersteigerung expressionistische Zeitströmung spürbar.

1919	**Hugo von Hofmannsthal**
	(Biogr. S. 490/491):
	Die Frau ohne Schatten

Erz.

Entst. 1911–1919.

Eine Fee ist Gemahlin eines Kaisers geworden, ihrem Mann droht Unheil, wenn sie nicht ganz Mensch wird, d. h. einen Schatten und damit die Fähigkeit erlangt, Kinder zu gebären. Die Frau eines Färbers verkauft ihr gegen die Gabe unzerstörbarer Jugend und Schönheit Schatten und Fruchtbarkeit. Die Kaiserin verzichtet, durch die Erscheinung der ungeborenen Kinder des Färbers bewegt, auf ihr Ziel und erlöst sich und ihren Mann durch dieses Opfer; der Färber und seine Frau finden zueinander in dem Augenblick, in dem sie ihm die Tat beichtet.
Grundgedanke ist die Verstrickung des reinen Menschen durch Bindungen an die Welt und seine Erlösung durch Selbstüberwindung. Einfluß des »magischen Idealismus« der Romantik und des Symbolgehalts von Goethes *Märchen*. »Goethische Atmosphäre« (H.). Auf den Stil wirkten auch die *Märchen aus 1001 Nacht*.

Umarbeitung zu einem Libretto für die gleichnamige Oper von Richard Strauss (1919).

1920	**Paul Ernst**
	(Biogr. S. 490):
	Komödianten- und Spitzbubengeschichten

60 Erzz.

Untertitel »Wendunmut« in Anlehnung an Hans Wilhelm Kirchhoffs Facetienslg. (1563–1603). Schon vor dem Weltkrieg begonnen.

Huldigung an die Urväter der künstlerischen Lebensform, an die Fahrenden und Komödianten. Die Handlungen der knappen, bildhaften Novv. versinnbildlichen Grundfragen der Weltdeutung.

Verwendung von Typen in der Art der aital. Novv., die E. 1902 in 2 Bdd. herausgegeben hatte. Höhepunkt der novellistischen Kunst E.s, die ihm Vor- und Nebenübung für das Dr. war.

1920   **Emil Strauß**
               (1866–1960, Freiburg, Berlin, Südamerika, Freiburg):
               Der Schleier

Nov.

Quelle: Goethe, *Unterhaltungen dt. Ausgewanderten.*

Ehekonflikt, der durch die Kraft des Verständnisses und des Verzeihens
gelöst wird. Gegen den »anarchischen Individualismus« (St.). Äußerste
Sparsamkeit der Mittel und Verhaltenheit des Gefühls.

Seit 1930 Titelnov. der gleichnamigen Novv.-Slg.

1920   **Hugo von Hofmannsthal**
               (Biogr. S. 490/491):
               Der Schwierige

Lsp. 3, Prosa. In *Neue Freie Presse.*

Entst. in und nach dem Kriege.

Liebesgeschichte des »schwierigen«, durch das Fronterlebnis noch men-
schen- und gesellschaftsscheuer gewordenen Grafen Hans Karl Bühl, der
die Überzeugung hat, »daß es unmöglich ist, den Mund aufzumachen,
ohne die heillosesten Verwirrungen anzurichten«. Von dem tiefen Un-
glauben an das Verstehen zwischen Menschen befreit ihn Helene Alten-
wyl in einer der verhaltensten Liebesszenen der dram. Lit.
Zusammenhang mit dem sog. *Chandos-Brief* (1925) und der dort ausgesprochenen Krise des Wortes. H. wandte sich in den Lspp. vom Pathetischen ab und einer schlichten Prosa zu; Verwendung des Wiener Dialekts.
Tradition der Charakterkom. des Wiener Volkstheaters.

Buchausg. 1921.
Auff. 8. 11. 1921 in München, Residenztheater.

1920   **Wilhelm von Scholz**
               (Biogr. S. 491):
               Der Wettlauf mit dem Schatten

Schsp. 3, Prosa. Auff. 27. 11. in Stuttgart und Frankfurt/M.
Ein Dichter, der den Erzz. seiner Frau die Gestalt eines früheren Liebha-
bers zunächst als Stoff für einen R. entnimmt, schreibt damit dem zurück-
gekehrten Modell sein Schicksal vor.
Thema der geheimnisvolle Zusammenhang zwischen Dg. und Leben.
Vorgänge aus Randbezirken des Psychischen.
Sch., der sich als »symbolischen Realisten« bezeichnete, hat die Rolle des
Dichters selbst mit starker Wirkung gespielt.

Buchausg. 1922.

1920–24   **Albrecht Schaeffer** (1885–1950, Elbing, Berlin, Bayern, New York, München):
Helianth

R. 3 Bdd.

»Bilder aus dem Leben zweier Menschen von heute und aus der norddt. Tiefebene, in 9 Büchern dargestellt« (Sch.). Bildungs- und Erziehungs-R., »Sucherroman« idealistischer Grundhaltung (Helianthus – Sonnenblume).

1922   **Rudolf G. Binding**
(1867–1938, Basel, Buchschlag, Starnberg):
Unsterblichkeit

Nov.

Der Flieger vererbt die Macht seiner nie ausgesprochenen Liebe dem Meer, in das er stürzt. Dieses zieht die Frau, die längst mit einem anderen verheiratet ist, mit magischer Gewalt an und nimmt sie schließlich zu dem toten Flieger in die Tiefe.

Die Gestalt des Fliegers angeregt durch das Schicksal Richthofens, das B. aus nächster Nähe miterlebte (vgl. B.s Tagebuchaufzeichnungen *Aus dem Kriege,* 1925).

1922   **Hermann Hesse**
(Biogr. S. 490):
Siddhartha

R.

Entst. 1919–1922.

Weg eines Inders, der das Brahmanenhaus verläßt, da ihn die Lehre Buddhas nicht erlöst, und sich in die Schule eines Kaufmanns und einer Kurtisane begibt. Durch Sinnenlust und Lebensüberdruß gelangt er zur Einsicht in die ewige Verwandlung, in der nichts Weltliches mehr berührt. Der Weg zum geistigen Dasein, zur Lösung vom Ich, führt über Meditationsübungen.

Einfluß Nietzsches und Dostojewskijs, vor allem aber Niederschlag des – lit. und wirklichen – Indienerlebnisses: der indischen Missionarstätigkeit von H.s Großvater und H.s Indienreise (1911). Der R. bemüht sich um Klärung des Verhältnisses zum Vater, während *Demian* das zur Mutter behandelt hatte.

1931 mit *Klingsors letzter Sommer, Klein und Wagner* und *Kinderseele* zu dem Sammelbd. *Weg nach innen* vereinigt. Das Indien-Thema erneut in *Die Morgenlandfahrt* (1932).

1922	**Hugo von Hofmannsthal**
	(Biogr. S. 490/491):
	Das Salzburger große Welttheater

Sp. in Versen. In *Neue dt. Beiträge*. Buchausg. im gleichen Jahr. Auff. 12. 8. in Salzburg, Kollegienkirche.

Vorbild: Calderons *Großes Welttheater*. Entst. aus der Idee der Salzburger Festspiele und der Tradition des österreichischen Barocktheaters.

Die Vertreter der verschiedenen Stände empfangen von Gott ihre Rollen für dieses Leben. Der »Widersacher«, der den Anspruch auf Gleichheit des Schicksals vertritt, will sie gegen ihre Rollen rebellisch machen. Aber auch der Bettler erkennt schließlich die soziale Ordnung als von Gott gegeben an, und Gottes Gericht spricht ihm den ersten Preis in der Bewältigung des Lebens zu, während die Menschen, die ihren Auftrag mangelhaft erfüllten, verdammt werden. Seine Rolle empfängt der Mensch von Gott, in ihrer Ausgestaltung ist er frei.
Auftreten allegorischer Figuren (Schönheit, Weisheit u. a.).

1923	**Rainer Maria Rilke**
	(Biogr. S. 491):
	Duineser Elegien

10 Elegien.

1912 in Duino begonnen, nach zehnjähriger Schaffenspause 1922 in Muzot vollendet.

Gesänge in freien, reimlosen Rhythmen, an die Engel, die »Verwöhnten der Schöpfung«, gerichtet. Der Dichter zeigt den Engeln seine Welt, die geliebten Dinge, die Symbole »voller Bezug«, in denen sich das Große, Stille, Reine, Wissende in der Welt offenbart. Preisgesang, »Rühmen«, als dichterische Aufgabe. In der letzten Elegie wird die Rühmung der Welt in der Rühmung des Todes als des höchsten Glückes übersteigert.
Überwindung des Impressionismus: »Spanien war der letzte ›Eindruck‹. Seither wird meine Natur von innen getrieben, so stark und beständig, daß sie nicht mehr nur ›eingedrückt‹ werden kann.« R. wollte die Dinge aus seinem Wesen und Herzen verwandeln: »Werk des Gesichts ist getan / tue nun Herzwerk / an den Bildern in dir, jenen gefangenen.«

1923	**Rainer Maria Rilke**
	(Biogr. S. 491):
	Die Sonette an Orpheus

2 Teile mit 26 und 29 Sonetten.

Entst. in Muzot: »Der Februar 1922 war meine große Zeit. In einigen von den ungeheuersten Wogen erschütterten Wochen geschah es mir, die großen Gedichte, jene Elegien wieder aufzunehmen und, heil, zu Ende zu führen. Nicht genug, es wurde mir daneben, in einem Ansturm des Geistes, den ich körperlich kaum ertrug, so ungeheuer und unaufhaltsam war er – noch ein ganzes Buch Sonette geschenkt.«

Ergänzung der *Duineser Elegien*. Sie forderten das Rühmen, die *Sonette an Orpheus* vollzogen es. Lobgesänge auf die Gabe des Gesanges, dessen Inbegriff Orpheus ist. »Gesang ist Dasein, für den Gott ein Leichtes« und »Einzig das Lied überm Land heiligt und feiert«. Gesang ist der Auftrag der Erde an den Dichter. Die Dinge sollen gerettet werden vor dem Zeitalter der Maschine. Sie werden durch des Dichters Rühmen und Sagen ins Gültige verwandelt. Die hiesige Welt wird durch den Dichter nicht nur gedeutet, sondern geheilt, in der Verwandlung durch den Dichter erscheint sie nur als andere Seite der jenseitigen, beide sind Ausdruck eines unteilbaren Ganzen.

Durch das Formmodell des Sonetts gesteigerte Sensibilität.

1925   **Hugo von Hofmannsthal**
       (Biogr. S. 490/491):
       Der Turm

Tr. 5, Prosa. Akt 1 und 2 schon 1923 in *Neue dt. Beiträge* veröffentlicht.

Um 1920 begonnen. Grundlage: Calderon, *Das Leben ein Traum.* Ort der Handlung: »Ein Königreich Polen, aber mehr der Sage als der Gesch.« Zeit: »Ein vergangenes Jh., in der Atmosphäre dem 17. ähnlich.«

Der Königssohn Sigismund wird von seinem Vater in einem Turm gefangengehalten, weil prophezeit worden war, er werde den väterlichen Thron rauben. Aus dem Gefängnis befreit, sieht er sich zwischen dem vom Machtwahn besessenen Vater, den berechnenden Konterrevolutionär Julian und Olivier, den machtlüsternen Umstürzler von unten, gestellt. Er, der die Welt befreien sollte, geht zwischen ihnen zugrunde, und die Macht geht an den »Kinderkönig« über: »Wir haben Hütten gebaut und halten Feuer auf der Esse und schmieden Schwerter zu Pflugscharen um. Wir haben neue Gesetze gegeben, denn die Gesetze müssen immer von den Jungen kommen.« »Dieser letzte Akt hat etwas von einem über Abgrund gebauten Schloß« (H.).

Für die 1927 erschienene Theaterfassung die beiden letzten Akte geändert; Sigismund wird von Olivier ermordet. Aufff. 4. 2. 1928 in Hamburg, Dt. Schsp.-Haus, und in München, Prinzregententheater.

1928   **Stefan George**
       (Biogr. S. 490):
       Das neue Reich

Gedichte in drei Büchern: 14 Gesänge, dreimal 13 Sprüche, 12 Lieder. Die 14 Gesänge behandeln dt. Probleme des Ersten Weltkrieges und Nachkrieges. Schon früher veröffentlicht waren *Der Krieg* (1917), *An die*

Toten, Der Dichter in Zeiten der Wirren und *Einem jungen Führer im ersten Weltkrieg* (1921). Die Sprüche umfassen Werte und Personen des George-Kreises, die Lieder haben mit den Themen Natur, Welt, Gott den größten Radius.

1932   Hugo von Hofmannsthal
          (Biogr. S. 490/491):
          Andreas oder die Vereinigten

Fragmente eines R., postum. Teilweise vorher in *Corona*.

Begonnen 1907 in Venedig, Niederschrift des ausgeführten Teils *Die wunderbare Freundin* Sept. 1912 bis Aug. 1913. Außerdem erhalten 3 Konvolute mit Skizzen für die Forts.: *Venezianisches Reisetagebuch des Herrn von N., Das venezianische Erlebnis des Herrn von N., Die Dame mit dem Hündchen* und spätere unveröffentlichte Entwürfe.

Entwicklungs-R. Ein junger Adliger aus Wien gewinnt auf einer Reise nach Venedig Selbstgefühl und im Erlebnis der Liebe die rechte Beziehung zur Welt. Aus den Skizzen zur Forts. ist als entscheidender Schritt Andreas' Liebe zu Maria/Mariquita zu erkennen, Spaltungen einer Person, für deren Gestaltung H. ein psychiatrisches Buch benutzte (Richard Alewyn). Andreas' Selbstfindung führt über die durch Liebe erreichte Vereinigung der beiden Hälften ihres Wesens.
Bewußt schlichte, gelassen epische Prosa, traumhafte Stimmung. Zusammenhang mit H.s gleichzeitigen Werken *Ariadne auf Naxos, Die Frau ohne Schatten*. Beziehung zu Novalis.

1910–1925   Expressionismus

Der Expressionismus, der sich zu Anfang des zweiten Jahrzehnts des 20. Jh. zu einer verhältnismäßig intensiven, ziemlich klar umreißbaren, aber schnell abklingenden Blütezeit erhob, wurde getragen von der Generation der zwischen 1875 und 1895 Geborenen, als diese die im Weltkriege 1914–1918 zur Auslösung kommende Krise zu spüren begann, sie innerlich verarbeitete und im Sinne der dann 1918 durch die Revolution teilweise vollzogenen politischen Neuordnung zu formulieren suchte.

»Expressionismus« hieß bereits 1901 ein Bilderzyklus des frz. Malers Julien-Auguste Hervé. Im April 1911 wurden in der Berliner Sezession ausstellende frz. Maler als »Expressionisten« bezeichnet, im Juli wandte Worringer den Begriff auf Cézanne, Matisse, van Gogh an und übertrug ihn Kurt Hiller auf die »jüngst-berliner« Lit. Die Bezeichnung bürgerte sich während des Weltkrieges ein und wurde oft gleichbedeutend mit »Moderne« verwendet. Die damaligen Autoren haben den Begriff Expressionismus sehr unterschiedlich definiert und oft für sich selbst nicht akzeptiert. Bezeichnungen wie Neopathetiker, Futuristen, Abstrakte setzten sich nicht gleich stark durch.
Die Forschung, die sich nach 1945 dem Expressionismus als der für die Lit. der Gegenwart grundlegenden Epoche in steigendem Maße zuwendete, konnte feststel-

len, daß ihm die meisten seiner sog. Repräsentanten – von den Frühverstorbenen abgesehen – nur zeitweise und nur in Teilaspekten angehört haben, daß er aber auch auf ältere Autoren (Rilke, Hauptmann, Hesse) einwirkte und auf das Ausland, vor allem die surrealistische Lit., von bedeutendem Einfluß war.

Der Expressionismus entwickelte sich aus einer ästhetisch und philosophisch orientierten Bewegung zu einer politisch betonten. Die Wasserscheide dieser Entwicklung war der Erste Weltkrieg.

Die frühen Expressionisten litten unter der Verlogenheit, der Sinnlosigkeit und dem Chaos des modernen Lebens. Sie setzten Nietzsches Kritik an der europäischen Kultur fort, verwarfen aber mit ihr zugleich auch die Erfolge des 19. Jh., die Naturwissenschaften, das gesamte positivistische Weltbild. Natur im Sinne der Naturalisten, Realismus, Logik, Kausalität und Psychologie wurden abgelehnt. Der Staat, der Bürger, die Technik, die ganze ältere Generation erschienen als Repräsentanten der gegnerischen Mächte. So gelangte der Expressionismus in seiner Entwicklung zunächst an den Punkt eines weniger gesellschaftspolitischen als gegen die Welt der Väter gerichteten Negierens. Der Ausbruch des Weltkrieges konnte daher von einem Teil dieser bürgerlichen Jugend als Befreiung von der Monotonie des Alltags empfunden werden.

Später wuchs an der Weltkrise des Krieges die Absage der jungen Generation, zugleich entstanden aber unter seinem Eindruck Gedanken an eine grundlegende Besserung. Die Forderung nach menschlicher Wahrhaftigkeit wurde nun mit der des Kampfes gegen den Krieg verknüpft. Der Pazifismus rückte in das Zentrum der expressionistischen Gedankenwelt. Der wahrhaftige Mensch hatte den überkommenen Patriotismus in sich zu überwinden, das Verbrecherische des Krieges zu erkennen und statt national menschheitlich zu denken. Der Weltverbesserungsfanatismus, geboren aus der erhöhten Gefährdung der Menschheit durch den Krieg und der Überzeugung, der Mensch müsse vor sich selbst gerettet werden, lehrte, von dem individuellen, privaten, einmaligen Erleben und Erleiden durchzustoßen zum Leiden der Menschheit; man versuchte die gegenwärtigen Ereignisse ins Mythische zu erweitern. Das Wissen um Not und Leiden der Menschheit, Gegenstand ebenfalls schon der ersten Veröffentlichungen, mündete in sozialistischer Grundhaltung.

Daher wurde der Expressionismus zu einer großen Kampfansage gegen die Mächte, in denen er die an der Versklavung der Welt Schuldigen sah: gegen Mechanisierung und Industrialisierung, Kapitalismus und Militarismus, gegen die Gewalt in jeder Gestalt. Ihnen stellte er seine Leitworte Sozialismus, Kommunismus, Pazifismus, Anarchismus entgegen.

Trotz extrem revolutionärer Tendenzen stellten die Expressionisten fast durchweg den mitmenschlichen Gedanken über jede Doktrin. Ihre Forderungen waren von Utopismus und Irrationalismus, der bei manchen die Nachbarschaft oder die Gemeinsamkeit mit dem Christentum suchte, gekennzeichnet, und ihre Vorliebe für die Entrechteten hatte auch ästhetische Aspekte. Die Kritik des sozialistischen Realismus (Georg Lukács u. a.) sah im Expressionismus eine anarchistische Entartungserscheinung der spätbürgerlichen Gesellschaft, die die gesellschaftliche Realität übersprungen habe. Mit der Konsolidierung des Staates und seiner Wirtschaft um 1924 verlor die Bewegung an Stoßkraft, und mehrere ihrer Vertreter lenkten in ein politisch gemäßigtes und künstlerisch realistischeres Fahrwasser ein.

Auswege aus der Verstrickung und den Irrwegen des modernen Menschen zum Unmittelbaren glaubte man in der Kunst primitiver Völker und der Welt des Kindes zu finden. Außerdem besann man sich zurück auf Zeiten, deren Leiden denen der eigenen verwandt erschienen: auf den Barock mit dem Hintergrunde der Verzweiflungen des Dreißigjährigen Krieges und auf den Transzendentalismus der Gotik. Man versuchte, die Lebensangst und religiöse Ekstase jener Zeiten wiederzuerleben und setzte sich so gegen das rein ästhetische Vergangenheitsinteresse des Impressionismus ab.

Trotz der Gegensätze zum Impressionismus waren die Expressionisten mit diesem in der Kritik an der Gegenwartskultur, in ihren Erneuerungshoffnungen und dem vitalistischen Grundzug verbunden. Auch sie standen im Gefolge Nietzsches, vor allem von *Also sprach Zarathustra.* »Unser Hintergrund war Nietzsche« (Gottfried Benn). Auch die Auffassung Nietzsches, daß die Welt nur als ästhetisches Phänomen zu rechtfertigen und die Überwindung des Nichts im künstlerischen Akt zu bewältigen sei, hat den Expressionismus beeinflußt. In dem »Expressiven« überhaupt, bis in Wortstellung und Wortwahl hinein, zeigt sich das Weiterwirken von Nietzsches Sprache (Reinhard Johannes Sorge, Georg Kaiser, Gottfried Benn).

Die Lebensphilosophie des Franzosen Henri Bergson (1859–1941) protestierte gegen die Versachlichung der Welt durch den Intellekt und stellte ihm die Verwandlungskraft des irrationalen, schöpferischen Lebens entgegen. Die kulturpessimistische Konsequenz aus dieser Antithese zog Ludwig Klages (1872–1956), der das »Zeitalter des Untergangs der Seele« angebrochen glaubte. Noch konsequenter wirkte die Untergangsperspektive in Oswald Spenglers *Untergang des Abendlandes* (1918ff.), der die abendländische Kultur als in ihrer Zivilisations-, d.h. Endphase begriffen erklärte.

Den Weg vom Realismus zur Mystik, vom Zweifel zum Glauben, von der naturalistischen Zustandsschilderung zum ekstatischen Szenar war der jungen Generation der Schwede August Strindberg (1849–1912) vorangegangen. Der Verf. des naturalistischen *Fräulein Julie* (1888) schrieb nach seinem »Inferno«-Erlebnis (1892–1898) Mysterien-Drr., von denen vor allen *Nach Damaskus* (1898–1904), *Ein Traumspiel* (1902) und *Gespenstersonate* (1907) für den expressionistischen Stil vorbildlich wurden. Die einzelnen Personen waren nur mehr Sprecher einer Beichte und Klage des Dichters, die Handlung löste sich in Visionen und Träume des Dichters auf. Die Anrufung einer neuen Menschheit, Schrei und Gebärdensprache waren hier geprägt. Bernhard Diebold bezeichnete *Nach Damaskus* als »Mutterzelle des expressionistischen Dr.«.

Von Dostojewskijs und Tolstojs Werk, das schon den Naturalismus und die Gegenströmungen in immer stärkerem Maße beeinflußt hatte, kamen jetzt besonders die mystischen und sozialanklägerischen Züge zur Geltung.

Für den Charakter der Lyrik wurde der hymnisch verkündete Menschheitsglaube des Amerikaners Walt Whitman (1819–1892) entscheidend, während die frz. Symbolisten von Baudelaire bis Verlaine mit dem schmerzvollen Schauder vor dem Leben fortwirkten, nicht mehr dagegen mit der erlesenen Form, unter deren Eindruck die vorangegangene Epoche gestanden hatte.

Wichtig vor allem für die sprachlichen Neuerungen des Expressionismus wurden die Manifeste und der R. *Mafarka il futurista* (1910) des ital. Futuristen Filippo Tommaso Marinetti (1876–1944), der seit 1909 in Europa Vortrags- und Rezitationsabende abhielt. Seine Forderung nach Konzentration und Vereinfachung der Sprache, Beschränkung auf Substantiv und Infinitiv, nach Analogie-Reihungen, die Kausalität und Psychologie überwinden sollten, ist vom Sprachstil der dt. Expressionisten z. T. erfüllt worden. Herwarth Walden propagierte M.s Ideen im *Sturm,* und auch August Stramm wurde entscheidend von ihm beeinflußt.

Der Expressionismus stellte das innere Erlebnis über das äußere Leben. Seine Dichter sollten »Künder« sein, Menschen mit Gesichten, die sie zum Ausdruck bringen müssen. Das »Sein«, das »Wesen« sollte erfaßt werden, nicht Wirklichkeit, nicht Schein, nicht Stimmung, nicht Gefühl. Kurt Pinthus forderte, »daß in der Kunst der Verwirklichungsprozeß nicht von außen nach innen, sondern von innen nach außen geschieht, daß es gilt, der inneren Wirklichkeit durch die Mittel des Geistes zur Verwirklichung zu helfen«; er erklärte: »Der Geist löst nicht, zerfließend, sich selbst auf, sondern, sich verdichtend, löst er die Welt auf, um sie, erlösend, neu zu schaffen.« Lothar Schreyer stellte fest: »Daher ist alles Wissen und jede Bildung und alles Können belanglos für die Gestaltung des Kunstwerkes.« Nicht in der Gekonntheit oder Schönheit lag der Maßstab für die expressionistische Kunst, sondern in ihrer Ausdrucksstärke. »Der neue Kunstwille erstrebt nicht unterhaltende Schönheit, sondern er will Predigt sein gegen die Materialität« (Bernhard Diebold). Das Wesen des Kunstwerks ist der Rhythmus, rhythmisches Schaffen ist aber verschieden vom logischen, das wahre Kunstwerk ist alogisch: »Die Dg. kann auf die Grammatik grundsätzlich keine Rücksicht nehmen« (Lothar Schreyer).

In der Dichtungspraxis zeigt der Expressionismus einen sehr antithetischen Charakter. Glaubenslose Destruktion und gläubiges Vertrauen in die Zukunft, Abbau der lit. Traditionen bis zum Primitivismus und artistische Strenge, Überschwang und Verknappung kennzeichnen das Doppelgesicht. Gemeinsam war den Expressionisten die auf das Wesenhafte gerichtete Intensität, die auf hist. und psychologische Einmaligkeit verzichtete, die Gestalten aus solchen Bedingtheiten löste und in der ekstatischen wie in der zynischen Darstellung zum Typus, zur Abstraktion und zum Symbol vorstieß. Die Konzentration auf das Wesentliche ergab eine im

Gegensatz zum Naturalismus aussparende Darstellungsweise, und in zunehmendem Maße wurde das innerlich als entscheidend Erfaßte als Wirklichkeit gesetzt. Grundsätzlich subjektive Darstellungsweise im Sinne von Worringer (*Abstraktion und Einfühlung* 1908). »Verlöschen des Inhalts zugunsten der Expression« (Gottfried Benn).

Diese Neuorientierung der Dg. führte zu einer Intensivierung des Fühlens, zu einem Pathos, das den vorausgegangenen Epochen realistischer wie symbolistischer Prägung fremd war. Sie hatten das Pathos als etwas Epigonenhaftes betrachtet, der Expressionismus sah in der pathetischen Aussage, in ungebändigter Sprache ein Zeichen dichterischer Stärke.

Dieses aufwühlende – meist anklägerische – Pathos ging bis zur Ekstase, bis zu dem vielzitierten expressionistischen »Schrei«. Man war der Meinung, nur durch ihn könne das Besondere gesagt, die Aufmerksamkeit der Mitmenschen errungen werden.

Dem Eifer, das Gefühl zu intensivieren, entsprach eine Absage an die prononcierte Formkunst von George, Rilke, Hofmannsthal und ein Zweifel am Formalen überhaupt, der zu einer völligen Freiheit der Formen führte. Gleichzeitig wollte man jedoch durch Intellektualisierung und Abstrahierung zur reinen Form vorstoßen.

Auf der einen Seite wurde die Sprache orgiastisch, barock, bevorzugte sie freie Rhythmen (Stadler, Werfel), auf der anderen Seite entkleidete sie sich allen schmückenden und erklärenden Beiwerks bis auf eine Reihung von Hauptwörtern (Stramm, Trakl, Heym, Kaiser). Verknüpfung und Auswahl der Wörter führten zu einem neuen Sprachgefüge, das Einflüsse von Arno Holz aufweist, in dessen *Phantasus* auch die Häufung des Konkreten ins Abstrakte umschlug. Da sowohl die historische als auch atmosphärische Wirklichkeit der Menschen und Geschehnisse entfiel, trat eine Verarmung an Charakteren und Stoffen ein. Die Dichter hatten gar nicht den Willen, ihre Erlebnisse zu objektivieren. Alle Dg.-Gattungen erhielten so stark monologischen Charakter. Die Ausrichtung auf das »Wesen«, »den Menschen« führte zur Abstraktion, zur Typisierung und Mythisierung. »Stil umfaßt alle jene Elemente des Kunstwerks, die ihre psychische Erklärung im Abstraktionsbedürfnis des Menschen finden ... Schnelligkeit, Simultaneität, höchste Anspannung um die Ineinandergehörigkeit des Geschauten ... Eine Vision soll sich in letzter Knappheit im Bezirk verstiegener Vereinfachung kundgeben ... Farbe ohne Bezeichnung, Zeichnung und kein Erklären, im Rhythmus festgesetztes Hauptwort ohne Attribut ... Alles Erlebte gipfelt in einem Geistigen. Jedes Geschehen wird sein Typisches« (Theodor Däubler).

Eine vom weltanschaulichen Programm des Expressionismus unabhängige, in der Befreiung der Sprache von Grammatik und Syntax sich mit ihm berührende Richtung war der über das absolut gesetzte Wort hinaus bis zum absolut gesetzten Laut vorstoßende Dadaismus. Dada (in der frz. Kindersprache = Steckenpferdchen) wurde 1916 in Zürich von Richard Huelsenbeck, Hugo Ball, Tristan Tzara, Hans Arp u. a. gegründet. Hugo Balls *Laut- und Klanggedichte* (1916) bedeuteten ein lit.

Gegenstück zur abstrakten Kunst (Kurt Schwitters gehörte beiden Bewegungen an), eine ungegenständliche Lyrik, die das Wort in seine Elemente, die Laute, auflöste und aus ihnen synthetisch neue Gebilde komponierte, die, teils mit, teils ohne lautmalende Absicht, Assoziationen hervorruft. »Vermehrung der Natur um neue, bisher unbekannte Erscheinungsformen und Geheimnisse« (Hugo Ball).

Die Auflösung der Dialektik jeder inhaltlich fixierten Utopie in diesen un-sinnlichen Dgg. entfernte den Dadaismus vom Expressionismus. Richard Huelsenbeck sieht ihn als Überwindung des Expressionismus an und betrachtet ihn als »ein göttliches Spiel ... mit dem letzten Zweck der Errettung aus dem Nichts«. Der Dadaismus, von dessen Vertretern nur Hans Arp das Prinzip fortentwickelte, ist in Dld. erst nach dem Weltkrieg zur Wirkung gekommen, obgleich in Berlin schon 1917 Veranstaltungen der Dadaisten stattfanden. Er trug durch André Breton (*Manifeste du surréalisme* 1924) zur Entstehung des frz. Surrealismus bei und hat in der Lyrik der Gegenwart verwandte Bestrebungen ausgelöst.

Der Expressionismus entwickelte sich von der Ich-Dg. zur Wir-Dg. Der grenzenlose Individualismus und Subjektivismus wollte die übrige Menschheit in den Strom seines radikalisierten Lebensgefühls mit hineinreißen, wollte Wandlung schaffen.

Im Mittelpunkt stand das Thema vom Untergang und der Wiedergeburt der Zeit, die Not des alten Menschen und die Sehnsucht nach dem neuen Menschen. Sofern der Dichter die Krisis der Zeit pessimistisch sah, ergab sich die Groteske, wie sie von Wedekind und Morgenstern vorgebildet und von Sternheim weitergeführt wurde. Sah er sie optimistisch, so kam er zu visionärer Ekstase im Stil Strindbergs, wie etwa Werfel, Toller, von Unruh, Johst u. a.

»Eine Zeit ist gekommen, da die Kunst nicht mehr isoliert und abgesprengt von den anderen Ausdrucksmöglichkeiten des menschlichen Geistes verharrt ... es geht ihr nicht um die Kunstfertigkeit – sondern um den Willen – den Willen der Menschheit. Diese Kunst wird also allenthalben das Ästhetische zersprengen. Hier mündet die Kunst ins Ethische, ins Politische, fraglich, ob zum Besten der Kunst, sicherlich zum Besten der Menschheit« (Kurt Pinthus in *Die Erhebung,* 1919).

Der Wille, die äußeren Zustände zu ändern, in die Politik überzugreifen, die Menschen aufzuklären und zu erziehen, tendierte zum »Aktivismus« (Kurt Hiller), forderte Einsatz der Ratio, der den ursprünglichen Zielen des Expressionismus zuwiderlief. Die anfänglich ekstatische Sprache griff nach leitwortartigen Formulierungen.

Zu Beginn der expressionistischen Lit.-Epoche herrschte die Lyrik vor. Sie war anklagend, verkündend, aufrufend. Bezeichnend sind die Titel der bekanntesten Anthologien: *Der Kondor* (1912), hgg. Kurt Hiller; *Kameraden der Menschheit, Dichtungen zur Weltrevolution* (1919), hgg. Ludwig Rubiner; *Menschheitsdämmerung, Symphonie jüngster Dg.* (1920), hgg. Kurt Pinthus; *Verkündigung, Anthologie junger Lyrik* (1921), hgg. Rudolf Kaiser. Mit Arno Holz sahen die Expressionisten den Rhythmus als entscheidend an. Dazu trat der Einfluß der freien Rhythmen Walt Whitmans. Die Frühexpressionisten (Heym, Trakl, Stadler,

Klemm, Else Lasker-Schüler) kamen vom Impressionismus her. Die Übergänge vom Impressionismus zum Expressionismus sind fließend. Die expressionistische Lyrik war nicht architektonisch wie die der Symbolisten, sondern rhythmisch bestimmt. Ihre Metaphern waren nicht dingbezogen wie die der Impressionisten, sondern ichbezogen; daher konnten sie Zusammenhänge zwischen Vorstellungen stiften, die außerhalb des jeweiligen Gedichts nicht zusammengehörten. Die Lyrik war bewegt, reich an Interjektionen, die Konsonanten dominierten. Sie hatte wieder Mut zum Pathos. Der starke Gefühlsüberschwang lehnte die Kontrolle des Verstandes ab, kürzte den Satz asyntaktisch, steigerte sich zu Assoziationsgebilden aus Ausrufen und Lauten.

Die am Anfang des Jh. vom lit. Kabarett geförderte Song-Ballade wurde mit protestierendem oder revolutionierendem Akzent fortgeführt. Aus dem Kreise des »Neuen Clubs« und seinem »Neopathetischen Cabaret« in Berlin gingen der Totenmonolog Georg Heyms und chansonähnliche Gedichte Alfred Lichtensteins hervor. Während des Weltkriegs begann die Nachwirkung Morgensterns, die auch bei den Dadaisten und ihrem »Cabaret Voltaire« in Zürich (seit 1916) festzustellen ist. Den provokatorischen Charakter der Kabarett-Lyrik führten die Mitwirkenden des 1919 gegründeten Berliner Kabaretts »Schall und Rauch«, Klabund, Joachim Ringelnatz und Walter Mehring, fort, dessen *Conférence provocative* bei der Eröffnungsvorstellung die Richtung wies.

An die beherrschende Stelle trat mit der wachsenden Rationalisierung und Politisierung der Lit. gegen Ende des Weltkrieges das Drama, das in Georg Büchners *Woyzeck* einen frühen Ahnherrn hatte und von Strindberg die mystisch-visionären, von Wedekind die kritisch-exzentrischen Züge übernahm. Bei Strindberg fand das expressionistische Dr. auch die äußere Form der »synthetischen Bilderfolge«, bei Büchner die Fetzentechnik vorgebildet.

Auf der Linie Wedekinds bewegte sich Carl Sternheim, der von den gesellschaftlichen Gegebenheiten ausging und, um den »in seiner Besonderheit bedrohten Menschen« zu stärken, bürgerliche Typen zu extremen, in ihren spezifischen Schwächen und Lastern grotesken Originalen hochstilisierte. Die an Strindberg anknüpfenden, den neuen Menschen fordernden und zu ihm hinführenden Wandlungs- und Erlösungsdramen zeigen den Passionsweg des Helden (Toller, Barlach, z. T. auch Georg Kaiser). Verwandlung gilt als existentielle Möglichkeit des Menschen, als Denkprozeß, der sich konkretisiert. Die expressionistischen Szenare waren balladenhafte Aneinanderreihung von visionären Bildern und bezeichnet als »Stationen«, »Ringen eines Menschen«, »Dram. Sendung«. Das expressionistische Dr. war stark lyrisch-monologisch und hob sich auch hierin von dem eine breite Personenskala nachbildenden Naturalismus und dem psychologisch zeichnenden Impressionismus ab. Mehr als Konflikte wogen ihm Bekenntnisse. Sein Held war meist nur Ebenbild und Sprachrohr des Dichters. Aufgabe des Dr. sollte es sein: »Statt die Kompliziertheit

des allzu Zeitlichen untersuchen und analysieren zu wollen, sich dessen
bewußt zu werden, was unzeitlich in uns ist ... So ist hier (im modernen
Dr.) der Mensch nichts als Geist und Seele, und darum haben diese Gestalten etwas von Rasenden an sich. Aus dem Dickicht alles Irdischen
treten sie, ekstatisch und wahnsinnig, hervor, doch sie erst mit den wirklichen Merkmalen des Menschen begabt« (Paul Kornfeld).

Hauptgestalt des expressionistischen Dr. war der »junge Mensch«. Sein
Aufbegehren richtete sich oft weniger gegen einen Gegenspieler, den
häufig der Vater verkörperte, als gegen übermenschliche Kräfte. Das
realistische Detail, die bürgerliche Umwelt interessierte nicht, Angaben
über Namen und Stand fehlen, das Personenverzeichnis gibt oft nur an:
»Der Mann«, »Der Sohn«, »Gelbfigur«. Die Personen sind Ideenträger:
»An Figuren schießt der Gedanke zu höchster Möglichkeit auf« (Georg
Kaiser). Selbst die szenischen Bemerkungen unterlagen abstrahierender
Formulierung: »Aus Erstarrung bricht angstvoll gespannt, unwirkliche
Blüten treibend ...« Naturgemäß forderten Drr. dieser Art einen neuen
Bühnenstil. Die Grenzen zwischen den einzelnen Kunstgattungen wurden, wie es schon Strindberg vorschrieb, aufgehoben, Musik, Geräusch-
kulisse und Bühnenbild zum Mitspieler erhoben und die Technik der
Bühne in betonter Nacktheit mitverwendet. Man versuchte die Schranke,
mit der die Illusionsbühne Bühne und Publikum voneinander schied, zu
durchbrechen und bezog so den Zuschauer mit in die Reihen der angeru-
fenen und zu revolutionierenden Menschheit ein. Das Theater sollte
»nicht mehr Spiegelbild, sondern Ausdruck des zeitgenössischen Lebens
sein« (Herbert Jhering).

Hinter Lyrik und Dr. trat der expressionistische Roman zurück.

Die Forderungen der expressionistischen Lit. waren der an dem Leitbild
der Persönlichkeitsbildung orientierten dt. R.-Kunst entgegengesetzt. Die
R.-Theorien von Döblin (*An Romanautoren und ihre Kritiker* 1913) und
Lukács (*Theorie des R.* 1916) fordern daher »Entpersönlichung« und
»Entfabelung«, Simultaneität, Montage und Collage, Ironie als Selbstauf-
hebung der Subjektivität; der R. soll durch ein neues »Epos« ersetzt
werden. Im R. Heinrich Manns machen sich Aussparung und Verknappung, die Zuspitzung auf ein Typisches hin bemerkbar, wie sie dann in
den experimentierenden erzählerischen Kleinformen von Benn, Döblin,
Kafka, Edschmid, Leonhard Frank u.a. in einer vom Realismus weit
gelösteren Form hervortritt (Karl Otten). In der expressionistischen Prosa
scheint sich die gegenständliche Welt dem Zugriff entzogen zu haben, an
ihre Stelle trat eine aus der Introspektion entstandene, montierte Wirklichkeit. Manche Autoren lenkten später in den erneut dominierenden
Realismus ein.

Der revolutionäre Erneuerungswille dokumentierte sich in einer großen
Zahl von Programmschriften, deren wichtigste Hermann Bahr: *Expressionismus* (1914), Kasimir Edschmid: *Über den Expressionismus in der Lit.
und die neue Dg.* (1918), Bernhard Diebold: *Anarchie im Dr.* (1921) und

Paul Kornfeld: *Der beseelte und der psychologische Mensch* (zuerst 1917 als Nachwort zu *Die Verführung*) waren, und in einer Fülle von Zss., deren Ziele sich nicht auf das künstlerische Gebiet beschränkten.

Ein Vortrupp expressionistischer Kreise und Zss. war der 1904 von Otto zur Linde gegründete ›Charon-Kreis‹ mit der vorwiegend Lyrik enthaltenden Monatsschrift *Charon* (1904–1914). Zu ihm gehörten z. B. Rudolf Pannwitz, Rudolf Paulsen, Karl Röttger.

Ein erster Sammelpunkt in Berlin war der 1909 von Kurt Hiller und einigen Studenten gegründete ›Neue Club‹, dem die Lyriker Georg Heym, Jakob van Hoddis und Ernst Blaß angehörten; er bestand bis Anfang 1914.

Die wichtigsten Zss. des Expressionismus waren:

Die Aktion, seit 1911 in Berlin, hgg. Franz Pfemfert. Pfemfert hatte vorher die Freidenker-Zs. *Demokraten* (hgg. Georg Zepler) redigiert, und ein Teil der Mitarbeiter folgte ihm zur *Aktion,* die daher zunächst eine Richtungs-Zs. für die Angehörigen der humanistischen Konfession war.

Der Sturm, seit 1910 in Berlin, hgg. Herwarth Walden.

Die weißen Blätter, seit 1913 in Leipzig, seit 1914 in Zürich, hgg. seit 1915 René Schickele.

Die Weltbühne, Forts. von *Die Schaubühne* (1905–1918), hgg. 1918–1925 Siegfried Jacobsohn, dann von Carl von Ossietzky und Kurt Tucholsky.

Ferner:

Revolution und *Die neue Kunst,* beide seit 1913 in München.

Der Brenner, seit 1910 in Innsbruck, hgg. Ludwig von Ficker. Mitarbeiter vor allem Georg Trakl.

Der 1911 von Fritz Engel gestiftete Kleistpreis hat die expressionistische Strömung wesentlich unterstützt; Preisträger: Reinhard Johannes Sorge (1912), Fritz von Unruh (1914), Heinrich Lersch (1916), Walter Hasenclever (1917), Leonhard Frank und Paul Zech (1918), Bert Brecht (1922), Robert Musil (1923), Ernst Barlach (1924), Else Lasker-Schüler (1932) u. a.

Expressionistische Dgg. schrieben:

Barlach, Ernst, geb. 1870 in Wedel als Sohn eines Arztes. Wurde Bildhauer, Holzbildschnitzer, Graphiker, studierte in Hamburg, Dresden, Paris. 1906 Reise nach Rußland, wo ihm seine eigenen künstlerischen Ziele bewußt wurden. Seit 1912 auch dichterisch tätig. Erhielt 1924 den Kleistpreis. Lebte seit 1910 in Güstrow/Mecklenburg. Gest. 1938 in Rostock. Sein lit. Nachlaß erschien nach 1945.

Becher, Johannes R., geb. 1891 in München als Sohn eines Amtsrichters. Stud. der Philosophie und Medizin in München, Jena und Berlin. Emigrierte 1933 nach der Tschechoslowakei und nach Frankreich, lebte seit 1935 in der Sowjetunion, wo er Redakteur der *Internationalen Lit./Dt. Blätter* war. Kehrte 1945 nach Berlin(-Ost bzw. DDR) zurück, wo er bis zum Minister für Kultur aufstieg. Starb 1958.

Benn, Gottfried, geb. 1886 in Mansfeld/Westpriegnitz als Sohn eines Pfarrers. Studierte Medizin und wurde Facharzt für Haut- und Geschlechtskrankheiten. War in beiden Weltkriegen Militärarzt. Lebte als Arzt und Schriftsteller in Berlin und starb dort 1956.

Döblin, Alfred, geb. 1878 in Stettin als Sohn eines Kaufmanns. Kam 1888 nach Berlin. Stud. der Medizin, promovierte 1905 in Freiburg/Br. und war von 1911–1933 Facharzt für Nervenkrankheiten in Berlin. Emigrierte 1933 nach Zürich, dann nach Paris und 1940 nach den USA. Konvertierte zum Katholizismus. 1945 wieder in Dld., 1953–1956 in Paris, gest. 1957 in Emmendingen.

Kafka, Franz (vgl. S. 581).

Kaiser, Georg, geb. 1878 in Magdeburg als Sohn eines Kaufmanns. Wurde Kaufmann und lebte als solcher drei Jahre in Buenos Aires. Malaria zwang ihn zur Rückkehr, sein Weg ging über Spanien und Italien. K. begann 1895 Drr. zu schreiben, hatte 1914 mit den *Bürgern von Calais* den durchschlagenden Erfolg. Lebte von 1921 bis 1938 in Grünheide bei Berlin, emigrierte 1938, lebte in Zürich und St. Moritz. Verf. von rund 70 Drr. Gest. 1945 in Ascona.

Lasker-Schüler, Else, geb. 1869 in Elberfeld als Tochter eines Bankiers. 1894–1901 verheiratet mit dem Arzt Berthold Lasker, 1901–1911 mit Herwarth Walden. Lebte meist in Berlin; um 1900 Zugehörigkeit zur »Neuen Gemeinschaft« der Brüder Hart, befreundet mit Hille, Däubler, Trakl, Karl Kraus, Schickele, dem Maler Franz Marc u. a. Emigration nach der Schweiz 1933, erste Reise nach Palästina 1934, Übersiedlung dorthin 1937. Gest. 1945 in Jerusalem.

Mann, Heinrich, geb. 1871 in Lübeck als Sohn eines Senators, Bruder von Thomas Mann. Studierte in Berlin. Nach langem Italienaufenthalt in München und Berlin ansässig. Präsident der Sektion für Dichtung der Preuß. Akademie der Künste. 1933 Schriftenverbot. Emigrierte nach der Tschechoslowakei, nach Frankreich und nach Amerika, lebte in Kalifornien. Gest. 1950 ebd.

Sternheim, Carl, geb. 1878 in Leipzig als Sohn eines Bankiers. Schuljahre in Berlin, Theatereindrücke; St. schrieb mit 15 Jahren sein erstes Stück. Stud. der Philosophie, Lit.-Gesch. und Gesch. in München, Leipzig, Göttingen. Lebte seit 1906 als freier Schriftsteller in der Nähe von München. Gab 1908–1910 zus. mit Franz Blei die Zs. *Hyperion* heraus. Gest. 1942 in Brüssel.

Toller, Ernst, geb. 1893 in Samotschin bei Bromberg als Sohn eines Kaufmanns. Stud. in Grenoble, Heidelberg, München. 1918 Vorstandsmitglied des Zentralrates der Arbeiter-, Bauern- und Soldaten-Räte Bayerns. 1919 durch Standgericht zu fünf Jahren Festung verurteilt. Vortragsreisen in Europa und den USA. Emigrierte 1933. Beging 1939 in New York Selbstmord.

Trakl, Georg, geb. 1887 in Salzburg. Studierte nach einer Lehrzeit seit 1908 in Wien Pharmazie, wurde 1910 Militärapotheker, gab versch. Stellungen rasch wieder auf. Lebte 1912–1914 in Wien und Innsbruck. Seit 1912 Veröffentlichung von Gedichten in Ludwig von Fickers Zs. *Der Brenner.* 1914 als Sanitätsoffizier eingezogen, machte er angesichts des Grauens der Verbandplätze einen Selbstmordversuch, wurde in das Garnisonshospital in Krakau überwiesen und starb dort am 3. oder 4. 11. 1914 an Kokain.

Unruh, Fritz von, geb. 1885 in Koblenz. Entstammte einer Offiziersfamilie, wurde selbst Offizier. Wandelte sich an der Front des Weltkrieges zum Pazifisten. Lebte nach Kriegsende meist auf dem Familiensitz in Diez an der Lahn oder in der Schweiz. Übersiedelte 1932 nach Italien und Frankreich, floh 1940 nach den USA. Nach 1945 hielt er sich zuerst vorübergehend in der BRD, dann wieder ständig in Diez auf. Starb hier 1970.

Werfel, Franz, geb. 1890 in Prag als Sohn eines Kaufmanns. Stud. in Prag, in freundschaftlichen Beziehungen zu Franz Kafka und Max Brod. Lebte als Schriftsteller in Wien, Hamburg und Leipzig, nach dem Ersten Weltkrieg in Berlin und Wien. Emigrierte 1938 nach Frankreich, 1940 nach den USA. Gest. 1945 in Beverly Hills.

1905   Heinrich Mann
              (Biogr. S. 539):
              Professor Unrat oder Das Ende eines Tyrannen

R. Seit 1945 unter dem Titel *Der blaue Engel,* der zuerst für die von Carl Zuckmayer und Karl Vollmoeller bearbeitete, die Handlung verändernde, von M. legitimierte Filmfassung (1930) geprägt worden war.

Sozialkritische Karikatur eines wilhelminischen Professors, der in später Leidenschaft einer Kleinstadtkurtisane verfällt und aus Rache für seine gesellschaftliche Ächtung seine ehemaligen Mitbürger moralisch und gesellschaftlich ruiniert.

Verzerrende Steigerung des Realitätsbildes. Ansätze zum Expressionismus.

Dramatisiert von Erich Ebermayer 1932.

1906   Robert Musil
              (Biogr. S. 581/582):
              Die Verwirrungen des Zöglings Törleß

R.

Geistig-seelische Entwicklung eines sensiblen Knaben in der Gemeinschaft eines vornehmen Internats, in der er eine große Leere und Wortlosigkeit empfindet. Er überwindet sein zunächst kameradschaftliches Verhältnis zu zwei jungen Sadisten, die einen diebischen Mitschüler quälen. Der Weg der Ich-Findung geht über erotische und homoerotische Erlebnisse, ohne daß diese Kern und Ziel der Entwicklung wären. Selbstklärung, auch in den sprachlichen Formulierungen.

Die Möglichkeiten künftiger Entwicklung, die angedeutet werden, weisen bereits auf den *Mann ohne Eigenschaften.*

1907/11   Alfred Mombert
        (1872–1942, Karlsruhe, Heidelberg, Winterthur):
        Äon

Dram. Trilogie in Versen: *Äon, der Weltgesuchte* (1907), *Äon zwischen den Frauen* (1910), *Äon vor Syrakus* (1911).
Mythische Darstellung von Wesen und Weg des Menschen im Laufe der Entwicklung der Welt. Kein Dr. im üblichen Sinne, sondern eine in Dialogen geschriebene Vision, M.s vorangegangenen lyrisch-epischen »Gedicht-Werken« (*Der Glühende,* 1896, *Die Schöpfung,* 1897, *Der Denker,* 1901) verwandt. Aneinandergereihte Bilder vom Traumreich des »Menschlich-Herrlich-Chaotischen«.
Formal von Dehmel und Spitteler beeinflußt. Strophe und Reim vermieden, der Rhythmus mit jedem Bild und Gedanken wechselnd.

1909   Else Lasker-Schüler
        (Biogr. S. 539):
        Die Wupper

Schsp. 5, Prosa.
Szenenfolge aus einer Fabrikstadt im Wuppertal, die die Verworrenheit und Sinnlosigkeit des Lebens an einer Reihe von Einzelschicksalen darstellt; der Arme wird aus Liebe zu dem reichen Mädchen zum Erpresser, den Reichen treibt die Liebe zu einem Arbeiterkind in den Tod.
Locker gefügte, bewegte Handlung ohne deutliche Grundidee und Charakterzeichnung. Naturalistische Dialektszenen wechseln mit Visionärem: drei »Herumtreiber«, die eine Art Chor darstellen, repräsentieren die unerlöste Menschheit.

Auff.: 27.4. 1919 in Berlin, Dt. Theater, durch die Gesellschaft »Das Junge Dld.«.

1909   Heinrich Mann
        (Biogr. S. 539):
        Die kleine Stadt

R.
Geschrieben 1907–1909, zurückgehend auf Erkenntnisse während Italienreisen zwischen 1893 und 1898.

»Entfesselung« des Volkes einer ital. Kleinstadt durch das Auftreten einer Schauspielertruppe. Ohne eigentlichen Helden und beherrschende Handlung; Buntheit der Episoden und Typen.
»Das durchaus echte Italien vor dem Faschismus« (M.).

1910   Paul Zech
          (1881–1946, Briesen, Bonn, Zürich, viele Reisen,
          Buenos Aires):
          Waldpastelle

Sechs Gedichte.

Entst. um 1904.

Aus dem Haß gegen die Großstadt und der Erinnerung an die auf dem
Lande verlebte Kindheit geborene Gedichte um Land, Wald, Garten-
glück. Klage um das Schicksal des Menschen in einer verirrten und ver-
fluchten Welt.
An George, Rilke, Hofmannsthal geschulte feste Formen, jedoch ur-
wüchsiger, wuchtiger, »mit der Axt geschrieben«. Noch vorwiegend impressionistisch, aber schon mit Pathos durchsetzt.

1920 erweitert als *Der Wald.*
Durch das Erlebnis des Krieges steigerte sich Z.s Sehnsucht nach einer neuen Weltordnung (*Golgatha,* 1920).

1910   Theodor Däubler
          (1876–1934, Triest, häufiger Aufenthaltswechsel, Berlin):
          Das Nordlicht

Versepos in drei Teilen: *Das Mittelmeer; Pan, Orphisches Intermezzo;
Sahara.*

Über 30000 Verse auf über 1000 Seiten. Entst. 1898–1910. Florentiner Ausg.

Geschichtsphilosophisches lyrisches Epos, dem eine eigene kosmische
Mythologie, »Privatkosmogonie«, zugrunde liegt. Das Leben als Rückkehr zur Sonne aufgefaßt, das Nordlicht als Symbol des »Sonnendranges«
der Menschheit, der Gewißheit auf Erlösung verheißt. Das Ich des autobiographischen 1. Teiles im 2. Teil zur Gesch. des Ichs der Menschheit,
zum »lyrischen Ich« (D.) erweitert. Die Polarität von Sonne und Erde als
Analogie zur Polarität von Mann und Frau gesehen. Die Vision einer
Krönung der Gesch. in der Versöhnung der Gegensätze verschmilzt eigene Spekulationen mit christlichen Erlösungsvorstellungen. »Niemand
kann freilich im Ernst abstreiten, daß D.s Sinnen in das Dickicht des
Unsinnigen führt« (Karl Otto Conrady).
Hymnisch, rauschhaft. Viele Ausrufe. Wortneubildungen.

Vollständige Genfer Ausg. 1921–1922, der eine Selbstdeutung vorangestellt wurde.

1911   **Carl Sternheim**
(Biogr. S. 539):
Die Hose

»Bürgerliches Lsp.« 4, Prosa. Auff. 15. 2. in Berlin, Kammerspiele des Dt. Theaters (unter dem Titel *Der Riese*). Buchausg. im gleichen Jahr (Auslfg. 1910).

Entst. 1909–1910. Erste der vier Komm. und Schsp. *Aus dem bürgerlichen Heldenleben* bzw. der Maske-Tetralogie.

Die Tatsache, daß Frau Luise Maske angesichts einer königlichen Parade die Hose verlor, führt ihrem Ehemann so viele Untermieter zu, daß er sich auf Grund seiner besseren Finanzlage nun den gewünschten Erben leisten kann.

Triebhaftigkeit, Brutalität, Geldsackgesinnung und Strebertum als einzig echte Züge des Bürgers dargestellt, seine Ideale und seine romantischen Neigungen als Pose entlarvt. Nicht satirisch gemeint, sondern als Anerkennung der Individualität, die ihrer eigenen Bestimmung lebt und klug genug ist, die Maske des Bürgertums zu tragen.

1. Forts.: *Der Snob* (1914, Kom. 3, Prosa; Auff. 2. 2. in Berlin, Kammerspiele des Dt. Theaters). Aufstieg des Sohnes Christian zum Generaldirektor und Gatten einer Gräfin. Er benutzt die Hosen-Affäre, um sich selbst in das Licht hoher außerehelicher Abkunft zu rücken.

2. Forts.: *1913* (1915 in *Die weißen Blätter,* Schsp. 3, Prosa, Buchausg. im gleichen Jahr). Freiherr Christian Maske unterliegt im Konkurrenzkampf mit seiner noch skrupelloseren ältesten Tochter. Als sie seinem Qualitätsbegriff den des anpasserischen Massengeschäfts gegenübersetzt, erkennt er, daß die Welt reif zum Untergang ist.

Auff. 23. 1. 1919 in Frankfurt/M., Schsp.-Haus. Das Stück hatte während des Krieges nicht gespielt werden dürfen.

3. Forts.: *Das Fossil* (1923 in *Die Aktion,* Dr. 3, Prosa; Auff. 6. 11. in Hamburg, Kammerspiele; entst. 1921–1922, ursprünglicher Titel: *1921*). Stellte sich schon Christian Maske aus einem überholten Individualitätsstandpunkt der Zeit entgegen, so tut dies im Extrem der Schwiegervater seiner Tochter Sophie, das »Fossil« General a. D. Traugott von Beeskow, der, den bourgeoisen Sohn und dessen Frau negierend, die Hoffnung des Geschlechts in seiner Tochter Ursula sieht. Mit ihrer Hilfe will er den zum Kommunisten gewordenen altadligen Ago von Bohna zurückgewinnen. Zwar erreicht es Ursula, daß Ago seine Liebe über seine Mitmenschlichkeit stellt, aber sie unterliegt ihm als Frau. Der General erschießt beide und stellt sich den Gerichten.

Buchausg. 1925.

St. näherte sich dem Ausdrucksstil, blieb in ihm aber kritisch: »aufklärerischer Expressionismus« (Hans Schwerte). Verbindung von Expression und Präzision. »Die äußerste Verknappung seiner Sprache durch Weglas-

sen von Artikel und Attribut, durch ungewöhnliche Umstellung der Satzglieder ... entspringen dem künstlerischen Willen, die einmalige Nuance unmißverständlich sichtbar zu machen« (Wilhelm Emrich).
Fortführung der Gesellschaftskritik Wedekinds und des frühen Strindberg. Die Personen bewußt unpersönlich, marionettenhaft. Die dialektisch funkelnde Sprache alles Ornamentalen entkleidet. Auch in dieser ironischen Form der Zeitkritik die Forderung nach dem neuen Menschen erhoben.

1911   Carl Sternheim
           (Biogr. S. 539):
           Die Kassette

Kom. 5, Prosa. Auff. 24. 11. in Berlin, Dt. Theater.

Entst. 1910.

Der Oberlehrer Krull vergißt über der Möglichkeit einer Erbschaft Eheleben und Familienglück. Seine Opfer sind umsonst: die alte Tante betrog ihn mit einer Fiktion.
Kapitalistische Gesinnung, vor der alles Leben erstirbt. Die Handlung bewußt in die Sphäre des Banalen verlegt, um den Unterschied zwischen Sein und Schein deutlicher zu machen.

Buchausg. 1912.

1911   Fritz von Unruh
           (Biogr. S. 540):
           Offiziere

Dr. 4, Prosa. Auff. 15. 12. in Berlin, Dt. Theater. Buchausg. im gleichen Jahr.

Entst. auf Anregung Max Reinhardts.

Spielt zur Zeit des Herero-Aufstandes in Südwestafrika und behandelt den Zwiespalt zwischen dem »zum Gehorchen gedrillten Blut« und dem Gebot der Stunde. Der eigenmächtig handelnde Offizier besiegelt seine freiere, menschlichere Anschauung mit dem Tod. Hastige, knappe, manchmal schon ekstatische Sprache.

U. nahm das Thema der Offizierspflicht noch einmal auf in *Louis Ferdinand Prinz von Preußen* (1913).

1911   Franz Werfel
           (Biogr. S. 540):
           Der Weltfreund

Erste Gedichte.
Kindheit, Rührung und vermischte Gedichte enthalten Erinnerungen; *Bewegungen* umspielen kleine Ereignisse und Gestalten, meist Sonette; *Er-*

weiterung, der Weltfreund bringt hymnische Gedichte an das Leben; Nachwirken des Vitalismus. Zentrales Motiv der Brüderlichkeit: »Mein einziger Wunsch ist, dir, o Mensch, verwandt zu sein.«

Eine Auswahl aus dieser und den folgenden Slgg. (*Wir sind,* 1913; *Einander,* 1915) in dem Sammelbd. *Gesänge aus den drei Reichen* (1917).

1911   **Georg Heym**
        (1887–1912, Hirschberg, Berlin):
        Der ewige Tag

Gedichte.
Bringen meist Dämonie und Fluch der Großstadt Berlin zum Ausdruck, bevorzugen das Morbide und Grausige. Tote, Blinde, Irre, Verfluchte, Gefangene, Bilder aus Not, Krieg und Umsturzzeiten als Hauptthemen. Sehnsucht nach einer aus einem inhaltslosen Dasein befreienden Tat, nach dem Ausbruch einer Elementargewalt (Revolutionsmotiv), die den Menschen über sich selbst hinauswachsen läßt.
Einfluß Verhaerens, Rimbauds, Hofmannsthals und Georges, dessen Ästhetizismus H. jedoch ablehnte. Der formale Anschluß (Sonett, Terzine) ist als »Kontrafaktur zu einer Kunst höchstbewußter Sicherheit aus bewußter Ungesichertheit« (Werner Kohlschmidt) zu verstehen. Mischung von naturalistischer Wirklichkeitsaufnahme und impressionistischer Sensibilität gegenüber den Eindrücken, das Visionäre kennzeichnend für die Wendung zum Expressionismus.

Die postume Slg. *Umbra vitae* (1912) verstärkte noch die Totentanzstimmung. In dem Gedicht *Krieg* ist die Weltkatastrophe als mythisches Ungeheuer vorausgesehen. 1960–1968 Gesamtausg. *Dichtungen und Schriften* hgg. Karl Ludwig Schneider.

1912   **Hermann Burte**
        (d. i. Hermann Strübe, 1879–1960, Karlsruhe, Lörrach i. B.):
        Wiltfeber, der ewige Deutsche

R.

Entst. 1911.

Rückkehr eines Heimatsuchers, der über die politische, sittliche und geistige Situation Vorkriegsdeutschlands den Stab bricht. Als Mann zwischen die geistige und die sinnenhafte Frau gestellt.
Einfluß der Kulturkritik und Sprache Nietzsches. Personen nicht individualisiert, sondern typisiert. Zwischen Jugendstil und frühexpressionistischem Pathos. Einfluß Dehmels und Spittelers.

Erhielt durch Dehmel den Kleistpreis.

1912   **Reinhard Johannes Sorge**
                (1892–1916, Berlin, Rom, Schweiz):
                Der Bettler

Dr. 5, Prosa und Verse wechselnd.

Gesch. eines Jünglings, der, eine Inkarnation des reinen Gefühls, trotz
Elternmord schließlich in den Himmel aufsteigt, nachdem er sich von
allen Bindungen, auch der Liebe und des Werks, gelöst hat. Typisches,
vom Expressionismus als »gotisch« bezeichnetes Lebensgefühl, das sich
lyrisch-monologisch äußert. S. erhielt für sein Dr. den Kleistpreis.

Die Szenenanweisungen schreiben ein Nebeneinander der Spielfelder vor, aus denen
jeweils einzelne durch Scheinwerferbeleuchtung herausgehoben werden.
Auff. 23. 12. 1917 in Berlin, Dt. Theater, durch die Gesellschaft »Das Junge
Dld.«.

1912   **Ernst Barlach**
                (Biogr. S. 538):
                Der tote Tag

Dr. 5, Prosa. B.s erstes Werk, entst. 1907.

Eine Mutter vernichtet aus egoistischer Liebe ihren Sohn, den sie nicht
von sich lassen will. Der Mensch ist gestellt zwischen die Geist-Welt des
Vaters und die erdhafte der Mutter.

Urwüchsige, ich-bezogene, schwerverständliche Dg., in der die Alltagswelt und Spukhaftes nebeneinander stehen. B. wollte grundsätzlich nicht
Probleme lösen, sondern den rätselhaften Urgrund des Lebens sichtbar
machen. Übertragung des Stils seiner Plastik auf die dichterische Men-
schengestaltung.

Auff. 22. 11. 1919 in Leipzig, Schsp.-Haus.

1912   **Gottfried Benn**
                (Biogr. S. 538):
                Morgue und andere Gedichte

Gedichte aus der Welt der Klinik; ein Rattennest in der Bauchhöhle eines
ertrunkenen Mädchens, die Goldplombe im Munde einer toten Dirne, ein
Besuch in der Krebsbaracke und im »Saal der kreißenden Frauen« sind
die Themen.

Ekel an der Welt, Desillusionierung: »die Krone der Schöpfung, das
Schwein, der Mensch«. Bekenntnis zu einem metaphysischen Ich, das
hinter dem der Erscheinung steht.

»Wandlung der Worte« nach ihrem Urbegriff hin, »Schaffung einer neuen
Syntax«. »Wirklichkeitszertrümmerung«: Öffnung des subjektiven Erleb-
nishorizonts und des syntaktischen Zusammenhangs, Zusammenordnung

der Einzelmotive aperspektivisch und schockierend. Das Gedicht – noch in der Nachfolge Georges – als »metaphorische Überspannung des Seins« (B.).

Die *Gesammelten Schriften* (1922) behandeln in den Zyklen *Nachtcafé* und *Fleisch* ähnliche Themen.

1913   **Alfred Döblin**
            (Biogr. S. 539):
            Die Ermordung einer Butterblume und
            andere Erzählungen

12 Erz., die ihre Themen vorwiegend dem modernen Leben entnehmen, aber in wenigen Fällen *(Die Verwandlung, Der Ritter Blaubart)* stofflich der Neuromantik nahestehen. Die Innenwelt des Menschen häufig zu Vision und Tagtraum gesteigert, Verwischung der Grenzen zwischen Außenwelt und Innenwelt. *(Die Segelfahrt, Die Ermordung einer Butterblume, Das Stiftsfräulein und der Tod).* Expressionistisch vor allem im Stil: Raffung und Verkürzung des Handlungsablaufs, Reihung von Bildern. Verzicht auf logische Verknüpfung.

1913   **Franz Kafka**
            (Biogr. S. 581):
            Das Urteil

Erz. Im Jahrbuch *Arkadia*.

Entst. 22.–23. September 1912.

Vater-Sohn-Konflikt. Das Bewußtsein der inneren Herzenskälte, die bis zum Wunsch, den Vater zu ermorden, geht, läßt den Sohn den Urteilsspruch des Vaters – Tod durch Ertrinken – annehmen und an sich selbst vollziehen.

Thematischer Zusammenhang mit dem Expressionismus; traumhafte Innenwelt und Außenwelt bereits zu einer neuen Wirklichkeit verschmolzen.

Buchausg. 1916 als Bd. 34 der Bücherei *Der Jüngste Tag*.

1913   **Franz Werfel**
            (Biogr. S. 540):
            Wir sind

Gedichte.
Glücksgefühl über das Geschenk der menschlichen Existenz. Vom Ich zum Du, zum Wir. Beispielhaft die Zyklen: *Geschwisterliebe war einst* und *Feindschaft ist unzulänglich*. Hymnische Formen unter Einfluß Walt Whitmans.

Fortführung der Motive in *Einander* (1915), Gedichte an den Geist der Brüderlich-keit, der die Menschen aus ihrem Individualismus erlösen soll.
Eine Auswahl aus diesen Slgg. zus. mit ausgewählten Gedichten aus *Der Weltfreund* (1911) in dem Sammelbd. *Gesänge aus den drei Reichen* (1917).

1913   Otto zur Linde
            (1873–1938, Essen, Berlin):
            Charontischer Mythos

Als Bd. 4 der *Gesammelten Werke*.
Mythische Visionen, sog. »Balladen«, z.B. *Urvater, Urgeburt, Ballade vom Tod und der nackten Seele, An den Wurzeln des Raums*. Z. L. erstreb-te eine Erneuerung des Lebens, die auf der Philosophie der letzten Jhh. aufbaut. Anknüpfend an Arno Holz schuf er einen »phonetischen Rhyth-mus«, wollte enthemmte, unverbildete Sprache und Form.

1913   Georg Trakl
            (Biogr. S. 539/540):
            Gedichte

Ms. der Slg. Dezember 1912, Neufassung April 1913, Änderungen während des Drucks.

Grundstimmung: Leiden an der Welt, dunkle, schwermütige Töne *(Aller-seelen, Winterdämmerung, In den Nachmittag geflüstert, Die junge Magd)*. Häufigkeit der Wörter Verwesung, Verfall, Fäulnis, Wahnsinn, Tod, Rat-ten, Krähen, Leichen sowie der Farben und Kennzeichen des Herbstes. In *Heiterer Frühling* steht die Zeile: »Wie scheint doch alles Werdende so krank.« Entscheidend für Metaphorik und Motivik der Einfluß Rim-bauds, auch der Baudelaires und Heyms.
Nach dem durch impressionistische Verfeinerung gekennzeichneten Früh-werk (bis 1909) langsam Verwischung der Grenzen zwischen Innenwelt und Außenwelt. Überspannung der impressionistischen Nuancen; Neu-einordnung der Dinge in einen irrationalen, visionären Zusammenhang. Jedoch bleiben die Bilder isoliert, aus einer zerfallenen Welt ergibt sich keine Anschauung und Einheit. T. fehlte »das zuversichtliche Vertrauen in die Kraft der souveränen Imagination ... er verfügte weniger über sie als sie über ihn« (Walther Killy). Übergang von den anfänglichen ge-schlossenen Formen zu freien und reimlosen Rhythmen.

1938–1949 *Gesammelte Werke*. 3 Bdd. hgg. W. Schneditz.

1913   Alfred Lichtenstein
            (1889–1914, Berlin, an der Westfront gefallen):
            Die Dämmerung

Gedichte.

Entst. unter dem Einfluß von Jakob van Hoddis' *Weltende* seit 1911, einzeln meist in der *Aktion* erschienen.

Durch Reihung nicht zusammengehöriger und stimmungsmäßig nicht harmonierender Fakten wird der Eindruck einer Ganzheit erreicht: »ideeliche Bilder«. Motive: Großstadtstraßen, Kneipen und Rummelplätze mit Großstadtmenschen. Im Ton oft der Kabarett- oder Café-chantant-Lyrik nahe, andererseits Gefühl der Bedrohung und Angst aussprechend. L. hat den Stil von van Hoddis »ausgebildet, ihn bereichert und zur Geltung gebracht« (Franz Pfemfert).

1919 *Gedichte und Geschichten,* mit Verwertung des Nachlasses hgg. Kurt Lubasch; 1962 *Gesammelte Gedichte* hgg. Klaus Kanzog.

1913   **Carl Sternheim**
             (Biogr. S. 539):
             Bürger Schippel

Kom. 5, Prosa. Auff. 5. 3. in Berlin, Kammerspiele des Dt. Theaters. Buchausg. im gleichen Jahr.

Entst. 1911/12.

Aufstieg eines Proletariers in das Bürgertum. Der Kleinbürger öffnet ihm sein Haus, weil die Schwester einen Fehltritt tat und einen Mann braucht, vor allem aber, weil der vierte Mann im Gesangsquartett fehlt und der Ruhm des »zweimal ersungenen Kranzes« erhalten bleiben muß. Die volle Ebenbürtigkeit erringt sich Schippel dann mit einem angstvoll durchgestandenen Duell.

Kritik an den bürgerlichen Idealen, vor denen sich hier auch der Klassenstolz des Proletariers beugt.

Forts.: *Tabula rasa* (1916, Auff. 25. 1. 1919 in Berlin, Kleines Theater); Schippel als Unternehmer, der jedoch durch seine Anpassungsneigung lediglich Fabrikfunktionär ist.

1914   **Ernst Stadler**
             (1883–1914, Colmar, Straßburg, Brüssel,
             an der Westfront gefallen):
             Der Aufbruch

Gedichte.

Entst. nach den im Frühwerk *Präludien* (1905) vereinigten, unter dem Einfluß Hölderlins, Georges und Hofmannsthals stehenden Gedichten, die dem lit. Jugendstil zuzurechnen sind.

Verse, die die Sehnsucht nach Taten ausdrücken. Das Schicksal als Herausforderung, der Krieg als Rausch empfunden, der Tod als großes Erlebnis gegrüßt. Daneben mystische Lebensschau, die das Wort Angelus Silesius' in den Mittelpunkt des Dichtens stellt: »Mensch, werde wesentlich.« Das Ziel ist Ekstase *(Fahrt über die Kölner Rheinbrücke bei Nacht).*

Formal und inhaltlich Absage an den Impressionismus: »Form ist Wollust, Friede himmlisches Genügen, / Doch mich trieb es, Ackerschollen umzupflügen.« Dennoch kein Bruch mit jeglicher Tradition.

1954 *Dichtungen.* 2 Bdd. hgg. Karl Ludwig Schneider.

1914   Georg Trakl
          (Biogr. S. 539/540):
          Sebastian im Traum

Gedichte. Vorher einzeln in der Zs. *Der Brenner.*
Der Mensch zwischen Reinheit und Sünde, Leid als Folge von Schuld. Moralisch-religiöse Bezüge. Traumbilder und Wirklichkeitsbilder vereinigen sich. Die Wirklichkeit ist nicht mehr Thema, sondern nur noch Material des Gedichts, sie wird spiritualisiert. Worte und Bilder nicht mehr auf die empirische Wirklichkeit bezogen, sondern nur noch assoziativ im Zusammenhang des Gedichtes gesetzt.
Vorwiegend offene Form, reimlose Langzeilen, Hölderlin nahe. Ausgewogener in der Stimmung als die *Gedichte,* schrille Dissonanzen vermieden.

Zus. mit *Gedichte* (1913) und den nachgelassenen Gedichten und Prosastücken in *Die Dichtungen* (1917, hgg. Karl Röck).

1914   Georg Kaiser
          (Biogr. S. 539):
          Die Bürger von Calais

»Bühnensp.« 3, Prosa.

Entst. seit 1912. Quelle: *Froissartsche Chronik* (14. Jh.). Angeregt durch die Plastik von Rodin.

Der engl. Belagerer verlangt als Friedensbedingung das Leben von sechs Bürgern der Stadt Calais. Sieben stellen sich zur Verfügung, der siebente scheidet durch eigene Hand aus dem Leben. Mut sei, sich einer Sache, die es wert ist, sinnvoll zum Opfer zu bringen, aber nicht, um der Ehre willen sinnlos kämpfend zu sterben. Eustache de St. Pierre überzeugt seine Landsleute nicht nur vom Sinn des Opfers, sondern erzieht durch seinen Freitod auch die sechs anderen Opferwilligen, ihm auf dem Opfergang ohne Rausch und Taumel als verwandelte Menschen zu folgen.
Streckenweise pathetisch gesteigerte Prosa.
In der Gestalt des Eustache und der Prophezeiung des neuen Menschen Einfluß von Nietzsche.

Auff. 29. 1. 1917 in Frankfurt/M., Neues Theater.

1914   **Walter Hasenclever**
             (1890–1940, Aachen, Paris, Berlin, Les Milles):
             Der Sohn

Dr. 5, Prosa, die Monologe und die letzte Szene in Versen.

Entst. 1913/14.

Der Sohn, der mit 20 Jahren noch die Schulbank drückt, dürstet nach
Freiheit und Selbstbestimmung. Der Vater verweigert sie ihm und läßt ihn
durch Kriminalbeamte gefesselt von unerlaubten Freuden nach Hause
bringen. Der Sohn richtet die Pistole auf den Vater, der aber, vom Schla-
ge getroffen, umsinkt, noch ehe der Schuß losgeht.
Die lyrische Schlußbetrachtung zeigt H. unter dem Einfluß Hofmannsthals. In der Gestalt des Freundes, der den Sohn in das Leben führt,
wirkte Wedekind fort.
Für den Expressionismus typischer Vater-Sohn-Konflikt, von dem sich H.
später in *Ein besserer Herr* (1927) distanzierte.

Auff. 30. 9. 1916 in Prag, Dt. Landestheater.

1914   **Franz Werfel**
             (Biogr. S. 540):
             Die Troerinnen

Freie Bearbg. der *Troerinnen* des Euripides, in Versen. Teildruck in *Die
weißen Blätter*.
Das Schicksal der gefangenen Königin Hekuba nach dem Fall Trojas
modern interpretiert. Hekuba, die Mann, Kinder, Heimat und Thron
verlor, endet nicht im Selbstmord, sondern »nimmt ihr Leben an die
Brust«.
Gegen die Sinnlosigkeit des animalischen Daseins wird die Idee, die Tugend gestellt, »der Glaube an das Mittlertum der Menschheit, die da ist,
ihren Sinn der Welt zu leihen« (W.).

Buchausg. 1915.
Auff. 22. 4. 1916 in Berlin, Lessingtheater.

1915   **August Stramm**
             (1874–1915, Eupen, Aachen, Berlin, in Rußland gefallen):
             Du

Gedichte.

Entst. seit Winter 1913/14 bis zum Ausbruch des Krieges, nachdem St. unter dem
Eindruck der Theorien Marinettis alle vorher geschriebenen Gedichte vernichtet
hatte. Einzeln seit April 1914 in der Zs. *Sturm* erschienen, von St. während eines
Urlaubs Januar 1915 ausgesucht, von Herwarth Walden zusammengestellt.

Du ist Gegensatz des Ich: Welt, Gott, der andere Mensch. Vielfach Erlebnis des Eros behandelnd. Höchstmaß an Subjektivität und Verdichtung
der Sprache, das Gedicht wird zum »Psychogramm«.

Die Syntax zertrümmert, die Wörter aus ihrem grammatischen Zusammenhang gelöst. Anschwellende Wortreihen und Wortwiederholungen, die sich zum Schrei steigern. Wortneubildungen, Substantivierungen. Bemühen um treffenden, knappsten Ausdruck; häufig Erprobung in mehreren Versionen.

Letzte Gedichte, die das Erlebnis des Krieges festhalten, in der Slg. *Tropfblut* (1916, postum hgg. Herwarth Walden, 2. vermehrte Ausg. 1919); *Das Werk,* hgg. René Radrizzani, 1963.

1915	**Gottfried Benn**
	(Biogr. S. 538):
	Gehirne

Novv. Teildruck in *Die weißen Blätter.*

Zum gleichen Stoff erschienen noch *Die Reise* (1916 in *Die weißen Blätter), Der Geburtstag* (1916 in *Gehirne), Alexanderzüge mittels Wallungen* (1924 in *Der Querschnitt).* Die 5 Novv. erschienen erstmals zusammen, wenn auch noch nicht zu einem Komplex vereinigt und in anderer Reihenfolge als in der endgültigen Ausgabe, in *Gesammelte Prosa* (1928). In endgültiger Ordnung und mit dem Datum der Entstehung oder letzten Fassung als *Der Rönne Komplex* in *Frühe Prosa und Reden* (1950): *Die Reise* (1916), *Der Geburtstag* (1916), *Gehirne* (1914), *Die Eroberung* (1917), *Alexanderzüge mittels Wallungen* (1923). – Entst. hauptsächlich 1915/16 während B.s Militärzeit in Brüssel.

Innere Erlebnisse des dreißigjährigen Arztes Werff Rönne, der angesichts des Leidens und Sterbens und einer oberflächlich-philiströsen Gesellschaft, zu der er keinen Zugang findet, in Apathie und Entfremdung zur Welt gerät, über die ihn nur der Reiz des Spieles mit Assoziationen, die Halluzinationen des Kokainrausches hinwegtragen. Schließlich erschlägt er mit dem als »Irrweg« empfundenen Gehirn auch sich selbst.
Prosastücke, die sich mit dem herkömmlichen Begriff der Nov. nicht decken; aus der Perspektive Rönnes geschrieben.

1915	**Alfred Döblin**
	(Biogr. S. 539):
	Die drei Sprünge des Wang-lun

R.

Entst. 1912–1913. Wang-lun war im 18. Jh. Führer eines Aufstandes in China.

Gesch. von ekstatischen chinesischen Sektierern, die »nicht widerstreben dem Übel«, von Gewaltlosen, die leidend die Welt ändern wollen und durch einen Staatsumsturz schuldig und blutbefleckt werden. Der Schluß resignierend: »Stille sein, nicht widerstreben, kann ich es denn?« Die Titelfigur ein Übermensch, der mehrere Wandlungen durchmacht. Selbstprojektion des Autors. Ideelle Nähe zu Tolstojs Lehre von der Gewaltlosigkeit.

Einbeziehung der modernen Trivialsprache. Verwendung des inneren Monologes, der die Grenzen zwischen Innen- und Außenwelt aufhebt. Massenszenen: Masse als handelnde Einheit erfaßt. Einfluß der futuristischen Theorien Marinettis.

1915   **Franz Kafka**
(Biogr. S. 581):
Die Verwandlung

Erz. in *Die weißen Blätter;* Buchausg. im gleichen Jahr als Bd. 22/23 der Reihe *Der Jüngste Tag.*

Entst. November/Dezember 1912.

Der Handelsreisende Gregor Samsa findet sich eines Morgens beim Erwachen in einen riesigen Käfer verwandelt. Weder er selbst noch seine Familie wissen mit seiner neuen, »privaten« Existenz etwas anzufangen, nachdem er seine einzige Funktion des Geldverdienens verloren hat. Er wird in seinem Zimmer-Gefängnis mit immer abnehmender Neigung versorgt, bis er schließlich den Wunsch seiner Familie, sie von seiner Existenz zu befreien, erfüllt: er verhungert. Als die Aufwartung den Kadaver beseitigt hat, atmet alles erleichtert auf.
Unmittelbarer und als selbstverständlich hingenommener Einbruch des Irrationalen in die Alltagswelt, die Kausalitäten außer Kraft gesetzt. Wirklichkeits-Fiktion. Der Held, aus dessen Blickwinkel erzählt wird, ist seiner Menschenwürde entkleidet und befindet sich in völliger Isolierung.

1915   **Kasimir Edschmid**
(1890–1966, Darmstadt, viel auf Reisen):
Die sechs Mündungen

Novv.-Slg.

Entst. 1913/14.

Spannungsgefüllte, farbige Handlungen, die in Verzicht, Tod und Überdruß enden. Bevorzugung von exotischen Schauplätzen, von Abenteurern und Gewaltmenschen.
Anknüpfung an den Barock: Fülle, nicht Entstofflichung. Verwendung salopper Alltagssprache, der Sprache des Sports.

1915   **René Schickele**
(1883–1940, Oberehnheim, Paris, Berlin,
Sanary/Frankreich):
Hans im Schnakenloch

Schsp. 4, Prosa.
Konflikt des Elsässers zwischen Deutschtum und Franzosentum. Der Ausgang ist der Schlachtentod des Heimatflüchtigen im frz. Heere, an

dessen Sieg er nicht glaubt. Lösung des Zwiespalts im Ideal der Gewaltlosigkeit, das zu Pazifismus und Sozialismus führt.

Lose Einzelbilder. Noch stark impressionistisch, erst in späteren Werken (*Am Glockenturm,* 1920; *Die neuen Kerle,* 1924) ging Sch. rein expressionistische Wege.

Auff. 16. 12. 1916 in Frankfurt/M., Neues Theater.

1916   Georg Kaiser
(Biogr. S. 539):
Von morgens bis mitternachts

Stück in zwei Teilen, Prosa.

Entst. 1912.

Ein kleiner Beamter sucht vergebens mit unterschlagenem Geld einen Ausweg aus der Enge seines Lebens. Er erkennt, daß die wirklichen Werte nicht für Geld feil sind, und erschießt sich. Das Schlußbild zeigt ihn als Märtyrer: er sinkt gegen ein Kreuz, sein letzter Seufzer klingt wie ein Ecce-Homo.

Auff. 28. 4. 1917 in München, Kammerspiele.

1916   Hanns Johst
(1890–1978, Leipzig, Berlin, Oberallmannshausen):
Der junge Mensch

»Ekstatisches Scenarium«, Prosa.

Sieben lose aneinandergereihte Bilder von Werdegang und Wandlung eines reinen, die Menschheit ändern wollenden Jünglings. Am Schluß wird der junge Mann begraben, aber als ein Mann entsteigt er dem Grabe und schwingt sich über die Kirchhofsmauer in ein neues Leben (vgl. Schlußszene von Wedekinds *Frühlingserwachen*).

Auff. 13. 3. 1919 in Hamburg, Thaliatheater.

Das Problem des unverstandenen Weltverbesserers fortgesetzt in *Der Einsame;* 9 Bilder um Christian Dietrich Grabbe (1917, Auff. 2. 11. 1917 in Düsseldorf) und in *Der König;* ein junger König, der an die Menschen glaubt und sie frei und groß machen will, von seinem Volk aber als überheblicher Bankrotteur verschmäht wird, endet im Selbstmord (1920, Auff. 2. 11. 1920 in Dresden, Schsp.-Haus).

1916   Heinrich Lersch
(1889–1936, Mönchengladbach, Bodendorf/Ahr):
Herz, aufglühe dein Blut

Kriegsgedichte eines Arbeiters.

Gemeinsame Leiden als Weg zur Gemeinschaft, zur Bruderschaft des Volkes und zum Friedenswillen.

In der Slg. *Deutschland* (1918) sind Sünde und Wahnsinn des Krieges bewußt geworden, er wird als Gottesgericht dargestellt (»Menschlein, ich rief dich«).

1916   **Johannes R. Becher**
             (Biogr. S. 538):
             An Europa

Hymnische Gedichte.
Anklagen gegen den Krieg, Gemälde des Verfalls, Rufe zum Aufbruch.
Das Ziel ist Frieden, Brüderlichkeit, Völkervereinigung, Europa und
»Utopia«.
Ekstatisch gesteigerte Bilder und Formulierungen: »Fanfarensätze müs-
sen hymnisch schwellen.« Der Dichter als »Künder« von »Manifesten«:
»Dichter sein soll von jetzt an heißen: nähren, Stoff zuführen, hochtrei-
ben das Volk, lindern dessen Steinwege, seine Armeen organisieren.«

Ausgewählte Strophen dieses Bd. zus. mit Gedichten aus der Vorkriegslyrik *Verfall*
und Triumph (1914) und den im Kriege entstandenen Bdd. *Verbrüderung* (1916)
und *Päan gegen die Zeit* (1918) zu dem Auslesebd. *Das neue Gedicht* (1918) vereinigt.

1916   **Max Brod**
             (1884–1968, Prag, Tel Aviv):
             Tycho Brahes Weg zu Gott

Hist. R.
Gesch. des Hofastronomen Kaiser Rudolfs II. Tycho Brahe (gest. 1601)
und seines inneren Gegensatzes zu seinem Schüler Johannes Kepler: der
leidenschaftliche, sich an Welt und Menschen verlierende Gottsucher und
auf der anderen Seite der sachlich sich zum Werk Bekennende, in Gott
Ruhende.
Der mit dem Elend der Menschheit beladene Tycho Brahe die typische an
der Welt leidende und sie befreien wollende Zentralgestalt des Expressionismus.

1917   **Else Lasker-Schüler**
             (Biogr. S. 539):
             Die gesammelten Gedichte

Enthält Gedichte aus den Bdd. *Styx* (1902), *Der siebente Tag* (1905), *Meine Wunder*
(1911), *Hebräische Balladen* (1913).

Die Verfn. selbst ist zentrales Thema ihrer Dg. Sie verwandelt die Real-
welt in eine Märchenwelt, die Realpersonen in poetische Figuren. Selbst-
mythisierung unter dem ihr von Hille verliehenen Kunstnamen Tino von
Bagdad, dann als Prinz Jussuf von Theben oder Joseph von Ägypten.
Orient-Motivik der Neuromantik. Stilisierung des dichtenden Ichs als
kindhaft, inspiriert, nicht-rational.
Nach der Slg. *Styx* im lit. Jugendstil mit *Der siebente Tag* Durchbruch zu
eigenen Ausdrucksmitteln (*Mein stilles Lied; Mein Volk*). Beispielhaft für
Verschränkung von Dinglichkeit und Expression: *Ein alter Tibetteppich:*

Reimlose, ungleiche Strophen, oft prosanahe Zweizeiler; parataktische Fügung; kleine, kaum aufeinander bezogene Einheiten. Metaphernstil, vielfältig variierte stereotype Motive. Wortneuschöpfungen. Sprachlich durch die Tradition seit Baudelaire und durch die *Bibel* beeinflußt.

1919–1920 Gesamtausg., 10 Bdd.

1917   Ivan Goll
          (1891–1950, Metz, Straßburg, Paris, Schweiz, Paris):
          Requiem. Für die Gefallenen von Europa

Entst. 1915; die frz. Fassung erschien 1916. »Romain Rolland gewidmet.«

Zyklus von 24 Gedichten; Wechsel von – meist langzeiligen – Rezitativen und in kürzere Verszeilen gefaßten, als »Chor«, »Elegie«, »Litanei«, »Ballade«, »Messe«, »Klage«, »Hymne« bezeichneten Stücken, die verschiedenen Repräsentanten der im Krieg Leidtragenden in den Mund gelegt sind. Ausdruck des Grauens vor Verwüstung und Tod, des Mitleids und des Glaubens an das Menschliche des Menschen und seine Erneuerung. Eine im Rahmen des Expressionismus gebändigte und unhermetische Sprache.

G. wandte sich 1924, unter Einfluß von André Breton, dem Surrealismus zu.

1917   Leonhard Frank
          (1882–1961, Würzburg, Berlin, USA, München):
          Der Mensch ist gut

Erzz., den »kommenden Generationen« gewidmet.

Entst. 1916–1917; nach Einzelveröffentlichung in *Die weißen Blätter* Buchausg. in Zürich.

Menschen erleben durch den Krieg eine Wandlung »ins höhere Menschentum«. Verurteilung der Gegenwart, die egoistisch, machtgierig, ungeistig ist, Verkündung eines kommenden brüderlichen Zeitalters.

1917   Georg Kaiser
          (Biogr. S. 539):
          Die Koralle

Schsp. 5, Prosa. Auff. 27. 10. in Frankfurt/M., Neues Theater. Buchausg. im gleichen Jahr.

Entst. 1916–1917.

Ein Milliardär versucht vergeblich, den Gedanken an seine elende Kindheit in sich zu ersticken, und mordet schließlich seinen Doppelgänger, um sich in den Besitz von dessen glücklichen Erinnerungen zu setzen. Träger der Handlung sind noch individuelle Menschen. Forts.: *Gas* (Schsp. 5, 1918. Auff. 28. 11. in Frankfurt/M., Neues Theater, und in Düsseldorf, Schsp.-Haus; entst. 1917–1918).

Der Sohn des Milliardärs ist Sozialrevolutionär und versucht, erst durch Sozialisierung des Betriebes, dann mit Hilfe eines Siedlungsprojektes vergeblich seine Arbeiter zu »neuen Menschen« zu erziehen. Sie wollen lieber die Gefahr der Explosion des nicht funktionierenden Werkes auf sich nehmen als Siedler werden; Mechanisierung zerstört die individuelle Seele. Träger der Handlung nur noch Berufstypen.

Weitere Forts.: *Gas II* (Schsp. 3, 1920. Auff. 29. 10. 1920 in Brünn, Vereinigte Dt. Theater; entst. 1918–1919).

Der Urenkel des Milliardärs, Arbeiter neben Arbeitern in einem Staatsbetrieb, will dem Krieg dadurch ein Ende machen, daß er statt der Idee des Kampfes die des Duldertums aufstellt: »Nicht von dieser Welt ist das Reich.« Auch er scheitert, denn die Arbeiter wollen lieber mit Giftgas gegen den Feind vorgehen. Der Milliardärarbeiter wirft als Rächer des besseren Menschen selbstzerstörerisch die Gasbombe. Selbstvernichtung der kämpfenden »Bläufiguren« und »Gelbfiguren«. Sieg des Unmenschlichen trotz verbesserter menschlicher und sozialer Voraussetzungen.

»Denkspiele« (Bernhard Diebold). Höhepunkt der Entrealisierung und Abstraktion. Die Figuren typisiert, der Ort der Handlung auf wenige bezeichnende Symbole reduziert. Verknappung der Sprache bis zum Telegrammstil. Der aufgezeigte Entwicklungsgang von der Kulturphilosophie Walther Rathenaus (*Zur Mechanik des Geistes oder vom Reich der Seele,* 1913) beeinflußt.

1917   **Reinhard Goering**
       (1887–1936, Jena, Berlin, Freiburg/Br.):
       Seeschlacht

Tr. in Versen, ohne Akteinteilung.

Sieben Matrosen fahren im Panzerturm eines Kriegsschiffes in die Schlacht im Skagerrak, sterben oder werden wahnsinnig, bis eine letzte Explosion das Ende bringt. Ihre Gespräche zeigen eine Empfindungsskala von Gläubigkeit, Menschenliebe, Rausch des Kampfes und Skepsis. Die Schlacht zwingt alle in ihren Bann, auch der Revolutionär kämpft, statt Revolution zu machen: »Schießen lag uns wohl näher.«

Auff. 10. 2. 1918 in Dresden, Kgl. Schsp.-Haus.

1917   **Walter Hasenclever**
       (1890–1940, Aachen, Paris, Berlin, Les Milles):
       Antigone

Tr. 5, in Versen. Auff. 15. 12. in Leipzig, Stadttheater. Buchausg. im gleichen Jahr.

Entst. 1916.

Die Idee »Nicht mitzuhassen, mitzulieben bin ich da« zur Verkündung des Pazifismus und der Bruderliebe aller Menschen ausgeweitet. Kreon gesteigert zum Tyrannen, der bereut und abdankt. Das kriegsmüde Volk ruft am Schluß die Revolution aus.

»Eine brillante Aktualisierung des Sophokles, geboren aus Weltkriegsnot und Reinhardts Zirkusphantasie« (Bernhard Diebold).

1917   Fritz von Unruh
          (Biogr. S. 540):
          Ein Geschlecht

Tr. 1, in Versen.

Entst. Sommer 1915 bis Herbst 1916.

An einer zu mythischer Größe erhöhten Familie wird das Leid des Krieges dargestellt, das alle Ordnungen löst und Urleidenschaften entfesselt. Die Kinder empören sich gegen die Mutter, die sie in diese untergehende Welt geboren hat. Sie erhofft sterbend ein neues Geschlecht, die Erlösung der Menschheit in Bruderliebe.

Auff. 16. 6. 1918 in Frankfurt/M., Schsp.-Haus.

Forts.: *Platz*, Spiel in 2 Teilen. Auff. 3. 6. 1920 in Frankfurt/M., Schsp.-Haus. Buchausg. im gleichen Jahr.

Entst. 1917–1920.

Der jüngste Sohn, Dietrich, versucht, an die Stelle der alten Staatsgewalt eine neue Form menschlicher Gemeinschaft zu setzen. Da er nicht glaubt, daß gewaltsamer Umsturz den neuen Menschen herbeiführe, paktiert er mit den Gewalten der Vergangenheit. Er verschiebt die Revolution um einer Frau willen und verkündet die Liebe als wichtigste Aufgabe des Menschen.

Das »Spiel« ist als Parodie auf die expressionistische Idee vom neuen Menschen und die geballte expressionistische Sprache angesehen worden. Es bestehe die Möglichkeit, daß es noch 1917 als trag. Forts. von *Ein Geschlecht* konzipiert, aber bei der Überarbeitung 1920 mit satirischer Absicht geändert worden sei (Armin Arnold). Im 3. Teil *Dietrich* (entst. 1919–1951, ersch. 1973) ist Dietrich mit U. identisch.

1918   Heinrich Mann
          (Biogr. S. 539):
          Der Untertan

R. Der Anfang bereits 1914 in der Zs. *Zeit im Bild*.

Erste Notizen 1906, Niederschrift 1912–1914.

Abrechnung mit der bürgerlichen Welt der Wilhelminischen Ära. Der Chemiker und Fabrikbesitzer Diederich Heßling als Typ des despotischen Strebers, der sich als feige und erbärmlich erweist. In der karikierenden Schärfe und aktivierenden Sprachgebung über den traditionellen Realismus hinaus zum Expressionismus vorstoßend.

Fortss.: *Die Armen* (1917, R. um einen Arbeiter des Fabrikanten Heßling) und *Der Kopf* (1925, begonnen 1918, R. um Wilhelm II.).

1918   **Anton Wildgans**
             (1881–1932, Wien):
             Dies irae

Tr. 5, Prosa.

Der schwächliche Sohn ist den übergroßen Anforderungen des Vaters, der das Erbe der Mutter in ihm ersticken will, nicht gewachsen und begeht Selbstmord.

Die realistische Prosa geht in der Liebes- und Selbstmordszene in Verse über und steigert sich am Ende des Actus quintus phantasticus zu Chören.

Auff. 8. 2. 1919 in Wien, Burgtheater, und Halle, Stadttheater.

1918   **Ernst Barlach**
             (Biogr. S. 538):
             Der arme Vetter

Dr., 12 Bilder, Prosa.

Angeekelt von den Menschen, begeht Iver Selbstmord und stirbt unter dem Hohn des Pöbels. Aber seine Sehnsucht nach einem besseren Leben, nach dem Menschenbruder, lebt in zwei Menschen, die Zeugen seines Todes sind.

Der Titel spielt auf die Armseligkeit der eigentlich zur Brüderlichkeit verpflichteten Kinder Gottes an, die einander nur wie Vettern behandeln und auch nur Vettern des wahren Menschen sind. Gestalten und Atmosphäre wachsen aus der niederelbischen Landschaft, in die die »andere«, die Welt der Geister, verwoben ist.

Auff. 20. 3. 1919 in Hamburg, Kammerspiele.

1918   **Jakob van Hoddis**
             (eigentl. Hans Davidsohn, 1887–1942, Berlin, München,
             Paris, Heilanstalt Bendorf-Sayn, von dort deportiert):
             Weltende

16 in der Zeit 1911–1914 in der *Aktion* erschienene Gedichte des seit 1912 zunehmend kranken Verf., hgg. vom Verlag Die Aktion. Titel nach dem 1911 erschienenen Gedicht *Weltende*.

Die Verse des dem Berliner frühexpressionistischen Kreis um Georg Heym angehörigen Autors entwickelten sich in Richtung auf das Extrem; Neigung zum Sprunghaften, zu paradoxen, bizarren, schockierenden Metaphern. Motive: Großstadt und die – helle – Großstadtnacht, gespenstische, spukhafte und dämonische Phantasien *(Der Teufel spricht; Tohub; Der Todesengel; Indianisch Lied)*. Die Weltentfremdung teils schwermütig-visionär *(Nachtgesicht),* teils grausig-grotesk *(Weltende; Der Visionarr)* zum Ausdruck gebracht.

1958 *Weltende.* Gesammelte Dichtungen.

1918/19   Karl Kraus
(1874–1936, Gitschin/Böhmen, Wien):
Die letzten Tage der Menschheit

Dr. 5 mit Epilog, Prosa, mehrfach, vor allem am Schluß, in Verse übergehend. In Sonderheften der Zs. *Die Fackel*.

Entst. 1915–1917.

Satirische Darstellung Österreichs, in zweiter Linie auch Dld.s, im Ersten
Weltkrieg. Vom Sarajewo-Attentat bis zum militärischen Zusammenbruch werden Heimat und Front in über 200 Szenen gespiegelt: die Führung wird als unwissend und verantwortungslos, das Militär als leichtlebig
oder vertiert sadistisch, die Heimat als Sammelbecken von Drückeber-
gern, Schiebern, Karrieremachern und Kriegsgewinnlern und Presse und
Lit. als feile Sprach- und Sinnverdreher entlarvt. Auftreten von hist. und
beispielhaft erfundenen Personen, leitmotivische Wiederholung von Szenen und Figuren. Eine Art Gliederung bilden die Auftritte des »Nörg-
lers«, der, meist im Gespräch mit dem »Optimisten«, Grundsätzliches
äußert, den Krieg mit seiner Technisierung, die habsburgische Monarchie
und vor allem den kulturellen Anspruch der Deutschen verurteilt. Der
Epilog *Die letzte Nacht* bringt schließlich die Kriegsankündigung vom
Mars her, Bombardierung der Erde mit Meteoren und als Ende Gottes
Stimme: »Ich habe es nicht gewollt.«
Eine Auff. würde »nach irdischem Zeitmaß etwa zehn Abende umfassen«
(K.). Nicht nur die Fülle der Szenen und Figuren, sondern auch die tech-
nischen Anforderungen würden die Möglichkeit szenischer Darstellung
ohne eine besondere Bearbg. sprengen.

1919 veränderte und vermehrte Buchausg.

1919   Franz Kafka
(Biogr. S. 581):
In der Strafkolonie

Erz.

Entst. 1914.

Einem Reisenden wird in der Strafkolonie eine Foltermaschine gezeigt.
Der vorführende Offizier, fanatischer Anhänger von Macht und Gesetz
und der zu ihrer Aufrechterhaltung erfundenen Maschine, demonstriert
hingerissen, wie die Nadeln den Satz »Ehre deinen Vorgesetzten« in den
Leib eines aufsässigen Soldaten schreiben. Jedoch ahnt er, daß seine Zeit
um ist: der neue Kommandant versagt ihm seine Unterstützung für eine
notwendige Reparatur, und der Reisende will gegen das unmenschliche
Verfahren protestieren. Der Offizier legt sich nun selbst in die Maschine,
die ihn, in Trümmer gehend, tötet.
Wiedergabe phantastischer Vorgänge durch kraß realistische Detailzeich-

nung. Ohne Urteil des Autors über Ereignisse und Personen, ohne Einfühlung und ohne Versuch, die Figuren menschlich näherzubringen. Apsychologisches Erzählen: die innerseelischen Vorgänge manifestieren sich in Form von Fakten.

1919	**Fritz von Unruh**
	(Biogr. S. 540):
	Opfergang

Erz.

Das Erscheinen war nach dem 1916 erfolgten Druck verboten worden.

Untergang einer Sturmkompanie vor Verdun. Vier Handlungsabschnitte: *Anmarsch, Schützengraben, Sturm, Opfergang.* In den Soldaten und Offizieren erwacht allmählich das Bewußtsein des Mörderischen, Sinnlosen des Kampfes und die Sehnsucht nach Frieden, Menschheitsverbrüderung.

1919	**Franz Werfel**
	(Biogr. S. 540):
	Der Gerichtstag

Gedichtslg., am Ende des 4. Buches ein Zaubersp.: *Die Mittagsgöttin.*
Die Gedichte beschwören die feindlichen Mächte vom Tod und der Sünde bis zur Trägheit des Herzens und halten Gericht über die Erde, auch über den Dichter selbst: »Worte verstellen die Dinge.« Als erlösende Kraft wird die »Hingabe« dargestellt, das Ganze gipfelt in der »Geburt des Lichts«.

1919	**Ernst Toller**
	(Biogr. S. 539):
	Die Wandlung

»Das Ringen eines Menschen«. 6 Stationen mit einem Vorspiel *Die Totenkaserne.* Prosa und Verse. Auff. 1. 10. in Berlin, Tribüne. Buchausg. im gleichen Jahr.

Vollendet im Militärgefängnis.

Ein junger Mensch hofft, im Kriegserlebnis den inneren Anschluß an das Vaterland zu gewinnen, aber er findet den Weg zur Menschheit, zu einer Bruderliebe, die das gesamte System menschlicher Ordnung revolutioniert.
Bekenntnishafter ekstatischer Großmonolog. Wirklichkeit und Traumbilder wechseln einander ab.

1920   Menschheitsdämmerung,
**   Symphonie jüngster Dichtung**

Repräsentative Slg. expressionistischer Lyrik, hgg. Kurt Pinthus (1886 bis 1975).
Vertreten sind z. B.: Franz Werfel, Georg Trakl, Theodor Däubler, Else Lasker-Schüler, Paul Zech, Walter Hasenclever, Rudolf Leonhard, René Schickele, Gottfried Benn, Johannes R. Becher, Georg Heym, Ernst Stadler, August Stramm, Wilhelm Klemm, Karl Otten. Eingeteilt in Abschnitte: *Sturz und Schrei, Erweckung des Herzens, Aufruf und Empörung, Liebe den Menschen.* Einteilung und Ordnung der Gedichte musikalischer Struktur entsprechend; Vorbild Beethovens *9. Symphonie.*
»Und immer wieder muß gesagt werden, daß die Qualität dieser Dg. in ihrer Intensität beruht. Niemals in der Weltdg. scholl so laut, zerreißend und aufrüttelnd der Schrei, Sturz und Sehnsucht einer Zeit, wie aus dem wilden Zuge dieser Vorläufer und Märtyrer« (Kurt Pinthus).

1920   Paul Zech
**   (1881–1946, Briesen, Bonn, Zürich, viele Reisen, Buenos**
**   Aires):**
**   Das Terzett der Sterne**

Gedichte. Drei je 12 Sonette umfassende Abschnitte: *Der Sprung aus dem Käfig, Ländliche Inbrunst, Die Erhebung.*
Erniedrigung der Welt im Krieg, ihr Wiedererstehen in der Gegenwart, das Eingehen der Welt in Gott in der Zukunft.

1920   Karl Bröger
**   (1886–1944, Nürnberg, Darmstadt, viele Reisen, Ruhpol-**
**   ding):**
**   Flamme**

Nachkriegsgedichte, pazifistisch, mit dem »Mut zur Utopie«, einer menschheitumfassenden Gläubigkeit. B. wollte »die Liebe aufrichten aus ihrem tiefsten Fall«.

Vorangegangen waren zwei Slgg. von Kriegsgedichten *Kamerad, als wir marschiert* (1916) und *Soldaten der Erde* (1918), deren stärkster Impuls die Liebe des Arbeiter-Dichters zur heimatlichen Erde war und aus denen auch schon die Sehnsucht nach einer neuen brüderlichen Gemeinschaft der Menschen sprach.

1920   Franz Werfel
**   (Biogr. S. 540):**
**   Nicht der Mörder, der Ermordete ist schuldig**

Erz.
Vater-Sohn-Konflikt in einer österreichischen Offiziersfamilie. Beide Generationen sehen sich in ihrer Liebe zueinander enttäuscht. Der aus Angst

und ·Freiheitssehnsucht verübte Mord am tyrannischen ·Vater wird gerechtfertigt. ·

1920	Franz Werfel
	(Biogr. S. 540): ·
	Der Spiegelmensch

»Magische Trilogie«: *Spiegel, Eins ums andere* (8 Akte und ein Zwischensp.), *Fenster* (6 Akte). In Versen.
Problem der Doppelnatur des Menschen: Seins-Ich und Schein-Ich. Das Schein- oder Spiegel-Ich löst sich von der Zentralgestalt des Dr. los, wird ihr Verführer und Mephisto, wächst mit jeder Schuld des Seins-Ich. Durch drei Welten, die Welt des Geistigen, die Welt des Eros und die Welt der Spiegelwerte (Ruhm und Macht), geht der Weg. Der Tod des Spiegel-Ich, das Ende der Selbstbespiegelung, das »aus dir Verschwinden«, ist die Erlösung zum rein geistigen Menschen. Einfluß von Goethes *Faust,* Ibsens *Peer Gynt,* Strindbergs *Nach Damaskus.*

Auff. 15. 10. 1921 in Leipzig, Altes Theater.

1920 '	Ernst Toller
	(Biogr. S. 539):
	Masse Mensch

»Ein Stück aus der sozialen Revolution des 20. Jh.«. Sieben Bilder, in Versen. Auff. 15. 11. in Nürnberg, Stadttheater.

Entst. 1919 im Festungsgefängnis Niederschönenfeld.

Konflikt zwischen einer Sozialistin und der Masse. Ihrer Absicht, die Masse zu erlösen, setzt diese die Forderung nach Anwendung von Gewalt entgegen und stürzt sie so in Schuld.
Realistische Szenen und Visionen wechseln. Freie Rhythmen gipfeln in großen Massenchören.

Nach der Auff. wurde das Stück auch für geschlossene Gesellschaften verboten. Buchausg. 1921.

1920 ·	Ernst Barlach
	(Biogr. S. 538):
	Die echten Sedemunds

Dr., 7 Bilder, Prosa.
Der Weg des Menschen zu seinem echten Selbst führt über das Gute, das er anderen tut. »Geben ist Gnade, sich selbst geben – die größte« ist die Erkenntnis des jungen Sedemund, der den Vater zur Besinnung auf den »echten« Sedemund führt. Er resigniert schließlich vor der Unzulänglichkeit der Welt und geht freiwillig in ein Irrenhaus, der Erfolg des »Echten« ist nur halb.

Zu den unrealistischen Zügen des grotesken, satirisch gefärbten Dr. gehört die Haut eines in der Gefangenschaft verendeten Löwen, die umherspukend und die Menschen ängstigend das menschliche Gewissen symbolisiert.

Auff. 23. 3. 1921 in Hamburg, Kammerspiele.

1920	**Arnolt Bronnen** (1895–1959, Wien, Berlin-DDR): **Vatermord**

Schsp. 1, Prosa.

Entst. seit 1913.

Vater-Sohn-Konflikt ohne einseitige Parteinahme. Der Mord am Vater geschieht halb aus Selbstwehr, halb in tierischer Exaltiertheit. Der Konflikt wird mitausgelöst durch die Mutter, die den Sohn in Triebverirrung verwickelt. Neben expressionistischen auch naturalistische Züge: Elemente von Milieueinfluß und Vererbung. Mundartlich gefärbte Sprache.

Auff. 22. 4. 1922 in Frankfurt/M., Schsp.-Haus.
In Zusammenhang mit dem schon 1914 entstandenen Dr. in 4 Bildern *Geburt der Jugend* (1922, Auff. 13. 12. 1925 in Berlin, Dt. Theater), Darstellung der Revolte einer Primanerklasse gegen Eltern und Lehrer.

1920	**Bert Brecht** (Biogr. S. 580/581): **Baal**

Stück; Prosa und Balladen.

Entst. in 2 Fassungen 1918 und 1919.

Als kritisches Gegenbild zu Johsts Grabbe-Drama *Der Einsame* (1917) konzipiert. Statt des Johstschen Geniekults Darstellung eines von Lebens- und Genußgier bestimmten Wüstlings, Vagabunden und Mörders, der seine Mitmenschen hemmungslos ausnutzt – »asozial, aber in einer asozialen Gesellschaft«.

Vorbilder für die Figur des Joseph K., der aus dem Geist des syrischen Erdgottes Baal lebt, waren François Villon und Rimbaud.

Auff. 8. 12. 1923 in Leipzig, Altes Theater. 1926 Druck einer revidierten Fassung.

1921	**Johannes R. Becher** (Biogr. S. 538): **Arbeiter, Bauern, Soldaten**

»Weg eines Volkes zu Gott«, hymnisches Bekenntnisdr. Als 2. Teil der Slg. *Um Gott (Gedichte – Arbeiter, Bauern, Soldaten – Klänge im Vorlaut).*

Entst. 1919.

Eine jüdische Frau, Vertreterin eines heimatlosen Volkes, erzieht die Menschen vom falschen Heldentum hinweg zu wahrer Menschenbruderschaft. Endet mit dem Marsch aller in ein heiliges Land, unter Anrufung Gottes; der Mensch als Bruder und »Gottes Kind« gesehen. Visionäre Bilder, symbolische Gestalten. Auch in den szenischen Anweisungen unnaturalistisch: pathetische, expressionistisch gesteigerte Gebärden und Bewegungen. Sprechchöre.

Das »aus einer Atmosphäre von Gefühlskommunismus und verworrenem ekstatischen Gottsuchertum« (B.) entstandene Dr. 1924 umgearbeitet.

1921   **Gerrit Engelke**
            (1890–1918, Hannover, Kriegsteilnehmer):
            Rhythmus des neuen Europa

Gedichte, postum hgg. Jakob Kneip.
Natur, Liebe, die Welt der Technik und des Arbeiters (*Stadt, Auf der Straßenbahn, Ich will heraus aus dieser Stadt*) und vor allem aus dem Erlebnis des Krieges erwachsene Verkündigungen eines neuen Menschen.
Hymnen, vom Studium Walt Whitmans zeugend. Barocke Schwellungen und Häufungen: »All-Hirn! Kraft-Stirn! Zorn-Arm! Welt-Darm!«

1922   **Ernst Toller**
            (Biogr. S. 539):
            Die Maschinenstürmer

Dr. 5, mit einem Vorspiel. Auff. 30. 6. in Berlin, Großes Schsp.-Haus. Buchausg. im gleichen Jahr.

Entst. 1920/21 im Festungsgefängnis Niederschönenfeld.

Der Schauplatz ist Nottingham um 1820, zur Zeit der Ludditenbewegung. Die Arbeiter wollen die Maschinen, die sie brotlos machen, zerstören. Einer von ihnen erkennt, daß es nicht darum geht, die Maschinen zu zerstören, sondern sie sich dienstbar zu machen. Seine vermittelnde Haltung wird verkannt und verdächtigt, er wird erschlagen.
Abkehr vom typischen Szenar, strengere Form. Prosa wechselt mit Verspartien.

1922   **Bert Brecht**
            (Biogr. S. 580/581):
            Trommeln in der Nacht

Dr. 5, Prosa. Auff. 23. 9. in München, Kammerspiele.

Entst. 1919. Ursprünglicher Titel *Spartakus*.

Gesch. des Heimkehrers Kragler, der sich mit den Profitmachern des Nachkrieges und der Untreue der Braut auseinandersetzen muß. Gegenüberstellung von Kriegsgewinnler und Kriegsopfer. Als die geliebte Anna aber ihren neuen Verlobten aufgibt und sich zu Kragler bekennt, sagt dieser sich von der Revolution los und zieht sich in sein privates Glück zurück.

»Ein revolutionäres Stück aus der Schule Georg Kaisers, aber mit mehr Blut« (Alfred Kerr). Die expressionistischen Stilmittel nur äußerlich verwandt, Anbahnung einer volkstümlich realistischen Kunst.

Buchausg. 1923.

B. hat den Schluß später verurteilt und das Stück 1953 in überarbeiteter Fassung als »Kom.« erscheinen lassen.

1922   Josef Winckler
        (1881–1966, Rheine, Moers):
        Irrgarten Gottes oder Die Komödie des Chaos

Gedichte.

W. hält in dieser »Komödie des Chaos« Gerichtstag über sich selbst, seine Vergottung des Menschen in Kriegsdgg. (*Mitten im Weltkrieg,* 1915; *Ozean,* 1917) und über die ganze überhebliche Menschheit. In über 50 Visionen werden Gestalten des Mythus, der Legende und Gesch. beschworen, um dem Sinn der Welt nachzuspüren. Der Schluß ist pessimistisch: in der *Metaphysischen Burleske als Epilog* wird die Erde zuerst versteigert, dann vernichtet.

Freie Rhythmen unter dem Einfluß Walt Whitmans.

1923   Ernst Toller
        (Biogr. S. 539):
        Der deutsche Hinkemann

Tr. 3, Prosa. Auff. 19. 9. in Leipzig, Altes Theater.

Entst. 1921–1922 im Festungsgefängnis Niederschönenfeld.

Behandelt das Schicksal des entmannten Kriegsinvaliden, den der Hohn der Menschen und die scheinbare Untreue und Herzlosigkeit seiner Frau zerbrechen. Einsames Leid des einzelnen, dem »kein Staat, keine Gesellschaft, keine Gemeinschaft Glück bringen kann«. Die Hoffnung auf eine vom Geist bestimmte Menschheit wird zerstört.

Das Typische der Personen schon in den Namen angedeutet: Großhahn, Immergleich, Singegott u. a.

1924 2. Aufl. als *Hinkemann.*

1924   Ernst Toller
(Biogr. S. 539):
Das Schwalbenbuch

Gedichte in freien Rhythmen. Ein nistendes Schwalbenpaar tröstet einen
Sommer lang den im Zuchthaus Gefangenen. Die Schwalben sind seine
einzige Verbindung zum Leben, das er in ihnen sehnsüchtig grüßt.

1924   Alfred Döblin
(Biogr. S. 539):
Berge, Meere und Giganten

Entst. 1922–1923.

Technischer Zukunfts-R. über die Enteisung Grönlands, der einen Zeitraum von mehreren Jhh. umfaßt. Der Mensch wollte sich mit Hilfe der
Technik die Natur unterwerfen, aber er entwickelte die Technik über das
Maß dessen hinaus, was er zu beherrschen vermochte, so daß er sich in ihr
eine neue unfaßbare Gegenmacht schuf. Zwar können die auf einem besonderen Nährboden zu Giganten entwickelten Menschen die in Grön-
land entstandenen Riesenuntiere von Europa abhalten, aber die Menschheit ermüdet und kehrt zur ländlichen Idylle und zur Vormaschinenzeit
zurück.
In der Neigung zum Mythisieren und im noch pathetischen Stil liegen D.s
Verbindungen zum Expressionismus, während seine Bejahung der vom
Expressionismus abgelehnten Technik (»Mehr Naturwissenschaft!«) bereits eine Loslösung von ihm bedeutete; am Schluß des R. hat sich allerdings D.s Faszination durch die Technik erschöpft.

Stark veränderte Neufassung als *Giganten, Ein Abenteuerbuch,* 1932.

1925   Heinrich Lersch
(1889–1936, Mönchengladbach, Bodendorf/Ahr):
Mensch im Eisen

Lyrische Biographie des als Schmied tätigen L. in strophischen Gedichten, freien Rhythmen und Prosastücken. Alltag des Industriearbeiters,
Kampf für die Werktätigen und gegen den Haß der Menschen untereinan-
der, Sehnsucht nach Brüderlichkeit.
Einfluß Walt Whitmans.

1926   Ernst Barlach
(Biogr. S. 538):
Der blaue Boll

Dr., 7 Bilder, Prosa. Auff. 13. 10. Stuttgart, Landestheater. Buchausg.
im gleichen Jahr.
Des mecklenburgischen Gutsbesitzers Boll Gesicht läuft bei Erregungen

blau an. Das innere bessere Selbst, in dem sich Gott verbirgt, regt sich: »Boll hat Boll beim Kragen.« Grete, zu der ihn nur die Sinne ziehen, will ihre Kinder durch den Tod von der Fleischlichkeit erlösen. Boll erkennt, daß nicht der Tod, nur das Über-sich-hinaus-Wachsen den Menschen erlösen kann. Er führt Grete ihrer Familie wieder zu, seine Wandlung beginnt.

Thematisch eng verwandt mit den *Echten Sedemunds*. Stärkeres Hervortreten symbolistischer Züge.

1925–1950   Dichtung der verlorenen und der verbürgten Wirklichkeit

Um die Mitte der zwanziger Jahre hatte sich die Ekstatik des Expressionismus verbraucht, der Glaube an einen neuen Menschen erlosch, man suchte die Abstraktion erneut einer Realität anzunähern, das Pathos der Sprache kühlte sich zu betonter Nüchternheit und Distanzierung ab. Im Gegensatz zu Werken des konsequenten Naturalismus bezeugten viele der nun hervortretenden Dgg. ein skeptisches, selektives oder ideologisch bestimmtes Verhältnis der Autoren zur sogenannten Wirklichkeit. Der neue Ansatz ist etwa gekennzeichnet mit dem Erscheinen der nachgelassenen Rr. Franz Kafkas, Thomas Manns *Zauberberg*, Alfred Döblins *Berlin Alexanderplatz*, Bert Brechts *Hauspostille* und *Dreigroschenoper* sowie durch realistisch-reportagehafte Kriegsbücher (Remarque), die Rückkehr zu historischen Stoffen (Werfel) und das Aufklingen einer neuen Simplizität in der Behandlung des Themas »Landschaft«.

Der Begriff »Neue Sachlichkeit«, zuerst 1925 von Gustav Friedrich Hartlaub auf Objekte einer Kunstausstellung angewandt, unterstrich den Gegensatz zur spekulativen expressionistischen und abstrahierenden Kunst; er deckt nur einen kleinen und ephemeren Teil der hier behandelten lit. Richtung. Mit der moderneren Formel »expressiver Naturalismus« sollte die Verknüpfung der positivistischen Objektivität mit der durch den Expressionismus gewonnenen Subjektivität zum Ausdruck gebracht werden, und mit der Prägung »magischer Realismus« versuchte man, der Einbeziehung des Über- und Außerwirklichen gerecht zu werden.

Weltanschauliche Zerstrittenheit, ökonomische Not, politische Auseinandersetzungen, schließlich Umsturz, Verfolgung, Krieg bereiteten während des zweiten Vierteljahrhunderts fast im gesamten dt. Sprachgebiet das allgemeine Empfinden für die von der Philosophie seit Nietzsche immer dringlicher gestellte Seinsfrage auf. Das Sein erscheint der modernen Existentialphilosophie als verschlossen (Martin Heidegger) oder nur punktuell berührbar und nicht betretbar (Karl Jaspers). Der Mensch ist vom Sein entfernt, er ist in ein Nichts hinausgestoßen, den Dingen entfremdet. Hatte er schon im Laufe des 19. Jh. seine metaphysische Sicherheit, die Bindung an ein Transzendentales verloren, so verlor er jetzt auch die Sicherheit seines eben erst gewonnenen realistischen physikalischen Weltbildes. Einsteins Relativitätstheorie ließ die seit alters sicher scheinenden Begriffe von Raum und Zeit unfest werden. Quantentheorie und Atomphysik ließen es unmöglich scheinen, »daß die metaphysisch reale Welt mit den Anschauungen, die dem bisherigen naiven Weltbild entnommen sind, vollkommen faßbar und verständlich sei« (Max Planck). Der die positivistische Epoche des späten 19. Jh. bestimmende Determinismus wurde überwunden, physikalische Gesetze erschienen nicht mehr als absolut, sondern nur als statistisch formulierbar, der Gegenstand der naturwissenschaftlichen Forschung wurde als durch den Zugriff der Methode veränderlich erkannt, »das naturwissenschaftliche Weltbild hört damit auf, ein eigentlich naturwissenschaftliches zu sein«(Werner Heisenberg). Im Bezirk des Menschlichen war Sigmund Freud (geb. 1856, bis 1938 in Wien, gest. 1939 in London) mit *Traumdeutung* (1900) und *Psychopathologie des Alltagslebens* (1901) in die Schichten des Unbewußten vorgestoßen, hatte die triebhaften Kräfte unter der moralisch-rationalen Tünche bloßgelegt und das neue Raum- und Zeitgefühl gestützt. Seine schon im Expressionismus spürbare, seit den 20er Jahren gesteigerte Wirkung ging nicht nur von Stoff und Problemstellung, sondern auch von der Darbietungsweise seiner Werke aus. Mit dem Traum und der assoziativen Wortwahl lieferte seine Methode der Lit. zwei fruchtbare Mittel der Seelenanalyse.

Die Reaktion des seines Haltes beraubten Menschen konnte einerseits in der schon von Nietzsche eingeschlagenen Ästhetisierung des Lebens, der Anerkennung der Kunst und der schöpferischen Arbeit als Überwindung des Nichts, liegen. »Auf der einen Seite immer der tiefe Nihilismus der Werte, aber über ihm die Transzendenz der schöpferischen Lust« (Gottfried Benn). Wie die besonders von Benn und Thomas Mann vertretene Einschätzung der Kunst und des Künstlers auf den Impressionismus der Jahrhundertwende zurückgeht, so sind der »Nihilismus der Werte« oder das Schwanken zwischen den Werten, die sog. »Ambivalenz«, in der impressionistischen Lebensform mit ihrer Hingabe an den Augenblick und ihrem Genuß der Verwandlung vorgeprägt. »Wenn aber die Reize sich vervielfältigen und die Seelen sich zerteilen, dann droht die Person sich aufzulösen und die Lebenslinie zu zerbrechen« (Richard Alewyn). Der von Ernst Bleuler 1910 geprägte und von Freud in sein System (*Totem und Tabu*, 1913) übernommene, zur Pathologie gehörige Begriff der Ambivalenz wurde zum Kennzeichen des vorherrschenden Menschentyps. Gottfried Benns Phänotyp »integriert die Ambivalenz, die Verschmelzung eines Jeglichen mit den Gegenbegriffen«, und Thomas Manns Teufel behauptet: »Wahre Leidenschaft gibt es nur im Ambiguosen und als Ironie.«

Eine andere Reaktion war das durch bisherigen Fortschritt begründbare Vertrauen auf die Wirksamkeit von Rationalität, Liberalität, Humanität.

Im Gegensatz dazu stand eine neue Religio, Rückkehr des autonom gewordenen Menschen zu seiner transzendentalen Bindung, Suche nach der verlorenen Mitte (Hans Sedlmayr *Verlust der Mitte,* 1948). Eine der

Grundlagen für diese Erneuerung lag in der erst im 20. Jh. vollzogenen Rezeption der Werke Sören Kierkegaards (1813–1855), der durch seine Darstellung der Ausgesetztheit des modernen Menschen auf die Existentialisten und Kafka sowie auf die moderne christliche Theologie und Lit. wirkte. Außerdem war die Überwindung des wissenschaftlichen Positivismus einer Erneuerung des religiösen Bewußtseins günstig, die sich besonders in der internationalen Erstarkung des Katholizismus, dem »Renouveau catholique«, zeigt. Die moderne christliche Lit. will die Wirklichkeit der modernen Welt, die existentielle Not des Menschen nicht negieren oder vertuschen, sondern interpretiert sie als Widerstreit des göttlichen und teuflischen Prinzips und weist, im Gegensatz zu der ambivalenten Haltung, dem Christen seinen festen Platz in diesem Kampf an. Mit solchem Realismus begegnet sie dem Vorwurf, reaktionär oder unzeitgemäß zu sein. Sie lehnt die nur-ästhetische Auffassung der Kunst ab.

Überwindung der individuellen Existenznot versprach schließlich die Besinnung des Menschen auf eine diesseitige Einordnungsmöglichkeit oder die ihm vorbestimmte Gruppenzugehörigkeit. »Gemeinschaft war eines der magischen Worte der Weimarer Zeit«; der Gemeinschaftsgedanke verhieß »Einheit, Stärke, Macht und innere Geschlossenheit ..., alles Dinge, an denen es der Weimarer Republik gebrach« (Kurt Sontheimer). Als Leitbilder konkurrierten konservative und konservativ-revolutionäre mit progressiv-revolutionären.

Einige auf die Romantik zurückgehende Vorstellungen von dt. Volkstum, Dg. und Dichtertum, die Betonung des »Ahnenerbes«, Bäuerlichen und Bodenständigen, die Überzeugung von der Gültigkeit bestimmter »Ordnungen«, eine heroisierende Auffassung des »Soldatischen« am Beispiel des Ersten Weltkrieges, die biologische Bewertbarkeit des Menschen wurden für die Vorläufer der »volkhaften Dg.« mitbestimmend, die sich als Opposition zu ästhetisierender, »dekadenter« und »artfremder« Lit. verstanden.

Ein vorwiegend aristokratisch-hierarchisches Weltbild bei sonst weit divergierenden Ansichten charakterisiere sogenannte konservativ-revolutionäre Einzelgänger und Zusammenschlüsse, Verlage und Zss.

Eine »aktive Lösung« als Antwort »auf die Ausbeutung und auf den Krieg«, nicht dagegen »Armeleutepoesie oder Mitleidsdg.« (Johannes R. Becher) wollte die »proletarisch-revolutionäre Lit.« sein, die sich 1928 im »Bund proletarisch-revolutionärer Schriftsteller« mit der Bundeszs. *Die Linkskurve* (1929–32) formierte. Unter diesem Programm vereinigten sich revolutionäre Intellektuelle aus dem Bürgertum, die meist dem Expressionismus verbunden gewesen waren, und schreibende Arbeiter (Arbeiterkorrespondenten, Mitarbeiter von Zellenztgg.) unter scharfer Abgrenzung von linksbürgerlichen Lit.-Strömungen. Der »sozialistische Realismus«, 1934 auf dem 1. Unionskongreß der Sowjetschriftsteller in Moskau propagiert und erläutert, fußt auf den Theorien von Karl Marx, Friedrich Engels und neueren Kunstkritikern, nach denen die Lit. in den bestimmenden Zusammenhang der kommunistischen Umgestaltung der Gesellschaft tritt. Nach Lenin darf die Lit. »keine von der allgemeinen Sache des Proletariats unabhängige, individuelle Angelegenheit« sein; sie muß bewußte »Parteilichkeit« üben. Der sozialistische Realismus kritisierte am Expressionismus die »Ratlosigkeit einer wurzellosen und zersetzten bürgerlichen

Existenz« (Georg Lukács) und am Ästhetizismus die untergehende bürgerliche Kultur, die Dekadenz. Als Hauptvertreter proletarisch-revolutionärer Dg. in Dld. gelten Johannes R. Becher, Erich Weinert, Willi Bredel, Hans Marchwitza, Adam Scharrer, Ludwig Turek, Alfred Kurella, Friedrich Wolf, Bert Brecht, Gustav v. Wangenheim, Ernst Toller.

Die politische Polarisierung am Ende der zwanziger Jahre wurde besonders deutlich bei den Streitigkeiten innerhalb der 1926 gegründeten Sektion für Dichtkunst in der Preußischen Akademie der Künste.
Den politischen Ereignissen des Jahres 1933 (Hitlers Ernennung zum dt. Reichskanzler am 30. Januar, »Machtergreifung« durch ihn und die NSDAP, Verbot bzw. Auflösung der sonstigen bisherigen Parteien, Beseitigung der Gewerkschaften, »Gleichschaltung« des gesellschaftlichen Lebens u. a.) folgten Maßnahmen, Verordnungen, Gesetze, die von der dt.-sprachigen Lit. zunächst die Lit. in Dld. selbst, außerdem vor allem – seit 1938 – die Lit. in Österreich grundlegend veränderten Bedingungen unterwarfen.

Auf Grund einer »Schwarzen Liste«, die im April erstmals in der Presse erschien und 44 dt.-sprachige Schriftsteller (Brecht, Döblin, Heinrich Mann, Schnitzler, Toller, Arnold Zweig, Stefan Zweig u. a.) enthielt, begann eine »Säuberung« der Bibliotheken und Buchhandlungen von »unerwünschten« Autoren. Durch das »Reichskulturkammergesetz« wurde es als Aufgabe des Staates erklärt, »innerhalb der Kultur schädliche Kräfte zu bekämpfen und wertvolle zu fördern, und zwar nach dem Maßstab des Verantwortungsbewußtseins für die nationale Gemeinschaft«. In der Reichsschrifttumskammer, einer der für die verschiedenen künstlerischen Berufszweige gebildeten Unterabteilungen der Reichskulturkammer, wurden sämtliche Personen, die Herstellung und Verbreitung von Lit. betrieben, zwangsweise zusammengefaßt. Die Mitgliedschaft in der Reichsschrifttumskammer war demnach unerläßlich für alle, die eine schriftstellerische Tätigkeit ständig und mit einem wesentlichen Teil ihrer Arbeitskraft ausübten. Da bei der Aufnahme in die RSK der Nachweis der sogenannten arischen Abstammung verlangt wurde, waren jüdische Schriftsteller grundsätzlich aus der Kammer ausgeschlossen. Als oberster staatlicher »Lenkungsapparat« für Lit. fungierte die Abteilung Schrifttum in dem neugebildeten Reichsministerium für Volksaufklärung und Propaganda. Da parteiamtliche Lenkungsämter, die äußerlich von der Ministerialabteilung getrennt waren, vielfach über ihren Zuständigkeitsbereich hinausstrebten, sind auch innerhalb der NS-Lit.-Politik Machtkämpfe ausgetragen und in Einzelfragen unterschiedliche Standpunkte eingenommen worden. Die Lenkung der Lit. erfolgte mittels der erwähnten Einheits- und Zwangsorganisation, durch Steuerung der Buchproduktion und des Buchhandels, der Volksbüchereien u. ä., durch Werbung in der »Woche des dt. Buches«, durch öffentliche Preisverleihungen, durch Staatszensur und Parteigutachten (Dietrich Strothmann). Die Buchkritik der Publizistik früherer Zeit wurde 1936 verboten und von einer würdigenden Berichterstattung durch die der Reichspressekammer unterstehenden »Kunstschriftleiter« abgelöst.

Die durch den Nationalsozialismus direkt oder indirekt ausgebürgerte dt.-sprachige Lit., die also im Ausland erscheinen mußte und die dem dt. Publikum in der Regel nicht zugänglich war, wird als dt. Lit. im Exil bezeichnet. Zu ihren Autoren gehören Deutsche, Österreicher, dt.-

schreibende Tschechoslowaken, Ungarn, Schweizer, Amerikaner sowie einige Autoren, die zwar nicht emigrieren mußten, deren Werke aber nach 1933 bzw. 1938 nur außerhalb ihrer Heimatländer verbreitet werden konnten. Erste Zentren der dt. Lit. im Exil waren Wien (bis 1938), Prag, Amsterdam, Paris, Moskau, die Schweiz, Skandinavien, spätere Palästina, USA, Argentinien, Chile, Brasilien, Mexiko (Hildegard Brenner). Die entsprechend ihrem vorherigen Status unterschiedliche Situation der Emigranten war gekennzeichnet durch die Verpflanzung in ein fremdes Sprachgebiet und die Unsicherheit des Publikums- und Abnehmerkreises.

Die Begriffe »Innere Emigration« und »Emigration nach Innen« sind hinsichtlich ihrer wissenschaftlichen Brauchbarkeit und Interpretation umstritten. Der Ausdruck »Innere Emigration« wurde wahrscheinlich Ende 1933 durch Frank Thiess in einem Protestbrief gegen die Verbrennung zweier seiner Bücher erstmalig schriftlich fixiert. Thomas Mann unterschied 1938 »die Deutschen der inneren und äußeren Emigration«. »Innere« und »äußere« Emigration standen in den Offenen Briefen zur Erörterung, die 1945 und 1946 in der neuen, von den Militärregierungen geleiteten dt. Presse erschienen. Hauptsprecher waren dabei Walter v. Molo und Frank Thiess einerseits, Thomas Mann andererseits. »Emigration nach Innen« wurde nach 1945 auch von Unberechtigten als Alibi in Anspruch genommen. Das »Bemühen, innere Emigration und geistigen Widerstand auf ein und dieselbe Stufe zu stellen, kann nicht unwidersprochen hingenommen werden« (Ernst Loewy). »Innere Emigration« wurde – unter Begrenzung auf wenige Schriftsteller – definiert als »untrennbare Verbindung von Oppositionsgeist und ... Distanzierung von der nationalsozialistischen Herrschaft« (Herbert Wiesner).

Als produktive Selbsthilfe, um der sozialen Not der plötzlich arbeitslos gewordenen jüdischen Künstler zu steuern, wurde im Sommer 1933 in Berlin der »Kulturbund Deutscher Juden« gegründet, dessen Vorstand Dr. Kurt Singer, Julius Bab u. a. angehörten. Nach dem Beispiel des staatlich überwachten Berliner Jüdischen Kulturbundes, dessen Veranstaltungen nur Juden gegen Ausweis zugänglich waren, begannen sich Kulturbünde z. B. in Köln, Frankfurt/M., Hamburg zu formen. Der »Reichsverband der Jüdischen Kulturbünde in Dld.« wurde 1935 der allein gestattete organisatorische Zusammenschluß aller jüdischen Kulturorganisationen. Die Kulturbünde der Jahre 1933–1938 (in eingeschränktem Maße wirkten sie bis 1941) unterhielten Schauspielensembles, eine Oper, Symphonieorchester, Chöre u. a. und veranstalteten auch Vorträge und Kunstausstellungen. Über 2000 Künstler und vortragende Dozenten waren zusammengefaßt, und fast 70000 Menschen in etwa 100 Städten bildeten das Publikum, »der größte freiwillige Zusammenschluß von Juden in Deutschland ... ein moralisches Reservoir ... Zentrum des geistigen Widerstandes« (Herbert Freeden). Die Zss. und regionalen Mitteilungsblätter gelten als Lit. der Inneren Emigration (Herbert Wiesner).

Von ausländischer Dg. wurden für die Entwicklung der dt. Lit. besonders zwei umfangreiche R.-Werke entscheidend, die im Original und in Übss. seit der Mitte der zwanziger Jahre wirksam werden konnten, deren Einfluß jedoch innerhalb Dld.s von 1933–1945 unterbunden wurde: Marcel Prousts (1871–1922) *Suche nach der verlorenen Zeit* (entst. seit 1906, ersch. 1913–1927; dt. Übs. seit 1926) und des Iren James Joyce (1882 bis 1941) *Ulysses* (entst. 1914–1921, ersch. 1922; dt. Übs. 1927). Beide sind beeinflußt von dem durch Henri Bergson (1858–1941) im Gegensatz zu den Naturwissenschaften entwickelten Begriff der eigentlichen, der gelebten Zeit, der »durée réelle«. Prousts vielbändiges Romanwerk führte die unerlöst im Menschen verbliebene Vergangenheit durch die Kräfte des Erinnerns wieder zur Belebung. Es zertrümmerte die chronologische Zeitfolge, erreichte Simultaneität des Vergangenen und Gegenwärtigen. Bei Joyce rückt der zuerst von Edouard Dujardin (*Les Lauriers sont coupés* 1888) erprobte, aber erst durch *Ulysses* populär gewordene »innere Monolog« mit seiner Assoziationstechnik Gegenwärtiges und Vergangenes in eine Ebene; er dient nicht nur der Darstellung des neuen Zeitbegriffs, sondern auch der Aufdeckung der durch die Psychoanalyse erfaßten Welt des unbewußten Trieblebens. Der Mensch erscheint ohne Mitte, nur als exemplarischer Typ einer modernen Lebenshaltung.

Illusionslose Härte bei der Enthüllung des menschlichen Seelenlebens ist auch bezeichnend für eine Anzahl amerikanischer Schriftsteller, deren Wirkung z.T. schon vor 1933, im wesentlichen aber erst nach 1945 spürbar wurde. Der von Joyce beeinflußte John Dos Passos (1896–1970) gab mit *Manhattan Transfer* (1925; dt. 1929), einem Querschnitt durch New York, ein Vorbild für die Darstellung der modernen Großstadt; in *Manhattan Transfer* und der R.-Trilogie *USA* (1930, 1932, 1936) war mit der Behandlung der Zeit und der Handhabung der Erzählperspektive, mit dem Montagestil unter Einbau von zeitgenössischen Schlagzeilen und Slogans die Technik des neuen R. voll ausgeprägt. Bezeichnend für das »understatement« wurde Ernest Hemingway (1898–1961), vor allem mit dem Weltkriegsroman *A Farewell to Arms* (1929; dt. *In einem anderen Land,* 1930), dem R. aus dem Spanischen Bürgerkrieg *For Whom the Bell Tolls* (1940; dt. *Wem die Stunde schlägt,* 1941) und *The Old Man and the Sea* (1952; dt. 1952, 1958). Auch die Romane des Engländers Joseph Conrad (1857–1924) haben durch ihre die Erzählperspektive wechselnde »Standpunkttechnik« auf die Struktur des R. eingewirkt.

Schonungslosigkeit in der Darstellung menschlicher Schwächen und Laster kennzeichnet auch die neuere religiöse Lit. Unter den Vertretern des Renouveau catholique ist als erster Léon Bloy (1846–1917) vor allem mit *La femme pauvre* (1897; dt. *Die Armut und die Gier,* 1950) zu nennen, dann Paul Claudels (1868–1955) mystische Märtyrerdrr. (*L'Annonce faite à Marie,* 1912; dt. *Verkündigung,* 1912; *Le soulier de satin,* 1929; dt. *Der seidene Schuh,* 1939) und Georges Bernanos' (1888 bis 1948) Priester-Rr. (*Le soleil de Satan,* 1926; dt. *Die Sonne Satans,* 1927; *Journal d'un Curé de campagne,* 1936; dt. *Tagebuch eines Landpfarrers,* 1936). Zu den wirksamsten Vertretern der katholischen Lit. gehört auch der Engländer Graham Greene (1904–1991), der in seinen Rr. alle Mittel moderner Erzähltechnik einsetzte (*The Power and the Glory,* 1940; dt. *Die Kraft und die Herrlichkeit,* 1948; *The Heart of the Matter,* 1948; dt. *Das Herz aller Dinge,* 1949). Eine dem Renouveau catholique verwandte Wirkung ging von den Vers-Drr. des der engl. Hochkirche angehörenden T. S. Eliot aus (1888–1965), der mit *The Rock* (1934), *Murder in the Cathedral* (1935; dt. 1946) und *Family Reunion* (1939; dt. *Der Familientag,* 1947) eine Erneuerung der Tr. aus dem Geist des Christentums anstrebte.

Die Lit. des dt. sozialistischen Realismus nahm sich die realistische Darstellung des Bauern- und Arbeiterlebens und der sozialistischen Revolution durch sowjetische Schriftsteller zum Vorbild: Aleksandr Serafimowitsch (1863–1949) mit *Der eiserne Strom* (1924), Maxim Gorkij (1868–1936) mit *Nachtasyl* (Dr., 1905) und *Die Mütter* (1907), Aleksej Tolstoj (1883–1945) mit *Der Leidensweg* (1920–1922) und *Das Brot* (1938), Fjodor Gladkow (1883–1958) mit *Zement* (1924), K. A. Fedin (1892 bis 1977) mit *Die Brüder* (1928), Aleksandr Fadejew (1901–1956) mit *Vernichtung* (1926) und *Die junge Garde* (1949), Michail Scholochow (1905–1984) mit dem großen R. *Der stille Don* (1925–1935) und in der Lyrik die monumentale Verskunst Wladimir Majakowskijs (1893–1930).

Das Bemühen um die Aneignung und Sichtbarmachung eines neuen Wirklichkeits- und Weltbildes führte zum Zurücktreten der Fabel und der Stimmung hinter der Reflexion. So konnte festgestellt werden, daß die moderne Lit. eine »säkularisierte religiöse Thematik« (Günter Blöcker) habe und daß sie »ganz bewußt einen Teil der metaphysischen Arbeit, die z. B. im 19. Jh. von der philosophischen Systematik geleistet wurde, übernommen hat und in bestimmten Grenzfällen gleichsam als implizite Metaphysik aufgefaßt werden kann« (Max Bense). Als Folge davon verlor die Qualitätsfrage oft an Bedeutung, Klassizität und Vollendung wirkten als Flucht vor der gedanklichen Bewältigung der Zeit- und Seinsfragen. Die denkerische Überwindung des Zerfalls, der sich keine Realität als Stütze bietet, führte zum inhaltlichen wie formalen Experiment, zur Zerstörung und Verzerrung der Sinnenwelt, zur bewußten Zuspitzung von Gestalten und Ereignissen zum Modell, zur Formel, zur Allegorie, zur Erweiterung des Bewußtseins- und Erlebnishorizontes ins Unbewußte und Überwirkliche, zur Gestaltung eines neuen Mythus. Mit dieser aus dem Expressionismus herrührenden Neigung zur Abstraktion trat die moderne Lit. in ein »Zeitalter der Utopie« (Fritz Martini).

Bemerkenswert sind die Gestaltung politischer oder wissenschaftlicher Utopien (Hesse, Werfel, Jünger, Heinrich Mann) und der Rückgriff auf das Mythisch-Archaische (Thomas Mann), im Bereich der christlichen Dichtung als Mythisierung des teuflischen Prinzips (Langgässer). Während hinter dem Bild des zukünftigen Menschen die Geschichte als lit. Thema zurücktrat, wurde sie für den christlichen Autor gerade der Stoff, an dem sich das Wirken Gottes und der Bezug des Menschen auf das Transzendente sichtbar machen ließ (Gertrud von Le Fort, Reinhold Schneider, Jochen Klepper, Edzard Schaper, Werner Bergengruen). Auch die Lit. des sozialistischen Realismus griff mit ihrer Forderung nach einer in der Dg. sichtbar zu machenden »Perspektive« – die Ansicht des Autors über »die zukünftige Entwicklung der in seinem Werk angelegten Wirklichkeit, insbesondere der darin geschilderten Menschen« (Horst Haase) – über den Rahmen des Gegenwärtigen und Gegebenen hinaus, wobei sie sich auf den wissenschaftlichen Charakter des dialektischen Materialismus stützte, der der Zukunft sicher ist, und sich von der idealistischen und utopischen vorsozialistischen Lit. distanzierte. Das »Hinausweisen« über die bestehende Gesellschaft wurde als Kriterium des sozialistischen Realismus bezeichnet (Hans Kaufmann), der seinen Realismus-Begriff nicht als Stilkriterium und seine »Abbild-Theorie« historisch-dialektisch begriffen wissen will.

Der Mensch in der Lit. dieser Epoche wurde Modellfigur, ein exemplarischer Fall, sei es der Ausgesetztheit und Unsicherheit (Thomas Mann, Kafka, Musil, Broch), sei es des kämpferischen Proletariats (Brecht), sei es der Geborgenheit in Gott (Gertrud von Le Fort, Reinhold Schneider). Die Handlung wurde Gleichnis, Parabel.

Die Überzeugung, daß das Wirkliche der Kunst jenseits der dinglichen Erscheinung liege, äußerte sich in dem Bestreben, das Mehrschichtige der Dinge zu treffen, außer der Erscheinung das hinter ihr Verborgene, die Transparenz, sichtbar zu machen, außer dem Augenblicklichen das Vergangene und Zukünftige, außer dem Statischen die Bewegung darzustellen. Der chronologische und psychologische Zusammenhang wurde aufgelöst, eine andersartige Verknüpfung durch Assoziation, Präfiguration und durch Ein- und Überblendung sowie durch Montage hergestellt und so die Simultaneität zeitlich und örtlich auseinanderliegender Geschehnisse erreicht. Die epische wie die dramatische Objektivität wurde zerstört (Döblin, Brecht), die Scheidung von Subjekt- und Objekt-Sphäre verwischt (Kafka, Broch), das Reale mit dem Irrealen verschmolzen, der innere Monolog, der Traum, die Vision nicht von der Darstellung der sinnlichen Welt abgesetzt. Der Dichter greift einerseits durch Kommentar, Zitat, Verweis, Essay in das Kunstwerk ein, andererseits verbirgt er sich hinter schillernder Ironie (Thomas Mann, Musil) und distanzierenden Erzählerfiguren (Thomas Mann).

In der Sprache machte sich die Schwierigkeit, die Seinsvorstellung und den künstlerischen Ausdruck zur Deckung zu bringen, besonders bemerkbar. Vom Naturalismus wirkten die Neigung zur Präzision und die Verwendung der Alltagssprache nach; die esoterische Haltung der expressiven Sprache hatte die Grenzen des Wortes deutlich gemacht, die in seinem Mitteilungscharakter liegen, es blieb jedoch das Recht auf »Freiheit der Benennung«, das Bewußtsein, daß der Dichter »vom Wort her die Welt neu machen« kann (Max Bense), also die Tendenz zur Stilisierung, Verknappung, Ballung im Sinne von Andeutung, Distanz, Untertreibung (»understatement«). Die Methode der »Unterkühlung«, des »Verfremdungs-Effekts« (Brecht) oder der »Technik des Entzugs« (Ernst Jünger) läßt den Dichter als einen klugen und gebildeten Artisten, als Essayisten oder als bewußten Vorkämpfer einer Weltanschauung erscheinen. Die Beherrschung des Handwerks gewann höheren Rang als die Inspiration; in der Lit. des sozialistischen Realismus wurde die »Spontaneität« und »Mystifizierung« des künstlerischen Schaffens abgelehnt.

Diesem Verhältnis des Schöpfers zu seinem Werk entspricht der sich auf die ästhetischen Prinzipien und die Technik des Gestaltens auswirkende Zug zum Experimentellen. Nach Entleerung und Zertrümmerung der alten Formen entstanden neue, mit denen meist, da die gattungsbegrenzten Ausdrucksmöglichkeiten nicht hinreichten, die Gattungsgrenzen überschritten und verwischt wurden. Zu besonderer Geltung gelangten Essay, Skizze, Tatsachenbericht, Reportage, Brief und Tagebuch, die teils an die Stelle früher bevorzugter Gattungen traten, teils in sie eindrangen. Die Kleinformen erwiesen besonders in engagierter Lit. erneut ihre Zweckmäßigkeit für einprägsame Belehrung. Besondere Bedeutung hatten die »operativen, zum direkt Tendenziösen neigenden Genres« (Hans Günther Thalheim) in der Lit. des sozialistischen Realismus, wo sie nicht nur »als Vorarbeiten im Prozeß der künstlerischen Aneignung« (Horst Ekkert) der sozialistischen Wirklichkeit und als Vorbereitung zur großen Form angesehen, sondern auch wegen ihrer unmittelbaren Wirkung geschätzt wurden. »Die kleine Form gestattet ein direktes Sichengagieren im Kampf« (Brecht).

Die operativen Genres des sozialistischen Realismus beruhten auf einer in das letzte Viertel des 19. Jh. und die Kalendergeschichten und Erlebnisberichte der Unterhaltungsblätter und Parteikalender zurückreichenden Tradition, die Ende der zwanziger Jahre mit dem Reportagestil von Willi Bredel, Hans Marchwitza, Adam Scharrer aufgenommen wurde.

Der R. stieg zur wichtigsten und besonders umstrittenen Lit.-Gattung auf. Die zwanziger Jahre wurden beherrscht von der Diskussion um eine »Krise des R.«, dessen »Entfabelung« angestrebt und dem verschiedentlich das »Epos« als wünschenswerte Großform entgegengestellt wurde (Alfred Döblin: *Reform des R.* 1919; *Bau des epischen Werks* 1929; Otto Flake, *Krise des R.* 1922; Walter Benjamin, *Krisis des R.* 1930; Robert Musil, *Aufzeichnungen zur Krisis des R.* 1931). In der Zeit nach 1933 bot der hist. R. für emigrierte wie in Dld. gebliebene Autoren einen viel genutzten Freiraum.

Soweit der R. den aus seinem Kontakt mit der Umwelt gelösten, denaturierten, ambivalenten Menschen zeigt, sind die Charaktere auf Typen reduziert, die als »Niemand- oder Jedermann-Gestalten« (Bernhard Rang) erscheinen und der Handlung einen parabolischen Wert geben. Die geistige und soziale Vereinzelung solcher Gestalten äußert sich in ihrem Monologisieren.

Das Bemühen des R.-Autors, diesem Monologischen und den verschiedenen Bewußtseinsschichten gerecht zu werden und zugleich die vieldimensionale Wirklichkeit einzufangen, führte zu einer bewußteren Handhabung der Erzählerperspektive, die daher eine bedeutsame Rolle bei der Strukturanalyse der betreffenden Rr. zu spielen begann. Der im realistischen R. des 19. Jh. vorherrschende allwissende »olympische« Erzähler war weitgehend aufgegeben. Da der Autor der Wahrheit nur in unendlichen Brechungen habhaft zu werden glaubte, wechselte er die Perspektive durch verschiedene erzählende Personen oder brach die Perspektive durch einen zwischengeschobenen Erzähler (Thomas Mann). Entscheidend wurde die Ausschaltung des Erzählers durch den sog. inneren Monolog (Stream of Consciousness) bei Joyce oder die »Einsinnigkeit des Erzählens« (Friedrich Beißner), die Erzählung aus dem Erlebnishorizont des Helden, bei Kafka. Mit der Neuartigkeit der Perspektive ergab sich ein neues Verhältnis der Erzählkategorien (Szene, Bericht, Beschreibung, Kommentar) zueinander. Dem Monologisieren entsprach das Eindringen des Essays und des Tagebuchs in den R., dem Bestreben nach Bewältigung der Realität der dokumentarische Bericht und der Dialog. Die Montage verschiedenartiger Darbietungsweisen löste das gleichmäßig dahinströmende Fabulieren ab.

Weitere charakteristische Strukturelemente zahlreicher Rr. wurden – teilweise unter Einfluß der erwähnten ausländischen – die Behandlung der Zeit, das Spannungsverhältnis zwischen erzählter Zeit und gelebter Zeit, die Aufhebung des raumgebundenen Erlebens und des chronologischen Berichts durch Simultaneität, der Verzicht auf episches Verweilen, die auch bei Film- und Rundfunk übliche Technik der Raffung und Ineinanderschiebung von Szenen, die Steigerung bis zu lyrischer Aussage.

Im Gegensatz zum R. trat die Nov., die nicht simultane Wiedergabe eines Weltganzen, sondern Konzentration aus einer überlegenen Sicht erstrebt, zurück. Im Bereich eines geschlossenen Weltbildes wie der christlichen Lit. erlangte die »einmalige Begebenheit«, sonst ein unzeitgemäßes Thema, Sinnbildhaftigkeit; ihr blieb auch der hist. Stoff gemäß (Gertrud von Le Fort, Bergengruen, Andres).

Die Versachlichung, die im zweiten Viertel des 20. Jh. einsetzte, nahm der Lyrik die bevorzugte Stellung, die sie bei der expressionistischen Generation gehabt hatte. Bemerkenswerte Weiterentwicklungen vollzogen sich in der Natur- und Landschaftslyrik (Lehmann, Loerke, Huchel) und der sogenannten Gebrauchslyrik mit ihrer volkstümlich-saloppen, nüchtern-ironischen Sprache (Erich Kästner). Stilmittel wie Vers, Strophe, Reim wurden anerkannt und verwendet. Die Rückgewinnung anspruchsvoller geschlossener Formen (Weinheber, Weiß) ist auch bei Benn feststellbar. Wegen ihrer Eignung als Kommunikationsmittel wurden zu politischem Aufruf die kleinen, schlichten Formen verwendet: Bauernspruch und Kalendervers, Song und Shanty, Marschlied, Sprechchor. Die Kabarettballade setzte die auf Wedekind, Morgenstern und den Expressionismus rückleitbare Entwicklung mit verstärkter Zeitnähe und Zeitkritik fort. Durch Walter Mehring (1896–1981) erhielt die Songballade oder der Balladensong (*Ketzerbrevier,* 1921; *Die Gedichte, Lieder und Chansons,* 1929) besondere Aggressivität, Rhythmik und Aussagekraft des Refrains. Weitere Vertreter der Gattung waren Klabund (1890–1928), Joachim Ringelnatz (1883–1934); Kurt Tucholsky (1890–1935), Erich Weinert (1890–1953) sowie vor allem Bert Brecht (*Hauspostille,* 1927).

Bis auf die Lyrik gehört die während der NS-Herrschaft exemplarisch herausgestellte Lit. ihrer Entstehung nach überwiegend schon dem vorausgegangenen Jahrzehnt an. Dies gilt vor allem für Bücher, in denen die Bewährung im »Feuer und Blut der Materialschlacht«, der »Frontgeist« und die »Kameradschaft« verherrlicht und Gegenentwürfe zu den Werken von Remarque, Renn, Arnold Zweig versucht wurden, und für eine bestimmte Art von Heimat-Dg., deren antiintellektuelles Bekenntnis zum Organisch-Gewachsenen und Elementaren schließlich in »Blut-und-Boden«-Lit. ausartete.

In der NS-Lit. vollzog sich eine Verengung des Motivbestandes »auf eine kleine Zahl immer wiederkehrender Bilder und Symbole, die indessen kompensiert wurde durch die Häufigkeit, mit der man sie verwandte« (Ernst Loewy). Als Vorbild und Wegbereiter galten der NS-Lyrik einerseits Volkslied, Soldatenlied und Spruch, anderseits Hölderlin und Stefan George (*Das Neue Reich*). Das Vokabular beherrschten germanisierende Wörter, Glut- und Feuermetaphern, Trommeln und Fanfaren, Schwerter, Banner, Fahnen, Erde, Scholle, Art, Stamm und Blut, aus religiösem Bereich bezogene Wörter wie Weihe, Sendung, Heil, Glaube, Dom, Altar sowie schließlich die Wörter Führer, Führertum, das Reich. Soweit diese Lyrik weniger für besinnliche Einzelleser als für gemeinschaftliche Feiern und Aufmärsche gedacht war, hatte sie eine Appellform mit überindividuellem Grundzug (Albrecht Schöne).

Das Dr. verlor die führende Stellung, die es am Anfang der 20er Jahre einnahm. Der Expressionismus, der die Dramaturgie und Inszenierungsweise des Illusionstheaters zerstört hatte, hinterließ die Neigung zur offenen, reihenden Form nach dem Vorbild Shakespeares, des Sturm und Drang, Büchners, und die Erkenntnis, daß das Theater nicht Scheinwirklichkeit, sondern Deutung ist. Ältere Gattungen (Moralität, Parabelspiel, Mysterienspiel, Allegorie) erwiesen sich in diesem Zusammenhang als wiederbelebbar. Die Besinnung auf die Strukturmöglichkeiten des Dr. eröffnete neue Mittel zur Überwindung der Einschichtigkeit des Sinnlich-Faßbaren sowie zur Sichtbarmachung des Gleichzeitigen und Gegensätzlichen. Der im R. weitgehend verbannte »allwissende« Erzähler übernahm im Dr. die Aufgabe, den Dialog nach dem Gedachten und Gefühlten hin zu ergänzen, der Handlung die Breite des Lebensbildes zu geben und die gezeigten Vorgänge in geschichtliche, soziologische und weltanschauliche Zusammenhänge einzuordnen.

Die neue Sachlichkeit nach der expressionistischen Ekstase wirkte sich in der Wahl historischer oder gegenwärtig-volkstümlicher Stoffe aus, und die Konkretisierung der politischen Ideen erfolgte in Theaterstücken mit sozialer, öffentlich-moralischer, revolutionärer Thematik. Bert Brecht, der in *Leben König Eduards* (1924) und in der *Dreigroschenoper* (1928) das Lehrhafte noch im Gewande des von ihm bekämpften »Kulinarischen« geboten hatte, bediente sich in der Periode der *Lehrstücke* (1929–1938) der auch von anderen Dramatikern des sozialistischen Realismus benutzten Möglichkeiten des »Agitprop theaters« und stieß schließlich zu Parabelstücken vor, die den exemplarischen Fall ins Überzeitliche erhoben.

Bert Brechts Theorie des epischen Theaters ist in mehreren Schriften niedergelegt: *Anmerkungen zur Dreigroschenoper* (1931) und *Anmerkungen zur Oper Mahagonny* (1931) sowie *Kleines Organon für das Theater* (1948). Der Erzähler, die Rahmenhandlung, Theater auf dem Theater, kommentierende Spruchbänder und andere epische Mittel dienten, genau wie die Einführung von Songs und lyrisch gesteigerten Monologpartien ad spectatores, zur Erreichung des Verfremdungseffektes (V-Effekt). Die Verfremdung, d. h. die Mittelbarkeit zwischen dargestellter Handlung und Publikum – ein in Beziehung zur Hegelschen Ästhetik stehender Begriff (Max Bense), überwindet nach Brecht den Illusionscharakter des Theaters und macht es frei für erzieherische, politische Wirksamkeit. Der Schauspieler verwandelt sich nicht restlos, er »zeigt«, er fordert den Zuschauer zur Kritik auf, bringt ihn zur Aktion.

Sowohl dramaturgisch als auch ideologisch ist die zwischen 1933 und 1945 geförderte Dramatik nicht ohne Zusammenhang mit Vorläufern und schon früher entstandenen Konzeptionen. Das als Theatralisierung der immer wieder beschworenen Volksgemeinschaft emphatisch begrüßte politische Freilichtspiel (Richard Euringer *Deutsche Passion 1933,* 1933) und die ihm allenthalben errichteten Spielstätten erfüllten die daran geknüpften Erwartungen so wenig, daß auch das für die Olympiade 1936 geschriebene und auf der eigens erbauten Bühne am Olympiastadion in Berlin aufgeführte *Frankenburger Würfelspiel* von Eberhard Wolfgang Möller nicht der offiziellen Abkehr ausgenommen wurde. Auf Paul Ernst und Ernst Bacmeister (*Der deutsche Typus der Tragödie,* 1943) weist der Gegenpol einer strengen Tragödienform zurück, deren Inhalt zunehmend mit dem Kriegsgeschehen zu korrespondieren hatte (Curt Langenbeck, *Das Schwert,* 1940; Eberhard Wolfgang Möller, *Das Opfer,* 1941).

Wie die Kabarettballade und der Song diente auch die dram. Kleinkunst der Zeitkritik. Einakter und Sketch hatten in den seit Beginn des Jh.s bis 1933 immer wieder aufblühenden, allerdings meist kurzlebigen Kabaretts eine Heimstatt. Die hervorragende Rolle Berlins zeigt sich in den Gründungen von *Das politische Cabaret* (Walter Mehring, 1920), *Größenwahn* (1920), *Das Kabarett der Komiker* (Kurt Robitschek, 1924) und *Die Katakombe* (Werner Finck, Ursula Herking, 1929). In München ragte der Komiker Karl Valentin (1882–1948) mit seinen schon das absurde Theater andeutenden Sketchen hervor.

Das Hörsp. entwickelte sich aus Schauspielen, die seit 1924 im Hörfunk übertragen wurden. Um die fehlende optische Dimension zu ersetzen, versuchte der Autor, den Hörer durch die ausgestrahlte Sprache zum Erlebnis innerer Bilder anzuregen. Die Geräuschkulissen wurden von sparsam verwendeten akustischen Symbolen abgelöst. Als technisches Hilfsmittel zur Überbrückung räumlicher und zeitlicher Entfernungen diente die Blende.

Dt.-sprachige lit. Zss., die außer den in anderen Kapiteln genannten im zweiten Viertel des 20. Jh. – zum Teil als dt. Lit. im Exil – erschienen:

Die Literatur (1898–1923 als *Das lit. Echo*), bis 1933 hgg. Ernst Heilborn, bis 1942 hgg. Wilhelm Emanuel Süskind.

Die schöne Literatur (seit 1931 *Die neue Literatur*) 1923–1943, hgg. Will Vesper.

Die literarische Welt 1925–1934, hgg. Willy Haas; fortgeführt 1934–1941 als *Das dt. Wort,* hgg. Margarete Kurlbaum-Siebert und Hans Bott.

Die Linkskurve 1929–1932, im Auftrage des »Bundes proletarisch-revolutionärer Schriftsteller« hgg. Johannes R. Becher, Andor Gabor, Kurt Kläber, Hans Marchwitza, Erich Weinert u. Ludwig Renn.

Corona 1930–1943, hgg. Martin Bodmer (bis 1943) u. Herbert Steiner (bis 1939), 1943 Alexander von Müller u. Bernt von Heiseler.

Die Neue Rundschau (vgl. das Kap. »Naturalismus«) ersch. bis 1944 in Berlin, 1945 bis 1948 in Stockholm, 1948–1949 in Amsterdam, seit 1950 in Frankfurt/Main, 1950 hgg. Gottfried Bermann Fischer, Peter Suhrkamp, 1951–1962 hgg. Gottfried

Bermann Fischer, seit 1963 hgg. Golo Mann, Herbert Heckmann, (bis 1969) Harry Pross, Gottfried Bermann Fischer, Rudolf Hartung und (seit 1970) Peter Härtling.

Die Sammlung 1933–1935 ersch. in Amsterdam, hgg. Klaus Mann.

Neue dt. Blätter 1933–1935 ersch. in Prag, hgg. Oskar Maria Graf, Wieland Herzfelde u. Anna Seghers.

Das Wort 1936–1939 ersch. in Moskau, hgg. Bert Brecht, Lion Feuchtwanger u. Willi Bredel; seit 1939 verbunden mit der dt. Ausg. (seit 1937 mit dem Titel *Dt. Blätter*) der *Internationalen Literatur* (1931–1945 ersch. in Moskau), hgg. Johannes R. Becher u. a.

Maß und Wert 1937–1940 ersch. in Zürich, hgg. Thomas Mann u. Konrad Falke.

Freies Deutschland 1941–1946 ersch. in Mexiko.

Orient 1942–1943 ersch. in Haifa.

Deutsche Blätter 1943–1946 ersch. in Santiago de Chile, hgg. Udo Rusker u. Albert Theile.

Die wichtigsten Autoren:

Benn, Gottfried (vgl. S. 538).

Bergengruen, Werner, geb. 1892 in Riga. Stud. in Marburg, München und Berlin. Nach dem Ersten Weltkrieg Journalist, seit 1924 freier Schriftsteller in Solln bei München, seit 1946 in Zürich, seit 1958 in Baden-Baden. Gest. 1964 ebd.

Brecht, Bert(olt), geb. 1898 in Augsburg. 1917–1921 stud. med. in München. Erhielt 1922 für *Trommeln in der Nacht* den Kleistpreis. 1923 Dramaturg an den Münchener Kammerspielen, 1924–1926 Dramaturg am Deutschen Theater in Berlin, dann freier Schriftsteller ebd. 1933 Emigration nach der Schweiz, dann nach Dänemark. 1935 Ausbürgerung. 1939 nach Schweden, 1940 nach Finnland, 1941 über die UdSSR nach USA, wo B. in Santa Monica bei Hollywood lebte. 1947 nach Zürich, 1948 nach Berlin(-Ost bzw. DDR). 1949 Gründung des Berliner Ensembles. 1950 Erwerb der österreichischen Staatsangehörigkeit. Gest. 1956 in Berlin (-Ost).

Broch, Hermann, geb. 1886 in Wien. Stud. Mathematik und Philosophie, war bis 1928 Direktor eines Industriekonzerns in Wien, 1928–1931 erneutes Studium, 1938 Emigration nach den USA, dort Beschäftigung mit Massenpsychologie. Gest. 1951 in New Haven.

Carossa, Hans, geb. 1878 in Tölz als Sohn eines Arztes. Stud. med. in München, Würzburg und Leipzig. Seit 1903 Arzt in Passau, dann in Nürnberg, München, Seestetten/Donau und zuletzt als freier Schriftsteller in Rittsteig bei Passau. Gest. 1956 ebd.

Doderer, Heimito von, geb. 1896 in Weidlingen/Niederösterreich, wuchs in Wien auf. Als Offizier im Ersten Weltkrieg, 1916 Kriegsgefangener, vier Jahre in Sibirien. Nach der Entlassung Studium der Gesch. und Promotion zum Dr. phil. Teilnahme auch am Zweiten Weltkrieg. Seit 1946 wieder in Wien. Gest. 1966 ebd.

Döblin, Alfred (vgl. S. 539).

Huchel, Peter, geb. 1903 in Berlin-Lichterfelde. Stud. Philosophie und Lit. in Berlin, Freiburg/Br. und Wien. Aufenthalt in Frankreich. Seit 1925 freier Schriftsteller, 1928–1971 in Alt-Langerwisch/Mark ansässig. 1940–1945 Soldat, 1945 Gefangenschaft. 1945–1948 künstlerischer Direktor des Berliner Rundfunks, 1949–1962 Chefredakteur der Zs. *Sinn und Form.* Zog 1971 nach Freiburg/Br. Gest. 1981.

Jünger, Ernst, geb. 1895 in Heidelberg als Sohn eines Apothekers. 1914 Kriegsfreiwilliger und bis 1923 Angehöriger der Reichswehr. 1923–1924 Studium der Zoologie. Seit 1925 Mitarbeit bei nationalistischen Zss., bis 1933 in Berlin-Steglitz, Umgang mit Persönlichkeiten des politischen Lebens. 1939 als Hauptmann reaktiviert, während des Krieges meist in Paris beim Stab des Militärbefehlshabers; September 1944 als wehrunwürdig entlassen. Lebt seit 1950, mit Unterbrechung durch große Reisen, in Wilflingen/Württ. 1982 Goethe-Preis der Stadt Frankfurt.

Kafka, Franz, geb. 1883 in Prag. Studierte 1901–1906 Jura in Prag und München. Begann 1907 mit schriftstellerischen Arbeiten. Wurde 1908 Angestellter der Arbeiter-Unfall-Versicherungsanstalt in Prag. 1909 bis 1914 unternahm er verschiedene Auslandsreisen. Seit 1917 tuberkulosekrank. Zog 1923 nach Berlin. Gest. 1924 im Sanatorium Kierling bei Wien.

Kolbenheyer, Erwin Guido, geb. 1878 in Budapest, Stud. der Naturwissenschaften und Philosophie in Berlin, 1905 Dr. phil. Seit dem R. *Amor Dei* (1908) freier Schriftsteller. Lebte nach dem Ersten Weltkriege in Tübingen, seit 1932 in Solln bei München. Gest. 1962 in Gartenberg bei Wolfratshausen/Oberbayern.

Le Fort, Gertrud von, geb. 1876 in Minden als Tochter eines Offiziers. Stud. Religionsphilosophie und Gesch. in Rom und Heidelberg. 1924 Übertritt zum Katholizismus. Seit 1900 schriftstellerisch tätig. Lebte bis 1939 in Baierbrunn bei München, später in Oberstdorf. Gest. 1971.

Mann, Heinrich (vgl. S. 539).

Mann, Thomas, geb. 1875 in Lübeck als Sohn eines Senators, Bruder von Heinrich Mann. Kam 1893 nach dem Tode des Vaters nach München, wo er zunächst in einer Feuerversicherungsanstalt volontierte, dann lit., hist. und kunsthist. Vorlesungen hörte und vorübergehend Redakteur des *Simplizissimus* war. 1895–1897 in Italien. Dann freier Schriftsteller in München. 1929 Nobelpreis für die *Buddenbrooks.* Emigrierte 1933 in die Schweiz, dann nach den USA. Lebte in Kalifornien. Gest. 1955 in Zürich.

Musil, Robert Edler von, geb. 1880 in Klagenfurt als Sohn eines Beamten. 1898–1901 Stud. Maschinenbau Techn. Hochschule Brünn, 1902–1903 Assistent Techn. Hochschule Stuttgart. 1903–1910 in Berlin, wo M. bis 1908 Philosophie und Psychologie studierte und zum Dr. phil. promovierte. 1911–1914 Bibliothekar in Wien. War im Ersten Weltkrieg Offizier und redigierte eine Soldatenzeitung, bis 1922 Angehöriger des Bundesministeriums für Heerwesen. Lebte dann als Schriftsteller bis 1933 in Berlin, bis 1938 in Wien, dann in der Schweiz. Gest. 1942 in Genf.

Seghers, Anna, geb. 1900 in Mainz. Stud. Kunst- und Kulturgesch., Dr. phil. in Heidelberg. 1925 Ehe mit dem ungar. Schriftsteller Laszlo Radvanyi, seit 1926 schriftstellerische Tätigkeit. 1933 Emigration nach Frankreich, 1941 nach Mexiko. Seit 1947 in Berliun (-Ost bzw. DDR), wo sie Vizepräsidentin des Kulturbundes zur demokratischen Erneuerung Dld.s und 1950 Mitglied des Präsidiums des Dt. Schriftstellerverbandes wurde. Gest. 1983.

Seidel, Ina, geb. 1885 in Halle als Tochter eines Arztes. Lebte 1897 bis 1907 in München und nach der Verheiratung mit ihrem Vetter Heinrich Wolfgang Seidel in Berlin, Eberswalde, wieder Berlin. Seit 1934 in Starnberg, gest. 1974 in Ebenhausen bei München.

Werfel, Franz (vgl. S. 540).

Wiechert, Ernst, geb. 1887 in Kleinort/Ostpreußen als Sohn eines Försters. Schulbesuch und Studium in Königsberg, dann Studienrat, seit 1930 in Berlin. Lebte seit 1933 als freier Schriftsteller in Ambach am Starnberger See und auf Hof Gagert bei Wolfratshausen. War während des Sommers 1938 im Konzentrationslager Buchenwald inhaftiert. Siedelte 1948 nach Uerikon/Schweiz über, wo er 1950 starb.

Zuckmayer, Carl, geb. 1896 in Nackenheim/Rhein als Sohn eines Weinhändlers. War im Ersten Weltkrieg Soldat; studierte vorübergehend, lebte seit Anfang der zwanziger Jahre als Schriftsteller in Berlin. Emigrierte 1933 nach Österreich, 1938 in die Schweiz, 1939 nach den USA. Seit 1946 wiederholter Aufenthalt in Europa und seit 1958 Wohnsitz in der Schweiz. Gest. 1977 in Saas-Fee.

Zweig, Arnold, geb. 1887 in Groß-Glogau (Schlesien) als Sohn eines Sattlermeisters. Lebte nach dem Studium als freier Schriftsteller am Starnberger See, seit 1923 in Berlin. Emigrierte 1933 über die Tschechoslowakei, die Schweiz und Frankreich nach Palästina. Seit 1948 in Berlin (-Ost bzw. DDR), wo er 1950–53 Präsident der Dt. Akademie der Künste und 1957 Präsident des Dt. PEN-Zentrums Ost und West wurde. Gest. 1968 ebd.

Zweig, Stefan, (vgl. S. 492).

1922	**Hans Carossa** (Biogr. S. 580): **Eine Kindheit**

R. mit stark autobiographischem Gehalt. Fingiert als Herausgabe von Blättern, die dem Autor im Herbst 1915 »ein Kriegsgenosse« übergeben habe.

Die ersten zehn Lebensjahre eines bayerischen Arztsohnes mit lange in ihm nachwirkenden entscheidenden Erlebnissen.

C.s autobiographische Schriften gestalten die Bewältigung des Lebens unter dem Begriff der Verwandlung. Realität und Zeitlichkeit gesehen mit dem Blick auf das Ewig-Zeitlose. Ziel: »anderen ein Licht auf ihre Bahn zu werfen, indem ich die meinige aufzeigte«. An Goethe, Rilke und Hofmannsthal geschulte Prosa. Lockere Reihung von Einzelerlebnissen. Lyrischer Zug, Gelassenheit und Klanglichkeit der Sprache.

Fortss.: *Verwandlungen einer Jugend* (1928, Verpflanzung aus der Familie in das Internatsleben), *Führung und Geleit* (1933, bis zum Ende des Ersten Weltkrieges), *Das Jahr der schönen Täuschungen* (1941), *Ungleiche Welten* (1951).

1922   Josef Winckler
(1881–1966, Rheine, Moers):
Der tolle Bomberg

R.
Dem westfälischen Baron von Bomberg zugeschriebene und zuerfundene Histörchen, mit denen der reiche Großgrundbesitzer im ausgehenden 19. Jh. sowohl seinen adligen Standesgenossen als auch den Spießbürgern die typischen Streiche eines modernen Vertreters der Schelmenzunft spielte.
Zeugnis einer bodenständigen Fabulierfreude und der Fähigkeit, einer volkstümlichen Figur dauerhafte Wirkung zu verleihen.

1923   Max Mell
(1882–1971, Wien):
Das Apostelspiel

Volkstümliches Sp. 1, in Versen. In *Neue dt. Beiträge*.
Die einfältige Gläubigkeit eines halbwüchsigen Mädchens bringt zwei Verbrecher von einem ruchlosen Vorhaben ab.
Anknüpfung an die steiermärkische Volks-Schsp.-Tradition. Betont christlich.

Auff. 1. 1. 1924 in Graz, Schsp.-Haus.
Buchausg. 1926.
Außerdem: *Schutzengelsp.* (1923), *Nachfolge-Christi-Sp.* (1927).

1924   Franz Werfel
(Biogr. S. 540):
Verdi, Roman der Oper

Künstler-R.
Über ein Jahrzehnt geplant, auf W.s Verehrung für Verdi zurückgehend.

Menschlicher und künstlerischer Gegensatz zwischen dem nach *Aida* unter seiner Unproduktivität leidenden Verdi und Richard Wagner. Die von Verdi erstrebte lösende Begegnung in Venedig durch Wagners Tod vereitelt.
Übergang W.s zum hist. Stoff. Auch das frei Erfundene durch minuziöse Realistik historisch wahrscheinlich gemacht.

1924	**Thomas Mann**
	(Biogr. S. 581):
	Der Zauberberg

R.

Begonnen 1912, veranlaßt durch einen Kuraufenthalt in Davos. Im wesentlichen nach dem Kriege geschrieben. Uranlage eine Nov., Zusammenhang mit *Bekenntnisse des Hochstaplers Felix Krull* (1954). M. wollte »eine groteske Gesch.« schreiben, »worin die Faszination durch den Tod, die das Motiv der venezianischen Nov. gewesen war, ins Komische gezogen werden sollte. Etwas wie ein Satyrspiel zum *Tod in Venedig*«. Ein Teil des Weltanschaulichen schon in den eine frühere Entwicklungsstufe M.s repräsentierenden *Betrachtungen eines Unpolitischen* (1918) aufgefangen.

In der außerhalb der bürgerlichen Welt stehenden Atmosphäre des Zauberberges, in einer Schweizer Lungenheilanstalt, entfalten sich die gleichsam beurlaubten Menschen ungehemmt und werden Dinge auf eine letzte Formel gebracht. Hans Castorp verliert sich an diese Atmosphäre, bis ihn der Krieg in das bürgerliche Leben zurückführt. Die zahlreichen Gespräche steckten Zeitfragen ab. Darstellung des Kampfes zwischen Gesundheit und Krankheit im Leben des einzelnen und der Gesellschaft. Für Hans Castorp selbst werden Krankheit und Sanatoriumsaufenthalt Mittel zur »Selbstbereicherung«, zur Vertiefung und Vergeistigung.
Verhältnis zwischen gelebter Zeit und erzählter Zeit. Detaillierte Realistik: »einspinnende« Kraft.

1924	**Franz Werfel**
	(Biogr. S. 540):
	Juarez und Maximilian

Dram. Historie in 3 Phasen und 13 Bildern, Prosa.
Maximilian von Habsburg, Kaiser von Mexiko, als das edle Opfer einer Entwicklung, in der die Monarchie durch die Republik abgelöst wird. Er kann nicht hassen und streckt vergebens dem Feind die Hand entgegen. Das Bild des Gegners und endlichen Siegers Juarez, der unsichtbar bleibt, spiegelt sich in der Verehrung seiner Anhänger wie seines Feindes und wird dadurch ins Unheimliche gesteigert.

Auff. 20. 4. 1925 in Magdeburg, Stadttheater.

1924	**Gertrud von Le Fort**
	(Biogr. S. 581):
	Hymnen an die Kirche

50 Hymnen, gegliedert in *Prolog* und die Zyklen *An die Kirche, Das Jahr der Kirche, Die letzten Dinge.*
Religiöses Bekenntnis im Zusammenhang mit Gertrud von L. F.s Konversion zum Katholizismus: Zwiegespräch der nach Gott verlangenden Seele

mit der Kirche, das zur Aufgabe der Ichbefangenheit und zur Hingabe an die übernatürliche Wahrheit führt.

Der Psalmensprache verwandte rhythmische Prosa, die sich im 2. Zyklus bis zu ekstatischen Anrufungen steigert.

1925   **Carl Zuckmayer**
        (Biogr. S. 582):
        Der fröhliche Weinberg

Lsp. 3, Prosa. Auff. 22. 12. in Berlin, Theater am Schiffbauerdamm. Rheinische Sinnenfreudigkeit, Triebleben und Bejahung körperlicher Kraft in einer zu vier Verlobungen führenden volkstümlichen Handlung mit realistischem Rollenbestand.

Erhielt den Kleistpreis 1925.

1925   **Franz Kafka**
        (Biogr. S. 581):
        Der Prozeß

R. Postum hgg. Max Brod entgegen K.s Absichten. Textgestaltung und Kapitelreihenfolge umstritten.

Begonnen 1914. Die Türhüter-Erz. aus dem Kapitel *Im Dom* erschien unter dem Titel *Vor dem Gesetz* im Almanach *Vom Jüngsten Tag* 1916 (Auslfg. 1915), als Buch in der Slg. kleiner Erzz. *Ein Landarzt* 1919. Eine Beschäftigung K.s mit dem R. nach 1915 ist unsicher.

Der Bankbeamte Josef K. wird im Auftrage eines überrealen Gerichts verhaftet, von diesem für schuldig befunden und hingerichtet, ohne daß er den Grund der Anklage, gegen die er sich mit unzulänglichen und falschen Mitteln verteidigt, je erfährt. Das Wachsen des Schuldgefühls und die dadurch ausgelösten Qualen beherrschend im Mittelpunkt. Über dem anonymen, verständnis- und sittenlosen Gericht steht ein höherer unerreichbarer und unverständlicher Wille. Josef K. wird im Augenblick der Verhaftung aus dem vertrauten Bezug zur Welt gerissen, die raumzeitlichen und kausalen Zusammenhänge sind aufgelöst, Dinge und Menschen feindlich und trügerisch, das Gericht und sein Gesetz verzerrt sich ihm. Der sich abzeichnende Selbstrechtfertigungsprozeß eines Menschen und seine Unfähigkeit zur Erkenntnis sind sowohl als theologische wie als nihilistische und als moralische Haltung Kafkas gedeutet worden.

Selbstbefreiung des Dichters von einem stark entwickelten Schuldgefühl. Verwendung einer sachlich knappen Normalsprache. Verzicht auf Stimmungselemente. Dennoch intensive Wirkung der Situationen. Grenze zwischen Subjekt- und Objektsphäre aufgehoben, der Erzähler bleibt streng innerhalb des Erlebnishorizontes des Helden. Erzählhaltung der sog. »erlebten Rede«: Synthese aus objektiver Vorgangsschilderung und subjektiver Perspektive. Vielfach als Beginn der »surrealistischen« Kunst angesehen.

Dramatisiert von André Gide und Jean-Louis Barrault (1947), dt. Übs. Josef Glücksmann. Auff. 15. 6. 1950 in Berlin-West, Schloßparkth.; dramatisiert von Jan Grossman; Auff. 11. 1. 1968 in Hamburg, Dt. Schsp.-Haus. – Oper von Gottfried v. Einem, Textbuch von Boris Blacher und Heinz von Cramer; Auff. 17. 8. 1953 in Salzburg.

1925   Lion Feuchtwanger
           (1884–1958, München, Berlin, Frankreich, Moskau,
           Kalifornien):
           Jud Süß

Hist. R.

Angeregt durch Wilhelm Hauffs gleichnamige Nov. (1827).

Kulturbild des 18. Jh. um die Zentralgestalt des Joseph Süß-Oppenheimer, der leitender Staatsmann und Finanzberater des Herzogs Karl Alexander von Württemberg (1733–1737) war, dessen absolutistische Politik unterstützte und von den ihm feindlichen Landständen nach dem plötzlichen Tode des Herzogs verhaftet und 1738 in einem eisernen Käfig erhängt wurde.

Dram. Fassung des Stoffes bereits 13. 10. 1917 in München, Hoftheater; Buchausg. 1918.

1926   Agnes Miegel
           (1879–1964, Königsberg, Bad Nenndorf):
           Geschichten aus Alt-Preußen

Vier Erzz., innere Wendepunkte in der Gesch. Preußens darstellend: *Landsleute* (oströmische Kaiserzeit), *Die Fahrt der sieben Ordensbrüder* (Zeit des Dt. Ordens), *Engelkes Buße* (um 1700), *Der Geburtstag* (Zeit Napoleons).
Aus persönlicher Kenntnis von Landschaft und Volkscharakter gespeist. In der Erzählkunst und den stilistischen Mitteln M.s Balladen verwandt.

1926   Franz Kafka
           (Biogr. S. 581):
           Das Schloß

Autobiographischer R., ursprünglich als Ich-Erz. geplant. Postum hgg. Max Brod entgegen K.s Absichten. Textgestaltung umstritten, der Schluß offen.

Vorstudien Spätherbst 1920, Weiterarbeit Januar bis September 1922. Lokales Modell: Schloß und Dorf Woßek, woher die Familie von K.s Vater stammte.

Das Schloß versinnbildlicht das Unbekannte, die unergründliche höhere Weisheit, das Dorf am Fuße des Schlosses das normale bürgerliche Leben. Thema ist das Ringen eines Fremden, des Landvermessers K., um Einordnung in die dörfliche Gemeinschaft, durch die er zugleich in nahe und rechtliche Beziehungen zum Schloß zu kommen sucht. »F. K. ist darin und dadurch religiöser Humorist, daß er die Inkommensurabilität, das Unverständliche und nach Menschenmacht nicht Beurteilbare der Überwelt nicht durch das Mittel grandioser Steigerung ins überwältigende Erhabene darstellt, sondern als eine weitläufig-kleinliche, zähe, unzugängliche und unberechenbare Bürokratie und unabsehbare Akten- und Instanzenwirtschaft mit einer undeutlichen Beamtenhierarchie von unauffindbarer Verantwortlichkeit sieht und beschreibt, satirisch also, dabei aber mit der aufrichtigsten, gläubigsten, nach dem Eindringen in das unverständliche Reich der Gnade unablässig ringenden Unterwürfigkeit« (Thomas Mann). Wie in *Der Prozeß* ein modellhafter Mensch in der modellhaften Situation, sich nicht behaupten, nicht eindringen, nicht verstehen zu können.

Nach Angabe Max Brods hat K. geplant, den Landvermesser vor Entkräftung sterben und den Bescheid aus dem Schloß, daß ihm der Aufenthalt im Dorf gestattet sei, erst in seiner Todesstunde eintreffen zu lassen.

Dramatisiert von Max Brod. Auff. 12.5.1953 in Berlin-West, Schloßparktheater.

1926   **Werner Bergengruen**
         (Biogr. S. 580):
         Das große Alkahest

R. Seit 1938 unter dem Titel *Der Starost*.
Hist. R. aus der Zeit Katharinas II. Ein baltischer Adliger kämpft vergeblich um die Erhaltung der alten Ordnung: der eigene haltlose Sohn, der ihm entfremdet und ein Werkzeug der gegnerischen Politik wird, geht schließlich in der Fremde unter.

1926   **Alfred Neumann**
         (1895–1952, Berlin, München, Fiesole, Beverly Hills, Lugano):
         Der Teufel

Hist. R.
Psychologische Studie Ludwigs XI., des Begründers der unumschränkten Monarchie in Frankreich, und seines Ratgebers, des Ministers Necker. Charaktergemälde der politischen Besessenheit und des Willens zur Macht.

Erhielt einen Teil des Kleistpreises 1926.

1926   **Hans Grimm**
             (1875–1959, Aufenthalt in England und Kapland,
             Lippoldsberg/Weser):
             Volk ohne Raum

R.

Lebensgesch. des Auswanderers Cornelius Friebott, dessen menschliche und politische Probleme als für den im Lebensraum beengten Deutschen typisch dargestellt werden. Friebott gerät in die südafrikanischen Verwicklungen und den Weltkrieg. Nach seiner Rückkehr in die Heimat tötet ihn ein Steinwurf, als er für den kolonialen Gedanken wirbt.

Sachlicher, gefühlsverhaltener Stil, angelehnt an die anord. Saga.

1926   **Ferdinand Bruckner**
             (d. i. Theodor Tagger,
             1891–1958, Wien, Berlin, USA, Berlin-West):
             Krankheit der Jugend

Dr. 3, Prosa. Auff. 16. 10. in Hamburg, Kammerspiele, und in Breslau, Lobetheater.

Vorwiegend unter jungen Medizinern spielende unverhüllte psychologische Darstellung sexueller Gefährdungen.

Im Zusammenhang mit Wedekind und moderner Individualpsychologie. Einfluß Freuds.

Buchausg. 1928. Zus. mit *Die Verbrecher* (Auff. 23. 10. 1928 in Berlin, Dt. Theater; Buchausg. 1929), *Die Rassen* (Auff. 1933 in Zürich; Buchausg. im gleichen Jahr, Paris) in *Jugend zweier Kriege* (1945, Wien); fortgesetzt mit den in *Drr. unserer Zeit* (1945, Zürich) vereinigten beiden Drr. *Denn seine Zeit ist kurz* (Auff. 1945 in Bern) und *Die Befreiten* (Auff. 1945 in Zürich) sowie mit *Früchte des Nichts* (Auff. 19. 4. 1952 in Mannheim, Nationaltheater).

1926   **Marieluise Fleißer**
             (1901–1974, Ingolstadt, Berlin, Auslandsreisen, Ingolstadt):
             Fegefeuer in Ingolstadt

Dr., 6 Bilder, Prosa. Auff. 25. 4. in Berlin, Junge Bühne im Dt. Theater, durch Vermittlung Bert Brechts.

Urfassung *Die Fußwaschung* 1924, verloren; Titeländerung angeregt von Moriz Seeler.

Leiden zweier jugendlicher Außenseiter, der schwangeren Schülerin Olga und des Musterschülers Roelle, in einer tyrannischen provinziellen Spießergesellschaft, die dem Individuum Perspektivelosigkeit und Selbstverkürzung aufnötigt.

Vorläufer des modernen kritischen Vst.

Buchausg. 1972. Neufassung 1970–71, Buchausg. 1971, Auff. 30. 4. 1971 in Wuppertal.

1927   **Hermann Hesse**
              (Biogr. S. 490):
              Der Steppenwolf

R.

Den Hauptteil bilden die hinterlassenen Aufzeichnungen des Künstlers Harry Haller, die eingeleitet sind durch einen Bericht des »Herausgebers« der Aufzeichnungen
über Harry Haller; den Anhang bildet *Traktat vom Steppenwolf*.

Der Steppenwolf ist Harry Haller, ein Außenseiter, der an seiner Zeit
krankt und doch keinen Weg der Heilung weiß. Er kann den Zwiespalt
von wölfischer und menschlicher Seele in sich nicht überwinden. Er flieht
aus der bürgerlichen Welt, tötet aber auch hier wieder sein besseres Selbst
in der Traumgestalt Hermines. Der wegen Mißbrauch des magischen
Theaters angeklagte Haller wird belehrt, daß Wirklichkeit und magisches
Spiel voneinander zu trennen sind.
Der R. wollte die Neurose einer Zeit geben, in der Altes stirbt, ohne daß
ein Neues geboren ist; er sollte zeigen, daß man das Ewige nicht durch
Wut gegen das Zeitliche gewinnen könne. »Der Weg in die Unschuld . . .
zu Gott führt nicht zurück, sondern vorwärts, nicht zum Wolf oder Kind,
sondern immer weiter in die Schuld, immer tiefer in die Menschwerdung
hinein« (H.). H. betonte, daß »das Buch zwar von Leiden und Nöten
berichtet, aber keineswegs das Buch eines Verzweifelten ist, sondern das
eines Gläubigen«.
Das Leben in der Seele eines Gemütskranken gespiegelt. Träume, Visionen, Wahnvorstellungen zwischen wirklichen Vorgängen. Lit. Umsetzung
psychoanalytischer Studien.

Vgl. H.s *Krisis* (1928).

1927   **Stefan Zweig**
              (Biogr. S. 492):
              Sternstunden der Menschheit

Fünf historische Miniaturen: *Die Weltminute von Waterloo, Die Marien-
bader Elegie, Die Entdeckung Eldorados* (Kalifornien), *Heroischer Augenblick* (Dostojewskij), *Der Kampf um den Südpol*.
Endsieg oder Scheitern eines Lebens bzw. einer Leistung in entscheidenden Augenblicken eingefangen. Die Darstellung der vergeblichen Bemühung und die Tragik des im Schatten Stehenden bevorzugt. Die Handlung
ohne hist. Detail, ganz aus der Seele des Erlebenden gestaltet, so daß die
Sternstunden trotz ihrer Geschichtlichkeit zeitlos werden.

Z.s populärstes Werk, erreichte nach vier Jahren eine Auflage von 300 000. 1943
neue, auf zwölf Miniaturen erweiterte Ausg.

1927   **Franz Kafka**
            (Biogr. S. 581):
            Amerika

R. Postum hgg. Max Brod entgegen K.s Absichten. Fragmente; zwei
große Lücken und fehlender Schluß.

1912 unter dem Titel *Der Verschollene* begonnen. Das 1. Kapitel *Der Heizer* als Erz.
1913 erschienen. Erneute Arbeit Oktober 1914.

Der 16jährige Karl Roßmann wurde von seinen armen Eltern nach Amerika geschickt, weil ihn ein Dienstmädchen verführt und von ihm ein Kind
bekommen hatte. Die Hilflosigkeit des reinen, unerfahrenen Jungen inmitten des gehetzten amerikanischen Lebens wird dargestellt. Trotz fal-
scher Freunde und boshafter Feinde bewährt er sich, immer in der Hoffnung, die Eltern zu versöhnen.
Thema wie in K.s übrigen Rr. die Einsamkeit des Menschen, seine
Fremdheit gegenüber Menschen und Wirklichkeit.

1927   **Arnold Zweig**
            (Biogr. S. 582):
            Der Streit um den Sergeanten Grischa

R.

Nach dem 1921 entstandenen Theaterstück *Spiel um den Sergeanten Grischa,* das am
31. 3. 1930 in Berlin, Theater am Nollendorfplatz, uraufgeführt wurde.

Zuerst erschienener, vierter, Teil eines Zyklus *Der große Krieg der weißen
Männer,* der die »Übergangszeit vom Imperialismus zum sozialistischen
Zeitalter« darstellen soll. Ein 1917 aus einem dt. Gefangenenlager entflo-
hener russischer Soldat gibt sich, als er wieder ergriffen wird, unter fal-
schem Namen als Überläufer aus, ohne zu wissen, daß Überläufer gemäß
einem Truppenbefehl erschossen werden. Grischa berichtigt nun zwar
seine Angaben, das Todesurteil wird jedoch, obwohl Offiziere versuchen,
Grischas Leben zu retten, auf Weisung des Generals angesichts der Revolution in Rußland vollstreckt.

Weitere Teile 1. *Die Zeit ist reif* (1957), 2. *Junge Frau von 1914* (1931), 3. *Erziehung vor Verdun* (1935, Amsterdam), 5. *Die Feuerpause* (1954), 6. *Einsetzung eines
Königs* (1937, Amsterdam).

1927   **Leonhard Frank**
            (1882–1961, Würzburg, Berlin, USA, München):
            Karl und Anna

Erz.

Angeregt durch eine Zeitungsnotiz.

Ein aus russischer Kriegsgefangenschaft Heimkehrender gibt sich vor der
Frau eines Kameraden, die er aus dessen Erzählungen genau kennt, als

ihr Mann aus; die Frau bleibt bei ihm, als ihr wirklicher Mann zurückkehrt.

Dramatisiert als Schsp. 4, Prosa; Auff. 16. 1. 1929 in Frankfurt/Main und weiteren Städten. Buchausg. im gleichen Jahr.

1927   **Bert Brecht**
      (Biogr. S. 580/581):
      Die Hauspostille

Gedichte, eingeteilt in 5 Lektionen: *Bittgänge, Exerzitien, Chroniken, Mahagonnygesänge, Die kleinen Tagzeiten der Abgestorbenen* und den Anhang *Vom armen B. B.*

Romanzen im Stile Rimbauds, antibürgerlicher Bänkelsang nach Art Wedekinds, zeitkritisch-agitatorische Balladen in der Nachfolge von Villon und Kipling, parodistische Gedichte unter Verwendung von Mustern Goethes und des Kirchenlieds. Kampf für die sozial Rechtlosen, gegen die Besitzenden. Daneben Ich-Bezogenes: Ablehnung der Städte, Gegensatz von Wald und Asphalt, von Trunkenheit der Sinne und Nihilismus.

Parodistische Nachahmung eines christlichen Erbauungsbuches. Klassische Form des Spruchgedichts erneuert. Forts. der polemischen Song-Balladen des Expressionismus, meist für Vortrag geschaffen. Von dort erklärt sich die bewußte Lässigkeit der Form, die Simplizität der Verse, die Nüchternheit und Härte des Tons, die Roheit und das Schockierende der Motive. Auch im Sprachlichen antithetisch: teils übersteigert, schrill, teils nüchtern, ironisch, unterkühlt.

1928   **Gertrud von Le Fort**
      (Biogr. S. 581):
      Der römische Brunnen

1. Bd. des R. *Das Schweißtuch der Veronika.*
Jugend eines Mädchens in Rom auf dem Hintergrund der Zeitströmungen: Christentum, heidnischer Humanismus, Nietzsches Vitalismus. Im Mittelpunkt die Gestalt der Großmutter, Verkörperung einer heiteren antikischen Diesseitigkeit.

Bd. 2: *Der Kranz der Engel* (1946). Die herangewachsene gläubige junge Frau erlebt in Heidelberg in der Liebe zu einem Nietzsche-Anhänger die Probleme der glaubenslosen Nachkriegszeit. Sie glaubt, den Geliebten retten zu können, indem sie ihm in seine Gottferne folgt, bricht aber darüber zusammen.

Beide engverbundenen Rr. sind als Lebensbericht Veronikas in Ich-Form geschrieben und durch keine Kapiteleinteilung unterbrochen. Der Titel knüpft symbolisch an die Legende von der heiligen Veronika an: der Gott dargereichten Seele prägt sich das Antlitz Christi unauslöschlich ein.

1928   Ludwig Renn
             (d. i. Arnold Vieth von Golssenau,
             1889–1979, viele Reisen;
             Emigration Schweiz und Mexiko; Dresden):
             Krieg

Tagebuch eines Frontkämpfers. Aus seiner Perspektive gesehene realistische Darstellung der Zeit vom Auszug bis zum Zusammenbruch.

Forts.: *Nachkrieg* (1930). Rückkehr des geschlagenen Heeres, politische Neuorientierung.

1928   Erich Maria Remarque
             (d. i. Erich Paul Remark, 1898–1970, Osnabrück, Berlin,
             Schweiz, New York):
             Im Westen nichts Neues

R. In *Vossische Ztg.*
»Dieses Buch soll weder eine Anklage noch ein Bekenntnis sein. Es soll nur den Versuch machen, über eine Generation zu berichten, die vom Kriege zerstört wurde – auch wenn sie seinen Granaten entkam« (Vorbemerkung).

Schonungslose Wiedergabe realistischer Details.

Buchausg. 1929, Verfilmung 1930.
Forts.: *Der Weg zurück* (1931). Verzweiflung und Hilflosigkeit der im Winter 1918/19 Zurückkehrenden.

1928   Anna Seghers
             (Biogr. S. 582):
             Aufstand der Fischer von St. Barbara

Erz. in *Frankfurter Ztg.* Buchausg. im gleichen Jahr.
Durch die brutale Unnachgiebigkeit der Reeder und Händler provozierte Hungerrevolte auf einer Kanalinsel und das Scheitern dieses isolierten Aufbegehrens. Die Fischer fahren – verspätet – zu den alten Bedingungen aus.

Der Inhalt in den Einleitungssätzen gedrängt umschrieben: spannungweckender Auftakt. Sachliche Erzählweise mit kurzen, einfachen Sätzen.

Erhielt den Kleistpreis.

1928   Ernst Glaeser
             (1902–1963, Darmstadt, Frankfurt/M., Schweiz, Heidelberg):
             Jahrgang 1902

R.
Der Weltkrieg ein Versagen der Vätergeneration. Ein Angehöriger des gefährdeten Jahrgangs erfährt die Unterhöhlung aller bisher geglaubten Werte.

1928   **Erich Kästner**
              (1899–1974, Dresden, Leipzig, Berlin, München):
              Herz auf Taille

Gedichte.
Lebensgefühl des Jahrgangs 1899: Gezeichnet durch den Ersten Weltkrieg, den nächsten schon ahnend, »Wir starben. Doch wir starben ohne
Zweck. Ihr laßt Euch morgen, wie wir gestern, schlachten«. Gegen Militarismus, gegen die Herrschenden *(Kennst Du das Land, wo die Kanonen
blühen?)* und gegen die wirtschaftlich Mächtigen (»Morgen, Kinder,
wird's nichts geben! Nur wer hat, kriegt noch geschenkt«). Aber auch
sarkastisch illusionslos gegen das Spießertum und seine bürgerlichen Ideale von Liebe, Ehe, Humanität gerichtet; Verführbarkeit und Käuflichkeit
der Frau. Berlin als Wahlheimat.
Saloppe Alltagssprache; modische Schlagwörter, gelegentlich Berliner
Jargon einbeziehend. Meist für Kabarettvortrag verwendbar.

1928   **Bert Brecht**
              (Biogr. S. 580/581):
              Die Dreigroschenoper

»Ein Stück mit Musik« (von Kurt Weill, 1900–1950). Vorspiel und
8 Bilder. Auff. 31. 8. in Berlin, Theater am Schiffbauerdamm.
Modernisierung von *The Beggar's Opera* (1728) des John Gay (1685 bis
1732).
Gespielte Moritat vom Bandenführer MacHeath, der mit dem Polizeichef
im Bunde steht, beinah an den Galgen kommt, aber noch gerettet wird.
Außenseiter der Gesellschaft als Helden einer realistischen Oper, in der
die Formen der großen und romantischen Oper parodiert werden und
soziale Anklage erhoben wird: »Dürftigkeit« zwingt die Kreatur zum Bösen.
Desillusionierende Sichtbarmachung des Wirklichen in grotesker Zuspitzung. »Episches Theater«, das an Stelle der Spannung »anwendbare«
Tatsachen setzt. Die einzelnen Szenen steuern auf aggressive, lehrhafte
»Songs« oder »Balladen« zu.

Buchausg. in *Versuche* 8–10 (Heft 3) 1931.
Dreigroschenroman (Amsterdam 1934, Ausg. in Dld. 1949).

1929   **Hermann Stehr**
              (1864–1940, Habelschwerdt, Oberschreiberhau):
              Nathanael Maechler

R. Erster Teil der R.-Trilogie *Das Geschlecht der Maechler.* Lebenslauf
eines Handwerkers, der in seiner Jugend an den süddt. Erhebungen 1848
teilnahm und später Gerbermeister im Riesengebirge wird. In ihm ringen
tatkräftige Lebensmeisterung und phantastische, mystische Züge.

1. Forts.: *Die Nachkommen* (1933). In Nathanaels Sohn Jochen sind die ererbten tiefen Kräfte zurückgedrängt, er lebt im Wilhelminischen Zeitalter als »idealistischer Philister« ein in engen Grenzen verlaufendes Leben.

2. Forts.: *Damian oder Das große Schermesser*, hgg. Wilhelm Meridies (1944). Im Enkel Damian, der im Weltkrieg verschüttet wurde und seither von Gesichten geplagt ist, brechen die mystischen Kräfte des Geschlechts wieder auf.

Gesamtausg. 1944.

1929	**Alfred Döblin**
	(Biogr. S. 539):
	Berlin Alexanderplatz

R. »Die Gesch. vom Franz Biberkopf.« In *Frankfurter Ztg.* Buchausg. im gleichen Jahr.

Rückweg eines entlassenen Sträflings ins Leben.

Der Transportarbeiter Franz Biberkopf glaubt, sich durch Trotz gegen eine Welt, die ihn seine Ohnmacht fühlen läßt, behaupten zu können. Betrogen und enttäuscht von einem Gefährten, auf dessen Anständigkeit er baute, gerät er in eine Einbrecherbande und in Abhängigkeit von einem Verbrecher, der ihn erst zu beseitigen sucht, dann ihm die Geliebte tötet. Erneute Festnahme unter Mordverdacht, Zusammenbruch, Aufenthalt im Irrenhaus sind die Stationen, die zu Einsicht, Bescheidung und Gnade führen. Biberkopf wird Hilfsportier in einer Fabrik.

Absicht, ein die Vieldimensionalität des Lebens erfassendes Epos zu schaffen, das »entschlossen lyrisch, dramatisch, ja reflexiv« (D.) sein soll. Naturalistisch in der exakten Darstellung der Vorgänge, expressionistisch in der dynamischen und visionären Gestaltung. Montage von verschiedenen Darbietungsweisen und Rohmaterialien (Zeitungsinseraten, Verordnungen, Statistiken); Wechsel der Erzählerperspektive: kommentierender Erzähler und innerer Monolog. Einsatz verschiedener Sprachstile (Jargon, Wissenschaftssprache, pathetisch-lyrische Partien) wie bei Joyce, aber mit der Zielsetzung, das menschliche Chaos deutlich zu machen.

1929	**Ernst Jünger**
	(Biogr. S. 581):
	Das abenteuerliche Herz

»Aufzeichnungen bei Tag und Nacht.«

Tagebucheintragungen, die sich mit den geistigen Bewegungen der Nachkriegszeit im Sinne der »heroischen« Lebenshaltung auseinandersetzten, deren Vorstufen J:s Kriegstagebuch *In Stahlgewittern* (1920) und die theoretische Schrift *Der Kampf als inneres Erlebnis* (1922) bilden. Einfluß des Vitalismus, des »Amor fati« von Nietzsche.

1938 Neufassung im Sinne einer Betonung der Werte abendländischen Geistesguts unter dem Titel *Figuren und Capriccios*.

Fortss.: *Gärten und Straßen* (1942; über den Vormarsch in Frankreich 1939/40), *Strahlungen* [1949; umfaßt *Das erste Pariser Tagebuch* (1941/42), *Kaukasische Auf-*

zeichnungen (Winter 1942/43), *Das zweite Pariser Tagebuch* (Februar 1943/August 1944), *Kirchhorster Blätter* (Winter 1944/45)]; *Jahre der Okkupation* (1958; über die Zeit von April 1945 bis Dezember 1948).

Analysen des Zeitgeistes, die durch realistische Darstellung der Einzeler-scheinungen, Aufdeckung unterbewußter Zusammenhänge und Schaffung einer »neuen Theologie« die »Überwindung der Vernichtungswelt« anstreben.

1929   **Friedrich Wolf**
               (1888–1953, Stuttgart, Schweiz, Frankreich, USA,
               Skandinavien, Rußland, Berlin-Ost bzw. DDR):
               Cyankali – § 218

Dr., 8 Bilder, Prosa. Auff. 1. 9. in Berlin, Lessingtheater, durch die Gruppe junger Schauspieler. Buchausg. im gleichen Jahr.
Am Schicksal des in den Händen eines Pfuschers umkommenden Proletariermädchens aufgewiesene soziale Ungerechtigkeit des Abtreibungspara-graphen.

1929   **Hans José Rehfisch**
               (1891–1960, Berlin, Wien, London, Hamburg) und
               Wilhelm Herzog
               (1882–1960, Berlin, Basel):
               Die Affäre Dreyfus

Schsp. 5, Prosa. Auff. 25. 11. in Berlin, Volksbühne.
Gesch. des berühmten Prozesses gegen den frz. Offizier Alfred Dreyfus, der 1894 wegen angeblichen Landesverrats unschuldig verurteilt wurde und um dessentwillen Zola seine Schrift *J'accuse* schrieb.

1930   **Rudolf Alexander Schröder**
               (1878–1962, Bremen, Berlin, Bergen/Obb.):
               Mitte des Lebens

Geistliche Gedichte. Seit den *Gesammelten Gedichten* (1912) erste weitere dichterische, durch Krieg und Nachkrieg christlich geprägte Veröffentlichung.
Bekenntnisse, Bitten, Danksagungen, die sich der Erfahrungen und der Begriffswelt der christlichen Tradition bedienen. Auf die *Bibel* hinführend, ohne mystische Elemente. Gedichte für christliche Festtage und Feiern *(Mit dem Kirchenjahr)*.
Betont schlicht. Einwirkung Paul Gerhardts, auch in der Sprachgestaltung. Weiterführung des protestantischen Kirchenliedes.

1930	**Hermann Hesse**
	(Biogr. S. 490):
	Narziß und Goldmund

Erz.

In der Klosterschule schließen der asketische Mönch Narziß und der künstlerisch begabte Goldmund Freundschaft. Durch psychoanalytische Einwirkung gibt Narziß dem Freunde die Erinnerung an die vergessene Mutter zurück und öffnet ihm den Weg zu seiner wahren Natur. Goldmund geht durch unzählige Liebesabenteuer hindurch, in denen er das Urbild der Mutter, das Weib als Eva und Madonna, sucht. Jedoch um die Darstellung dieses Bildes ringt er, der verschmäht, aus der Bildhauerkunst einen Broterwerb zu machen, vergeblich. Erst im Tode nimmt ihn die Urmutter zu sich.

Gegenüberstellung der väterlichen Welt des Logos, der Wissenschaft, und der mütterlichen der Kunst in einem Freundespaar, wobei Goldmund im Vordergrund steht. Er bedeutet für Narziß die Liebe, Narziß für ihn das Maß. Problematik von Intellekt und Leben im Gefolge Nietzsches, mit dem H. sich seit *Peter Camenzind* auseinandersetzte.

Nicht mehr autobiographisches Bekenntnis im engeren Sinne, sondern Umsetzung des inneren Erlebens in fest umrissene Gestalten und episches Geschehen. Auch stilistisch gebändigter, realistischer.

1930	**Robert Musil**
	(Biogr. S. 581/582):
	Der Mann ohne Eigenschaften

R. 1. Bd.

Keime 1902 und 1903, vgl. *Tagebücher* (hgg. Adolf Frisé, 1977). Pläne unter verschiedenen Titeln nach dem Weltkrieg. Niederschrift seit etwa 1925. Frühere Werke, vor allem *Die Verwirrungen des Zöglings Törleß* (1906), Vorstufen.
2. Bd. 1933, 3. Bd. 1943 (in Lausanne, unvollendet, postum, hgg. Marthe Musil). Seiner wegen eigenmächtiger Kombination der hinterlassenen Texte kritisierten Gesamtausg. (1952) ließ Adolf Frisé 1978 eine revidierte Ausg. folgen, die durch Abdruck der Entwürfe, Varianten, Zusätze den fragmentarischen Teil offen beläßt.

Der 30jährige Ulrich ist mit dem 1. Versuch, seinem Leben Form zu geben, gescheitert: Er hat seinen Beruf aufgegeben. Der 2. Versuch (1. Buch des R.), in der geistig-politischen Führung Österreichs Fuß zu fassen, scheitert ebenfalls. Dieser Versuch ist eingebettet in die satirische Vordergrundshandlung der »Parallelaktion«, in der die führenden Kreise des Wien von 1913 vergebens nach einer leitenden Idee für das Kaiserjubiläum von 1918 suchen. Mit dem dritten Versuch (2. Buch des R.) glaubt Ulrich, in der Liebe zu seiner Schwester Agathe eine neue Lebensordnung jenseits von Moral und Dogma zu finden. In dem nicht vollendeten Kapitel *Reise ins Paradies* sollte die Abkehr von dem »anderen Zustand«, der erotischen Ekstase, gezeigt werden; die Geschwisterliebe sollte Episode bleiben, durch die Ulrich aus der Ich-Verstrickung gelöst und weitergeführt wird, so daß der Schluß über den Weltkrieg hinausweisen sollte.

Ulrich ist der Typ des »Möglichkeitsmenschen«, der sich für keine der vorhandenen Ordnungen entscheiden kann und die Fähigkeit besitzt, »an jeder Sache zwei Seiten zu entdecken, jene moralische Ambivalenz, die fast alle Zeitgenossen auszeichnete«. Ein gespaltener Charakter, vom Intellekt her überlegen, vom Unbewußten her gehemmt, entsprechend der Spannung von »Ratio« und »Mystik«; der Begriff »ohne Eigenschaften« eine Prägung Meister Eckharts.

Teilweise Schlüssel-R.: Arnheim = Rathenau, Meingast = Klages, Ulrich = Selbstporträt M.s. Entstehung des R. parallel zur Entwicklung M.s, seine Lösung blieb M. bis zuletzt unbekannt, der R. mußte Fragment bleiben. In zahllosen Einzelteilen entstanden. Lange Monologe mit theoretischen Erörterungen. M. plante Aussonderung des Biographischen aus dem Gegenständlichen, zwei nebeneinander laufende Teile. Problematik und Grenze der R.-Form.

1930   **Ina Seidel**
(Biogr. S. 582):
Das Wunschkind

R.

Bis 1912 zurückgehendes, vor dem Ersten Weltkrieg als *Mutterbuch* geplantes, 1923 auf einer Italienreise endgültig entworfenes Hauptwerk der Verfn.

Zwischen 1793 und 1813 spielende Lebensgesch. des Christoph Echter von Mespelsbrunn und seiner Mutter Cornélie. Der Gedanke, »daß ein herzlich erwünschtes und ersehntes Kind von vornherein mit stärkeren Lebensantrieben und gleichsam schicksalsfähiger in die Welt kommen müßte«.

Dieses Leben bestimmt durch die Spannung zwischen südwestdt. und preußischem Erbe und durch die tiefe Verbindung mit der wesensfremden Kusine (ein »unwillkommenes, mit heimlichem Seufzen begrüßtes« Kind) und im Krieg 1813 endend.

1930   **Ernst Penzoldt**
(1892–1955, Erlangen, München):
Die Powenzbande

R. »Zoologie einer Familie, gemeinverständlich dargestellt«.

In die Form einer wissenschaftlichen Biographie (mit Anmerkungen) gekleidete Gesch. einer kinderreichen Landstreicherfamilie, die sich durch List und Betrug wider den Willen der ganzen Stadt Mössel an der Maar dort ansiedelt und ein Haus baut. Humoristische Dekuvrierung des menschlichen Egoismus und seiner Tarnungen.

1939 überarbeitete »Jubiläumsausg.«, 1949 »Ausg. letzter Hand« einschließlich »Nachgelassene Dokumente«.

1930   **Joseph Roth**
            (1894–1939, Brody, Wien, Paris):
            Hiob

»R. eines einfachen Mannes.«
Der moderne Hiob ist der vor dem Ersten Weltkrieg in Galizien lebende Lehrer Mendel Singer, den auch nach der Auswanderung nach Amerika das Unglück in seinen Kindern so hart trifft, daß er sich von Gott abwendet. Die wunderbare Heilung des jüngsten Sohnes führt ihn schließlich zu Gott zurück.

Dramatisiert von Viktor Clement, Urlesung 29. 1. 1952 in Berlin-West, Tribüne.

1930   **Ferdinand Bruckner**
            (d. i. Theodor Tagger,
            1891–1958, Wien, Berlin, USA, Berlin-West):
            Elisabeth von England

Schsp. 5, Prosa. Auff. 1. 11. in Berlin, Dt. Theater. Buchausg. im gleichen Jahr.
Ablösung der Macht des ma.-katholischen Spanien durch die des modernen protestantischen England. Die Entwicklung geht über Elisabeths Traum von Frieden und einem »kleinen England« hinweg.
Teilung der Bühne in zwei nebeneinander liegende Schauplätze: London und Madrid; die Gebete beider Parteien um den Sieg klingen ineinander.

1930   **Friedrich Wolf**
            (1888–1953, Stuttgart, Schweiz, Frankreich, USA,
            Skandinavien, UdSSR, Berlin-Ost bzw. DDR):
            Die Matrosen von Cattaro

Schsp., 6 Bilder, Prosa. Auff. 9. 11. in Berlin, Volksbühne. Buchausg. im gleichen Jahr.
Frauenloses Antikriegsstück. Durch den Bootsmannsmaat Franz Rasch angeführter, auf Frieden und soziale Freiheit tendierender Empörungsversuch in der österreichischen U-Boot-Basis im Frühjahr 1918. Die standrechtliche Erschießung Raschs und dreier Kameraden »nicht das Ende, das ist erst der Anfang«.

Thematisch verwandt mit Ernst Tollers *Feuer aus den Kesseln* (1930) und Theodor Plieviers *Des Kaisers Kulis* (R. 1929, Dr. 1930).

1930   **Sigmund Graff**
              (1898–1979, Berlin, Erlangen) und
              Carl Ernst Hintze
              (1899–1931, Wanzleben, Halle):
              Die endlose Straße

Front-Stück 4, Prosa. Auff. 19. 11. in Aachen, Stadttheater.
Eine Kompanie wird aus der vordersten Stellung zurückgezogen, um nach
einer kurzen enttäuschten Hoffnung auf Ablösung wieder nach vorn zu
müssen in den sicheren Tod.

Schon vor der dt. Auff. in der Übs. des Engländers Graham Rawson in London
aufgeführt.

1931   · **Gertrud von Le Fort**
              (Biogr. S. 581):
              Die Letzte am Schafott

Nov.
Überwindung der Furcht: Blanche de la Force, von Kindheit an durch
krankhafte Ängste geplagt, geht aus Lebensfurcht ins Kloster, entflieht,
als die Jakobiner in der frz. Revolution ihre Mitschwestern festnehmen,
folgt ihnen dann aber freiwillig in den Tod.
Rahmen-Erz., als brieflicher Bericht eines frz. Adligen an eine Emigran-
tin gefaßt. Vorbild: die ital. Renaissance-Nov. Überwindung des Reali-
stisch-Historischen zugunsten des Symbolischen. Nähe zur Legende, die
die Dichterin mit *Der Papst aus dem Ghetto* (1930), *Das Reich des Kindes*
(1934) u. a. bereicherte.

Dramatisiert als *Dialogues des Carmélites* (1949) von Georges Bernanos; dt. Übs.
Die begnadete Angst (1951).

1931   **Franz Kafka**
              (Biogr. S. 581):
              Beim Bau der Chinesischen Mauer

Nach 1917 entstandene Erzz. und Prosa, aus dem Nachlaß hgg. Max Brod
und Hans Joachim Schoeps. Enthält außer der Titelnov. 18 erzählende
Stücke und zwei religiöse Aphorismenreihen.

1931   **Hans Carossa**
              (Biogr. S. 580):
              Der Arzt Gion

Erz. von Beruf und Berufung des Arztes in der Zeit nach dem Ersten
Weltkrieg; Darstellung der eigenen Lebenssphäre: Gion (rätisch) =
Hans.

1931   **Erich Kästner**
        (1899–1974, Dresden, Leipzig, Berlin, München):
        Fabian

R. »Die Gesch. eines Moralisten.«

Ursprünglicher Titelplan: *Der Gang vor die Hunde.*

Der »Nichtschwimmer« Fabian, der auf Anständigkeit hofft, geht im Strudel des zeitgenössischen Berlin unter. Großstadtsatire. »Der Moralist pflegt seiner Epoche keinen Spiegel, sondern einen Zerrspiegel vorzuhalten« (K.).

1931   **Carl Zuckmayer**
        (Biogr. S. 582):
        Der Hauptmann von Köpenick

»Dt. Märchen« 3, Prosa. Auff. 5. 3. in Berlin, Dt. Theater. Buchausg. ohne Datum, Copyright 1930.
Tragikom. des preußischen Militarismus, anknüpfend an einen Vorgang aus dem Jahre 1906. Paragraphen, die der Ordnung dienen sollen, verhindern, daß der entlassene Häftling wieder zur Ordnung zurückfindet. Er greift zur Selbsthilfe und überspielt die Ordnung mit ihren eigenen Prinzipien. Die Uniform als Symbol einer entleerten Autorität.
Einfluß von Gerhart Hauptmann. Berliner Milieu. Lockerer Bau, Wirkung der Einzelszene.

1931   **Richard Billinger**
        (1893–1965, Wien, Berlin, München):
        Rosse – Rauhnacht

Schsp. 3 und Schsp. 5. Auff. 19. 4. in München, Residenztheater, und 10. 10. in München, Kammerspiele. Gemeinsame Buchausg. im gleichen Jahr.
Zwei Szenenreihen aus der ursprünglichen, dämonenreichen Welt bayerischen Bauerntums. In *Rauhnacht* bricht das Heidnische in einem Inntaler Dorf mit einer Gewalt hervor, die bis zu Blutrausch und Mord geht. In *Rosse* ersticht der Knecht aus Liebe zu den Pferden den Händler, der die Traktoren bringt.

1931   **Ödön von Horváth**
        (1901–1938, Fiume, München, Berlin, Wien, Paris):
        Geschichten aus dem Wiener Wald

Vst., 3 Teile, Prosa. Auff. 2. 11. in Berlin, Deutsches Theater. Buchausg. im gleichen Jahr.
Nachdem ihr Geliebter sie verlassen hat und ihr Kind in der »Obhut« von dessen Großmutter gestorben ist, überläßt die verzweifelnde Marianne sich der »Verzeihung« des Nachbarn Oskar.

Sozialkritisches Vst. in der Nachfolge Nestroys und Anzengrubers. Entlarvung der Brutalität des sich in Biederkeitsklischees artikulierenden, durch Not demoralisierten Kleinbürgertums.

1931/32   Hermann Broch
(Biogr. S. 580):
Die Schlafwandler

R. in drei Teilen: *1888. Pasenow oder die Romantik; 1903. Esch oder die Anarchie; 1918. Huguenau oder die Sachlichkeit.*

Entst. seit Ende 1928, erste Fassung 1929; mehrfach überarbeitet und erweitert. Der Essay über den *Zerfall der Werte* ursprünglich als Einheit am Schluß der Trilogie gedacht.

Darstellung der dt. Entwicklungen und Krisen vom Dreikaiserjahr 1888 über die Blütezeit der Wilhelminischen Ära 1903 bis zu der Revolution 1918. Der 1. Teil zeigt die Degeneration des preußischen Adels, der 2. stellt den kleinen Angestellten in das Zentrum, der zwischen Triebleben und Phrase schwankt, der 3. bringt die Überwindung beider durch den skrupellosen Schieber, den »Henker einer Welt, die sich selbst gerichtet hat«. Der durch den fortschreitenden Wertzerfall zur willenlosen Marionette gewordene Mensch befindet sich in einem Zustand zwischen Nochnicht-Wissen und Schon-Wissen: ein Schlafwandler. »Kann aus Schlaf und Traum übelsten Alltags ein neues Ethos entstehen?« (B.)
Der 1. Teil übernimmt noch die traditionelle realistische Erzählform, der 2. benutzt den inneren Monolog im Stile von Joyce, der letzte stellt die erzählerischen Partien zu gegenseitiger Erhellung um einen in 10 Abschnitte geteilten Essay über den »Zerfall der Werte«, benutzt außerdem auch lyrische, dram., aphoristische Darbietungsweise.

1931/32   Ernst Wiechert
(Biogr. S. 582):
Die Magd des Jürgen Doskocil

R. In *Süddt. Monatshefte.*

Entst. 1930/31.

In Ostpreußen spielende Gesch. einer Magd, die, um ihre Ehe mit dem Fährmann Jürgen zu bewahren, einen Mord begeht und sich in Buße und Demut ein neues Leben aufbauen will. Zusammenstoß der naturhaften bäuerlichen Welt mit der Verführung durch einen Mormonenpriester. »Einfalt« des Fährmanns, die selbst den Pfarrer belehrt.

Buchausg. 1932.

1932	**Gerhart Hauptmann** (Biogr. S. 464): **Vor Sonnenuntergang**

Schsp. 5, Prosa. Auff. 16. 2. in Berlin, Dt. Theater. Buchausg. im gleichen Jahr.

Entst. 1928–1931.

Stilistisch auf den Naturalismus der Frühzeit zurückgreifende Darstellung der letzten Leidenschaft eines alten Mannes.

1932	**Else Lasker-Schüler** (Biogr. S. 539): **Arthur Aronymus und seine Väter**

Schsp. in 15 Bildern, Prosa. »Aus meines geliebten Vaters Kinderjahren«.

Entst. nach der im gleichen Jahre erschienenen Erz. *Arthur Aronymus. Die Gesch. meines Vaters;* die Ereignisse sind hier in rückschauender Erz. und weniger detailliert wiedergegeben.

Die eigene Familientradition verklärende, weniger auf Wirklichkeit als auf Dg. beruhende Begebenheit. Von den 23 Kindern des um 1840 in einem westfälischen Dorf ansässigen Moritz Schüler bekommt eines den Veitstanz und droht im Zuge einer antisemitischen Strömung von den Dörflern als Hexe verbrannt zu werden. Durch die freundschaftlichen Beziehungen des kleinen Bruders Arthur Aronymus zum Kaplan des Ortes wird die Gefahr mit Hilfe eines Hirtenbriefes des Paderborner Bischofs abgewendet.

Undogmatische Haltung. Die im einzelnen nicht beschönigende, im ganzen aber erhöhende Zeichnung der Familie, deren Letzte die Autorin ist, Teil der Selbststilisierung. Impressionistischer Stimmungskunst näher als expressiver oder neusachlicher Aussage.

Auff. 19. 12. 1936 in Zürich, Schsp.-Haus.

1932	**Else Lasker-Schüler** (Biogr. S. 539): **Konzert**

Essays und Gedichte. Reife Prosa der Dichterin. Buntes Poesiespiel im frommen Anschauen der Welt, vor allem der eigenen Vergangenheit. Gegenwartserlebnisse, Betrachtungen über Liebe, Kunst, Natur. Die Weltschau von der Kabbala vorgezeichnet.

Kindliches Vertrauen in Gott und wiederum Glaubensverlorenheit und Vereinsamung des Menschen. Gottessehnsucht und Liebessehnsucht. Kunst, Liebe, Frömmigkeit und Spiel als Möglichkeiten zur Erlösung.

Weitere, zu L.-Sch.s Lebzeiten erschienene Werke: *Das Hebräerland* (1937, Bericht über die erste Palästinareise 1934); *Mein blaues Klavier* (1943, Gedichte).

1932   **Agnes Miegel**
(1879–1964, Königsberg, Bad Nenndorf):
Herbstgesang

Gedichte.
Meist breit angelegte Erinnerungsbilder aus der älteren und der miterlebten jüngsten Gesch. Ostpreußens.

1932   **Joseph Roth**
(1894–1939, Brody, Wien, Paris):
Radetzkymarsch

R.
Untergang der Habsburgermonarchie, dargestellt am Schicksal der Familie von Trotta.

Forts.: *Die Kapuzinergruft* (1938, Amsterdam; Ausg. in Dld. 1950). Ein aus einer Seitenlinie stammender bürgerlicher Trotta erlebt in der Zeit von 1914 bis 1938 den Verfall und das Ende des österreichischen Staates.

1956 *Werke,* 3 Bdd.

1932   **Hans Fallada**
(d. i. Rudolf Ditzen, 1893–1947, Greifswald, Berlin):
Kleiner Mann, was nun?

R.
Arbeitslosennot des kleinen Angestellten und seiner Lebensgefährtin. Trotz kümmerlichen Daseins in einer Laube bleibt das Gefühl der Zusammengehörigkeit, »das alte Glück, die alte Liebe«.
In der Tradition von Raabe und Fontane stehende realistische Darstellung von Milieu, Alltag, Kleinwelt.

1932   **Martin Kessel**
(1901–1990, Plauen, Berlin):
Herrn Brechers Fiasko

Satirischer R.
Das »Büro« als geometrischer Ort primitiver Konflikte und Komplikationen. Der Kompromißlose scheitert an der millionenfachen Übereinkunft.

1933   **Thomas Mann**
(Biogr. S. 581):
Die Geschichten Jaakobs

R. 1. Teil der Tetralogie *Joseph und seine Brüder.*

Entst. seit 1926.
Weitere Teile: *Der junge Joseph* (1934), *Joseph in Ägypten* (1936, Wien), *Joseph der Ernährer* (1943, Stockholm).

Angeregt durch das frühe Bildungserlebnis des »Ägyptischen« und in bewußter Parallelität zu Goethes Kindheitsbekanntschaft mit den Erzvätergeschichten (vgl. *Dichtung und Wahrheit*, 4. Buch).

Joseph ist berufen, Mittler zwischen Natur und Geist, Mythos und geschichtlicher Gegenwart zu sein, die Exklusivität Gottes, die die Sorge seiner Väter war, wieder mit den Ursprüngen zu verbinden. Entscheidend das Erlebnis Ägyptens, seines zivilisatorischen Fortschritts, aber auch seines wurzellosen Geistes. Zweimal wird der vom Glück verwöhnte Jüngling in seiner Selbstsicherheit erschüttert; sieben Gründe verpflichten ihn seinem Gott und bestimmen ihn, die Liebe Mut-em-enets, der schönen Frau des Eunuchen Potiphar, abzuweisen. Gereift und einsichtig geworden, ist er schließlich fähig, Retter und Reformer Ägyptens zu werden. »Fabulierende Ausführung« des legendären Kurzberichtes der *Genesis* mit dem Blick auf »einen menschlichen und geistlichen Gehalt« (Thomas Mann). Trotz Verarbeitung von wissenschaftlichem Material nicht historische Rekonstruktion, sondern »parodistisch«, das Überzeitliche und Moderne anstrebend. Ziel, den Mythos durch das Mittel der Psychologie »ins Humane umzufunktionieren« (M.). Weitgespanntes Beziehungssystem von Leitmotiven, Symbolen und mythologischen Anspielungen.

1933/34   **Ernst Wiechert**
          (Biogr. S. 582):
          Die Majorin

Erz. In *Westermanns Monatshefte*.

Entst. 1933.

Rettung eines Heimkehrers durch die entsagende Liebe einer Frau.

Buchausg. 1934.

1934   **Josef Weinheber**
          (1892–1945, Wien, Kirchstetten/Niederösterreich):
          Adel und Untergang

Gedichte.
Enthält: *Antike Strophen; Variationen auf eine hölderlinische Ode; Heroische Trilogie; Das reine Gedicht; Wort und Welt; Blumenstrauß; Blick auf sich zurück.*
Gedichte von der Berufung, der Einsamkeit und dem Opfer des Künstlers, ein Thema, das bereits das expressionistische Frühwerk anschlug (*Der einsame Mensch,* 1920); »Adel« besteht in lohnloser Leistung. Von Schopenhauer und Nietzsche beeinflußte Lebensanschauung. Der Dichter als Erfüller eines transzendenten Auftrages. Bewältigungen einer gegebenen Form oder eines Themas, so 10 Variationen auf Hölderlins Ode *An die Parzen.* Architektonisches Gestalten nach fast mathematischem Schema, so *Heroische Trilogie.*

1934   Gertrud Kolmar
(d. i. Gertrud Chodziesner, 1894–?, Berlin):
Preußische Wappen

Gedichte.

Angeregt durch die kleinen bunten Wappen, die bestimmten Kaffeepackungen bei-
gegeben waren und G. K. bei der Arbeit in der Küche des Elternhauses auffielen.

Nicht versifizierte Heraldik, sondern poetisch freie und sehr persönliche
Auswertung der in den Wappen verwendeten Elemente. Versmaß und
Strophenbau jeweils eingehalten, aber im ganzen Zyklus stark variiert.

Mit *Die Frau und die Tiere* (1938) und den von G. K. bis zu ihrer Verschleppung in
ein KZ 1943 geschaffenen übrigen Gedichten in *Das lyrische Werk* (1955 und
1960).

1934   Hans Fallada
(d. i. Rudolf Ditzen,
1893–1947, Greifswald, Berlin):
Wer einmal aus dem Blechnapf frißt

R.

Problem des entlassenen Sträflings, der schließlich wieder im Gefängnis
landet.
Der R. hält sich, im Gegensatz zu der Gestaltung des Motivs bei Döblin,
ganz im Rahmen des erzählerischen Realismus.

Weitere zeitkritische Rr.: *Wolf unter Wölfen* (1937), *Jeder stirbt für sich allein*
(1947).

1934   Annette Kolb
(1875–1967, München, Badenweiler, Paris):
Die Schaukel

R.

Autobiographischer Rückblick auf Jugenderlebnisse und großbürgerliche
Existenzformen in München vor der Jh.-Wende.

1934   Alexander Lernet-Holenia
(1897–1976, Wien, Sankt Wolfgang):
Die Standarte

R.

Die Standarte, für einen Fähnrich gegen Ende des Ersten Weltkriegs noch
immer verpflichtendes Symbol, wird von ihm unter Lebensgefahr nach
Wien gerettet, während das alte Österreich zusammenbricht und Fahnen-
eide aufgekündigt werden.
Melancholisch-chevalereske Erinnerung an eine untergegangene Offi-
zierswelt; Ansätze kritischer Wertung. Nachklang von Rilkes *Weise von
Liebe und Tod* . . . . . (1906).

1934   **Willi Bredel**
           (1901–1964, Hamburg, Tschechoslowakei, Sowjetunion,
           Berlin-Ost bzw. DDR):
           Die Prüfung

»R. aus einem Konzentrationslager«, ersch. im Malik-Verlag, Prag/London.

In Gedanken konzipiert 1933–1934 im Konzentrationslager Fuhlsbüttel, niedergeschrieben 1934 in Prag.

Darstellung der Schicksale und Leiden im Konzentrationslager Fuhlsbüttel von August 1933 bis März 1934. Skala der verschiedenen politischen Richtungen und menschlichen Verhaltensweisen. Im Vordergrund der ehemalige kommunistische Reichstagsabgeordnete Heinrich Torsten (d. i. Matthias Thesen), der kommunistische Redakteur Walter Kreibel (mit autobiographischen Zügen B.s) sowie der Sozialdemokrat Dr. Fritz Koltwitz.

Realistische Schilderung aus eigenem Erleben. Die Namen der Lagermannschaften und ihrer politischen Auftraggeber sind beibehalten, die der Häftlinge geändert.

In 17 Sprachen übersetzt. Ausg. in Dld. 1946.

1934   **Erwin Guido Kolbenheyer**
           (Biogr. S. 581):
           Gregor und Heinrich

Schsp. 5, Prosa. Auff. 18. 10. in Dresden, Staatliches Schauspielhaus. Buchausg. im gleichen Jahr.

Heinrichs IV. Gang nach Canossa als Höhepunkt der Auseinandersetzung zwischen Reichsidee und Gottesstaatsidee. Gregor VII. und Heinrich IV. sind ebenbürtige, selbstlose, vergeistigte Gegner: Der Papst weiß, daß er verzeihend unterliegen, Heinrich, daß er büßend siegen wird.

Sprachliche Annäherung an älteres Deutsch wie in K.s Rr.

1934   **Hans Rehberg**
           (1901–1963, Posen, Meckerndorf/Mark, Duisburg):
           Der Große Kurfürst

Schsp. 3, Prosa. Auff. 30. 11. in Berlin, Staatliches Schsp.-Haus. Buchausg. im gleichen Jahr.

Erstes Dr. in der Reihe der Preußen-Drr. Shakespearische Stilelemente verwendende Gestaltung der menschlichen und geschichtlichen Problematik der Hohenzollern.

Weitere: *Friedrich I.* (Kom. 3, Auff. 10. 4. 1935 in Leipzig, Altes Theater, Buchausg. im gleichen Jahr); *Friedrich Wilhelm I.* (Schsp. 3, Buchausg. 1935, Auff. 19. 4. 1936 in Berlin, Staatliches Schsp.-Haus); *Kaiser und König* (Schsp. 3, Buchausg. 1936, Auff. 27. 10. 1937 in Hamburg, Staatl. Schsp.-Haus); *Der Siebenjährige*

Krieg (Schsp. 3, Buchausg. 1937, Auff. 7. 4. 1938 in Berlin, Staatliches Schsp.-Haus); *Die preußische Komödie* (Kom. in 3 Tagen, Auff. 3. 3. 1940 in Darmstadt, Landestheater, Buchausg. im gleichen Jahr). Gesamtausg. unter dem Titel *Preußen-dramen* 1942.

1935	Wilhelm Lehmann
	(1882–1968, Hamburg, Eckernförde):
	Antwort des Schweigens

Erste repräsentative Gedichtslg.: Naturlyrik. Weder Idylle noch Natur-mystik, sondern Dg. von den »inneren Anschauungsformen« der Natur, die mit fast wissenschaftlicher Genauigkeit und unter Einschmelzung na-turwissenschaftlicher Fachwörter wiedergegeben werden. Gestalten aus Mythus und Dg. beleben die Landschaft.

1957 zus. mit *Der grüne Gott* (1942), *Entzückter Staub* (1946), *Noch nicht genug* (1950), *Überlebender Tag* (1954) und Gedichten aus den Jahren 1955–1957 in dem Sammelbd. *Meine Gedichtbücher.*

1935	Heinrich Mann
	(Biogr. S. 539):
	Die Jugend des Königs Henri Quatre

R. Ersch. in Amsterdam.

Forts.: *Die Vollendung des Königs Henri Quatre* (1938, Amsterdam).
Plan seit 1925; entst. in Frankreich seit 1933. Quellen: Ranke und Voltaire.

Der frz. Volkskönig (1553–1610) als sozialpolitisch vorbildliche Gestalt. Er liebt die Menschen, kennt ihre und seine eigene Gebrechlichkeit. Durch ihn siegt die Vernunft über den religiösen Fanatismus. »Weder verklärte Historie noch freundliche Fabel; nur ein wahres Gleichnis« (M.).
Jedes Kapitel des 1. Bd. durch eine frz. geschriebene »Moralité« zusam-mengefaßt, am Schluß des Ganzen ein feierlicher Nachruf »Allocu-tion«.

Gesamtausg. in Dld. 1951.

1935	Ernst Wiechert
	(Biogr. S. 582):
	Hirtennovelle

Nov.
Gesch. eines ostpreußischen Hirtenknaben, Inbegriff des »einfachen« Menschen, der 1914, nachdem er die Dorfbewohner und seine Herde vor den Russen verborgen hat, sein Leben läßt, um ein Lamm zu retten.
Naturfrömmigkeit, konservative Grundhaltung, Anklänge an das bibli-sche Gleichnis vom guten Hirten.

1935	**Werner Bergengruen**
	(Biogr. S. 580):
	Der Großtyrann und das Gericht

R.

Beginn der Niederschrift 1929; Hauptarbeit 1933–1934.

In einem ital. Stadtstaat spielende Gesch. von den »Versuchungen der
Mächtigen und der Leichtverführbarkeit der Unmächtigen und Bedrohten« (B.). Durch das souveräne, aber frevlerische Spiel mit der Aufdek-
kung eines Mordes stürzt der Großtyrann die ganze Stadt in eine Furcht,
die alle bösen Kräfte der Menschen frei macht. Erst der Opferwille des
Färbers führt den Tyrannen zur Einsicht seiner Superbia und zur Ehrfurcht gegenüber der Allmacht Gottes.
Motiv und Technik der Detektiv-Lit., geistig-weltanschaulich überhöht.
Nähe zur Nov.-Kunst C. F. Meyers.

Zur Entstehung und Absicht des R. vgl. B.s. *Schreibtischerinnerungen* (1961).

1935	**Friedrich Bischoff**
	(1896–1976, Neumarkt, Breslau, Berlin, Baden-Baden):
	Die goldenen Schlösser

R.

Romantisch-mystische Gesch. des Findelkindes Agnete, das auf seinen
Ziehvater, einen schlesischen Dorfgastwirt, einen bessernden Einfluß aus-
übt. Als der Pflegevater einer andersgearteten Frau zufällt, entschwindet
Agnete ins Unbekannte, aus dem sie kam.

1935	**Elias Canetti**
	(geb. 1905, Rustschuk, Wien, London, Zürich):
	Die Blendung

R. Ersch. in Wien.

Entst. 1930–1931. Einfluß der gesellschaftskritischen Bilder von George Grosz.

Gesch. eines anerkannten Sinologen, der über der Wissenschaft die Beziehung zur Wirklichkeit verloren hat, von seiner Umgebung ausgeplün-
dert wird und schließlich, von Verfolgungswahn gefoltert, sich mit seinen
Büchern verbrennt.
Die Figuren gekennzeichnet durch inhumane Besessenheit, eine je eigene
Wahnlogik und im Monolog entstehende »akustische Maske«. Realismus
bis zur Karikatur gesteigert.

1935   **Edzard Schaper**
         (1908–1984, Ostrowo, Hannover, Estland, Zürich, Bern):
         Die sterbende Kirche

R.
Existenzkampf der russ.-orthodoxen Kirche in Port Juminda in Estland
nach der kommunistischen Revolution. Die baufällige Kirche begräbt
schließlich Pater Seraphim und die Gemeinde unter ihren einstürzenden
Mauern. Der Glaube lebt in jungen Menschen weiter. Realistisches Erfassen östlicher Landschaft und östlicher Menschen. Einfluß von Dostojewskij und Leskow. Formal an Kleist geschult.

Forts.: *Der letzte Advent* (1949); Märtyrerschicksal des Diakons Sabbas.

1936   **Oskar Loerke**
         (1884–1941, Jungen/Westpr., Berlin):
         Der Wald der Welt

Gedichte.

Letzte der 7 motivisch verwandten Gedichtslgg. L.s, nach *Wanderschaft* (1911),
Gedichte (1916), *Die heimliche Stadt* (1921), *Der längste Tag* (1926), *Atem der Erde*
(1930), *Der Silberdistelwald* (1934). Vgl. *Meine sieben Gedichtbücher*.

Abschnitte: *Der Wald der Welt, Die Grundmächte, Unterwelt, Tröstungen,
Bemalte Vasen von Atlantis, Das alte Dasein.* Spannung zwischen Gesamt-
und Einzelleben. Kleinheit und Vergänglichkeit des Menschen gegenüber
der überdauernden Natur. Atlantis als Symbol geistigen Lebens, das untergeht, wenn ein Volk sein Daseinsrecht an böse Dämonen verspielt hat.
Die Unterwelt, Spaltung der Eindeutigkeit des Geistes, wird überwältigt
werden.
Vorherrschen schlichten Ausdrucks. Neben neueren Formen Strophen
des Kirchenlieds, des Volkslieds, der weltlichen Hymne.

1949 *Die Abschiedshand,* aus dem Nachlaß hgg. Hermann Kasack.

1936   **Friedrich Bischoff**
         (1896–1976, Neumarkt, Breslau, Berlin, Baden-Baden):
         Schlesischer Psalter

»Ein Dank- und Lobgesang.«
Gedichte um erlebte Landschaft und Kultur und, in dem Epilog *Werkstatt
zwischen Himmel und Erde,* um hist. Gestalten.

1936   Frank Thiess
          (1890–1977, Livland, Berlin, Stuttgart, Wien, Rom,
          Bremen):
          Tsushima

R. eines Seekrieges.

Bis auf Eindrücke der Kindheit zurückgehender Plan; entst. 1935/36.

Behandelt Fahrt und Vernichtung der russischen Flotte bei Tsushima im
russisch-japanischen Kriege 1905. Versuch einer Überwindung des »hist.
R.«, »nicht einen Seekriegs-R., sondern den R. eines Seekrieges zu
schreiben« (T.).

1936   Hermann Kesten
          (geb. 1900, Nürnberg, große Reisen, Berlin, USA, Basel):
          Ferdinand und Isabella

R. Ersch. in Amsterdam.
Auseinandersetzung Heinrichs IV. von Kastilien mit seiner Stiefschwester
Isabella, die ihm 1474 in der Regierung folgte und durch ihre Heirat mit
Ferdinand von Aragon den Grund zur span. Weltmacht legte.

Der 1. Teil des R. erschien in Dld. 1952 unter dem Titel *Um die Krone – Der Mohr
von Kastilien,* der 2. Teil 1953 unter dem Titel *Sieg der Dämonen – Ferdinand und
Isabella.* Forts.: *König Philipp II.* (1938; Ausg. in Dld. 1950 unter dem Titel *Ich, der
König – Philipp II.*).

1936   Stefan Andres
          (1906–1970, Breitwies b. Trier, Positano, Unkel/Rhein):
          El Greco malt den Großinquisitor

Nov.
El Greco kommt seinem Auftrag, den Großinquisitor zu porträtieren,
nach, um »das Antlitz dieser Ächter Christi festzuhalten«. Aber sein Ma-
lerauge entdeckt die tiefe Schwermut im Blick des Kirchenfürsten, und
sein Bild zeigt einen »heiligen Henker«.

1936   Franz Theodor Csokor
          (1885–1969, Wien):
          3. November 1918

Dr. 3, Prosa.

Entst. 1935.

»Vom Ende einer traditionsreichen Armee, die aus dem Kriege nicht
heimkehrte«, sondern in den neuen Nationalstaaten aufging. Sieben Offiziere, ein Regimentsarzt, zwei Soldaten und eine Krankenschwester sind
in einem Genesungsheim in den Kärntner Karawanken durch Schnee von
der Außenwelt abgeschlossen und erfahren den Waffenstillstand sowie

das Ende des österreichisch-ungarischen Staates erst durch einen aufstän-
dischen Matrosen der bei Pola versenkten Flotte. Die verschiedenen Na-
tionalitäten angehörigen Offiziere bekennen sich sofort zu ihren neuge-
schaffenen Nationalstaaten. Als der Oberst, dem der Zerfall Österreichs
und der Armee das Ende einer Welt bedeutet, sich erschießt, empfinden
sie jedoch wie er die Entwicklung von der Völkergemeinschaft zur nationalen Aufspaltung als Rückschritt und Gefahr. Schon trennt die National-
idee den Deutsch-Kärntner von dem ihm bisher befreundeten sloweni-
schen Kärntner; um Mitternacht schickt er aus dem von den Kameraden
verlassenen Heim die erste Maschinengewehrgarbe in die slowenische
Stellung.

Auff. 10. 3. 1937 in Wien, Burgtheater. C. erhielt für das Dr. den Grillparzerpreis
und den Burgtheaterring.

1937	**René Schickele**
	(1883–1940, Oberehnheim, Paris, Berlin,
	Sanary/Frankreich):
	Die Flaschenpost

R. Ersch. in Amsterdam.
Tragikom. des Individualisten Wolke, der, erschreckt von der Massenzivi-
lisation, zuletzt im Irrenhaus Zuflucht findet, wo er »endlich allein sein«
kann.

Ausg. in Dld. 1950.

1937	**Werner Bergengruen**
	(Biogr. S. 580):
	Die drei Falken

Nov.
An der aus den drei kostbaren Vögeln bestehenden Erbschaft wird die
Habsucht und die edle menschliche »Sinnesart des Falken« auf die Probe
gestellt.

1937	**Jochen Klepper**
	(1903–1942, Beuthen/Oder, Berlin):
	Der Vater

R.
Versuch einer Rechtfertigung Friedrich Wilhelms I. in seinem Verhältnis
zu seinem Sohn Friedrich II. von Preußen. Die Gestalt des Königs aus
seiner Frömmigkeit und seiner Vorstellung von einem verpflichtenden
Gottesgnadentum erklärt.
Wahl des hist. R., weil sich das Walten Gottes am hist. Stoff am besten
sichtbar machen lasse (*Der christliche R.*, 1940).

1937   Rudolf Alexander Schröder
             (1878–1962, Bremen, Berlin, Bergen/Obb.):
             Die Ballade vom Wandersmann

Gedichtzyklus.

Entst. 1935 in Italien im Hause Rudolf Borchardts.

Das Ich auf der Wanderung. Zusammenklingen von persönlichem und allgemeinem Leid.

Um zwei früher zurückgehaltene Gedichte erweiterte Ausg. 1947.

1937   Ina Seidel
             (Biogr. S. 582):
             Gesammelte Gedichte

Vorher einzeln bereits: *Gedichte* (1914), *Neben der Trommel her* (1915), *Weltinnigkeit* (1918), *Neue Gedichte* (1927).

Das Geistig-Seelische im Symbol von Natur und Kreatur; sogar Gott erscheint als »schwere Honigblüte«, um die die »Imme«, die Seele, unablässig kreist.

1937   Richard Billinger
             (1893–1965, Wien, Berlin, München):
             Der Gigant

Schsp. 3, Prosa. Auff. 21. 10. in Berlin, Staatliches Schsp.-Haus. Buchausg. im gleichen Jahr.
Der Gigant ist die Stadt, die mit ihren Lockungen dem böhmischen Bauernmädchen zum Schicksal wird.

1938   Gertrud von Le Fort
             (Biogr. S. 581):
             Die Magdeburgische Hochzeit

R.
Knüpft an die Zerstörung Magdeburgs durch Tilly 1631 an: die gewaltsame Hochzeit der »Jungfrau Magdeburg« mit dem katholischen Feldherrn, der die Braut »in ihrem Brautbett« erwürgt. Durch das Brennen und Morden bei der Eroberung wird der Sieg des Reiches und des Katholizismus verscherzt, und die Protestanten werden den Schweden in die Arme getrieben. Das politische Thema im privaten Schicksal eines jungen Paares wiederholt.

1938   **Erwin Guido Kolbenheyer**
              (Biogr. S. 581):
              Das gottgelobte Herz

R. um die ma. Mystikerin Margarete Ebner, die in ihrem Ringen um
Gotteskindschaft eigene Wege geht und damit die von der Kirche vorge-
schriebenen verläßt. Der Konflikt gipfelt in der Auseinandersetzung Meister Eckharts und des Papstes. Sprachlich Annäherung an das Mhd.

1938   **Ina Seidel**
              (Biogr. S. 582):
              Lennacker

R. »Das Buch einer Heimkehr.«
Der letzte Sproß eines alten Geschlechts von Geistlichen erlebt, an den
Folgen einer Kriegsverwundung fiebernd, in zwölf Traumvisionen das
Schicksal seiner Vorfahren und die Entwicklung des dt. Protestantis-
mus.

Ergänzung durch den R. *Das unverwesliche Erbe* (1954), der die Gesch. von Lenn-
ackers mütterlichen Ahnen, den Widerstreit zwischen Protestantismus und Katholizismus in diesen Familien und die Möglichkeit einer Symbiose zeigt.

1938   **Kurt Kluge**
              (1887–1940, Leipzig, Dresden, Berlin):
              Der Herr Kortüm

R. in fünf Büchern.

Buch 1 *Die silberne Windfahne* in etwas anderer Fassung bereits 1934.
Buch 2 *Das Flügelhaus* ebenso bereits 1937.
Entst. seit 1932, Vorbild der Titelgestalt seit 1934 der Besitzer des »Schöffenhau-
ses« bei Ilmenau.

Leben und Meinungen des sonderbaren Gastwirts und humorvollen Weisen Friedrich Joachim Kortüm auf dem Thüringer Wald. Das Gasthaus
»an der Straße von Biscaya nach Taschkent« wird Rastpunkt zahlreicher
sich hier kreuzender Schicksale, die alle durch die überströmende Lebens-
kraft des Hausherrn bereichert werden, der selbst nicht zum Genusse
kommt, schließlich auf geheimnisvolle Weise verschwindet und als Stern
weiterlebt.
Stilistisch Einfluß von Jean Paul und Raabe.

1938   **Meinrad Inglin**
              (1893–1971, Schwyz):
              Schweizerspiegel

R.
Überwindung nationaler und sozialer Krisen in der Schweiz während des
Ersten Weltkrieges, dargestellt an einer Zürcher Familie. »Die Schweiz

ist ein Land für reife Leute ... Der rechtzeitige Gefechtsabbruch ist eine unserer wichtigsten und notwendigsten Bewährungen ... Das geht nicht ohne beständigen Kampf gegen die schwungvollen Ansprüche der extremen Lager und der eigenen Heldenbrust.«
Kraftvoller, auf psychologischer Einfühlung und minuziöser Beobachtung beruhender Realismus.

Neuausgabe 1955.

1938   Heimito von Doderer
         (Biogr. S. 580):
         Ein Mord den jeder begeht

R.
Lebensgesch. eines erfolgreichen jungen Mannes, der auf der Spur des vermeintlichen Mörders seiner Schwägerin entdeckt, daß er selbst leichtsinnig zu ihrem Tode beigetragen hat. Das hierdurch gewonnene Maß an Selbsteinsicht und innerer Freiheit läßt sein Weiterleben in den bisherigen Bahnen unmöglich scheinen: ein Unglück beendet sein Dasein.
In Thematik, Charakteren, Motiven Vorstufe zu D.s späteren Rr., die Darbietungsweise noch in der Art des einsträngigen chronologischen Erzählens.

1938   Reinhold Schneider
         (1903–1958, Baden-Baden, zahlreiche Reisen, Potsdam,
         Freiburg i. Br.):
         Las Casas vor Karl V.

»Szenen aus der Konquistadorenzeit.« Erz.
Der Dominikanermissionar Las Casas (1474–1566) erringt in Valladolid in einer großen Disputation vor Karl V. ein Gesetz, das die Indianer aus der Sklaverei befreit.

1938   Josef Weinheber
         (1892–1945, Wien, Kirchstetten/Niederösterreich):
         Zwischen Göttern und Dämonen

40 Oden.

Entst. in Kirchstetten Juni 1937 bis Juli 1938.

Zehn Gedichtkreise. »Auseinandersetzung mit Rilke, mit Orpheus« (W.). Dem »heilen« Dasein von Rilkes Sänger der kämpfende Dichter, Rilkes »Dingen« die Überlegenheit des auf sich gestellten Menschen entgegengesetzt. Heroischer Realismus.

1939   **Gerhart Hauptmann**
           (Biogr. S. 464):
           Die Tochter der Kathedrale

Dram. Dg. 5, in Versen und Prosa. Auff. 3. 10. in Berlin, Staatliches Schsp.-Haus; Buchausg. im gleichen Jahr.

Entst. 1935–1938.

Die »Tochter der Kathedrale« ist eines der beiden Zwillingskinder, durch deren schließlich zustande kommende Heirat mit zwei Zwillingsbrüdern der Haß zweier ma. Fürstenhäuser beendet wird.

1939   **Thomas Mann**
           (Biogr. S. 581):
           Lotte in Weimar

R. Ersch. in Stockholm.

Teildrucke in der Zs. *Maß und Wert* 1937 und 1939.
Entst. seit 1936.

Die eingehendste Materialstudien verarbeitende Handlung baut die späte Wiederbegegnung zwischen dem auf der Höhe seines Daseins stehenden Goethe und seiner Jugendgeliebten Charlotte Kestner geb. Buff im Jahre 1816 dichterisch aus. Goethe gesehen als Lebenskünstler, dem eine Synthese von Künstler und Bürger gelungen ist; er meidet das Zerstörerische, durch das er sich gefährdet weiß. Die Personen seiner Umgebung erscheinen als Werkzeuge für die Existenz des Genies, Lotte, die durch ihre Umformung zu einer lit. Gestalt gleichsam vorzeitig entseelt ist, als Station auf seinem Wege. »Den Göttern opferte man, und zuletzt war das Opfer der Gott.«
Das Bild Goethes zunächst aus der Perspektive seiner Umwelt entwickelt, bis im 7. Kap. ein innerer Monolog des Dichters sein Wesen enthüllt. Nachbildung der Goetheschen Alterssprache.

Ausg. in Dld. 1946.

1939   **Stefan Zweig**
           (Biogr. S. 492):
           Ungeduld des Herzens

R. Ersch. in Stockholm und Amsterdam.
Im Sommer 1914 verlobt sich ein junger Offizier aus Mitleid mit einem gelähmten Mädchen. Sein Mitleid ist aber nur »Ungeduld des Herzens ... instinktive Abwehr des fremden Leidens vor der eigenen Seele«; er leugnet seine Verlobung vor den Kameraden und treibt die so Verschmähte in den Selbstmord.
Rahmen-Erz.: Der Offizier beichtet im Jahre 1938 sein Jugenderlebnis als das Motiv für sein im Krieg bewiesenes Heldentum.

1939   **Ernst Wiechert**
             (Biogr. S. 582):
             Das einfache Leben

R. von einem auf einer Insel in Masuren lebenden ehemaligen Seeoffizier, der im Erlebnis der Natur und in sinnvoller Arbeit wieder zu sich selbst findet.

Der Held eine Art Selbstporträt W.s. Titel beispielhaft für das gesamte Werk W.s: »Ich begann mit dem Wald und der *Bibel,* und damit werde ich wohl auch aufhören.« Musikalität, aber auch bewußte Bedeutsamkeit der Sprache.

1939   **Franz Werfel**
             (Biogr. S. 540):
             Der gestohlene Himmel

R., späterer Titel: *Der veruntreute Himmel.*

Die Magd Teta wird durch ihren Neffen um das Geld, womit sie ihn Priester werden lassen wollte, und damit zugleich um ihr ihm anvertrautes Seelenheil betrogen. Ihr naives Heilsbedürfnis ist so stark, daß sie bei einer Romfahrt den Segen des Papstes empfängt und dabei im Bewußtsein der Gnade stirbt.

W. erreichte mit diesem Werk, nach den zugkräftigen reportagehaften Rr. seiner mittleren Periode, eine neue lit. Höhe. Rahmenerz. »Eine Groteske mit einer Legende« verbunden (W.). Teta in *Barbara oder die Frömmigkeit* (1929) vorgeprägt.

1939   **Ernst Jünger**
             (Biogr. S. 581):
             Auf den Marmorklippen

In einer zwischen Wirklichkeit und Unwirklichkeit gehaltenen Landschaft angesiedelte symbolhaltige Erz. um das Problem von Macht und Widerstand. Haltung des adligen Menschen gegenüber der Gewalt. Schließlich Zerstörung der als abendländische Kultur deutbaren Idylle.

Der Geist der Zeit in eine Allegorie gefaßt. Realismus im Detail, daneben Darstellung der Traumwelt des Unbewußten, Entwicklung auf eine neue Wirklichkeit zu. Standpunkt eines »heroischen Realismus« (vgl. J.s Schrift *Über die Linie,* 1950. Heidegger gewidmet).

1939   **Konrad Weiß**
             (1880–1940, Tübingen, München):
             Das Sinnreich der Erde

Gedichte.

Nach den früheren Bdd. *Tantum dic verbo* (1918), *Die cumäische Sybille* (1921) und *Das Herz des Wortes* (1929) letzte zu W.s Lebzeiten erschienene Slg. von Gedichten, die jedoch fast zur Hälfte vor 1921 entstanden waren.

Zentrales Thema: Ringen des lyrischen Ich um Gottes- und Weltverständnis. Sehnsucht nach Einkehr in Gott trotz des Wissens um das »verlorene Paradies«, die scheinbar unüberwindbaren Grenzen des Irdischen. Natur und Kreatur, unter das Symbol der Tageszeiten (Abschnitt: *Wanderer in Tagen*) und Jahreszeiten (Abschnitt: *Zweige der Jahre*) gestellt, haben immer eine irdisch-schuldhafte und eine Gott zugewandte Seite *(Glocke der Nächte; Pfingstmorgen; Der Sohn; Nec littera nec spiritu)*.
Spannung zwischen Bild und Wort: das eigentlich Wirkliche bleibt dem Wort unfaßbar, daher Bildersprache. Die Sprache muß die »Entfernung« nachvollziehen. Trotz formaler Anlehnung an ältere geistliche Dg. ist W.s Bilderreichtum nicht von kirchlicher Symbolik her erschließbar, sondern bleibt vielfach hermetisch.

1939   **Josef Weinheber**
(1892–1945, Wien, Kirchstetten/Niederösterreich):
Kammermusik

Gedichte.
Lyrische Variationen über Musikinstrumente und musikalische Formen; musikalische Symbolik für Erlebnis und Betrachtung.

1940   **Adrien Turel**
(1890–1957, Petersburg, Schweiz, Berlin, Zürich):
Weltleidenschaft

Gedichte.
Poetische Umschreibungen einer Weltvorstellung unter Einbeziehung der Zeit als vierter Dimension. Formeln für Dialektik und Polarität der Existenz. Nach T. ist Lyrik dazu »berufen, neben der Nuklearphysik und mit der modernen Malerei eine neue Weltachsen-Struktur der Menschheit auszudrücken«.

1960 Auswahl von 40 Gedichten aus dieser ersten und späteren Slgg. sowie aus unveröffentlichten Mss. unter dem Titel *Weltsaite Mensch*.

1940   **Georg Kaiser**
(Biogr. S. 539):
Der Soldat Tanaka

Schsp. 3, Prosa. Auff. 2. 11. in Zürich, Schsp.-Haus. Buchausg. im gleichen Jahr in Zürich und New York.

Entst. 1939–1940.

Soziale Anklage aus dem Milieu der Reisbauern. Der Soldat Tanaka muß erkennen, daß seine Landsleute darben und seine Schwester an ein Geishahaus verkauft wird, damit der Kaiser sich eine teure Armee halten kann.

Auff. in Dld. 13. 2. 1946 in Berlin, Hebbeltheater.

1940   **Johannes R. Becher**
                 (Biogr. S. 538):
                 Abschied

»Einer dt. Tr. erster Teil 1900–1914«. Ersch. in Moskau.
Autobiographischer R. und Auseinandersetzung zwischen der bürgerlichen Vergangenheit und sozialistischem Zukunftswillen.

Ausg. in Dld. 1945.

1940   **Werner Bergengruen**
                 (Biogr. S. 580):
                 Am Himmel wie auf Erden

R.
Gestaltet die Wirkung von Weltuntergangsprophezeiungen in dem Berlin des Jahres 1524. Aus moralischem Chaos und Todesangst erneuern sich die Menschen in Erkenntnis des Bibelwortes »Fürchtet Euch nicht!«
Thematisch verwandt mit *Der Großtyrann und das Gericht* (1935).

Über Entstehung und Schicksale des R. s. *Schreibtischerinnerungen* (1961).

1940   **Alexander Lernet-Holenia**
                 (1897–1976, Wien, Sankt Wolfgang):
                 Mars im Widder

R. In *Die Dame,* 8 Folgen ab H. 22 (1940) – H. 3 (1941).

Entst. 15. Dezember 1939 – 15. Februar 1940.

Ein österreichischer Adliger, Teilnehmer am Ersten Weltkrieg, gerät im August 1939 während einer Reserveübung als Offizier ahnungslos durch eine Frau in die Nähe Oppositioneller sowie in den ausbrechenden neuen Krieg.
Persönliche Erfahrungen im Polenfeldzug nicht zeitkonform eingefärbt. Irrationales, Träume, Phantastisches mit Realistischem verwoben.

1941 in Leipzig für den S. Fischer-Vlg. hergestellte Buchausg. verboten, 1943/44 bei Bombardierung verbrannt. Neuausg. Stockholm 1947.

1940   **Horst Lange**
                 (1904–1971, Liegnitz, Berlin, München):
                 Ulanenpatrouille

R., »Die Gesch. einer Liebe«.
Ein Leutnant begegnet 1913 bei einem Manöver östlich der Oder seiner inzwischen verheirateten Jugendgeliebten wieder, versäumt seine militärische Aufgabe und stirbt bei dem Versuch, den Fehler gutzumachen. Die stark einwirkende Natur und die Menschen des Ostens gefährden eine zwar bejahte, aber verkrustete, überfordernde Lebensform.
Der nüchterne Bericht durchsetzt mit Träumen und Visionen.

1940   Edzard Schaper
        (1908–1984, Ostrowo, Hannover, Estland, Zürich, Bern):
        Der Henker

R., seit der 3. Aufl. 1956 unter dem Titel *Sie mähten gewappnet die Saaten.* Konflikt des Rittmeisters von Ovelacker zwischen den Pflichten eines kaiserlich russischen Offiziers und eines baltischen Junkers. Spannungssituation der russ., dt. und estnischen Interessen um 1905. Lösung in dem Verzicht auf politischen Anspruch und formales »Recht«, Hinwendung zu den unschuldig Leidenden.

1941   Gerhart Hauptmann
        (Biogr. S. 464):
        Iphigenie in Delphi

Tr. 3, in Versen. 4. Teil von *Die Atriden-Tetralogie.* Auff. 15. 11. in Berlin, Staatliches Schsp.-Haus. Buchausg. 1942.
Anregung durch den in der *Italienischen Reise* skizzierten Plan Goethes. Entst. innerhalb von 3 Wochen.

1. Teil *Iphigenie in Aulis,* Tr. 5, in Versen. Auff. 15. 11. 1943 in Wien, Burgtheater. Buchausg. 1944.
2. und 3. Teil *Agamemnons Tod,* Tr. 1, in Versen, *Elektra,* Tr. 1, in Versen. Sendung *Agamemnons Tod* 28. 7. 1946 Drahtfunk des amerikan. Sektors Berlin; Auff. beider Trr. 10. 9. 1947 in Berlin, Kammerspiele. Buchausg. 1948.
Gesamtausg. der Tetralogie 1949.

Im Gegensatz zu der klassisch-humanitären Sicht des 18. Jh. moderne und psychologische Fassung des archaischen Stoffes. Das Atridenhaus wird durch die Forderung der chthonischen Nachtgottheiten nach Opferung Iphigenies in Zwist und Unglück gestürzt, bis Iphigenie sich freiwillig durch den Sturz vom Felsen in Delphi zum Opfer bringt. Ursprung der antiken Tr. das Menschenopfer (vgl. *Griechischer Frühling,* 1908). Die einzelnen Repräsentanten des Atridenhauses müssen ins Übermenschliche wachsen, um die von den Schicksalsmächten geforderten Bluttaten ausführen zu können. Es bleibt die Hoffnung auf eine Wiedergeburt des Menschlichen, nachdem es vernichtet worden ist.
Schwanken zwischen Stilisierung und psychologisierendem Realismus, schlicht volkstümlicher und mythendeutend vielsinniger Sprache.

1941   Bertolt Brecht
        (Biogr. S. 580/581):
        Mutter Courage und ihre Kinder

»Eine Chronik aus dem Dreißigjährigen Krieg« in zwölf Bildern. Auff. 19. 4. in Zürich, Schsp.-Haus.
Entst. 1938 in Skandinavien.

Unter Anregung durch Grimmelshausens Simpliziaden und unter Weiterbildung seiner Landstörzerin gestaltete Szenenfolge über die Sinnlosigkeit

des Krieges. Die Marketenderin Anna Fierling, die sich den Zeiten an-
paßt und mit dem Krieg Geschäfte zu machen sucht, verliert durch ihn
ihre drei Kinder.

Wiederaufnahme des Motivs von *Trommeln in der Nacht.* Nach der bewußten Reduzierung und Verengung von Handlung und Gestalten in den
»Lehrstücken« (seit *Das Badener Lehrstück,* 1929) Beginn von B.s we-
sentlichem Spätwerk. Den einzelnen Bildern des Dr. im Sinne des »Verfremdungs-Effekts« Vorberichte des Inhalts vorausgestellt, Spruchbänder, die das private Geschehen in den hist. Zusammenhang ordnen.

Auff. in Dld. 31. 5. 1946 in Konstanz, Stadttheater. Buchausg. in *Versuche 20–21*
(Heft 9) 1949.

1941   Frank Thiess
**   (1890–1977, Livland, Berlin, Stuttgart, Wien, Rom,**
**   Bremen):**
**   Das Reich der Dämonen**

»R. eines Jahrtausends«.

Konzeption Anfang der 30er Jahre, Vorarbeiten 1939, Niederschrift Januar bis
August 1940.

Aus dem ursprünglichen Plan eines Porträts der Kaiserin Theodora (um
508–548) entstandene, die Gegenwart in der Vergangenheit deutende
Darstellung Griechenlands und des byzantinischen Reiches bis zum Ende
des Kaisers Justinian (527–565). »Beantwortung der Frage: gibt es geschichtliche Gesetze, deren Übertreten regelmäßig zu Rückbewegungen
und Katastrophen führt?« (T.)

1941   Stefan Zweig
**   (Biogr. S. 492):**
**   Schachnovelle.**

Ersch. in Stockholm.
An Bord eines Südamerikadampfers spielende Nov., die einen erregenden Augenblick aus der überstandenen Haftzeit in einem Konzentrationslager verarbeitet.

Ausg. in Dld. 1951.

1941   Franz Werfel
**   (Biogr. S. 540):**
**   Das Lied von Bernadette**

R. Ersch. in Stockholm.
Geschichte des Wunders von Lourdes, geschrieben in Erfüllung eines bei
der Flucht aus Frankreich (1940) abgelegten Gelübdes.

In Dld. zunächst in *Der Tagesspiegel* 1945/46, Buchausg. 1948.

1942 **Stefan Andres**
(1906–1970, Breitwies b. Trier, Positano, Unkel/Rhein):
Wir sind Utopia

Nov. In *Frankfurter Zeitung.*

Entst. 1941.

Ein ehemaliger Mönch, der im span. Bürgerkrieg kämpft, kommt als Gefangener eines kommunistischen Leutnants in die Klosterzelle zurück, aus der er vor zwanzig Jahren entwich. Der Leutnant, der die Mönche des Klosters niedermachen ließ und den sein Gewissen drückt, erkennt in ihm den Priester und will ihm beichten. Während dieser Szene erreicht ihn der Befehl, die Gefangenen wegen des nahenden Feindes umzubringen. In dem Soldaten Paco, der das Messer in der Tasche hat, mit dem er den Leutnant niederstechen und zweihundert Gefangene befreien kann, siegt das Priesteramt, das er aus Enttäuschung über das nicht zu verwirklichende Utopia ablegte und dessen Ruf er sich nicht mehr zu entziehen vermag: er stirbt mit seinen Mitgefangenen.
»Wir sind Gottes Utopia, aber eines im Werden« (A.). Utopia nicht Sache der Außenwelt, sondern der Gesinnung; Paco macht die Idee durch Selbstüberwindung wahr.

Buchausg. 1943.
Dramatisiert als *Gottes Utopia,* Tr. 5, Prosa; Auff. 16. 9. 1950 in Düsseldorf.

1942 **Anna Seghers**
(Biogr. S. 582):
Das siebte Kreuz

R. Ersch. in Mexiko.

Entst. während der Emigration in Frankreich. Die ersten Kapitel veröffentlicht in Zss. in Moskau.

Spielt im Herbst 1937; Schauplatz ist der Raum um Mainz. Von sieben Häftlingen, die aus dem KZ Westhofen geflohen sind, erreicht nur einer die rettende holländische Grenze. Das auch ihm zugedacht gewesene Kreuz an einem Baum auf dem Appellplatz des Lagers bleibt leer und wird den Lagerinsassen zum Symbol des Widerstandes und der Solidarität, mit der sie rechnen können.

Ausg. in Dld. 1946.

1943 **Hermann Hesse**
(Biogr. S. 490):
Das Glasperlenspiel

Teile schon 1934–1942 in *Die Neue Rundschau,* 1938 in *Corona.*

»Versuch einer Lebensbeschreibung des Magister Ludi Josef Knecht samt Knechts hinterlassenen Schriften«, 2 Bdd. Ersch. in Zürich.

Bildungs-R.; die Frage nach der Möglichkeit, in einer »pädagogischen Provinz« Kastalien dem Geist an sich zu leben, wird aufgeworfen und verworfen. Symbol und höchste Erfüllung dieser Provinz, das Glasperlenspiel, bedeutet Vereinigung der Künste und Wissenschaften, musischspielerische und zugleich denkerische Vergegenwärtigung aller geistigen Möglichkeiten des Menschen. Josef Knecht bricht aus dieser Welt aus, der Tod ereilt ihn an der Schwelle eines neuen Lebens. Kritisiert wird nicht die humanistisch-ästhetische Geistigkeit als solche, sondern ihr Absolutheitsanspruch und ihre Selbstisolierung.

Zusammenfassung der bisherigen Bemühungen H.s um die Gestaltung des Dualismus Trieb–Geist. Rückbezug auf frühere Werke, Widmung »Den Morgenlandfahrern« (*Die Morgenlandfahrt,* 1932), die also als geistige Vorfahren der Kastalier angesehen werden. Verhältnis des Dichters zur Meditation (seit *Siddharta,* 1922). Motiv des Spiels als einer geistigen Ordnung (seit *Der Steppenwolf,* 1927). Utopie. Drei zeitliche Ebenen: die des Biographen, die Knechts und die der Gegenwart, die für Knecht bereits weit zurückliegende Vergangenheit ist; die Zukunft, das Zeitalter Knechts, wird als etwas bereits Vergangenes dargestellt.

Ausg. in Dld. 1946.

1943   **Willi Bredel**
          (1901–1964, Hamburg, Tschechoslowakei, Sowjetunion, Berlin-Ost bzw. DDR):
          Die Väter

R. Ersch. in Moskau.
Erster Teil der Gesch. einer Hamburger Arbeiterfamilie als Beispiel für die Entwicklung der dt. Arbeiterklasse seit 1871. Die Handlung setzt um die Jahrhundertwende ein und endet 1914. Nach den Eingangskapiteln wird auf das letzte Drittel des 19. Jh. zurückgeblendet. B.s eigenem Schicksal und dem seiner Vorfahren entnommen.

Teil 2 *Die Söhne* (1949, 2. Fassung 1952, 3. Fassung 1960) behandelt die Periode seit 1915; Teil 3 *Die Enkel* (1953) setzt 1933 ein.

1943   **Bertolt Brecht**
          (Biogr. S. 580/581):
          Der gute Mensch von Sezuan

Parabelstück in zehn Bildern und einem Epilog, Prosa, verschiedentlich in freie Rhythmen übergehend; Auff. 4. 2. in Zürich, Schsp.-Haus.

Entst. 1938/1942.

B. zeigt am Beispiel der von drei Göttern auf der Suche nach guten Menschen entdeckten Shen Te, daß die Mildtätigkeit, die ihr ein Geschenk der Götter zu erlauben scheint, unter den bestehenden Verhältnissen Ruin herbeiführt. Um das unvermeidliche Schlechte zu tun, nimmt

Shen Te mehrmals die Rolle eines ›Vetters‹ an, bis sie die Doppelexistenz nicht mehr durchhalten kann, sich vor Gericht den als Richter fungierenden Göttern offenbart, aber von ihnen ratlos auf dieser Erde zurückgelassen wird. Die ›Lösung‹ im Epilog den Zuschauern aufgegeben.

Buchausg. 1953 in *Versuche* H. 12, 1957 in *Stücke* Bd. 8.

1943   Fritz Hochwälder
        (1911–1986, Wien, Zürich):
        Das heilige Experiment

Schsp. 5, Prosa. Auff. 24. 3. in Biel-Solothurn, Städtebundtheater.

Entst. 1942 am Lago Maggiore.

Die sozialen und wirtschaftlichen Erfolge des christlich-kommunistischen Jesuitenstaates in Paraguay sind dem span. Mutterland ein Ärgernis, es will ihn liquidieren lassen. Die Ordensleitung befiehlt 1767 die Selbstauflösung: »Diese Welt aber ist ungeeignet zur Verwirklichung von Gottes Reich.«

Buchausg. 1947.

1943   Bertolt Brecht
        (Biogr. S. 580/581):
        Galileo Galilei

Schsp. in 15 Bildern, Prosa. Auff. 9. 9. in Zürich, Schsp.-Haus.

Entst. 1938/39 in Dänemark.

Gewissenskonflikt Galileis, der durch seine Entdeckung, daß die Erde sich um die Sonne dreht, in Gegensatz zur Kirche gerät und unter dem Druck der Inquisition widerruft, weil er in der Wissenschaft geistigen Genuß, nicht Verantwortung sieht. Während Galilei sich als Gefangener der Inquisition selbst überlebt, wirkt seine Lehre in seinen Schülern weiter.

Neue Fassung, entst. 1945/46, Auff. Sommer 1947 in Beverly Hills/USA; 3. Fassung als *Leben des Galilei,* entst. 1955, Auff. 16. 4. 1955 in Köln, Städtische Bühnen. Buchausg. unter dem Titel *Leben des Galilei* 1957 in *Stücke* Bd. 8.

1943   Erwin Jaeckle
        (geb. 1909, Zürich):
        Die Kelter des Herzens

Gedichte in fünf Gruppen: *Die Trilogie Pan, In saeliger Gezeit, Die dreizehn Elfenlieder für Elfina, Auf gespannter Sehne, Der singende Ring* (16 Sonette).
Im wesentlichen Naturlyrik, in der die Natur beseelt und mythisiert wird. Natur als Gleichnis, auch Gottes. Seelische und erlebnismäßige Übergangsstimmungen.
Nachwirkungen neuromantischer Stimmungen, auch Stefan Georges.

1944   **Ricarda Huch**
            (Biogr. S. 491):
            Herbstfeuer

Gedichte.
Herbst der Natur und Herbst des Lebens. »Geh schlafen, mein Herz, es
ist Zeit. / Kühl weht die Ewigkeit.«

1944   **Alfred Neumann**
            (1895–1952, Berlin, München, Fiesole, Beverly Hills,
            Lugano):
            Es waren ihrer sechs

R. Ersch. in Amsterdam.
Thema ist das Schicksal der Geschwister Scholl und der mit ihnen im
Februar 1943 Hingerichteten.

Ausg. in Dld. 1947.

1944   **Anna Seghers**
            (Biogr. S. 582):
            Transit

R., ersch. in Mexiko in span. Sprache, in Boston in engl. Sprache.
Ein junger Monteur, in Marseille 1940 verfolgt, übernimmt um eines
Transits willen die Existenz eines Verstorbenen, die ihm der Zufall zu-
spielt.

1945 Ausg. in England, 1948 in Paris in frz. Sprache und in Dld. in dt. Sprache.

1945   **Hermann Broch**
            (Biogr. S. 580):
            Der Tod des Vergil

R. Ersch. in New York in dt. Sprache, in New York und London in engl.
Sprache.

Vorstufe: *Die Heimkehr des Vergil*, Erz. von B. 1935 im Wiener Rundfunk vorgetra-
gen. 1936–1945 fünf Fassungen, die letzte entst. seit 1940 gleichzeitig mit der engl.
Übs. von Jean S. Untermeyer. Beeinflußt durch die Interpretation Vergils als eines
Propheten Christi.

Das Sterben Vergils in Brundisium nach der Rückkehr aus Athen, im
wesentlichen dargestellt in einem Realität, Erinnerung und Zukunftsvision mischenden Fiebermonolog des Dichters. Unter den Gestalten seiner
Fieberphantasien steht vor allem der Knabe Lysanias, in dem Tod, Transzendenz, Christentum sich dem Sterbenden anzeigen. Der Dichterberuf
und die Unvergänglichkeit erscheinen fragwürdig, Vergil will die *Äneis*
vernichten: »Ich habe gedichtet, voreilige Worte ... ich dachte, es sei
Wirklichkeit, und es war Schönheit.« Er schenkt das Manuskript jedoch

unter Verzicht auf Buße seinem Freunde Oktavian und erkennt, daß er seinen Dichterstolz zu hoch geschraubt hat: schon das Streben nach Größe ist Größe. Tod als Vereinigung mit dem Unendlichen und Göttlichen.

Innerer Monolog im Ablauf von 18 Stunden wie in Joyces *Ulysses* (vgl. B.s Essay *James Joyce und die Gegenwart*, 1936); durch wenige Dialoge unterbrochen. Erzählerperspektive hauptsächlich von Vergil aus. Verwischung der Grenze zwischen dem Monolog Vergils und den lehrhaften Kommentaren des Erzählers. Gedankliches mit Emotional-Lyrischem verbunden, Sprache rhythmisch gehoben, wiederholt in Verse übergehend. »Nichts als ein ausgewalztes lyrisches Gedicht« (B.). Ziel: »Der erkenntnistheoretische R. statt des psychologischen« (B.).

1945	**Ernst Wiechert**
	(Biogr. S. 582):
	Die Jerominkinder

R. 1. Bd.

Entst. 1940–1941.

2. Bd. in *Der Tagesspiegel* unter dem Titel *Jons Ehrenreich Jeromin* 1947; Buchausg. im gleichen Jahr.

Schicksal einer ostpreußischen Bauernfamilie in der Zeit zwischen den Weltkriegen, besonders des späteren Landarztes Jons Ehrenreich Jeromin, der ein Helfer der Bedrängten wird.

1945	**Theodor Plievier**
	(1892–1955, Berlin, Tschechoslowakei, Frankreich, Sowjet-
	union, Weimar, Wallhausen/Bodensee):
	Stalingrad

R.

Die Schilderung beginnt mit der Einschließung der Stadt und endet mit der Kapitulation des dt. Oberkommandos.

Die Vorgeschichte, den Kriegsausbruch zwischen Deutschland und der UdSSR, gab P. in *Moskau* (1952), die Fortsetzung der kriegerischen Ereignisse in dem 3. Bd. *Berlin* (1954), der das Schicksal der dt. Hauptstadt von dem Beginn der Oderschlacht im April 1945 bis zum 17. Juni 1953 darstellt.

Dokumentierte epische Behandlung der Zeitgeschichte.

1945	**Johannes R. Becher**
	(Biogr. S. 538):
	Ausgewählte Dichtung aus der Zeit der Verbannung
	1933–1945

Gedichte, die das Schicksal des Verbannten in schmerzvollen Tönen aussprechen: Heimatsehnsucht, Erinnerungsbilder, Gedenken an dt. Städte und Landschaften, Einsamkeit in der Fremde, das Warten auf die Rückkehr, Mahnungen an Dld., z.B. *Heimkehr, Tränen des Vaterlandes, Anno 1937, Auf der Suche nach Dld., Ihr, die ihr Dld. liebt.* Im 3. Teil auch Gedichte auf die Sowjetunion, im 4. vor allem Bilder von der Sinnlosigkeit des Krieges.

Traditionelle, geschlossene Formen, als »Sinnbild einer Ordnungsmacht« auch häufig Sonette.

1945	**Rudolf Henz**
	(1897–1987, Göpfritz a.d. Wild, 1915–1918 Kriegsdienst, Wien):
	Wort in der Zeit

»Gedichte aus zwei Jahrzehnten«, eingeteilt in *Die erlöste Stadt, Strophen zu einem Selbstbildnis, Elegie der Gemeinschaft, Wort in der Zeit, In der Knechtschaft Gottes.*

Die Slg. enthält Gedichte aus den Bdd. *Unter Brüdern und Bäumen* (1929) und *Döblinger Hymnen* (1935) sowie seit 1935 entstandene Gedichte.

Frühe Gedichte geprägt vom Gegensatz zwischen ländlicher Herkunft und Bekenntnis zur Stadt, vom Erlebnis des Krieges und der Frage nach dem Sinn des künstlerischen Berufs. Spätere Gedichte in steigendem Maße Auseinandersetzung des gläubigen Christen mit der sozialen und politischen Zeitlage: »Aber vor den Angstträumen um Europa schützt mich kein Engel.« Einsamkeit des Außenstehenden, der die Vergötzung des Menschen und der Freiheit als Quelle des Übels erkennt und um »die Ketten des Glaubens« fleht. Bedeutsam vier Gedichte im *März 1938* und die neun Gedichte *Bei der Arbeit an den Klosterneuburger Scheiben,* als der »aus der Zeit« Gefallene bei der Restaurierung der alten Kirchenfenster die Geborgenheit in Gottes Ordnung bekennt.

Freirhythmische sowie geschlossenere Formen.

1945	**Georg Kaiser**
	(Biogr. S. 539):
	Das Floß der Medusa

Kinderstück »In sieben Tagen«. Auff. 19. 3. Basel, Stadttheater.

Entst. 1940–1943, angeregt durch Zeitungsmeldungen über die Rettung von Überlebenden, z. T. Kindern, eines torpedierten engl. Evakuierungsschiffes, die acht Tage in einem Boot auf offener See getrieben waren. Titel nach dem Gemälde *Le radeau de la Méduse* von J.-L.-A. Théodore Géricault.

Bei K. besteht die Bootsbesatzung aus 13 Kindern. Entgegen der ursprünglichen Absicht, ein Dr. zur Verurteilung der Erwachsenen zu schreiben, in deren Welt zurückzukehren sich ein Knabe weigert, entstand ein Werk, das die menschliche Brutalität schon im Kinde aufweist. Das Mädchen Ann reizt die Kinder zur Ermordung des 13. Kindes, das

Unglück bringe. Allan schützt es, verliebt sich aber in Ann, und während seiner Liebesnacht mit ihr wird es beseitigt. Allan büßt, indem er auf dem Boot zurückbleibt und durch Lichtsignale Jagdflieger anlockt, die ihn erschießen.

K. wiederholt das expressionistische Thema vom neuen Menschen, zu dem Allan sich wandelt; in der Darstellung jedoch realistisch.

Erstdruck 1948 in Zs. *Die Wandlung,* Buchausg. 1963.

1946   Alfred Döblin
(Biogr. S. 539):
Der Oberst und der Dichter oder das menschliche Herz

Erz.

Entst. 1944 in Los Angeles.

In einen Prozeß gekleidete Auseinandersetzung über die Gegensätzlichkeit von Macht und Liebe. Am Schluß die Stimme Gottes, der dem Hilfe verheißt, der ihn fürchtet.

1946   Franz Werfel
(Biogr. S. 540):
Stern der Ungeborenen

»Ein Reiseroman.«
Utopische Reise des Dichters »F. W.« als Bote des »primitiven 20. Jh.« in die Zeit nach hunderttausend Jahren. Die Menschen sind unverändert, ihr zivilisatorischer Fortschritt aber macht sie primitiven Kreaturen unterlegen und droht sie von Gott zu entfernen. Dennoch: »Wir entfernen uns nicht nur von Gott durch die Zeit, sondern wir nähern uns auch Gott durch die Zeit, indem wir uns vom Anfang aller Dinge weg und dem Ende aller Dinge zu bewegen.« Erprobung des christlich-katholischen Dogmas an einer Zukunftsgesellschaft, in der Übel und Erbsünde erhalten geblieben sind, und der Versuch, sich von diesem Fluch zu lösen. Theologische Utopie.
Anknüpfen an den Reise-R. und den utopischen R. des Barocks auch im Stil der Kapitelüberschriften. Unterbrechung der Handlung durch lehrhafte Ansprachen des Erzählers an den Leser.

1946   Hermann Kasack
(1896–1966, Potsdam, Berlin, Stuttgart):
Die Stadt hinter dem Strom

R. in *Der Tagesspiegel.*

Entst. 1942–1944 und 1946. Keimzelle ein schon 1941 aufgezeichneter *Totentraum.*

»Chronik einer Stadt, die dem Totenreich gleichgesetzt wird.« Ihr Chronist ist der von einer unbekannten Behörde herbeigerufene Orientalist

Dr. Robert Lindhoff, der den ihm zugewiesenen Ort als »Purgatorium« erkennt und tatsächlich an sich eine Art Katharsis erfährt.
In der Darstellung der unwirklichen Welt Einfluß Kafkas, der psychologischen Gespaltenheit Einfluß von Joyce.

Buchausg. 1947.

1946   **Erich Maria Remarque**
(d.i. Erich Paul Remark, 1898–1970, Osnabrück, Berlin, Schweiz, New York):
Arc de Triomphe

R. Ersch. in Zürich.

Schicksal eines aus Dld. geflohenen dt. Arztes in Paris bis zum Ausbruch des Zweiten Weltkrieges.

Ausg. in Dld. 1949.

1946   **Elisabeth Langgässer**
(1899–1950, Alzey, Darmstadt, Berlin):
Das unauslöschliche Siegel

R.
Gesch. von einem getauften Juden, dessen durch das Sakrament empfangenes Siegel auch durch ein Bündnis mit dem Teufel nicht aufzubrechen ist. Das Satanische wird vor allem in der Unzucht gesehen. Weltanschaulich Einfluß des Renouveau catholique, vor allem von Bernanos.
Stilistisch Einfluß von Joyce. Die erzählerische Darstellung ist mit Erinnerungsbildern, Zwischenspielen, Träumen, Gesprächsfetzen, inneren Monologen, Assoziationen durchsetzt. Häufiger Wechsel der Erzählerperspektive. Metaphernreiche Sprache.

1946   **Albrecht Haushofer**
(1903–1945, München, Berlin):
Moabiter Sonette

Entst. 1944/45 im Gefängnis und in der Hand des Erschossenen aufgefunden.

Unter äußerster Bedrängnis gezogene Summe des Lebens.

1946   **Reinhold Schneider**
(1903–1958, Baden-Baden, zahlreiche Reisen, Potsdam, Freiburg i. Br.):
Die neuen Türme

Ausgewählte Sonette.
Ringen eines Christen in dieser Zeit. Nach der Vernichtung des Alten werden »nur die Beter« die neuen Türme bauen.

1947   **Thomas Mann**
(Biogr. S. 581):
Doktor Faustus

R. Ersch. in Stockholm. »Das Leben des dt. Tonsetzers Adrian Leverkühn, erzählt von einem Freunde.«

Entst. seit Frühjahr 1943, Plan bis ins Jahr 1901 zurückreichend. Verarbeitung des *Volksbuches vom Dr. Faust* und biographischer Einzelheiten aus dem Leben Nietzsches sowie in geringerem Maße dem Hugo Wolfs.

Die aus Schuld und Unvermögen ihrem Verfall zutreibende dt. bürgerliche Gesellschaft vom Ende des 19. Jh. bis in die Gegenwart, beispielhaft gestaltet im Schicksal des hochbegabten Musikers Adrian Leverkühn, der dem Teufel verfällt. Ein ambivalenter Charakter: In ihm liegen geistiger Hochmut und Verschließung gegen das Kreatürliche neben der Neigung zum Archaisch-Dämonischen, zu Gebundenheit und Unfreiheit. Bei der Entscheidung zwischen der Sterilität des Epigonen und der durch teuflische Paralyse möglichen genialen Formkunst wählt er das letztere und entsagt damit der Liebe in jeder Form. Um den Preis einiger Jahre gesteigerten Schaffens nimmt er das Ende im Nichts und ewige Verdammnis in Kauf. Das in M.s Schaffen seit *Buddenbrooks* nachweisbare Motiv von der Musik als Verführung zu Tod und Lebensfeindschaft hier als seelische Komponente des – protestantischen – Deutschen aufgefaßt.
Das teuflische Geschehen wird durch den philiströsen Erzähler, den Oberlehrer Serenus Zeitblom, distanziert und filtriert. Mehrfache Zeitenschichtung und Zeitverschränkung. Wechsel der Sprachstile: die akademische Sprache Zeitbloms, Lutherdeutsch, im Echo-Kapitel ein mhd. gefärbtes Schwyzerdeutsch.

Ausg. in Dld. 1948.
Die Entstehung des Doktor Faustus, »Roman eines Romans«, 1949.

1947   **Marie Luise Kaschnitz**
(1901–1974, Karlsruhe, Potsdam, Berlin, Rom,
Königsberg, Frankfurt/Main):
Gedichte

Sechs Abschnitte: *Heimat, Südliche Landschaft, Im Osten, Balladen, Die reichen Jahre, Dunkle Zeit.* Folgen z.T. dem Lebensgang der Autorin: stärkste Akzente in der auf den Krieg bezüglichen letzten Gruppe: Bekenntnis zu Leben und Liebe.
Aussage nicht modernistisch, nicht hermetisch. Traditionelle Formen (Hexameter, Sonett), Verwendung von Reim und Strophe.

1957 *Neue Gedichte.*

1948   **Ernst Barlach**
            (Biogr. S. 538):
            Der gestohlene Mond

Nachgelassenes R.-Fragment, hgg. Friedrich Droß.

Entst. seit 1936.

Darstellung der in Anziehung und Abstoßung zugleich begründeten
Freundschaft zwischen dem gutgläubigen Wau und dem skrupellosen Spekulanten Wahl. In nächtlichen Visionen erscheint Wahl als Inbegriff des
Satanischen, Wau hört den Dialog zweier gefallener Engel. Um die bei-
den Zentralgestalten eine Anzahl zwielichtiger Kleinstadttypen, das Mi-
lieu versinnbildlicht in der Erz. vom gestohlenen Mond. Der Mond ist
Sinnbild der Sprache, die verschwand, aber noch immer Instrument der
Wahrheit sein kann. Nun verdüstert der Schatten der Erde, des Satansrei-
ches, das Universum. Die Finsternis kann nur durch die Menschen, die
das Licht gestohlen haben, wieder überwunden werden.
Geschehen und Charaktere gleichnishaft, abstrakt; Unsichtbares und
Sichtbares gehen ineinander über.

1948   **Bertolt Brecht**
            (Biogr. S. 580/581):
            Der kaukasische Kreidekreis

Dr. in 6 Bildern, Prosa, die verschiedentlich in freie Rhythmen übergeht.
Auff. 4. 5. in Northfield/Minnesota, Carlston-College Theater.

Entst. 1944–1945 in der Emigration.

Quelle: Das altchinesische Singsp. vom Kreidekreis, in dem ein Richter
den Streit zweier Frauen um ein Kind dadurch entscheidet, daß er das
Kind in einen Kreidekreis zwischen die Frauen stellt und es der zusagt, die
es auf ihre Seite zu ziehen vermag; er erkennt die leibliche Mutter in der,
die verliert, weil sie dem Kind nicht weh tun will.
Umkehrung der ursprünglichen Tendenz: nicht die leibliche Mutter erhält
das Kind, sondern das Mädchen Grusche, das die Verantwortung und
Sorge übernommen hat. Das Muttertum nicht biologisch, sondern sozial
bestimmt.
Grusche-Handlung und Azdak-Handlung (Werdegang eines revolutionären Volksrichters) vereinigen sich in der Urteilsfindung des 5. Bildes. Die
Auff. der Gesch. vom Kreidekreis wird durch den Konflikt der Rahmenhandlung ausgelöst: zwei grusinische Kolchosen streiten um den Besitz
eines Tales, das derjenigen zugesprochen wird, die es bewässert hat.
»Der Sänger« erzählt und kommentiert (freie Rhythmen) die Handlung
zum Zwecke des »Verfremdungs-Effektes«.

Auff. in Dld. 7. 10. 1954 in Berlin-DDR, Theater am Schiffbauerdamm.
Druck 1949 in *Sinn und Form,* Sonderheft Bertolt Brecht; Buchausg. 1954 in *Versuche* H. 13.

1948   **Bertolt Brecht**
         (Biogr. S. 580/581):
         Herr Puntila und sein Knecht Matti

Vst. in 12 Bildern, Prosa. Auff. 5. 6. in Zürich, Dt. Schsp.-Haus.

Entst. 1940–1941 in Finnland nach den Erzz. und einem Stückentwurf von Hella
Wuolijoki.

Sozialkritische Charakterstudie eines nur im Rausch menschlichen Herrn.
Matti verläßt ihn, denn Knechte haben es nur dann erträglich, »wenn sie
erst ihre eigenen Herren sind«.
Wiederaufnahme des in *Baal* (1922) expressionistisch übersteigerten Ge-
nießertyps, hier so vital gezeichnet, daß die Tendenz gegen den bösen
Reichen an Schärfe einbüßt.

Buchausg. in *Versuche 22–24* (Heft 10) 1950.
Oper von Paul Dessau, Textbuch von Peter Palitzsch und Manfred Wekwerth; Auff.
15. 11. 1966 in Berlin-DDR, Dt. Staatsoper.

1948   **Hans Henny Jahn**
         (1894–1959, Stellingen-Altona, Bornholm, Hamburg):
         Armut, Reichtum, Mensch und Tier

Dr. 4, Prosa. Auff. 25. 6. in Hamburg, Dt. Schsp.-Haus und Wuppertal,
Städt. Bühnen. Buchausg. im gleichen Jahr.

Entst. 1933, 2. Fassung 1935–1945.

Vordergründig der Konflikt des norweg. Bauern Vinje zwischen der be-
sitz- und herrschsüchtigen Anna und der hingebungsbereiten Sofia. Zwar
bringt Anna ihre Konkurrentin schuldlos ins Gefängnis, kann aber Vinjes
Beziehung zu ihr nicht auf die Dauer zerstören. Über diese bedingt realistische Handlung hinaus weist sowohl eine durch Sofia im Sterben verordnete Nachfolgerin, das »Pferdemädchen« Jytte, als auch das Mitspielen
von Tieren und Kristallen: naive Natursymbolik und Glaube an eine ewige Erneuerung.

1948   **Gottfried Benn**
         (Biogr. S. 538):
         Statische Gedichte

Entst. 1937–1947.

Nach dem gleichnamigen Schlußgedicht ist Statik, Perspektivismus, das
Zeichen des Weisen. Während die Entwicklung dem Verfall zusteuert,
vermögen Gedichte die Dinge durch das Wort mystisch zu bannen, unternimmt die Kunst den »artistischen Versuch«, »sich selbst als Inhalt zu
erleben«. »Statik« ist nicht stilistisch, sondern existentiell zu verstehen:
»Die Statik der Kunstwerke ist der verklärte Gegensatz des sinnlosen
Prozesses fortwährender Verwandlung, der Leben und Geschichte heißt«

(Dieter Wellershoff). Kunst als »metaphysische Tätigkeit« im Sinne Nietzsches, der im Artistischen das Bleibende des Lebens sah.
Die Bilder sind simultan und statisch nebeneinander gesetzt; anschwellende Reihung von rein assoziativ verbundenen Hauptwörtern, Superlativen, Hyperbeln, die gedankliche und stimmungsmäßige Vorgänge einfangen. Die Nebeneinanderreihung der Dinge macht zugleich ihre Belanglosigkeit sichtbar. Typisch die vier- bis achtzeiligen Strophen mit dreihebigen Versen und alternierendem Reim.

1948   **Peter Huchel**
              (Biogr. S. 581):
              Gedichte

Enthält: *Herkunft, Die Sternenreuse, Zwölf Nächte.*

Entst. 1925–1947. Einzelnes bereits in Zss. u. Anthologien.

Naturlyrik in der Nachfolge Wilhelm Lehmanns; hauptsächlich Darstellung der märkischen Landschaft. Im Teil *Zwölf Nächte* auch Zeitgedichte.
Meist geschlossene Form, häufig gereimte Vierzeiler. Sprachlich wuchtig, plastisch; starke Farbwirkungen.

1948/49   **Franz Kafka**
               (Biogr. S. 581):
               Tagebücher 1910–1923

2 Bdd., in der Gesamtausg. des Schocken-Verlages, New York, hgg. Max Brod.

Eine Auswahl der Tagebücher und Briefe erschien bereits 1937 in Prag.

»Darstellung meines traumhaften inneren Lebens« (K.). Wichtig für die Erschließung und Deutung von K.s Persönlichkeit und Werk.

Einbändige Ausg. in Dld. 1951.

1949   **Gottfried Benn**
              (Biogr. S. 538):
              Der Ptolemäer

Enthält außer der abschließenden »Berliner Nov.« *Der Ptolemäer* (entst. 1941), *Weinhaus Wolf* (entst. 1937 aus dem Briefdialog mit F. W. Oelze) und das »Landsberger Fragment« *Roman des Phänotyp* (entst. 1944, während B.s Militärarzttätigkeit in Landsberg/Warthe).
In eine schmale realistische Handlung oder Zustandsschilderung gekleidete Analyse der geistigen und seelischen Situation der Gegenwart. Den Phänotyp, das für die Epoche charakteristische Individuum, gestaltend und an die Stelle des Werdens das Sein, Ptolemäus, den antiken Statiker, setzend. Die Titelnov. setzt die Existenz des Berliners im Winter 1947 als

den Modellfall der menschlichen Situation gegenüber dem Nichts. Die Sinnlosigkeit allen Handelns wird an dem Beruf des monologisierenden Erzählers demonstriert: er ist Besitzer eines Schönheitssalons. Nur die denkerische Bewältigung der Lage ist dem Menschen geblieben, die Abwehr des Wirklichen und Natürlichen, die Verneinung. Bewußte Selbstaufspaltung (vgl. *Doppelleben,* 1950): Leben in der Wirklichkeit der »Geschäfte« und in der »Gegenwelt« der Halluzinationen und der Kunst. Das Leben ist weder idealistisch als sinnvoll noch materialistisch als zweckvoll, sondern irrational als chaotisch und unverständlich gesehen. Bekenntnis zum Schicksal der »Verhirnung«; Ende des »homininen« Zeitalters. Einfluß von Bergson, Spengler, Klages.

»Prosa außerhalb von Raum und Zeit« (B.). Parodistische Beibehaltung der Gattungsbezeichnungen R. und Nov. Monologisierende, hermetische Experimentalformen, dem Zerfall der Realität entsprechend. Nicht logisch, sondern assoziativ gereihte Worte, Bilder, Wissensfetzen, Notizen in Wiederholungen und Variationen um ein Zentrum gelegt: »Orangenstil« (vgl. *Ausdruckswelt,* 1949).

1949   Hans Henny Jahnn
(1894–1959, Stellingen-Altona, Bornholm, Hamburg):
Das Holzschiff

R. 1. Teil der Trilogie *Fluß ohne Ufer.*
Fahrt eines geheimnisvollen Segelschiffes, während der die Tochter des Kapitäns, Braut des jungen Gustav Anias Horn, ermordet wird.

2. Teil *Die Niederschrift des Gustav Anias Horn, nachdem er neunundvierzig Jahre alt geworden war* (2 Bdd., 1949 u. 1950) gibt den Lebensbericht des ehemaligen Verlobten, den der Mord und das Geständnis des Mörders aus der normalen Lebensbahn geworfen haben: Er mußte dem Mörder verzeihen und ihn lieben lernen, sich ihm auf mystische Art durch Blutmischung verbrüdern. 3. Teil *Epilog* (1961, Fragment).

Mischung realistischer und expressiv-phantastischer Elemente.

Zur Konzeption vgl. *Über den Anlaß* (1954) und *Briefe um ein Werk* (1959).

1949   Ernst Jünger
(Biogr. S. 581):
Heliopolis

»Rückblick auf eine Stadt.«

Entst. 1947–1949.

Bericht über eine Welt- und Residenzstadt der Zukunft. In Gesprächen, Selbstgesprächen und Tagebüchern werden die Fragen der modernen menschlichen Existenz erörtert: die Frage der Gewalt, des Widerstandes, der Freiheit und der Zweckgebundenheit des Wissens, der Unvereinbarkeit von Macht und Liebe.

Utopie, im Titel an Campanella anklingend. »Zu Utopie ist jeder Staat verpflichtet, sobald er die Verbindung zum Mythos verloren hat« (J.). Lucius gerät in den Kampf zweier Parteien, der Mauretanier und der Anhänger des Nigromontanus, um die Verwirklichung der Utopie. Er wird aus dem utopischen Denken zurückgeworfen auf die Begegnung mit dem Menschen und ist ausersehen, in der kosmischen Residenz des Weltregenten mitzuarbeiten. Position des Nonkonformisten in der utopischen Gesellschaft.

1949   Anna Seghers
             (Biogr. S. 582):
             Die Toten bleiben jung

R.

Abschluß der Arbeit 1947 nach der Rückkehr aus der Emigration.

Zwischen dem Ende des Ersten und dem des Zweiten Weltkrieges auf vielen Schauplätzen spielende Handlung, die Dld.s Entwicklung zwischen 1918 und 1945 am Verhalten zahlreicher Personen aller Schichten und Denkweisen veranschaulichen soll. Am Anfang des R. wird der junge Kommunist Erwin und am Ende Erwins Sohn Hans wegen seiner politischen Haltung erschossen. Aber die von beiden vertretene Idee wird auch diesmal überleben.

Fortgeführt mit *Die Entscheidung* (1959), in der Dld.s Entwicklung nach 1945 behandelt ist.

1949   Stefan Andres
             (1906–1970, Breitwies b. Trier, Positano, Unkel/Rhein):
             Das Tier aus der Tiefe

R. 1. Teil der Trilogie *Die Sintflut.*
In einer südital. Stadt gelangt nach der Wegbereitung eines Nietzschejüngers eine Gruppe zur Macht, die eine Diesseitsreligion verkündet und einen »genormten« Menschen schaffen will; damit bricht die Herrschaft des Antichrist an.

Teil 2 *Die Arche* (1951) schildert die Schicksale der wenigen Menschen, die in dem Druck des Terrors ihre Menschlichkeit retten wollen.

1950   Gertrud von Le Fort
             (Biogr. S. 581):
             Die Tochter Farinatas

Vier Erzz.: Außer der Titelnov. *Das Gericht des Meeres, Die Consolata, Plus Ultra.*
Hist. Novv., die den Sieg der Barmherzigkeit, der Liebe und des Opfers versinnbildlichen: die Tochter Farinatas opfert ihr Lebensglück, um, dem

Wunsch des Vaters entsprechend, die Stadt Florenz von der Zwietracht zu erlösen; die Bretonin Anne verzichtet auf die Rache an einem Kinde und gibt sich selbst dem Gericht des Meeres zum Opfer; die Laienbruderschaft der Consolata bezwingt durch Nächstenliebe den Tyrannen von Padua wie den richtenden päpstlichen Legaten; die junge Hofdame Arabella beugt sich verzichtend dem Wahlspruch »Plus ultra« des von ihr geliebten Kaisers Karl V.

1950   **Hermann Broch**
         (Biogr. S. 580):
         Die Schuldlosen

»R. in elf Erzz.«

Fünf ursprünglich nicht zusammenhängende Erzz., entst. 1917 bis 1934, durch Umarbg. und Erfindung von sechs neuen Stücken mit den gleichen Personen 1949 zu einem R. in drei Teilen (*Die Vorgeschichten* spielen 1913, *Die Geschichten* 1923, *Die Nachgeschichten* 1933) zusammengefaßt. In die »Stimmen« wurden Teile älterer Gedichte (*Cantos*, 1913) eingearbeitet.

Die dt. Entwicklung bis 1933 in verschiedenen Schicksalen eingefangen, Sinn- und Stimmungszusammenhang durch das zeittypische Phänomen der schuldhaften Schuldlosigkeit, der Gleichgültigkeit gegenüber dem Nächsten, hergestellt. Im Mittelpunkt der holländische Edelsteinhändler, der in allen Krisen immer nur Geld gemacht hat.
Jeder der drei Teile durch lyrische »Stimmen« eingeleitet. Zu Beginn die *Parabel von den Stimmen*.

1950   **Kasimir Edschmid**
         (1890–1966, Darmstadt, viel auf Reisen):
         Wenn es Rosen sind, werden sie blühen

R.
Leben und Tod des politischen Flüchtlings Georg Büchner und seines in einem dt. Kerker endenden Freundes Ludwig Weidig. Ich-Berichte der beiden Hauptgestalten und mehrerer Mitlebender.

1950   **Edzard Schaper**
         (1908–1984, Ostrowo, Hannover, Estland, Zürich, Bern):
         Die Freiheit des Gefangenen

R.
Weg des unschuldig als politischer Verschwörer inhaftierten napoleonischen Leutnants du Molart von der Auflehnung zur Ergebung in das Schicksal.
Weniger hist. R. als sinnbildliche Gegenüberstellung von machtpolitischem und christlichem Denken.
Die gleiche Handlung wird in *Die Macht der Ohnmächtigen* (1951) aus

der Perspektive des Kaplans de Chavannes aufgerollt, der dem Leutnant zur Selbstüberwindung verhilft.

Vgl. Sch.s. Schrift *Der Mensch in der Zelle* (1951), »Dichtung und Deutung des gefangenen Menschen«.

1950   Reinhold Schneider
         (1903–1958, Baden-Baden, zahlreiche Reisen, Potsdam,
         Freiburg i. Br.):
         Der große Verzicht

Dr. 5, Prosa.

Entst. 1949–1950.

Der Eremit Petrus von Murrhone, zum Papst berufen, steht vor der Aufgabe, in den Kampf der Dynastien einzugreifen, und legt sein Amt nieder, weil sich Machtausübung nicht mit der Lehre des Evangeliums verträgt. Die Enttäuschung der in den »Engelpapst« gesetzten Erwartungen öffnet dem politischen und sittlichen Chaos vollends das Tor. Verantwortung der Herrschenden für die Ordnung der Welt.
Breit angelegtes, personenreiches Geschichtsbild vom Ende des 13. Jh. Nach Sch. bietet der hist. Stoff Bilder, die den »Gehalt einer Epoche in ihrer Beziehung zur Ewigkeit versinnlichen«.

In einer Reihe von Drr. (entst. 1946–1952) veranschaulichte Sch. am hist. Beispiel den Gegensatz Machthaber – Heiliger (vgl. *Herrscher und Heilige*, 1953).
Auff. 6. 7. 1958 in Bregenz durch das Ensemble des Wiener Burgtheaters.

1950   Stefan Andres
         (1906–1970, Breitwies b. Trier, Positano, Unkel/Rhein):
         Der Granatapfel

Gedichte, Sonette, Oden.

Einige schon in dem frühen Gedichtbd. *Die Löwenkanzel* (1933) erschienen.

Zeitbedingte und zeitlose Fragen der menschlichen Existenz. Bezeichnend das in der Ode *Der Granatapfel* ausgeführte Gleichnis von den Menschen als Granatapfelkernen, die, der schützenden Frucht entfallen, »verschleppt, verloren« ... »in der grauen Zerstreuung« liegen »und warten«.

1951   Thomas Mann
         (Biogr. S. 581):
         Der Erwählte

R.

Herbst 1945 angeregt durch die Lektüre der *Gesta Romanorum* bei den Studien für *Doktor Faustus;* der Stoff dort bereits als Kernstück von Leverkühns Puppentheater-Suite verwendet. Quelle: Hartmann von Aue *Gregorius*.

Aufzeichnung der alten Legende durch einen irischen Mönch im Kloster St. Gallen. Enger Anschluß an den Handlungsaufbau bei Hartmann; von der Gläubigkeit der Quelle durch moderne Psychologie, wissenschaftliche Anverwandlung des Wunderbaren und Ironie distanziert.

Sprachlich eine dem Wechsel der Stimmungen angepaßte Mischung aus Legendendeutsch, Gelehrtensprache, fremdsprachigen Brocken und saloppen Umgangsausdrücken. Der aufzeichnende Mönch betrachtet sich selbst als »Geist der Erzählung«.

1951   Rudolf Henz
(1897–1987, Göpfritz a.d. Wild, 1915–1918 Kriegsdienst, Wien):
Der Turm der Welt

Epos in Terzinen. 2 Bücher *Die Unterwelt* und *Die Welt* zu je 20 Gesängen in Terzinen.

Entst. 1943–1949.

Ein Steinmetzgeselle durchwandert die dämonischen Reiche der Blinden, der Tauben und der Stummen und erlebt nach seiner Rückkehr in die Welt den Einbruch dieser Dämonen und ihren Kampf mit himmlischen Mächten.

Künstlerische Absicht, das Chaos der Welt durch strengste Form zu bannen.

1951   Werner Bock
(1893–1962, Gießen, Karlsruhe, München, Buenos Aires, Losone/Schweiz):
Tröstung

Auswahl der Gedichte aus den Jahren 1909–1950.

Neben der in *Das ewige Du* (1931) veröffentlichten Jugendlyrik vor allem Gedichte um das Schicksal der Emigration und religiöse Gedichte. Tröstliche, versöhnliche Grundhaltung.

Sprachlich traditionsgebunden, an Goethe und George ausgerichtet; geschlossene Formen.

1951   Ernst Barlach
(Biogr. S. 538):
Der Graf von Ratzeburg

Tr. in 10 Bildern. Auff. 25. 11. in Nürnberg, Lessingtheater. Buchausg. im gleichen Jahr.

Graf Heinrich von Ratzeburg erfährt im Walde unweit Mölln durch Begegnung mit symbolischen Gestalten eine Erweckung: Er läßt alle »Geltungen« hinter sich und wird zum Wegsucher, der in Selbstlosigkeit und demütiger Erwartung einem unbekannten Ziele nachstrebt und im Opfer-

tod endet. Parallelfigur Offerus-Christopherus, der sich selbst die Richtung setzen will.
Zeit der Handlung das Mittelalter der Kreuzzüge, doch ist durch Einbeziehung von Gestalten des Mythus, der Legende und des Volksbuches sowie durch den parabolischen Charakter erfundener Gestalten eine Simultaneität der Zeiten erreicht, die Transparenz und Symbolcharakter des Ganzen bewirkt.

1951   **Bertolt Brecht**
(Biogr. S. 580/581):
Das Verhör des Lukullus

14 Szenen. Auff. 17. 3. in Berlin-DDR, Admiralspalast, Musik von Paul Dessau.

1. Fassung entst. 1939 als Erz., dann als Hörsp. für den schwedischen Rundfunk; 12. 5. 1940 Sendung durch das Studio Bern des Senders Beromünster.

Während in der Hörsp.-Fassung der Schluß offengeblieben und das Urteil über den römischen Feldherrn dem Hörer anheimgestellt worden war, wird in der Opern-Fassung (entst. seit 1949) der Eroberer Lukullus vor dem Totenrichter »ins Nichts« verstoßen, weil seine Kriege die Menschen ins Unglück gestürzt haben.

Nach der Erstauff. abgesetzt. 12. 10. 1951 Auff. der revidierten Fassung *Die Verurteilung des Lukullus;* Buchausg. in *Versuche 25/26/35* (Heft 11) 1951, darin die Hörspielfassung mit angefügter Verurteilung des Lukullus, separat die für die letzte Fassung zugefügten Passagen.

1952   **Martina Wied**
(1882–1957, Wien):
Die Geschichte des reichen Jünglings

R.

Entst. 1928–1943.

Entwicklungsgesch. eines jungen bürgerlichen Menschen, eines polnischen Fabrikantensohnes, im Europa der Gegenwart. Er erweist sich in einer angefressenen Welt als Verteidiger sittlicher Werte und jener »Anständigkeit«, die als wesentliche bürgerliche Tugend erkannt wird.
Einfluß von Robert Musil.

1953   **Hans Arp**
(1887–1966, Straßburg, Zürich, Meudon bei Paris):
Wortträume und schwarze Sterne

Auswahl aus den Gedichten der Jahre 1911–1952.
Die Slg. zeigt A.s Weg von den »sinnlosen Späßen« einer denaturalisierten, grotesken Sprache im Zeichen des Dadaismus (vor allem *Die Wol-*

kenpumpe, 1920) über den Mitte der 20er Jahre erfolgten Anschluß an die surrealistische Bewegung unter Abstreifung der burlesken Lebensinterpretation und mit dem Ziel der Verschmelzung naturhafter, menschlicher und künstlerischer Substanz (*Weißt du schwarzt du,* 1930; *Muscheln und Schirme,* 1939) bis zu den schlichten, menschlich anrührenden Tönen der Spätzeit (*Die ungewisse Welt,* entst. 1939–1945), besonders nach dem Tode der Lebensgefährtin Sophie Taeuber (*Sophie,* Zyklus aus den Jahren 1943–1945; *Der vierblättrige Stern,* entst. 1945–1950). »Den zu Tode Getroffenen beschäftigten die Formprobleme nicht mehr. Er will sich dem unkörperlichen Reiche nähern.«

1953   **Hermann Broch**
            (Biogr. S. 580):
            Der Versucher

R., aus dem Nachlaß hgg. Felix Stössinger.

1. Fassung entst. 1935/36, 2. Fassung 1936 (Fragment), 3. Fassung 1950/51 (Fragment). Plan einer religiösen Trilogie, deren 1. Bd. dieser »Berg-R.« sein sollte.

In einem Tiroler Bergdorf löst der landfremde Fanatiker Marius Ratti einen Massenrausch des Hasses aus, der zur Ermordung eines Mädchens führt. Sein Machtstreben scheitert an der im Gleichgewicht seelischer Kräfte ruhenden Mutter Gisson.
Einbettung der Handlung in den Ablauf der Jahreszeiten, die mütterliche Zeit von neun Monaten. Einbeziehung der Natur. Anschluß an den klassischen R. des 19. Jh., Einfluß von Stifter. Am Schluß Verlassen der realistischen Ebene, rhythmische, sogar reimmäßige Bindung der Sprache.

1954   **Thomas Mann**
            (Biogr. S. 581):
            Bekenntnisse des Hochstaplers Felix Krull

»Der Memoiren erster Teil.«

Veröffentlichung eines 1911 entst. Fragments (»Buch der Kindheit«) bereits 1922.

Felix, Sohn eines Sektfabrikanten, weiß sich durch Anpassung und Verstellung den Menschen angenehm zu machen. Nach einer »Lehrzeit« in einem Pariser Hotel tauscht er mit einem Adligen Namen und Rolle und geht an seiner Statt auf die Weltreise. Mit der Verführung von Frau und Tochter eines Professors in Lissabon bricht die Autobiographie ab, die Felix nach verbüßter Zuchthausstrafe geschrieben hat.
Erneuerung des Schelmen-R. und Parodie auf den dt. Bildungs-R. M.s Grundthema: Dekadenz und Degeneration liegen nicht nur in der Nachbarschaft des Verbrechens, sondern sind auch Möglichkeiten der Daseinserweiterung. Felix ein pervertierter Künstler. Narzißmus, der keine

Verantwortung kennt und der die angemaßte Rolle schließlich nicht mehr spielt, sondern lebt.

Die Relativierung des Weltbildes und die künstlerische Distanzierung werden durch den biedermännischen bis sentimentalen Ton des Autobiographen erreicht. Zu Beginn parodistische Nachahmung des Stils von Goethes *Dichtung und Wahrheit*.

1956	**Heinrich Mann** (Biogr. S. 539): **Empfang bei der Welt**

R., postum.

Entst. seit 1941.

Sozialkritisch-satirischer R. Die alte Generation, die Welt der Spekulanten, Schieber und Hochstapler, veranstaltet einen Empfang, vorgeblich im Dienste der Kunst, in Wirklichkeit zur Sanierung eines Bankhauses und eines Opernagenten. Die Meister der bürgerlichen Epoche von Bach bis Wagner begleiten die Transaktionen dieser unwirklich-phantastischen Gesellschaft mit Jazzmusik. Versöhnlicher, märchenhafter Ausklang durch ein junges Paar, das auf einen ererbten Goldschatz »für die bessere Lage aller« verzichtet und seine Aufgabe in »Arbeit und Liebe« sieht. »In welcher Welt geschehen solche Dinge? Es ist dieselbe, die den Empfang bei der Welt veranstaltet.«

Surrealistische Szenerie, seltsam schwebende, unwirkliche Stimmung, »wir sind die ganze Zeit ohne sichere Kenntnis, in welchem Land dies spielt, in wie vielen Sprachen wohl; – und die Absicht?«. Die Wirkung im wesentlichen erreicht durch das von M. bis zu spielerischer Leichtigkeit entwickelte Mittel der sprachlichen Verkürzung.

1956	**Alfred Döblin** (Biogr. S. 539): **Hamlet oder Die lange Nacht nimmt ein Ende**

R..

Entst. 1945–1946 in Hollywood und Baden-Baden.

Der körperlich verletzte und seelisch verstörte Kriegsheimkehrer Edward Allison steigert sich in seinem bohrenden Wahrheitsdrang in die Rolle eines Hamlet hinein, der vergangene Verbrechen seiner Familie aufdekken muß. Die Ehe der Eltern zerbricht, aber die durch Haßliebe Verbundenen finden im Angesicht des Todes wieder zueinander. Der Sohn überwindet den Hamlet-Spuk, »ein neues Leben begann.«

Das Eheproblem der Allisons wird in gleichnishaften Geschichten eingekreist. Situation des Menschen nach zwei Weltkriegen. Einfluß Kierkegaards. Verwischung der Grenzen zwischen realem und unterbewußtem Sein, Vergangenem und Gegenwärtigem.

1956   Bertolt Brecht
            (Biogr. S. 580/581):
            Die Gesichte der Simone Machard

Dr. in 4 Bildern, Prosa. In *Sinn und Form* H. 5/6.

Entst. 1942 unter Mitarbeit von Lion Feuchtwanger.

Das Schicksal der Jeanne d'Arc wiederholt sich 1940 an einem halbwüchsigen Mädchen, Hilfskraft in der Hostellerie einer kleinen frz. Stadt. Sie steckt Benzinvorräte in Brand, damit sie den Deutschen nicht in die Hände fallen, und wird von ihren Landsleuten, die hinter patriotischen Phrasen ihren Eigennutz verbergen, in eine Schwachsinnigenanstalt gebracht.

In jedem der 4 Bilder wird die realistische Handlung durch eine Vision Simones abgelöst, die sich als Heilige Johanna sieht. Die Verkündigungen des Engels in volkstümlichen, archaisierenden Versen.

Auff. 8. 3. 1957 in Frankfurt/Main, Städtische Bühnen. Buchausg. im gleichen Jahr in *Stücke* Bd. 9.

Das Johanna-Motiv bereits in *Die Heilige Johanna der Schlachthöfe* (Lehrstück, 1932).

Nach 1945 Faszination durch Abbild, Zerrbild, Vexierbild

Ein Teil der nach 1945 hervorgetretenen dt.-sprachigen Dg., insbesondere mehrere erste Werke der aus Krieg und Gefangenschaft Heimgekehrten, ist als Trümmerlit. bezeichnet worden. Eine Generation von Schriftstellern beschrieb, was sie hinter sich hatte, und identifizierte sich mit den Menschen zwischen Ruinen, die sie in der Heimat vorfand. Der Ausdruck kann sowohl auf den Stoff und die Motive als auch auf die geistigen und materiellen Voraussetzungen dieser Autoren bezogen werden. Als die drei Schlagwörter Kriegs-, Heimkehrer- und Trümmerlit. der jungen Lit. »angehängt« wurden, um sie damit abzutun, nannte Heinrich Böll die Bezeichnungen »als solche ... berechtigt«. Es erschien ihm »allzu grausam«, die Zeitgenossen in die Idylle zu entführen. Die Heimkehrer, ehemalige Soldaten und Gefangene, wollten die Wirklichkeit sehen, wie sie ist, ohne »rosarote, blaue, schwarze Brillen«. Ihre Lit. sollte daran erinnern, daß der Mensch nicht nur existiere, um verwaltet zu werden, und daß die »Zerstörungen in unserer Welt« nicht nur äußerer Art und nicht in wenigen Jahren heilbar waren (Böll: *Bekenntnis zur Trümmerlit.*, 1952). Für diese Angehörigen der Jahrgänge 1916–1925, deren Werke »ihr Entstehen keinem organischen Wachstum ..., sondern einer Katastrophe ... dem Krieg« verdankten, war zum »Umblicken ... Relativieren ... Vergleiche-Ziehen ... Verarbeiten ... keine Zeit« (Wolfdietrich Schnurre). Sie schrieben sachlich, skeptisch, nicht heroisierend oder romantisch verklärend. Ihre autobiographischen Berichte und authentischen Diagnosen standen am Beginn der neueren realistischen Lit., die sich immer weniger mit dem engagierten Abbilden begnügte und ihre Sozialkritik bis zur Satire und Groteske zuspitzte.

Denn wo die Umwelt in Teilen oder als Ganzes mißgestaltet erschien, gerieten die Abbilder zu Vergrößerungen. In ihnen wurde auffällig, was aus der Sicht der Autoren anders sein sollte. War deren Phantasie durch das Unnormale und Unstimmige besonders stark in Bewegung gesetzt, so wurde das Groteske nicht nur ein Strukturelement, sondern die Grundstruktur der Dg.

Das Groteske prägt bei Dürrenmatt das Gesamtwerk an Theaterstücken, Erzz. und Hörspp. Das Groteske erscheint in Metaphorik, Motivik, Personendarstellung, Namengebung, im Aufbau der Szenenfolgen und in der Anordnung der Erzählkomplexe, in der Stoffwahl und in der Gestaltung der Stoffe (Reinhold Grimm). Als »Virtuose der Unvollkommenheit, des Mißlingens, der menschlichen und künstlerischen Niederlagen« wurde – nach dem Welterfolg Charlie Chaplins im Stummfilm – der Clown eine Hauptfigur der Dramatik und Epik, das »komische Zerrbild des Menschen ohne Weltverbundenheit« (Fritz Usinger).

Während das Zerrbild die gegebene oder gewollte Abweichung vom Abbild ist und Dg., die auf Faszination durch Zerrbilder abzielt, Wirklichkeit noch im Auge hat und aufzeigt, ist surrealistische, absurde und hermetische Dg. die kunstvolle Verschlüsselung von Bewußtseinslagen und Ausdruckszwang; sie ähnelt dem Vexierbild, in dessen Linien eine erratbare Figur versteckt ist.

Die Vielfalt an Richtungen, die nach 1945 in der dt.-sprachigen Lit. auftrat, war weitgehend die Folge eines Generationswechsels, den politische Ereignisse verzögert und tief beeinflußt hatten, der neuen Wirksamkeit von Strömungen, deren Impulse teils im Anfang der 20er Jahre verebbten, teils nach 1933 ausgeschaltet waren, des Einfließens ausländischer Lit., die nicht nur ungekannte Modelle empfahl, sondern auch solche, die bereits für veraltet gehalten worden waren, und der regen Suche nach Poetiken, ohne daß eine bestimmte Lehre allgemeine Verbindlichkeit erlangte.

Nach der bedingungslosen Kapitulation Dld.s am 8. 5. 1945, mit der die völlige Niederlage im Zweiten Weltkrieg besiegelt wurde, führte die Besetzung durch USA, England, Frankreich und Sowjetunion zu Gebietsveränderungen, Bildung von Besatzungszonen, Sonderstellung von Berlin, das in Sektoren aufgeteilt wurde, Verselbständigung Österreichs. Die Unterschiede zwischen den drei westlichen Besatzungszonen und der östlichen, seit 1949 zwischen der Bundesrepublik und der Deutschen Demokratischen Republik, kamen in der dt. Lit. durch Aufspaltung in eine westdt. und eine ostdt. zum Ausdruck. Während einer längeren Periode übten nur wenige Autoren (Brecht, Böll u. a.), die entweder in beiden Bereichen gedruckt wurden oder zur Kenntnis gelangten, eine gewisse Klammerfunktion aus.

Die Lit. der DDR wurde nach 1945 vorwiegend von heimgekehrten Emigranten (Becher, Brecht, Bredel, Renn, Seghers, Uhse, Arnold Zweig u. a.) getragen. Sie setzte die proletarisch-revolutionäre Tradition fort. Auf ihre äußere und innere Entwicklung haben das Zentralkomitee der SED, Parteitage, Konferenzen, das 1955 gegründete Leipziger Lit.-Institut »Johannes R. Becher« sowie Schriften und Aufsätze zum sozialistischen Realismus oder zum Prinzip der Parteilichkeit des dichterischen Schaffens maßgeblichen Einfluß ausgeübt. Beispielhafte ältere und später aufgetretene jüngere Autoren sind durch Preise (Nationalpreis, Lenin-Friedenspreis, Lessingpreis) ausgezeichnet worden.

Österreich vermochte 1955 nach elfjähriger Viermächtebesetzung die Räumung des Landes und einen Staatsvertrag zu erreichen, in dem Österreichs Neutralität garantiert wurde. Ansätze zu einer neuen Lit. kristallisierten sich um die Zs. *Plan*, die Otto Basil seit 1945 herausgab. Ilse Aichingers *Aufruf zum Mißtrauen*, der hier 1946 erschien, gilt als »Ausgangspunkt einer ganzen Schriftstellergeneration« (Herbert Eisenreich). Im *Plan* wurden junge Autoren vorgestellt und zum Beispiel Celans *Todesfuge* sowie Erich Frieds Gedichtzyklus *Die Genügung* veröffentlicht. Auf neue Talente wies auch vor allem Hans Weigel hin, der die Anthologien *Stimmen der Gegenwart* (1951–1954) herausgab und eine Kleinbuchreihe ins Leben rief, in der Bändchen von Ilse Aichinger sowie erste Arbeiten von Eisenreich u. a. erschienen. Die um 1950 sichtbar gewordene Generation, ein »deutliches nicht-epigonales Lebenszeichen der Lit. in Österreich« (Gerhard Fritsch) fand zunächst geringes und zum Teil negatives Echo. Die Mehrzahl ihrer Angehörigen erreichte breitere Wirkung dann durch westdt. Verleger und Rundfunkanstalten (Aichinger, Bachmann, Eisenreich). Von älteren Autoren, die zum Neuen in der Lit. beitrugen, zählen besonders Heimito v. Doderer und Albert Paris Gütersloh. 1950 begann das Österreichische Bundesministerium für Unterricht Förderungspreise an jüngere Autoren zu vergeben, und Wien sowie andere Bundesländer sind diesem Beispiel gefolgt. Die 1960 gegründete »Österreichische Gesellschaft für Lit.«, von Wolfgang Kraus als Ort der Begegnungen gedacht und ausgebaut, verhalf zu internationalen Kontakten, Übersetzungen und Maßstäben. Überregionale Ziele verfolgte auch das Forum Stadtpark in Graz.

Die Schweiz, die ihre demokratische Tradition bewahrt hatte, Emigranten aufnahm und mit dem Schsp.-Haus Zürich ein demonstrativ antitotalitäres Theater schuf, trug nach 1945 vor allem durch Max Frisch und Friedrich Dürrenmatt zur internationalen Geltung moderner dt.-sprachiger Lit. bei. Als positive Konstante der schweizerischen Lit. sind außer der eigenartigen Verbindung des Lokalen mit dem Universalen und der humanistisch europäischen Haltung die ästhetisch getönte Weltläufigkeit, die Lit. der Bildung, die Kunst des Essays, der Kritik, der Übs. sowie die gepflegte Lyrik bezeichnet worden (Max Wehrli). Im »schweizerischen Schrifttum ist, von wenigen Ausnahmen abgesehen, noch ein großer Bestandteil einer Kunstauffassung lebendig, wie sie nur mit hellenistisch-christlicher Tradition vereinbar ist« (E. Max Bräm). Als Mittler zwischen dem Schweizerisch-Regionalen, dem Gesamtdt. und dem Europäischen traten Max Rychner (1897–1965) und Werner Weber (geb. 1919) hervor. Die allgemeinen Krisenaspekte der modernen Dg., das Abbrechen der Tradition, die Auflösung eines festen Menschenbildes, die Suche nach neuer Ganzheit und Wirklichkeit u. a., waren nach Wehrli auch in der Schweiz aufzuweisen.

Seit Wystan Hugh Auden (1907–1973) seiner weltbekannt gewordenen Dg. den Titel *The Age of Anxiety* (1947; dt. *Das Zeitalter der Angst*, 1952) gab, schien eine Formel für die Gesamtlage des Menschen gefunden. Die äußerste Möglichkeit der technisch herstellbaren Auslöschung von Lebewesen und Landschaften, die Bedrückung durch Kalten Krieg, die Bedrohung durch offene Konflikte lösten Desillusionierung und Pessimismus aus, wofern Skepsis und Nihilismus nicht durch religiösen Glauben aufgewogen, durch romantische Selbsttäuschung zum Schweigen gebracht, durch Zorn in aggressive Rebellion umgesetzt oder aus politischer Überzeugung als dekadent zurückgewiesen wurden. In der von Jean-Paul Sartre (1905–1980) und Albert Camus (1913–1960) theoretisch und dichterisch vorgetragenen Philosophie standen die aktuellen Probleme der Hoffnungslosigkeit und der Hoffnung zur Debatte. Fast alle Autoren, die nach 1945 erstmalig schrieben oder publizierten, empfanden sich als eine um ihre Jugend betrogene Generation; fast alle hatten gewaltsame Unterbrechungen ihrer persönlichen Entwicklung erlitten, und viele waren aus alten Familienbindungen, heimatlichen Verwurzelungen, Stellungen, Berufen verdrängt. Nachdem sie meist durch Wehrdienst und Gefangenschaft gegangen waren, brachten sie nicht leicht den Lebens- und Aufbauwillen des Mr. Antrobus aus Thornton Wilders Dr. *The Skin of Our Teeth* (1942) auf, das im Nachkriegs-Dld. unter dem Titel *Wir sind noch einmal davongekommen* allgemeine Resonanz fand. Zwischen ihnen und den schon in den zwanziger Jahren zur Geltung gelangten Autoren klaffte die Lücke der in zwei Kriegen verbrauchten Mittelgeneration. Die modernen Vertriebsformen des Buches – Reihenbücher, Taschenbücher, Buchgemeinschaften u. a. – sowie die dem Dichter gewogenen Massenmedien, vor allem der Rundfunk, führten ihm zwar neue Käufer, Leser und Zuhörer zu, erweiterten aber das Publikum zu einer anonymen Menge von Konsumenten, mit denen fast nur bei Lesungen, Podiumsgesprächen und Tagungen persönlicher Kontakt eintreten konnte. In den 50er Jahren begann das öffentliche Engagement einzelner Autoren und Gruppen diese auch außerhalb von Lit.-Betrieb und Berufssphäre zu profilieren und bekanntzumachen.

Mit Ausnahme der Vertreter des sozialistischen Realismus, die sowohl durch das von ihnen Abgelehnte wie das von ihnen Erstrebte eine Einheit bilden, teilte die Mehrzahl der übrigen Autoren zunächst vorwiegend die Ansicht, daß die ästhetischen Grundsätze neu gesucht und durch Experimente geprüft werden müßten. »Stil ist heute nicht mehr etwas Allgemeines, sondern etwas Persönliches, ja, eine Entscheidung von Fall zu Fall geworden. Es gibt keinen Stil mehr, es gibt nur noch Stile« (Friedrich Dürrenmatt). Mit ihren theoretischen Essays und Selbstinterpretationen, mit Aussagen bei Interviews und Diskussionen setzten die dt.-sprachigen Autoren nach 1945 die poetologischen Überlegungen von Thomas Mann bis zu Benn und anderen fort. Das lit. Schaffen trug stark experimentellen Charakter und näherte sich mit solcher Methode der Naturwissenschaft und Technik. Da die Dg. schon mit ihrem Material, der Sprache, ein ihr gemäßes Verhältnis zu der problematisch gewordenen Wirklichkeit ausprobiert, leistete sie für manche auch Aufgaben außerhalb ihres angestammten Bereiches: sie ist »niemals nur Poesie, sondern immer zugleich

Wissenschaft und Philosophie« (Walter Jens). Bei der Erkundung der Umwelt sonderte die Lit. in zunehmendem Maße »normale« Tatbestände, »anständige« Verhaltensarten, »gute« Charaktere, das Alltägliche und das Maßvolle als verdächtig aus. Sie nahm Anstoß an Tabus, drang in sie ein und hob deren durch stillschweigende Übereinkunft entstandene Wortlosigkeit auf. Der Anstoß, den sie ihrerseits bei dem Leser erregte, erfolgte durch das Vokabular – wie bereits seit Expressionismus und Dadaismus –, durch die Thematik und durch die Tendenz (Klaus Günther Just). Der Nonkonformismus wurde, wo er leidenschaftlich empfundener Verantwortung entsprang, zu einer nicht nur ephemere Erscheinungen geißelnden Sozialkritik, sondern zu satirischem Moralismus und provozierender Opposition.

Die Wirklichkeit ist – schrieb Böll 1953 in einem Aufsatz – eine Botschaft, die angenommen sein will; sie sei dem Menschen aufgegeben, eine Aufgabe, die er zu lösen habe. Das Engagement bezeichnete er später als »die Voraussetzung . . . sozusagen die Grundierung«. Seine radikale Zeitkritik hat eine ihrer Wurzeln in dem Mißtrauen gegenüber eilfertiger Beschönigung der Zerstörungen, die das sogenannte Jahr Null charakterisieren. Böll und andere engagierte Schriftsteller haben ihre Auseinandersetzung mit der Gegenwart in den 50er und 60er Jahren gesteigert. Typische Gegensatzfiguren in Werken solcher Autoren sind Nonkonformisten und Konformisten. Bölls Antipathien galten den Selbstgerechten, Konjunkturrittern und Spießern. Obwohl Katholik, bezog er in seine satirisch gezeichnete Personengalerie auch Geistliche ein. Seine Sympathien lagen bei Menschen, die in Not und Angst sind, unter Druck leiden und in dem Wettlauf um die Restauration unterliegen. Kontrastfigur zu den negativen ist der »hilflos-passive und doch protestierende, der naive und doch unentwegt räsonierende, der wenig begreifende und doch vieles beanstandende Held« (Marcel Reich-Ranicki). Die Kritik an der Gesellschaftsordnung oder deren Teilaspekten kam vorwiegend durch diese Darstellung menschlicher Verhaltensweisen in »normalen« und extremen Situationen zum Ausdruck. Erlebte und zeitgeschichtliche Realität wurde von Günter Grass nicht nur extensiv gezeigt, sondern unter dem Zwang und mit den Mitteln seiner grotesk-komischen Phantasie zu überdimensionierten Bildern ausgemalt. Bei Gerd Gaiser findet sich die Epoche des sog. westdt. Wirtschaftswunders mit ihren nur materielle Werte zum Maßstab wählenden Geschöpfen auf die »schönen Tage von Neu-Spuhl« fixiert. Individueller Aufstand gegen die »verwaltete Welt«, den Überhang des öffentlichen über das persönliche Leben und die Uniformierung der Verhaltensweisen wurde auch von der Lyrik (Enzensberger u. a.) formuliert. In der dram. Dg. traten neben die auf Allgemeinmenschliches zielende Satire die konkret politisch-ideologische sowie das Theaterstück mit deutlichem Zeitbezug.

Die schon früher beobachtete Erweichung der Grenzen zwischen den traditionellen Lit.-Gattungen trifft auch für die nach 1945 veröffentlichte Dg. zu: im R. dominierte nur noch selten der Erzähler oder das Erzählte gegenüber Monologen, Dialogen, lyrischen Partien oder essayistischen Einschüben, die Lyrik war gelegentlich nur in Zeilen aufgeteilte Prosa, im Dr. fanden sich epische Komponenten, und die wissenschaftliche Prosa sowie der Essay waren wieder zu Kunstgebilden aufgestiegen. Das Hörsp.

dagegen hat mehr und mehr eigenständigen Gattungscharakter entwikkelt, der eher dem lyrischen als dem dram. nahesteht.

Ausländische Einflüsse haben der dt.-sprachigen Dg. in einigen Fällen ursprünglich von Dld. ausgegangene, dann in fremden Ländern zu längerer oder stärkerer Wirkung gelangte Impulse erneut zugeführt: Grundgedanken des Marxismus, der Existenzphilosophie, der Psychoanalyse, des Expressionismus und des Surrealismus. Die in vielen Nationen ähnliche Bewußtseinslage begünstigte eine Übereinstimmung der künstlerischen Tendenzen. Dem Autor, dem früher außer hist. künstlerischem Material eines begrenzten Erdausschnittes nur wenige gleichzeitige Produktionen fremder Kulturen zur Verfügung standen, eröffnete sich durch die rasche Erschließung alter und neuer Regionen ein weltweites poetisches Arsenal, das teils als Chance, teils als Beweis für eine Nivellierung gewertet worden ist, deren Monotonie auch auf Übersetzungskonventionalismus zurückgeführt werden könne. Zweifellos wurde die ohnehin problematische Feststellung von Abhängigkeiten noch fragwürdiger. In der Lyrik ist außer schon genannten Ausländern zu denken an Guillaume Apollinaire (1880 bis 1918), Jules Supervielle (1884–1960), Saint-John Perse (1887–1975), Paul Eluard (1895–1952), Louis Aragon (1897–1982), Ezra Pound (1885–1972), Federico García Lorca (1898–1936), Wystan Hugh Auden (1907–1973), Dylan Thomas (1914–1953), Giuseppe Ungaretti (1888 bis 1970), Eugenio Montale (1896–1981), Salvatore Quasimodo (1901 bis 1968), Pablo Neruda (1904–1973), für die Erzählkunst an William Faulkner (1897–1962), Elio Vittorini (1908–1966), Nathalie Sarraute (1902–1980), Claude Simon (geb. 1913), Alain Robbe-Grillet (geb. 1922) und Michel Butor (geb. 1926), für das Dr. noch an Eugene Gladstone O'Neill (1888–1953), Maxwell Anderson (1888–1959), Thornton Wilder (1897–1975), Tennessee Williams (1914–1983), Arthur Miller (geb. 1915), Jean Giraudoux (1882–1944), Jean-Paul Sartre (1905 bis 1980), Jean Anouilh (1910–1987), Albert Camus (1913–1960), Jacques Audiberti (1899–1965), Samuel Beckett (1906–1989), Jean Genet (1910 bis 1986), Eugène Ionesco (geb. 1912), Christopher Fry (geb. 1907) und John Osborne (geb. 1929).

Die Sprache unterliegt in der von der Technik geprägten Gegenwart überall auffallend raschen Veränderungen. Als Kennzeichen solcher globalen Wandlungen gelten nach Walter Höllerer die kurze Frist zwischen der Entstehung neuer Redensarten und ihrem Verschleiß, die rasche Erstarrung und Entsinnlichung neuer Bezeichnungen, die Formelcharakter annehmen, der die Sprachdürre überwuchernde superlativische Stil und ein sachferner Intellektualismus, dessen Bemühung um Individualität oft zu Umständlichkeit und Preziösentum gerät. Die »Sprache in der verwalteten Welt« (Karl Korn) und des technischen Zeitalters zielt auf Präzision und Abstraktion, führt dadurch aber leicht zu Sinnentleerung, starrer Substantivierung, geringer Anschaulichkeit, Gefühlskälte. In der Entfernung der Sprache vom Konkreten ist ein Verlust an Menschlichkeit befürchtet worden; da die sprachlichen Transformationen aber den soziologischen entsprechen, wurde die Behauptung eines Verfalles auch als ungenau und ungerecht bezeichnet. Die Lit., zwischen Breitenkultur und Spezialistendenken gestellt, mußte jedenfalls mit der Manipulation der Sprache durch die Massenpublikationsorgane Presse, Funk, Film, Werbung und der zunehmenden Differenzierung in zahllose Untersprachen mit abweichenden Bedeutungen äußerlich gleicher Wörter rechnen. Der Zwang zu Präzision und Eindeutigkeit kann für sie ebenso förderlich sein wie die Abwehr oder die künstlerische Verarbeitung von Klischees und Formeln, Lehnübersetzungen, nivellierenden Fremdwörtern.

Ein dt. Sonderproblem bildete die Aufspaltung in zwei von unterschiedlichen Fremdwörtern nebst Lehnübersetzungen, andersartigen politisch-weltanschaulichen Begriffen, zweckhaften Suggestivbildungen, gesonderten Kurzwörtern und möglicherweise auch abweichender Bühnenaussprache als Norm für die allgemeine Sprechweise geprägte Landessprachen. Beiden dt. Teilen mehr oder weniger gemeinsam waren dagegen die nach dem letzten Krieg erfolgte Änderung der Wortgeographie durch Aussiedlung und Umsiedlung sowie der Abbau älterer horizontaler Schichtungen.

Auch für die Epoche nach 1945 gilt, daß die Poesie nur möglich sei »dank einer fortgesetzten Neuschaffung der Sprache, was einem Zerbrechen des Sprachgefüges, der grammatischen Regeln und der rednerischen Ordnung gleichkommt« (Louis Aragon). Nach Eliots Formulierung ist »jeder Versuch ... ein neuer Anfang, ein Vorstoß ins Sprachlose«. Da die Welt durch Wörter abgestempelt wirkte, die sich nicht mehr mit der Sache deckten, zielte der Vorstoß auf eine Durchbrechung dieser Welt und den Aufbau einer eigenen ab, der weder mit dem Sekundenstil des Naturalismus noch mit den ekstatischen Rufen des Expressionismus erreichbar dünkte und die Ausscheidung des Stimmungshaften und Gefühlsseligen verlangte. Dagegen halfen philosophische oder naturwissenschaftliche Terminologien, Neuwörter aus dem kunst- und lit.-kritischen, technischen und militärischen Bereich, Zeitungs-, Amts- und Umgangssprache bei der Bewältigung der neuen Wirklichkeiten. Die überkommene Normalsyntax, auch die individuelle großer dt.-sprachiger Stilisten des 20. Jh., wurde weitgehend aufgegeben. Eine Zeitlang schien Ernest Hemingway den kargen, nüchternen Ton zu bieten, nach dem die neuen Schriftsteller suchten. Der ältere, logisch abgestützte und durch Interpunktion gegliederte dt. Satzbau ist dann vielfach durch ein endloses Band von assoziativ aneinandergereihten verkürzten Hauptsätzen abgelöst worden. Zum Kunstmittel wurden das aussparende Verschweigen gerade des Wichtigsten, die Wiederholung von Zitaten, Liedanfängen u.ä., die einen ganzen Komplex von Vorstellungen in einer Formel zusammenfassen und als fertige Versatzstücke aus dem allgemeinen Wissensgut eingebaut werden. Das scheinbar vertraute Einzelwort und der Wortlaut von Zeilen wurden in eine ungewohnte geistige Umwelt versetzt, um den absichtsvoll schockierten Leser zur Prüfung der Wahrhaftigkeit oder Doppelzüngigkeit des

Sinngehaltes zu zwingen. Von Logik und Gegenständlichkeit unbefriedigt, wagten sich nicht nur Lyriker, sondern auch Dramatiker und Erzähler wieder einmal mit intellektuellem Bedacht auf das Gelände des »Naiven«, um sprachlichem Unsinn Faszinationen und Ahnungen eines Tiefsinns zu entlocken.

Für die »Unsinns«-Dg., die als Kinder- und Erwachsenensprechbetätigung eine eigenständige Urgattung im Bereich der sogenannten einfachen Formen darstellen dürfte, lassen sich aus der Neuzeit Edward Lear (1812–1888) mit *The Book of Nonsense* (1846) und *Nonsense Songs, Stories, and Botany* (1870), Lewis Carroll (1832–1898), die Dadaisten, Christian Morgenstern, der Franzose Max Jacob (1876–1944) und andere Vorgänger anführen.

Allein »mit Sprache« und nicht mehr mit »Vorstellungen, Bildern, Empfindungen, Meinungen, Thesen, Streitobjekten« hat es, laut Helmut Heißenbüttel, sogenannte »konkrete Poesie« zu tun. Mit seinen zuerst Mitte der 50er Jahre veröffentlichten Texten wollte er versuchen, »sozusagen ins Innere der Sprache einzudringen, sie aufzubrechen und in ihren verborgensten Zusammenhängen zu befragen«. Was dabei herausgekommen sei, könne keine neue Sprache sein. Es handele sich vielmehr um eine »Rede«, die sich des Kontrasts zur überkommenen Syntax und zum überkommenen Wortgebrauch bediene.

Die Lyrik nach 1945 knüpfte nicht an George und Rilke an, sondern setzte vorwiegend die vom Expressionismus und Surrealismus, von Loerke und Lehmann, von Benn und Brecht herkommenden Linien fort. Krieg und Sterben, Rückzüge und Trecks, zerstörte Menschen und zerstörtes Land waren teilweise noch in strengen Strophen und gereimten Zeilen unideologisiert abgezeichnet worden. Nach und neben der Trümmerlit. im Sinne Heinrich Bölls wurden sowohl der motivierende »Inhalt« als auch die äußere Form mehr und mehr reduziert. Die dt.-sprachige Lyrik folgte damit der Tendenz, »Sprache ohne mitteilbaren Gegenstand« (Hugo Friedrich) zu sein. Das Erlebnis als rauschhafter Ursprung eines Gedichtes wurde angezweifelt, das Sprachlaboratorium des Autors, der nicht den Zufällen von Stimmung und Sentiment ausgeliefert sein, sondern das objektive Sein zum Gegenstand nehmen will, dient einer verständigen Herstellung. »Ein Gedicht entsteht überhaupt sehr selten – ein Gedicht wird gemacht«, heißt es bei Benn, dessen Vortrag *Probleme der Lyrik* (1951) von vielen als maßgebende Ars poetica betrachtet wurde. Die lyrische Dichtkunst gibt nicht Wirklichkeit wieder, sondern erschafft eine neue. Paul Celan hat formuliert, daß Wirklichkeit nicht ist, sondern gesucht und gewonnen sein will. Und Günter Eich sagte, er schreibe Gedichte, um sich »in der Wirklichkeit zu orientieren ... Erst im Schreiben des Gedichtes erlangen die Dinge für mich Wirklichkeit; sie ist nicht meine Voraussetzung, sondern mein Ziel.«

Der »Kult« mit dem Begriff des »poetischen Ingenieurtums« hat auch Widerspruch erfahren, zum Beispiel durch Wilhelm Lehmann: »Spontaneität wird heute gern als schädlich gescholten ... Entzücken oder Schmerz als Wurzeln eines Gedichts werden ... überschlagen.«

Der Autor, seit Benn auf der Flucht in die »Transzendenz der schöpferischen Lust«, machte immer seltener ins Begriffliche übersetzbare Mitteilungen. Er legte nicht als erkennbares Ich klare Informationen, sondern als ein im Hintergrund bleibender Jemand chiffrierte Texte vor. Ihre verfremdete, überfrachtete, wuchernde oder verknappte Sprache soll etwas beschwören, emporrufen, evozieren. Die Evokation hängt davon ab, wie die im einzelnen schwer verständlichen Wörter verknüpft wurden. Die einzelnen Steinchen des Mosaiks besagen für sich genommen nicht sehr viel; wesentlich ist, daß sie faszinierend montiert sind (Reinhold Grimm). Die klassisch gewesenen lyrischen Bilder erschienen nach 1945 im allgemeinen abgenutzt und verbraucht. Das Bild durfte nicht mehr Dekoration sein und sich nicht mit einem »Gemeinten« decken, sondern es mußte durch seine Vieldeutigkeit und Spannweite faszinieren. Die »sachfremde Metaphorik« erprobte »erstaunliche Kombinationen«, die Metapher sollte »nicht-existierende Ähnlichkeiten ... erfinden«, und »absolute Bereichskontraste« wurden »zur Identität« (Hugo Friedrich). Der Dichter spricht »Exorbitanzerlebnisse in Bildern und Klängen aus, die nicht Symbole, sondern evokative Äquivalente sind« (Heinz Otto Burger). Die Verdünnung des Stofflichen, die geistige Abstraktion und die Montage suggestiver Figuren ist auch in der dt.-sprachigen Lyrik teilweise so weit vorangetrieben worden, daß nichts »verstanden« werden kann und totale Nichtassimilierbarkeit eintritt.

»Erstaunliche Kombinationen« wurden durch die Aufhebung der Orientierung nach Raum und Zeit erleichtert und herausgefordert. Antirealistische Kunst hat von jeher »die fremdesten Dinge durch einen Ort, eine Zeit, eine seltsame Ähnlichkeit« zusammenkommen lassen und dabei »wunderliche Einheiten und eigentümliche Verknüpfungen« (Novalis) entstehen sehen. Die Allgegenwärtigkeit und Gleichzeitigkeit als Prinzip der neueren Dg. geht auf Apollinaire zurück, der auch durch die Bezeichnung seines Bühnenstückes *Les Mamelles de Tirésias* als *Drame surréaliste* (1918) dem Surrealismus den Namen gab.

Als evokatives Äquivalent definierte Burger »die nahezu isolierte gegenständliche Entsprechung, das objektive Korrelat, wie T. S. Eliots ... Terminus lautet, die Figur, die in ihrer Suggestiv- oder Evokativkraft der inneren Emotion äquivalent ist«. Das evokative Äquivalent, das sich schon bei Hölderlin findet, ist eine Weiterbildung des »adäquaten Symbols« im klassischen Gedicht.

Hermetismus, ital. Ermetismo, ist eine in Italien aufgekommene Bezeichnung für dunkles Dichten. Sie wurde zunächst in abschätzigem Sinne gebraucht, bald aber auch als Benennung für eine bis ins 19. Jh. zurück verfolgbare poetische Tendenz. Als neuere ital. hermetische Lyriker gelten die unter den ausländischen Vorbildern genannten Giuseppe Ungaretti, Eugenio Montale und Salvatore Quasimodo. Da die Beurteilung hermetischer Kunst schwierig ist und das hermetische Gedicht den Leser in ein Bedeutungsspiel zieht, das durchaus vom Dichter wegführen kann, liegt die Gefahr der Scharlatanerie nahe.

Nach dem »Reim-Raffinement« der ersten Jahrzehnte des 20. Jh. und nach der »Durchsichtigkeit«, der »Transparenz« bei Trakl und dem späten Rilke, zugleich unter dem Eindruck der internationalen Lyrik, wurde der Reim nach 1945 immer mehr aufgegeben, bis er »nahezu ausgestorben« war (Karl Krolow). Die herkömmliche grammatische Ordnung und logische Wortfolge, geregelter Rhythmus und eingängiger Zeilenausklang wurden ersetzt durch neue Syntax-Typen, stockend einsetzendes Sprechen, harte Fügung, Brechung des Reimes, Beziehungen zwischen Bildern, abgewandelte Wiederholungen, Nebenordnung, Paradoxon, durch eine Technik der Anspielung und des Zitierens sowie durch ein Schweigen zwischen den Wörtern, »eine starke Neigung zum Verstummen ... das Gedicht behauptet sich am Rande seiner selbst, es ruft und holt sich ... unausgesetzt aus seinem Schon-nicht-mehr in sein Immernoch zurück« (Celan). Von manchen Autoren ist auch eine auffällige graphische Anordnung der Wörter und Wortgruppen als optische Komponente ihres Textes einkalkuliert worden.

Das in mehrfachem Anlauf stockend einsetzende Sprechen ist eines der Stilmerkmale dt.-sprachiger Lyrik, die dem Einfluß Eliots zugeschrieben werden.
Die Technik der Anspielung war bereits von Ezra Pound in seinem Hauptwerk *The Cantos* (seit 1925) hoch ausgebildet. Die Allusionen auf Mythen, historische Figuren, Orte, die Zitate und fremdsprachigen Einsprengsel können nur noch sehr bedingt entschlüsselt werden.
Kritische Einwände gegen die sprachlichen Reduktionsvorgänge in der Lyrik sind von Walter Höllerer 1965 bei seinem Eintreten für »lange Gedichte« angeführt worden. Es habe sich ein »zelebrierendes Darbieten einzelner Worte, ein Kostbarmachen von Bildern, ein Operieren mit leeren Flächen« ergeben. Das Schweigen als Theorie für eine Kunstgattung, deren Medium die Sprache ist, führe »zum Wohlbehagen in Kleinsttätigkeit«.
Das »optische« Gedicht hat Vorläufer: schon im Barock machte man bisweilen seine Verse so, daß an dem Druckbild ein Symbol abzulesen war. Typographisch sind auch Poeme des Amerikaners Edward Estlin Cummings (1894–1962) arrangiert.

Diejenigen Autoren, die durch Gedichte nicht nur etwas aussagen, sondern auch ein breiteres Publikum ansprechen wollten, ordneten neue formale Möglichkeiten dem Sinngehalt unter. Eines der wichtigsten Kennzeichen der engagierten Lyrik ist die Unterkühlung. »Ich rede von dem, was auf den Nägeln ›brennt‹, wie von einem Beliebigen, das mich nichts anginge. Ein manipulierter Temperatursturz ist die Folge: Ironie, Mehrdeutigkeit, kalter Humor, kontrollierter Unterdruck sind die poetischen Kühlmittel« (Enzensberger). Während verdächtig gewordene Wörter von dieser Lyrik ausgeklammert oder umfunktioniert werden, nimmt sie Umgangssprachliches und Tabuiertes als wirkungsvolle Beimischung auf.
Außer der Not- und Trümmerlyrik der ersten Nachkriegsjahre lassen sich für die Periode nach 1945 etwa folgende Lyrik-Gruppen unterscheiden: Natur- und Landschaftslyrik, surrealistische Lyrik, Lyrik als religiöse oder philosophische Aussage, politische Lyrik, Lyrik als Sprachspiel und Sprachkombination.

Nach Karl Krolow sieht sich das moderne dt.-sprachige Landschaftsgedicht historisch konstituiert, seit das Landschaftliche nicht mehr als Kulisse diente und seit der Sinn für jenes Detail erwachte, das zu dem »Zauber«, der »sinnenhaften Genauigkeit« und den »lautlosen Verstrickungen« der Gattung gehöre. Bei Annette v. Droste-Hülshoff sei erstmalig die Euphorie der Genauigkeit vorhanden gewesen. Seit Däubler und Loerke wurde dann die Individualität vor der Landschaft immer leiser und erschien immer indirekter, verschränkter, »gespiegelter«. Landschaftslyrik solcher Art war »mehr der Gesang der Dinge als meine Stimme« (Oskar Loerke). In der weiteren Entwicklung des Landschaftsgedichtes mit poetischen Formen zu experimentieren (Wilhelm Lehmann, Elisabeth Langgässer, Gertrud Kolmar, Huchel, Krolow, Eich, Bobrowski, Piontek u. a.) setzte sich diese Eliminierung des Subjektes zunächst in unterschiedlichem Grade fort; später erfolgte eine gewisse Rückkehr zu einer auf den Menschen bezogenen Darstellung.

Die politische Lyrik adaptierte Formen und Tendenzen der 20er Jahre (Brecht, Kästner, Mehring, Tucholsky) sowie der Lit. des Widerstandes und der Emigration.

Als »Konkretismus« lassen sich einige, im einzelnen voneinander abweichende Autoren zusammenfassen, die in den 50er Jahren teils in Anlehnung an »konkrete« bildende Kunst, teils in Fortführung älterer Lit.-Strömungen und teils nach linguistischen Theorien mit poetischen Formen zu experimentieren begannen. Eugen Gomringer, 1925 in Bolivien geboren, veröffentlichte in der Schweiz *Konstellationen.* Er nannte 1960 konkrete Dg. den Überbegriff für Versuche, deren Merkmal »eine bewußte Beobachtung des Materials und seiner Struktur ist«. Konkrete Dg. habe es weniger mit dem Lit.-Betrieb zu tun als mit führenden Entwicklungen auf dem Gebiete des Bauens, der Malerei und Plastik, der Produktgestaltung und der industriellen Organisation. Die »Wiener Gruppe« sah in August Stramm und Dada, Schwitters, Arp und anderen ihre Vorbilder. Ihre Mitglieder schufen, auch in Gemeinschaftsproduktion, vorwiegend Textmontagen, Laut-Dgg., Dialekttexte, Chansons. Von den fünf durch Gerhard Rühm (geb. 1930) in seiner Dokumentation 1967 vereinigten Autoren wurden Hans Carl Artmann (geb. 1921) und Konrad Bayer (1932–1964) am meisten bekannt. Sprachwissenschaftliche, ästhetische und informationstheoretische Grundsätze sind außer von dem oben erwähnten Helmut Heißenbüttel vor allem von Max Bense (1910–1990; *Theorie der Texte,* 1962; *Aesthetica,* 1965) erarbeitet worden. Nach Heißenbüttel hat sich die Lit. zu einer eigenen Erkenntnisfunktion des Menschen gesteigert; für ihr Material, die Sprache, gebe es keine dienende oder expressive Gegenstandsbeziehung mehr. – Konkrete Poesie betrieb oft in kleinen und kleinsten Gebilden Erforschung sprachlicher Elemente, und der Sprachkünstler wirkte dabei als »Verbaltechniker«, der das autonom gemachte Wortmaterial unter Reduktion der Syntax nach akustischen oder typographischen Gesichtspunkten zu »Sehtexten« kombinierte. Konkrete Poesie wurde auch als »linguistische Poesie« und Dg. »von der Sprache« bezeichnet.

Im R.-Schrifttum nach 1945 wurden die wahrnehmbare Wirklichkeit, die existentielle Problematik und die Verschränkung der einen mit der anderen Hauptgegenstände. Neben die Erz. als abbildende Einkreisung individueller Entwicklungen oder kollektiver Schicksale trat die Montage aus disparaten Elementen als faszinierende Umkreisung von Grenzsituationen, ersehnten Möglichkeiten und unauflöslichen Fesselungen. Soweit der Autor ein skeptisches Verhältnis zur Wirklichkeit oder ihrer Darstellbarkeit hatte, entschied er sich zu einer ständig relativierenden Darbietungsweise, die den Leser am Zweifeln, Erwägen, Prüfen teilnehmen läßt. Der nicht mehr seiner selbst und der Sache sichere Erzähler einer noch überschaubaren Handlung mit Intrige und Charakteren wurde Bestandteil des R., übernahm als Ich-Erzähler eine Rolle, hielt die Erzählerperspektive einer seiner Figuren durch oder wechselte in dem experimentierend betretenen Gelände die Standpunkte, ohne Übergänge stets zu kennzeichnen. An seinen Personen fällt ihre Verlorenheit, Brüchigkeit, Indifferenz, Traditionslosigkeit auf. Von ihnen ist nur ein Minimum an Individuellem und nur das mitgeteilt, was ihre Haltung in bestimmten Lagen beleuchtet. Das Milieu ist nicht in herkömmlicher Weise beschrieben, sondern drückt sich durch seine Sprache, leitmotivisch verwendete Formeln, symbolähnliche Chiffren aus. Statt psychologischer Analyse von außen wird Unbewußtes und Unterbewußtes monologisch entschält. Assoziativ gereihte Erinnerungsströme, Rechenschaftsberichte, Vermutungen mehrerer Personen, alogisch und achronologisch montiert, tragen zur Vielschichtigkeit des Erzählten bei. Sie stellen subjektive Aspekte bereit, hinter denen die für fragwürdig gehaltene Wahrheit des objektiven Geschehens aufschimmert. Während auf Spannung durch eine fesselnd zubereitete Fabel verzichtet und die sog. Story verachtet wird, soll das, was dem Autor nach oder hinter der Story als wichtig erscheint, durch Faszination des Lesers zur Wirkung kommen. Die Faszination ergibt sich etwa durch den Reiz, aus den zu einer eigengesetzlichen Struktur mit wechselnden Perspektiven gefügten Erzählfragmenten nach und nach das »Geschehen« zu erfassen, indem der vom Autor verlangte produktive Akt des Zu-Ende-Dichtens durch den Leser vollzogen wird. Diesem Leser, der nicht mehr als ein geneigter, sondern als ein kritischer gedacht wird, ist auch weitgehend die Interpretation der Parabeln, Utopien, Symbole und Zerrbilder überantwortet. Zu der These, daß ein kontinuierlich erzählter R. unmöglich geworden sei, bekannten sich jedoch nicht alle dt.-sprachigen Autoren. Teils hielten sie an der Überzeugung fest, daß die Story als ein Urbedürfnis erwiesen sei, teils gingen sie von Figuren aus, denen sie eine gewisse Handlungsfreiheit überlassen konnten. Dabei wurden weder Zeitnähe oder Sozialkritik noch sämtliche neuen Darbietungstechniken aufgegeben. Das Erzählen im traditionellen Sinne und ohne Perspektive erhielt sich am stärksten in den Heimat-, Familien- und Liebes-Rr., neben denen die ebenfalls durch Zeitung und Illustrierte geförderten Gattungen Tatsachen-R. und Science-fiction den Stoffhunger breiter Schichten befriedigten. Unberührt von modernen Strukturen blieb auch der an seine speziellen Baugesetze gebundene volkstümliche Kriminal-R.

Alfred Andersch erklärte 1961, er denke gar nicht daran, den klassischen Erzähler abdanken zu lassen. Die logische Konsequenz der Leugnung des Erzählers sei die Leugnung des Schriftstellers.
Günter Grass, Fabulierer, von Bildern fasziniert und dem Grotesk-Komischen zugetan, schaltet von der Ich-Form auf die Er-Form um, unterbricht den Bericht durch Assoziationen, Vorgriffe und Korrekturen, wechselt zwischen berichtendem und parabolischem Ton. Aber diese und andere Formmittel überwuchern nicht die »vertrauenerweckend-altmodische Erzählhaltung« in einer das Abstrakte meidenden, lokalisierenden Sprache. »Die Interpretation wird abgewehrt und in die Irre geführt.

Der Text ist prinzipiell interpretationsfeindlich ... Er ist bildlich und präzis « (Klaus Wagenbach).
Bei Grass und Böll erschien der satirische Schelm des Barocks, der Picaro, als Clown und Intellektueller. Er war der Hüter des Menschlichen und der Freiheit im Kampf gegen die Normierung.

Die Nov. als abgerundete, erkennbar interpretierende Wiedergabe ungewöhnlicher Handlungen oder bedeutsamer Vorgänge ist nach 1945 besonders von Autoren des sozialistischen Realismus wie Anna Seghers, Stephan Hermlin (geb. 1915), Louis Fürnberg (1909–1957) wiederbelebt worden.

Die Kurzgesch. als skizzenhafte Satire demonstrierte bei Böll Ausschnitte aus dem Leben: hohlen Restaurationswillen, geschäftiges Prosperitätsstreben, manipulierten Kulturbetrieb. Soweit die dt.-sprachige Kurzgesch. nicht bloß unterhaltende, schnell zu bewältigende Lektüre oder Grenzform zur Erz. war, trat sie nach Walter Höllerer auf als Augenblickskurzgesch., die eine bestimmte Situation in einem bestimmten Augenblick fixiert, zwei Momente aufeinander bezieht oder die Augenblickssituation einrahmt; als Arabesken-Kurzgesch., in der sich Handlungs- und Sprachbewegung vermengen, Reflexionen ins Absurde führen und der Desillusionscharakter hervortritt; als Überdrehungs- und Überblendungsgesch., die mit Kompositionseffekten arbeitet, in der Wendungen und Zwischenfälle mit überraschender Wirkung eingestreut, Vorgänge verschiedener Orte ineinander geschoben werden.

Im Bereich des dt.-sprachigen Dr. schien von zeitnahen Werken außer solchen älterer Autoren (Weisenborn, Zuckmayer) das ursprünglich als Hörsp. verfaßte expressive Heimkehrerstück des jungen Wolfgang Borchert (*Draußen vor der Tür,* 1947) mit seiner in einem einzigen großen Monolog dahinfließenden Sprache die verlorene Kommunikation mit dem Mitmenschen besonders repräsentativ auszudrücken. Krieg und Gefangenschaft klangen ein Jahrzehnt lang immer wieder einmal auf: bei Leopold Ahlsen (geb. 1927), Wolfgang Altendorf (geb. 1921), Stefan Barcava (geb. 1911), Rolf Honold (geb. 1919), Claus Hubalek (geb. 1926) u. a. Nachdem Friedrich Wolf in seinem Dorfstück *Bürgermeister Anna* (1950) den Kampf der sozialistischen Kräfte gegen das Großbauerntum behandelt hatte, wurden auch für andere Dramatiker der DDR der sozialistische Aufbau, die Bodenreform, die Bekämpfung von Faschismus und Neofaschismus, von Aufrüstung und Atomtod, die revolutionären Bewegungen oder Gesellschaftskrisen, die Gesch. der Arbeiterbewegung zu zentralen Themen; Hedda Zinner (geb. 1907) schrieb die in einem Dorf der DDR spielende Kom. *Was wäre, wenn ...?* (1959), Erwin Strittmatter (geb. 1912) die vieraktige Verskom. *Katzgraben* (1953), Alfred Matusche (1909–1973) *Die Dorfstraße* (1955) mit einer an der Neiße-Grenze spielenden Handlung, Helmut Baierl (geb. 1926) das Lehrstück *Die Feststellung* (1958) sowie die Kom. *Frau Flinz* (1961) und Heiner Müller (geb. 1929) zusammen mit seiner Frau Inge Müller (1925–1966) die auch von

Laien oft inszenierten Stücke *Der Lohndrücker* (1957), *Die Korrektur* (1958), *Die Umsiedlerin* (1960). Einige dieser Werke gelten als Modellstücke des sozialistischen Realismus und gelungene Beiträge zum Agitprop-Theater. Die Theaterstücke von Hedda Zinner, Strittmatter, Matusche usw. zeigten die Wirklichkeit unter der Perspektive des Endsiegs des Kommunismus und identifizierten sich mit den auf ihn hin arbeitenden Mächten der Gesellschaft. Die Konflikte in diesen und ähnlichen Werken ergaben sich meist zwischen dem neuen Menschen und dem noch in einem überholten Bewußtseinsstand befangenen.

Laut Peter Hacks (geb. 1928), der nach seiner 1955 erfolgten Übersiedlung aus der BRD in die DDR dort Essays über das »Stückeschreiben«, das »realistische Theaterstück« und das »Theaterstück von morgen« veröffentlichte, stellt die Poetik des Aristoteles die Dramaturgie eines »klassenstaaterhaltenden gesellschaftlichen Quietismus« dar; sie sei undialektisch, volksfeindlich. Das fortschrittlich realistische Theaterstück biete veränderbare Wirklichkeit.

Andere dt.-sprachige Dramatiker standen nach 1945 der Veränderbarkeit des Menschen durch Kunst skeptischer gegenüber. Sie sahen die geistige und moralische Entscheidungsfreiheit des einzelnen Ichs für aufgehoben an, da der Kollektivismus zur herrschenden Lebensform geworden sei und Totalitätsansprüche stelle. Individuelle Bestrebungen seien offensichtlich relativ und belanglos geworden, so daß die Voraussetzungen für echte dram. Konflikte entfielen. Das Dr. könne auch nicht mehr gedeihen, »wo die Erkenntnis von der Uneinsichtigkeit des Seins, vom Irrationalen des Geschehens, von der Unmöglichkeit der Kausalnachweise einsetzt« (Margret Dietrich). Nach Benn wäre »eine Konstruktion nach psychologischen Gesichtspunkten mit dem Ziel von Charakterwandlung, Zusammenprall aus familiären oder weltanschaulichen Gründen ... oder nach aristotelischen mit Raum und Zeit ... heute wirklich primitiv«. Max Frisch erklärte jedoch, »allein dadurch, daß wir ein Stück Leben in ein Theater-Stück umzubauen versuchen, kommt Veränderung zum Vorschein, Veränderbares auch in der geschichtlichen Welt«. In *Biedermann und die Brandstifter* sowie in *Andorra* stellte er gesellschaftliche Zustände als Parabeln mit Appellcharakter vor die Zuschauer. Für Dürrenmatt war die Welt zwar »ein Ungeheuer ... ein Rätsel an Unheil«, das hingenommen werden müsse, vor dem es jedoch keine Kapitulation geben dürfe. An dem Zerrbild, als das er den einstigen Kosmos zu betrachten gezwungen war, faszinierte Dürrenmatt, den »Fabulierer« unter den Dramatikern (Elisabeth Brock-Sulzer), das Groteske, der Zusammenprall äußerster Gegensätze, die Mischung des Komischen mit dem Tragischen. »In der Wurstelei unseres Jahrhunderts ... gibt es keine Schuldigen und auch keine Verantwortlichen mehr ... Uns kommt nur noch die Komödie bei« (Dürrenmatt). Er ging nach eigener Aussage nicht von einer These, sondern von einer Geschichte aus, und er sah den Wert eines Stückes in dessen »Problemträchtigkeit, nicht in seiner Eindeutigkeit«. Während Siegfried Lenz 1961 in *Zeit der Schuldlosen* ein aktuelles Thema noch denkspielartig spiritualisierte, stellte 1963 Hochhuths Dr. *Der Stellvertreter,* das nicht nach einem zeitgenössischen Prinzip angelegt ist, sondern traditionelle Formen mischt, eine Verbindung zu früheren Theaterstücken her, in denen dokumentierbare Realität eingebaut oder grundlegend war. Auch Peter Weiss, Kipphardt, Grass u. a. aktualisierten das dt.-sprachige Dr. in den 60er Jahren durch konkrete Stoffe und Figuren von grundsätzlich historisch-politischem Interesse.

Für Peter Weiss, so erklärte er 1965 angesichts der »oft« dargestellten »Ausweglosigkeit«, war das Sinnvolle »die Ergründung jedes Zustands und die darauf folgende Weiterbewegung, die zu einer Veränderung des Zustands führt«.

Zwar wurden nach 1945 außer mittelalterlichen Formen auch die von Ibsen und dem Naturalismus ausgebildeten Dramaturgien angewendet, doch beurteilte man wiederholt den »Illusionismus« (Siegfried Melchinger) des bürgerlichen Zeitalters und jegliches museale, falsch feierliche Theater als überlebt. Um einer Geruhsamkeit des Publikums und einem »Genuß« des Theaterabends entgegenzuwirken, zerstörten die Autoren die Illusion durch die Einführung eines eigenen Erzählers, das Heraustreten einer Figur aus dem Handlungsgeflecht als Erzähler, Vor-, Rück- und Einblendungen, mit denen Vorgänge interpretiert und vertieft werden. Da ein nur persönliches Handeln, Denken und Fühlen des Menschen auf der Bühne eine isolierte Perspektive ausdrücke, die durch viele andere ebenfalls mögliche isolierte Perspektiven wieder aufgehoben werden könnten, verwandelten sich der Ort des Dr., die Figuren, das Geschehen in Schnittpunkte von Perspektiven.

Die Episierung des Dr. setzte Gustav Freytags Theorie immer mehr außer Kraft. Freytags »Pyramide« hatte bereits von älteren Dramaturgien diejenige Grabbes und Büchners ausgeklammert und galt schon für Maeterlinck, Strindberg, Schnitzler, Brecht nicht mehr. Der Gegensatz zwischen einer gradlinig verlaufenden Handlung im »geschlossenen« Dr. und einer »Dispersion der Handlung« im »offenen« Dr., die durch die Einheit der Person, durch die Bildersprache, durch das Thema koordiniert sein kann (Volker Klotz), ist auch als der Gegensatz von Spannungsstruktur und Kontraststruktur, von aristotelischem und nicht-aristotelischem Dr. sowie von Pyramide und Karussell bezeichnet worden.

Seit Brecht sein episches Theater am »Berliner Ensemble« in Berlin (-Ost bzw. DDR) zu einem Modell für Spielplan, Inszenierung und Darstellung entwickelte und Dürrenmatt wie Frisch eine in der Grundanlage jeweils spezifische Werkfolge schufen, verband sich auch im dt.-sprachigen Raum mit einem Theaterstil wieder stärker der Name von Dramatikern als von Regisseuren. Eine ausländische Entsprechung wäre in gewisser Weise das »Theater« Becketts, Genets, Ionescos u. a., das in den 50er Jahren die internationale Aufführungspraxis mitbestimmte und dann auch von dt.-sprachigen Autoren (Hildesheimer, Grass) adaptiert wurde.

Das absurde Theater stellt nichts dar, was sich im logischen Ablauf einer Handlung offenbaren könnte; es bietet durch Darstellung bestimmter absurder Zustände, vor allem aber durch sein eigenes absurdes Gebaren, Einzelblicke auf die Situation des

Menschen. Während das aristotelische und das epische Theater eine Antwort geben oder zumindest nahelegen, verharrt es in der Frage (Wolfgang Hildesheimer). Urelemente des absurden Theaters sind abstrakte szenische Effekte, wie sie im Zirkus, in der Revue, von Gauklern, Akrobaten und Mimen gezeigt werden, Clowns- und Narrenpossen, Wahnsinnsszenen, verbaler Nonsens, Komiker-Dialoge. Der Mimus, die Commedia dell'arte, Shakespeare, die Hofnarren, Traum- und Phantasie-Lit., später noch manche Stummfilme, können als Entwicklungsstufen zu den Theaterstücken von Alfred Jarry (1873–1907; *Ubu Roi,* 1896) über Ivan Goll (*Methusalem oder Der ewige Bürger,* 1922) zu Beckett (*Warten auf Godot,* 1952; *Endspiel,* 1957), Ionesco (*Die Stühle,* 1952; *Die Nashörner,* 1959) u. a. betrachtet werden. Die Verff. absurder Werke verwenden nicht die Dramaturgie des psychologischen und erzählenden Theaterstücks. Sinnlosigkeit des Daseins und Unzulänglichkeit der Vernunft werden von ihnen nicht mehr diskutiert, sondern in szenischen Bildern vor Augen geführt. Die agierenden Menschen sind kontaktlos, aber aufeinander angewiesen. Ihr Dialog ist oft nur noch ein Aneinander-Vorbeireden und demonstriert die Unmöglichkeit gegenseitiger Verständigung. Was den Zuschauern veranschaulicht werden soll, geht weniger aus den Worten hervor, die der Autor sprechen läßt, als aus dem, was er auf der Bühne geschehen läßt. Eine Interpretation der Drr. kann nicht eindeutig klären, was sie »bedeuten«, und kann keine konventionelle »Handlung« beschreiben, aber Bildreihen und Themenkomplexe herauslösen und die Grundstruktur mit ihren Baumethoden aufweisen (Martin Esslin).

Einen starken Aufschwung nahm seit etwa 1950 das Hörsp. Sein Ordnungsprinzip ist nicht das chronologische Nacheinander; in ihm werden Zeit und Ort nur assoziiert, mehrere Ebenen erscheinen zeitlich und räumlich simultan, innere und äußere Vorgänge sind nicht mehr unterscheidbare Schichten, Sinn, Bedeutung, Bild, Handlung bilden eine Einheit und unauflösliche Ganzheit in der Phantasiewirklichkeit (Heinz Schwitzke). Als Hörsp.-Autoren traten in den 50er und 60er Jahren vor allem hervor: Eich, Dürrenmatt, Böll, Lenz, Peter Hirche, Hildesheimer, Dieter Wellershoff, Wolfgang Weyrauch, Benno Meyer-Wehlack, Ingeborg Bachmann, Ilse Aichinger, Frisch, Eisenreich, Fritz Habeck, Franz Hiesel, Eduard König.
Unter den lit. Kreisen, die sich nach 1945 um Persönlichkeiten, Verlage, Zss. o. ä. bildeten, errang die »Gruppe 47« besondere Bedeutung.

Die »Gruppe 47« ging aus dem kleinen Redaktionsteam der Zs. *Der Ruf* (1946 bis 1947) hervor und setzte sich, wie Hans Werner Richter 1962 formulierte, als Ziele: a) demokratische Elitenbildung auf dem Gebiet der Lit. und der Publizistik; b) die praktisch angewandte Methode der Demokratie in einem Kreis von Individualisten immer wieder zu demonstrieren mit der Hoffnung der Fernwirkung ...; c) beide Ziele zu erreichen ohne Programm, ohne Verein, ohne Organisation und ohne irgendeinem kollektiven Denken Vorschub zu leisten.

Nach dem zweiten Weltkrieg wurde eine Anzahl Akademien der Schönen Künste neu gegründet, die sich – meist nur in bestimmtem Umfang – auch lit. Aufgaben stellten.

1948 Bayerische Akademie der Schönen Künste in München
1949 Deutsche Akademie für Sprache und Dg. in Darmstadt

1949 Angliederung einer Lit.-Klasse an die Akademie der Wissenschaften in Mainz

1950 Freie Akademie der Künste in Hamburg

1950 Deutsche Akademie der Künste in Berlin (-Ost bzw. DDR)

1954 Akademie der Künste in Berlin-West

Zu den Neugründungen an Zss. gehörten:

Plan, 1945–1948, hgg. von Otto Basil.

Die Wandlung, 1945–1949, unter Mitwirk. von Karl Jaspers, bis 1948 Werner Kraus, seit 1948 Marie Luise Kaschnitz u. Alfred Weber, hgg. Dolf Sternberger.

Die Fähre, 1946–1947, Schriftl.: Hans Hennecke u. Herbert Burgmüller, 1948 bis 1949 als *Literarische Revue,* Schriftl.: Herbert Schlüter.

Welt und Wort, 1946–1973, hgg. Edmund Banaschewski, seit 1949 Ewald Katzmann u. Karl Ude.

Wort und Wahrheit, 1946–1973, hgg. Otto Mauer, Karl Strobl, seit 1949 Otto Schulmeister, dann auch Anton Böhm u. Karlheinz Schmidthüs.

Das goldene Tor, 1946–1951, hgg. Alfred Döblin.

Theater der Zeit, seit 1946, Chefred. Fritz Erpenbeck, seit 1960 Hans Rainer John, später Manfred Nössig.

Merkur, seit 1947, hgg. Joachim Moras (gest. 1961) u. Hans Paeschke.

Sinn und Form, seit 1949, hgg. Dt. Akademie der Künste, gegr. Johannes R. Becher u. Paul Wiegler, Red. bis 1962 Peter Huchel, 1963 H. 1–4 geleitet von Bodo Uhse (gest. 1963) unter Mitwirkung eines Redaktionsbeirates, ab H. 5 nur von diesem. Chefred. 1965–1981 Wilhelm Girnus, 1982 Paul Wiens, seit 1983 Max Walter Schulz.

Das literarische Deutschland, 1950–1951 (1952–1953 *Neue literarische Welt),* gegr. Dt. Akademie für Sprache und Dg., hgg. Frank Thiess u. a.

Hortulus, Zs. für neue Dg., 1951–1964, hgg. Hans Rudolf Hilty.

Die Bücherkommentare, 1952–1964, hgg. Karl Silex u. Hermann Maier, 1965–1968 Fritz Hodeige, seit 1968 Ehrhardt Heinold, seit 1981 Teil des Magazins *Lektüre.*

Neue deutsche Literatur, seit 1953, hgg. Dt. Schriftstellerverband/Schriftstellerverband der DDR, Chefred. seit 1966 Werner Neubert, später Walter Nowojski.

Akzente, Zs. für Dg., seit 1954, hgg. Walter Höllerer und Hans Bender, seit 1968 als *Zs. für Lit.* Bender, ab 1976 zus. mit Michael Krüger, seit 1981 hgg. Krüger.

Neue dt. Hefte, seit 1954, hgg. Paul Fechter (gest. 1958), Joachim Günther (gest. 1990) und (1955–1961) Rudolf Hartung.

Forum, 1954–1965, hgg. Friedrich Abendroth, Felix Hubalek, Friedrich Hansen-Loéve, Alexander Lernet-Holenia, Friedrich Torberg.

Texte und Zeichen, 1955–1957, hgg. Alfred Andersch.

Wort in der Zeit, 1955–1967, bis 1966 hgg. Rudolf Henz u. (seit 1960) Gerhard Fritsch, 1967 Humbert Fink.

Die Horen, seit 1955, hgg. Kurt Morawietz.

Streit-Zeit-Schrift, 1956–1969, hgg. u. Red. Horst Bingel.

alternative, Zs. für Dg. und Diskussion, 1957–1963, seit 1964 als *Zs. für Lit. und Diskussion,* hgg. Hildegard Brenner; Erscheinen eingest. 1982.

Theater heute, seit 1960, Red. Henning Rischbieter.

manuskripte, seit 1960, hgg. Alfred Kolleritsch u. Günter Waldorf.

Sprache im technischen Zeitalter, seit 1961, hgg. Walter Höllerer, Red. Norbert Miller.

Kursbuch, Zs. für Lit. und Politik, seit 1965, hgg. Hans Magnus Enzensberger.

Kürbiskern, Zs. für Lit. und Kritik, seit 1965, hgg. Christian Geißler, Friedrich Hitzer u.a., seit 1972 mit dem Untertitel *Lit., Kritik, Klassenkampf;* eingestellt 1987.
Literatur und Kritik, seit 1967, hgg. Rudolf Henz (gest. 1987) und Gerhard Fritsch (gest. 1969), später auch Jeannie Ebner und Kurt Klinger.

Die bekanntesten Autoren:

Aichinger, Ilse, geb. 1921 in Wien. Besuchte dort das Gymnasium. Nach dem Kriege einige Semester Studium der Medizin. Erste Publikationen. Seit 1950 tätig im Lektorat des S.-Fischer-Verlages und an der von Inge Scholl geleiteten Hochschule für Gestaltung in Ulm. 1953 Verheiratung mit Günter Eich. Lebt seit 1963 in Großgmain b. Salzburg.
Andersch, Alfred, geb. 1914 in München. Gymnasium und Buchhändlerlehre. Industrieangestellter. Wehrdienst und Gefangenschaft. Nach der Rückkehr Zeitschriftenredakteur, Tätigkeit am Rundfunk, Schriftsteller. Lebte in Berzona im Tessin/Schweiz, gest. ebd. 1980.
Artmann, Hans Carl, geb. 1921 in Wien. Kriegsdienst, Gefangenschaft. Mitglied der »Wiener Gruppe«. Seit 1954 auf Reisen; Aufenthalte in Schweden, Berlin-West, Graz. Lebt in Salzburg.
Bachmann, Ingeborg, geb. 1926 in Klagenfurt, verbrachte ihre Jugend im Kärntner Gailtal. Studierte in Graz, Innsbruck und Wien Philosophie, wo sie über Heidegger promovierte. Nach einjährigem Aufenthalt in Paris von 1951–1953 Redakteurin an der Sendergruppe Rot-Weiß-Rot in Wien, dann freie Schriftstellerin. Übersiedlung zuerst nach Rom, später nach München und 1959 nach Zürich, dazwischen Reisen bis nach Amerika. Gastdozentin für Poetik an der Universität Frankfurt/Main 1959. Starb 1973 in Rom.
Bobrowski, Johannes, geb. 1917 in Tilsit. Studium der Kunstgesch. in Berlin. Wehrdienst und Gefangenschaft. Nach Rückkehr Verlagslektor in Berlin(-Ost bzw. DDR). Starb 1965 ebd.
Böll, Heinrich, geb. 1917 in Köln als Sohn eines Bildhauers. Besuchte dort die höhere Schule und wurde nach dem Abitur Lehrling im Buchhandel. 1938–1939 Arbeitsdienst. Begann danach ein Studium, jedoch seit Sommer 1939 Soldat, schließlich Kriegsgefangener in einem amerikanischen Lager in Ostfrankreich. 1945 wieder in Köln. Studium der Germanistik, gleichzeitig Hilfsarbeiter in einer Schreinerei, später Behördenangestellter. Erste Veröffentlichungen 1947. Seit 1951 freier Schriftsteller. Längerer Aufenthalt in Irland. Nobelpreis für Lit. 1972. Starb 1985 in Köln.
Borchert, Wolfgang, geb. 1921 in Hamburg. Erlernte den Buchhandel, Schauspieler in Lüneburg. 1941 Soldat, Winter 1941/42 in Rußland verwundet. Auf Grund einer Denunziation zu verschärfter Haft mit anschließender Frontbewährung verurteilt. Wegen Erkrankung Einweisung in das Lazarett Smolensk, schließlich Rücktransport nach Dld. Anfang 1944 wieder verhaftet und in Berlin verurteilt. 1945 in Hamburg, Theaterpläne

und Mitarbeit am Kabarett »Janmaaten im Hafen«. Schriftstellerisch tätig. 1947 Kuraufenthalt in der Schweiz; starb in Basel einen Tag vor der Uraufführung seines zuvor nur als Hörspiel bekannten Werkes *Draußen vor der Tür.*

Celan (eig. Ancel), Paul, geb. 1920 in Czernowitz als Kind deutschsprachiger Eltern. Studierte in Frankreich 1938–1939 und danach in Czernowitz. 1942 Deportation und Tod der Eltern. Zwangsarbeit bis 1944. Kam nach dem Kriege über Rumänien nach Wien und kehrte 1948 nach Paris zurück, wo er nach weiterem Studium in den Lehrberuf eintrat und als Schriftsteller lebte. Starb ebd. durch Freitod 1970.

Dürrenmatt, Friedrich, geb. 1921 in Konolfingen, Kanton Bern/Schweiz, als Sohn eines Pfarrers. Gymnasium in Bern, Studium der Lit. und Philosophie in Zürich und Bern. Eine Zeitlang Zeichner und Graphiker sowie Theaterkritiker. 1952 übersiedelte er von Ligerz, einem Dorf am Bieler See, nach Neuchâtel. Starb 1990.

Eich, Günter, geb. 1907 in Lebus. Schulbesuch in Finsterwalde, Berlin und Leipzig. Studium der Rechtswissenschaft und orientalischen Sprachen in Leipzig, Paris und Berlin. Seit 1932 Schriftsteller. Wohnte damals in Berlin oder an der Ostsee. Soldat und Kriegsgefangener; 1946 entlassen. Heiratete 1953 Ilse Aichinger. Lebte in Süddeutschland und Großgmain b. Salzburg, wo er 1972 starb.

Eisenreich, Herbert, geb. 1925 in Linz. Soldat, schwere Verwundung. Nach der Entlassung Abitur, vorübergehendes Studium, daneben Gelegenheitsarbeiter und erste Publikationen. Von 1952–1956 freier Schriftsteller in Hamburg und Stuttgart. Übersiedelte wieder nach Österreich; wohnte in Wien, wo er 1986 starb.

Enzensberger, Hans Magnus, geb. 1929 in Kaufbeuren/Allgäu. Kam im Winter 1944–1945 zum Volkssturm. Danach Abitur; studierte in Erlangen, Hamburg, Freiburg/Br. und Paris Germanistik, Literaturwissenschaft, Philosophie, Sprachen; 1955 Dr. phil. Bis 1957 Redakteur am Süddeutschen Rundfunk in Stuttgart, vorübergehend Gastdozent an der Ulmer Hochschule für Gestaltung. Nahm 1957 seinen Wohnsitz in Norwegen.

Frisch, Max, geb. 1911 in Zürich als Sohn eines Architekten. Begann sehr früh zu schreiben. Studierte eine Zeitlang Germanistik, wurde mit 22 Jahren Journalist und bereiste als solcher die Tschechoslowakei, Ungarn, den Balkan und die Türkei. Studium an der Eidgenössischen Technischen Hochschule in Zürich und 1944 Gründung eines Architektenbüros ebd. Nach dem Zweiten Weltkrieg auch viel auf Reisen, vorwiegend in die besonders veränderten Länder. 1965 Übersiedlung von Rom nach Berzona im Tessin/Schweiz. Starb 1991.

Gaiser, Gerd, geb. 1908 in Oberriexingen/Württemberg. Besuchte das theologische Seminar Schöntal und Urach, studierte Malerei in Stuttgart und Königsberg. Nach ausgedehnten Reisen durch Europa Studium der Kunstgesch. in Tübingen; dort 1934 Dr. phil. 1939–1945 Kriegsdienst und Gefangenschaft. 1949 Studienrat, später Professor in Reutlingen, gest. ebd. 1976.

Grass, Günter, geb. 1927 in Danzig. Seit 1944 Soldat, bis Mai 1946 in amerikanischer Kriegsgefangenschaft. Beginn einer Steinmetz- und Steinbildhauerlehre, Studium an der Kunstakademie Düsseldorf; seit 1952 Besuch der Kunstakademie Berlin, Schüler Karl Hartungs. 1956–1959 als Bildhauer, Graphiker und Schriftsteller in Paris. Seit 1960 in Berlin-West, seit 1972 auch in Schleswig-Holstein.

Hacks, Peter, geb. 1928 in Breslau als Sohn eines Rechtsanwalts. Abitur 1946 in Wuppertal, Studium der Soziologie, Philosophie, Germanistik und Theaterwissenschaft in München; 1951 Dr. phil. Übersiedelte 1955 nach Berlin (-Ost bzw. DDR).

Heißenbüttel, Helmut, geb. 1921 in Wilhelmshaven. 1940 Soldat, 1941 schwer verwundet. Studierte 1942–1945 in Dresden und Leipzig, nach dem Krieg in Hamburg. 1955–1957 Verlagsangestellter in Hamburg. 1959–1981 am Süddeutschen Rundfunk in Stuttgart. Wohnhaft in Borsfleth.

Hochhuth, Rolf, geb. 1931 in Eschwege/Werra. War eine Zeitlang Verlagslektor. Lebt in Riehen bei Basel.

Jens, Walter, geb. 1923 in Hamburg. Schulbesuch ebd. In Hamburg und Freiburg/Br. Studium der klassischen Philologie und Germanistik; 1944 Dr. phil. Nach dem Krieg Assistent der Universität Hamburg, seit 1949 der Universität Tübingen. Wurde dort 1963 Professor der klassischen Philologie und Rhetorik.

Johnson, Uwe, geb. 1934 in Kammin/Pommern. Studium in Rostock und Leipzig. 1957–1959 in Güstrow, seit 1959 Berlin-West; Aufenthalte in USA und Rom. Lebte seit 1974 in Sheerness-on-Sea in Kent, England. Schwere psychische und körperliche Krise. Starb 1984.

Krolow, Karl, geb. 1915 in Hannover. Studium der Germanistik, Romanistik, Philosophie und Kunstgesch. in Göttingen und Breslau. Seit 1942 freier Schriftsteller in Göttingen, danach in Hannover und seit 1956 in Darmstadt.

Kunert, Günter, geb. 1929 in Berlin. Studierte nach 1945 an der Hochschule für angewandte Kunst in Berlin-Weißensee. Schrieb seit 1947 satirische Gedichte und Kurzgeschichten. Gefördert von J. R. Becher. Freier Schriftsteller in Berlin (-Ost bzw. DDR), seit 1979 bei Itzehoe.

Lenz, Siegfried, geb. 1926 in Lyck/Masuren. Studium der Philosophie, Literatur und Anglistik in Hamburg. Wurde 1950 Feuilleton-Redakteur der Zeitung *Die Welt,* später freier Schriftsteller. Lebt in Hamburg.

Müller, Heiner, geb. 1929 in Eppendorf/Sachsen. 1945 Reichsarbeitsdienst, Kriegseinsatz im Volkssturm, kurze Gefangenschaft. In Berlin (-Ost bzw. DDR) 1950–1956 journalistische Tätigkeit, seit 1953 bei der Zs. *Neue deutsche Literatur,* erste literarische Arbeiten. 1954/55 wissenschaftliche Mitarbeit beim Schriftstellerverband. Entstehung der sog. Produktionsstücke sowie von Vorstufen zu *Germania Tod in Berlin* (1956) und *Philoktet* (1958). Seit 1959 freier Schriftsteller. 1970–1976 Dramaturg am Berliner Ensemble, danach künstlerischer Berater an der Berliner Volksbühne. Außer Fortsetzung vielfältiger Arbeit als Dramatiker auch eigene Inszenierungen sowie Mitwirkung an Projekten.

Noll, Dieter, geb. 1927 in Riesa/Elbe. Kriegsdienst und Gefangenschaft. Studium der Germanistik, Kunstgesch. und Philosophie in Jena. Wurde 1950 Redakteur und Mitarbeiter an der Zs. *Aufbau.* Lebt als freier Schriftsteller in Berlin (-Ost bzw. DDR).

Nossack, Hans Erich, geb. 1901 in Hamburg als Sohn eiens Importkaufmanns. Humanistisches Gymnasium ebd. Studium der Philosophie und Rechtswissenschaft in Jena, dann Fabrikarbeiter, Reisender, Angestellter und Journalist. 1933 Eintritt in die Firma des Vaters. Entscheidendes Erlebnis Hamburgs Zerstörung im Juli 1943, bei der Manuskripte N.s verbrannten. Nach dem Krieg Entscheidung zum freien Schriftsteller. Lebte in Hamburg, in Aystetten über Augsburg und in Frankfurt/M. Gest. 1977 in Hamburg.

Piontek, Heinz, geb. 1925 in Kreuzburg/Oberschlesien. 1943–1945 Kriegsdienst. Studierte danach eine Zeitlang Germanistik und Kunstgesch. Seit 1948 freier Schriftsteller. Lebte nach dem Kriege zuerst in Dillingen/Donau, dann in München.

Sachs, Nelly, geb. 1891 in Berlin. Entkam im Frühjahr 1940 mit ihrer Mutter kurz vor der »Verschickung« über Dänemark und Norwegen nach Schweden; verdankte diese Rettung vor allem Selma Lagerlöf, mit der sie seit dem 15. Lebensjahr im Briefwechsel stand. Tiefe seelische und körperliche Erschütterung durch die Erlebnisse seit 1933. Begann schwedische Literatur ins Deutsche zu übersetzen und selbst zu dichten. Lebte in Stockholm und starb dort 1970.

Schmidt, Arno, geb. 1914 in Hamburg. Seit 1934 kaufmännischer Angestellter. 1940–1945 Kriegsdienst und Gefangenschaft. Lebte 1946–1950 in Cordingen/Lüneburger Heide, danach vor allem in Kastel/Saar, Darmstadt und Bargfeld Krs. Celle, wo er 1979 starb.

Strittmatter, Erwin, geb. 1912 in Spremberg/NL. Erlernte das Bäckerhandwerk, arbeitete als Bäckergeselle und Kellner, später als Tierwärter und Chauffeur, dann als Hilfsarbeiter im Zellwollwerk in Schwarza. Selbststudium. Kriegsdienst. 1947 Amtsvorsteher für sieben Dörfer, später Zeitungsredakteur in Senftenberg, danach freier Schriftsteller. Erhielt 1953 und 1955 einen Nationalpreis der DDR. 1959 Erster Sekretär des Dt. Schriftstellerverbandes. Lebte in Berlin (-Ost bzw. DDR), zog von dort in ein Dorf bei Gransee.

Walser, Martin, geb. 1927 in Wasserburg am Bodensee. Studium der Literaturwissenschaft, Philosophie und Gesch. an der Universität Tübingen; 1951 Dr. phil. Begann 1949 zu publizieren. Bis 1957 Mitarbeit am Süddt. Rundfunk; zog dann nach Nußdorf/Bodensee.

Weiss, Peter, geb. 1916 in Nowawes bei Berlin. 1918–1929 in Bremen, 1929–1934 in Berlin. 1934 mit den Eltern nach London emigriert. 1936 bis 1938 Studium an der Kunstakademie in Prag. 1939 Übersiedlung mit den Eltern nach Schweden. Ausstellungen in Schweden, erste Veröffentlichungen in schwedischer Sprache, experimentelle Filmstudien, Dokumentarfilme. Seit 1960 freier Schriftsteller. Lebte in Stockholm. Gest. ebd. 1982.

Wolf, Christa, geb. 1929 in Landsberg/Warthe, lebte seit 1945 an neun verschiedenen Orten der DDR, war Schreibhilfe beim Bürgermeister, beendete die Schule, studierte Germanistik in Jena und Leipzig, war wissenschaftliche Mitarbeiterin im Dt. Schriftstellerverband, arbeitete als Lektorin bei verschiedenen Verlagen und als Redakteurin der Zs. *Neue Dt. Lit.* Aufenthalte in Moskau. Lebt in Berlin (-Ost bzw. DDR).

1945   Max Frisch
          (Biogr. S. 659):
          Nun singen sie wieder

»Versuch eines Requiems« in 2 Teilen und 7 Bildern, Prosa. Auff. 29. 3. in Zürich, Schsp.-Haus.

Entst. Januar 1945.

In einem als verlassenes Kloster dargestellten Jenseits sind die toten Feinde vereint: die erschossenen Geiseln, die singend in den Tod gingen, ihre soldatischen Henker und die Flieger, die die Bomben warfen. Sie suchen das Leben, das sie zusammen hätten leben können, während die Überlebenden bestrebt sind, das Alte wiederherzustellen.
Teil 1 spielt in der Wirklichkeit, Teil 2 in der Schattenwelt.

Buchausg. 1946.

1945   Rudolf Hagelstange
          (1912–1984, Berlin, Nordhausen, Kriegsdienst,
          Unteruhldingen/Bodensee, Erbach, Berlin-West):
          Venezianisches Credo

Entst. 1944 während des Feldzuges in Oberitalien.

Druck zuerst auf einer Handpresse in Verona in 155 Exemplaren, Buchausg. in Dld. im gleichen Jahr.
35 Sonette.
Aufrufe zu den Idealen des Geistigen, der Reinheit, gewaltloser Menschlichkeit. »Ihr müßt euch wandeln!«

1961 *Lied der Jahre. Gesammelte Gedichte 1931–1961.*

1946   **Ernst Kreuder**
          (1903–1972, Zeitz, Offenbach, Frankfurt/Main,
          Kriegsdienst, Darmstadt):
          Die Gesellschaft vom Dachboden

Erz.
Romantische Gesch. von einer Vereinigung phantasievoller junger Menschen, denen ursprünglich ein Dachboden als Zufluchtsort dient und die schließlich gemeinsam eine geheimnisvolle Reise unternehmen, um den Zwang des Alltags zu durchbrechen.
Der Erzähler ist eine der Gestalten der Erz., Berthold.

1946   **Günther Weisenborn**
          (1902–1969, Bonn, Berlin, Argentinien, New York, Berlin,
          Hamburg):
          Die Illegalen

Dr. 3, Prosa. Auff. 21. 3. in Berlin, Hebbel-Theater. Buchausg. im gleichen Jahr.
Widerstandskampf in einer dt. Stadt während des Zweiten Weltkrieges. Der einzelne opfert sich, um die Gruppe und die Untergrund-Bewegung nicht zu gefährden.
Realistisches Zeitstück mit eingelegten Songs.

1946   **Max Frisch**
          (Biogr. S. 659):
          Die chinesische Mauer

»Eine Farce« in einem Vorspiel und 24 Szenen, Prosa mit eingeschalteten Verspartien. Auff. 19. 10. in Zürich, Schsp.-Haus.
Zur Zeit des chinesischen Kaisers Hwang Ti, die zugleich heute ist, wird die chinesische Mauer gebaut, um die Tyrannei zu befestigen und »die Zukunft zu verhindern«. Gestalten aus Gesch. und Lit., die als Masken auftreten, verdeutlichen das Parabolische der Handlung: Die Tyrannen, die Nutznießer, das Volk, das stumm leidet und dem doch die Willkür der Großen unerläßlich ist, und der ohnmächtige Intellektuelle bleiben immer die gleichen.

Buchausg. 1947.
Neufassung durch Verzicht auf die deutenden Partien 1955. Auff. 28. 10. 1955 in Berlin-West, Theater am Kurfürstendamm. Buchausg. im gleichen Jahr.

1946   **Carl Zuckmayer**
          (Biogr. S. 582):
          Des Teufels General

Dr. 3, Prosa. Auff. 14. 12. in Zürich, Schsp.-Haus. Buchausg. im gleichen Jahr in Stockholm.

Nach dem Modell Ernst Udets angelegte Charakterstudie eines dt. Fliegergenerals in Verbindung mit Stoffelementen aus der Widerstandsbewegung. General Harras glaubt, die Diktatur benutzen zu können, um seiner Neigung zur Fliegerei nachzugehen. So unterstützt er einen Krieg, den er moralisch ablehnen muß. Er wird Opfer des Teufelsbundes.

Auff, in Dld. 8. 11. 1947 in Hamburg, Dt. Schsp.-Haus.

1947   **Nelly Sachs**
(Biogr. S. 661):
In den Wohnungen des Todes

Gedichte in den vier Gruppen: *Dein Leib im Rauch durch die Luft, Gebete für den toten Bräutigam, Grabschriften in die Luft geschrieben, Chöre nach Mitternacht.*

Vielstimmiges Requiem für die in den Konzentrationslägern umgekommenen toten Brüder und Schwestern: »Israels Leid zog aufgelöst in Rauch durch die Luft.« Sprachlich wurzelnd in der Ausdruckskraft der alttestamentarischen Propheten und der Psalmen.

1961 zus. mit den Zyklen *Sternverdunkelung* (1949), *Und niemand weiß weiter* (1957), *Flucht und Verwandlung* (1959), *Fahrt ins Staublose, Noch feiert der Tod das Leben* in dem Sammelbd. *Fahrt ins Staublose* (1961).

1947   **Wolfgang Borchert**
(Biogr. S. 658/659):
Draußen vor der Tür

Hörsp. Sendung 13. 2. NWDR Hamburg. Auff. 21. 11. in Hamburg, Kammerspiele. Buchausg. im gleichen Jahr.

Entst. Januar 1947.

Heimkehrerschicksal eines »von denen, die nach Hause kommen und die dann doch nicht nach Hause kommen, weil für sie kein Zuhause mehr da ist«.

Formal den ma. Moralitäten verwandt, auch an das expressionistische Stationenstück anknüpfend. Der Mensch zwischen übermenschlichen Mächten: die Toten werden lebendig, der Tod, der alte Mann, den man Gott nennt, der »Andere«, die Elbe, treten auf.

Mit *Die Hundeblume* u. a. in *Das Gesamtwerk* (1949).

1948   **Hans Erich Nossack**
(Biogr. S. 661):
Interview mit dem Tode

»Berichte.«
Neun Erzz. um das Thema der Begegnung mit dem Tode in seinen verschiedenen Gestalten, so der Bombardierung Hamburgs.

Verwendung einer nüchternen, unverbindlichen Alltagssprache, durch die hindurch seelische Vorgänge spürbar werden.

1950 unter dem Titel der ersten der Erzz., *Dorothea.*

1948   Hugo Hartung
           (1902–1972, München, Oldenburg, Breslau,
           Kriegsdienst und Gefangenschaft, Berlin):
           Die große belmontische Musik

Erz.
Ein Schriftsteller, der als Soldat wegen scheinbarer Fahnenflucht erschossen werden soll, geht mit sich und seinem Werk ins Gericht. Er wandelt sich angesichts des Todes zum Dichter.

1948   Ernst Kreuder
           (1903–1972, Zeitz, Offenbach, Frankfurt/Main,
           Kriegsdienst, Darmstadt):
           Die Unauffindbaren

R.

Entst. 1938–1947. Lit. Anregungen durch Chesterton, Faulkner, Thomas Wolfe, Joyce.

Gilbert Orlins, ein Immobilienmakler, verläßt urplötzlich Beruf, Frau und Kinder, um sich einer geheimen Gesellschaft, den Unauffindbaren, anzuschließen, die von der Polizei als Anarchisten verfolgt werden, die aber nur dem geheimen Sinn und der Poesie des menschlichen Daseins jenseits der Alltagswirklichkeit nachspüren. Als neuer Mensch kehrt er zu seiner Frau zurück.

1948   Fritz Hochwälder
           (1911–1986, Wien, Zürich):
           Der öffentliche Ankläger

Schsp. 3, Prosa. Auff. 10. 11. in Stuttgart, Neues Theater.

Entst. Frühjahr 1947.

Tr. aus der Zeit der Frz. Revolution, im Mittelpunkt die Gestalt des öffentlichen Anklägers, der zuletzt wie seine Opfer auf der Guillotine endet, ohne daß damit der Böses zeugende Zwang der Angst aufgehoben wäre.

Buchausg. 1954.

1949 **Erhart Kästner**
(1904–1974, Augsburg, Dresden, Kriegsdienst und
Gefangenschaft, Wolfenbüttel):
Zeltbuch von Tumilad

Bericht über Jahre der Gefangenschaft in der arabischen Wüste. Einsamkeit und Leere des Daseins lassen Erinnerung und Imagination zu beherrschenden Kräften werden; die Bilder der Vergangenheit, der geistige Besitz aus Kunst und Wissenschaft werden lebendig und gegenwärtig. »Jedermann braucht etwas Wüste.«

1949 **Arno Schmidt**
(Biogr. S. 661):
Leviathan

3 Erzz. *Gadir oder Erkenne dich selbst, Leviathan oder Die beste der Welten, Enthymesis oder W.I.E.H.*

Entst. 1946.

Autobiographische Aufzeichnungen von den letzten Augenblicken dreier Männer: des griech. Seefahrers Pytheas von Massilia, der 52 Jahre lang gefangengehalten wird und im Fieberwahn glaubt, entflohen zu sein; eines Deutschen an der Ostfront in den Tagen des Zusammenbruchs; eines Schülers des Eratosthenes von Kyrene, der bei Vermessungen in der Wüste verdurstet. Das Fazit: eine vom erbarmungslosen Leviathan beherrschte Welt, ein sinnloses Leben; die Naturwissenschaft als einzig verläßlicher Halt und Gegenstand der Beschäftigung.
Drei innere Monologe, durch »Rastermethode«, eine akzentuierende Abschnittbildung und Ausspartechnik, gegliedert.

1949 **Heinrich Böll**
(Biogr. S. 658):
Der Zug war pünktlich

Erzz.
Ein Fronturlauber glaubt im Augenblick der Abfahrt von der Heimat zu wissen, daß er bald sterben muß, und bleibt dann als einziger seiner Kameraden am Leben.
Einheit von Visionärem und Realem; die Landser- und Kriegsatmosphäre in der Großaufnahme- und Ausspartechnik des amerikan. R.

1950   **Ernst Wiechert**
             (Biogr. S. 582):
             Missa sine nomine

R.
Ein 1945 aus dem KZ auf den Rest seiner Besitzungen zurückkehrender
Adliger überwindet seine Haßgefühle und ringt sich zu dem christlichen
Grundsatz der Gewaltlosigkeit durch.

1950   **Elisabeth Langgässer**
             (1899–1950, Alzey, Darmstadt, Berlin):
             Märkische Argonautenfahrt

R. postum.
Sieben Überlebende des Zweiten Weltkriegs pilgern von Berlin nach dem
märkischen Kloster Anastasiendorf, sind auf dem Wege zur inneren Läu-
terung.

1950   **Heinz Risse**
             (1898–1989, Düsseldorf, 1915–1918 Soldat,
             Auslandsaufenthalt, Solingen):
             Wenn die Erde bebt

R.
Im Gefängnis geschriebener Lebensbericht eines Mannes, der wegen
Mordes an seiner Frau verurteilt ist, unterbrochen durch Gespräche mit
seinem Arzt.
Spannungsverhältnis zwischen Erde und Gott, zwischen der »sogenannten
Realität« und einer Welt der Gedanken, Träume und Visionen. Motto
von Novalis: »Unser Leben ist kein Traum, aber es soll und wird vielleicht
einer werden.«

1950   **Albrecht Goes**
             (geb. 1908, Langenbeutingen/Wttbg.,
             im Krieg Pfarrer an der Ostfront, Gebersheim, Stuttgart):
             Unruhige Nacht

Nov.
Bericht eines Militärgeistlichen, der 1942 an der Ostfront einen wegen
Fahnenflucht verurteilten Soldaten auf seinem letzten Gang begleitet. In
einer einzigen Nacht kreuzen sich mehrere Schicksale, die die verschiedenen Haltungen des Menschen in einer äußersten Situation kennzeichnen.
Einbeziehung der Soldatensprache. Dialog als Mittel menschlicher Kon-
taktfindung.

1950   **Gerd Gaiser**
             (Biogr. S. 659/660):
             Eine Stimme hebt an

R.
Gegen die heile Welt des Schwäbisch-Bodenständigen wird das Schicksal
der Entwurzelten, Heimatlosen, Heimkehrer gestellt. In ihrem Durchhalten liegen die eigentliche Kraft und das Heldentum.

1950   **Luise Rinser**
             (geb. 1911, Pitzling/Obb., München, Rom):
             Mitte des Lebens

R.
Schicksal einer modernen Frau, die durch das Ungestüm ihres Lebenswil-
lens und die Unerbittlichkeit ihres Wahrheitsverlangens leidet und leiden
macht.

1950   **Stephan Hermlin**
             (eig. Leder, geb. 1915, Chemnitz, Palästina, Ägypten,
             England, Schweiz, Berlin-Ost bzw. DDR):
             Die Zeit der Gemeinsamkeit

4 Erzz.: *Die Zeit der Einsamkeit; Arkadien; Die Zeit der Gemeinsamkeit;
Der Weg der Bolschewiki.*
Gemeinsames Thema sind die Leiden der Emigrationszeit, deren Gewinn
jedoch in dem Erlebnis der Kameradschaft und Gemeinsamkeit besteht:
unter den kommunistischen Emigranten in Paris, im Maquis, im Getto
von Warschau, im KZ.

1950   **Walter Jens**
             (Biogr. S. 660):
             Nein – die Welt der Angeklagten

R.
Darstellung einer totalitär beherrschten Welt, in der es nur noch Angeklagte, Zeugen und Richter gibt. Der Held und Angeklagte kann sich
durch eine Schurkerei auf die Zeugenbank retten, lehnt aber, als er zum
Richter ernannt werden soll, dies Amt ab und wird erschossen. Exemplarisch in Fabel und Gestalten für die seelen- und glaubenzerstörende Wirkung der Vermassung. Nicht als Utopie, sondern als Darstellung »einer
bereits in uns bestehenden Welt« aufgefaßt.

1950   **Carl Zuckmayer**
                 (Biogr. S. 582):
                 Der Gesang im Feuerofen

Dr. 3, Prosa. Auff. 3. 11. in Göttingen; Buchausg. im gleichen Jahr.

Angeregt durch eine Zeitungsnotiz über die Verurteilung eines im Dienst des SD
tätig gewesenen Franzosen durch das Militärgericht in Lyon.

Louis Creveaux wird vor das Gericht seiner Opfer gerufen: durch seine
Schuld sind 36 frz. Angehörige der Widerstandsbewegung unter dem Gesang des Tedeums in einem umstellten und angezündeten Schloß in den
Tod gegangen.
Verzicht auf realistische Ausgestaltung, Handlung und Gestalten von
mehr symbolischer Bedeutung. Die Haupthandlung in einen surrealistischen Rahmen gestellt.

1951   **Heimito von Doderer**
                 (Biogr. S. 580):
                 Die Strudlhofstiege oder Melzer und die Tiefe der Jahre

R.

Darstellung des zeitgenössischen Wien an einer Gruppe von Gestalten
und Schicksalen, die alle auf die den Titel gebende Altwiener Treppe
zugeführt sind. Im Mittelpunkt einer meist zwiespältigen und morbiden
Welt die Gestalt des schlichten ehemaligen Offiziers Melzer, dessen um-
wegreiches Leben zuletzt in idyllische Heiterkeit einmündet.
Mehrfache Zeitebene: von 1924 her Einbeziehung der Vorkriegszeit und
der Kriegsjahre. Barocke, betont österreichische Sprache.

1951   **Hans Werner Richter**
                 (geb. 1908, Bansin, Berlin, Paris, Berlin,
                 Kriegsdienst und Gefangenschaft, München):
                 Sie fielen aus Gottes Hand

R.

Die Schicksale von 12 Personen verschiedener Nationen, Stände und Bekenntnisse, die alle in einem dt. KZ enden, das den politischen Umbruch
überdauert hat. Sinnlosigkeit und Ausweglosigkeit des Daseins.
Reportagestil; Wechsel von Kurzszenen.

1951   **Nelly Sachs**
                 (Biogr. S. 661):
                 Eli

»Ein Mysteriensp. vom Leiden Israels«. Erstausg. in Schweden.

Entst. 1943.

Aus 17 Szenenbildern bestehende »Legende aus Wahrheit« (N. S.) von
der Zerstörung eines jüdischen Dorfes in Polen und der Tötung des from-

men Hirtenknaben Eli durch dt. Besatzungssoldaten, der Suche des Schuhmachers Michael nach dem Täter und dem Zusammenbruch des aufgespürten Mörders unter Angst und Gewissensqual.

Bilderreiches, expressives Szenar, »das Unsägliche auf eine transzendente Ebene zu ziehen« (N. S.).

Auff. 14. 3. 1962 in Dortmund, Städt. Bühnen. Zusammen mit anderen szenischen Dgg. in *Zeichen im Sand* (1962).

1951   Ulrich Becher
           (1910–1990, Berlin, Wien, Schweiz, Rio de Janeiro,
           New York, Wien, Basel):
           Samba

Schsp. 3, Prosa. Auff. 5. 3. in Wien, Theater in der Josefstadt.
Schicksale von dt. Emigranten, deren Wege sich zwischen 1941 und 1943 in dem Hotel einer brasilianischen Kleinstadt treffen; Krankheit, Selbstmord, Rückkehr nach Europa mit einem Todeskommando.
Realistische Darstellung der verschiedenen Repräsentanten des Emigrantentums; Einbeziehung des tropischen Milieus, sinnbildhaft dafür die Rhythmen des Nationaltanzes Samba.

Buchausg. 1957 zus. mit *Feuerwasser* (1952) und *Die Kleinen und die Großen* (1956) als *Spiele der Zeit*.

1951   Günter Eich
           (Biogr. S. 659):
           Träume

Hörsp. Sendung 19. 4. NWDR Hamburg.
Fünf Träume von fünf verschiedenen Menschen der Zeit. Sie alle beschwören »die Angst, die das Leben meint«, die Gewißheit, daß jedes Glück eines Tages von einem unabwendbaren Feind zerstört wird.
Die einzelnen Traumszenen durch erklärende und überleitende Verspartien verbunden.

Buchausg. 1953 zus. mit *Geh nicht nach El Kuwehd, Der Tiger Jussuf, Sabeth* unter dem Titel *Träume*.
1958 weitere sieben Hörspp. in *Stimmen*.

1952   Rudolf Hagelstange
           (1912–1984, Berlin, Nordhausen, Kriegsdienst,
           Unteruhldingen/Bodensee, Erbach, Berlin-West):
           Ballade vom verschütteten Leben

Angeregt durch eine Zeitungsmeldung von 1951 über die Bergung zweier dt. Soldaten, die mit vier Kameraden 1945 in einem Vorratsbunker bei Gdingen von der Außenwelt abgeschnitten wurden.

Gesch. von sechs Soldaten, die, in einem Vorratsbunker von der Außenwelt abgeschnitten, ein jahrelanges Schattendasein am Rande des Wahnsinns führen. Die beiden, die gerettet werden, sind nicht mehr fähig, das Licht zu ertragen.

Ein Prolog und zehn Abschnitte in freirhythmischen reimlosen Versen.

1952   Paul Celan
             (Biogr. S. 659):
             Mohn und Gedächtnis

Gedichte.

Enthält: *Der Sand aus den Urnen, Todesfuge, Gegenlicht, Halme der Nacht.*

Suggestiv wirkende Metaphern, aus rein sprachlichen Beziehungen und Assoziationen entwickelt, alogisch bis zur Paradoxie. Vom Symbolismus herkommende Neuschaffung der Welt aus dem Wort, unter Einfluß der frz. Surrealisten. Wiederkehrende symbolhaltige Worte wie Herz, Haar, Auge, Krug, Halm, Rose, Tod; romantischer, nicht modernistischer Wortschatz; Farbsymbolik. Melancholische Grundstimmung.

Häufig daktylische, antikisch wirkende Rhythmen, seltener Gebrauch des Reims.

1952   Werner Bergengruen
             (Biogr. S. 580):
             Der letzte Rittmeister

R. in 3 Teilen: *Der letzte Rittmeister, Die Erzählungen des letzten Rittmeisters, Das Ende des letzten Rittmeisters und aller Rittmeisterschaft.*

In eine Rahmenhandlung gespannter Geschichtenkranz um einen baltischen Rittmeister, dessen ritterlich nobler, in seinen bizarren Zügen auch an Don Quijote und Tartarin erinnernder Charakter für Größe und Schwäche einer verklungenen Zeit steht.

Forts. *Die Rittmeisterin* – »Wenn man so will, ein Roman« (1954).

1952   Friedrich Dürrenmatt
             (Biogr. S. 659):
             Der Richter und sein Henker

Kriminalgesch.

Aufdeckung eines Mordes am Ende zahlreicher Verbrechen, die vor langen Jahren durch die Wette eines Kriminalisten und eines Abenteurers über die Aufklärbarkeit von Verbrechen ausgelöst wurden.

Repräsentativ für eine Richtung der neueren Kriminalgesch., bei der sich der Detektiv für den Mörder verantwortlich fühlt und dadurch selbst an menschlicher Hintergründigkeit gewinnt.

Hörsp.-Fassung 1957.

1952   Ilse Aichinger
            (Biogr. S. 658):
            Rede unter dem Galgen

Erzz.
Zehn kleine Erzz. um das Thema der Fesselung des Menschen in Angsttraum, Wahnvorstellung, Fieberphantasie u.a.; sinnbildhaft im Helden der Titelrolle, der es innerhalb der freiwillig beibehaltenen Fesselung zu einer neuen Vollkommenheit der Bewegung bringt. Parabolische Figuren. Einfluß Kafkas.

1953 Neue Ausg. unter dem Titel: *Der Gefesselte.*

1952   Friedrich Dürrenmatt
            (Biogr. S. 659):
            Die Ehe des Herrn Mississippi

Kom. in 2 Teilen, Prosa Auff. 26. 3. in München, Kammerspiele. Buchausg. im gleichen Jahr.
Satirisches, bisweilen parodistisches Spiel von der Unveränderlichkeit des Menschen: der immer oben schwimmenden Konjunkturritter, der Ideologen, die um der Gerechtigkeit oder der Freiheit willen morden, der Frau mit den wechselnden Liebhabern und der Donquichotterie des Liebesgläubigen. »Daß aufleuchte Seine Herrlichkeit, genährt durch unsere Ohnmacht.«
Die Mittel des politischen Schauerstücks – Giftmord, Revolution, politischer Mord – parodistisch-surrealistisch eingesetzt.

2. Fassung Auff. 11. 4. 1957 in Zürich, Schsp.-Haus. 1957 zus. mit *Romulus der Große* (1948), *Ein Engel kommt nach Babylon* (1953) und *Der Besuch der alten Dame* (1956) in *Komödien I.*

1953   Gottfried Benn
            (Biogr. S. 538):
            Destillationen

»Neue Gedichte 1953«.

Vgl. *Probleme der Lyrik* (1951), Buchausg. des 1951 in Marburg gehaltenen Vortrags.

Gedichte, gekennzeichnet durch die Technik der intellektuellen Bezugsfindung, Umkreisung und Einkreisung von Begriffen, daher gefiltert, »destilliert«. Begriffsmontagen. Überzeugung von der Überwindung des Nichts durch die Form; daneben jedoch auch Resignationen, »Entformungsgefühl«: »Es gibt nur zwei Dinge: die Leere und das gezeichnete Ich.«
Neben geschlossener Form und strenger Wortwahl locker gereihte Gedichte, Benutzung salopper Jargonausdrücke. »Aus Empfindlichkeit ge-

gen den Edelkitsch wird noch der verrottete Wortramsch aus Wissenschaft, Journalismus und Reklame in die Dg. eingelassen« (Dieter Wellershoff).

1953	**Urs Martin Strub**
	(geb. 1910, Olten, Zürich):
	Lyrische Texte

Drei Gruppen, deren beide letzte sich experimentierend von der Tradition lösen.
Betonung der Wirklichkeit und Schönheit des Lebens, Hierarchie der Dinge, die auf einen Schöpfergott bezogen sind. Besonders deutlich an den Zyklen auf verschiedene Sternbilder *(Zodiakus)* und auf Spielzeuge eines Vergnügungsparks *(Der Lunapark):* »Und nach Vollendung ruft die ganze Kreatur.«
Betonte Anwendung des Reims.

1953	**Ingeborg Bachmann**
	(Biogr. S. 658)
	Die gestundete Zeit

Gedichte.
Illusionsloser Blick in eine düstere, graue Welt, der die Menschheit ausgesetzt ist und die sie als Schicksal hinnehmen muß. Auf diesen Ton gestimmt auch Gedichte über Krieg, Gewalt und Sinnlosigkeit der geschichtlichen Entwicklung.
Schlichte, nüchterne Sprache mit kühnen, harten Bildern.
Enthält auch: *Ein Monolog des Fürsten Myschkin zu der Ballettpantomime Der Idiot* (nach Dostojewskij; Choreographie Tatjana Gsovsky, Musik Hans Werner Henze).

1953	**Eduard Claudius**
	(1911–1976, Gelsenkirchen, Schweiz, Spanien, Potsdam):
	Früchte der harten Zeit

Erzz.
Acht Etappen aus der Geschichte des Klassenkampfes von den zwanziger Jahren bis nach dem Zweiten Weltkrieg. Schauplätze: das Ruhrgebiet, der spanische Bürgerkrieg, der frz. Maquis, Oberitalien und Mitteldeutschland bei Kriegsende, eine dt. Fabrik und ein Dorf an der Oder im Wiederaufbau. Als Auftakt eine Dorfszene aus dem 18. Jh. Einarbeitung autobiographischer Elemente; sozialistische Perspektive.

1953   **Heinrich Böll**
          (Biogr. S. 658):
          Und sagte kein einziges Wort

R.

Zwei große, sich ergänzende und überschneidende innere Monologe des Kölner Ehepaares Fred und Käte Bogner an einem Wochenende der ersten Nachkriegsperiode. Der haltlos gewordene Mann wird durch die von der Frau herbeigeführte Trennung aus seiner Lethargie geworfen und nach Hause zurückgeführt. Christlich-katholische Auffassung von der Unlöslichkeit der Ehe und der Selbstzerstörung durch Bindungslosigkeit.

Beobachtungsschärfe. Wirkungsvolle Kontrastierung von zeittypischen Motiven des Elends und des restaurativen Aufwands. Sachliche, verknappte Sprache, leitmotivische Wortwiederholung. Einfluß von Joyce und Hemingway.

1953   **Wolfgang Koeppen**
          (geb. 1906, Greifswald, Ostpreußen, Berlin,
          Holland, München):
          Das Treibhaus

R.

Ein enttäuschter Sozialist kehrt 1945 aus der Emigration zurück, glaubt eine Mission bei der politischen Neuordnung als Gegner der Restauration in Westdeutschland, mit der er doch paktieren muß, zu erfüllen, verliert darüber seine Frau, scheitert dann auch als Politiker und nimmt sich das Leben.

Schonungslos zugreifende, politische Satire.

1953   **Max Frisch**
          (Biogr. S. 659):
          Don Juan oder Die Liebe zur Geometrie

Kom. 5, Prosa. Auff. 5. 5. in Zürich, Schsp.-Haus, und Berlin-West, Schillertheater. Buchausg. im gleichen Jahr.

Entst. 1952 in New York und Zürich.

Neuinterpretation des alten Stoffes: Don Juan liebt nicht die Frauen, sondern die Geometrie, und um sich nicht selbst zu verlieren, verläßt er die Frauen. Seine Hybris, ohne ein Du auskommen zu wollen, wird bestraft: um seiner Verführerrolle zu entgehen, inszeniert er selbst die Legende von seiner Höllenfahrt und endet als Gefangener einer Frau, die ihn zum Vater macht.

Der Nihilismus als Herausforderung an eine höhere Ordnung betrachtet, die damit vorausgesetzt wird.

1953   **Erwin Strittmatter**
              (Biogr. S. 661):
              Katzgraben

»Szenen aus dem Bauernleben« 4, in jambischen Fünftaktern. Auff.
23. 5. in Berlin (DDR), Dt. Theater, durch das Berliner Ensemble.

Entst. 1951 als Laienspiel, Umarbg. für das Theater auf Anregung Bert Brechts. Als
Vorlage hat Eichwege im Kreis Spremberg gedient.

Zwischen 1947 und 1949 nach der Bodenreform spielende Auseinandersetzung zwischen dem Großbauer Großmann und den Neubauern um den
Bau einer Straße. Die ersten Traktoren, die schließlich einen festlich
begrüßten Einzug halten, zeigen die eingetretene Verschiebung der Kräf-
teverhältnisse auf dem Lande. Der Epilog gibt die Perspektive in die
Zukunft.

»Geschichte der behebbaren Schwierigkeiten, der korrigierbaren Unge-
schicklichkeiten« (Brecht). Realistische, knappe Sprache, durch die
Rhythmisierung überhöht.

Buchausg. 1954. Um vier Szenen vermehrte und aktualisierte Fassung *Katzgraben
1958*.

1953   **Fritz Hochwälder**
              (1911–1986, Wien, Zürich):
              Donadieu

Schsp. 3, Prosa, Auff. 1. 10. in Wien, Burgtheater. Buchausg. im gleichen
Jahr.

Entst. 1953. Quelle: C. F. Meyers Ballade *Die Füße im Feuer.*

Das von Meyer gestaltete Einzelschicksal des hugenottischen Edelman-
nes, der aus Frömmigkeit auf die Rache am Mörder seiner Frau verzichtet, verbunden mit dem gemeinsamen Schicksal der Glaubensgenossen,
die durch eine Gewalttat am Boten des Königs erneuter Verfolgung ausgesetzt wären.

1953   **Friedrich Dürrenmatt**
              (Biogr. S. 659):
              Ein Engel kommt nach Babylon

»Eine fragmentarische Kom.« 3, Prosa, verschiedentlich in Verse übergehend. Auff. 22. 12. in München, Kammerspiele.

Weit zurückreichender Plan. 1. Fassung entst. 1948–1953.

Ein Engel bringt als Geschenk des Himmels das anmutige Mädchen Kurrubi, das dem Geringsten unter den Menschen gehören soll. Weder der
König Nebukadnezar noch das Volk ist bereit, sich um dieser Himmelsga-
be willen zur Armut zu bekennen. Nur der Bettler Akki weiß etwas vom

Glück der Besitzlosigkeit und entflieht mit der ihm übergebenen Kurrubi, während der König aus Trotz den babylonischen Turm erbauen läßt.
Akki der Typus des »mutigen Menschen«, der einer unmenschlichen Wirklichkeit zum Trotz Widerstand leistet; für D. kennzeichnend das Gerichts-Motiv und das Thema der Gnade.

Buchausg. 1954. 1957 zus. mit *Romulus der Große* (1948), *Die Ehe des Herrn Mississippi* (1952) und *Der Besuch der alten Dame* (1956) in *Komödien I.*
2. Fassung 1957. Auff. 6. 4. 1957 in Göttingen, Dt. Theater. Buchausg. 1958.

1953   Günter Eich
             (Biogr. S. 659):
             Die Mädchen aus Viterbo

Hörsp. Sendung 10. 3. Gemeinschaftsproduktion Baden-Baden, Bremen, München.
Spiel auf zwei Ebenen, deren Schauplätze sich ablösen: Szenen in einem Berliner Mietshaus, in dem sich ein jüdischer Mann und seine Enkelin verborgen halten, und die in der Phantasie dieser beiden Menschen aufsprießenden Szenen in den römischen Katakomben, in denen sich eine Mädchenklasse aus Viterbo mit ihrem Lehrer verirrt hat. Künstlerisches Prinzip der kontrapunktisch komponierten Antithetik und des Parallelismus, durch das Verknüpfung, Überschneidung, Kontrastierung erreicht wird: Die Berliner »Gefangenen« hoffen, nicht gefunden zu werden, die römischen sehnen die Auffindung herbei.

1958 geänderte Fassung zus. mit *Die Andere und Ich, Allah hat hundert Namen, Das Jahr Lazertis, Zinngeschrei, Festianus Märtyrer, Die Brandung von Setúbal* in dem Sammelbd. *Stimmen;* Sendung 8. 6. 1959 Gemeinschaftsproduktion Frankfurt/M. und Stuttgart.

1954   Karl Krolow
             (Biogr. S. 660):
             Wind und Zeit

Gedichte 1950–1954.
Enthält: *Wind und Zeit, Schatten in der Luft, Aufschwung, Liebesgedichte, Moralische Gedichte.* Im ersten und dritten Teil bukolische Gedichte, entsprechend dem vorangestellten Bekenntnis zur »Schönheit der Dinge«. In den übrigen Abschnitten elegische Gedichte in metrisch komplizierteren Formen. Hier bricht die existentielle Unsicherheit durch (».. . schon ein paar Schritte weiter ist es ratsam, den Hut ins Gesicht zu ziehen«, ».. . die Käfige der Vogelfänger stehen weit offen«). Auch die Gestalt der Geliebten bleibt fern und ungreifbar.

1954   Gertrud von Le Fort
(Biogr. S. 581):
Am Tor des Himmels

Nov.

Aufzeichnungen eines dt. Astronomen, der durch den Widerruf Galileis und das Verfahren der Inquisition seinen Glauben verlor und nur noch der Wissenschaft und der Rettung von Galileis Werk lebt.
Rahmenerz.: das Dokument wird von zwei Nachfahren in einer Bombennacht des Zweiten Weltkrieges, der es dann zum Opfer fällt, gelesen. Das Ende einer Epoche, in der sich die Wissenschaft von Gott löste; die Wissenschaft ist an Grenzen angekommen, an denen Gott vielleicht wiedergefunden werden kann.

1954   Albrecht Goes
(geb. 1908, Langenbeutingen/Wttbg.,
im Krieg Pfarrer an der Ostfront, Gebersheim, Stuttgart):
Das Brandopfer

Nov.

Bericht einer Fleischersfrau von ihren Erlebnissen als Inhaberin der »Judenmetzig«, des Ladens, in dem während des Krieges die Juden ihr Fleisch kaufen mußten.
Rahmenerz., Kern- und Rahmenhandlung miteinander verwoben: Der zuhörende Partner der Erz. wird in die Entwirrung des Geschehens einbezogen.

1954   Max Frisch
(Biogr. S. 659):
Stiller

Als neuartiger Künstler- und Ehe-R. gestaltetes Problem der Identität und der Selbstverwirklichung. Der Schweizer Bildhauer Anatol Stiller vermag nicht, »sich selbst anzunehmen«, und ist aus seiner unbedeutenden Existenz in ein Wunsch-Ich geflohen. Aber das Leben in der modernen Gesellschaft gestattet nur fixierte Rollen, Einordnung in das Klischee und Wiederholungen, auch die von Stillers scheiternden Versuchen, dauerhafte Ehen einzugehen.
Aufspaltung der Hauptfigur mit häufigem, oft sprunghaftem Wechsel der Erzählerperspektive. Verwendung der verschiedensten Darbietungsmittel epischer, dramatischer und essayistischer Art.

1954   **Heinrich Böll**
                 (Biogr. S. 658):
                 Haus ohne Hüter

R.

Nachkriegsprobleme der vaterlosen Familie am Beispiel zweier Witwen
und ihrer beiden Jungen. Die Erwachsenenwelt aus dem Blickwinkel der
Kinder Martin und Heinrich gesehen. Kritik B.s an der Moral und Gesellschaft jener Zeit.

Wechsel der Perspektive. Großgedruckte Plakatworte leitmotivisch eingesetzt.

1955   **Gottfried Benn**
                 (Biogr. S. 538):
                 Aprèslude

»Gedichte 1955«.

Vom Bewußtsein baldigen Todes gezeichnete Verse. Glaube an das gestaltete Wortkunstwerk als das einzig Sinnvolle. *Gedicht:* »es ist: das
Sein.« Daneben Erkenntnis der Sinnlosigkeit des Daseins. Rückblicke auf
Elternhaus, Jugend. Das ewige Fließen und Sichfortsetzen des Lebens,
von dem es zu scheiden gilt, Abschiedstöne: *Melancholie, Ebereschen,
Tristesse, Letzter Frühling.* »Halten, Harren, sich gewähren / Dunkeln, Altern, Aprèslude.«

Neben der für B. typischen assoziierenden Gestaltungsweise auch ein
mehr syntaktisches Vorgehen.

1956 *Gesammelte Gedichte.*

1955   Günter Eich
                 (Biogr. S. 659):
                 Botschaften des Regens

Gedichte.

Entst. seit 1950.

Vorherrschende Stimmung, dem Titel entsprechend, herbstlich, winter-
lich. Die Natur scheint erfüllt von klagenden Geräuschen und rätselhaften
Botschaften: Regentrommeln, Taubenflug, die Klapper des Aussätzigen,
der Schrei des Hähers. Der Mensch, diesen Botschaften in Angst, Einsamkeit und Verzweiflung ausgesetzt, spürt den Anhauch des Irrationalen.

Herbe, fast nüchterne, sehr dingliche Sprache. Der Vers oft nahe an
rhythmischer Prosa, kaum Verwendung des Reims. Für Kleinformen
fernöstliche Vorbilder.

1955   **Hans Erich Nossack**
(Biogr. S. 661):
Spätestens im November

R.

Eine Frau verläßt Mann, Sohn und die großbürgerliche Welt um des
Geliebten willen. Ernüchterung bringt eine Rückkehr in die alte Existenz,
bis im November der Geliebte und der Tod sie fordern: Erfüllung in der
Liebe ist nur im Tode.

Surrealistische Komponente besonders durch Ausbrüche aus der Ich-Erz.
des Tagebuchs, das auch Situationen nach dem Tode der Schreiberin
umfaßt.

1955   **Heinrich Böll**
(Biogr. S. 658):
Das Brot der frühen Jahre

Erz.

Rückblickende Ich-Erz. in vier Kapiteln über die Ereignisse eines Mon-
tags der Nachkriegszeit. Ein junger Mann, Fendrich, wird durch die Begegnung mit dem Mädchen Hedwig aus der seelischen Verhärtung gelöst
und bricht mit seiner Freundin Ulla. Der »Versager« Fendrich ist zugleich
arm und unkonventionell fromm, ein Nonkonformist und die Böllsche
Variante des Picaro.

1955   **Hans Scholz**
(1911–1988, Berlin-West):
Am grünen Strand der Spree

»So gut wie ein Roman«.

Rahmen-Erz. Zur Feier der Heimkehr eines Freundes aus der Kriegsgefangenschaft veranstaltet ein Kreis Gleichaltriger in einem Großberliner
Lokal ein Treffen, bei dem Geschichten erzählt werden, die auf verschiedene Kriegsschauplätze, in die Nachkriegsatmosphäre des geteilten Berlin
und in die märkische Umgebung führen.

Spezifisch Berlinisches in Milieu, Charakteren und vor allem im »Jargon«.

1955   **Walter Jens**
(Biogr. S. 660):
Der Mann, der nicht alt werden wollte

R.

Leben eines jungen Schriftstellers, der seine Erinnerungen abstreifen und
aus dem Nacheinander der Zeit ein Nebeneinander machen will, schließlich Selbstmord begeht und sein Werk unvollendet zurückläßt.
Erzählt aus der Perspektive des Literarhistorikers, der des Dichters Leben

und Werk rekonstruieren will; eingeschobene Teile aus dem Werk des Dichters. J. läßt das Manuskript noch an einen zweiten Herausgeber und schließlich in die eigenen Hände gelangen. Spannungsverhältnis zwischen Dichter und Wissenschaftler. Hinweise auf lit. Beziehungen: Proust, Rilke, Eliot, Hofmannsthal u. a. Verarbeitung von Autobiographischem in die Kindheitsgeschichte des Dichters.

1955   Heinz Piontek
             (Biogr. S. 661):
             Vor Augen

»Proben und Versuche«.

Entst. 1950–1955, einzeln in Zss., Ztgg., im Rundfunk.

15 kleine Erz., die den noch von Krieg, Flucht und Heimatlosigkeit überschatteten Menschen der Gegenwart in exemplarischen Situationen zeigen. Untrennbarkeit von Gegenwart und Vergangenheit. Sachliche Prosa, Exaktheit des Ausdrucks und der Bildwahl. In den fünf »Versuchen« noch stärker als in den »Proben« Technik der Aussparung und Filtration; Unterkühlung durch Beschränkung auf das, was »vor Augen« ist.

1955   Siegfried Lenz
             (Biogr. S. 660):
             So zärtlich war Suleyken

»Masurische Geschichten«.

Die Bewohner von Suleyken, einer Art von masurischem Seldwyla, werden in zwanzig Schelmengeschichten – »Kleinen Erkundungen der masurischen Seele« – vorgeführt.

Tonart des seinen Zuhörern unmittelbar gegenüberstehenden Erzählers, der seine Formulierungen scheinbar während des Sprechens findet.

1955   Alfred Matusche
             (1909–1973, Leipzig, Schlesien,
             Kolberg über Königswusterhausen, Karl-Marx-Stadt):
             Die Dorfstraße

Schsp. in 6 Bildern, Prosa. Auff. 8. 2. in Berlin (DDR), Kammerspiele des Deutschen Theaters. Buchausg. im gleichen Jahr.

Szenen aus dem dt.-polnischen Grenzgebiet um das Kriegsende 1945. Menschen, die alle von Leid gezeichnet sind und von denen jeder ein Recht zu haben glaubt, das dem des anderen widerstreitet: polnische Partisanen, dt. Offiziere und Soldaten, Gutsbesitzer, Flüchtlinge.

1955   **Peter Hacks**
(Biogr. S. 660):
Eröffnung des indischen Zeitalters

Schsp. in 10 Bildern, Prosa. Auff. 17. 3. in München, Kammerspiele.
Kolumbus nicht nur als Entdecker Amerikas, sondern als bewußter Eröff-
ner eines neuen Zeitalters dargestellt: »Die Weltidee zu Schiffe«. Er muß
erkennen, daß er nicht nur ein Zeitalter des wissenschaftlichen Fortschritts, sondern auch der wirtschaftlichen Ausbeutung einleitet.
Wegen der »Dialektik des Aufbaues«, um eines optimistischen Schlusses
willen, ist die chronologisch letzte Szene (erste Bluttaten in Amerika) vor
die chronologisch vorletzte (Überfahrt) gestellt.

Buchausg. zus. mit *Das Volksbuch vom Herzog Ernst oder Der Held und sein Gefolge* (1955) und *Die Schlacht bei Lobositz* (1956) in *Theaterstücke* (1957).

1955   **Richard Hey**
(geb. 1926, Hamburg-Blankenese):
Thymian und Drachentod

»Ein Stück in zwei Teilen«, Prosa. Auff. 26. 3. in Stuttgart, Staatstheater.
Schicksal des politischen Flüchtlings, der nicht nur gegen, sondern auch
für etwas kämpfen möchte und auch in seinem Zufluchtsland vergebens
nach Verwirklichung freier Menschlichkeit und einer neuen, klaren, wahren Idee sucht. In beiden Machtbereichen unbehaust, entflieht er und
nimmt sich das Leben.
Figuren eines imaginären Reiches mit gleichnishaft stilisierten Figuren:
König, Premier u. a.

Buchausg. 1956.

1955   **Peter Hirche**
(geb. 1923, Görlitz, Kriegsdienst, Berlin-West):
Heimkehr

Hörsp., Prosa. Sendung 7. 4. NWDR Hamburg.

Entst. 1954.

Eine alte Frau, Flüchtling aus Schlesien, durchlebt auf dem Totenbett
noch einmal ihr Leben und erfährt im Fiebertraum Heimkehr in Heimat
und Liebe.
Vier Handlungsebenen, die von der realen Vordergrundsschicht bis zu der
irrealen der Fiebervisionen reichen.

1955   **Benno Meyer-Wehlack**
(geb. 1928, Stettin, Berlin, Kiel, Hiddensee,
Baden-Baden, Berlin-West):
Die Grenze

Hörsp., Prosa. Sendung 30. 11. NDR Hamburg.
Bei der Vermessung eines Schrebergartens wird in der Besitzerin die Erinnerung an die verstorbene Tochter so stark, daß sie in den Tod gehen will; das gute Wort eines Vermessungsgehilfen gibt sie dem Leben wieder.
Technik der sparsamen und aussparenden Wortgebung, die hinter der Oberfläche die Tiefe der menschlichen Substanz fühlbar macht. Berliner Dialekt.

Buchausg. 1958 unter dem Titel *Die Versuchung* zus. mit dem gleichnamigen Hörsp.

1956   **Karl Krolow**
(Biogr. S. 660):
Tage und Nächte

Gedichte.
Enthält: *Im Blau beieinander, Untreue der Minute, Wahrnehmungen.*
Zurücktreten der in K.s früherem Werk vorherrschenden Naturlyrik. Wiederkehrendes Thema ist die Einsamkeit des Menschen: Der Zugang zur Wirklichkeit des anderen ist verschüttet, das Ich reicht nicht über sich selbst hinaus *(Man sagt zwei..., Ziemlich viel Glück, Tausend Jahre).* Problem der Zeit und Vergänglichkeit *(Kurze Nächte, In der Sonne, Jeder Morgen, Die Zeit verändert sich).*
Im ersten Teil gereimte Vierzeiler, in den beiden weiteren reimlose offene Form.

1956   **Ingeborg Bachmann**
(Biogr. S. 658):
Anrufung des großen Bären

Gedichte.
Vier Teile. Das Titelgedicht gründet sich auf eine durch die Namensgleichheit hervorgerufene Analogie zwischen dem Sternbild und dem Waldbären und konstituiert eine Verschränkung beider »großen Bären«. Melodischer Rhythmus und die teils durch Logik, teils durch Evokation entstandenen »Bilder« kennzeichnen auch Gedichte aus der Kindheitswelt und aus Italien.

1956   **Christine Lavant**
              (d. i. Christine Habernig, geb. Thonhauser,
              1915–1973, Lavanttal/Kärnten, St. Stefan):
              Die Bettlerschale

Gedichte.

Entst. seit Anfang der 50er Jahre. Einfluß Rilkes.

Drei Zyklen: *Die Feuerprobe, Im zornigen Brunnen, Das Auferlegte.*
Zwei Erlebniswurzeln: Das heimatliche Lavanttal, dem die Bilder der
Naturlyrik entstammen; die Erfahrung schwerer Krankheit und Vereinsamung, daraus entstandenes Gespräch mit sich selbst und mit Gott über
den Sinn des Unglücks. Schwanken zwischen Trotz und Ergebung. Angst
vor Verhärtung; Bitte, beten zu können. Konflikt mit den überkommenen
religiösen Normen. Dichterischer Schaffensvorgang als Mittler zu Gott.
Unintellektuell, die Bilder bleiben im Bereich des Realen und ordnen sich
zu einem erkennbaren Sinnzusammenhang.

Fortführung der Thematik in *Spindel im Mond* (1959) und *Der Pfauenschrei*
(1962).

1956   **Hans Rudolf Hilty**
              (geb. 1925, St. Gallen/Schweiz):
              Eingebrannt in den Schnee

»Lyrische Texte«.
Drei Gruppierungen. In der ersten lyrische Impressionen, eingefangen in
Momentaufnahmen der Sinne: »Eingesponnen im Goldnetz des Herbst-
walds«, »Geschmack des Meers auf der Zunge«. In der zweiten unter
anderem neun Liebesgedichte als *Zyklus in Blankversen* und *Zita. Ein
Liederkranz,* Verse einer Mutter an ihr werdendes Kind. In der dritten
auch Zeitbezügliches: *Abend jenseits des Ärmelkanals; Jeder von uns ist
Odysseus.* Stimme der jungen, unbehausten Generation: »Viel ist's: einander Nachbar zu sein und sich nickend zu grüßen.«

1956   **Günter Grass**
              (Biogr. S. 660):
              Die Vorzüge der Windhühner

Gedichte.
Gegenstände und Begebnisse des täglichen Lebens *(Bohnen und Birnen;
Die Mückenplage; Messer, Gabel, Scher' und Licht)* werden neu gesehen,
indem die Doppeldeutigkeit der Wörter freigelegt und deren ursprüngli-
chem Sinn nachgeforscht wird. Ähnlichkeit mit dem von Morgenstern
angewandten Verfahren.

1956   **Heimito von Doderer**
                (Biogr. S. 580):
                Die Dämonen

R. »Nach der Chronik des Sektionsrates Geyrenhoff.«

Entst. seit 1931, Forts. der als »Rampe« zu diesem R. gedachten *Strudlhofstiege*.
Titel in Anlehnung an den gleichnamigen R. Dostojewskijs.

Gesch. des modernen Wien, dargestellt an etwa fünfzig z.T. mit denen
der *Strudlhofstiege* identischen Gestalten aus allen Gesellschaftsschichten,
deren Schicksale sich endgültig in dem Finale des Justizpalast-Brandes
treffen. Der »Dämon« ist die Zeit, ihre Bewahrung in der Erinnerung
wird als Lebensbewältigung gesehen; Revolution ist Überspringen der
Zeit, Dämonie.
Einbeziehung der Vergangenheit in die Gegenwart. Die Handlung spielt
1926/27, greift aber bis zur Jahrhundertwende zurück. An den Barock
und Jean Paul anknüpfende Sprache. D. sah in der Struktur des R. ein
Pendant zur Symphonieform.

1956   **Hans Erich Nossack**
                (Biogr. S. 661):
                Spirale

»R. einer schlaflosen Nacht«.
In fünf »Spiralen«, von denen die beiden ersten nur in thematischem,
nicht in inhaltlichem Zusammenhang mit den folgenden stehen, wird das
Problem des Ausbruchs aus dem Normaldasein in die Welt des »Nichtver-
sicherbaren« und das Scheitern dieses Schritts behandelt. Beispielhaft die
dritte Spirale mit dem Protest gegen die Bindung der Ehe: Die Frau, die
dem Bewußtsein des Mannes entgleitet, ist »im Schneegestöber ver-
schwunden«.

1956   **Erhart Kästner**
                (1904–1974, Augsburg, Dresden, Kriegsdienst und
                Gefangenschaft, Wolfenbüttel):
                Die Stundentrommel vom heiligen Berg Athos

Erlebnisbericht von der tausendjährigen griech. Mönchsrepublik, in der
Haltung dem *Zeltbuch von Tumilad* (1949) verwandt: Friede des Herzens
und Gelassenheit in Gott den fragwürdigen modernen Werten Wissenschaft, Bildung, Fortschritt gegenübergestellt.

1956   Ernst Schnabel
(1913–1986, Zittau, Reisen als Marineangehöriger,
Hamburg, Berlin-West):
Der sechste Gesang

R.

Moderne Darstellung der im 6. Gesang der *Odyssee* erzählten Begegnung des Odysseus mit Nausikaa. Odysseus befindet sich bereits im Schatten seines eigenen Mythos, er ist gezwungen, Nausikaa zu verlassen und heimzukehren, damit seine Geschichte ein »ordentliches Ende« bekommt.

Doppelte Spiegelung von Odysseus' Schicksal und Charakter: Bericht wechselt mit Ich-Erz.

1956   Arno Schmidt
(Biogr. S. 661):
Das steinerne Herz

»Hist. R. aus dem Jahre 1954«.

Entst. 1954.

Ausschnitt aus der damaligen seelischen und soziologischen Situation: die westliche Wohnküche, das Ostberliner Laubengrundstück, die Autobahn. Antiquarische Sammelwut als einzig echte Leidenschaft. Das alte R.-Motiv des gefundenen Schatzes als Deus ex machina.

Erzählt als innerer Monolog des Sammlers Walter. An Joyce und Döblin geschult; Phonetismus. »Rastertechnik«, die die Handlung ruckweise vorwärtsführt. Einbeziehung von erlebter und ferner Vergangenheit.

1956   Günther Weisenborn
(1902–1969, Bonn, Berlin, Argentinien, New York,
Berlin, Hamburg):
Das verlorene Gesicht

»Die Ballade vom lachenden Mann«. Schsp. in 22 Szenen, Prosa. Auff. 20. 4 in Berlin-West, Schloßparktheater, und Mannheim, Nationaltheater. Buchausg. im gleichen Jahr.

Quelle: Victor Hugos R. *L'homme qui rit.*

Schicksal des als Kind von einem Kinderhändler entstellten Komödianten Lofter, in dem der geraubte Sohn eines Lords wiedererkannt wird. Er klagt seine Standesgenossen an, daß sie das Urgesicht der Menschheit entstellt haben, und kehrt zurück in das Elend der Gesichtslosen.

1956	**Leopold Ahlsen**
	(geb. 1927, München):
	Philemon und Baucis

Schsp. 4, Prosa. Auff. 9. 1. in München, Kammerspiele.
Schicksal eines alten griech. Bauernehepaares während der Partisanen-
kämpfe des Zweiten Weltkrieges. Die beiden büßen die Menschlichkeit,
mit der sie den griech. Partisanen wie auch einem dt. Soldaten in der Not
beistehen, mit dem Tode.

Buchausg. 1960.

1956	**Friedrich Dürrenmatt**
	(Biogr. S. 659):
	Der Besuch der alten Dame

»Eine tragische Kom.« 3, Prosa. Auff. 29. 1. in Zürich, Schsp.-Haus.
Buchausg. im gleichen Jahr.

Entst. 1955.

Eine ehemalige Mitbürgerin der Kleinstadt Güllen, die einst hier ins
Elend gestoßen wurde, vollendet ihre auf inzwischen erheirateten Reichtum gegründete, seit langem vorbereitete Rache. Sie stellt den Güllenern
eine Milliarde als Mörderlohn in Aussicht und beobachtet mit der Gelassenheit einer Menschenverächterin, wie die Gemeinde langsam der Versuchung nachgibt und den treulosen Liebhaber von damals opfert, um sich
selbst sanieren zu können.
Groteske Entlarvung von Scheinmoral, Käuflichkeit und Eigennutz. Satirisch-parodistische Nutzung der Disproportion zwischen tragischem Konflikt und spießigem Milieu. Der Epilog das Zerrbild eines antiken dramatischen Chores.

1957 zus. mit *Romulus der Große* (1948), *Die Ehe des Herrn Mississippi* (1952) und
Ein Engel kommt nach Babylon (1953) in *Komödien I.*
1959 Auff. einer vieraktigen Kammersp.-Fassung D.s in Bern.
Oper von Gottfried v. Einem. Auff. 23. 5. 1971 in Wien, Staatsoper.

1956	**Karl Wittlinger**
	(geb. 1922, Karlsruhe, Freiburg/Br.,
	Lippertsreute/Bodensee):
	Kennen Sie die Milchstraße?

Kom. 4, Prosa. Auff. 26. 11. in Köln, Städtische Bühnen.
Von dem Patienten eines Nervensanatoriums und einem Psychiater im-
provisierte Darstellung eines grotesk-utopischen Spiels um den Verlust
der Identität in der Nachkriegswelt und die mögliche Freiheit auf einem
fernen Stern.

Buchausg. 1961.

1956   **Peter Hacks**
             (Biogr. S. 660):
             Die Schlacht bei Lobositz

Kom. 3, Prosa. Auff. 1. 12. in Berlin (DDR), Dt. Theater.

Quelle: Ulrich Bräker, *Lebensgesch. und Abenteuer des Armen Mannes im Tockenburg*, 1789.

Im Siebenjährigen Kriege spielende Gesch. des Musketiers Braeker, der den Geist der Subordination besitzt und daher seinen Leutnant liebt, bis ihm in der Schlacht bei Lobositz klar wird, daß dessen herablassende Freundlichkeit nur ein ausgeklügelter Trick ist, und er sich lieber wieder in seine Schweizer Heimat begibt.
»Das Stück stellt den Krieg dar als eine Verschwörung der Offiziere gegen die Menschen ... Er führt den Soldaten, nachdem der nachgedacht hat, zu der Möglichkeit einer Verschwörung der Menschen gegen die Offiziere« (H.).

1957 zus. mit *Eröffnung des indischen Zeitalters* (1955) und *Das Volksbuch vom Herzog Ernst* (1955) in *Theaterstücke.*

1957   **Heinz Piontek**
             (Biogr. S. 661):
             Wassermarken

Gedichte.

Entst. 1954–1957.

Unter der Überschrift *Große Strömung* Naturbilder und Lebenssituationen, der früheren Lyrik P.s (*Die Furt,* 1952; *Die Rauchfahne,* 1953) nahe. In *Östliche Romanzen* Szenen aus der oberschlesischen Heimat, in *Die Verstreuten* Erfahrungen des Krieges und Nachkrieges, in freien Rhythmen. Der abschließende Zyklus *Erstandene Stimmen* gibt acht Gedichte um das Thema der Vergänglichkeit des Lebens, das aus der Geborgenheit in Gott dennoch bejaht wird. Forts. der in *Die Rauchfahne* angeschlagenen metaphysischen Thematik.
Auf Verstehbarkeit abzielende, klare Sprache; Verzicht auf Modernismus des Vokabulars.

1957   **Hans Magnus Enzensberger**
             (Biogr. S. 659):
             Verteidigung der Wölfe

Gedichte.

Entst. 1954–1957.

Einteilung in »freundliche«, »traurige« und »böse« Gedichte. Nicht Gefühlvoll-Stimmungshaftes. Überwiegend Angriff und Ironie: Mißvergnügen an der herrschenden Gesellschaft, Vermassung, Normung, ohne

Glauben an die Möglichkeit einer Verbesserung. Einzige Ausflucht die Idylle *(Für Lot, einen makedonischen Hirten)* oder die Utopie.

Sorgfältige formale Durcharbeitung. Intensive Verwendung von Gleichbau, Umfunktionierung des Wortmaterials, parodistischer Einsatz von biblischen, liturgischen und weltlich-poetischen Zitaten, Einbeziehung von Derbem und Tabuiertem.

1957   Max Frisch
(Biogr. S. 659):
Homo faber

»Ein Bericht«.

Der erfolgreiche Ingenieur Walter Faber liebt seine eigene, ihm unbekannte Tochter. Als diese verunglückt, begegnet Faber der Mutter zum ersten Mal wieder. In einem Ich-Bericht, der als Gegenstück zu *Stiller* (1954) und dem dort dargestellten Identitätsproblem betrachtet werden kann, sucht Faber rückblickend und naturwissenschaftlich protokollierend sein Leben, dessen Zufälligkeit und dessen Tragik zu demonstrieren.

Die Struktur des Werkes beruht auf einer spezifischen Montierung aus vielen Einzelteilen sowie einer Verklammerung der Gegenwart mit der Vergangenheit.

1957   Luise Rinser
(geb. 1911, Pitzling/Obb., München, Rom):
Abenteuer der Tugend

R.

Geschichte einer Frau (der Nina aus *Mitte des Lebens*), die vergebens versucht, den geliebten Mann der Haltlosigkeit zu entreißen. Aus dem Kampf gegen Verzweiflung und Nihilismus findet sie zu Demut und Glauben.

Die Handlung ist ausschließlich in Briefen Ninas an verschiedene Empfänger eingefangen.

1957   Alfred Andersch
(Biogr. S. 658):
Sansibar oder Der letzte Grund

R.

Im Ostseehafen Rerik kreuzen sich 1938 die Schicksale von fünf Personen, die alle nach »Sansibar«, dem Land der Freiheit, desertieren, das für die einen die schwedische Küste, für andere der Freitod oder auch nur die Lösung aus politischen Systemen oder aus Ichbefangenheit ist. Alle befreien sich durch eine altruistische Tat, die keinem Befehl und keiner Ideologie entspringt, sondern dem »Versuch, die Tatsache des Nichts,

dessen Bestätigung die anderen sind, wenigstens für Augenblicke aufzu-
heben«.

Dram. Strukturelemente: den Erzählabschnitten sind die Namen der auftretenden Personen vorangestellt; Einheit von Zeit, Ort und Handlung.
Die Freiheitsphantasien des Schiffsjungen, der romantischen Gegenfigur,
als durchgehende Grundmelodie angelegt.

1958 Hörsp., das »aus einem bestimmten Handlungszug und Motivkreis des Buches
... filtriert« wurde (A.).

1957   Walter Jens
(Biogr. S. 660):
Das Testament des Odysseus

Erz.

Sendung einer Hörsp.-Fassung *Tafelgespräche* schon 1956 im Bayer. Rundfunk.

Fingierte Autobiographie des Odysseus für seinen Enkel. Der »Listenrei-
che« erscheint in ihr als Freund des Friedens und der Wissenschaft. Er hat
weder die ihm zugeschriebenen Abenteuer erlebt, denn er erzählte sie nur
dem greisen Priamos nach Trojas Fall zu dessen Zerstreuung, noch hat er
bei seiner Rückkehr die Freier getötet; aus Scheu vor neuem Blutvergie-
ßen verzichtet er auf Weib und Thron und stirbt unerkannt in der Einsamkeit.

1957   Herbert Eisenreich
(Biogr. S. 659):
Böse schöne Welt

Erzz.
Elf sehr entstofflichte Momentbilder, die Erkenntnis- und Wendepunkte
des Bewußtseins betreffen: Ein Soldat erkennt, daß durch eine schändli-
che Tat »mehr als der Krieg« für ihn verloren ist, eine Frau erfährt an der
Nichtbewältigung eines Erlebnisses zum ersten Mal Wirklichkeit. Namen-
losigkeit der Personen und Schauplätze.
»Der Geschichtenerzähler bedient sich im Hinblick auf seinen Gegenstand der Methode des Lyrikers, indem er die epische Distanz aufgibt
zugunsten der Intimität« (E.).

1957   Martin Walser
(Biogr. S. 661):
Ehen in Philippsburg

R.
Aus vier Teilen bestehende, durch ihren gemeinsamen Helden verbundene Beschreibung der Erlebnisse des Journalisten Hans Beumann in der
fiktiven, aber repräsentativ gemeinten Stadt Philippsburg mit ihrer Un-
moral, Hemmungslosigkeit, Gewinnsucht und Zerrüttung der Ehen.
Intensive Ausnutzung sprachlicher Mittel zu sozialkritischer Analyse.

1957   **Erwin Strittmatter**
                (Biogr. S. 661):
                Der Wundertäter

R.

In der Art des picarischen R. geschriebene Entwicklungsgesch. des armen, einfältigen, doch bauernschlauen Glasbläsersohnes Stanislaus Büdner, den erlebnisreiche Lehr- und Wanderjahre schließlich auch in den Zweiten Weltkrieg und alle Gegenden Europas führen, bis er als Soldat auf einer griech. Insel entflieht. Sein Vorsatz, das Böse in der Welt zu verhindern, reduziert sich auf die Hoffnung, »ein wenig Glück unter die Menschen streuen« zu können.

Fortgesetzt mit *Der Wundertäter* Bd. 2 (1973), Bd. 3 (1980).

1958   **Hans Carl Artmann**
                (Biogr. S. 658):
                med ana schwoazzn dintn

»gedichta r aus bradnsee«.

Mit normalen Schriftzeichen möglichst lautgerecht wiedergegebene, vorwiegend durch Sprechen und Hören aufzunehmende Wien-Breitenseer Gedichte. Dem Titel entsprechend weniger freundliche Motive (wie Kindheit und Heimat) als traurig-makabre, groteske, böse, abgründige (Enttäuschung, Sterben, Friedhof, Vernichtung): »reis s ausse dei heazz ... daun eascht schreib dei gedicht.« Ortsgebundenes, Konkretes mit Surrealistischem, Märchenhaftem zu einem neuen Bild Wiens verwoben.
Im Anhang »Worterklärungen«.

1958   **Bruno Apitz**
                (1900–1979, Leipzig, Berlin-DDR):
                Nackt unter Wölfen

R.

Gesch. des Konzentrationslagers Buchenwald im Frühjahr 1945. Ein jüdisches Kind, das die Gefangenen unter Einsatz ihres Lebens verbergen, wird zum Symbol der Menschlichkeit. Sie siegt bei den Häftlingen, die einen Aufstand planen, auch über die Gebote der Vorsicht und Parteidisziplin.

A., der schon 1917 wegen Antikriegspropaganda zu längerer Gefängnisstrafe verurteilt wurde, war auch 1933 und 1934–1945 inhaftiert, zuletzt in Buchenwald.

Vielfach als vorbildliches Werk des sozialistischen Realismus bezeichnet.

1958   **Gerd Gaiser**
(Biogr. S. 659/660):
Schlußball

R., »Aus den schönen Tagen der Stadt Neu-Spuhl«.
In einer kleinen westdt. Industriestadt tritt die durch den oberflächlichen
Glanz einer Verbindung von »Perfektion und Unterentwicklung« nur ka-
schierte tiefere Lebensschicht aus Anlaß eines Tanzstundenschlußballs
zutage.
Zehn »Stimmen« von Lebenden wie Verstorbenen berichten Jahre später
in 30 sich überschneidenden Erinnerungsmonologen über die Ereignisse
jener Nacht – einen freiwilligen und einen unfreiwilligen Tod – und ihre
Vorgeschichte.

1958   **Hans Erich Nossack**
(Biogr. S. 661):
Der jüngere Bruder

R.
Der Ingenieur Stefan Schneider, der nach längerem Ausbruch aus seiner
bürgerlichen Existenz 1949 nach Hamburg zurückkehrt, glaubt nach ei-
nem Bericht über einen Studenten, in diesem einen geistigen »jüngeren
Bruder« suchen zu müssen. Diese Suche, zugleich für ihn Suche nach dem
eigenen, später verleugneten jugendlichen Ich, endet mit Schneiders
Tod.
Der Rechenschaftsbericht Schneiders von dieser Suche wird durch einen
Schriftsteller zu Ende geführt, herausgegeben und als Auftrag zu weiterer
Suche nach dem »jüngeren Bruder« aufgefaßt.

1958   **Wolfdietrich Schnurre**
(geb. 1920, Frankfurt/Main, Berlin, Kriegsdienst,
Berlin-West):
Eine Rechnung, die nicht aufgeht

Erzz.
Mit präzisem Realismus und minuziöser Beobachtung des Details und des
Atmosphärischen erzählte Begebenheiten. Kindheit, Tierleben, Krieg,
Trümmerwelt der Nachkriegszeit: Die Szenerie meist Berlin oder ostdt.
Landschaft.
Ziel: »So klar, so menschlich, so wahrhaftig wie möglich zu schreiben.«

1958   **Heinz von Cramer**
(geb. 1924, Stettin, Insel Procida bei Neapel):
Die Kunstfigur

R.
Lebenslauf eines talentierten, aber charakterlosen Opportunisten, der
vom Ersten Weltkrieg bis nach dem Zweiten sein Denken und Schreiben

jeweils so konform einrichtet, daß er zu einer »Kunstfigur« wird. (Der Begriff knüpft an Brentanos *Gockel, Hinkel und Gackeleia* an).
Satirisch-polemische Darstellung auch weiterer typisierter Zeitgenossen. Die Lebensgesch. enthüllt sich an der Leiche des Schriftstellers im Gespräch zwischen dessen Sekretär und einem Mann, der die »Kunstfigur« aus Enttäuschung hatte erschießen wollen und seine Rache dann statt an dem bereits Toten an dem Sekretär übt.

1958	**Klaus Roehler**
	(geb. 1929, Königsee/Thür., Erlangen,
	Berlin-West, Darmstadt):
	Die Würde der Nacht

Sieben Erzz.

Die Titel-Erz. bereits 1955 in der Zs. *Texte und Zeichen*.

Realistisch-kritische Ausschnitte aus der zeitgenössischen Umwelt: Leere und Klischeehaftigkeit der »wohlsituierten« Existenz; Macht des Durchschnitts, der bessere Regungen erstickt; Aufbegehren und Trotz der Jugend; Brüchigkeit des Familienlebens.

1958	**Max Frisch**
	(Biogr. S. 659):
	Biedermann und die Brandstifter

»Ein Lehrstück ohne Lehre«. Sechs Szenen mit einem Nachspiel. Prosa, Auff. (ohne das Nachspiel) 29. 3. in Zürich, Schsp.-Haus. Buchausg. im gleichen Jahr.

Entst. 1957–1958 aus dem Hörsp. *Herr Biedermann und die Brandstifter* (1953).

Des ängstlichen, um seinen Wohlstand besorgten Spießers Kompromißbereitschaft gegenüber politischen Brandstiftern am Beispiel des reichen Fabrikanten Gottlieb Biedermann, der zwei Männer, die sich bei ihm einquartieren und gefährliche Vorbereitungen treffen, am besten mit Gutmütigkeit behandeln zu können glaubt, sich mit ihnen verbrüdert, ihnen schließlich die »Streichhölzchen« selber in die Hand gibt und so den Untergang der Stadt mitverschuldet. Die Feuerwehrmänner, die das Unglück kommen sehen, kommentieren es nach Art eines antikischen Chores.
Nachspiel in der Hölle, die mit Streik droht, weil der Himmel zu viele uniformierte Verbrecher amnestiert.

1958	**Günter Grass**
	(Biogr. S. 660):
	Onkel, Onkel

»Spiel« 4, Prosa. Auff. 3. 3. in Köln, Bühnen der Stadt.
Die »Karriere« und das Scheitern des Massenmörders Bollin mit dem

hinderlichen Hang zu pedantischer Übertreibung der Mordvorbereitungen: schockierend-makabrer Verweis auf die Verkäuflichkeit und Korrumpierung des Abgründig-Bösen.

Buchausg. 1965.

1958   Peter Hacks
(Biogr. S. 660):
Der Müller von Sanssouci

»Ein bürgerliches Lsp.«, 6 Bilder, Prosa. Auff. 5. 3. in Berlin (DDR), Kammerspiele.
Satirisch entheroisierende Interpretation der bekannten Anekdote. Der Müller, der hier keineswegs Männerstolz vor Fürstenthronen, sondern »bürgerliche« Haltungslosigkeit vertritt, wird von dem »despotischen« König geradezu zu seiner aufrechten Haltung gezwungen, da Friedrich II. die Müller-Anekdote zur Stützung seiner Popularität und zum Beweis der Rechtsstaatlichkeit Preußens braucht. »Gegenstand ist die Kleinheit eines Menschen. Die Kleinheit wird ursächlich zurückgeführt auf den Skeptizismus und der Skeptizismus auf eine bestimmte ökonomische Situation« (H.).

Buchausg. in *Fünf Stücke* 1965.

1958   Wolfgang Hildesheimer
(geb. 1916, Hamburg, Palästina, England, Nürnberg, Poschiavo/Schweiz):
Spiele, in denen es dunkel wird

Enthält: *Pastorale oder die Zeit für Kakao* (Auff. 14. 11. in München, Kammerspiele), *Landschaft mit Figuren* (Auff. 29. 9. 1959 in Berlin-West, Tribüne), *Die Uhren* (Auff. 18. 4. 1959 in Celle, Schloßtheater). Gemeinsam ist den drei Spielen die allmähliche Verdüsterung der Szene, während sich nach Art absurden Theaters unter Verwendung von Groteske, Parodie, Wortwitz und Begriffsumkehrung allerlei Abgründig-Menschliches dekuvriert: die mittägliche Beleuchtung der Landschaft verwandelt sich in eine abendliche, oder ein Glaser setzt im Raum allmählich dunkle Scheiben ein.

1958   Alfred Matusche
(1909–1973, Leipzig, Schlesien, Kolberg über Königswusterhausen, Karl-Marx-Stadt):
Nacktes Gras

Dr., 12 Bilder, Prosa. Auff. 17. 12. in Berlin (DDR), Maxim-Gorki-Theater.
Kleinbürgerliche Schicksale im Strudel des letzten Krieges; im Mittelpunkt eine Frau, die durch ihre Liebe zu einem Saboteur in die Todeszelle

gerät. Die meisten desertieren schließlich in die neue Freiheit aus den gleichen egoistischen Gründen, aus denen sie »mitgemacht« haben. Zu der Erkenntnis, daß Menschen nicht wie »nacktes Gras« im Winde stehen dürften, sind nur wenige gelangt.

Undoktrinär behutsame Nuancierung der Personen, deren Menschliches das Beispielhafte überwiegt.

Buchausg. 1959.

1958   Ingeborg Bachmann
       (Biogr. S. 658):
       Der gute Gott von Manhattan

Hörsp. Auff. 29. 5. Bayer. Rundfunk zus. mit NDR Hamburg; gleichzeitig eigene Inszenierung des Südwestfunks. Buchausg. im gleichen Jahr.
Tragische Gesch. eines Liebespaares, das sich in der Absolutheit seines Gefühls über das Gesetz des Alltags erhoben hat und dessen rächender Verkörperung, dem guten Gott von Manhattan, zum Opfer fällt. Den Rahmen des Spiels bilden Verhör und Freilassung des übermenschlichen Mörders der Liebe.

1958   Peter Hirche
       (geb. 1923, Görlitz, Kriegsdienst, Berlin-West):
       Nähe des Todes

Hörsp. in zwei Teilen mit Prolog und Vorspiel sowie Epilog und Nachspiel, Prosa. Sendung 2. 10. NDR Hamburg. Buchausg. im gleichen Jahr.
Bericht eines »Erzählers« von der Kindheit in einem protestantischen Waisenhaus und von den Gefährten, die alle Opfer des Krieges geworden sind. Problem der Überwindung der Zeit, der Vergänglichkeit, der Sinnlosigkeit. Drei der Szenen dienen dem Beweis »für die Notwendigkeit Gottes«.
Die Handlung spielt auf den zwei durch das Thema gegebenen Ebenen der Gegenwart und der Vergangenheit.

1959   Nelly Sachs
       (Biogr. S. 661):
       Flucht und Verwandlung

Gedichte.
Flucht des jüdischen Volkes, Leiden der vielen Namenlosen, für die die Autorin spricht. Überhöhung des Leids durch Verwandlung, durch die größere Heimat des Kosmos, wo die Verfolgung nicht hinreicht, die Ängste verstummen: »An Stelle von Heimat halte ich die Verwandlungen der Welt.«

1961 zus. mit den Zyklen *In den Wohnungen des Todes* (1947), *Sternverdunkelung* (1949), *Und niemand weiß weiter* (1957), *Fahrt ins Staublose* und *Noch feiert der Tod das Leben* in dem Sammelbd. *Fahrt ins Staublose.*

1959   **Rudolf Hartung**
(1914–1985, München, Berlin-West):
Vor grünen Kulissen

Gedichte.

Entst. 1950–1958.

Fast immer ausgehend von Konkret-Gegenständlichem, werden Augenblicke der Erfahrung festgehalten. Natur und Welt als Lebensgrund, zu denen der Mensch in einem distanziert-gebrochenen Verhältnis steht: »Schön ist diese Welt, die sich versagt.« Genauigkeit in der Wiedergabe des Unmittelbaren. Metaphorik, die den Augenblick umgreift und Erinnertes ins Bild bringt.
Reimgebundene Verse und freie Rhythmen.

1959   **Karl Krolow**
(Biogr. S. 660):
Fremde Körper

»Neue Gedichte«.
Enthält die Teile *Andere Jahreszeit, Wahrnehmungen* (aus dem schon 1956 erschienenen Bd. *Tage und Nächte*), *Gesang vor der Tür* und *Heute noch.*
Vorwiegende Motivationen: Landschaft, Natur, Tageszeiten, Jahreszeiten; in *Heute noch* distanzierte Behandlung gegenwartsnäherer Themen.
Das Ich aussparende, allenfalls mit einem Jemand oder Er verbundene, die konventionelle Sicht meidende, die gefühlsmäßig bestimmte Beschreibung durch sprachlich-optisches Vortasten ersetzende Verwandlung scheinbar vertrauter Wirklichkeiten mittels Kombination von Unähnlichkeiten und Kontraktion von Getrenntem.
Bevorzugung von Nomina, kurzen Sätzen, Reihungen; strophen- und reimlose, mittellange Texte.

1959   **Paul Celan**
(Biogr. S. 659):
Sprachgitter

Gedichte.
Fünf Gruppen, die auf die größere Komposition *Engführung* hinleiten.
Stärker der Welt und dem Konkreten geöffnet als die frühe Slg. *Mohn und Gedächtnis.* Dafür sparsamer, kühler, noch hermetischer; Unterdrückung der Sensibilität, keine Paraphrasen. Erkenntnis der Aussagegren-

zen, notwendiger Einsatz von Chiffren. Die häufige Verwendung der Metapher »Stein« kennzeichnet die Situation des Dichters.

»Gedichte sind ... die Bemühungen dessen, der, ... zeltlos ... und damit auf das Unheimlichste im Freien, mit seinem Dasein zur Sprache geht, wirklichkeitswund und Wirklichkeit suchend« (Celan).

1959	**Hans Rudolf Hilty**

(geb. 1925, St. Gallen/Schweiz):
Daß die Erde uns leicht sei

»Lyrische Suite«.

Fünf Gedichte und das Prosastück *Merkblatt für Weltraumfahrer,* gruppiert um die zentralen *Variationen über den selbstgewählten Grabspruch der Anna Pawlowa:* »Erde, wieg nicht zu schwer auf mir, denn ich wog auf dir nicht zu schwer.« Überwindung der Erdenschwere und des Todes im Gedicht: »Spitzentanzen über den Schächten der Tristesse«.

1959	**Anna Seghers**

(Biogr. S. 582):
Die Entscheidung

R.

Die Jahre 1947 bis 1951 behandelnde, an *Die Toten bleiben jung* anknüpfende, personenreiche Darstellung von Entscheidungen zwischen Sozialismus und Kapitalismus am Beispiel des ostdt. Stahlwerkes Kossin und der in diesem arbeitenden Menschen unter Einbeziehung Westdld.s, Berlins, Frankreichs, Mexikos und der USA.

Zeitlich anschließende Forts.: *Das Vertrauen* (1968).

1959	**Rudolf Hagelstange**

(1912–1984, Berlin, Nordhausen, Kriegsdienst,
Unteruhldingen/Bodensee, Erbach, Berlin-West):
Spielball der Götter

R.

Mit des Knaben Paris Aussetzung beginnende, den Urteilsspruch über die drei Göttinnen, vor allem aber den Trojanischen Krieg und des »Prinzen« Schicksal behandelnde fingierte Memoiren, in denen Paris als an innerem Zwiespalt leidender, geistvoller Ästhet erscheint und sich im Rückblick auf sein Schicksal als Spielball der Götter empfindet.

Jugend und Ende des Helden nach Apollodoros (2. Jh. v. Chr.) und Quintus Smyrnaeus (4. Jh. n. Chr.) erzählt.

1959   Heinrich Böll
(Biogr. S. 658):
Billard um halbzehn

R.

Auf einen Tag des Jahres 1958 konzentrierte Ereignisse, berichtet aus den Perspektiven verschiedener Figuren, deren Rückblicke zugleich die auf eine Abtei symptomatisch bezogene Vergangenheit einer Architektenfamilie aufdecken. Der Vater, jetzt achtzig Jahre alt, erbaute die Abtei St. Anton, der Sohn sprengte, einem wahnwitzigen Befehl folgend, dieses Werk am Ausgang des Zweiten Weltkrieges, der Enkel wird bei dem Wiederaufbau tätig.

Die als zeitgeschichtliche Analyse deutbare Handlung mündet in der Rückkehr der Eltern, die nur in ihren Erinnerungen lebten, und des Sohnes, der bei mathematischen Formeln und Billardspiel Zuflucht fand, zu Zeit und Wirklichkeit. Das politische Geschehen wird mit dem Gegensatz vom Sakrament des Lammes (Christentum) und des Büffels (Geist der Gewalt) symbolisch umschrieben.

1959   Wolfdietrich Schnurre
(geb. 1920, Frankfurt/Main, Berlin, Kriegsdienst, Berlin-West):
Das Los unserer Stadt

»Eine Chronik«.

Darstellung des allmählichen Untergangs einer Stadt; sechs Bücher, zwischen ihnen als Einschübe des Chronisten *Anfechtungen bei der Archivarbeit.* Halb Gleichnis der Gegenwart, halb Zukunftsvision von Katastrophen und Plagen, die an die Bilder von Hieronymus Bosch erinnern. Die Wirklichkeit ist verfremdet, Unglaubliches erscheint wie im Traum als selbstverständlich.

Eine Chronik ohne chronologischen Aufbau; Augenblicke aus dem Leben der Stadt und des Chronisten sind achronologisch gruppiert und ergeben ein Bild mit eigenem Bezugssystem.

1959   Günter Grass
(Biogr. S. 660):
Die Blechtrommel

R.

Entst. seit 1954.

Entwicklungs- und zugleich Anti-Entwicklungsgesch., die ihr »Held« Oskar Matzerath, nachdem er als Dreijähriger sein Wachstum einstellte und die ihm abnorm gewordene Welt künftig aus abnormer Perspektive betrachtete, in seinem dreißigsten Lebensjahr als Insasse einer Heil- und Pflegeanstalt erzählt. Setzt 1899 bei den Großeltern ein, behandelt die wenig »vorbildlichen« Jugendeindrücke in Danzig, die Verpflanzung nach Westdeutschland 1945, bei der Oskar etwas von seinem Wachstum nachholt, sein Leben als Trommelkünstler bis zur Einlieferung in die Anstalt. Der Einzelgänger, Außenseiter, Picaro als Richter seiner Zeit.

Durch Thema, Motive und Sprachartistik schockierendes, auf kritische Stellungnahme zur Periode der »Fackelzüge und Aufmärsche auf Tribünen« sowie zu Ideologien abzielendes, von Bildern inspiriertes Erzählen. Chronologische, mit ironischen Reflexionen durchsetzte, fabulöse Darbietung, mit der die Tradition des Abenteuer- und Schelmen-R. bis in Einzelheiten, aber unter Beifügung neuer Züge aufgenommen und wieder angeregt wurde.

1959   **Otto F. Walter**
          (geb. 1928, Rickenbach/Schweiz, Zürich, Olten, Oberbipp):
          Der Stumme

R.

Ringen eines Sohnes um die Liebe des Vaters. Obgleich er selbst als Kind das Opfer der schlimmen Anlagen des Vaters wurde, nimmt »der Stumme« nun dessen Schuld auf sich und findet durch sein Opfer zu sich selbst und zur Sprache zurück.

Durch verschiedene Zeitebenen, Rückblenden, Perspektivenwechsel u. ä. gekennzeichnete äußere Struktur.

Das Schicksal einer Schwester des Stummen behandelt W. in *Herr Tourel* (1962).

1959   **Uwe Johnson**
          (Biogr. S. 660):
          Mutmaßungen über Jakob

R.

Entst. seit Frühjahr 1957.

Geschick eines »gerechten« Mannes im geteilten Deutschland. Eisenbahner in der DDR, soll Jakob seine Jugendfreundin, die bei den Amerikanern arbeitet, für die Tätigkeit des Staatssicherheitsdienstes gewinnen. Er fährt nach Westdeutschland, kann aber dort nicht heimisch werden, kehrt zurück und »verunglückt« beim Überschreiten der Schienen.

Wie sich das wahre Ende nur durch Mutmaßungen ahnen läßt, nähert sich das gesamte, auf drei Ebenen verteilte Erzählgewebe mit seinem ständig relativierenden Stil den wirklichen Vorgängen im wesentlichen durch die in Dialog und Monolog geäußerten Meinungen, Gedanken, Beobachtungen der Figuren.

1959   **Dieter Wellershoff**
             (geb. 1925, Neuß/Rhein, Grevenbroich, Bonn, Köln):
             Am ungenauen Ort

Hörsp.

Buchausg. zus. mit dem Hörsp. *Minotaurus* (Sendung 22. 6. 1960, Süddt. Rundfunk), einer psychologischen Studie um einen egoistischen Mann, der die Geliebte zum Arzt schickte, sich das »Unerwünschte« wegbringen zu lassen.

Zwei Männer und zwei Frauen in einer Bar, die sich unterhalten und amüsieren, ohne echten Kontakt zu bekommen. Durch Montage von Konversationsklischees und bekenntnishaften Monologen, Witzen, Chansons entsteht eine von Ironie umspielte unwirkliche Atmosphäre, in der sich die Menschen wie Marionetten bewegen.

Sendung 18. 1. 1961, Süddt. Rundfunk.

1960   **Hans Magnus Enzensberger**
             (Biogr. S. 659):
             Landessprache

Gedichte.

Thematisch dem Bd. *Verteidigung der Wölfe* verwandt. E.s Abrechnung gilt vor allem Deutschland, dem »unheilig Herz der Völker«, »wo es aufwärts geht, aber nicht vorwärts«, der Gesellschaft überhaupt *(Schaum),* den Mitmenschen, von denen er sich distanziert und die nicht sehen wollen, daß »Gewimmer ist auf der Erde«. Ausweg ist Kulturflucht: Betrachtung des Firmaments *(Gewimmer und Firmament),* das Nordlicht, der Fels, der Blitz, die Sellerie, »menschlicher als der Mensch, frißt nicht seinesgleichen«.

Herausfordernd, verdammend, resignierend. Formal streng durchgearbeitet. Reihung von Bildern und Assoziationen.

1960   **Alfred Andersch**
             (Biogr. S. 658):
             Die Rote

R.

Zeitnahes Thema der Flucht aus der gewohnten Existenz: Die rothaarige Franziska verläßt ihren Mann und den von diesem geduldeten Geliebten. Der Neuanfang droht an der Unfähigkeit zum Verzicht auf ein elegantes Leben zu scheitern, aber Franziska bekennt sich schließlich zu ihrer auf den verlassenen Mann zurückgehenden Mutterschaft und beginnt als Fabrikarbeiterin und Geliebte eines bescheidenen Mannes ein neues Dasein.

Wechsel von Erzählpartien und innerem Monolog. Psychologische Präzision und spannende Handlung, neoveristisch, gemäßigte Verwendung modernistischer Strukturelemente.

1960   **Martin Walser**
                (Biogr. S. 661):
                Halbzeit

R.

Halbzeit im Ablauf des Jahrhunderts, Halbzeit im Werdegang eines Mannes vor dem Hintergrund des sogenannten westdt. Wirtschaftswunders. Zwischen zwei Operationen vollzieht sich der Aufstieg des Vertreters, dann Werbefachmanns Anselm Kristlein. Mit den vielen Menschen, die er durch Freundschaften und Beruf kennenlernte, teilt er Richtungs- und Haltlosigkeit, Hohlheit und Genußsucht.

Umfangreiche Ich-Erz., die mit Rückgriffen, Reflexionen, Assoziationen, sprachlicher Bravour soziologische und psychische Aspekte einzufangen und als symptomatisch festzuhalten sucht.

1960   **Dieter Noll**
                (Biogr. S. 661):
                Die Abenteuer des Werner Holt

Teil 1 *Roman einer Jugend.*

Die Entwicklung eines Professorensohnes, der 1933 sechs Jahre alt ist, als symptomatischer Irrweg junger bürgerlicher Menschen, die schließlich in Krieg und Gefangenschaft »auslöffeln«, was »die Alten ... eingebrockt« haben.

Im 2. Teil, dem *Roman einer Heimkehr* (1963), die anfangs oft noch scheiternden Versuche des Werner Holt, zwischen 1945 und 1947 in der damaligen Ostzone seine »gestörte Beziehung zur Welt« zu bereinigen, Entwurzelung und Bindungslosigkeit zu überwinden, Klarheit über die Vergangenheit zu gewinnen sowie zur Einordnung auf der »richtigen« Seite zu gelangen, die äußerlich mit dem nachgeholten Abitur und der Absicht, zu studieren, enden.

Realistische, chronologische Erzählweise.

1960   **Tankred Dorst**
                (geb. 1925, Sonneberg/Thür., Kriegsdienst und
                Gefangenschaft, München):
                Die Kurve

Farce 1, Prosa. Auff. 26. 3. in Lübeck, Kammerspiele.

Die für Autofahrer todbringende Kurve bietet zwei Brüdern die Gelegenheit, ihre Lieblingsbeschäftigung – Autoreparaturen bzw. Grabreden – zu betreiben, von sozusagen geregeltem Einkommen zu leben und ihre makabre Existenz mit heuchlerischem Gerede zu umkleiden.

Die »Logik des Handlungsablaufs ... in einem grotesken Mißverhältnis zum moralischen Leerlauf der Dialoge« (D.).

Buchausg. 1962.

1960   **Tankred Dorst**
                (geb. 1925, Sonneberg/Thür., Kriegsdienst und
                Gefangenschaft, München):
                Gesellschaft im Herbst

Kom., 7 Bilder, Prosa. Auff. 2. 7. in Mannheim, Nationaltheater.
Bildgewordene Unterminierung einer längst zum Abdanken verurteilten
Gesellschaftsschicht. Eine Gräfin läßt die Fundamente ihres Schlosses
aufgraben, um sich durch einen dort in der Frz. Revolution verborgenen
Schatz zu sanieren, den aber schon ihr verstorbener Mann dazu verwand-
te, seine Vergangenheit in Ordnung zu bringen.
Personen des frz. Gesellschaftsstücks als bewußte Klischees. Grotesk zu-
gespitzte Situationen.

1960   **Peter Hacks**
                (Biogr. S. 660):
                Die Sorgen und die Macht

Dr. 5, Prosa und Verse. Auff. 15. 5. in Senftenberg, Theater der Bergar-
beiter.

Entst. seit 1958.

1956 und 1957 spielendes Zeit- und Lehrstück. Die minderwertigen, aber
Leistungslohn und Prämien einbringenden Briketts einer Fabrik, durch
die nachteilige Folgen für die Produktion einer Glasfabrik entstehen, werden auf Betreiben eines Brikettarbeiters verbessert, der eine in der Glasfabrik beschäftigte Arbeiterin liebt. Verantwortung und Solidarität siegen
über Eigennutz und falsches Machtdenken.

Neufassung 1962. Ausg. in *Fünf Stücke* (1965).

1960   **Benno Meyer-Wehlack**
                (geb. 1928, Stettin, Berlin, Kiel, Hiddensee, Baden-Baden,
                Berlin-West):
                Die Nachbarskinder

Fernseh-Sp. Sendung 8. 12. Südwestfunk.
Die entschlossene Tat eines Mädchens – sie schlägt einen sie überfallen-
den Mann nieder – lenkt die Aufmerksamkeit der Männer auf sie, auch
die ihres gleichgültigen, egoistischen »Freundes«. Sie aber findet nicht
den Mut zur Entscheidung und bleibt einsam. Eine Studie zur Kontaktlo-
sigkeit des zeitgenössischen Menschen.
Bild, Requisit und sparsamer Dialog als gleichrangige Handlungselemen-
te konzipiert.

1960   **Dieter Waldmann**
             (1926–1971, Greifswald, Argentinien, Bühlertal/Baden):
             Von Bergamo bis morgen früh

Kom., Prolog und 2 Akte, Prosa. Auff. 22. 12. in Hamburg. Dt. Schsp.-
Haus.
Für die Dauer eines Spiels, »das nötig ist, zu spielen«, wird eine trostlos-
graue Stadt durch Pierrot und Harlekin von Normierung und Zivilisa-
tionsmonotonie erlöst: einige ihrer Bewohner verwandeln sich in die unsterblichen Figuren der Commedia dell'arte und werden bei deren komö-
diantischem Treiben dem Menschlichen zurückgegeben.

1961   **Erwin Jaeckle**
             (geb. 1909, Zürich):
             Aber von Thymian duftet der Honig

Gedichte.
Ungegenständlicher, intellektueller, schärfer als J.s erste Gedicht-Slg.
Naturelemente noch immer vorwiegend *(Silser Einsamkeiten),* aber auch
die menschlichen Bereiche erfaßt; Städte wie Venedig und Rom als Kri-
stallisationspunkte.
J. versteht seine Lyrik als »progressiv«. »Zum echten Gedicht unserer
Zeit gehört, daß sich in ihm die zerschiedene Welt allbezüglich angliedert.
Das Gedicht ist der Heilsweg der Heillosen. Es baut aus Trümmern unser
wohnliches Haus.«

1961   **Johannes Bobrowski**
             (Biogr. S. 658):
             Sarmatische Zeit

Gedichte.

Die frühesten Gedichte entst. 1941 am Ilmensee.

Erlebnishintergrund ist die »sarmatische« Landschaft der Jugend und der
Kriegserlebnisse (»Sarmatien« hieß im Altertum das Land zwischen
Weichsel und Wolga, Ostsee und Schwarzem Meer). Melancholische,
häufig abendliche Stimmungen der weiten Ebenen, der Ströme, Wälder,
Küsten, des Moors, sandiger Wege. Als leise Akzente in diese Land-
schaftsschau eingebaut Sagen- und Alltagsgestalten des europäischen
Ostens. Auch die sieben Widmungen des zweiten Teiles an Villon, Gón-
gora, die Günderode u. a. erwachsen aus Landschaftsvisionen.

1961   **Gertrud von Le Fort**
            (Biogr. S. 581):
            Das fremde Kind

Erz.

Eine in Adelskreisen Nordostdeutschlands spielende Erz., die von der behüteten Zeit vor dem Ersten Weltkrieg zur Verdüsterung und Schuld zweier Kriege und bis in die Gegenwart führt. Im Mittelpunkt eine Frau, deren Integrität auch die Schuld anderer zu tilgen vermag und die für ein jüdisches Kind in den Tod geht.

Ich-Erz. mit bewußter Schlichtheit in den Konturen der Handlung und der Figuren, die Symbolwert erhalten.

1961   **Hans Erich Nossack**
            (Biogr. S. 661):
            Nach dem letzten Aufstand

»Ein Bericht«.

Fingiert als nachgelassene Aufzeichnungen eines unliterarischen Menschen, der ein Bekenntnis zu der Zeit »vor dem letzten Aufstand« ablegt, als er Begleiter eines zum Gott erwählten Jünglings war. Das Bild des Jünglings, der aus dem Glauben an seine Aufgabe wirklich göttliches Wesen erlangte, ersteht aus der Perspektive einer götterlosen, von Aberglauben und Opfergängen freien, aber auch nicht mehr glaubens- und opferfähigen Zeit.

1961   **Ingeborg Bachmann**
            (Biogr. S. 658):
            Das dreißigste Jahr

Erzz.

Sieben thematisch verwandte Erzz.: Menschen in einer Krisensituation, in der sie gegen ihr bisheriges, widerspruchsvolles Leben revoltieren und den Blick auf das Vollkommene in der Liebe, Freiheit, Gerechtigkeit, Wahrheitsfindung richten, obwohl stets die Kapitulation vor der gewohnten Welt droht. »Im Widerspiel des Unmöglichen mit dem Möglichen erweitern wir unsere Möglichkeiten.« (B.) Meist sehr prägnante Expositionen; einige Fabeln von innen her zu fast philosophischer Durchdringung des Themas aufgesprengt.

Zu der Erz. *Jugend in einer österreichischen Stadt* vgl. Uwe Johnsons *Eine Reise nach Klagenfurt* (1974), entst. unter dem Eindruck von I. B.s Tod und Begräbnis.

1961   **Günter Grass**
            (Biogr. S. 660):
            Katz und Maus

»Eine Novelle«.

Von einem ehemaligen Mitschüler erzählte, um den »Großen Mahlke« mit der »Maus«, einem abnorm hervortretenden Adamsapfel, kreisender Bericht über Danziger Gymnasiasten, deren Grunderlebnis der Zweite Weltkrieg wurde. Dem frühreifen Joachim Mahlke, der das Niveau seiner Altersgenossen im sportlichen Spiel zu überragen versuchte und mit einem gestohlenen Ritterkreuz seine, die »Katz« der Umwelt herausfordernde »Maus« zu verdecken trachtete, aber auf eine andere Schule strafversetzt wird, mißlingt der Plan, als Soldat mit rechtmäßig erworbenem Ritterkreuz während eines Urlaubs aufzutrumpfen und sich zu rehabilitieren.

Draufgängertum unter dem Überdruck biologischer, gemütsmäßiger, sozialpsychologischer, neurotischer und moralischer Belastungen. Zeittypisches auch in vielen, teilweise ironisch-grotesk zugespitzten Nebenmotiven.

1961   **Uwe Johnson**
            (Biogr. S. 660):
            Das dritte Buch über Achim

R.

Der Hamburger Journalist Karsch versucht, in der DDR ein drittes Buch über den Rennfahrer Achim zu schreiben, das nach zwei bereits bestehenden Büchern über den Sportler nun dessen Menschentum ins Licht rücken soll. Aber sämtliche Bemühungen, das Leben Achims sowohl in die Vergangenheit zurückzuverfolgen wie seine gegenwärtige Arbeit und gesellschaftliche Stellung zu erfassen, scheitern daran, daß Achim und seine Umwelt seinen Werdegang anders sehen wollen, als er sich dem Auge des »Westlers« darstellt, dem der ständige Bezug des Privaten auf das Staatliche fremd bleibt.

Darstellung des Versuchs einer Darstellung, bei der die handelnden Personen sich selbst und die anderen beleuchten. Häufige Einblendungen von Berichten und Beschreibungen.

1961   **Heinrich Böll**
            (Biogr. S. 658):
            Erzählungen, Hörspiele, Aufsätze

Psychologische Genrebilder aus der Nachkriegszeit: Eheprobleme, Jugendprobleme *(Im Tal der donnernden Hufe,* 1957), Intensität des Atmosphärischen *(Das Abenteuer,* 1950), satirisch zugespitzte, symptomatische Sonderschicksale *(Abenteuer eines Brotbeutels,* 1950; *Der Lacher,* 1952; *Im Lande der Rujuks,* 1953).

Die Hörspiele sind auf den Dialog konzentriert *(Bilanz,* 1957); geringe Einbeziehung räumlicher und akustischer Effekte.

Der theoretische Gehalt der Aufsätze, die sich zur »Trümmerliteratur«, der »Wirklichkeit« unserer Tage und zur rheinischen Heimat bekennen, unterstreicht und erklärt die von B. bevorzugten Gegenstände seiner Kunst.

1961   **Max Frisch**
         (Biogr. S. 659):
         Andorra

»Stück in zwölf Bildern«, Prosa. Auff. 2. 11. in Zürich, Schsp.-Haus. Buchausg. im gleichen Jahr.

Die Fabel des Stückes 1946 erfunden und in *Tagebuch 1946 bis 1949* unter dem Titel *Der andorranische Jude* veröffentlicht; entst. 1958 und 1960 bis 1961.

Der Staat Andorra ist nicht identisch mit dem Pyrenäenstaat, sondern ist Modell für die Charakterlosigkeit und Herzlosigkeit einer Gemeinschaft, die sich von dem Nachbarstaat der »Schwarzen« bedroht und schließlich okkupiert sieht. Angefangen bei dem Vater, der den eigenen Sohn, den er von einer »Schwarzen« hat, für ein gerettetes Judenkind ausgibt, über den Geistlichen, der den jungen Andri zur Annahme seines »Andersseins« überredet, bis zu denen, die ihn verfolgen und ausliefern, sind alle von Feigheit und Vorurteil beherrscht. »Jud« als Modell für ein vorgefaßtes und festgelegtes Bild vom Menschen, das tödlich wirkt. In die Handlung eingeblendete spätere Rechtfertigungsversuche der Mitschuldigen.

1961   **Siegfried Lenz**
         (Biogr. S. 660):
         Zeit der Schuldlosen

Dr. in zwei Teilen, Prosa. Auff. 19. 9. in Hamburg, Dt. Schsp.-Haus.

Vorstufe: Der erste Teil als gleichnamiges Hörsp.; Sendung 9. 2. 1960 Norddt. Rundfunk.

Neun »schuldlose« Bürger werden mit der Aufgabe gefangengesetzt, einen Attentäter zum Verrat oder zum Parteiwechsel zu zwingen. Sie erlangen ihre Freiheit wieder, als einer von ihnen den Standhaften im Dunkeln umbringt. Vier Jahre später, nach dem Sturz der Staatsgewalt, stehen die Schuldlosen wegen Mordes vor dem Richter: Als sie erneut zu ihrer Rettung ein Menschenleben preisgeben wollen, opfert sich der Baron durch Selbstmord; wieder sind sie frei, aber nicht frei von Schuld.

Buchausg. 1962.

1961   Helmut Baierl
        (geb. 1926, Kriegsdienst, Berlin-DDR):
        Frau Flinz

Kom. 3, mit Epilog, Prosa. Auff. 25./26. 4. in Berlin-DDR, Berliner
Ensemble.

Entst. in Zusammenarbeit mit dem Kollektiv des Berliner Ensembles.

Weg einer resoluten Flüchtlingsfrau nach Ende des Zweiten Weltkrieges
aus listiger Opposition zur Mitarbeit am Arbeiter- und -Bauern-Staat. Der
Weg führt nicht über eine Bekehrung, sondern über die Erkenntnis des
für sie und ihre fünf Söhne Nützlichen, das sich schließlich mit dem für die
größere Gemeinschaft Nützlichen deckt.

Buchausg. 1962; Filmwerk 1967.

1961   Günter Grass
        (Biogr. S. 660):
        Die bösen Köche

Dr. 5, Prosa. Auff. 16. 2. in Berlin-West, Schillertheater, Werkstatt.
Buchausg. im gleichen Jahr.

Entst. 1956.

Fünf Köche versuchen im Auftrag eines Gastwirts, einem Liebhaber der
Kochkunst, dem »Grafen«, das Rezept seiner berühmten grauen Suppe
abzufordern, bis er sich und seine Geliebte dem Zugriff durch zwei Pisto-
lenschüsse entzieht.

»Absurdes« Theater; das Grotesk-Ungewöhnliche der Figuren, Sprache
und szenischen Einfälle teilweise deutbar als nicht-ungewöhnliche Situationen und Verhaltensweisen: Jagd auf Außenseiter, Suche nach Erfolgs-
rezepten. Weiß als Grundfarbe skrupelloser Bosheit u. a.

1961   Heinz Piontek
        (Biogr. S. 661):
        Weißer Panther

Hörsp. Auff. 25. 10. Norddt. Rundfunk und Bayer. Rundfunk.
Im Selbstverhör vergegenwärtigt sich eine mit den Schatten der Vergangenheit ringende Frau ihr tragisches Liebeserlebnis mit einem russischen
Offizier im Vorfeld des belagerten Breslau. Anklänge an die griech. Sage
von Achill und Penthesilea.

Buchausg. 1962.

1962   **Marie Luise Kaschnitz**
(1901–1974, Karlsruhe, Potsdam, Berlin, Rom, Königsberg
Frankfurt/Main):
Dein Schweigen – meine Stimme

»Gedichte 1958–1961«.

Beherrschendes Thema: Trauer um den Tod des Mannes, Einsamkeit,
Sichfinden in eine neue, reduzierte Art des Lebens. »Reden wir von der
Ehe als einer Zeit / Da wir auf Erden zu Hause sind / Da unsere Füße in
die Schuhe passen / Unser Leib ins Bett / Unsere Hand um den Tür-
griff.«

Die Sprache ist gegenüber den früheren Gedichten (1947) härter und
knapper, sie ist ausgespart und nähert sich der Chiffrenhaftigkeit.

1962   **Albert Paris Gütersloh**
(1887–1973, Wien):
Sonne und Mond

Entst. seit 1935.

Ein abenteuernder Graf erbt von seinem Onkel ein verfallendes Schloß,
setzt aber, weil gerade in eine Liebesaffäre verstrickt, einen jungen Bauer
als Verwalter ein. Dieser Till Adelseher wächst in seine Rolle so hinein,
daß Graf Lunarin, als er nach Jahresfrist endlich auf seinem Besitz erscheint, diesen dem Verwalter abtritt, ihm aber die Geliebte abspenstig
macht.

Verwalter und Graf, »zwei Funktionen einer einzigen Person«, sind »Sonne und Mond«. Das Schloß in gewissem Sinne Österreich; Ablösung der
Monarchie durch die Demokratie, die »nur das Erlöschen des Königsge-
dankens im König anzeigt«. Fülle von Episoden, Exkursen, Abschweifungen und Betrachtungen in eigenwilliger, witziger, pathetischer, barocker
Sprache.

1962   **Wolfgang Borchert**
(Biogr. S. 658/659):
Die traurigen Geranien

Erzz. Aus dem Nachlaß hgg. Peter Rühmkorf.

Entst. 1946–1947.

Zehn um jeweils sparsame, aber straffe Handlung gebaute Genrebilder
aus dem großstädtischen Alltag – das enttäuschte späte Mädchen, das
junge Paar im Regen, das Ende eines Amüsierlokalinhabers. Acht weitere Erzz., zusammengefaßt unter dem Titel *Preußens Gloria,* auf dem Hintergrund des Kriegs-, Gefängnis- und Nachkriegserlebnisses.

In diesen Musterstücken der Gattung Kurzgeschichte erscheint B. nicht
als Ankläger seiner Zeit, sondern als distanzierter, das Emotionale bewußt untertreibender Beobachter und Schilderer. Anknüpfung an die frühe expressionistische Prosa Heyms und Döblins.

1962   **Max Walter Schulz**
                 (geb. 1921, Scheibenberg/Erzgebirge, Leipzig):
                 Wir sind nicht Staub im Wind

»R. einer unverlorenen Generation«. Beginn eines Entwicklungs-R.
Von April bis August 1945 reichende Darstellung der letzten Kriegserlebnisse des Unteroffiziers Rudi Hagedorn, seiner Heimkehr in die sich sozialistisch neu ordnende Kleinstadt Reiffenberg, seiner Überwindung enttäuschender Jugenderfahrungen, seines allmählichen Hinfindens zu neuer Liebe, Tätigkeit, Hoffnung.
Offenbar stark autobiographisch. Durch Rückblenden Einbeziehung der vorangegangenen Jahre, kurzer Ausblick auf die künftigen Wege der Hauptgestalten.

1962   **Franz Fühmann**
                 (1922–1984, Rochlitz/Riesengebirge, Kriegsdienst,
                 Gefangenschaft, Berlin-DDR):
                 Das Judenauto

»Vierzehn Tage aus zwei Jahrzehnten«.

Entst. 1959–1961.

Ich-Berichte über Erlebnisse, Eindrücke, Stellungnahmen in symptomatischen Situationen und an geschichtlich bedeutsamen Wendepunkten seit der Kindheit in den zwanziger Jahren (die Titel-Erz. ist datiert »1929, Weltwirtschaftskrise«), über NS-Zeit, Zweiten Weltkrieg, Gefangenschaft in der Sowjetunion bis zur Rückkehr in die DDR Ende 1949.
Bemühen um genaues Ausloten der Erinnerung. Das »Prinzip der Selbstironie« im letzten Kapitel aufgegeben »zugunsten einer Haltung absoluter Übereinstimmung zwischen dem Individuum und der von ihm zur Lebenssphäre gewählten Gesellschaft« (F.).

1962   **Christa Wolf**
                 (Biogr. S. 662):
                 Der geteilte Himmel

Erz. In *Forum.*
Rita Seidel, in der Ausbildung befindliche Lehrerin und zugleich Arbeiterin in einer Waggonfabrik der DDR, erinnert sich während der Genesung nach körperlich-seelischem Zusammenbruch an die Geschichte ihrer Liebe zu dem Chemiker Manfred, der nach Berlin-West gegangen ist. Obwohl »Personen und Handlung« laut Vorbemerkung »erfunden« sind, rückt die Darstellung des Alltags einer Industriestadt, der sie umgebenden Landschaft, der dort lebenden Arbeiter und Funktionäre in den Monaten vor und nach dem 13. August 1961 offenbar sehr nahe an die Wirklichkeit. Differenzierte Reihe von redlichen Idealisten, ideologisch Konsequenten, brüchigen Skeptikern, Dennoch-Sagern.

Kompositionelle Verschränkung der Genesungszeit mit den Ereignissen, die zum Zusammenbruch führten, bis zur Eröffnung einer neuen Perspektive.

Buchausg. 1963; Filmwerk zus. mit Gerhard Wolf und Konrad Wolf 1964.

1962   Reinhard Baumgart
         (geb. 1929, Breslau, Grünwald b. München):
         Hausmusik

»Ein dt. Familienalbum«.
Niederschriften der Nachforschungen eines um Standortfindung bemühten jüngeren Deutschen namens Pohl, der selber Mittelpunkt der in Frankreich spielenden Rahmenhandlung ist, über das Verhalten seiner Familienangehörigen während des Dritten Reiches.
Satirisch gezeichnete Bilder von damaligen Durchschnittsbürgern und Vorkommnissen aus der Sicht eines ironisch distanzierten Rechercheurs.

1962   Alexander Kluge
         (geb. 1932, Halberstadt, München):
         Lebensläufe

Erzz.
Neun, zum Teil erfundene Biographien, die Verhaltensweisen während der jüngsten Gesch. Dld.s bzw. der BRD demonstrieren sollen. Verschiedene Erzählmethoden; Verwendung von Jargon, Amtssprache u. ä.

Verfilmung einer der Erzz. als *Abschied von gestern* (1966).

1962   Friedrich Dürrenmatt
         (Biogr. S. 659):
         Die Physiker

Kom. 2, Prosa, Auff. 21. 2. in Zürich, Schsp.-Haus. Buchausg. im gleichen Jahr.
Ein genialer Physiker hält sich unter fingiertem Wahnsinn im Schutz eines Irrenhauses verborgen, um die toll gewordene Welt vor der gefährlichen Nutzung seiner Entdeckungen zu schützen. Zwei weitere Physiker, Agenten entgegengesetzter politischer Systeme, die sich als »Irre« seiner versichern wollten, sehen sich gleichfalls gezwungen, als Simulierende vor der Wirklichkeit zu kapitulieren. Aber die Chefärztin hat längst die Aufzeichnungen des Erfinders photokopiert, und ein von ihr aufgebauter Trust wird sich alles unterwerfen.
Die Verkettung von Forschung, Wirtschaft, Politik nicht als tragisches Problem, sondern durch Groteske und Paradoxie zu pessimistischer Einsichtigkeit gebracht. Ausgangspunkt, wie auch in D.s anderen Drr., eine außergewöhnliche Situation.
D. in *21 Punkte zu den Physikern* (1962): »grotesk, aber nicht absurd«.

1963   **Peter Huchel**
              (Biogr. S. 581):
              Chausseen Chausseen

Gedichte.
Fünf Gruppen, vorwiegend Landschaftsbilder aus Nordostdeutschland,
Griechenland, Italien, Frankreich, dem Balkan. Bestimmt von Trauer,
die keine Idyllik zuläßt: »Ausgedörrt hat alles der Krieg auf dieser Darre
des Todes.« Mündend in Erinnerung an Krieg und Zerstörung, an Chaus-
seen, »Kreuzwege der Flucht«, im Wissen um »ein Geschlecht, eifrig
bemüht, sich zu vernichten«.
Darbietung traumhaft, visionär, doch nicht hermetisch. Herübernahme
erprobter Form- und Reimwerte in moderne Aussageweise.

1963   **Paul Celan**
              (Biogr. S. 659):
              Die Niemandsrose

Gedichte.
Thematisch stark von dem in der Widmung ausgesprochenen Andenken
an den russischen Dichter Ossip Mandelstam bestimmt, darüber hinaus
andere Sach- und Sprachbezirke umgreifend.
Fortführung des »einsamen« Gedichts, das sich, »um bestehen zu können,
unausgesetzt aus einem Schon-nicht-mehr in sein Immer-noch« zurück-
holt und dabei sich selbst zu erkennen sucht. Außer den Gedichten in
sprödem Ton und mit ungewöhnlichen Metaphern auch solche mit offener
Melodik und mit Reimen.

1963   **Heimito von Doderer**
              (Biogr. S. 580):
              Roman No 7. I. Teil: Die Wasserfälle von Slunj

Selbständiger, ausgeführter Teil eines R.-Tetralogie-Planes.
Entst. seit 1960.

Kritisches Gesellschaftsbild Wiens und der ehemaligen Donaumonarchie
um 1900. Hauptfiguren die aus England stammenden Maschinenfabri-
kanten Clayton Vater und Sohn. Während Robert Clayton in der nur
scheinbar geordneten Umwelt geschäftlich und persönlich reussiert, treibt
der von Geburt an innerlich belastete Sohn Donald einem vom Fatum
vorbestimmten frühen Unglückssturz in die Wasserfälle von Slunj entgegen.
Mehrschichtige Analyse der verschiedenen Bevölkerungselemente, Klassen und Generationen. Räumlich ausgreifend sowohl in und um Wien als
auch im ganzen alten Österreich, mehrfach hinüberspielend nach England. H. v. D. zeigt sich dem Leser gelegentlich als Konstrukteur der

Handlung und Regisseur seiner Figuren. Stetig wachsendes Tempo bis zum doppeldeutigen endlichen Katarakt.

1967 erschien aus dem Nachlaß ein Fragment von *Roman No 7. II. Teil: Der Grenzwald* nebst einem Anhang *Tagebuchaufzeichnungen zu Roman No 7/II.*

1963   Erwin Strittmatter
            (Biogr. S. 661):
            Ole Bienkopp

R.

Gründung einer neuen landwirtschaftlichen Produktionsgenossenschaft durch einen eigensinnigen, aber uneigennützigen »Wegsucher und Spurmacher« in zähem Kampf gegen einzelne Altbauern, Bürgerliche, das Parteidogma anders auslegende Genossen sowie Bürokraten. Die Gemeinschaft »Blühendes Feld« ein »Vorstoß in Zukunft«, der den tragischen Untergang des persönlich wenig glücklichen Bienkopp überglänzt.

1975 Bearbg. für die Bühne.

1963   Heinrich Böll
            (Biogr. S. 658):
            Ansichten eines Clowns

R.

Von seiner Geliebten aus katholisch-moralischen Skrupeln verlassen und seinen künstlerischen Abstieg erkennend, summiert der 27jährige, in Bonn ansässige Pantomime Hans Schnier aus exponierter Situation, skeptisch gegenüber den gängigen Kompromissen und Konventionen, seine Enttäuschungen zu einer Generalabrechnung mit Familie, Gesellschaft, Kirche, Staat.
Ich-Bericht eines zu Ironie und Provokation aufgelegten modernen Picaro über nur wenige Stunden umspannende Vorgänge, die laufend mit Erinnerungen durchsetzt sind.

1970 Bearbg. für die Bühne; 1976 Film.

1963   Günter Grass
            (Biogr. S. 660):
            Hundejahre

R.

Von der Weichselniederung der Vorkriegszeit über das Berlin des Zusammenbruchs im Jahre 1945, die Anfänge der Bundesrepublik und das gespaltene Berlin bis zum Abstieg in ein symbolvolles Untertagewerk führende dreiteilige Komposition aus realen Landschaften, für zeittypisch angesehenen Menschen, mehrschichtigen Motiven, ins Halbwirkliche transponierten satirischen Episoden, offener, andeutender und verschlüsselter Polemik. Der erste Teil: die in »Frühschichten« gegliederten Erinnerungen des Herrn Brauxel; zweiter Teil: »Liebesbriefe« des Harry Liebenau an seine Cousine Tulla über die dreißiger Jahre bis 1945; dritter Teil: die »Materniaden« des Walter Matern über die Nachkriegsepoche.

Der doppeldeutige Titel am konkretesten verbunden mit dem stets wieder auftauchenden und immer surrealistischer werdenden Schäferhunde Prinz aus dem Geschlecht des Wolfshundes Perkun.

Auff. des eingebauten Ballettlibrettos *Die Vogelscheuchen* 1970 in Berlin-West, Dt. Oper.

1963   **Günter de Bruyn**
             (Biogr. S. 742):
             Ein schwarzer abgrundtiefer See

Erzz.

Die Erz. *Hochzeit in Weltzow* und die Erz. *Wiedersehen an der Spree* einzeln bereits 1960 veröffentlicht.

Der Titel, zugleich der einer Erz., Symbol für die »andere Welt« der Vergangenheit. Ihre schicksalhaften Folgen und ihre Überwindung Hauptmotiv der in und bei Berlin sowie in Kattowitz/Katowice spielenden Geschichten.

Berichte eines Ich-Erzählers oder unter Mitverwendung der Perspektiven beteiligter Personen.

2. Aufl. 1966 vermehrt, auch um einige Skizzen aus dem Alltag.

1963   **Rolf Hochhuth**
             (Biogr. S. 660):
             Der Stellvertreter

Schsp. 5, in Versen. Auff. 20. 2. in Berlin-West, Theater am Kurfürstendamm, in einer durch Erwin Piscator stark gekürzten Fassung. Buchausg. im gleichen Jahr.

Ein junger Jesuitenpater begleitet, nachdem er vergebens versucht hat, Papst Pius XII. zu einem Protest zugunsten der von den Nationalsozialisten deportierten Juden zu bewegen, einen Transport römischer Juden ins Todeslager Auschwitz. Er kommt um, als ein Protestant, der als »Spion Gottes« in die SS eingetreten war, ihn befreien will.

Anklage gegen Würdenträger der katholischen Kirche, vor allem Pius XII., aus Gründen der Diplomatie vor dem Gebot der Menschlichkeit versagt zu haben. Die dt. Machthaber durch untergeordnete Figuren und die zum Symbol des Bösen überhöhte Gestalt des Lagerarztes von Auschwitz repräsentiert.

1963   **Martin Walser**
(Biogr. S. 661):
Überlebensgroß Herr Krott

»Requiem für einen Unsterblichen« in 13 Szenen, Prosa, Auff. 30. 11. in Stuttgart, Württembergisches Staatstheater.
Satirisches Abbild der modernen kapitalistischen Wohlstandsgesellschaft, deren Aufbau zugleich eine anscheinend unsterbliche Naturordnung repräsentiert: der Mann zwischen Ehefrau und Geliebter, der »Unternehmer«, dem Geschäft und Erfolg zu seinem eigenen Überdruß nachlaufen, gegenüber dem ewig Dienenden, der eine eigene Meinung wie jedes Risiko verabscheut, sowie gegenüber dem sich an klischeehaften Empörerphrasen berauschenden Funktionär, der über seinen Auftrag hinaus keine Initiative besitzt und vom Entgegenkommen des Chefs entwaffnet wird.
Buchausg. 1964.

1964   **Helmut Heißenbüttel**
(Biogr. S. 660):
Textbuch 4

Vier Abteilungen sogenannter experimenteller oder konkreter Lyrik: »Rücksprache in gebundener Rede«, »Sprech-Wörter«, »Siebensachen«, »Zusammensetzungen«. Unter Reduzierung des Sinngehaltes, Stofflichen und Emotionellen vorgenommene Kombinationen von Wörtern, Wortgruppen und Zitaten aus Werken anderer Autoren zu skelettartig wirkenden Texten, deren graphische Anordnung meist die verbale Inspiration verdeutlicht.

1964   **Max Frisch**
(Biogr. S. 659):
Mein Name sei Gantenbein

R.
Ich-Erz., in der erdachte Variationen zum Ich (Enderlin, Gantenbein, Svoboda) und vorgestellte Lebensläufe (sich als Blinder ausgeben, um mehr sehen und hinnehmen zu können) Begebenheiten und Erfahrungen, zum Beispiel die Liebe zu der Schauspielerin Lila, ausloten sollen.
Existenz nur als Existenz in auswechselbaren Rollen. Die Fiktion als Methode der Deutung und Wahrheitsfindung. Fortführung des in *Stiller* (1954) und *Homo Faber* (1957) behandelten Problems der Identifizierung des Ichs mit der ihm aufgezwungenen oder von ihm übernommenen Rolle.

1964   **Johannes Bobrowski**
             (Biogr. S. 658):
             Levins Mühle

R. »34 Sätze über meinen Großvater«.

Ich-Erz. von einer in den 70er Jahren des 19. Jh. an einem Nebenfluß der
Weichsel spielenden Auseinandersetzung zwischen dem Großvater Johann und Levin als farbenkräftige Veranschaulichung damaliger nationaler und religiöser Spannungen im Grenzgebiet zwischen Dld. und Polen,
aber im Blick auf die Folgen für das 20. Jh. »hier unsertwegen erzählt«
(B.).

Der fabulierfreudige, bewußt weitschweifige Erzähler im Dialog mit seinen Figuren und dem zum Mitfabulieren aufgeforderten Leser.

1964   **Hermann Kant**
             (geb. 1926, Hamburg, Kriegsdienst, Gefangenschaft,
             Greifswald, Berlin-DDR):
             Die Aula

R. In *Forum*, Zs. der Jugendorganisation FDJ.

Robert Iswall, einer der ersten Studenten der 1949 begründeten Arbeiter-
und Bauernfakultät, soll dreizehn Jahre später eine Festrede vorbereiten,
als man die ABF nach Erfüllung ihrer Aufgabe zu schließen plant. Während seiner Berufsarbeit als Journalist geht er im Gedanken an seinen –
dann nicht zustande kommenden – Auftritt in der Aula der alten pommer-
schen Hochschule seiner Entwicklung sowie der seiner Studienfreunde
prüfend nach und sucht die Rolle jener Fakultät für die DDR der Gegenwart zu bewerten.

Ständige Verschränkung des Aktuellen mit Episoden der vergangenen
Zeit.

Buchausg. 1965. Auff. der Bühnenfassung 26. 4. 1968 Halle, Landestheater.

1964   **Erik Neutsch**
             (geb. 1931, Schönebeck/Elbe, Leipzig, Halle):
             Spur der Steine

Dreiteiliger R. aus der erfundenen mitteldt. Stadt Schkona und den
Schkonawerken mit dem Zimmerer Hannes Balla, seiner Brigade, den
»Ballas«, der jungen Diplomingenieurin Katrin Klee, dem Parteisekretär
Horrath als Hauptperson, mit Konflikten und Lösungen sowie der Rolle
der SED bei der Entwicklung neuer Normen des Zusammenlebens.

Erzählt, um »die Wirklichkeit weder häßlicher noch schöner . . ., sondern
deutlicher« zu machen (N.).

Filmwerk 1966.

1964   **Peter Härtling**
(Biogr. S. 742):
Niembsch oder Der Stillstand

»Eine Suite«.
Unter Anlehnung an biographische Fakten über Liebesbeziehungen des
Dichters Nikolaus Niembsch Edler von Strehlenau, gen. Lenau, läßt H.
seinen Niembsch den Versuch unternehmen, im Blick auf Don Juan und
dessen Idee der vollkommenen Dauer im Augenblick den »Stillstand« der
Zeit zu erreichen.
Acht musikalische Sätze: Präludium, Rondo usw. Moderne Bauformen
des Erzählens: Verwendung vieler Stilmittel, Wechsel der Perspektiven.
Musikalität der Prosa.

1964   **Uwe Johnson**
(Biogr. S. 660):
Karsch, und andere Prosa

Fünf Prosastücke.

Jonas zum Beispiel bereits 1962 in der *Frankfurter Allgemeinen Zeitung.*

Das Hauptstück, *Eine Reise wegwohin, 1960,* beschreibt des nun »nahezu
vierzig Jahre« alten Journalisten Karsch Eindrücke während eines Auf-
enthaltes in der DDR und seinen ergebnislosen Versuch nach der Rückkehr, seine Erfahrungen zu einem in seinem Sinne wahren, die Wortfor-
meln neu wägenden und nach beiden Seiten kritischen Bericht zu gestalten und zu publizieren.
Wie hier Karsch und Achim, auch in weiteren Prosastücken Personen aus
J.s früheren Büchern.

1964   **Peter Bichsel**
(geb. 1935, Luzern, Olten, Bellach b. Solothurn):
Eigentlich möchte Frau Blum den Milchmann kennenlernen

»21 Geschichten«.
Ein bis zwei Seiten lange Miniatur-Erzz., deren Themen ein Etagenhaus,
vage Beziehungen zwischen Menschen, typische Schicksale, Verhaltens-
klischees und schematisiertes Leben sind.
Handlungsarme Protokolle der Sprachunfähigkeit, dem Alleinsein im
Kleinbürgeralltag durch Verständigung abzuhelfen.

1964   **Gisela Elsner**
(geb. 1937, Nürnberg, Wien, London):
Die Riesenzwerge

»Ein Beitrag«.
Zehn Kapitel über Typen, Lebensformen und Verhaltensweisen von Spießern, geschildert aus der Perspektive des kleinen Lothar Lenlein und

zusammengehalten durch die gleichbleibende erbarmungslose Ablehnung, den unerbittlich um Details und Symptome kreisenden Sprachduk-
tus sowie die Einheitlichkeit der abkonterfeiten grotesken Hauptfiguren.

1964   Peter Weiss
(Biogr. S. 661/662):
**Die Verfolgung und Ermordung Jean Paul Marats, dargestellt
durch die Schauspielgruppe des Hospizes zu Charenton unter
Anleitung des Herrn de Sade**

Dr. 2, in verschiedenen Versarten. Auff. 29. 4. in Berlin-West, Schiller-
theater. Buchausg. dieser (3.) und einer 4. Fassung im gleichen Jahr.

Entst. seit Herbst 1962; 1. und 2. Fassung 1963.

Der von 1801 bis zu seinem Tode in der Heilanstalt interniert gewesene
Marquis de Sade, der mit den Insassen Theateraufführungen veranstalte-
te, inszeniert 1808 im Badesaal die Ermordung Marats durch Charlotte
Corday im Jahre 1793 und zeigt, auch selber agierend, bei dieser Darstel-
lung eines damals zeitgeschichtlichen Themas philosophisch-politische
Grundstandpunkte auf.
Spiel und Argumentationen sich gegenseitig motivierend. Das Geistige
und Sinnliche (das Milieu, Pathologisches, Emotionen, exzessive Hand-
lungen) miteinander verfugt. Kommentierend heraustretende Figuren.
Pantomimen, Bänkelsang, Moritaten.

5. Fassung 1965.

1964   Heinar Kipphardt
(1922–1982, Heidersdorf/Schlesien, Kriegsdienst,
Berlin-DDR, Düsseldorf, München):
In der Sache J. Robert Oppenheimer

Schsp. in 9 Szenen, Prosa. Auff. 23. 1. Hessischer Rundfunk, Fernsehen;
11. 10. in Berlin-West, Freie Volksbühne, und in München, Kammerspiele, Druck im gleichen Jahr.

Entst. 1962 und 1963.

Dokumente verwendender, »die Worttreue durch Sinntreue« ersetzender
szenischer Bericht über die 1954 erfolgte Untersuchung gegen den amerikanischen Physiker und Leiter des Atombau-Programms der USA im
Zweiten Weltkrieg im Hinblick auf politische und fachlich-moralische
Eignung für weitere militärisch wichtige Projekte. Problem der Unvereinbarkeit von Forscherdrang, Staatstreue und allgemein-menschlicher Verantwortung.

Buchausg. 1965.

1965   **Wolf Biermann**
           (Biogr. S. 742):
           Die Drahtharfe

»Balladen, Gedichte, Lieder«.

Entst. 1960–1965.

Mit Notenbeispielen des Autors versehene Slg., enthaltend die vier Gruppen »Die Buckower Balladen«, »Portraits«, »Berlin«, »Beschwichtigungen und Revisionen«. Neben leiseren Tönen in einigen Großstadtpoemen *(Himmelfahrt in Berlin)* und unterkühlten Liebesgedichten die dreiste, freche Sprache des von Villon *(Ballade auf den Dichter François Villon)*, Brecht u. a. geprägten Balladentyps und politisches Engagement *(Warte nicht auf beßre Zeiten, An die alten Genossen, Rücksichtslose Schimpferei)*.

1965   **Uwe Johnson**
           (Biogr. S. 660):
           Zwei Ansichten

R.

Die Schwierigkeit gegenseitigen Verstehens und Vertrauens am Beispiel des jungen Pressephotographen B. und der Krankenschwester D., zweier Durchschnittsmenschen der BRD bzw. DDR, vor dem Hintergrund des Berliner Mauerbaues 1961.

Die zehn Kapitel abwechselnd aus der Optik der beiden Hauptpersonen. Darbietung um neutrale Beschreibung bemüht.

1965   **Hubert Fichte**
           (1935–1986, Perleberg, Hamburg):
           Das Waisenhaus

R.

Während des Zweiten Weltkrieges wird Detlef, unehelich geborenes Kind eines jüdischen Vaters, der fliehen mußte, von seiner protestantischen Mutter in einem katholischen Waisenhaus untergebracht. Zwar lebt der hier versteckte Achtjährige nun sicherer als etwa die Großeltern in Hamburg, aber er erleidet Außenseitertum, Seelennot, beklemmende Ahnungen.

Der Inhalt auf den Augenblick projiziert, als Detlef das Waisenhaus wieder verläßt. Technik der Assoziation, Raffung, Überblendung, Spiegelung.

1965   **Herbert Eisenreich**
               (Biogr. S. 659):
               Sozusagen Liebesgeschichten

Erzz.
Liebe, Ehe, Ehebruch, Glück und Risiko zwischenmenschlicher Beziehungen als Motive ernster, heiterer, auch ironisch gemeinter Situationsbilder.
Verwendung der verschiedensten Erzählformen: Beschreibung, innerer Monolog, Ich-Erz., Kurzszene u. a.

1965   **Peter Weiss**
               (Biogr. S. 661/662):
               Die Ermittlung

»Oratorium in elf Gesängen«, freie Rhythmen. Auff. 19. 10. gleichzeitig an mehreren Bühnen. Buchausg. im gleichen Jahr.

Entst. 1964 bis Sommer 1965.

Szenisch gestaltete Mahnung und politische Lehre auf Grund der Vernehmung der Angeklagten sowie der Beweisaufnahme im Frankfurter Auschwitz-Prozeß nach eigenen Notizen und Publikationen anderer über die Gerichtsverhandlungen. Konzentrierung des Stoffes und Verminderung der Anzahl der Personen. Die dreiteiligen »Gesänge« (»Gesang von der Rampe«, »Gesang von der Möglichkeit des Überlebens«, »Gesang von der Schwarzen Wand«, »Gesang vom Zyklon B« u. a.) dokumentieren mit den Ermittlungen in Frankfurt die Methoden der Vernichtung und den Todesweg der Opfer in Auschwitz.

1965   **Heiner Müller**
               (Biogr. S. 660/661):
               Philoktet

Tr., in Versen. In *Sinn und Form*.

Entst. seit 1958.

Der in Mythisches reichende, besonders durch Sophokles tradierte Tr.-Stoff (Auff. 409 v. Chr.) von der Rückführung des auf Lemnos vegetierenden Philoktet samt seinem Herakles-Bogen mit den Giftpfeilen ins Lager der kriegsmüden Griechen vor Troja zugespitzt auf politisches Zweckdenken, das den pragmatischen Taktiker Odysseus bestimmt, und die moralischen Skrupel des Neoptolemos so weit minimalisiert, daß er Philoktet umbringt, dessen Tod Odysseus als Meuchelmord von Trojanern umzulügen plant, um die Leiche zur Entfesselung von Rache zu nutzen.

Auff. 13. 7. 1968 in München, Residenztheater.

1966   **Johannes Bobrowski**
(Biogr. S. 658):
Wetterzeichen

Gedichte.

Nach *Sarmatische Zeit* (1961) und *Schattenland Ströme* (1962) dritter, noch von B. zusammengestellter Lyrikbd. Vereinigt teilweise bereits früher publizierte Gedichte aus des Dichters letzten Lebensjahren und schließt mit dem im Juni 1965 entstandenen *Das Wort Mensch*: »... Wo Liebe nicht ist, / sprich das Wort nicht aus.«

1966   **Ernst Jandl**
(geb. 1925, Wien, Kriegsdienst und Gefangenschaft, Wien, vorübergehend England):
Laut und Luise

Gedichte.

Entst. vorwiegend 1956–1958.

Dreizehnteilige Slg. verkappter Lieder, Dialektgedichte, politischer, autobiographischer, auf die Natur bezogener Texte mit ähnlich verfremdeten Überschriften wie der Buchtitel. J.s erstes Hauptwerk. Konkrete Dg., die innerhalb von Sprache liegende Möglichkeiten verwirklicht und aus ihr Gegenständliches erzeugt.
Experimentelle Verzerrung, Zerlegung, inhaltliche, klangliche, schriftbildliche Neustrukturierung von Wörtern, Lauten, Sätzen zu denunziatorischem, didaktischem oder ironisch-witzigem Effekt bei Lesen und Sprechen.

1966   **Heinrich Böll**
(Biogr. S. 658):
Ende einer Dienstfahrt

Erz.

Zur Entstehung aus einer Kurzgesch. über vier weitere Fassungen bis zur endgültigen sechsten vgl. »Einführung« in dem Bd. *Aufsätze, Kritiken, Reden* (1967).

Bericht von dem vor einem rheinischen Amtsgericht geführten Prozeß gegen Vater und Sohn Gruhl, zwei selbständige Handwerker, die einen Jeep der Bundeswehr in Brand steckten.
Scheinbare Kleinstadtidylle vom weitgehenden Einverständnis mit einer Protesthandlung; ironisch verkleidete Kritik an Praktiken staatlicher Instanzen.

1966   **Dieter Wellershoff**
            (geb. 1925, Neuß/Rhein, Grevenbroich, Bonn, Köln):
            Ein schöner Tag

R.

Beschreibung des durch unterdrückte Individualinteressen, seelische Abnutzung und schwelende Spannungen kontaktlos gewordenen Zusammenlebens des verwitweten, aus Pommern nach Köln verschlagenen alten Lorenz mit seiner Tochter, der Lehrerin Carla, und dem Sohn Günther, endend mit des Vaters Geburtstag, an dem die innere Leere durch routinemäßiges Zeremoniell kaschiert ist.

Stil der möglichst exakten und vollständigen Erfassung eines unter wechselnden Perspektiven beobachteten Raum- und Zeitausschnittes.

1966   **Friedrich Dürrenmatt**
            (Biogr. S. 659):
            Der Meteor

Kom. 2, Prosa. Auff. 20. 1. in Zürich, Schsp.-Haus. Buchausg. im gleichen Jahr.

Konzipiert und begonnen 1962, gleichzeitig mit *Die Physiker* und als »Gegenstück« dazu; beendet 1965.

Der bereits amtlich tote weltberühmte Dramatiker Schwitter, der aus der Klinik in das schäbige Atelier seiner künstlerischen Anfänge floh, kann hier zwar mit kraftgenialischen Einfällen seine Umwelt betroffen machen oder tödlich treffen, selber aber nicht sterben. Er »gewinnt nicht das ewige Leben, sondern das ewige Sterben« (D.).

Grotesk-makabres Spiel mit den Konsequenzen aus der paradoxen Prämisse von einem immer wieder lebendig werdenden Literaten.

1966   **Günter Grass**
            (Biogr. S. 660):
            Die Plebejer proben den Aufstand

»Ein dt. Trauersp.« 4, in Prosa und Versen. Auff. 15. 1. in Berlin-West, Schiller-Theater. Buchausg. im gleichen Jahr.

In das »Spiel« einer *Coriolan*-Probe in Bert Brechts Theater am Schiffbauerdamm bricht die Wirklichkeit des 17. Juni 1953 ein und stellt den »Chef« genannten Theaterleiter vor das Problem der aktuellen Anwendbarkeit seines politisch-ästhetischen Konzepts sowie das seiner persönlichen Entscheidung.

Verschränkung des Aufstandes der Plebejer gegen Coriolan mit dem der Arbeiter in Berlin-DDR: beide »Proben« mißlingen.

1966   Peter Handke
(Biogr. S. 742/743):
Publikumsbeschimpfung

»Sprechstück« 1, Prosa. Auff. 8. 6. in Frankfurt/Main, Theater am Turm.
Buchausg. im gleichen Jahr.
Im Gegensatz zum Theater der Illusion keine Aufführung einer erdichte-
ten oder dokumentablen Handlung, sondern durch vier Schauspieler einzeln, gruppenweise oder gemeinsam sprechbare Provozierung des als Mitspieler oder Stoff aufgefaßten Publikums durch einen Text, der schablo-
nenhafte Vorstellungen von Bühne und Welt unter wechselnden Perspektiven artikuliert, in Frage stellt, umkehrt und eine Art Katharsis des Ge-
hirns bewirken will.

1967   Alfred Andersch
(Biogr. S. 658):
Efraim

R.
Der in Berlin geborene, als Kind nach England gebrachte, in das geteilte
Berlin zurückgekehrte Journalist George Efraim versucht einen R. zu
schreiben, der aus dem Autobiographischen eine Fixierung der Wirklich-
keit herausfiltern soll.
Porträt eines europäischen Intellektuellen. Schauplätze London, Berlin,
Rom. Auseinandersetzung mit persönlichem Schicksal, Zeitgesch., philo-
sophisch-religiösen Standpunkten, Lit. und Kunst. Innerer Monolog;
Wechsel der Zeitebenen und des Ortes.

1967   Gerhard Fritsch
(1924–1969, Wien, Kriegsdienst, Wien):
Fasching

R.
Während eines Faschingsballs muß der aus langer sibirischer Gefangenschaft in eine österreichische Kleinstadt zurückgekehrte Felix Golub als
»Faschingsbraut« der inzwischen wieder etablierten Gesellschaft büßen,
daß er als Jugendlicher gegen Endes des Zweiten Weltkriegs desertierte,
in Frauenkleidern untertauchte und als »Charlotte« den Ortskommandan-
ten zur Übergabe der Stadt zwang.
Tragikomödie um einen anpassungswilligen, aber für die Restauration
noch nicht reifen Simplicius und Picaro. Groteske und drastische Satire
unter Verwendung fast aller zeitgenössischer Erzählmittel.

1967   **Günter Kunert**
(Biogr. S. 660):
Im Namen der Hüte

R.
Während der letzten Tage des Zweiten Weltkriegs und der ersten Nachkriegszeit in Berlin spielende, ein altes Motiv modernisierende Erz. von dem halbwüchsigen Henry, der unter der Mütze seines damaligen militärischen Vorgesetzten lernt, die Gedanken dessen zu lesen, dem der »Hut« gehört, und die hellseherische Gabe benutzt, um in seiner picaresken Art auch weiter zu überleben.
Beschreibung jener chaotischen Periode. Durchwirkt mit Motiven jüdischen Schicksals im Drittten Reich.

1967   **Peter Bichsel**
(geb. 1935, Luzern, Olten, Bellach b. Solothurn):
Die Jahreszeiten

Ein Ich-Erzähler will Mitteilungen über ein Mehrfamilienhaus machen, in dem er wohnt. Er erfindet einen Mieter, probiert an diesem Vorgänge und Tatsachen aus, und er relativiert und dementiert, was er durch Stoff und Dokumentation glaubhaft gemacht hat.
Die Fragwürdigkeit des Versuchs und die Unzulänglichkeit der Sprache, Wirklichkeit beschreibend zu erfassen.

1967   **Renate Rasp**
(geb. 1935, München):
Ein ungeratener Sohn

R.
Ich-Erz. An dem naiv einwilligenden und mitwirkenden Kuno unternimmt sein Stiefvater ohne entschiedene Widerrede von Kunos Mutter ein wohlvorbereitetes Umerziehungsexperiment: Kunos allmähliche Verwandlung in einen Baum.
Absurd-realistischer »Erziehungs-R.«: Satire auf Pädagogik, die einen jungen Menschen, im Glauben, etwas für ihn Besonderes und Nützliches zu erzielen, entindividualisiert und enthumanisiert, sowie auf unkritisch willfährige Objekte solcher Pädagogik, die – wie Kuno – als hilflose Monstren enden würden.

1967   **Max Frisch**
(Biogr. S. 659):
Biografie

»Ein Spiel«, 2 Teile, Prosa. Buchausg. im gleichen Jahr.
Veranschaulicht die von F. mehrfach episch dargestellte Frage, ob das Leben eines Menschen zwangsläufig und sinnvoll oder von Zufällen und

Entschlüssen abhängig ist, indem ein »Registrator« dem Verhaltensforscher Kürmann gestattet, alternative Verläufe seiner Biographie zu »küren« und durchzuspielen.

Abkehr F.s von der »Dramaturgie der Fügung«, die nur den zwangsläufigen Ablauf als glaubhaften Ablauf anbiete.

Auff. 1. 2. 1968 in Zürich, Schsp.-Haus.

1967	**Rolf Hochhuth**
	(Biogr. S. 660):
	Soldaten

Tr. 3 mit Vorspiel und Nachspiel, Prosa und Verse. Auff. 9. 10. in Berlin-West, Freie Volksbühne. Buchausg. im gleichen Jahr.

Der »Nekrolog auf Genf« mahnt mit einer vor die Ruine der Kathedrale von Coventry gelegten Rahmenhandlung um die Verantwortlichkeit von Bomberpiloten und einer auf Churchill, die Bombardierung der dt. Städte und den polnischen General Sikorski konzentrierten geschichtlichen »Spiel«-Handlung die Konvention über den Schutz der Zivilbevölkerung vor Luftkrieg an.

Seit 1968 Revision der Theorie, Regeneration der Literatur

Mehr als eine interne Frage des Lit.-Betriebs in der Bundesrepublik Dld. war die sich Ende der sechziger Jahre zuspitzende Frage seiner künstlerischen Bedeutung und soziokulturellen Standortbestimmung. Das Verhältnis der Lit.-Produzenten zur Wissenschaft, zur Wirklichkeit und zu den Rezipienten galt vielen ihrer Kritiker als gestört. Immer mehr Autoren schienen durch Verkennung der objektiven Welt und Umwelt, durch Verführbarkeit zu Experimenten, abstrakten Themen und Nachahmung überschätzter Darstellungsmuster sowie durch Selbstabkapselung innerhalb eines konsumfreundlich aufgeschwemmten Buchmarkts in Isolation geraten und zum exklusiven Objekt kollegialen Argwohns oder Hohns verkümmert zu sein. Nicht nur die unmittelbar beteiligten sowie mittelbar betroffenen Einzelnen oder Gruppen, sondern die gesamte Öffentlichkeit wurde jedoch durch Demonstrationen und Konfrontationen bei der Buchmesse in Frankfurt a. M. auf jene Autoren und Oppositionellen aufmerksam, die eine politische und ästhetische Revolution konzipiert, der Lit. gesellschaftsverändernde Leistungen zugetraut, operative Formen verschiedener Art eingesetzt, aber den Gehalt ihrer Produktionen vom breiten Spektrum des marktbeherrschenden Angebots paralysiert gesehen hatten. Ihr gegen die »Bourgeoisie« gerichtetes Aktivierungspotential hatte nicht vermocht, deren Dominanz in der Kultur zu beseitigen. »Heute«, stellte H. M. Enzensberger in *Kursbuch 15* (1968) fest, »liegt die politische Harmlosigkeit aller literarischen, ja aller künstlerischen Erzeugnisse überhaupt offen zutage.« Nötig sei »eine angemessene Einschätzung unserer eigenen Bedeutung«, man dürfe nur nicht »die herkömmliche Imponier- mit einer neu eingeübten Demutsgeste vertauschen«. Für die »Alphabeti- sierer« sollten sich doch »begrenzte, aber nutzbringende Beschäftigun- gen« finden lassen. »Die politische Alphabetisierung Deutschlands ist ein gigantisches Projekt.«

Die provokative Todeserklärung im *Kursbuch* unter der Devise *Ein Kranz für die Literatur* sowie die Trennung von ästhetischer und politischer Auf- gabe, da sich unsere Welt »nicht mehr poetisieren, nur noch verändern« lasse (Karl Markus Michel), waren Ausdruck einer Enttäuschung über die unzureichende Wirkung jahrelang aufgewendeter Energien. Theoretiker und Autoren begannen, ihr Verhältnis zur Arbeitswelt, ihre Bereitschaft zum aktiven Eingreifen statt zum Mitgefühl durch Nacherleben, die Forderung der Nützlichkeit von Texten und die Verfügungsgewalt über ihr persönliches Potential an Biographie, Imagination, Sensibilität zu überdenken.

Einer platten Indienstnahme durch und für die Politik widersprach 1973 Hans Christoph Buch im *Literaturmagazin 1*. Die Lit. nur noch unter dem Gesichtspunkt ihrer agitatorischen Brauchbarkeit gelten zu lassen, sei ei- ne modische Torheit. Bei seinem Verdikt über »Vulgärmarxismus in der Literaturkritik« verfocht er einen Lit.-Begriff, der die utopischen, antizi- patorischen und humanisierenden Dimensionen der Kunst berücksichtigt. Eine Zwischenbilanz über die anhaltende Diskussion, die Buch später *(Literaturmagazin 4)* vorlegte, bezog sich mit ihrem Titel *Die Literatur nach dem Tod der Literatur* ausdrücklich auf den auslösenden Titel im *Kursbuch* von 1968.

Der Autonomieanspruch der Autoren und die Aufwertung der Innerlich- keit, der Emotionen sowie der Triebe ließen sich bei der Revision mit dem Bemerken konzidieren, daß die Betonung des Objektiven das in der Sub- jektivität selbst enthaltene Potential der Revolution vernachlässigt habe. Die Subjektivität entziehe sich nämlich dem Mechanismus der Tausch- wertgesellschaft. Sie halte Kontemplation, Gefühl, Einbildungskraft als letzte Bastionen einer vielleicht später wieder abrufbaren revolutionären Phantasie bereit. Die Kunst beobachte stets Distanz zur Wirklichkeit, dem Ideal vermöge keine noch so optimal veränderte Realität zu genü- gen, der Abstand sei letztlich sogar durch die banalen Bedingungen von Geburt und Tod programmiert.

Die *Permanenz der Kunst/Wider eine bestimmte marxistische Ästhetik* lau- teten der Titel und die Kurzformel des Diskussionsbeitrags von Herbert Marcuse. Mit dem Essay (1977) sollte im Gegensatz zu jener im *Kursbuch* geforderten Abschaffung der »affirmativen Literatur« erneut klargestellt werden, daß sich die Lit. in ihren authentischen Werken der gesellschaftli- chen Affirmation entziehe. Das politische Potential der Kunst sei in ihr selbst zu sehen, »als Qualität der ästhetischen Form, die den gesellschaft- lichen Verhältnissen gegenüber weitgehend autonom ist«. Die Kunst pro- testiere gegen diese Verhältnisse, »indem sie sie transzendiert. In dieser

Transzendenz bricht sie mit dem herrschenden Bewußtsein, revolutioniert sie die Erfahrung«. Ein Werk werde um so weniger »revolutionär, subversiv« sein, je direkter es politisch sein will. Andererseits könne Propaganda Kunst werden, »wenn der unmittelbar politische Inhalt in ästhetischer Form Gestalt geworden ist«. Die Verstrickung von Glück und Unglück, Heil und Unheil, Eros und Thanatos lasse sich nicht »in Probleme des Klassenkampfs« auflösen. Schuldloses Schuldigwerden wie bei *Oedipus Rex* ist nicht abschaffbar. Schicht des Unveränderbaren und Schicht des Veränderbaren stehen nebeneinander.

Veränderung, dieser von Religion, Wissenschaft, Poetik seit jeher verwendete und umgewendete, über die Politik fast zum Schlagwort gewordene Begriff, determiniert bei Dieter Wellershoff (*Literatur und Veränderung* 1969) ein Schreiben, das als Gegenbewegung zur normierenden Gesellschaft versucht, der Welt die konventionelle Bekanntheit zu nehmen und etwas von ihrer ursprünglichen Fremdheit und Dichte zurückzugewinnen. Für bewirkbar gehaltene Veränderungen seien solche der Sehweise, der Denkformen. Wellershoff plädierte für die Simulationstechnik, die es gestatte, mit den Gegenständen der Erfahrung und ihrer intellektuellen Verarbeitung in einem Grade zu experimentieren, wie es keine Lit. könne, die realistisch allein Handlungsmodelle für die politische Praxis entwirft oder, wie die Triviallit., Verhaltenssteuerung im Sinne geltender Normen beabsichtigt. Die Fiktion vertrete die unausgeschrittenen und verdrängten Möglichkeiten des Menschen und die Unausschöpfbarkeit der Realität. Damit bediene sie offenbar »Bedürfnisse nach mehr Leben, nach weiteren und veränderten Erfahrungen, die gewöhnlich von der Praxis frustriert werden«. Die Simulationstechnik der Lit. ermögliche es dem Leser, fremde Verhaltens- und Denkweisen in seinen Erfahrungsspielraum mit einzubeziehen, also weniger borniert und gesellschaftlich weniger normenkonform zu sein.

Unter den nicht wenigen älteren Autoren, die in ihren Werken und Verlautbarungen eine distanzierte Position zum Obrigkeitsapparat einnahmen und eher eine nonkonformistische als eine affirmative Lit. bedienten, war Böll prädestiniert, als Empfänger des Nobelpreises littérature pure und littérature engagée für eine der falschen Alternativen zu erklären. Sein 1973 in Stockholm gehaltener Vortrag *Über die Vernunft der Poesie* ging von der Pflicht der Schriftsteller aus, zum Unterschied von den Politikern, Ideologen, Theologen und Philosophen, die immer restlose Lösungen zu bieten versuchten, in die Zwischenräume einzudringen. Es gebe zu viele unerklärte und unerklärliche Reste. Böll argumentierte: »... wir übernehmen gerade mit dieser gefälschten Alternative ein bürgerliches Teilungsprinzip, das uns entfremdet.« Und er warnte »vor der Zerstörung der Poesie, vor der Dürre des Manichäismus, vor der Bilderstürmerei eines ... blinden Eifertums.«

Böll bekannte auch 1977 in Darmstadt bei einer Laudatio auf Reiner Kunze, die Lit. habe nirgends die Aufgabe, Werbung für irgendeine politische und ökonomische Wirklichkeit zu liefern. Dazu gebe es Presseämter, Minister.

Auf Bewußtseinsveränderung durch Ausleuchtung übersehener Existenzbedingungen im gegenwärtigen Zustand von Industrie und Gesellschaft zielten Autoren, die Berufserfahrung, unkonventionelle Materialbeschaffung und aufrüttelnde Darstellungsformen für eine engagierte Aufdeckung sozialer Ungerechtigkeit einsetzten.

Max von der Grün (geb. 1926), durch Herkunft und als ehemaliger Bergmann in einschlägigen Problemfällen erfahren, lenkte mit erzählerischen sowie sonstigen gesellschaftskritischen Werken die Aufmerksamkeit auf das Ruhrgebiet. Die von ihm, Fritz Hüser u. a. gegründete »Dortmunder Gruppe 61« vereinigte ähnlich gesinnte und arbeitende Schriftsteller, die sich seit 1970 der gesamten modernen Lebenssituation im industriellen Zeitalter zuwendeten.

Um soziale Konflikte durch Versachlichung zu dokumentieren, statt mit Fiktionalität zu verbrämen, entschieden sich Friedrich Christian Delius (geb. 1943) für »Dokumentarpolemik« mittels montierter, ironisierter, kommentierter Protokollauszüge (*Wir Unternehmer* 1966), sowie in weiterer Anwendung der Zersetzungstechnik für »Dokumentarsatire« (*Unsere Siemens-Welt* 1972, korrigierte Ausg. 1975), Hans Günter Wallraff (geb. 1942) für die »Agitation der Fakten« in den Fabrikreportagen *Wir brauchen Dich* (1966), deren neuer Titel *Industriereportagen* (1970) als Gattungsname immer wieder signalisierte, »daß bekannt wird, was vertuscht werden soll«, und Erika Runge (geb. 1939) für die wörtliche Wiedergabe von Antworten der von ihr befragten Lohnabhängigen (*Bottroper Protokolle* 1968) oder Unemanzipierten (*Frauen* 1970).

Wallraff begab sich in Bereiche der »unterschlagenen Wirklichkeit« und lieferte »Selbsterfahrungsberichte«. Erika Runge betätigte sich als »Chronistin mit Tonbandgerät«, teilte die Fragen, Eingriffe, möglichen Widerreden bei ihren Sozialinterviews nicht mit, sondern ließ die Befragten monologisieren.

Die neuen Zweckformen der Bio-Interviews und Protokolle bildeten eine »Lit. der Nicht-Autoren« (R. Baumgart), in der jene Arbeiter, Frauen, Außenseiter zu Worte kamen, die nicht zur Feder griffen. Der sich von der »Dortmunder Gruppe 61« absetzende »Werkkreis für Lit. der Arbeitswelt« in Oberhausen, bemüht, die anonyme Reserve zu mobilisieren, forderte 1969 alle Arbeiter und Angestellten der Bundesrepublik Dld. auf, in kurzen Reportagen ihren Arbeitsalltag zu beschreiben. Von den an vielen Orten begründeten »Werkstätten« sollte eine Lit. ausgehen, die dazu beitrug, »die gesellschaftlichen Verhältnisse im Interesse der Arbeitenden zu verändern«.

Sprachskepsis, zurückgehend auf den durch Fritz Mauthner (*Beiträge zu einer Kritik der Sprache* 1901–1902), Ludwig Wittgenstein (1889 bis 1951) und den Wiener Neopositivismus geführter Kampf gegen die Verführungsmacht der Sprache, setzte sich bei Ernst Jandl u. a. weiterhin in einem Gestaltungsimpuls für »konkrete Poesie« oder »materiale Kunst« um, die zu gesellschaftskritischen Tendenzen und Piktogrammen gelangte. Die Bildungs- und Zerstörungskraft der Sprache, ihr Individualisierungs- und Entindividualisierungsvermögen wurde durch Handke in *Kaspar* (1968) auf der Bühne zur Schau gestellt.

Wo der »Kreator« experimentierend vorgeht und bei dem Experiment zur Hervorbringung eines Textes in seiner Subjektivität zurücktritt, entsteht »experimentelle Lit.«. Heißenbüttel, der 1965 seine *13 Hypothesen über Literatur und Wissenschaft als vergleichbare Tätigkeiten* vorgestellt hatte, verband »experimentelles« Schreiben mit Fiktion oder dokumentarischer Bestandsaufnahme in der romanähnlichen Collage *D'Alemberts Ende* (1970). Mit dem biotechnischen Prinzip der zufallsbedingten Abänderungen und Neukombinationen erklärte Paul Wühr (geb. 1927) seine Collage *Gegenmünchen* (1970).

Autoren, die sich dem »Sprachrealismus« verpflichteten, wandten sich gegen eine fiktionale, erfindende und damit erfundene, »künstliche« Sprache, der die vorgefundene, »reale« Sprache vorzuziehen sei. Der »Sprachrealist« versteht die ohne parodistische Verdeutlichung im Theater oder Buch unmittelbar dargebotene Sprachproduktion als Sprachkritik und möglicherweise Gesellschaftskritik.

Gesellschaftspolitische Vorbehalte gegen die konventionelle Lit.-Sprache unterstützten auch eine erneute Hinwendung zum Dialekt. Während der Neogrobianismus des Tabus durchbrechenden Pornographischen, der schockierenden Frivolität, der ordinären Kraftmeierei, der hedonistischen Protokollierung pubertären Jargons oder ekstatischen Sexdialogs moralische sowie sprachliche Prüderie abzubauen suchte, veranschaulichte progressiver Neonaturalismus an der Regionalsprache ihre Unfähigkeit zur Lösung schichteninterner Konflikte sowie zur Interessenvertretung gegenüber der hochsprachlich argumentierenden Öffentlichkeit. Seit Dialektdg. oder »Provinzpoesie« das noch unverbrauchte Sprachmaterial statt zur Verklärung einer Region zu ihrer Veränderung durch Überwindung sozialer Erstarrung einzusetzen begann, wurde die im Barock, von Georg Büchner und G. Hauptmann den jeweils unteren Klassen zugebilligte spezifische Sprechweise als Ausdruck einer unterentwickelten Redefähigkeit und einer weitaus größeren Kommunikationslosigkeit wieder genutzt.

Skepsis gegenüber der hergebrachten stilisierten Sprache sowie der eignen sprachlichen Offensive endete im Extrem einer Antikunst miteinander verschnittener, zusammengefundener, vorproduzierter, auch außerhalb der Lit. entstandener Drucksachen, Zitate, Abfälle, die in der Alltagssprache der Werbung, Anzeigenseiten, Börsenberichte, Wettervorhersagen gegen das Esoterisch-Intellektuelle protestierte. Genannt seien Bienek: *Vorgefundene Gedichte* (1969), Brinkmann: *Vanille* (1969), Handke: *Deutsche Gedichte* (1969), H.-G. Behr: *Ich liebe die Oper* (1969), Peter Faecke u. Wolf Vostell: *Postversandroman* (1970). Klaus Stiller (geb. 1941) verwendete Sprachmaterial aus Reden Hitlers für die Collage *H. Protokoll* (1970) sowie solches aus Stellenangeboten für ein A bis Z absurder *Traumberufe* (1977). Sprach-material aus dem Umkreis des Fußballs wurde von Ror Wolf (geb. 1932) bei *Punkt ist Punkt. Fußballspiele* (1971) eingesetzt.

In der DDR war für die Produktion und Distribution von Büchern und Broschüren seit 1963 die Hauptverwaltung Verlage und Buchhandel im Ministerium für Kultur zuständig. Laut Statut von 1977, das die 1963 verfaßte Satzung ablöste, gewährleistete der Minister eine einheitlich politisch-ideologische Arbeit des gesamten Verlagswesens. Er bestätigte die thematischen Perspektiv- und Jahrespläne der Verlage und die Verteilung der Kontingente polygraphischer Erzeugnisse. Er entschied auch über die Lizenzpolitik.

Eine Vergabe von urheberrechtlichen Nutzungsbefugnissen an Partner außerhalb der DDR mußte seit 1966 vor Abschluß des Vertrags durch das Büro für Urheber-rechte genehmigt werden.

Die von vielen Autoren bereits unter Walter Ulbricht erstrebte individuel-le Profilierung im Rahmen geforderter Parteilichkeit rückte in Reichwei-te, als es unter Erich Honecker nach dem VIII. Parteitag der SED 1971 für Künstler, die auf sozialistischen Positionen stünden, keine Tabus ge-ben sollte.

Anzeichen einer neuen Kulturpolitik sah man 1972 z.B. in der Druckgenehmigung für Kants seit 1969 anstehenden R. *Das Impressum,* in einer Taschenbuchausg., mit der Chr. Wolf ihr *Nachdenken über Christa T.* stärker verbreiten lassen konnte, und in der verspäteten Urauff. von Volker Brauns Schsp. *»Die Kipper«,* das seit 1962 in verschiedenen Fassungen entstanden war.

Der Leitspruch, die DDR befinde sich auf dem Wege zu einer Lit.-Gesell-schaft im Sinne Johannes R. Bechers, mochte auch Aktivitäten einbezie-hen, die dem Abschluß der 1958 in Auftrag gegebenen offiziösen *Ge-schichte der dt. Lit. von den Anfängen bis zur Gegenwart,* der wissenschaft-lichen Sicherung des Erbes, der produktions-ästhetischen Orientierung zeitgenössischer Autoren sowie der rezeptions-ästhetisch fundierten Er-schließung des Publikumspotentials galten.

Dem 1969 gegründeten Zentralinstitut für Lit.-Gesch., in dem die Berei-che der Nationallit. auf Germanisten, Anglisten, Romanisten, Slawisten verteilt wurden, stellte sich als dringlichste Aufgabe die »Erarbeitung einer revolutionären Erbetheorie«, da die Hauptforschungsrichtung, wie Werner Mittenzwei erklärte, die Integration des humanistischen Erbes der National- und der Weltlit. in die sozialistische Gesellschaft betreffe. Mit der These, daß Literaturgeschichtsschreibung heute nicht das Resü-mee vergangener Dg. und ihrer ehemaligen Wirklichkeitsbezüge sei, son-dern der bewußte Prozeß der Konfrontation vergangener Werke und ge-genwärtiger Wertungen, hat Robert Weimann dann eine starke Berück-sichtigung der wirkungsgeschichtlichen Dimension befürwortet und die historisch-ästhetische Korrelation von Entstehung und Wirkung als die eigentliche Schwierigkeit hingestellt.

Mittenzwei löste 1973 mit dem Aufsatz *Brecht und die Probleme der dt. Klassik* in der Zs. *Sinn und Form* eine Debattte über dogmatischen und flexiblen Umgang mit Klassikern aus. Diskussionsstoff hatte auch die 1972 hervorgetretene Nutzung der Vorlage Goethes durch Plenzdorf für *Die neuen Leiden des jungen W.* geliefert. Sie widersprach einer musealen, auf historische Normen fixierten Erbeauffassung; indem sie das aus einem klassischen Text gewonnene »Rohmaterial« im Hinblick auf moderne Rezipienten umstrukturierte, erhielt sie Modellcharakter. Bedeutsam wurden schließlich die *Zehn Anmerkungen über das Erbe, die Kunst und die Kunst des Erbens* von Hans Kaufmann (in *Weimarer Beiträge* 1973). Er unterschied zwischen Erbe und Traditionen sowie zwischen guten und schlimmen Traditionen; »die schlimmen bewältigen wir . . ., die guten eignen wir uns als Erbe an«.

Anfang der siebziger Jahre zeigten umfangreiche Kollektivarbeiten den aktuellen Stand der theoretischen Grundfragen aus der Sicht maßgebender DDR-Wissenschaftler auf. *Parteilichkeit und Volksverbundenheit* sowie *Zur Theorie des sozialistischen Realismus* behandelten fortdauernde Dominanten. Eine bemerkenswerte Öffnung bezüglich der Form ergab sich aus *Gesellschaft, Literatur, Lesen,* einer Theorie der Lit.-Rezeption (1973). Die wirkungsästhetische Strategie sei dem Ziel untergeordnet, Werke zu schaffen, die die Wirklichkeit erkennbar und dadurch beherrschbar machen. Sie könne die der Einfühlung und Verfremdung, der Distanzierung und Identifizierung, der Didaktik und Suggestion sein, aufs Bewußte, Unbewußte und Unterbewußte zielen, mit den Mitteln der Dokumentation, des Phantastischen, des Märchens, der Parabel, des Symbols, der Allegorie arbeiten. Entscheidend sei der Inhalt, der zur Wirkung gebracht werden soll.

Verlautbarungen dieser Art entsprachen in auffälligem Maß praktischen sowie theoretischen Vorstößen von Mitgliedern des Schriftstellerverbands der DDR, durch dessen Statut das Bekenntnis zur Schaffensmethode des sozialistischen Realismus festgeschrieben schien. Auf dem VII. Schriftstellerkongreß im November 1973 wurden durch Volker Braun, Franz Fühmann u. a. Tendenzen, Wertordnungen, Schablonen analysiert und revidiert.

Braun machte sich zum Wortführer jener, für die Realismus nicht mehr nach altem Muster herstellbar sei und die neue Wirklichkeit in der DDR nur dargestellt werden könne, wenn man sie als revolutionären Prozeß sehe.

Fühmanns Diskussionsbeitrag *Literatur und Kritik,* abgedruckt in einem dem Kongreß gewidmeten Sonderheft (H. 2/1974) der Zs. *Neue Deutsche Literatur,* wandte sich dagegen, theoretisch anzuerkennen, daß Ideologie und Lit. nicht deckungsgleich seien und auch nicht im Verhältnis von Ober- und Unterbegriff zueinander stünden, praktisch aber vielfach Lit. auf ihren ideologischen Aspekt und diesen meist nochmals auf Heldenwahl oder Thema zu reduzieren. Fühmann trat für eine Kritik als öffentliche Macht ein, die als gesellschaftliche Autorität administrative Maßnahmen aus dem lit. Leben zu verbannen vermag. Maßstäbe für lit. Werke ließen sich nur aus der Lit. selbst gewinnen.

Von den berufsfördernden Einrichtungen der DDR unterschied das Institut für Lit. Johannes R. Becher in Leipzig seit etwa 1970 vier Formen:

Direktstudium (1– bis 3jähriges Aufbaustudium), Einjähriger Weiterbildungskurs, Dreijähriges Fernstudium, Lehrgänge und Kolloquien. Das als Bitterfelder Weg unter der Formel »Greif zur Feder, Kumpel« bekannte Programm, das entsprechend begabte Werktätige motivieren sowie Schriftsteller mit der Arbeitswelt vertraut machen sollte, blieb in den siebziger Jahren mehr kulturpolitisch als offiziell relevant.

Von Jungschriftstellern, die um 1970 in verschiedenen Anthologien mit Erzählungen hervortraten, waren angeblich die meisten Hochschulabsolventen oder noch Studenten, Lehrer, Journalisten, Funktionäre in Organisationen, dagegen nur 9 Prozent Produktionsarbeiter.

Dem Revisionsbegehren namhafter Schriftsteller auf dem Kongreß im November 1973 gingen die seit 1968 geführten Diskussionen über die Frage des Subjektivismus in der sozialistischen Gesellschaft voran. Autoren der bereits in der neuen Gesellschaftsordnung herangereiften Generation richteten ihr Augenmerk weniger auf den von der frühen DDR-Lit. kanonisierten positiven Helden als auf problemhaltigere Figuren, an denen sie das Verhältnis von Individuum und Partei oder Kollektiv, das Recht auf Selbstverwirklichung bei Loyalität gegenüber dem Staat, die Konfliktbereiche Liebe, Ehe, Beruf konkretisierten. Statt idealer Entwurf sein zu wollen, suchte diese Lit. an den realen Prozessen der Gesellschaft teilzunehmen, ihre eigenständige Rolle bei der Erkenntnisgewinnung zu vertreten und den Rezipienten als Partner im gemeinsamen Begreifen der gegenwärtigen Entwicklung einzuschätzen. Thematisch und formal experimentierwillig, betrieben führende Schriftsteller produktive Aneignung der »guten« Traditionen. Sie nahmen insbesondere an der Rehabilitierung der Romantik als erbwürdiger Epoche teil.

Als anerkannte Sparten der auch von prominenten Autoren bedienten U-Lit. der DDR galten historische Belletristik, feuilletonistische Lit. mit humoristischem Einschlag (eine Spezialität des Eulenspiegel-Verlags), Krimis, Abenteuerlit., utopisch-phantastische Lit. Die große Nachfrage nach Science-fiction konnte weitgehend von DDR-Schriftstellern befriedigt werden. Hohes Interesse wurde ferner für Reise- und Expeditionsschilderungen festgestellt.

In der Bundesrepublik Dld. war die mit Kunstanspruch auftretende, auf Fiktionalität vertrauende sog. Schöne Lit. gegen Ende der sechziger Jahre nicht nur durch die generationsbedingten Brüche und internen Richtungskämpfe gefährdet, sondern auch durch das Vordringen der historischen Belletristik, der Memoiren populärer Persönlichkeiten, der wissenschaftlichen, aber auch pseudowissenschaftlichen Sachbücher sowie handlicher Texte aus oder zur Soziologie, Politologie, Verhaltensforschung, Linguistik. In offensichtliche Marktlücken stießen unterhaltsame Bestseller, die sich ihrerseits gegenüber der trivialeren Konkurrenz sowie sonstiger interessen-, schichten-, alters- oder geschlechtsspezifischen Produktion zu behaupten hatten, dagegen den kooperierenden Medien Film sowie Fernsehen eher wegbereitende Zusatzreklame verdankten.

Unbehagen am Zustand der Belletristik, Zweifel an hergebrachten Normen, Abgrenzungen gegen Etablierte, Profilierungsstreben der Aufsteiger äußerten sich in zahlreichen Reflexionen, Theorien, Selbstdarstellungen, Protokollen zur Person, Interviews, biographischen Erläuterungen, Werkstattgesprächen, Podiumsdiskussionen, die den mittelbaren Zugang zum Schriftsteller ebenso öffneten, wie sie den unmittelbaren zum Primärschrifttum verstellten.

Pop-Tendenzen, die seit 1968 von Amerika nach Europa übergriffen und Bauer, Brinkmann, Chotjewitz, Fichte, Handke, Renate Rasp u. a. beeinflußten, kamen durch umgangssprachliche Beschreibung von Alltäglichem, doch bisher Ausgespartem, sowie durch Understatement der Sensibilität derjenigen entgegen, denen hoher Stil und hohe Gefühle verdächtig waren. Gossenjargon sowie ordinäre Sprechweise (»dirty speech«) unterstützten die Enttabuisierung der Intimbereiche.

Der Sexualismus, von Sachbüchern und der Trivialit. aufgegriffen, als Kommerzporno und Untergrundobjekt gehandelt, motivierte auch Autoren der E-Lit., die umlaufenden Denkangeboten mißtrauten und durch Selbsterforschung zur Standortfindung drängten. Statt auf Theorie und Abstraktion setzten sie, getrieben von »Erfahrungshunger« (Michael Rutschky) auf Erkenntnis durch Erlebnis. Karin Struck (geb. 1947) bewertete Schreiben als Akt der Befreiung, des Sich-seiner-selbst-peinlich-Bewußtwerdens, als Hilferuf, der körperliche und seelische Erfahrungen einer jungen Frau rigoros bekennend preisgab (*Klassenliebe* 1973); Fortsetzungen solcher Analysen waren *Die Mutter* (1975) und *Lieben* (1977). Daß bei der Beschreibung weiblicher Sexualerfahrungen das verbrauchte/ mißbrauchte Wortmaterial durch ein neues Vokabular ersetzt werden sollte, machte Verena Stefan mit *Häutungen* (1975) einsichtig.

DDR-Lit., in der Bundesrepublik Dld. zunächst vorwiegend nur von Spezialisten beobachtet, und von anderen als Informations- oder Argumentationsmaterial bewertet, später durch systematisch vermehrte Lizenzausgaben zu breiterer Rezeption gelangt, ließ in dieser Periode Entwicklungen erkennen, die mit ähnlichen in sonstigen sozialistischen Ländern und im Westen korrespondierten. Nicht wenige Texte aus den beiden dt. Staaten beruhten offensichtlich auf systemübergreifenden poetologischen Prämissen, ohne daß damit alle Unterschiede entfielen. Nachdem Manuskripte von DDR-Autoren bereits ausnahmsweise zuerst oder sogar ausschließlich in der Bundesrepublik erschienen waren, wuchs durch erzwungene sowie feiwillige Übersiedlung, ferner durch befristete Ausreisegenehmigungen der Umfang einer Lit., die teils noch in der DDR entstanden war, teils erst in der Bundesrepublik Dld. fertiggestellt oder neu geschrieben wurde. Werke dieser Art sowie Autoren, die ihren eigenen Standort differenziert benennen, entziehen sich einer schematischen Zuweisung.

Ausländer, die als Zuwanderer oder Gastarbeiter in die Bundesrepublik Dld. kamen, bewiesen mit dt. Texten in Versen und Prosa nicht nur Beherrschung des neuen sprachlichen Instrumentariums, sondern einzelfällig auch Gespür für dessen

Besonderheiten gegenüber der Muttersprache. Diese lag bei Türken, Italienern, Jugoslawen, Chinesen u. v. a. unterschiedlich weit entfernt von dem Idiom, in dem die existentielle Situation oder das identitätsbedrohende Leben in zwei Sprachen artikuliert wurde.

Lyrik, die sich durch hermetische Verschlüsselung, angestrengte Bedeutsamkeit, Scheu vor Aussage oder durch experimentelle Produktion teilnehmendem Verständnis zu entziehen drohte, stieß auf Ablehnung sowohl derjenigen, die von Chiffrierung, Symbol, Metapher wegstrebten, als auch derjenigen, für die Gedichte einem sozialen Bezugssystem entstammen. Der Autor, überdrüssig der Wörtersuche für artifizielle Poesie sowie einer Position am Rande des Verstummens, wünschte, Dinge, Menschen, Ich-Verstörungen, Beteiligung an Protestbewegungen, sexuelle Erlebnisse, Drogen- und Alkoholerfahrungen alltagssprachlich und unverblümt festzuhalten.

Im Rollengedicht spricht sich nicht der Autor oder ein lyrisches Ich aus, sondern eine konkrete andere Person, die so ein für sie typisches Denken, Reden, Verhalten erkennen läßt. In pathoslosen Porträtgedichten werden Alltagsmenschen bei scheinbar banalen Vorgängen beschrieben. Die nahezu unkommentierte Demonstration genau besehener Wirklichkeit kann an das soziale Gewissen des Rezipienten appellieren, ohne explizit zu rebellieren.

Die Anthologie *Wir Kinder von Marx und Coca-Cola* (1971) vereinigte Beiträge der nach 1945 geborenen Generation.
Die etwa 70 Autoren der Anthologie *Geht dir da nicht ein Auge auf* (1974) repräsentierten die durch Parteilichkeit, Solidarität, Veränderungswillen bestimmte Grundanschauung im damaligen »Werkkreis für Lit. der Arbeitswelt«.

Die politische Lyrik, die von der »Aufkündigung des Einverständnisses« mit der Vätergeneration, der amtierenden Regierung, der Konventionen zur Agitation für Veränderungen fortgeschritten war und ihre Situationskritik radikalisierte, bediente sich der von der Antike bis in die Neuzeit ausgebildeten Muster an Epigrammen, Sprüchen, Satiren, Parodien, Lehrgedichten, Balladen, der schockierenden Kombination von Redensarten oder Wörtern, der Anspielungen oder Zitate sowie der Umfunktionierung religiöser oder belletristischer Texte. Als in Agitpropgedichten der »Anspruch auf Kreativität, Glück, Sinnlichkeit« zu verkümmern drohte (Theobaldy/Zürcher), versuchten Autoren, die politische Lyrik durch Herausstellen persönlicher Erfahrungen und bekenntnishafte Auskunft über die Lage des Ichs vor der Verengung auf agitatorische Dogmatik zu bewahren.

Während Wolf Biermann, der in der DDR 1965 mit Veröffentlichungssowie Ausreiseverbot, 1976 mit Aberkennung der Staatsbürgerschaft gemaßregelt wurde, seine Kritik herausfordernd auszuformulieren pflegte, lieferte Reiner Kunze durch das Nichtformulierte sprechende Beweise für das, was ihn zur Kritik herausforderte. Platter Interpretation widersetzte sich Sarah Kirsch durch Anspielungen, Symbole, Metaphern. Volker

Braun thematisierte die Dialektik von Ich und Wir und versuchte, der affirmativen eine solidarisch-kritische Lyrik gegenüberzustellen.

Die mit ausgewählten Texten Brechts von Bernd Jentzsch (geb. 1940) in Berlin-DDR 1967 eröffnete Lyrikreihe *Poesiealbum,* die der Popularisierung guter Gedichte dienen sollte, erreichte bis 1976 mit über 100 Heften eine Gesamtaufl. jenseits der Millionengrenze.

Lyrik ohne Hinwendung zur Tagesaktualität oder zu einer Zielgruppe, von Hilde Domin (*Wozu Lyrik heute* 1968) bis Piontek (das Bild sei »widerstandsfähiger als das Argument«) verteidigt und weiterentwickelt, war im Hinblick auf das für sie konstitutive Naturgedicht auf die Bewährungsprobe gestellt, seit Günter Eich (*In eigener Sache* 1970) das »ewig nachgestammelte Naturgeheimnis« angeprangert hatte: »Nachtigallen kann auf die Dauer nur ertragen, wer schwerhörig ist.« Je sichtbarer die Natur durch ökonomische Ausbeutung, zerstörerischen Eingriff und Raumbeschneidung an Denaturalisierung litt, desto spürbarer wurde für den Autor die Diskrepanz zwischen erinnerter und wahrgenommener Umwelt, etwa derjenigen im Großraum Köln für Jürgen Becker (geb. 1932) in *Das Ende der Landschaftsmalerei* (1974). Das Naturgedicht, einst Bekräftigung der Harmonie des Ichs mit der Natur, geriet in die Ökologieproblematik. Indem es sie aufzeigte, konnte es eine Aufklärungs- und Warnfunktion übernehmen. Für Erich Fried (1921–1988) war *Neue Naturdichtung* (1972) nicht ohne Klage und Anklage möglich.

Christliche Lyrik, die das Kirchenliedervokabular nicht repetieren, den vertrauensseligen Ton der Gotteskindschaft, aber auch den emphatischen der Hymnen oder Sonette meiden und vor allem nicht nur glaubenserfahrene Menschen erreichen will, ist zuerst durch den Schweizer Pfarrer-Schriftsteller Kurt Marti (geb. 1921), dann durch Dorothee Sölle (geb. 1929), Arnim Juhre (geb. 1925), Wilhelm Willms (geb. 1930) dem zeitgenössischen Stil weltlicher Gedichte angenähert worden. Sie strebte nach Anschaulichkeit und Lebensnähe, verzichtete auf Wortfolgen, die als Leerformel oder Klischee ungehört verhallen könnten, montierte Zitate ein, wagte Jargon, bevorzugte ein Parlando, bewegte sich zwischen Vers und Prosa.

Mundartgedichte oberhalb sentimentaler Heimatverklärungen, versifizierter Genrebilder oder humoriger Episoden bezogen ihre Popularität aus der Annäherung an experimentelle Texte, ökologischem Protest, politischem Engagement. In der Schweiz entdeckte Kurt Marti bei seinen sprachlichen Materialprüfungen die Wirksamkeit der Berner Umgangssprache für Mundartgedichte eines kritischen Zeitgenossen (*rosa loui* 1967, *undereinisch* 1973).

Zeitgenössisches Glaubenslied und Mundartgedicht trafen bei öffentlichen Großveranstaltungen auf das breite Einverständnis eines Publikums, das kollektiv und direkt vermittelte, einen Dialog zwischen Vortragenden und Hörern stiftende oder simulierende Kunst der auf individuelle Rezeption angewiesenen vorzieht.

Der in den siebziger Jahren zum Programm erhobene Neue Subjektivismus rehabilitierte das für Lyrik unverzichtbare sensible Ich und bescherte ihm mehr Gehör, als es kleinere Verlage oder Pressen mit schmalen, sparsam aufgemachten Bändchen vermocht hätten. Aber die nachwirkende Abkehr von spezifischem Vokabular und metrisch-strophischem Arrangement sowie die Unterschätzung kalkulierter Zeilenbrüche, Motivverklammerungen oder Strukturierungen ließen manches Ich sein Erfahrenes, Erlebtes, Beobachtetes, Befürchtetes scheinbar zwanglos, jedenfalls dekorlos ausstellen. Als sich Standardanlässe zu Wort meldeten und immer mehr Autoren-Ichs das gleiche Parlando anstimmten, drohte Gedichtschreiben eine imitierbare Tätigkeit für jedermann zu werden. Um 1980 erfolgte eine Rückbesinnung auf Kunstqualität, gebundene Formen, den Reim, den Rühmkorf als »archaisches . . . Beschwörungsmittel« empfahl.

Lyriker konnten sich gegenüber der umfangreichen, in der Bundesrepublik Dld. zudem mit zahllosen Preisen geförderten Produktion am ehesten durch individuelle Kontinuität behaupten. Sie beruhte bei Harald Hartung (geb. 1932) auf beharrlichen Selbstbefragungen, um der Wahrheit nahezukommen, bei Rainer Malkowski (geb. 1939) auf dem Bestreben, präzise zu sehen und unprätentiös zu formulieren, bei Guntram Vesper (geb. 1941) auf lebensbestimmenden ersten Erfahrungen in Frohberg. In der DDR thematisierte Wulf Kirsten (geb. 1934) mit sprödem, urwüchsigem Wortmaterial »die erde bei Meißen« sowie seine persönliche Verwurzelung in ihr und Heinz Czechowski (geb. 1935), der die Zerstörung Dresdens erlebte, die Verletzungen der Landschaft, aus der er stammt, und von Landschaft, die er kennenlernte.

Epik und Erzähler einer erdachten, aber der »Realität« angenäherten »Wirklichkeit« waren im Hinblick auf den vermeintlich gescheiterten bürgerlichen Realismus diskreditiert, als R. Baumgart mit seinen 1967 in Frankfurt a. M. gehaltenen, 1968 publizierten Poetikvorlesungen *Aussichten des Romans oder Hat Literatur Zukunft* die Theorie einer dokumentarischen Lit. vortrug. Bei der dokumentarischen Methode sollte das Ich Material ergreifen, um es »zur Sprache« zu bringen.

Je mehr dieses Material arrangiert oder interpretiert wurde, um zu zeigen, daß das Dokumentierte verändert werden könne und müsse, desto näher kam die Technik der Dokumentation derjenigen eines nicht allwissenden, aber besserwissenden Erzählers.

Eine Phase der anhaltenden Realismus-Debatte und nicht ohne Zusammenhang mit derjenigen der DDR-Autoren waren die sich Mitte der siebziger Jahre mehrenden Reflexionen sowie Kontroversen über die Widerspiegelungstheorie, Veränderungsperspektive und das utopische Gegenbild.

Peter Wapnewski warnte 1975 davor, den Begriff Realismus durch Simplifikation bis zur Unbrauchbarkeit und durch Problematisierung bis zur

Unfaßlichkeit zu ruinieren. Grundsätzlich bleibe er als Stilform und Betrachtungsweise, nicht als Seinsweise zu verstehen. Realismus sei Darstellung der Wirklichkeit plus Illusion, sei stilisierte Natürlichkeit.

Im R. mit zeitgeschichtlichem Thema und chronologischem Verlauf verbanden sich Erfindung und das Bemühen um Authentizität durch Auswertung eigener Kenntnisse, Erinnerungen, Ermittlungen des Autors, als Siegfried Lenz, Manfred Bieler, Horst Bienek umfangreiche Erzählwerke vorlegten und Walter Kempowski die mittels Mikroskopie wiederentdeckten Details beschwerter Vergangenheit bändeweise aneinanderreihte. In hohem Maß persönlich grundiert wirkten die erzählenden Texte von Thomas Bernhard, der ihren Verstörungs- und Aggressionsgehalt mit insistierendem Sprachaufwand variierte.

Die Problematisierung der Wahrheitsvermittlung und die durch Selbstisolation bedingte Minderung der Realitätskenntnis verursachten die Berufung auf das Ich als Garanten für stichhaltige Darstellungen von Aktionen und Reaktionen. Die Präponderanz des Subjektiven ergibt sich aus offenen oder versteckten Selbstporträtierungen in Haupt- und Nebenfiguren von Erzählungen, aus persönlichen Denkbildern berühmter Dichter der Vergangenheit, aus der Bevorzugung von Intellektuellen zur Personalisierung der Handlungsträger. Sie folgt ferner aus der Fülle von Texten der Identitätssuche, Glücklosigkeit, des Abschieds und Partnerverlusts, des Scheiterns, der sozialen Abweichung und Verweigerung sowie aus der autobiographischen Behandlung von Lieben, Gebären, Krankheit, Drogen- oder Alkoholmißbrauch. Die Annäherung einer veränderten Generation an die oft pauschal abgeurteilten Älteren, ein Nachdenken über den Vater, die Mutter, die Vorfahren, die Unter- und Nebentöne der Trauer oder Reue befriedigten Lesergruppen, die zwar nicht auf säkularisierter Erbauungslit. bestanden, aber die Einstimmigkeit der Negation bemängelt hatten.

Die Demontage sentimentalischer Heimatpoesie war eine Reaktion auf die Blubo-Entwürfe heiler Welten. Durch eine neue Topographie von Land und Stadt wurden die angeblichen Idyllen entromantisiert. G. F. Jonke zeichnete ein Modelldorf vor der Technisierung (*Geometrischer Heimatroman* 1969), und Guntram Vesper, der in *Kriegerdenkmal ganz hinten* (1970) auch Exemplarisches der Skandalchronik ausgrub, untersuchte in sowie an Steinheim am Vogelsberg »was Angst ist und wie sie entsteht« (*Nördlich der Liebe und südlich des Hasses* 1979). Rücksichtslose Auskunft über seine Jugend als »Leibeigener« auf dem Hof des Vaters gab Franz Innerhofer (geb. 1944) in *Schöne Tage* (1974). Thomas Bernhard hat seine in mehreren biographischen Berichten aufgezeigten Verwundungen auch der Schulzeit in Salzburg und dieser Stadt zugeschrieben (*Die Ursache. Eine Andeutung* 1975). Von kindhaft scharfsichtigen Einblicken in das heimatliche »schwäbische Dorf« Rumäniens zehrte die hintergründig durchwirkte Erinnerungsprosa in *Niederungen* (1982) und anderen Texten von Herta Müller (geb. 1953).

Mit der sensibel-subjektiven Tendenz der Belletristik des Jahrzehnts kontrastierte die genialisch selbstherrliche Stoff-, Gattungs-, Stilmontage *Der Butt* (1977) von Grass, der den nicht an intellektuelle Stringenz gewohnten Leser für soziokulturelle Folgerungen aus mythologischen und entwicklungsgeschichtlichen Prämissen gewinnen wollte.

Der von Grass gestiftete Alfred-Döblin-Preis sollte einfallsreiche, vielfältig operierende Erzählweisen auszeichnen. Erste Preisträger waren 1979 Gerold Späth und 1980 Klaus Hoffer (geb. 1942), weitere Gert Hofmann, Gerhard Roth, Stefan Schütz (geb. 1944).

Der biographisch bedingte, monologisierende oder montierte, didaktisch schwadronierende R. blieb vorrangig bedrückenden Realitäten zugewandt. Von Grund auf kulturkritisch, beschäftigte er eher den Intellekt als die Phantasie, die mit größtem Erfolg durch moderne Märchen wie *Die unendliche Geschichte* (1979) von Michael Ende (geb. 1929) angesprochen wurde.

Anzeichen eines Paradigmawechsels in Prosatexten – teils durch Rückkehr zu tradierten Vorbildern, teils durch Hinwendung zu ausländischen Anregern, teils durch Adaptierung von Praktiken neuer Filmkunst – waren Grenzüberschreitungen bei Raum und Zeit sowie zwischen Außenwelt und Innenwelt, unkonventionelle Brüche im Darbietungsverlauf, Mischung disparater Partien von Wirklichem und Möglichem, rätselvolle Traumsequenzen, Intertextualität, Überprüfungen der Position des Schriftstellers sowie der Bedeutung von Lit., persönliche ethische sowie kulturkritische Wertungen, das Wagnis von Verkündigungen.

Im R. von DDR-Autoren traten seit 1968 an die Stelle einer Darstellung von Gesch. als nachweisbarer Entwicklung sowie von Welt als durchschaubarer Wirklichkeit das Infragestellen des Dokumentierens, Erinnerns, Erfindens, Schreibens sowie die vom Autor dennoch geleistete Suche nach gesicherter Wahrheit. Der subjektive Reflex auf Vergangenheit, Gegenwart und Zukunft, vom sog. allwissenden Erzähler kaschiert, wurde gelegentlich zum Gestaltungsprinzip erhoben. Die Einheit von Biographie und Zeitgenossenschaft, exemplarisch von Christa Wolf angestrebt, verlieh der R.-Produktion eine erklärliche Zugänglichkeit: »Wer Ähnlichkeiten zwischen einem Charakter der Erzählung und sich selbst oder ihm bekannten Menschen zu erkennen glaubt, sei auf den merkwürdigen Mangel an Eigentümlichkeit verwiesen, der dem Verhalten vieler Zeitgenossen anhaftet. Man müßte die Verhältnisse beschuldigen, weil sie Verhaltensweisen hervorbringen, die man wiedererkennt« (Ch. W., Vorbemerkung zu *Kindheitsmuster* 1976). Durch fiktionale Reproduktion geschichtlicher Epochen, Persönlichkeiten, Ereignisse beeinflußte der historische R. die Aneignung des kulturellen Erbes. Während sich der antifaschistische Memoiren-R. als Abrechnung mit der Vergangenheit im Namen der Zukunft verstand, bildeten die Auseinandersetzung der Hauptfigur mit den Widersprüchen der entwickelten sozialistischen Gesellschaft, Vergangenheitsbewältigung und Selbstverwirklichung die Zentralthemen im zeitgeschichtlichen R. Bemerkenswert häufig wählten Autoren am Lit.-Prozeß beteiligt gewesene oder noch beteiligte Männer und Frauen, um ihre Ich-Erfahrung einzubringen sowie über Kulturbetrieb, Arbeitsbedingungen, die Zulässigkeit von Inhalten und Formen, Rezeptionsprobleme u. a. reflektieren und referieren zu können. Indem der R. mittels fiktiver Handlungen brisante Fragen des täglichen Lebens zur Diskussion stellte oder verschlüsselte Informationen über Vorgänge lieferte, die von den Medien ausgespart blieben, wirkte er kryptopolitisch. Statt zum Angebot erwünschter Lösungen für subtile Widersprüche tendierten Autoren zur Andeutung von Alternativen, die das Leserinteresse steigern und das Weiterdenken aktivieren sollte.

Der ideologisch und strukturell gefällige weibliche Entwicklungsr. wurde in den siebziger Jahren durch einen selbstbewußt emanzipatorisch grundierten R.-Typus verdrängt. Beispielhaft war der von Brigitte Reimann (1933–1973) vollzogene Übergang. Anfangs eine durch Lit.-Preise bestätigte Teilnehmerin am Bitterfelder Weg, die mit *Ankunft im Alltag* (1961) die Devise für sog. Ankunftslit. über die Frau in der sozialistischen Gesellschaft anregte, hinterließ sie das 1974 postum veröffentlichte Fragment *Franziska Linkerhand,* die Darstellung der konfliktreichen Selbstfindung einer jungen Architektin. Als Dokument einer Emanzipation wurde auch der kühn strukturierte R. *Leben und Abenteuer der Trobadora Beatriz nach Zeugnissen ihrer Spielfrau* (1974, fortgesetzt mit *Amanda. Ein Hexenroman* 1983) von Irmtraud Morgner (1933–1990) gelesen.

Emanzipatorische Dokumentarlit. waren *Die Pantherfrau. Fünf unfrisierte Erzählungen aus dem Cassetten-Recorder* (1973) von Sarah Kirsch sowie die von Maxie Wander (1933–1977) zusammengetragenen »Protokolle nach Tonband« *Guten Morgen, du Schöne* (1977). Das als wichtig eingestufte Thema der Emanzipation wurde auch von jungen Schriftstellerinnen aufgegriffen.
Anfang der achtziger Jahre lag der Anteil weiblicher Autoren an der DDR-Gegenwartslit. eines Jahres unter einem Viertel.

Österreichische Autoren, der wissenschaftlichen sowie poetologischen Diskussion über Macht und Ohnmacht der Sprache besonders nahe, sind zu Sprachentlarvung, Sprachexperiment und Prüfung der Sprache auf ihre Tauglichkeit bei der Wirklichkeitserkundung angeregt gewesen. Handkes Rückzug auf das Ich als einzige Quelle der Wahrheit und bedeutendsten Gegenstand wurde beispielhaft. Gerhard Roth und Rosei zeigten Menschen mit gestörtem Verhältnis zur Umwelt, Deformationen des Subjekts, psychische Verelendung, Ausgrenzung, Fluchtbewegungen, Reisen ohne Ziel. Sein exemplarisches Schicksal als »Leibeigener« beschrieb Innerhofer auch als allmähliche Befreiung von der Sprachlosigkeit. Unterdrückung, die private der Frau in der Männer- und Klassengesellschaft, wurde das Zentralthema für Elfriede Jelinek (geb. 1946). Auffällig blieb die Fülle der von österreichischen Autoren verwendeten narrativen Darbietungsmuster.

In dem Essay *Sprache und Schreiben oder Der Terminus Realismus* (1975) führte Helmut Eisendle seinen Lit.-Begriff auf eine Spannung zurück, die seinem momentanen Zustand entspreche, dessen Ursächlichkeit in seinem Individualismus und der zunehmenden Komplexität seiner Umwelt, also der Konfrontation mit der technologisch orientierten Entwicklung, zu suchen sei. Die Spannung zwinge ihn auch, sich für Dinge zu interessieren, »die im herkömmlichen Verständnis nichts mehr mit Literatur zu tun haben ...« Eisendle, der Biologie, Zoologie und Psychologie studierte, Gerhard Roth, der Medizin studierte, Programmierer wurde, u. a. schrieben Bücher, die sich formal und inhaltlich an wissenschaftlichen Methoden versuchten und die üblichen Definitionen von Belletristik überholten.

Kurze Erzählungen, meist zuerst einzeln in einem anderen Massenmedium veröffentlicht und danach gesammelt dem Buchmarkt zugeführt, übernahmen mit ihrer Ausrichtung auf Lesererwartungen Funktionen, die von der sonstigen Lit. nicht ausreichend wahrgenommen wurden. Sie leiteten die nach 1945 von internationalen, vornehmlich angloamerikanischen, Spezialisten empfangenen Impulse weiter, indem sie eine noch junge Tradition der dt.-sprachigen Short Story fortsetzten, und widerlegten noch bestehende Vorurteile gegenüber den zwar kürzeren, doch nicht minderwertigeren Erzählformen, die einen adäquaten Plot so entfalten, daß sie in einem Leseakt rezipiert werden können. Die Kurzgesch., trotz gelegentlicher Nähe zur Nov. selten als solche tituliert, entzog sich einhelliger Definition, war jedoch in der Regel durch ungewöhnliche Handlungen oder Haltungen, skizzenhafte Anlage, reportagemäßigen Stil, schockierenden Schluß gekennzeichnet. Gattungsbildende Unterschiede zu Großstrukturen lehren Vergleiche der Erzählungen von Franz Fühmann, Christa Wolf, Alexander Kluge (geb. 1932), Gabriele Wohmann, Herbert Rosendorfer (geb. 1934), Klaus Schlesinger (geb. 1937), Jurek Becker, Otto Jägersberg (geb. 1942), Peter Rosei mit deren R.-Werken, die von Erich Loest gewagte Ausweitung der *Karl-May-Novelle* (1975) in *Pistole mit sechzehn* (1979) zu dem R. *Swallow, mein wackerer Mustang* (1980) und die durch die Hauptperson begründete Einheit dreier Geschichten in *Das nachtländische Reich des Doktor Lipsky* (1979) von Helmut Eisendle.

Zur Nov. bekannten sich Martin Walser (*Ein fliehendes Pferd* 1978), Gert Hofmann (*Die Denunziation* 1979; *Gespräch über Balzacs Pferd* 1981), Dieter Wellershoff (*Die Sirene* 1980).

Kurzprosa, teils ohne diese Bezeichnung, auch gebündelt mit anderen Textsorten, erreichte bei Schädlich, Botho Strauß u. a. die Konzentriertheit der kryptopolitischen sowie parabolischen Skizze und die aphoristische Zuspitzung von Notizen oder Tagebucheintragungen.

Der gelegentliche Durchbruch des Kriminal-R.s und der Science-fiction-Lit. zum Kunstbereich legte Überlegungen darüber nahe, welche typologischen Merkmale diese beiden Gattungen von ihm unterschieden oder welche Abweichungen vom Typ ihnen höhere Qualitäten ermöglichten. An vielen S-F-Produkten wurde bemängelt, daß sie den Menschen kaum je als seelisches Individuum mit persönlichen Problemen behandeln, mit häufigen Machtkämpfen in fernen Welträumen bedenklichen Ideologien dienen und nur am Ende supertechnische Katastrophen, nicht aber aktuelle Fehlentwicklungen als deren Ursachen zeigen.

Dramatiker, die zu Beginn der Periode debütierten, sahen ihre Vorbilder nicht im poetischen, absurden oder dokumentarischen Theater, und sie orientierten sich weniger an Brecht als an Horváth sowie Marieluise Fleißer. Ihre Stoffe waren nicht die außerordentlichen Zusammenstöße bei geschichtlichen Sensationen, sondern die alltäglichen Konflikte von Außenseitern oder Randgruppen der Gegenwart. Ähnlichkeiten ihrer Figuren wie die individuelle Ablehnung fixierter sozialer Normen, das Verharren in Rollen, das Festhalten an Posen, das Reden in Phrasen, der Mangel an Personalität (Bauer, Handke, Bernhard, Strauß) oder Probleme der Arbeitswelt sowie alternder Menschen (Karl Otto Mühl, geb. 1923; Heinrich Henkel, geb. 1937) und Ähnlichkeiten des Milieus wie Dorf, ländliche und städtische Unterschicht, der Themen wie unbewußtes Sozialverhalten, Vorurteile, Intoleranz, Triebhaftigkeit, Brutalität, der Darstellungsmittel wie Dialekt, Sprachlosigkeit, Gestik (Martin Sperr, geb. 1944; Kroetz) sind gemeinsame Unterschiede zu Bühnenwerken schon vorher bekannt gewordener Autoren. Der Verfall der Individualität, die eine Grundlage der Dramatik zu freier Entscheidung berufener und fähiger Zentralfiguren war, zog den Abbau zielstrebiger Handlungen nach sich und führte von der durchgängigen Fabel zur Beschreibung statischer Situationen.

Die Vielfalt der in die Spielpläne gelangten Werke charakterisierte ein dramaturgischen sowie szenischen Konventionen abgeneigtes Theaterwesen, das seine festen Standorte mit Hallen oder Straßen vertauschte, von geänderten Arbeitsbedingungen der Produzenten veränderte Produktionen erwartete, Texten nicht Unantastbarkeit zubilligte, themengebundene, aber stückelose Vorführungen erprobte, dem Ensemble Mitbestimmung bei Inszenierungen einräumte, Körpersprache, Exzessivität, Improvisationen förderte, die Rampe verleugnete und das Publikum beteiligte.

Künstliche Handlungsräume, Symbole, surrealistische Effekte, Absurdes, Karikaturen des gängigen Vokabulars und Stils nutzte Botho Strauß für seine seit *Bekannte Gesichter, gemischte Gefühle* in vielen Varianten durchgeführte Ausleuchtung einer desillusionierten, zu menschlichen Beziehungen unfähigen, von Angst und Hoffnungslosigkeit geplagten Gesellschaft. Bernhard inszenierte körperlich-geistige Endzustände mit Monologisierern und Stichwortlieferanten, weitete aber im Dreipersonenstück *Vor dem Ruhestand* (1979) die Dialoge auch zu politisch-zeitkritischen Passagen aus. Alle Katastrophenprophetien wünschte Handkes »Dramatisches Gedicht« *Über die Dörfer* (1981) mit einer kunstvoll formulierten optimistischen Botschaft zu übertönen.
Von den Dramatikern der vorangegangenen Generation komprimierte Dorst nach *Eiszeit* (politische Vergangenheit am Beispiel des greisen Knut Hamsun) sowie einer autobiographisch orientierten Schsp.-Folge aus dem

bürgerlichen Leben eine Fülle berühmter Stoffe zwecks Diagnose einer Utopie und Prognose zur Weltlage (*Merlin oder Das wüste Land* 1981).

Über die DDR hinaus wirkten von Heiner Müller vorgelegte Stoff- und Formveränderungen. Den Bearbeitungen von Werken der Antike und Shakespeares folgte Müllers, tradierte Vorstellungen über dt.-preußische Vergangenheit zerstörende Dr.-Reihe *Die Schlacht* (Auff. 1975), *Germania Tod in Berlin* (Auff. 1978), *Leben Gundlings Friedrich von Preußen Lessings Schlaf Traum Schrei* (Auff. 1979). Um die üblichen Darstellungsmittel zu erweitern, kombinierte Müller Szenen, Pantomime, Puppenspiel, Allegorien, Bilder. Den perfekten Stücken zog er schließlich die »Interessantheit des Fragmentarischen« vor; er verfaßte »Kürzestdramen« und entwarf Bildabläufe für ein »Theater ohne Text«. Schockierende Formen wagte in der DDR auch Volker Braun bei der provokanten Zurschaustellung von Gegenwartsproblemen, denen Hacks auf Wegen zu Antikem und Klassischem auswich. Souveräne Benutzer historischen Materials waren außerdem seine jüngeren Kollegen Stefan Schütz und Christoph Hein mit *Heloisa und Abaelard* bzw. *Cromwell*.

Als neues Hörsp. gegenüber dem älteren handlungsgebundenen Figurensp. wurden der experimentellen Lit. nahestehende Arrangements, Kombinationen, Permutationen, Montagen, Collagen sprachlichen Materials bezeichnet, die Franz Mon (geb. 1926), Ludwig Harig (geb. 1927) u. a. schufen. Die Wiederentdeckung der Eigentümlichkeit des Rundfunks, an das Ohr zu appellieren, nicht mittels gehörter Wörter an ein inneres Auge, lenkte die Entwicklung vom Sprachsp. als einer Sonderform des Lit.-Hörsp. s zum Schall- und Stimmensp. Bei Paul Pörtner (geb. 1925) und Ferdinand Kriwet (geb. 1942) wirkte die Grenze zwischen Lit. und Musik zunehmend aufgehoben. Gesprochene Sprache, Ton und Geräusch waren nicht mehr einer erfundenen Handlung mit Personen dienstbar. In der Hörcollage sollte die Realität der zusammengeschnittenen Materialien sowie die intensiv ausgenutzte radiophonische Technik selber dem Hörer zum Bewußtsein gebracht werden. Von einer Wirklichkeit, die sich selbst zur Sprache bringe, d. h. von der unverstellten Aussage meist anonym bleibender Männer und Frauen, erwarteten einige Autoren Anfang der siebziger Jahre Dokumentationen über Verhaltensweisen, die durch bestimmte Situationen ausgelöst sind oder sein können. Das in der Öffentlichkeit für ein Originalton-Hörsp. (O-Ton-Hörsp.) gesammelte Material ließ Menschen am Arbeitsplatz, in Freizeit und Familie, im Krankenstand, im Gefängnis zu Wort kommen.

Von den lit. Kreisen traf sich die »Gruppe 47« noch einmal 1977 in Saulgau, wo sie auch 1963 getagt hatte.

Die »Österreichische Ges. für Lit.« in Wien, die 1971 in das zweite Jahrzehnt ihrer Wirksamkeit ging, belebte durch ihre oft stark besuchten Lesungen, Diskussionen, Symposien das öffentliche Interesse für zeitgenössische einheimische Arrivierte und Debütanten sowie für Autoren und

Werke aus Nachbarländern, so daß sie eine der politischen Haltung Österreichs entsprechende west-östliche Begegnungsstätte darstellte.

Die 1973 gegründete »Grazer Autorenversammlung« von agilen Verfechtern eines gesellschaftlichen Nonkonformismus brach als »Anti-PEN« in den etablierten Lit.-Betrieb ein und propagierte die Avantgarde sowie deren Publikationsorgane.

Auch die belletristischen Zss. sind in Überlegungen zur Revision der Lit. einbezogen worden. Angesichts der Marktlage und des Informationsangebots der Massenmedien wurden eine Änderung der herkömmlichen Form von Lit.-Zss. und sogar die Abschaffung der rein lit. Revue erwogen. Den Abonnenten-Periodika schienen Almanache sowie Magazine mit Schwerpunktbildung vorzuziehen.

Neuartig waren das 1978 begonnene Loseblattwerk *Kritisches Lexikon zur dt.-sprachigen Gegenwartslit.*, hgg. Heinz Ludwig Arnold, das sich durch Nachlieferungen an die Abonnenten erweitern und auf dem aktuellen Stand halten ließ, sowie die zwecks erleichterter Verbreitung 1980 bzw. 1986 erfolgte Umstellung der 1890 als Wochenschrift begründeten, jahrzehntelang als *Die Neue Rundschau* führenden Zs. des S. Fischer Verlages und diejenige der Zs. *Litfass* im Verlag Piper auf Taschenbuchformate.

Neue Zeitschriften:

Protokolle, Zs. für Lit. u. Kunst, seit 1966, hgg. Otto Breicha.

Tintenfisch, Jb. für Lit., seit 1968, hgg. Michael Krüger u. Klaus Wagenbach.

Basis, Jb. für dt. Gegenwartslit., 1970–1980, hgg. Reinhold Grimm u. Jost Hermand.

Litfass, Berliner Zs. für Lit., seit 1976, hgg. Assen Assenov, ab H. 28 Rainer Weiß, ab H. 35 Uwe Heldt.

Bekannte Autoren:

Bauer, Wolfgang, geb. 1941 in Graz. Studierte Theaterwissenschaft, Romanistik, Jura, Philosophie in Graz und Wien. Seine ersten Einakter wurden im Grazer »Forum Stadtpark« aufgeführt, sein Durchbruch erfolgte mit dem generationsrepräsentativ wirkenden Dr. *Magic Afternoon*. Lebt in Graz.

Becker, Jurek, geb. 1937 in Lodz. Wuchs als Sohn jüdisch-polnischer Eltern nach der Besetzung Polens bis 1943 im Ghetto auf und kam danach in Konzentrationslager. Er überlebte, erlernte die dt. Sprache, absolvierte höhere Schule, Militärdienst, Studium der Philosophie in Berlin-DDR. Freier Schriftsteller. Längerer genehmigter Aufenthalt außerhalb der DDR.

Bernhard, Thomas, geb. 1931 in Heerlen bei Maastricht. Zuerst bei den Eltern seiner Mutter in Wien und Seekirchen am Wallersee, danach in Traunstein aufgewachsen. 1943–1946 in Internaten in Salzburg. Lehrling im Lebensmittelhandel. Schwere Erkrankung 1948, während mehrerer Jahre in Sanatorien. Seit 1952 Studium der Musik und Schauspielkunst am Mozarteum in Salzburg. Ab 1957 freier Schriftsteller; längere Aufenthalte in Polen und London. Bezog 1965 einen von ihm instand gesetzten Gutshof in Ohlsdorf, Obernathal, Oberösterreich, wo er 1989 starb.

Bieler, Manfred, geb. 1934 in Zerbst. 1952–1956 Studium der Germanistik an der Humboldt-Universität in Berlin-DDR. Diplom-Germanist. War eine Zeitlang als Wissenschaftlicher Mitarbeiter bei dem Schriftstellerverband der DDR, dann in unterschiedlichen Berufen tätig. Reisen in europäische Länder, unter anderem in die ČSSR, sowie auf einem Fischdampfer nach Kanada. Entschied sich 1967 zur Übersiedlung in die ČSSR, heiratete eine Tschechin, wurde tschechischer Staatsbürger, kehrte jedoch 1968 wegen der veränderten politischen Lage nicht von einer Auslandsreise in die ČSSR zurück. Ließ sich in München nieder.

Bienek, Horst, geb. 1930 in Gleiwitz. Von Jugend auf mit dt.-polnischen Koexistenzproblemen vertraut. 1946 ausgesiedelt. Nach beendetem Schulbesuch Redaktionsvolontär sowie Schüler in Brechts Theaterklasse. Im November 1951 aus politischen Gründen verhaftet, von sowjetischem Militärtribunal zu langjähriger Zwangsarbeit verurteilt, 1955 amnestiert. Ging in die Bundesrepublik Dld., wurde Rundfunkredakteur, 1961 Verlagslektor, lit. Berater, Reisen in Europa, Vorlesungen in Australien und Amerika. Wohnte in Ottobrunn bei München. Er starb 1990.

Biermann, Wolf, geb. 1936 in Hamburg. Unter Altkommunisten aufgewachsen, auch durch das Schicksal seines 1943 im KZ Auschwitz umgekommenen Vaters geprägt. Übersiedelte 1953 in die DDR, wurde dort Staatsbürger, begann zu studieren, war 1957–1959 Assistent am Berliner Ensemble, studierte danach erneut bis 1963. Von ihm seit 1960 verfaßte sowie vertonte politische Lieder und persönlicher Vortrag führten einerseits zu Popularität, andrerseits zu Konflikten mit Partei und Staat. 1976 ausgebürgert. Ließ sich in Hamburg nieder, bereiste Österreich, Italien, Spanien.

Braun, Volker, geb. 1939 in Dresden. Nach dem Abitur 1957 zunächst Arbeiter und Maschinist im Tagebau. 1960–1964 Studium der Philosophie in Leipzig. Lebt seit 1965 in Berlin-DDR. 1965/66 Dramaturg bei dem Berliner Ensemble. Freier Schriftsteller. Wurde 1972 Mitarbeiter des Deutschen Theaters.

de Bruyn, Günter, geb. 1926 in Berlin. Nach Kriegsdienst und Gefangenschaft Landarbeiter, 1946 Neulehrerkursus und bis 1949 Lehrer in einem märkischen Dorf. 1949–1961 Bibliothekar. Seit 1961 freier Schriftsteller. Wohnt in Berlin-DDR.

Härtling, Peter, geb. 1933 in Chemnitz. Kam während des Krieges nach Olmütz, dann zuerst nach Zwettl/Niederösterreich, schließlich nach Nürtingen, wo er das Gymnasium besuchte, jedoch vorzeitig verließ. War Redaktionsvolontär und Redakteur, zuletzt in Stuttgart und Köln, seit 1962 Redakteur, später Mitherausgeber der Zs. *Der Monat*, seit 1967 Cheflektor und bis 1973 Geschäftsführer des S. Fischer Verlages. Seit 1974 freier Schriftsteller. Wohnt in Walldorf/Hessen.

Handke, Peter, geb. 1942 in Griffen/Kärnten. 1944–1948 in Berlin, danach Volksschule, seit 1954 Gymnasium in Kärnten. Begann 1961 in Graz ein Jurastudium, das er als Angehöriger der »Grazer Gruppe« zugunsten seiner lit. Tätigkeit abbrach. Lebte außer in Graz unter anderem in Düsseldorf, Berlin, Paris, Kronberg/Ts., USA. Zog 1979 nach Salzburg.

Hein, Christoph, geb. 1944 in Heinzendorf/Schlesien. Aufgewachsen in sächsischer Kleinstadt. Humanistisches Gymnasium in Berlin-West. Seit 1960 wieder in der DDR. Montagearbeiter, Buchhändler, Regieassistent, 1967–1971 Studium in Leipzig und Berlin. Dipl.-Philosoph. Dramaturg, später Autor an der Volksbühne. Seit 1979 freischaffend. Wohnt in Berlin-DDR.

Kempowski, Walter, geb. 1929 in Rostock. Sohn eines Reeders. Als Flakhelfer eingezogen. War nach Kriegsende Lehrling in einer Druckerei. Ging nach Wiesbaden, wo er einer Dienststelle der US Army leichtfertig aus Rostock mitgebrachte Frachtbriefe über Güterverbringungen der Besatzungsarmee nach der Sowjetunion aushändigte. Bei Besuch der Familienangehörigen in Rostock verhaftet und von sowjetischem Militärtribunal verurteilt. Nach acht Jahren 1956 aus der DDR-Strafanstalt Bautzen entlassen, übersiedelte er in die Bundesrepublik Dld., vollendete die in Rostock begonnene Schulausbildung und bereitete sich auf den Beruf des Lehrers vor, den er dann auf dem Lande in Norddld. ausübte. Schließlich freier Schriftsteller. Wohnt Haus Kreienhoop, Nartum Kr. Rotenburg.

Kirsch, Sarah, geb. Ingrid Bernstein, geb. 1935 in Limlingerode/Südharz. Aufgewachsen in Halberstadt, Abitur, Arbeiterin in einer Zuckerfabrik, Studium der Biologie in Halle. Diplom-Biologin. 1960 Eheschließung mit dem Schriftsteller Rainer Kirsch (geb. 1934). 1963–1965 Studium am Institut für Lit. in Leipzig. Freie Schriftstellerin. Nach der Scheidung Journalistin und Rundfunkmitarbeiterin in Berlin-DDR. Zog 1977 nach Berlin-West, 1981 nach Niedersachsen, 1983 nach Schleswig-Holstein. Lebt dort als freie Schriftstellerin in Tielenhemme.

Kroetz, Franz Xaver, geb. 1946 in München. Wuchs in Simbach/Niederbayern auf. Schulbesuch abgebrochen. Seit 1961 in München und Wien Ausbildung zum Schauspieler. Trat in zahlreichen volkstümlichen bayerischen Rollen auf. Gelegenheitsarbeiter in verschiedenen Berufen. Wurde Mitglied der DKP und kandidierte für sie. Bezog 1974 einen von ihm umgebauten Bauernhof in Kirchberg bei Altenmarkt/Bayern. Wohnt in München.

Kunze, Reiner, geb. 1933 in Oelsnitz/Erzgebirge. Arbeiterkind. Nach Aufbauschule und Studium bis 1955 Diplom-Journalist. Universitätsassistent mit Lehrauftrag in Leipzig, konnte jedoch diese Laufbahn aus politischen Gründen nicht fortsetzen, sondern mußte in der Landwirtschaft sowie im Schwermaschinenbau arbeiten. War eine Zeitlang in Redaktionen sowie für die Akademie der Künste tätig. Geriet in eine physisch-seelische Krise, die er in der ČSSR überwand, wo er 1962 eine tschechische Zahnärztin heiratete und Freunde fand. Freier Schriftsteller in Greiz/

Thüringen. Wegen seines Nonkonformismus mißliebig. Die Behinderung seines Schreibens und seiner Existenz veranlaßte ihn 1977 zur Übersiedlung in die Bundesrepublik Dld. Wohnt in der Nähe von Passau.

Loest, Erich, geb. 1926 in Mittweida/Sa. Nach Besuch der Oberschule noch zur Wehrmacht eingezogen. Dann Gelegenheitsarbeiten. 1947 bis 1950 Volontär und Redakteur in Leipzig, seit 1950 freier Schriftsteller und 1955/56 Studium am Lit.-Institut in Leipzig. Ende 1957 aus politischen Gründen verhaftet und zu 7½ Jahren Zuchthaus verurteilt. Nach der Haftentlassung 1964 wieder Schriftsteller in Leipzig. 1979 nach Teilnahme an einem Protest gegen Zensurmaßnahmen Austritt aus dem Schriftstellerverband der DDR. Als er ein befristetes Ausreisevisum erhielt, nahm er 1981 seinen Wohnsitz in Osnabrück.

Muschg, Adolf, geb. 1934 in Zollikon, Kanton Zürich, Schweiz. Nach dem Gymnasialabitur Studium der Germanistik, Anglistik, Philosophie in Zürich und Cambridge. Promovierte 1959 bei Emil Staiger. Gymnasiallehrer in Zürich, Lektor in Tokio, Assistent an der Universität Göttingen, Dozent in USA, Assistenzprofessor in Genf. Seit 1970 Professor an der ETH in Zürich. Wohnt in Kilchberg/Zürichsee.

Roth, Gerhard, geb. 1942 in Graz. Nach dem Studium der Medizin Angestellter, später Organisationsleiter im Grazer Rechenzentrum. Seit 1978 freier Schriftsteller in Graz und Obergreith/Weststeiermark.

Strauß, Botho, geb. 1944 in Naumburg/Saale. Schulbesuch im Ruhrgebiet und in Hessen, Studium in Köln und München. 1967–1970 Kritiker und Redakteur der Zs. *Theater heute,* danach bis 1975 dramaturgischer Mitarbeiter an der Schaubühne am Halleschen Ufer in Berlin-West. Freier Schriftsteller ebd.

Wohmann, Gabriele, geb. 1932 in Darmstadt. Tochter des Pfarrerehepaars Guyot. Besuchte das Nordseepädagogium Langeoog. Studierte eine Zeitlang in Frankfurt a.M. Lit., neuere Sprachen, Musikwissenschaft, Philosophie. Vorübergehend Lehrerin in Langeoog, später an der Volkshochschule in Darmstadt sowie an einer Handelsschule. Lebt als Schriftstellerin in Darmstadt.

Wolf, Christa (vgl. S. 662).

1968   **Poesiealbum 11**
               Reiner Kunze
               (Biogr. S. 743):

Gedichte, 11. Heft der *Poesiealbum*-Reihe mit einem jeweils anderen Autor.
Kleine, durch die Publikationsart repräsentative Slg. Drei Abteilungen: 1961, 1966 und 1967 entstandene, zunehmend auf Kürze zurückgeschnittene Texte. Volkstümliche Schlichtheit mit scheinbarer Simplizität, Reizwörtern und Bildern zur Freisetzung von Assoziationen. Das soziale Engagement und das Leiden am Unvollkommenen als individuelle Erfahrung eines Sensiblen.

1968   **Wolf Biermann**
            (Biogr. S. 742):
            Mit Marx- und Engelszungen

»Gedichte, Balladen, Lieder«.

Alle »Lieder« sind mit Noten versehen.

Außer der – dritten – Gruppe (»Von mir und meiner Dicken«) politische Gedichte (z. B. »Hetzlieder gegen den Krieg und Lobpreisung des Friedens«), Balladen und Kampfgedichte, besonders auch zur persönlichen Situation B.s sowie aus aktuellen Anlässen.

1968   **Siegfried Lenz**
            (Biogr. S. 660):
            Deutschstunde

R.

Siggi Jepsen muß auf einem Insel-Institut für schwererziehbare Jugendliche als Strafarbeit einen Aufsatz über »Die Freuden der Pflicht« schreiben. Er veranschaulicht sein hintergründig-aggressives Thema mit der von ihm 1943 miterlebten lautlosen Auseinandersetzung, die sein Vater, der nördlichste Polizeiposten Dld.s im Dritten Reich, mit einem »unerwünschten« Maler austrug.
Problem von Macht bzw. Pflichtauffassung und Kunst.

1968   **Günter de Bruyn**
            (Biogr. S. 742):
            Buridans Esel

R.

Buridans Esel, benannt nach dem Scholastiker Buridan (14. Jh.), verhungert, da keine Ursache vorliegt, daß der zwischen zwei gleichen Heubündeln stehende Esel eher zu dem einen als zu dem anderen Bündel greift: Unmöglichkeit der Willensfreiheit.

Der vierzigjährige Karl Erp, Ehemann und Vater, glaubt, mit dem jungen Fräulein Broder aus seinem etablierten Leben ausbrechen und unter einfachen Bedingungen neu anfangen zu können. Der Versuch scheitert. Erp kehrt in sein gut ausgestattetes Haus zurück, dort aber von der inzwischen veränderten Ehefrau nur als Vater der Kinder akzeptiert.
Ironisch-distanzierte, mit häufigen Reflexionen durchsetzte Darbietungsweise. Einbeziehung des Alltags in östlichen Stadt- und Randbezirken Berlins sowie des Berufsmilieus von Bibliothekaren, das G. de B. mit Erfahrungen aus früherer Tätigkeit schildert.

1968   Christa Wolf
             (Biogr. S. 662):
             Nachdenken über Christa T.

R.

Biographie einer an Leukämie gestorbenen jungen Frau durch anhaltende
Rückbesinnung auf die tote Schul- und Studienfreundin, ihre Gefühlsver-
anlagung, Anpassungsschwierigkeiten, Skepsis, Neigung zur Idylle,
schwierige Bewältigung der Wirklichkeit seit den dreißiger Jahren mit
Flucht bei Kriegsende, Lehrerinberuf, Germanistikstudium in Leipzig,
Ehe mit einem Tierarzt im Mecklenburgischen.
Verschmelzung hinterlassener Briefe, Aufzeichnungen, dichterischer
Versuche der Christa T., eigener Erinnerungen und imaginierter Szenen
zu einer elegischen Reflexionenkette.

1968   Peter O. Chotjewitz
             (geb. 1934, Berlin, Berlin-West):
             Die Insel

»Erzz. auf dem Bärenauge«.

Ein aus scheinbar simultanen, sich überschneidenden, diffusen Einzelteilen gewinnbares Gesamtbild, besonders von Lebensweise und Lebensansichten des jungen Sebastian Rottenkopf, seiner Bettina, seiner Freunde
und Bekannten auf der »Insel« Berlin-West.
Verschränkung eines Rottenkopfs Biographie in ihrem augenblicklichen
Verlauf und eines sie rückwärts aufhellenden Erzählstranges. Diese
Struktur durchbrochen von Hinwendungen des Autors an die Leser, Ta-
gesnachrichten, einem Briefwechsel, wörtlichen Zitaten, umfunktionier-
ten Texten, Parodien u. a.

1968   Hubert Fichte
             (1935–1986, Perleberg, Hamburg):
             Die Palette

R.

Die »Palette« war ein Lokal in der Hamburger Innenstadt.

Jäcki, Stellvertreter des Autors, der sich mit Jäcki immer mehr identifi-
ziert, lernt den Treff- und Mittelpunkt derer kennen, die anders sind und
sein wollen als die sogenannte Wohlstandsgesellschaft. Seine Erlebnisse,
Beobachtungen, Kenntnisse, als Episoden mitgeteilt, ergeben eine Art
aufgesplitterter Beschreibung des Milieus und Verhaltens einer bestimmten sozialen Gruppe.
Die Sondersprache der »Palette«-Besucher als Material verwendet und
stellenweise statt Handlung hingestellt oder aufgereiht.

1968   **Gisela Elsner**
           (geb. 1937, Nürnberg, Wien, London):
           Der Nachwuchs

R.

Ich-Erz. eines unförmigen, häßlichen Halbwüchsigen, dessen Dasein als
fortgesetztes Nichtstun und geistlose Selbstbetrachtung dahinkriecht und
mit dessen Monstrosität die geistig-seelische Deformierung seiner »Ernährer«, von Nachbarn und anderen in den Gesichtskreis des »Nachwuch-
ses« geratenden Personen korrespondiert.
In penetrant bohrendem Stil durchgeführte, zu bedrückender Groteske
tendierende Beschreibung von enthumanisierten Figuren und deren Beziehungen zueinander.

1968   **Rolf Dieter Brinkmann**
           (1940–1975, Vechta i. O., Köln):
           Keiner weiß mehr

R.

Die »private anhaltende Misere« eines jungen Mannes, seine Irritation
durch die ständige »Anwesenheit von Weib und Kind«, sein Schwanken
»zwischen Haß und unverständlich bleibender Zärtlichkeit«, seine bruta-
len Ausbrüche, um nicht »kaputt« zu gehen.
Versuch, das Lebensgefühl einer von Beat-Musik, Film, Mode, Sex über-
schwemmten, allen Älteren und deren Moralvorstellungen mißtrauenden
Generationsgruppe zum Ausdruck zu bringen.

1968   **Barbara Frischmuth**
           (geb. 1941, Altaussee/Steiermark, Studium in Graz,
           der Türkei, Ungarn und Wien, Oberweiden, Wien):
           Die Klosterschule

Vierzehn unter ein Motto von Abraham a Sancta Clara über eine »rechte
Jungfrau« gesetzte Texte nachträglicher Vergegenwärtigung der im katho-
lischen Internat verbrachten Pubertätsjahre.
Durch sensible Imitation und Zitation ironische Bloßstellung eines spezifi-
schen Sprechstils als Ausdruck regulierten und autoritativ regulierbaren
Glaubens, Denkens, Fühlens, Verhaltens. Verschränkte logische und epi-
sche Struktur: *Ora et labora, Spazierengehen . . . Die Anstandsstunde, Der
Traum . . . Religionsunterricht, Das Fleisch und das Blut . . .*

1968   **Günter Kunert**
           (Biogr. S. 660):
           Die Beerdigung findet in aller Stille statt

Erzz.

Es erschienen *Die Waage* in dem Sammelbd. *Porträts* (1967), die *Alltägliche Geschichte einer Berliner Straße* in dem Bd. *Alle diese Straßen* (1965), *Der Hai* in der

Zs. *Neue dt. Lit.* (1967), *Fahrt mit der S-Bahn* in dem Bd. *Atlas – zusammengestellt von dt. Autoren* (1965) und *Die Bremse muß nachgestellt werden* in *Erfundene Wahrheit* (1965).

Die Titel-Erz. am ehesten aus der Gattung der unterhaltenden Kurzgesch. mit aufgeschobener Pointe. In einigen der zehn Texte exemplarische Schicksale und Situationen der dt. Zeitgesch. und Gegenwart. Neben den mehr realistischen Stoffen und einer Abenteuer-Gesch. satirische, phantastische, groteske, utopische Erzz.

1968   Manfred Bieler
             (Biogr. S. 742):
             Der junge Roth

Erzz.

Von den elf Erzz. die fünf Texte *Drei Bäume, Die Person, Dalja, Reise von der Elefanteninsel nach Finn-Island* sowie *Tot im Kanapu* bereits in B.s *Märchen und Zeitungen* (1966).

Die Titelgesch. handelt von einem Verbrechen, das der von längerer Fahrt und Arbeit auf See zurückkehrende »junge Roth« unter dem Überdruck von enttäuschten Erwartungen und Verlassenheit begeht.
Die verschiedenen Erzz. zeigen auch unterschiedliche Stilmittel: außer realistischen surrealistische, märchenhafte, parodistische, satirische.

1968   Wolfgang Bauer
             (Biogr. S. 741):
             Magic Afternoon

Dr. 1, Prosa. In der Grazer Zs. *Manuskripte*. Auff. 12. 9. in Hannover, Landestheater.
Denk- und Redeweise, Sex-Verhalten, Hasch-Gebrauch zweier junger schriftstellernder Österreicher und ihrer Partnerinnen. Die durch Langeweile angereicherten Konflikte der Passivitätsfiguren entladen sich während eines Nachmittags in Aggressivität, Zerstörungswut, Tötung.
Abbildung einer zerfallenden Clique.

Buchausg. zus. mit *Change* und *Party for Six* 1969.

1968   Peter Handke
             (Biogr. S. 742/743):
             Kaspar

Sprechstück 2, Prosa. Auff. 11. 5. in Oberhausen, Städtische Bühnen, und in Frankfurt/Main, Theater am Turm. Buchausg. im gleichen Jahr.

Der hist. Kaspar Hauser soll als Kind seit 1812 in einem nicht mannshohen, lichtlosen Raum festgehalten gewesen sein und erst spät sprechen gelernt haben.

Keine neue Behandlung des bekannten lit. Stoffes. Das Stück demonstriert an dem Modell Kaspar Hauser, »wie jemand durch Sprechen zum Sprechen gebracht werden kann« und wie die »Einsager« durch »Sprechfolterung« das Bewußtsein des bisher sprachlos gewesenen Kaspar in einer Weise formen, die zerrüttend wirkt.

Realistische Feststellungen, Schablonensätze, Zitate, Phrasen, grammatische Strukturen nebeneinander gereiht und miteinander gekreuzt. Sprache nicht nur als »Ordnung«, sondern auch als Dilemma und Verführung zum Klischeedenken.

1969	**Reiner Kunze**
	(Biogr. S. 743):
	Sensible Wege

»Achtundvierzig Gedichte und ein Zyklus«.

Entst. 1959–1968.

Dem tschechischen und slowakischen Volk gewidmete, in der Bundesrepublik Dld. veröffentlichte Slg., deren 3. Teil *(hunger nach der welt)* vom Aufenthalt in der ČSSR 1966 bis zur *rückkehr aus prag* (1968) zeugt. Das biographisch bedeutsame Dokument als Kernstück zwischen K.s Reaktionen auf verordnete Kunst (1. Teil) sowie seiner Gebundenheit an *eine kleine dt. stadt* (2. Teil) und den abschließenden *einundzwanzig variationen über das thema »die post«.*

Verteidigung naturgewollter Individualität, Anpassung an auferlegte Isolation, Leiden an mangelnder Kommunikation, Gegenbilder und Hoffnungen bei Bevorzugung leiser Sprechweise und unter Ausschluß sentimentaler Nebentöne durch sparsame Beschreibung der treffendsten Situation sowie durch präzise Metaphern wortfest gemacht.

1969	**Manfred Bieler**
	(Biogr. S. 742):
	Maria Morzeck oder Das Kaninchen bin ich

R.

Unverstellter Erlebnisbericht einer Ostberliner Vollwaise über spannungsreiche Jahre als Schülerin, verhinderte Studentin, Kellnerin, besonders über tragische Verstrickung durch die Liebe zu einem verheirateten Richter, der ihren Bruder mit politischer Begründung zu Zuchthaus verurteilt hatte.

Heiter-melancholisches Charakter- und Zeitbild vom Durchstehvermögen einer im Großstadt-Milieu unter erschwerten Existenzbedingungen gehärteten Frau.

1969   **Jurek Becker**
             (Biogr. S. 741):
             Jakob der Lügner

R.

Um im Ghetto die Hoffnung aufrechtzuerhalten, die er mit einer von ihm
zufällig gehörten Rundfunk-Nachricht über das Nahen der sowjetischen
Befreier weckt, erfindet Jakob einen angeblich eigenen – verbotenen –
Apparat als Bürgen und dann weitere Botschaften aus dem Äther.
Unpathetische, Menschlichkeit und innere Überlegenheit bekundende
Erzählweise. Statt eines unglaubwürdigen, schönfärberischen Schlusses
das bittere Ende: der Abtransport in die Vernichtung.

1969   **Gert Friedrich Jonke**
             (geb. 1946, Klagenfurt, Wien, Klagenfurt):
             Geometrischer Heimatroman

Die Gattung Heimat-R. parodierende, »erdvermessende« Beobachtung
eines Dorfplatzes aus unfreiwilligem Versteck. Zunehmende Ergänzung
des augenscheinlichen Befundes durch Mithören von Reden und durch
andere Rückschlüsse. Das dabei entstehende Totalbild gerät zum Konter-
fei einer rückständigen, behördlich kontrollierten, hinterwäldlerischen
Gesellschaft vor Industrialisierung und sozialer Umwandlung.
Stilvielfalt: wissenschaftlich, amtlich, zitierend, relativierend, experimentierend.

1969   **Wolfgang Bauer**
             (Biogr. S. 741):
             Change

Dr., 9 Szenen, Prosa. Auff. 26. 9. in Wien, Volkstheater. Druck in *Theater heute* sowie Buchausg. zus. mit *Magic Afternoon* und *Party for Six* im
gleichen Jahr.
Manipulierungsversuch eines frustrierten jungen Malers an einem gleich-
altrigen Naturtalent, das jedoch diese Aggression und das Verhalten der
ihm entgegentretenden Clique, ihre Triebhaftigkeit, Brutalität, Süchte
und Tendenz zum »Change« aus verletzter Sensibilität übertrumpft.
Wienerisch-Grazer Milieustudie. Auf drastische Effekte und Kurzschluß-
handlungen ausgerichtete Szenen.

1970   **Helmut Heißenbüttel**
             (Biogr. S. 660):
             D' Alemberts Ende

»Projekt Nr. 1«. Dreiteiliger R.
Neun schemenhafte Figuren, vor allem Mitarbeiter von Massenmedien,
an zwei Juli-Tagen in Hamburg. Der verbindende Geschehnisablauf be-

trifft einen homosexuellen Kunstkritiker mit dem parodistisch gewählten berühmten Nachnamen.

Annäherung an die Wirklichkeit des Gruppenverhaltens im intellektuellen »Überbau« durch spielerische Kombinierung von Sprachmaterial, echten und umgebogenen Zitaten, Wissenschafts- und Verwaltungstexten, Klischees, Jargon zu Gesprächen und Beschreibungen. Verschobene Benutzung fremder Erzählformen (Goethes *Wahlverwandtschaften*). Teile der Collage musikalisch strukturiert.

1970	**Thomas Bernhard**
	(Biogr. S. 741/742):
	Das Kalkwerk

R.

Analyse der Motivationen eines vereinsamten Misanthropen, der alles, besonders seine an den Rollstuhl gefesselt gewesene, am späten Weihnachtsabend von ihm erschossene Frau, der fixen Idee opferte, eine Studie über »Das Gehör« schreiben zu wollen, die er »im Kopf« zu haben meinte, aber zu Papier sogar dann nicht bringen konnte, als er sich in ein entlegenes aufgelassenes Kalkwerk zurückgezogen hatte.

Gegenseitige Zerfleischung des Ehepaares in der Art Strindbergs. Rekonstruktion der Vergangenheit aus Berichten und Mutmaßungen Dritter, die als Personen selber nicht greifbar werden.

1970	**Gabriele Wohmann**
	(Biogr. S. 744):
	Ernste Absicht

R.

Protokoll der Tage vor und nach einer Operation im Krankenhaus mit Rückblicken auf Erfahrungen, Versuche, Scheitern, Ehe, Liebe. Die Analyse des Lebens in Todesnähe ergibt einen offensichtlich unüberwindbaren Ekel vor ihm: »Ich sterbe, am Leben, immer weiter.«

1970	**Jürgen Becker**
	(geb. 1932, Köln):
	Umgebungen

Je einem »Entwurfs-Satz« zugeordnete Prosaabschnitte, in denen die umgebende Wirklichkeit des eigenen Heims, der rheinischen Landschaft, des Klimas, der Veränderungen, der menschlichen Verhaltensweisen und der Zivilisationszwänge, spürbarer Vergangenheit und imaginierter Zukunft, des Denkens und der durch Worte ausgelösten intellektuellen Anstöße wahrgenommen und sprachlich eingebracht wird.

Oft humorvolle, aber auch skeptisch-melancholische Distanzierung vom jeweils eingekreisten Befund.

1970   Uwe Johnson
                (Biogr. S. 660):
                Jahrestage – Aus dem Leben von Gesine Cresspahl

R. Erster Teil: »August 1967–Dezember 1967«.

Am 21. August 1967 beginnende, für ein Jahr geplante tägliche Protokolle über das Leben Gesine Cresspahls, der Freundin Jacobs aus *Mutmaßungen über Jacob*. Nun 34 Jahre alt und Dolmetscherin in einer New Yorker Bank, versucht Gesine, sich und ihrer zehnjährigen Tochter Rechenschaft zu geben über ihr Werden und aus den Erfahrungen hervorgegangenes Verhalten; die Geschichte ihrer Eltern aus dem Beginn der dreißiger Jahre rückblendend einbezogen.

Verschränkte zeitliche und geographische Ebenen – Gegenwarts-New York und Mecklenburg um 1933 –, vorspannartig genutzte Meldungen der *New York Times*, eingebaute Zitate, Dialoge, auch mit Toten und mit dem »Schriftsteller«, ergeben ein als Annäherungswert wirkendes Erzählgewebe, das durch minuziös registriertes Detail strukturelle Dichte erhält.

Zweiter Teil: »Dezember 1967–April 1968« (1971). In der Rückblende die Kindheit Gesines bis zum Ende des Zweiten Weltkrieges, der Tod der Mutter.

Dritter Teil: »April 1968–Juni 1968« (1973). In der Rückblende die ersten Nachkriegsjahre, der Vater Cresspahl in Bürgermeisterfunktion unter englischer sowie sowjetischer Besatzung und seine Inhaftierung.

1970   Peter Handke
                (Biogr. S. 742/743):
                Die Angst des Tormanns beim Elfmeter

Ein ehemaliger Tormann hat in besonderer Weise Schwierigkeiten, zu verstehen und sich verständlich zu machen. Die Geschichte von seiner Entlassung als Monteur in Wien, mißlingende Kontakte beim Herumlaufen in der Stadt, sein Mord an einer Kinokassiererin nach flüchtigem Zusammensein, seine Fahrt in einen Grenzort, wo er die Tage der bereits angelaufenen Fahndung verbringt, bilden eine Abfolge von unzulänglichen Kommunikationsanläufen.

Das Verhältnis zwischen Tormann und Torschützen beim Elfmeter, ihre gegenseitigen Abschätzungen und möglichen Fehleinschätzungen als Symbol.

1970   Dieter Forte
                (geb. 1935, Düsseldorf, Basel):
                Martin Luther & Thomas Münzer
                oder Die Einführung der Buchhaltung

Dr. in Prosa und Versen. Auff. 4. 12. in Basel, Basler Theater.

Entst. 1966–1970.

Die »gesellschaftlichen Auswirkungen« der Reformation und von Vorgängen zwischen 1514 und 1525, die dem Szenar zugrunde liegen. Triumph des Kapitalisten Fugger und kapitalismushöriger Fürsten über die Bauernrevolution dank einer Theologie mit suspekten Begriffen von Obrigkeit und Freiheit.

Demontage weitgehend fixierter sowie respektierter Sachdarstellungen, Personenbewertungen, Textinterpretationen zu bewußtseinsändernder Ausleuchtung aktueller Konflikte und umstrittener Begriffe.

Buchausg. 1971.

1971   Heinrich Böll
(Biogr. S. 658):
Gruppenbild mit Dame

R.

Aus Informationen, die der in die Handlung integrierte »Verf.« bei verschiedenen Überlebenden erfragt, ergibt sich sowohl deren Vita als auch das durch diese Personen reflektierte Bild von »Leni, Lev und Boris«, denen, als seinen Hauptgestalten, der R. gewidmet ist. Die naiv kenntnislose, aber gefühlssichere Leni hatte mit dem sowjetischen Kriegsgefangenen Boris ein Liebesverhältnis und den Sohn Lev, den die nach Boris' Tod alleinstehende Arbeiterin Leni durchbrachte und erzog, eine Außenseiterin ohne jedes Profitdenken und Inbegriff eines Menschentums, dessen »Kommunalismus« im Auge seiner Gegner »utopische Idylle und Paradiesismus« fördert.

Kunstvoll facettiertes »Gruppenbild« der Gesellschaft vor, in und nach dem Zweiten Weltkrieg, vorwiegend ihrer Kleinbürger und Emporkömmlinge. Motivverwandt mit B.s früherem Werk. Ironisch gebrochene Darstellung auch positiv gemeinter Figuren. Realistisch sorgsame Detailzeichnung, daneben symbolistische Züge, funktionale Verwendung von Zitaten aus Texten von Hölderlin, Trakl, Brecht.

1971   Ingeborg Bachmann
(Biogr. S. 658):
Malina

R.

Existenzielle sowie berufliche Determinanten der Autorin reflektierende Gefühls- und Denkprozesse einer Ich-Erzählerin zwischen Malina, dem ihr seit je nahen männlichen Zweit-Ich, und dem von ihr als Liebespartner umworbenen Ivan. Das Versiegen von dessen distanzierter Zuwendung löst den Untergang des weiblichen Ichs und die Tilgung seiner Spuren durch Malina aus. »Es war Mord«, auf den die Vision vom Vater als »Tochtermörder« vorausdeutet.

Die trotz kontrastierender Texteinschübe scheinbar realistisch – hier,

Wien – vorgeführte Dreierbeziehung: ein Diskurs über Identitäts- und Androgynieprobleme, Obsessionen und Traumata.

Film 1991.

1971   · Walter Kempowski
            (Biogr. S. 743):
            Tadellöser & Wolff

R.

Durch Reihung zahlloser Momentaufnahmen sowie durch akribischen Rückruf symptomatischer Vergangenheitsdetails erzielte Vergegenwärtigung der Kindheit und Jugend des jüngsten von drei Kindern eines Reederehepaars in Rostock während des Zweiten Weltkriegs. Autobiographische Dokumentation einer bürgerlichen Familie mit stehenden Redensarten und eingeübten Verhaltensmustern, die auf veränderte Lebensbedingungen schichtenspezifisch reagierte, ohne das eigene Wesen von Grund auf zu ändern.

Assoziativ vorgetragene Fakten, auf deren chronikalische Simplizität, Aussagegehalt und Eindeutigkeit vertraut wird.

Uns geht's ja noch gold (1972) schließt zeitlich an den 1971 veröffentlichten Teil der Familiengesch. an und führt von der Entwicklung im sowjetisch besetzten Rostock bis zur Verhaftung des aus Wiesbaden angereisten Erzählers 1948.

1971   Gabriele Wohmann
            (Biogr. S. 744):
            Selbstverteidigung

»Prosa und anderes«.

Meist einzeln oder in Zss. und Sammelpublikationen seit 1960 erschienene Texte.

Auslese verstreut gedruckter Prosagedichte, erneut sowie erstmalig veröffentlichte Erzz., das Hörsp. *Kurerfolg* (Sendung WDR 21. 10. 1970). Herausforderndes Augenmerk auf die vermeintliche Schutzlosigkeit gegenüber der unleidlich bösen Umwelt, Familie, Ehe, bürgerlichen Mittelschicht. Innerhalb des Häßlichkeitsregisters bemerkenswert sympathisches Vater-Porträt.

Verbittert-ironische Einbringung von Autobiographischem.

1971   Peter Weiss
            (Biogr. S. 661/662):
            Hölderlin

Dr. 2, freie Rhythmen. Auff. 18. 9. in Stuttgart, Staatstheater. Buchausg. im gleichen Jahr.

Die Lebensstationen – Tübinger Stift 1793, Waltershausen, Jena, Frankfurt/Main, Homburg v. d. H., Tübingen bei Schreiner Zimmer 1843 – in Übereinstimmung mit neueren wissenschaftlichen Thesen als Wandlung des verhinderten Revolutionärs zum Verkünder verschlüsselter Gestaltungen seiner Erfahrungen. Der unangepaßte Einzelne im Gegensatz zu den angepaßten Zeitgenossen, Philosophen, Dichtern, Kaufleuten und sein Fluchtweg in geistige Absonderung.

Flächige Überkonturierung, unhistorische Ausweitung (Karl Marx besucht Hölderlin).

Ein Sänger-Ansager als Kommentator, Sprechchöre, choreographische Personenregie; formale Ähnlichkeit mit *Die Verfolgung und Ermordung Jean Paul Marats* (1964).

Neufassung Dezember 1971 bis April 1972 unter Auswertung von Inszenierungen mit stärker differenzierten Verhaltensweisen der Gegenfiguren Goethe, Schiller, Hegel, Schelling, Fichte sowie mit realen Vertretern des vierten Standes.

1971   Franz Xaver Kroetz
(Biogr. S. 743):
Heimarbeit – Hartnäckig

Zwei Einakter, Prosa. Auff. 3. 4. in München, Werkraumtheater der Kammerspiele. Buchausg. zusammen mit *Männersache*, Stück in 8 Bildern, im gleichen Jahr.

Den Durchbruch K.s bewirkende Beispiele seiner bis dahin verfaßten, zunächst ähnlich fortgesetzten bayerischen Mosaike aus Gebrechen, Unfällen, Brutalitäten, Explosionen unter Benachteiligten und Deformierten mit ihren Sprachzwängen, Artikulationsschwierigkeiten, wortlosen Reaktionen.

Dokumentationsähnliche Beiträge zu einer gezielten Gesellschaftsanalyse.

Auff. von *Männersache* 15. 1. 1972 in Darmstadt, Theater im Schloß.

1972   Peter Huchel
(Biogr. S. 581):
Gezählte Tage

Gedichte.

Erste Veröffentlichung der seit 1963 entstandenen Texte. Naturlyrik, ausgelöst durch nördlich-märkische sowie durch ital. Eindrücke *(Venedig im Regen),* bisweilen auch fixiert auf Ansatzpunkte der Lit. *(Macbeth; Undine)* und Gesch. *(Vor Nîmes 1452).* Im Schlußteil Spiegelungen politischer Bedrängnis *(Hubertusweg; Das Gericht).*

Reimlose, ungleich gebaute Strophen. Präzise Gegenständlichkeit, die äußerste Stimmungskonzentration bewirkt.

1972   **Günter Eich**
(Biogr. S. 659):
Nach Seumes Papieren

Gedichte. Verworfene Überschrift für das titelgleiche neunte Gedicht:
Aus Seumes Erinnerungen.

Johann Gottfried Seume (1763–1810) ist in dem neunten der überwiegend 1971
entstandenen zehn Texte durch »die ehrlichen Huronen«, die edlen Indianer, als
vielzitierter Sittenrichter über »Europens übertünchte Höflichkeit« (*Der Wilde* Ged.
1793) vertreten und in das späte Hörsp. *Zeit und Kartoffeln* (Sendung 5. 10. 1972
Südwestfunk, Hessischer Rundfunk und Nordwestdt. Rundfunk) als antithetisch
gedoppelte Kunstfigur eingegangen. Die Spuren verweisen auf seine Bedeutung für
E. als ein letzter geistiger Begleiter.

Kaum noch in Erwartung des Todes, schon »nach dem Ende der Biographie«, lassen sich Änderungen weder vornehmen noch wenigstens begründen. Auf Skepsis, dann Illusionslosigkeit ist die altersbedingte *Optik*
gefolgt: genau besehen war alles Täuschung, Enttäuschung.
Der poetische Abstraktionsprozeß, der zum Prosagedicht führte, erlaubt
nur noch Artikulation von Verbitterung mittels versteinerter Chriffren,
Kürzel, Seufzern: »nur keine Spuren hinterlassen«.

1973 Gesamtausg. der Werke mit einer Auswahl unveröffentlichter Vorstufen oder
Varianten sowie biographischen und die Entstehung der einzelnen Texte betreffenden Anmerkungen. Bd. IV *Vermischte Schriften* mit editorischen »Überraschun-
gen«, die den »obscuren« E. bekannt machten.

1972   **Reiner Kunze**
(Biogr. S. 743/744):
Zimmerlautstärke

Gedichte.

Entst. 1968–1971.

Wie der Bd. *Sensible Wege* (1969) in der Bundesrepublik Dld. veröffentlichte, vierteilige Slg.: *monologe mit der tochter, wie die dinge aus ton,
zimmerlautstärke, zuflucht noch hinter der zuflucht;* Seneca-Zitat ». . . bleibe auf deinem Posten . . .« als Motto.
Im Raum erlebter Natur der Heimat und ČSSR sowie eines verengten
Daseins errichtete Texte – fast jeder als »orientierungspunkt« und »akt«
der Selbsthilfe oder das äußerste eines »möglichen entgegengehens«. Risi-
kobewußte, sehr verdichtete, oft nur andeutende Feststellungen, Monologe, Gedanken, chiffrierte, leise Mitteilungen eines nicht einseitigen Ichs,
das auf Einverständnis setzt und Verständnis erhofft.

1972   **Dieter Wellershoff**
        (geb. 1925, Neuß/Rhein, Grevenbroich, Bonn, Köln):
        Einladung an alle

R.

Angeregt durch die Fahndung nach einem Verbrecher in den Jahren 1965–1967.

Weiterführung des kriminalistischen Themas von W.s früherem R. *Die Schattengrenze* (1969), neben der Perspektive des gejagten Täters nun auch diejenige der verfolgenden Polizei und der Bevölkerung: das Verhältnis der Gesellschaft zum Außenseiter.

Einbeziehung von Arbeitsmethoden und Materialnutzung bei Sachbüchern.

1972   **Hermann Kant**
        (geb. 1926, Hamburg, Kriegsdienst, Gefangenschaft,
        Greifswald, Berlin-DDR):
        Das Impressum

R.

Lesung durch K. während der Fertigstellung 1967. Abgebrochener Vorabdruck in *Forum,* Zs. der Jugendorganisation FDJ, 1969.

Der Wirklichkeit entnommene Fiktionen – Chefredakteur einer in Berlin-DDR vorausgesetzten Illustrierten Wochenzeitung, ein Alltag in dessen gegenwärtigem Leben mit laufend eingeblendeter Vergangenheit, seine Selbstprüfung angesichts des ihm zugedachten Ministeramts – als Elemente eines stilisierten Menschenbildes in der Umgebung anderer und im Panorama der Zeitgeschichte.

1972   **Günter Kunert**
        (Biogr. S. 660):
        Tagträume in Berlin und andernorts

»Kleine Prosa, Erzz., Aufsätze«.

Neue, nach *Tagträume* (1964) vermehrte Slg.

Tagträume und Merkmale: Pointierte, kluge Gelassenheit vermittelnde Geschichten, Stimmungsbilder, historische Aperçus, Beschreibungen von Gemälden und Graphik. *Spaziergänge:* Eindrücke aus dem Berlin nach 1945, kritische Reisenotate. *Ohne Bilanz:* Realistische bis komparatistisch an Kafka abzumessende Lebensverläufe und Erlebnisse. *Paradoxie als Prinzip:* Kunst- und Künstlerkritik: »Warum schreiben ... weil der Umwandlungsprozeß, bei dem ich Text werde, ein dialektischer Regenerationsprozeß ist: ich verliere und gewinne zugleich.«

1972   **Peter Handke**
                (Biogr. S. 742/743):
                Der kurze Brief zum langen Abschied

Der Brief der Ehefrau, von einem jungen Schriftsteller zu Beginn einer
Reise durch die USA empfangen, ist ein Signal im Wandel ehelicher
Liebe zu beiderseitigem Haß, der sich in den USA zur Mordabsicht der
Frau steigert, dann zum Entschluß abkühlt, »friedlich auseinanderzuge-
hen«.
Ich-Erz. Bis zu Zwangsneurosen gehende Sensibilität, distanziert durch
Reflexionen des Erzähler-Ichs, das zur Kunstfigur wird. Literar- und film-
hist. Anspielungen, vor allem auf *Der grüne Heinrich* von Keller.

1972   **Peter Handke**
                (Biogr. S. 742/743):
                Wunschloses Unglück

Erz.

Entst. Januar/Februar 1972.

Durch den Selbstmord der Mutter ausgelöstes Nachdenken über den Le-
bensablauf: eine in die Traditionen eines Dorfes in Kärnten hineingebore-
ne Frau, ihre Versuche emanzipatorischer Entwicklung der Individualität
und deren Erliegen in der Ehe mit einem von ihr verachteten Mann, ihr
Freitod als letztes Aufbegehren.
Bemühungen und Überlegungen über die Möglichkeit, des Themas durch
Schreiben habhaft zu werden: ». . . meine Mutter wird und wird nicht . . .
zu einer . . . heiteren Kunstfigur«. Der Titel: ein Paradox der auch von
Spracharmut deformierten Frau.

1972   **Thomas Bernhard**
                (Biogr. S. 741/742):
                Der Ignorant und der Wahnsinnige

Bühnenstück 2, rhythmisierte Prosa. Auff. 29. 7. in Salzburg, Salzburger
Festspiele. Buchausg. im gleichen Jahr.
Ein von seinem Handwerk und Vokabular berauschter Anatom, perfekter
Spezialist in geistiger Isolierung, ein der Koloratursopranistin anhangen-
der Vater, stumpfsinniger Eindringling in ihre mißverstandene Ausnah-
mesphäre, eine von der Wiederholung angeekelte, den Leistungsabfall
und die Panne fürchtende Primadonna, automatisierte Gesangskraft unter
Erfolgszwang – drei interessenmäßig lose verbundene, verfallende Menschen, entseelte Zivilisationsopfer.
Szenische Selbstdarstellung spontaneitätsarmer Individuen, innerpersön-
liche Konflikte, monologisches Nebeneinander.

1972   **Ulrich Plenzdorf**
             (geb. 1934, Berlin, Leipzig, Berlin-DDR):
             Die neuen Leiden des jungen W.

Erz. in *Sinn und Form,* Bearbg. für die Bühne Auff. 18. 5. in Halle,
Landestheater.

Ursprüngliche Film-Fassung entst. 1968/69.

Ausscheren des Edgar Wibeau aus dem Zuhause bei der Mutter und aus
der Lehre, Selbstverwirklichungsperiode in Wohnlaube, nichtstuerisch
bei moderner Musik, Begegnung mit einer bereits gebundenen Kinder-
gärtnerin, auf dem Rückzug ins Arbeitsleben, zweckvolles Experimentieren, dabei tödlicher Stromstoß.

Korrespondierende Doppelretrospektive der Hinterbliebenen und des
nun »jenseits des Jordan« sprechenden ehemaligen Außenseiters. Hand-
lungselemente und »Jeans-Prosa« nach dem Muster des R. *The Catcher in
the Rye/Der Fänger im Roggen* (1951) des Amerikaners J. D. Salinger.
Neuverwertung des »klassischen Erbes«: Die Lektüre von Goethes *Werther* führt Wibeau zur Selbstfindung und zum Erkennen sozialer Spannungen, *Werther*-Zitate setzt er als »Pistole« gegen eine verständnislose Umwelt ein.

Buchausg. der Erzählfassung 1973, der dram. Fassung 1974.

1973   **Anna Seghers**
             (Biogr. S. 582):
             Sonderbare Begegnungen

Erzz.

Sagen von Unirdischen: Konfrontation zur Erde herabgeflogener Sternbe-
wohner mit dem Sonderbaren einer angesichts allgemeiner Friedlosigkeit
zweckfrei scheinenden Kunst. *Der Treffpunkt:* Zwei Jugendgenossen zwischen den Ruinen nach 1945 vor der Widersprüchlichkeit, ob des einen
Widerstandskämpfers Flucht aus Panik durch des anderen Rettung aus
echter Bedrohung aufzuwiegen sei. *Die Reisebegegnung:* E. T. A. Hoffmann, Gogol, Kafka in einem Prager Café der zwanziger Jahre und das
Verhältnis des von Dichtern erfundenen Wunderbaren zur irdischen
Wirklichkeit.

Begegnung als Dialektik des Realen und des Phantastischen; Aneignung
und Veränderung des Gegebenen durch das Eingegebene.

1973   **Franz Fühmann**
             (1922–1984, Rochlitz/Riesengebirge, Kriegsdienst, Gefan-
             genschaft, Berlin-DDR):
             22 Tage oder die Hälfte des Lebens

Aufzeichnungen während einer Reise nach Budapest – »22 Tage« – und
Selbstbefragung nach der übersehbar gewordenen »Hälfte des Lebens«.

Die erneuten Eindrücke in Skizzen von der Stadt und ihrer Umgebung sowie vom geistigen Klima und von Menschen festgehalten, zu Vergleichen anregende Befunde notiert, die eigene Lage durchleuchtet: Offenlegung der politischen Wandlung, Bekenntnis zu jetzigem Sonderauftrag, Selbstverständnis, Selbstbewußtsein, das Recht des Ichs.

Große Variationsbreite von Form und Stil; Experimente mit modischen Darbietungsarten, Entwürfe, Einfälle.

1973   Christa Wolf
(Biogr. S. 662) und
Gerhard Wolf
(geb. 1928, Bad Frankenhausen/Kyffh., Berlin-DDR):
Till Eulenspiegel

Erz., zur Verwendung bei einem Filmvorhaben geschrieben.

Die Verlegung des Eulenspiegel-Stoffs aus dem 14. in das 16. Jh. ermöglicht eine Verstärkung seiner sozialkritischen Züge und die Verbindung des durch bäuerliche Herkunft empfohlenen Helden mit den Bauernkriegen.

Die durch das ursprüngliche Projekt bedingte Ausrichtung des Textes auf das Optisch-szenische verlieh ihm eine Sonderform des Epischen. Der »Arbeitscharakter« erlaubt dem Leser, »sich seine Vorstellung zu inszenieren«.

1973   Renate Rasp
(geb. 1935, München):
Chinchilla

»Leitfaden zur praktischen Ausübung«.

Im ersten Satz als »Lehrbuch über Prostitution« bezeichnet und gesammelte Erfahrungen über Voraussetzungen sowie Ausübung nebst bestmöglicher Ausbeute zu einem eindrucksvollen Kompendium ordnend.

Die durchgängige zynische Kälte als Garantie für die angestrebte Verächtlichmachung einer weitgehend zu Liebe überhöhten Partnerschaft, die sich den Kauf und Verkauf gegenseitig tarnt.

1973   Jurek Becker
(Biogr. S. 741):
Irreführung der Behörden

R.

Seiner Erzählerphantasie vertrauend, die Gestaltung verwertbarer Manuskripte noch unterschätzend, erhofft sich Gregor Bienek, durch ungeliebtes Jurastudium behördlich abgesichert, eine Zukunft als Schriftsteller. Aber seine »Irreführung« führt ihn nur den Weg des schließlich marktkonformen Buch- sowie Filmroutiniers und entfernt ihn von künstlerischer Selbstverwirklichung, Frau, Mitmenschen.

Dreiteilige, durch Talentproben angereicherte Rückschau Bieneks mit dem auf Tagebuchnotizen reduzierten »Roman« über das Karriere- und Eheproblem als Mittelstück. Thematisierung der Kommunikationsmechanismen zwischen individuellem Autor und Medienbereich.

1973   **Peter Schneider**
           (geb. 1940, Lübeck, Grainau, Freiburg/Breisgau,
           Berlin-West):
           Lenz

Erz.

Büchners fiktional konturierter Biographieausschnitt (1839) über den Sturm-und-Drang-Dichter als paraphrasierbare Folie für die Darstellung der psychischen Lage und Krisenbewältigung eines jungen Intellektuellen nach der Studentenrevolte. Persönlich verlassen, zwischen den Klassen stehend, am Widerspruch zwischen Ideologie und Erfahrungen leidend, flieht Lenz (aus Berlin-West?) nach Italien, wo er nicht in Rom, sondern erst angesichts der Solidarität unter nordital. Studenten und Arbeitern lernt, auf die Vereinbarkeit von Theorie und Sinnlichkeit, Radikalität und Sensibilität, Politik und Glück zu setzen.

Aus gleichbleibender Perspektive mit Ausklammerung zurückliegender Begründungen sowie konkreter Angaben zu Zeit und Ort des Beginns in kurzen, parataktisch folgenden Sätzen erzählt. Offener Schluß. Aktualisierung klassisch-romantischer Motive und Züge.

1973   **Barbara Frischmuth**
           (geb. 1941, Altaussee/Steiermark, Studium in Graz,
           der Türkei, Ungarn und Wien, Oberweiden, Wien):
           Das Verschwinden des Schattens in der Sonne

R.

Der Titel – Veranschaulichung der »Entwerdung« – koordiniert Urgründe religiöser und mythischer Leitbilder, denen sich die Ich-Erzählerin bei Studienaufenthalt in Istanbul durch Versenkung in Antiquarisches, Kontakt mit Einwohnern, Besichtigung der Sehenswürdigkeiten, Anpassung an Konventionen zu nähern sucht, ohne daß sich der Außenstehenden die historische Tiefendimension gegenwärtiger sozialer Spannungen erschließt.

Poetische Zitate, lit. Quellen, wissenschaftliche Exzerpte in die epische Struktur integriert.

1973   **Peter Rosei**
            (geb. 1946, Wien, Salzburg):
            Bei schwebendem Verfahren

R.
Der Kanzlist Malej scheint vor einem Aufstieg im Ministerium zu stehen.
Aber der scheinbar wirklichkeitsnah beobachtete österreichische Beamte
eines juristischen Mammutapparats wird im Verlauf einer immer phanta-
stischeren Allegorie das Opfer der zur Organisationshypertrophie neigen-
den, durch Alkohol und Exzesse verkommenen, cliquenhaft verfilzten,
von Machthunger korrumpierten Bürokratenspitze, die statt Ordnung
Anarchie stiftet und in Sinnlosigkeit zugrunde geht.
Ich-Erz. »von der Verzweiflung eines einzelnen, vor dem Hintergrund der
Verzweiflung einer Gesellschaft«. Realistischer Unterbau, der mit den an
Kafka erinnernden alptraumartigen Visionen wirksam kontrastiert.

1974   **Alfred Andersch**
            (Biogr. S. 658):
            Winterspelt

R.
Als Möglichkeit ausgelotet wird der Plan eines dt. Offiziers an der Eifel-
front im Herbst 1944, sein Bataillon den Amerikanern zu übergeben. Ein
»Sandkastenspiel«, dessen Verwirklichung durch die Verlegung des Trup-
penteils durchkreuzt wird und dem ein weltfremder Vermittler zwischen
den Fronten zum Opfer fällt.
Wechsel zwischen Dokumenten und Fiktion, »Einspielen privater Vorgänge in einen kriegsgeschichtlichen«.

1974   **Heinrich Böll**
            (Biogr. S. 658):
            Die verlorene Ehre der Katharina Blum
            oder: Wie Gewalt entstehen und wohin sie führen kann

Erz. In *Der Spiegel*. Buchausg. im gleichen Jahr.
Nicht das uralte, allbekannte Motiv, sondern Verleumdung durch entarte-
te Publizistik lassen hier eine Frau persönlich Rache nehmen. Zur Kritik
und Selbstkritik gegenüber mitmenschlichem Verhalten von jeher veran-
lagt, nach abstoßender Kurzehe noch empfindlicher und skeptischer, selten bereit zu Vergnügungen, begegnet Katharina Blum bei familiärer Fa-
schingsfeier dem Mann, dem sie zu gehören glaubt und nach ein paar
glücklichen Stunden den Weg aus ihrer Wohnung zeigt, auf dem er der
Verhaftung wegen des Verdachts radikalen Rechtsbruchs noch einmal
entgeht. Sie selbst mit dem kleinen Kreis ihrer Freunde und Arbeitgeber
sieht sich kurz darauf als Freiwild der Hetze eines Journalisten, den sie
erschießt.

Diese Parabel von der schicksalhaften Sympathie für einen polizeilich gesuchten Menschen wird durch gesteuerte »Konduktion« der Quellen mittels Vor- und Rückblenden, fortschreitender und verzögerter Mitteilung erzählt.

Die außer der Handlung als »frei erfunden« bezeichneten Personen sind Verwandte der lebensnahen Kunstfiguren, die B. bei Grundkonstellationen seiner Darstellung gesellschaftlicher Konflikte einsetzt. Frühere Angriffsziele sind der »Schilderung gewisser journalistischer Praktiken« neben- oder untergeordnet.

1975 Film. Auff. einer Dramatisierung 8. 5. 1976 in Bonn, Stadtth.; 1991 Oper von Dorothea und Tilo Medek.

1974   **Peter Härtling**
           (Biogr. S. 742):
           Eine Frau

R.

Weg einer Frau aus gutbürgerlicher Familie (Dresden 1902–1922) in eine gutbürgerliche Ehe (Prag und Brünn 1923–1945), über wirtschaftliche sowie seelische Tiefen der Flüchtlingszeit bis zum Wiedereinmünden in bürgerliche Existenz (Stuttgart 1946–1970). Ein Leben, weniger nach Plänen angelegt als von Forderungen der Liebe jeweils angestoßen, erst spät bewußt geführt. Sich wiederholende Komponenten: der teilnehmende Blick auf die Besitzlosen, der nicht zur Identifikation mit ihnen genügt, die Selbstbetrachtung im Spiegel, die den eigenen erotischen Standort klärt, der politische Utopismus der Heranwachsenden.

Der epische Verlauf eingefangen in Einzelepisoden mit weit vorgreifenden Ausblicken und stetem Rückblick auf die Glücksinsel der Kindheit.

1974   **Adolf Muschg**
           (Biogr. S. 744):
           Albissers Grund

R.

Mutmaßungen über den Grund, aus dem der Gymnasiallehrer Albisser den ihn psychotherapeutisch behandelnden Ausländer Zerutt niederschoß. Die Aussagen des Schwerverletzten und die Recherchen der Justiz lassen in Albisser einen Hypochonder erkennen, der seine Frustrationsgefühle schließlich auf der politischen Bühne kompensierte und bei seinem Therapeuten durch Behandlungskälte in Reizzustand geriet. Dennoch kommt er frei, während durch den Tod die drohende Ausweisung des Opfers hinfällig wird.

Artistisch raffinierte Auffädelung der Schicksale durch Wechsel der Perspektive und durch Zeitüberblendung. Ironische Distanzierung des Autors von seinen Figuren.

1974   **Hubert Fichte**
           (1935–1986, Perleberg, Hamburg):
           Versuch über die Pubertät

R.
Homosexuelle Erfahrungen, Ersterfahrungen von Knaben im Komplex
der Pubertät als Entwicklungsphase und Lebenserfahrungen nach Entfaltung
bleibender Anlage, vorwiegend dargestellt als Momente der Autobiographie,
außerdem Einschübe mit Bekundungen eines alten Mannes
sowie eines anderen Jugendlichen.
Das Material an ungewöhnlichen Begegnungen, Intimitäten und verbalen
Möglichkeiten verschränkt mit allgemeiner Hamburger Realität nach
1945 und mit vorzivilisatorischen magisch-rituellen Vollziehungen.

1974   **Fritz Rudolf Fries**
           (geb. 1935, Bilbao/Spanien, Berlin-DDR):
           Das Luft-Schiff
           Biografische Nachlässe zu den Fantasien meines Großvaters

R.
Das Leben des Vertreters für deutsche Maschinen in Spanien war und
blieb erfüllt vom Jugendtraum des luftbezwingenden Erfinders, den Aufschwüngen
eines armen verwaisten Jungen folgten Selbsttäuschung und
Enttäuschungen des Erwachsenen, aber ohne eigentliches Erwachen oder
Einsicht in finanzielle Zwänge. Der Großvater ein moderner Don Quichotte,
auch mit entsprechendem Begleiter.
Unter der Regie des Autors, der seine Mutter als Miterzählerin einzusetzen
weiß, wird der Stoff als Familiengespräch zur Unterhaltung der Kinder
bzw. Enkel bzw. Urenkel arrangiert. Die locker gereihte Rückentdeckung
privater und allgemeiner jüngster Vergangenheit erlaubt, das Skurrile
trotz des Katastrophalen angemessen auszuleuchten.

1974   **Dieter Wellershoff**
           (geb. 1925, Neuß/Rhein, Grevenbroich, Bonn, Köln):
           Doppelt belichtetes Seestück und andere Texte

Vier Erzz. (1960–1974), zwei Hörsp.-Texte (1971, 1972), das Szenarium
für eine Multi-Media-Oper *Hysteria* (1970–1971), Gedichte (1969–1974)
und *Ich-sagen mit und ohne Auskunft* (1968, 1972, 1974) als autobiographisches
Nachwort.
Erkenntnistheoretischer und poetologischer Zusammenhang: an den
Rändern verschwimmende Bilder und in Erinnerungslosigkeit eingeschlossene
Inseln ergeben ordnungsloses Autobiographisches, aber ein
Vorrat unwillkürlich gewordener Bilder ist das eigentlich produktive Material
des Schriftstellers.
Unkontinuierliche Darbietungsart als Folge von einem Neben- und Übereinander
untilgbarer alter und unabwendbarer neuer Wahrnehmungen.

1974 **Christa Wolf**
(Biogr. S. 662):
Unter den Linden

»Drei unwahrscheinliche Geschichten.«
Die Titel-Erz. fügt aus Partikeln verschiedener Zeit- und Bewußtseinsebenen einen Traumspaziergang zusammen, bei dem die Ich-Erzählerin mit dem früheren Erlebnis einer enttäuschten Liebe konfrontiert wird und sich selbst wiederfindet.
Neue Lebensansichten eines Katers, im Stile E. T. A. Hoffmanns gehaltene Aufzeichnungen eines Katers, dessen Besitzer, ein Psychologieprofessor, an einem Projekt »Totales Menschenglück« arbeitet, und *Selbstversuch,* Bericht einer Frau, die sich für das Experiment der Umwandlung in einen Mann zur Verfügung stellte und den Vollzug danach wieder rückgängig machte, wenden sich satirisch gegen inhumane wissenschaftliche Fortschrittsvorstellungen.

1974 **Thomas Bernhard**
(Biogr. S. 741/742):
Die Macht der Gewohnheit

Kom., 3 Szenen, rhythmisierte Prosa. Auff. 27. 7. in Salzburg, Salzburger Festspiele. Buchausg. im gleichen Jahr.
Zirkusdirektor, dessen seiltanzende Enkelin, Jongleur, Dompteur, Späßmacher bei dem absurden, seit Jahren täglich erneuerten Versuch, durch Einüben von Kammermusik, sich, ihr Fach, ihr artistisches Kleinunternehmen aufzuwerten. Wohnwagen und Schuberts Forellenquintett, symbolhaltiger unauflöslicher Widerspruch, von Direktor Caribaldi erkannt, aber für ihn und durch ihn nicht zu vermeidende Dauererfahrung des Scheiterns.
Menschen in Verkrüppelung und Erniedrigung, Lebensgrundsätze mit inhumanen Folgen für andere und sich selbst. Bei B. konstante Themen, als Variante in Manegennähe effektiv, anschaulich behandelbar.

1975 **Max Frisch**
(Biogr. S. 659):
Montauk

Erz.
Im Mai 1974 in und bei New York erlebte Begegnung mit einer dreißig Jahre jüngeren Amerikanerin, aufgezeichnet in der Absicht, nichts »zu erfinden«, sich mit einer »einfältigen Erzählerposition« zu begnügen. Eingebracht in diese ersehnte »Gegenwart durch eine Frau« die darin beschlossene, als Ich-Erz. dargestellte Vergangenheit des alt gewordenen Mannes, seine Liebes- und Ehegesch., Beziehung zu den Eltern, dem

Freund: Summe erlittener und bereiteter Abhängigkeit. Elegische Abschiedsstimmung.

Entsprechend dem Motto von Montaigne ein »aufrichtiges« Buch, dessen Autor sich kein anderes Ziel vorsetzte als »ein häusliches und privates«. Dennoch auch hier in Lit. verwandelte Biographie.

1975 **Walter Kempowski**
(Biogr. S. 743):
Ein Kapitel für sich

R.

Neufassung des protokollartigen Berichts *Im Block* (1969) über die in Bautzen verbrachten Haftjahre durch Einarbeitung von abwechselnd hinzugefügten Retrospektiven der Mutter sowie des Bruders auf ihre eigne Verhaftung, Verurteilung und Strafverbüßung. Außerdem im Kontrast hierzu einiges aus dem Briefwechsel der in Dänemark verheirateten älteren Schwester der inhaftierten Brüder mit Verwandten in Westdld.

Aus kleinen Erzähleinheiten bestehende, die persönlichen Schicksale sowie die zahlreicher Mithäftlinge möglichst vollständig und wirklichkeitsgetreu rekonstruierende, Ressentiment vermeidende Darstellung. Weitere Fortsetzung der 1971 mit *Tadellöser & Wolff* begonnenen Chronik einer bürgerlichen Familie.

1975 **Horst Bienek**
(Biogr. S. 742):
Die erste Polka

R.

Auf die lebenstüchtige Valeska Piontek, ihren schwerkranken Mann, ihre Kinder, Verwandten, Bekannten konzentriertes Panorama der oberschlesischen Stadt Gleiwitz vor Ausbruch des Weltkriegs 1939: Grenzland, ethnische und konfessionelle Symbiose, persönliche Probleme, Sorgen, Erwartungen unter sich plötzlich zuspitzender allgemeiner Bedrohung.

Figurenreiche, auf ein historisches Datum zusammengedrängte, dadurch den Gegensatz von vorbereitetem Hochzeitsball und Truppenaufmarsch verschärfende Darstellung, koloriert mit genauer Kenntnis der Örtlichkeit und der Bevölkerung, deren Struktur, Mentalität, Umgangsform, Redeweise.

1975 **Gabriele Wohmann**
(Biogr. S. 744):
Schönes Gehege

R.

Während der Mitwirkung am eigenen Film-Porträt durch das Fernsehen, das ihn wegen seiner früheren Bücher auf morbiden, bösen Trübsinn

festlegen will, treibt der Schriftsteller Robert Plath opponierend Selbsterkundung, erkennt und bekennt sich als einen, dem das Glück »eine der
schwierigsten Arbeiten« ist. Der Tod des Vaters veranlaßt die Aufkündigung des indiskreten Fernsehvorhabens.
Schaffung eines »schönen Geheges« mit Hilfe des »Trostpotentials« Goethe, Schubert, Bach, C. D. Friedrich (auf dessen *Großes Gehege* der Titel
anspielt), der liebenden Beziehung zu Eltern, Geschwistern, vor allem der
Ehefrau, in einem »Zeitalter der vernichtenden trostunfähigen Erkenntnisse«. Bekenntnis zur privaten Sphäre, zum – wenn auch seltenen –
Schönen, Subjektivität als Terrain authentischer Erfahrung. Zeitkritische
Wendung gegen gesellschaftliche, sexuelle und lit. Trends. Zäsur in
G. W.s Entwicklung.

Der Tod eines Vaters, am gleichen Datum wie der des Vaters in *Schönes Gehege,* ist
entscheidendes Motiv auch für den aus der Tochter-Perspektive verfaßten R. *Aus-
flug mit der Mutter* (1976); für diese fiktive Autorin war Schreiben über die Mutter
die »äußerste, noch verbleibende Anstrengung der Annäherung«.

1975   Manfred Bieler
        (Biogr. S. 742):
        Mädchenkrieg

R.
Prag und die politische Entwicklung zwischen Hitler-Herrschaft und Entstehung der ČSSR als Hintergrund für letzte Jugendjahre und erste selbständige Entschlüsse, Handlungen, Lernprozesse dreier ungleicher, kon-
kurrierender dt. Schwestern sowie für den Zusammenbruch einer scheinbar gesichert-abgesicherten Familie, die in der beruflichen Chance des
Vaters mit Übersiedlung an die Moldau eine Überlebenschance gesehen
haben mochte.
An die Tradition des großflächigen zeitgeschichtlichen R.s anschließbare,
durch epische Umsetzung landeskundlicher Fakten bereicherte Entfaltung einer ergiebigen Figurenkonstellation.

1975   Sigrid Brunk
        (geb. 1937, Braunschweig):
        Das Nest

R.
Sommer, Herbst, Winter einer verwitweten Großmutter. Meist aus ihrer
Sicht beschriebene Tagesläufe, Gebresten, Schwierigkeiten des Wohnens
bei Tochter, Schwiegersohn, Enkelin; Grübeln über Vergangenheit, Ver-
lorenes, Tote, den Tod; Wahrnehmungen zivilisatorischer Neuerungen in
den Harz-Dörfern an der Grenze zur DDR; Selbstrechtfertigung durch
stets und noch erbrachte Hingabe, Ringen um den Bestand einer zer-
brechlichen Familie.

Altern als natürlicher, mühsamer, den Jüngeren auch unter Nächsten schwer verständlicher, lästiger Prozeß. Heimat und Natur nicht romantisiert, sondern restliche Konstanten in konstantem Wandel.

1975   Volker Braun
             (Biogr. S. 742):
             Unvollendete Geschichte

In H. 5 der Zs. *Sinn und Form*.
Bis zum Selbstmordversuch des jungen Fernmeldetechnikers Frank vorgetriebene Folgen politischer Verdächtigung. Die Redaktionsvolontärin Karin, deren Vater den Abbruch ihrer Beziehungen zu dem für ihn untragbaren Freund verlangt, lernt während der Bedrohung von Glück und Beruf Menschen nicht auf Gesinnungskategorien verteilen, sondern individuell beurteilen, Erwartungen mit Erfüllungen vergleichen, Parolen auf Glaubwürdigkeit prüfen.
Offenlegung verhängnisvoller Fehleinschätzungen, bedenklicher Funktionärspositionen, unerfreulicher Randerscheinungen. Appell, gesellschaftliche Prozesse nicht als vollendet zu betrachten. Kritischer Bezug auf *Die neuen Leiden des jungen W.* (1972) von Plenzdorf. Denken und Sprechen, besonders der Jugendlichen, nicht stilistisch geschönt.

Als Buch 1977 in der Bundesrepublik Dld. veröffentlicht.

1975   Peter Handke
             (Biogr. S. 742/743):
             Die Stunde der wahren Empfindung

Entst. in Paris im Sommer und Herbst 1974.

Im Traum zum Mörder geworden, wacht Gregor Keuschnig, Pressereferent der österreichischen Botschaft in Paris, verändert auf, ein gespaltenes Ich – ähnlich Gregor Samsa in Kafkas *Verwandlung* (entst. 1912) –, aus der Bahn geworfen, der Familie und Umwelt entfremdet: ein »komplizierter Seelenbruch«. Zwei Tage einer Grenzsituation, Angst und Ekel, Widerwille gegen »geborgte Lebensgefühle«, Vereinzelung, doch erkenntnisfördernd, Schock mit der Aussicht auf Dingerfahrung und neues Gleichgewicht.
Irritation, Angst, Veränderung, Sensibilisierung. Ein Mann lernt neu sehen, findet (wie Rilkes Malte Laurids Brigge) ein Inneres, von dem er nichts wußte. Die eingetretene Beruhigung am Schluß mit gewandeltem, heiterem Stil veranschaulicht.

1975   Botho Strauß
           (Biogr. S. 744):
           Marlenes Schwester

»Zwei Erzählungen«.
Durch Thematik (Vereinsamung, Personalitätsschwund, Wahn), Motive
(Vampirismus, Doppelgänger, Utopie), Darbietungsform (unchronolo-
gisch, aufgesplittert, verschlüsselt) ähnliche Psychogramme über eine bezeichnenderweise namenlos belassene Frau und einen mit seinem Buch-
projekt identifizierten Schriftsteller: Trennung von der Schwester als
schwerster mehrerer Kommunikationsverluste, Selbstmord als beschlossene, nie ausgeführte Krisenbeendigung; Lesen, Schreiben als Existenz-
element, Fiktion als Wunsch und Bedrängung, Ringen um Originalität,
Dialektik von lit. Theorie und Praxis.

1976   Sarah Kirsch
           (Biogr. S. 743):
           Rückenwind

Gedichte.
Zwei Teile, deren erster in den elf Gedichten des Zyklus *Wiepersdorf*
gipfelt. »Elegische« Einfühlung in Gesch. und Mythos des Orts, der –
ehemals Sitz der Familie v. Arnim – heute volkseigen und ein Erholungs-
heim für Schriftsteller ist, sowie in die Person der großen Vorgängerin
Bettina, bei stetem Bewußtsein des Jetzt und Andersseins: »Dieser
Abend, Bettina, es ist / Alles beim alten. Immer / Sind wir allein, wenn wir
den Königen schreiben / Denen des Herzens und jenen / Des Staats . . .«
Im zweiten Teil Liebesgedichte, den Wandel der Jahreszeiten begleitend:
Trennung, Sehnsucht, Enttäuschung, Einsamkeit, Trauer, und – sich
dagegenstellend – der Wunsch nach Glück, die Notwendigkeit der Selbstbehauptung. Auch die immer wieder umworbene Natur ist nur »in Ordnung«, wenn man »keine Zeitung hält«: Vereinsamung und Verletzbar-
keit des Ichs auch in einer wohlorganisierten Gesellschaft.
Kontrastreich wie der Gehalt auch die Form: gehobene Sprache, darin
jargonhafte Splitter, der fließende Rhythmus mit prosanahen Partien versetzt.

1978 *Katzenkopfpflaster,* Sammelbd. mit Gedichten aus *Landaufenthalt* (1967),
Zaubersprüche (1973) und *Rückenwind.*

1976   Christa Wolf
           (Biogr. S. 662):
           Kindheitsmuster

R.
Aus persönlicher Betroffenheit dreischichtig mit Beobachtung der Gegenwart, Erinnerungsarbeit, Reisebericht geleisteter Versuch, die Einvernah-

me der Verführbaren durch das NS-Regime zu rekonstruieren und die
Methoden totalitärer Staatsmacht zu analysieren. Recherchen vor Ort
(Landsberg, im Sommer 1971) mit Partnern und Opponenten (Mann,
Bruder, Tochter); Blick in sich hinein und um sich herum zwecks Fundie-
rung oder Korrektur historisch-soziologischer Erkenntnisse; Selbstbeauf-
tragung, Materialsuche, Stoffstrukturierung: der R. im Prozeß.
Auf subjektive Authentizität setzend. Anwendung des auch für *Nachden-
ken über Christa T.* (1968) konstitutiven Erzählverfahrens. Zahlreiche
Textpartien mit appellativer Funktion.

1976	**Jurek Becker**
	(Biogr. S. 741):
	Der Boxer

R.
Der Autor, dem fiktiven Aron Blank durch eignes Schicksal nahe, tarnt
sich als dessen Interviewer und distanzierter Protokollant der zwei Jahre
lang eingeholten Auskünfte über ein gescheitertes Leben, über Fakten
(Ghetto, KZ, Verlust der Nächsten, Neuanfänge in Ostberlin 1945), aber
auch über die als Fehlschläge geschilderten Ansätze, die gebrochene Existenz mit Tätigkeit, Partnerschaften, Erziehung des für wiedergefunden
gehaltenen Sohnes Mark zu stabilisieren: der »Boxer« – eine erfundene
Selbstbekräftigung und ein nutzlos geprobtes pädagogisches Rezept, da
auch Marks Existenz gebrochen zu sein scheint.

1976	**Nicolas Born**
	(1937–1979, Essen, Berlin-West):
	Die erdabgewandte Seite der Geschichte

R.
Ich-Erz. eines Schriftstellers, der nach gescheiterter Ehe im Ruhrgebiet
seine konfliktreichen Beziehungen zur Geliebten sowie zu anderen Frau-
en, seine Rolle als Vater einer kleinen Tochter, Freund, Intellektueller
während und seit dem Schah-Besuch in Berlin handelnd, reflektierend,
diskutierend, schreibend zu bewältigen sucht. Die Auflösung menschlicher Bindungen zwischen Flucht und Zuneigung, Sexualität und Gefühl
bei ihm und anderen als Befunde zur Lage.
Mit autobiographischen Zügen. Bewußtsein vom Eigengesetz des
Schreibprozesses: »Ohne meine Absicht wurde die Geschichte eine ganz
andere ...«.

1976   **Reiner Kunze**
          (Biogr. S. 743/744):
          Die wunderbaren Jahre

»Prosa«.

Der Titel erklärt sich als Zitat aus Truman Capotes R. *Die Grasharfe:*
»Ich war elf, und später wurde ich sechzehn. Verdienste erwarb ich mir
keine, aber das waren die wunderbaren Jahre.«

Knapp 50 Kurzprosa-Stücke in vier Teilen: *Friedenskinder, Federn, Verteidigung einer unmöglichen Metapher, Café Slavia* (1968 und 1975), dazu
Anstelle eines Nachworts das Prosastück *Forstarbeiter,* das mit der Frage
des Forstarbeiters endet: »Schreibst du's, wie's in der Zeitung steht, oder
wie's im Leben ist?«

Lakonische, nicht-satirische, äußerst verknappte und transparente Erlebnisberichte aus dem Alltag. Jugendjahre in einer normierten und normierenden Gesellschaft, die Einzelgängertum und Abweichung nicht duldet,
sondern verfolgt. Bei aller Bitterkeit bleibt Jugend als die überall und
stets gleiche mit Sehnsucht, Aufsässigkeit, Unbekümmertheit spürbar,
punktuell sogar unter humorvoller Perspektive. *Café Slavia* (in Prag):
Mitteilungen aus dem Umkreis des erhofften und des unterdrückten Prager Frühlings.

Das in der Bundesrepublik Dld. veröffentlichte Buch 1979 von K. verfilmt.

1976   **Adolf Muschg**
          (Biogr. S. 744):
          Entfernte Bekannte

Erzz.

Der sich seiner Unentbehrlichkeit nicht mehr sichere, zum Selbstmord
entschlossene Bauer, Mutter und Sohn in erstarrter Distanz, zwei Männer
im Krankenhauszimmer mit sehr wenig, zu wenig Wissen voneinander,
ehe sie getrennt werden, eine sich des Kontaktverlusts bewußt werdende
Ehefrau, der seinen aus der Schweiz angereisten Neffen nicht mehr erken-
nende alte Onkel in Amerika, eine Wohngemeinschaft, die ihre Probleme
theoriegläubig verbalisiert, und – in humoristischer Umkehrung des humanen Themas – ein Tor, der das Tierische am Affen fortdressieren wollte.

Mit persönlichem Engagement sensibel aufgezeichnete Grade der Ver-
ständigungsschwierigkeiten und ihrer psychischen Komponenten.

1976   **Helmut Eisendle**
          (geb. 1939, Graz, Barcelona, Berlin-West, München):
          Jenseits der Vernunft oder Gespräch über den menschlichen Verstand

R.

Durch das wieder in den Anfang einmündende Ende formal eingekreistes und durch Verteilung auf zwei österreichische Gesprächspartner am winterlichen Strand bei Valencia dialogisiertes »Bewußtsein«, das über einen, etwaige »Stringenz« mißachtenden Text »hinausgespült« wird: Erörterungen über Wissenschaftstheorie, Sprachphilosophie, Phantasie, Fiktion, Wahn; Auflehnungen gegen Nützlichkeit, Zwecke, Begrifflichkeit, Sprache – dieses »einzige Mittel des Ausdrucks, das uns zur Verfügung steht«.

1976   **Botho Strauß**
          (Biogr. S. 744):
          Trilogie des Wiedersehens

»Theaterstück«.

An die Pseudogemeinschaft der Kom. *Bekannte Gesichter, gemischte Gefühle* (1974) erinnernde Mitglieder eines Kunstvereins bei der Vorbesichtigung der Ausstellung »Kapitalistischer Realismus«: eine disparate, dem Zerfall ausgelieferte Schickeria-Gruppe aus realitätsflüchtigen, an beruflichen, erotischen, neurotischen Miseren kränkelnden, sich intellektuell gerierenden Individuen zwischen Leiden und Sehnsucht, mit geborgten Empfindungen und geborgter Sprache.

»Blenden«-Technik; Momentaufnahmen der bei wechselnden Konstellationen beobachteten, sich in ständiger Bewegung befindenden Figuren. Der Handlungsort – ein »Kunst«-ort – als Metapher für existentielle Isolation und Entfremdung.

1976   **Franz Xaver Kroetz**
          (Biogr. S. 743):
          Agnes Bernauer

»Ein bürgerliches Schauspiel in fünf Akten«. Mitarbeit: Hans Dieter Schwarze. In *Weitere Aussichten ... Ein Lesebuch* hgg. Thomas Thieringer u. a.

Nach *Maria Magdalena* (1973) erneuter Versuch, über Stücke der kleineren Form hinauszugelangen. Die moderne Agnes Bernauer, durch ihre Ehe mit dem Unternehmer-Sohn zwischen die Klassen geraten, entspricht durch ihre Solidarisierung mit den vom Schwiegervater lohnabhängigen Heimarbeitern der in sie zu setzenden Erwartung.

Der Sammelbd. enthält außer mehreren Theaterstücken zwei Texte für Filme, Hörspiele und Aufsätze sowie Aussagen über politische, dramaturgische, kulturelle Themen.

1977 · **Günter Kunert**
(Biogr. S. 660):
Unterwegs nach Utopia

Gedichte.

Entst. 1974–1977.

Chronologisch geordnete, auf Alltagserfahrungen nur anspielende, teils durch Reisen *(Englische Gedichte)* inspirierte, in freien Rhythmen geschriebene Bekundungen skeptischer, resignierender Reaktion auf das »Verströmen der Hoffnung und der Tage«. Das mehrfach variierte »Unterwegs« – ein Kreislauf ohne Perspektive auf eine reale Utopie: »Das Gedicht bloß gewahrt / was hinter den Horizonten verschwindet«.

1977 **Und ich bewege mich doch**
Gedichte vor und nach 1968

Von Jürgen Theobaldy (geb. 1944) herausgegebene Slg. zeitgenössischer Lyrik mit verwandtem »Schreibansatz« der fast 50 Autoren. Büchern und Zss. entnommene, auch erstmals veröffentlichte Texte. Das Gedicht als »Ort der Auseinandersetzung«, an dem »das Verhältnis zwischen Innen und Außen überprüft, angezweifelt, neu bestimmt« wird, ohne »Zeitflucht«, mit Inhalten, die auch »gesellschaftlich aktuell sind« (J. Th. in der *Nachbemerkung,* August 1976).

1977 **Günter Grass**
(Biogr. S. 660):
Der Butt

R.

Groß-Erz. mit zwei sich durchkreuzenden Handlungen: Edeks Ilsebills Schwangerschaft begleitende Schilderung seiner Beziehungen zu den vor Ilsebill geliebten Frauen seit dem Neolithikum und die von Feministinnen herbeigeführte Gerichtsverhandlung gegen den gefangenen Butt als angeblichen Promotor der »Männersache«.
Durchlässigkeit der Zeitebenen, in denen die Gesch. Danzigs abgesteckt wird, sowie der jeweiligen Inkarnationen der beiden Zentralgestalten; Ilsebills Vorgängerinnen wiederum haben Entsprechungen in Figuren des Tribunals. Der Butt des leitmotivisch eingesetzten Märchens *Von dem Fischer un syner Fru* bei G. unter Berufung auf eine »verlorene« Fassung mehr Erwecker männlicher Wünsche. Sprachliche Annäherung an Epochen, soziale Schichten, Grobianismus, Rabelais bis zum Unflätigen, Obszönen.

Das Kapitel um Opitz und Gryphius vordeutend auf die Barockautoren in der H. W. Richter sowie die »Gruppe 47« historisierend porträtierende Erz. *Das Treffen in Telgte* (1979).

1977   **Horst Bienek**
                (Biogr. S. 742):
                Septemberlicht

R.

An *Die erste Polka* (1975) anschließende, wieder auf räumlich-zeitliche
Einheit – Sterbehaus und Friedhof, Bestattung und »Leichenschmaus« –
gerichtete Fortsetzung der Familienchronik um Valeska Piontek seit ihres
Mannes Tod. Brutale und selbstzerstörerische Handlungen Jugendlicher,
individuelles und soziales Verhalten Erwachsener mit ersten psychischen
Fernwirkungen des Krieges.
Erweiterung des Personenkreises und der Gleiwitzer Szene durch Doku-
mentierung von Schicksalen jüdischer Intellektueller, besonders des Dichters Arthur Silbergleit (1881–1944).

1979 *Zeit ohne Glocken,* auf den Karfreitag 1943 konzentrierte weitere Fortsetzung.

1977   **Gisela Elsner**
                (geb. 1937, Nürnberg, Wien, London, Hamburg,
                München):
                Der Punktsieg

R.

Ein Fabrikant (Blusen und Dessous) mit den Image-Vorstellungen seiner
Schicht von Geschmack, Benehmen, Moral, Politik entläßt »wegen der
Marktlage« 30 Näherinnen: zur Schau getragene Linksliberalität unterliegt den gewichtigeren Rationalisierungsinteressen.
Mit Details gezeichneter Ausschnitt aus der gesellschaftlichen Mittelklas-
se von Unternehmern, Neureichen, Künstlern. Statt G. E.s früherer Zerr-
bild-Technik ironische Betrachtung des »Normalen«.

1977   **Alois Brandstetter**
                (geb. 1938, Pichl/Oberösterreich, Wien, Saarbrücken,
                Klagenfurt):
                Die Abtei

R.

Der für den Abt des Klosters Freimünster bestimmte Rechenschaftsbericht über den vermutlichen Dieb des Arnulfkelchs gerät dem Kriminalisten Dr. Einberger, einem hochgebildeten Umweg-Geher und Umweg-
Denker, zu einer Generalabrechnung mit Beklagenswertem in Kirche,
Schule, Wissenschaft, Kunst und vielem andern.
An der Benediktinerregel als rotem Faden orientierte aufklärerisch-so-
zialkritische Schwadronade oder Jeremiade aus historisch abgestütztem
Konservativismus. Sprachwitzige Polemik in der Tradition der Moralpre-
digt.

1977   **Botho Strauß**
(Biogr. S. 744):
Die Widmung

»Eine Erzählung«.
Protokoll der Liebe und Trauer eines jungen Buchhändlers in Berlin nach dem Wegzug der Geliebten. »Verlassenwerden« als Krankheitszustand, der »Urlaub zum Erinnern« herstellt, »Ich-Forschung« nahelegt, die auch diesen »Empfindungsforscher« vom Gefühl »allzu ausgeprägter Unterlegenheit« befreien könnte. Aber die »kühne und festliche Trauer« geht in »kleinbürgerliche Schrumpfmelancholie« über.
Novalis u. a. zitierende tagebuchähnliche Reflexionen mit Notaten über äußere Ereignisse bis zur enttäuschenden kurzen Wiederbegegnung mit Hannah. Schreiben als Folge von »Furcht und Begehren«. Selbstanalyse eines Sensiblen, Zeugnis zeitgenössischer Sensibilität.

1977   **Hans Joachim Schädlich**
(geb. 1935, Reichenbach/Vogtland, Berlin-DDR, Hamburg, Berlin-West):
Versuchte Nähe

»Prosa«.
25 seit 1969 in der DDR verfaßte, zwischen Skizze und epischen Kleinformen stehende Texte, die formalisierte, ungeformte und deformierte Wirklichkeit sehen lehren wollen sowie dem Nachdenken überantworten.
»Versuchte Nähe« und Distanz von Parabel, Parodie, Persiflage. Sprachliche Vielfalt: sachlich, artifiziell, Diktion der Kanzleien und offiziöser Verlautbarungen. Lit. Bezugsgrößen: Frischlin, E. T. A. Hoffmann, Weidig, Heine, Büchner u. a.

1978   **Hans Carl Artmann**
(Biogr. S. 658):
Nachrichten aus Nord und Süd

Gliederungs- und interpunktionslose, mit Kleinbuchstaben gedruckte, optisch in gleichmäßigem Fluß vorgeführte monologische Großauskunft unter ständigem Wechsel der angedeuteten biographischen Details und der angesprochenen Themen – eine Art Conférence an benannte Freunde sowie als einverständig erwartete Dritte mit sich auseinander entwickelnden Einfällen, sich assoziativ aufdrängenden Aperçus, zeitkritischen Verdikten über Zustände und Mißstände.

1978   **Wolf Biermann**
           (Biogr. S. 742):
           Preußischer Ikarus

»Lieder, Balladen, Gedichte, Prosa«.
Mit B.s Noten (nach den Originalen) versehene, vor und seit der Ausbürgerung entstandene Texte: »Ich halt mich fest hier«, in Berlin an der Weidendammer Brücke mit dem Preußensymbol, und ». . . ach! kommen bin ich / vom Regen in die Jauche«. Umfangreiche Slg., vielfältige Themen, alte und neue Motive: Liebeslieder, Spanien, Che Guevara, Chile, Menschen und Mechanismen, erst in »unserm halben Land«, dann »hier / In diesem blühenden Krisenland«, der konsequent »mit Sehnsucht und Zorn« gegangene Weg, die Ehrlichkeit des Zweifelns *(Mag sein, daß ich irre).*

1978   **Ingeborg Drewitz**
           (1923–1986, Berlin, Berlin-West):
           Gestern war Heute

»Hundert Jahre Gegenwart«.
Durch mehrere Generationen führende Gesch. einer bürgerlichen Familie in Berlin, vor allem der Frauen; im Mittelpunkt die 1923 geborene Gabriele, die erstmals den traditionellen, früher einseitig entschiedenen Konflikt zwischen Selbstverwirklichung und Dienst an der Familie löst, ohne diesen nur als Zwang zu empfinden.
Stark autobiographische Züge, eindrucksvolle Darstellung des Berliner Milieus. Einbau von Tagebuch- und Briefpartien in den aus »olympischer« Sicht erzählten Ablauf.

1978   **Erich Loest**
           (Biogr. S. 744):
           Es geht seinen Gang oder
           Mühen in unserer Ebene

R.
Rückblick eines 1949 geborenen Werkzeugmachers, jetzigen Ingenieurs in Leipzig, dessen aus Herkunft, Temperament, Erlebnissen abgeleitete Zufriedenheit mit beruflichem und sozialem Status seine ehrgeizigere junge Frau zwar schließlich auf Scheidung von dem »Versager« bestehen läßt, ihm aber als Daseinshilfe erhalten bleibt.
Vorgeschichten einblendender, umgangssprachlicher Ich-Bericht des unkämpferischen Antivorbilds über das konfliktvolle letzte Jahr. Die Problemehe mit einer befreundeten verschränkt. Detailreiches Dokument zum Alltag von Arbeitern, Angestellten, Betrieben.

1978   **Siegfried Lenz**
                (Biogr. S. 660):
                Heimatmuseum

R.

Das vom masurischen Teppichwirker Zygmunt Rogalla ererbte, vergrö-
ßerte, vor NS-Eingriffen bewahrte, nach 1945 in Schleswig erneut aufge-
baute, dann lieber den Flammen als ideologischem Mißbrauch geopferte
Museum im Zentrum eines in 15 Folgen vom Krankenhausbett aus erzählten Lebenslaufs auf besonders geschichtsträchtigem Boden, um dem Wort
Heimat »seine Unbescholtenheit zurückzugeben« und objektiv Verlore-
nes durch Erinnern zu bewahren.
Höhepunkt des Berichts der Flüchtlingstreck von Masuren nach Pillau.
Rezeptionsfördernder Rückgriff auf masurischen Sprachschatz.

1978   **Martin Walser**
                (Biogr. S. 661):
                Ein fliehendes Pferd

Nov.

Ein Pferd auf der Flucht – die laut Gattungstheorie der Nov. unerhörte
Begebenheit während des Bodensee-Urlaubs zweier Ehepaare und Metapher für die beiden Männer, ehemalige Jugendfreunde, Mittvierziger auf
der Flucht vor der Wirklichkeit: der eine flieht durch Rückzug in das
Inkognito, der andere durch Vorgriff auf Erfolgsreichtum.
Dramatisch zugespitzte, ironische Aufdeckung von Scheinleben und Rol-
lendasein; offener Schluß.

1985 *Brandung,* R. mit Studienrat Helmut Halm und Ehefrau Sabine aus obiger
Nov. als Hauptfiguren. Dozenturvertretung an Universität in Kalifornien. Lernpro-
zeß des Mittfünfzigers. Brandung als Meeres- und als Liebeserlebnis.

1978   **Gerhard Roth**
                (Biogr. S. 744):
                Winterreise

Erz.

»... das Normalste, sich selbst aufzugeben«: Ausbruch des Lehrers Nagl
aus der Alltagsnormalität nach Neapel, Rom, Venedig, bis dorthin begleitet von der Freundin Anna. Doch das winterliche Italien vermehrt die
Depression und erotischer Rausch die Isolation. Eisiges Endziel: »Fair-
banks, Alaska«.
Verlorenheit, Verzweiflung, Unfähigkeit zu Bindung. Der Ausbruchsver-
such des Großvaters als Kontrapunkt der Selbstanalyse.

1978   **Paul Kersten**
             (geb. 1943, Hamburg):
             Der alltägliche Tod meines Vaters

Erz.

Aus der endgültigen Distanz nähert sich der Sohn, drei Monate nach dem Tod »wehrlos ... gegen den Tränenandrang« Stationen eines ärmlichen Lebens bis zur Krebserkrankung rekonstruierend, dem ehemaligen Bundesbahnbediensteten. Die Gedächtnisarbeit ergibt genauere Konturen des Vater- und Elternbildes sowie Einsichten in die Verflechtung des eigenen Anspruchs mit dem Älteren und dem Angebot der Liebe.

Autobiographisch abgestützte Biographie einer kleinbürgerlichen Existenz.

1978   **Peter Rosei**
             (geb. 1946, Wien, Salzburg):
             Von Hier nach Dort

R.

Ein Ich-Erzähler auf dem Trip, mit dem Motorrad nach Norden, per Flugzeug nach Süden, sein »Geschäft« mit Freund Perkins: Rauschgifthandel, seine Gefühle: Lust, Trauer, Todesnähe, sein Wagnis: Gefühle zu benennen und zu bekennen – »Seltsam ist es um die bestellt, die verlorengehen. Sind sie heillos?«

Protokoll einer empfindsamen Selbstbeobachtung; sparsam eingesetzte Realitätsbeschreibungen.

1978   **Botho Strauß**
             (Biogr. S. 744):
             Groß und klein

»Szenen«. Auff. 9. 12. in Berlin, Schaubühne am Halleschen Ufer, Filmstudio. Buchausg. im gleichen Jahr.

Mit demonstrativen Titeln (*Zehn Zimmer, Station, Falsch verbunden* u. a.) versehenes Panorama zeitgenössischer Vereinsamung, Lieblosigkeit, Verödung. Eine Mittdreißigerin auf der Suche nach Verständnis und Kontakt, ihre Begegnungen eine Folge von Niederlagen, die Menschen neben ihr im gleichen Zustand seelischer Deformation, die Welt ein »Jammertal«.

Stationen-Dr., Selbstgespräche und Dialoge auf unterschiedlichen Sprachebenen. An vielen Figuren gezeigte gesellschaftliche Oberfläche; Verzicht auf Begründungen und Perspektiven.

1979   Günter de Bruyn
(Biogr. S. 742):
Märkische Forschungen

»Erzählung für Freunde der Literaturgeschichte«.
Wiederentdeckter Autor der Zeit um 1800: Max v. Schwedenow ist für
den ideologiebeflissenen Professor in Berlin sehr bald ein »märkischer
Jakobiner«, für den heimatkundigen Dorfschullehrer bleibt er zunächst
das Pseudonym, unter dem ein späterer Konformist seine Jugendwerke
schrieb.
Geschichtsforschung zwischen parteilich-egoistischer Bedenkenlosigkeit
und in Details versinkender Bedenklichkeit. Satirische Kontrastierung
von Menschen, Gesinnungen, Lebensformen.

1979   **Guntram Vesper**
(geb. 1941, Frohberg/Sachsen, Friedberg/Hessen,
Göttingen, Steinheim am Vogelsberg):
Nördlich der Liebe und südlich des Hasses

Zwanzig durch persönliche Betroffenheit motivierte, hauptsächlich in der
Geburtsstadt sowie den beiden derzeitigen Wohnorten lokalisierte Texte,
die Autobiographisches, Erkundetes, Gelesenes ineinander flechtend um
die Fragen »wer wir sind« und »woher meine Angst« kreisen, die wu-
chernden Affekte protokollieren und den sozialen Bedingungen der tag-
täglichen Verhängnisse nachspüren.
In dem Mosaik von Notaten über eigene Irritationen, von schweifender
Reflexion und konzentrierten Fallstudien auch novellistisch gerundeter
Erzählstoff. Auf Frage- und Ausrufezeichen verzichtende Prosa, gegebe-
nenfalls historischem Stil angenähert, mit Zitaten durchwirkt.

1979   Peter Handke
(Biogr. S. 742/743):
Langsame Heimkehr

Erz.
Valentin Sorgers, eines Geologen, Labor im Indianerdorf am Rande
Nordamerikas, ein Universitätsinstitut und Haus an der Westküste, der
Zwischenaufenthalt in New York: Stationen der Rückkehr nach Europa
sowie des angestrengten Suchens nach Eingliederung in Raum und Zeit,
Harmonie, Stabilität.
Neben genau konturierten Landschaften, Orten, Situationen die sinnli-
chen Wahrnehmungen, emotionalen Irritationen, intellektuellen Mühen
Sorgers ins Mythische, seine Philosopheme sowie Glaubenssehnsüchte zu
mystischen Heilsangeboten stilisierende, oft überladene Langzeilenprosa.

1979   Hermann Burger
              (1942–1989, Burg/Schweiz, Zürich, Küttigen,
              Brunegg/Aargau):
              Diabelli

Erzz.

Die Titelerz. *Diabelli, Prestidigitateur* ausgelöst auch durch »das irritierende Wort«,
ein »Reizwort« unter vielen einer ganzen Fachsprache, die »brach lag«. H. B. in *Die
allmähliche Verfertigung der Idee beim Schreiben.*

Briefe an eine jeweils höhere Persönlichkeit/Instanz: die Bewerbung eines
Tauben als Orchesterdiener, die Absage eines »im Koma seines Künstler-
tums« befindlichen, desillusionierten Illusionisten, die Information über
eines »Privatanarchen« Protest-Tod gegen kitschigen Kurbetrieb und Al-
pinismus.
Krisen und Lebenskonkurse Isolierter. Die Zauberergesch. laut Autor
»eine mögliche Übersetzung des Liebesentzugs in Virtuosität«. Wort-
schöpferischer, periodenreicher Individualstil; trickreich integrierte Sach-
kenntnis betreffend Zauberei und Zauberer.

1979   Hanns-Josef Ortheil
              (geb. 1951, Köln, Wiesbaden, Stuttgart):
              Fermer

R.

Die Schule, »halb gelebte« Zeit, hinter sich, nicht bereit, »so grundlos
erwachsen zu werden«, will Fermer nach seinem »Aufbrüch« – aus der
Kaserne – gar nicht zur Ruhe kommen. Unangepaßt, ein »Neuling«,
durchwandert er wirkliche sowie erdachte Landschaften und begegnet
flüchtend, reisend anderen jungen Menschen, die auch noch nicht »mit
ihrem Leben abgeschlossen haben«.
»Radikalität« als persönliche Absage an »den bürgerlichen Tod, das Denken an Luftfilter und Gefrierautomaten«. Eichendorff-Zitat als Motto.
Romantische Motive und Züge.

1979   Thomas Bernhard
              (Biogr. S. 741/742):
              Vor dem Ruhestand

»Eine Kom. von deutscher Seele« 3, Prosa. Auff. 29. 6. in Stuttgart,
Staatstheater. Buchausg. im gleichen Jahr.
Durch Herkunft, Erziehung, Ideologie vorgeprägt und jetzt zu dritt in
Haßliebe verstrickt: der Jurist, ehemalige SS-Offizier und seine Schwester
Vera bis zum Inzest demoralisiert, die Schwester Clara, seit Bombenan-
griff gelähmt, jener beiden »Opfer«, auch im grausam-grotesken Rollen-
spiel bei jährlichen Privatfeiern von Himmlers Geburtstag.

Psychogramm sich redend entlarvender Unmenschlichkeit, endend mit
Herzanfall des bei der makabren Zeremonie euphorisierten pensionsrei-
fen Gerichtspräsidenten.

1980   **Dieter Wellershoff**
                (geb. 1925, Neuß/Rhein, Grevenbroich, Bonn, Köln):
                Die Sirene

»Eine Novelle«.
Durch Telephonanruf einer Unbekannten bei einem bekannten Professor
provozierte, mit gegenseitigen Anrufen unterhaltene intime Beziehung, in
der weibliche Zusage und Verweigerung mit männlicher Angst und Sehnsucht kommuniziert. Der »magische Vertrag« entfremdet den prominenten Theoretiker der Pädagogik seiner Arbeit, Frau, Familie, steigert seine
Erregungszustände und bedroht ihn mit Persönlichkeitsspaltung sowie
Selbstzerstörung, bis er die »Entrückung« nach einer letzten, bewußten
Hörigkeit überwunden zu haben glaubt.

1980   **Gert Hofmann**
                (geb. 1932, Limbach/Sachsen, Klagenfurt, Ljubljana,
                München):
                Die Fistelstimme

R.
An vage Empfänger gerichtete Niederschrift eines in geistige Irritationen
und scheiternde Dissertations- sowie Berufsambitionen verstrickten Mitt-
dreißigers über den soeben erfolgten, wiederum frustrierenden Bewer-
bungsversuch in Ljubljana: in offensichtlicher Fortsetzung der in Koffern
mitgeschleppten Papiere die abnormem Schreibzwang unterworfene Ent-
ladung psychischen Überdrucks.
Indem »der neue Lektor« selber schreibt, werden die Entstellungen eines
Kopfs unmittelbar durch Sprache und nur einige Kommunikationsproble-
me nahezu sprachwissenschaftlich aufgezeigt.

1980   **Peter Härtling**
                (Biogr. S. 742):
                Nachgetragene Liebe

»Für meine Kinder«.
Autobiographische Rückschau auf die durch den Vater und seinen Beruf
als Rechtsanwalt bestimmten Lebensstationen der Familie in Chemnitz,
Brünn, Olmütz bis zum Kriegsende mit letztem Wiedersehen in Zwettl.
Das Kind von damals prüft die individuell-charakterlichen, außerpersönli-
chen sowie geschichtlichen Bedingtheiten der als zunehmende Fremdheit
erlebten Vater-Sohn-Beziehung an einigen tief im Gedächtnis bewahrten
Szenen und wägt die Anteile von Ablehnung, Begreifen, Liebe an der
Gegenwärtigkeit des Toten.

1980   Helga Schütz
          (geb. 1937, Falkenhain, Dresden, Potsdam,
          Groß-Glienicke):
          Julia oder Erziehung zum Chorgesang

R.
Selbstbefreiung einer Enttäuschten aus dem Beruf als Choristin und der
Ehe, Versuch, ohne Anpassung an »Chorgesang« als Pflegehilfe in einer
Psychiatrie Erinnerungen, Trauer, Sehnsüchte aufzuarbeiten.
Im Gegensatz zu vorangegangenen autobiographisch grundierten Texten
um Julia, Julietta, Jette (*Vorgeschichten oder Schöne Gegend Probstein*
1971, *Festbeleuchtung* 1974, *Jette in Dresden* 1977 = *Mädchenrätsel*
1978) von zeitgenössischen Verfahren beeinflußte Ablösung meist einsträngigen Erzählens durch unvermittelt gereihte, aus wechselnden Perspektiven aufgenommene, auch verfremdend konturierte Wiedergabe von
Brieffragmenten, Ereignissen, Träumen, Bewußtseinsverläufen.

1981 Lizenzausg. unter dem Titel *Erziehung zum Chorgesang*.

1980   Gerold Späth
          (geb. 1939, Rapperswil, Zürich, Vevey, London, Fribourg,
          Rapperswil):
          Commedia

Zwei Reihen jeweils ähnlicher Texte. Die erste *(Die Menschen)* bestehend aus Personalien, die zweite *(Das Museum)* aus den Erläuterungen
des »Kurators« zu Realien in zwölf Räumen, deren letzter (»Verlies,
fensterlos«) mit dem »Kitzel plötzlichen Abgeschlossen- und Einge-
sperrtseins« bekannt machen kann.
In der makabren Pointe des Autors, daß dieser »Kitzel« lebensgefährlich
ist, gipfeln sein Humor und Sarkasmus, die Aufdeckung des Abnormen
und Abstrusen, das Verständnis für Beschädigte und Übertölpelte.
Scheinbar absichtslos gesammelte Biographien und Raritäten: ein phanta-
stisch-bizarres Texteangebot für deutungsbereite Leser.

1980   Brigitte Kronauer
          (geb. 1940 in Essen, Köln, Aachen, Göttingen, Hamburg):
          Frau Mühlenbeck im Gehäus

»Roman«.
Kontraste: die Titelfigur, fast alles hinter sich, Erlebtes prinzipiengläubig
verarbeitend, und die junge Lehrerin, das meiste noch vor sich, Beruf,
Landschaft, Natur, Partner sensibel erfahrend, Empfindungen diskontinuierlich protokollierend, die letzte »Nur der Weg nach vorn ist frei«.
Gleichförmige Kapitel aus Vierteilern. Anekdotisch runden Ereignisbe-
richten der Frau Mühlenbeck folgen abwechselnd akribische Beschreibungen ihres Treibens »im Gehäus« und Reflexionen der beobachtenden
Gegenfigur. Struktur als Rezeptionsauftrag und Verstehenshilfe.

1980   **Gerhard Roth**
                (Biogr. S. 744):
                Der Stille Ozean

R.
Erkundung des südweststeirischen Landlebens, der Bewohner, Behausungen, Arbeitsbedingungen, Einkünfte, Krankheiten, Aggressionen durch einen Arzt, der hier als unerkannter Fremder sein gestörtes Selbstvertrauen zu bewältigen sucht. Distanzierte Teilnahme am Ortsgeschehen – Jagden, Hochzeit – wandelt sich zu beruflichem Interesse bei Unfällen, Tollwutgefahr, Verbrechen und zu verändertem Bewußtsein mit Hoffnung auf Integration in der auf Zusammenhalt angewiesenen Gemeinschaft.
Gleichmäßig temperierte Beschreibungsprosa; Spannung durch dosiert verteilte Aufklärung über den Grund der Stadtflucht des Arztes.

1980   **Peter Renz**
                (geb. 1946, Weingarten, Konstanz):
                Vorläufige Beruhigung

R.
Bewußtseinslage, analysiert durch einen vom Schlosser und technischen Zeichner zum Akademiker und Intellektuellen Aufgestiegenen, unter Existenzsorgen und Magenschmerzen Leidenden im Rück- und Hinblick auf sich, seine Ehe, Generationsgenossen, soziale Umwelt aus Tonangebenden und Unruhigen in Oberschwaben.
Ich-Erz. mit offenbar autobiographischem Hintergrund. Einblendung tagebuchartiger »Zettel« über Hochschulkonflikte, politische Aktivitäten, Gruppierungen, Partnerschaften, Kinderläden sowie der Versuch des Erzählers, eine Lebensalternative an dem halbfiktiven Ingenieur Hans Hase aufzuzeigen.

1980   **Herrad Schenk**
                (geb. 1948, Detmold, Köln, Bonn):
                Unmöglich ein Haus in der Gegenwart zu bauen

R.
Wie im unreif-klugen Kinderspiel mit der jüngeren Schwester erdachte frühere Phantasiebilder: das alte Alte-Frauen-Haus, konkrete Utopie einer sich und andere beobachtenden jungen Wissenschaftlerin, die oft von »Erinnerungsfäden« mit dem kinderreichen Elternhaus verbunden, in die geschwisterliche Zweierbeziehung eingebunden, mit ihrem »W.« offensichtlich gut »gepaart« sowie durch ihre Doktorarbeit über Gerontologisches fast schon sachverständig ist, aber um die Gefahr von Bindungsangst und Vorläufigkeit weiß.
Die Autorin: ». . . ein Buch über mich, zugleich auch über die Leute um mich herum . . .«

1980   Christoph Hein
             (Biogr. S. 743):
             Einladung zum Lever Bourgeois

»Prosa«.
Sammelbd., außer *Einladung zum Lever Bourgeois* enthaltend *Die russischen Briefe des Jägers Johann Seifert,* einige Texte *Aus: Ein Album Berliner Stadtansichten* sowie diesen ähnliche realistische Skizzen.
Der Dichter Racine und der Naturforscher Alexander v. Humboldt, zwei etwa Sechzigjährige, direkt oder mittels fiktiver Briefe aufgezeigt in ihrer Abhängigkeit von Thronherren und daher von Mißlichkeiten, Taktieren, Verschweigen der Wahrheit, Camouflage politischer Einsichten. In den anderen Texten Schicksale ohne herausragende Namen, aber auch von Opfern der Macht, sozialer Verhältnisse, schuldloser Verstrickung.
In den Briefen aus dem Jahr 1829 überzeugend imitierender, in den Gegenwartsskizzen scheinbar emotionsloser Stil, der auf Emotion und Erkenntnisgewinn des Rezipienten abzielt.

1982 leicht gekürzte Ausg. in der Bundesrepublik Dld. unter dem Titel *Nachtfahrt und früher Morgen.*

1981   Ulla Hahn
             (geb. 1946, Brachthausen/Sauerland, Bremen):
             Herz über Kopf

Gedichte.
Das Hauptthema, eine schwierige Liebesbeziehung, konkretisiert an Erwartung, Hingabe, Abschied, Einsamkeit, ausgehalten durch Selbstbehauptung, die herben Stimmungen spielerisch trotzig und rigoros aggressiv zu begegnen weiß.
Unter Verzicht auf poetologische Modernismen und ideologische Konformität, vertrauend »festen Versesfüßen und alten Normen, Reimen« produktive Einschmelzung von Motiven, Wörtern, Metaphern aus Märchen, Volksliedern, Lyrik, Schlagern mittels Zitat, Anklang und Kontrast zu persönlicher Tongebung.

1981   Gert Hofmann
             (geb. 1932, Limbach/Sachsen, Klagenfurt, Ljubljana,
             München):
             Gespräch über Balzacs Pferd

»Vier Novellen«.
Fiktiv-biographische Konfrontierung Außergewöhnlicher mit Gegenfiguren: in Riga die Rückkehr des kranken J. M. R. Lenz zum Vater, in Bologna Casanovas »unheimliche« und »unerhörte Begegnung« mit der totgeglaubten Mutter, in Paris Balzacs rezeptionsästhetische Phantasien

mit dem Inspektor der Kloaken, in Bern die Irritation zwischen dem unbehausten Dichter Robert Walser und einem Kaufmann.

Den jeweiligen Personalstilen nachgeformte Gespräche, die »vielleicht geführt« wurden oder »geführt worden sein« könnten, als Andeutungen gültig gebliebener Unvereinbarkeit.

1981   **Peter Handke**
          (Biogr. S. 742/743):
          Kindergeschichte

Jahre alleiniger Gemeinschaft des Autors mit seiner kleinen Tochter und die Veränderungen beider: als »Inbild« dem Gedächtnis eingeprägte Abfolge gegenseitiger »Nähe und Weite« im leicht entschlüsselbaren »Aufenthaltsland« und »Herkunftsland«.

Durch »das Kind« zur Selbsterkundung veranlaßt, reflektiert »der Erwachsene« sowohl über Familie, Erziehung, Aktuelles, Tradition, als auch über »die Frau« und seine Ehe sowie – bisweilen hochtönig – über sein Denken und Schreiben.

1981   **Botho Strauß**
          (Biogr. S. 744):
          Paare, Passanten

Unter sechs Überschriften zusammengefaßte Skizzen, Kurzreportagen, Notate, ausgelöst durch Menschen, Bücher, Filme, Kunst. Reizwörter wie Vernetzung, Beziehungsmarkt, Gegenwartsfreaks, Medienmasse, Überinformation, Konsumentenkultur als Leitmotive eines soziologisch reflektierenden Autors, der auch die größer gewordene »Einsamkeit des Schreibens« ins Auge faßt.

In Öffentlichkeit und Privatsphäre aufgespürtes sowie analysiertes Reden, Denken, Verhalten. Tagträumerisches im Abschnitt »Dämmer«.

1981   **Thomas Hürlimann**
          (geb. 1950, Zug, Einsiedeln, Zürich, Berlin-West):
          Die Tessinerin

»Geschichten«.

Sechs von persönlichen Erfahrungen, besonders dem Tod des Bruders, durchwobene Berichte in einer gelegentlich Schweizer Wortmaterial einsetzenden, sparsam kalkulierten, bei erregenden Passagen bewußt unsentimentalen Sprache, mit der in der abschließenden Titelerz. das tagelange Sterben der bisher von der schwindenden Dorfgemeinschaft kaum akzeptierten, weil »fremden« Lehrersfrau sowie die frostige Atmosphäre der verkümmernden Ortschaft dem Rezipienten sogkräftig nahegebracht werden.

1981   **Volker Braun**
          (Biogr. S. 742):
          Schmitten

Szenarium in *Stücke 2* zus. mit *Guevara oder Der Sonnenstaat, Großer Frieden, Simplex Deutsch*. Lesung auf dem »Stückemarkt« in Berlin-West.

Entst. 1969–1978.

Jutta Schmitten, ledige Mutter zweier Kinder, verweigert sich der im Betrieb geforderten weiteren Qualifizierung. An dem sie dazu drängenden ideologiebesessenen Ingenieur, ihrem Geliebten, rächt sich die rigorose Selbsthelferin mit zwei Kolleginnen durch Kastration.

»Lust statt Last« und »Erfolg ist Pflicht«: widersprüchliche Thesen, dem Nachdenken überantwortet auch mit provokanten Szenen wie der archaisch-anarchischen Handlung, deretwegen Jutta Schmitten im Gefängnis endet, mit individuellen neben typischen Personen, mit Jargon neben stilisiertem Text, Sprüchen, Zitaten, mit Tonbändern und Zeit- sowie Figurenverschiebungen.

Auff. 1982 in Leipzig, Kellertheater.

1982   **Sarah Kirsch**
          (Biogr. S. 743):
          Erdreich

Gedichte.

Mit Aufenthalt in den USA, Transit durch die DDR, Leben in Berlin-West und Flucht auf das Land biographisch sowie geographisch bestimmbare Texte, in denen das aus konkretem Anlaß von Faszination, Schock, Erinnerung, Selbstbehauptung motivierte Ich meist unverstellten, seltener verschlüsselten Ausdruck findet, Bilder der Vergangenheit bewahrt (nicht gewillt, »am Heimweh zu sterben«) und Neuerungen im Umgang mit »Erdreich« oder Milchkühen einem Naturgedicht hinzugewinnt, das menschliche Mißwirtschaft nicht verschweigt.

Strukturierung durch Rhythmus und kalkulierten Zeilenbruch. Auch einige »lange« Gedichte sowie sog. Prosagedichte.

1982   **Max Frisch**
          (Biogr. S. 659):
          Blaubart

»Eine Erzählung«.

Mangels Beweises von der Anklage freigesprochen, eine seiner früheren Ehefrauen erdrosselt zu haben, aber gestraft durch Kontaktverlust und Patientenschwund, prozessiert Dr. med. Felix Schaad, grundlegendem Fehlverhalten gegenüber (seinen sieben) Frauen nachspürend und im Großmonolog Vernehmungen, Zeugenaussagen, Gutachten zitierend, gegen sich selber. Als er sich zu Selbstjustiz entschlossen hatte, stand der wahre Täter inzwischen fest.

Analytische, der Kriminalgesch. ähnliche Darstellungsform. Ein von der siebenten Frau als Kosewort gemeintes »Ritter Blaubart« und der Hinweis auf Charles Perraults Märchen klären über den stoffgeschichtlich losen Bezug auf.

1982   **Franz Fühmann**
          (1922–1984, Rochlitz/Riesengebirge, Kriegsdienst,
          Gefangenschaft, Berlin-DDR):
          Vor Feuerschlünden

»Erfahrungen mit Georg Trakls Gedicht«.

Ungekürzte Fassung des als Nachwort für eine Trakl-Ausgabe des Autors auszugsweise verwendeten Textes.

Begegnungen mit Gedichten Trakls an schicksalhaften Wendepunkten seit den letzten Kriegstagen 1945 als jahrelanger Drang zu Interpretationsversuchen aus brüderlicher Annäherung, als Entscheidungshilfe bei persönlicher Wandlung, als Denkanstoß im Zwiespalt zwischen kulturpolitischer Doktrin und Poesie.

Lizenzausg. in der Bundesrepublik Dld. unter dem Titel *Der Sturz des Engels: Erfahrungen mit Dichtung.*

1982   **Horst Bienek**
          (Biogr. S. 742):
          Erde und Feuer

R.

Gleiwitz – Ort der 1939 einsetzenden, 1975, 1977, 1979 veröffentlichten Familienchronik – vor und während der Eroberung Anfang 1945: ausweglose Situationen, Überlebensstrategien, Bewährung und Entartung in Tagen ohne Gesetz.

Die Verschränkung des Flüchtlingstrecks aus Gleiwitz mit einer Reise Gerhart Hauptmanns von Agnetendorf nach Oberloschwitz ermöglichte in den Schlußkapiteln eine personelle Zusammenführung und Überhöhung bei der Schilderung der Zerstörung Dresdens.

1982   **Thomas Bernhard**
          (Biogr. S. 741/742):
          Ein Kind

Den ersten Lebensabschnitt bis zur Übersiedlung nach Salzburg umfassende Ergänzung der die Internatszeit, die Kaufmannslehre, den Aufenthalt in Krankenhäusern und Lungenheilstätte behandelnden Berichte *Die Ursache. Eine Andeutung* (1975), *Der Keller. Eine Entziehung* (1976), *Der Atem. Eine Entscheidung* (1978), *Die Kälte. Eine Isolation* (1981).

Für die weitere Entwicklung folgenreiche Voraussetzungen (uneheliche Geburt, zwiespältige Mutter-Kind-Beziehung), ein dominierender Großvater (der Schriftsteller Johannes Freumbichler), Unstetigkeit und ökonomische Zwänge (»seiltanzende Zirkusfamilie«), enttäuschende Schulerfahrungen, instabile Gesundheit, Selbstvorwürfe, Selbstmordgedanken, teilweise aus früheren Texten bekannte Hauptmotive, sind erzählerisch eingewoben in farbige Szenen aus Rotterdam, Wien, Seekirchen, Traunstein bis nach Saalfeld/Thüringen, in eine politische Farbenskala von Ultrarot bis Braun, in Bilder von unbürgerlichen über kleinbürgerliche Interieurs bis zu bäuerlich-ländlichen Exterieurs.

1982   Christoph Hein
         (Biogr. S. 743):
         Der fremde Freund

»Novelle«.
Eine geschiedene Krankenhausärztin, etwa vierzigjährig, »gegen alles gewappnet« und »unverletzlich geworden«, blickt zurück auf eine Liebesbeziehung, die der Unfalltod des – verheirateten – Freundes beendete, akzeptiert das Geschehene, ohne aufzubegehren, und reflektiert über Gefühls- und Lebensökonomie.
Beispielhafte Analyse gemachter und zu erwartender Erfahrungen: Partnerschaft nach dem Prinzip, sich niemandem auszuliefern. Bewußtseinslage nach Baden in Drachenblut als Alternative der Verletzlichkeit.

1983 Ausg. in der Bundesrepublik Dld. unter dem Titel *Drachenblut*.

1982   Ulla Berkéwicz
         (geb. 1951, Gießen, Frankfurt a. M.):
         Josef stirbt

Erz.
Dahinsiechen und Beerdigung eines fast neunzigjährigen, aus Böhmen gekommenen ehemaligen Bauern: der sich ankündigende Tod (»kein Mythos, er tritt tatsächlich ein«) verwandelt die Angst der von der Mutter herbeigerufenen Tochter in zärtlich mitleidende Nähe zum Sterbenden.
Auf unterkühlten Stil herabgestimmtes Protokoll mit spärlichen Daten zur Vergangenheit und jetzigen Umwelt, das die Reaktionen sonstiger Personen zwischen Distanz und routinemäßiger Geschäftigkeit ebenso einfängt wie die Emotionsphasen der Ich-Erzählerin.

1983   Erwin Strittmatter
         (Biogr. S. 661):
         Der Laden

R.
Kindheit eines Bäckersohnes in einem niederlausitzischen Dorf während der Jahre 1919 bis 1924. Erkundung und Erfragung der ländlichen Um-

welt und ihrer Bewohner durch einen Jungen, dessen Verhalten vordringlich von dem durch die Mutter betriebenen »Loaden« bestimmt wird, bis zum schmerzlich empfundenen Abschied beim Übergang in ein Realgymnasium.

Humorig-liebevolle, nicht unkritische Darstellung der kleinbürgerlichen Vergangenheit im Bewußtsein, daß auch der Fortschritt »eine Minusseite hat«. Poetische »Verklärung« der Wirklichkeit im Sinne Fontanes. Naiver Erzählerstandpunkt des kindlichen Helden Esau Matt, dessen »Ich« gelegentlich in das des autobiographisch erzählenden E. St. übergeht und auch von einem auktorialen Erzähler abgelöst wird. Einbringung einer sorbisch-deutschen Mischsprache.

1987 »Zweiter Teil«: Zwiespältige Entwicklung zum jungen Mann zwischen heimischem und kleinstädtischem Milieu, Selbstverwirklichung und Sozialisierung, ideeller Sehnsucht und wirtschaftlicher Misere, seelischen Glücksmomenten und Enttäuschungen.

1983   **Christa Wolf**
          (Biogr. S. 662):
          Kassandra

Erz.

Auskünfte über *Voraussetzungen einer Erzählung: Kassandra* geben die 1982 von Christa Wolf gehaltenen, 1983 veröffentlichten Frankfurter Poetik-Vorlesungen.

Mit kurzer Retrospektive der Autorin umrahmter Großmonolog der von Agamemnon aus Troja nach Mykenä mitgeführten Kassandra: den Tod durch Klytämnestra erwartend, blickt die Seherin zurück auf Verstrickungen der Königstochter und Priesterin in männliche Denkzwänge und rituelle Praktiken, auf ihre Gefühlsrevolten und die Entwicklung bewußter Weiblichkeit, auf alternativen Gemeinschaftskult.

Trotz umgangssprachlicher Einsprengsel in hohem Stil und versnahen Perioden verlaufende Revision mythologisch-poetischer Überlieferungen. Einbringung persönlicher ethischer, politischer, sozialer Appelle.

1984 DDR-Ausg. der Erz. zus. mit den (gekürzten) *Voraussetzungen.*

1983   ·   **Uwe Johnson**
          (Biogr. S. 660):
          Jahrestage – Aus dem Leben von Gesine Cresspahl

R. Vierter Teil: »Juni 1968–August 1968«.

Entst. 1973–1983.

Letzter Teil der protokollierten Tage eines Jahres, endend mit dem 20. August 1968, an dem Gesine im Auftrag ihrer New Yorker Bank nach Europa fliegt, um in Prag Devisengeschäfte mit der ČSSR abzuwickeln, und an dem das Eingreifen sowjetischer Truppen dem »Prager Frühling«

ein Ende setzt. Der kurz zuvor erfolgte Tod des zukünftigen Lebensgefährten hat auch private Hoffnungen zunichte gemacht.

In der Rückblende Gesines Schulzeit in Mecklenburg, ihre durch politischen Druck erfolgte Entwicklung zum Protest, Flucht in den Westen, Auswanderung nach USA.

Einmünden der erzählten Zeit in die Erzählzeit. Eigenwillige, niederdeutsch geprägte Syntax, Einbau von Dialektpartien sowie fremdsprachlichen Wendungen und Texten.

1983   Sten Nadolny
(geb. 1942, Zehdenick Kr. Templin, Berlin-West).
Die Entdeckung der Langsamkeit

R.

»Kampf gegen unnötige Beschleunigung, sanfte, allmähliche Entdeckung der Welt und der Menschen«: das von einem scheinbar begriffsstutzigen Knaben entdeckte »Franklinsche System«, vom jungen Soldaten als geistiger Drill dem militärischen entgegengehalten, vom glücklosen Expeditionsleiter, Gouverneur in Tasmanien und todgeweihten Sucher nach der Nordwestpassage befolgt.

Der historische Sir John Franklin (1786–1847) in Kenntnis der – auch zitierten – Sachliteratur als Paradigma des durch Seh- und Hörschwäche benachteiligten Problemkinds, zielbewußten Einzelgängers, unzeitgemäßen Reformers sowie als Gegentypus zum Eilfertigen.

1983   Hanns-Josef Ortheil
(geb. 1951, Köln, Wiesbaden, Stuttgart):
Hecke

R.

Um sich selbst und dem Kind die Erfahrung einer furchtbaren Zeit zu verschleiern, flüchtete sie sich während der Kriegsjahre in eine Kunstsprache. Daß dieses Kind beim letzten Angriff auf dem Gutshof »Hecke« tödlich getroffen wurde, verschloß ihr den Mund. Was sie dem nachgeborenen Sohn erzählte, enthielt Lücken. Im elterlichen Haus und allein, erarbeitet er sich aus aufgestöbertem Material und durch Befragung eine neue, vollständigere Biographie.

Sieben Kapitel vom Ertrag einer Woche. Aufklärung über eine eigenständige Frau, das Weiterwirken der Vergangenheit, die Erforschung des Ungesagten.

1984   **Sarah Kirsch**
(Biogr. S. 743):
Katzenleben

Gedichte.
Erstarrung im Herbst, »Bewegung« im Frühling, »Entrückung« im Sommer, danach wieder »Regenzeit« und neue »Unausweichliche Kälte«: ein
Jahresverlauf, bei solchen und ähnlichen Impressionen abgelesen an Himmel und Erde der – nördlichen – Natur sowie an dem seine eigene Teilhabe beobachtenden Ich, »froh in landläufiger Gegend«.
Eine Interpunktion fast völlig mißachtende, Enjambements bevorzugen-
de Schreibart, Aussageverkürzungen, Zitate, Anspielungen auf Autoren
und Märchen erzwingen bei nicht wenigen Texten eindringendes Lesen.
Neben unterschiedlichen Vers- und Strophenformen auch wieder einige
Prosagedichte.

Landwege / Eine Auswahl 1980 bis 1985 (1985) enthält Texte aus *La Pagerie*
(1980), *Erdreich* (1982), *Katzenleben* (1984) und 19 erstmals veröffentlichte, außerdem ein Nachwort von Günter Kunert sowie 15 faksimilierte Autographen.

1984   **Erich Loest**
(Biogr. S. 744):
Völkerschlachtdenkmal

R.
Landes-, Stadt- und Zeitgeschichte – im Bewußtsein eines ehemaligen
Leipziger Sprengmeisters, jetzigen Pförtners am Völkerschlachtdenkmal
flossen Schicksale der Vorfahren, historische Gestalten und Ereignisse,
Bilder und Bodenfunde mit phantasievoll ausgefüllten Lücken der Überlieferung zu einer Einheit zusammen, in der er mühelos Rollentausch
praktiziert und aus vielen Mündern spricht. Das in seinem Geburtsjahr
eingeweihte Denkmal symbolisiert für ihn den wechselvollen Umgang mit
der Vergangenheit und der Botschaft aller Kriegsopfer.
Erzählt als Aussagen des alten Mannes zum Verdacht der versuchten
Sprengung des Denkmals.

1984   **Adolf Muschg**
(Biogr. S. 744):
Das Licht und der Schlüssel

»Erziehungsroman eines Vampirs«.
Ein Mann, blutsmäßig die leibhaftige Widerlegung ärztlicher Erfahrung
und sich nach Vampirart selbst helfend, die geschiedene Frau Mona, trotz
tödlicher Erkrankung lebensgewiß, ein erblindeter Tabakkönig auf der
Suche nach dem vollkommenen, sehend machenden Stilleben aus dem
17. Jh., Mediziner, deren Ehefrauen, Kunstproduzenten, deren Gefolge;
das fiktionale Geschehen in und um Amsterdam – die Veränderung des

als Suchpartner scheiternden, als Monas Gesprächspartner heilsamen »Vampirs« – verwoben mit der Wirklichkeit des Fälschers Han van Meegeren und des Nazikollaborateurs Pieter Menten; verschlüsselte Auskünfte über Todesfurcht und Erzählzwang, versteckte Hinweise auf andere Werke Muschgs, offene Erörterungen von kunstwissenschaftlichen Problemen.

Vier heterogene Teile; formal: Berichte, Wechselrede, Essay, Erzählspiel, Reportage, Briefe.

1984   **Fritz Rudolf Fries**
         (geb. 1935, Bilbao/Spanien, Berlin-DDR):
         Verlegung eines mittleren Reiches

»Aufgefundene Papiere, herausgegeben von einem Nachfahr in späterer Zeit«.

Zeitlich verrätselte Fiktion vom Sieg der Kwan-yins aus dem Reich der Mitte nach einem klimaverändernden Atomkrieg: »Der Ostwind ist stärker als der Westwind«. Zehn Monate der Besetzung eines unzerstörten Orts bis zur alles vernichtenden Brandkatastrophe, tagebuchartig aufgezeichnet von einem mitbetroffenen Berufshistoriker aus der wohlerwogenen Distanz des ironisch-humorvollen Beobachters der Verhaltensweisen von Okkupanten und Okkupierten.

Lizenzausg. in der Bundesrepublik Dld. als »Roman« mit leicht verändertem Untertitel.

1984   **Gerold Späth**
         (geb. 1939, Rapperswil, Zürich, Vevey, London, Fribourg,
         Rapperswil):
         Sindbadland

Unglaubliche Erlebnisse und Geschichten, heimgebracht von sieben abenteuerlichen Reisen, ähnlich denen des Seefahrers Sindbad aus Bagdad. Präsentation von Figuren aller Art aus aller Welt mit akutem oder chronischem Erzählzwang. Der Autor als Beobachter, Zuhörer, Angesprochener und Mitsprechender bei vordergründigem Geschwätz und hintergründigen Bekenntnissen.

Punktlose Prosastücke aus Phantasie und topographischen oder anderen Wirklichkeitspartikeln.

1984   **Gerhard Roth**
         (Biogr. S. 744):
         Landläufiger Tod

»Roman«.

Von Figuren, Orten, Themen in *Der Stille Ozean* (1980) ausgehender, den durch Unfall stummen, durch spätere Gehirnkrankheit schubweise geistesgestörten Sohn eines Bienenzüchters als Berichter einsetzender, umfangreicher Texteverbund, in dem einerseits mittels konkretisierender Erzählformen eine Vielzahl an Personen und Begebenheiten dargestellt, andererseits durch Wachtraum die Wirklichkeit in Frage gestellt und in aphoristischen sowie surrealistischen Partien ein Verlangen nach Universalität ausgebreitet wird.

Sieben »Bücher«, diskontinuierlich gereihte Abschnitte; Leitmotive: Zirkus, Bienen, Selbstmord, Verrohung, Töten u. a. Der endgültig Wahnsinnige äußert sich nur noch in Zeichnungen.

Die – wesentlich kürzere – *Dorfchronik zum »Landläufigen Tod«* erfaßt, mehrere R.-Figuren für einen Tag zusammenfassend, die Reaktionen der Dorfbewohner auf die Nachricht vom Tod der »Sonntagsorganistin«.

1984	**Botho Strauß**
	(Biogr. S. 744):
	Der junge Mann

R.

Der zweiundzwanzigjährige Leon Pracht, wissenschaftlicher Laufbahn abgeneigt, als Nachwuchsregisseur und – nach einem »Geschlinge von Umwegen« – mit einem gealterten Starkomiker über Film diskutierend: zwei eingängige Ich-Berichte als Rahmen für eine Folge teilweise wirklichkeitsnaher, meist aber durch seelische oder körperliche Entrückungen entstandener Erlebnisstationen wie »Siedlungskommune« der »Gesellschaftslosen«, Eros/Sexus, Kreis der »nach dem Krieg« Geborenen, Politvision u. ä.

Nicht in »gerader Fortsetzung« verlaufender, sich der »Eintracht von Tag und Traum« verpflichtender »RomantischerReflexionsRoman« mit offener und allegorischer Ausstellung von Gesinnungsmodellen.

1984	**Markus Werner**
	(geb. 1944, Eschlikon/Schweiz, Opfertshofen bei
	Schaffhausen):
	Zündels Abgang

R.

Krisenhafte Zuspitzung einer Verletzlichkeit durch alles Robuste, Aufkündigung des Einverständnisses mit dem normalen Alltag, nur eine einzige Spur hinterlassender »Abgang« aus dem »Lebensgestolper« – aufgezeigt an dem verheirateten Lehrer Konrad Zündel durch Rekonstruktion seiner fluchtartigen Reise nach Genua und geistigen Verwirrung bei der Rückkehr nach Zürich.

Realistische und absurd-komische Szenen. Steigerung von humorvoll-ironischer zu verzweifelt-ernster Ich-, Menschen-, Weltbetrachtung. Maßvoller Wechsel der Erzählerperspektive.

1984   **Wolfgang Hegewald**
             (geb. 1952, Dresden, Leipzig, Hamburg):
             Das Gegenteil der Fotografie

»Fragmente einer empfindsamen Reise«.
Des Verdachts, sich in Südböhmen der Westgrenze absichtsvoll genähert
zu haben, entledigen sich zwei getrennt festgehaltene DDR-Bürger ohne
Autoritätsscheu durch unretuschierte Objektivierung einer absichtslosen
Wegewahl. Ihrer Mißstimmung aber entledigen sich der Arzt und die
Fotografin kraft der subjektiv hilfreichen Phantasie, die sie aus »Skepsis
dem Faktischen gegenüber« seit langem und bei der Urlaubsreise prakti-
ziert haben, als Partner verbunden durch »die Stärke unserer Träume«.
Abwechselnd von den Verdächtigten erzählter Verlauf des Haft-Tages.

1985   **Heinrich Böll**
             (Biogr. S. 658):
             Frauen vor Flußlandschaft

»Roman in Dialogen und Selbstgesprächen«.
Nach einer »Vorbemerkung« über ihre »äußere Beschaffenheit« erörtert,
entschuldigt, bekennt eine Galerie fiktiver Frauen und Männer ihre »innere Beschaffenheit« als führende, unterstützende, duldende, erduldende
Beteiligte am Machtapparat. Ihr Rückblick und Einblick sowie die Handlungen oder Bekundungen einiger durch Herkunft sowie Charakter defi-
nierter Gegenfiguren enthüllen modellhafte Karrieren, Intrigen, Interessen, Vernetzungen, Machenschaften in und um Bonn. Handlungskern im
Hintergrund der eher statischen Szenen ist die parteiinterne Manipulation
eines Ministerwechsels.
Von B.s moralischen Positionen ausgehendes und von Enttäuschung ab-
leitbares Bemühen, noch einmal Schock zu provozieren, reinigend zu
wirken.

Auff. einer Bühnenbearbg. 24. 1. 1988 in München, Kammerspiele.

1985   **Siegfried Lenz**
             (Biogr. S. 660):
             Exerzierplatz

R.
Der Schöpfer einer Baumschule, die er auf einem ehemaligen Exerzier-
platz anlegte, vertraut das Erbe nicht dem Profitdenken seiner Söhne,
sondern vorrangig seinem kundigen, aber debilen Gehilfen Bruno an und
soll daher entmündigt werden.
Vergangenheit und Gegenwart verbindender Ich-Bericht des naiven Bruno, der den gefürchteten Abschied von Hollenhusen freiwillig vollzieht,
da er durch sein Verschwinden die Intaktheit des Betriebs wiederherzustellen hofft.

1985   **Thomas Bernhard**
                (Biogr. S. 741/742):
                Alte Meister

»Komödie«.

Da alles Ganze und Vollkommene unerträglich sei, fahndet er nach dem »gravierenden Fehler«, um »Alte Meister« im Wiener Kunsthistorischen Museum ertragen zu können, und Fehlersuche betreibt er auch bei Komponisten und Schriftstellern, bei Hoch und Niedrig, im Burgenland, in ganz Österreich, in Wien sogar bei den öffentlichen Aborten. Die Totalschelte, der ein nie publizierender Privatgelehrter das Ohr hinhält und im grotesken Ich-Bericht als »Sprachrohr« dient, ist freilich die Summe von Redeergüssen eines jetzt 82jährigen Musikschriftstellers, der sich nach dem Tod seiner Frau auch von den »Unsterblichen« der Kunst und Literatur »alleingelassen« sieht, denn in solchem Augenblick seien wir »uns selbst ausgeliefert«.

1985   **Gert Hofmann**
                (geb. 1932, Limbach/Sachsen, Klagenfurt, Ljubljana,
                München):
                Der Blindensturz

Erz.

Pieter Breugel d. Ä. (gest. 1569) gewann sich als neues Darstellungsgebiet die Welt des Bauern, fasziniert von komischen und tragischen Situationen wie der sich aneinander festhaltender blinder Männer, die dem zuerst gehenden nicht nur nachfolgen, sondern auch in einen Bach nachstürzen (1568).

Fiktion, daß die sechs ausgemergelten Gestalten als Modell vorgesehen sind und sich selbst zu dem Maler durchfragen müssen, der sie schließlich, eine symbolische Bedeutung ihrer Orientierungslosigkeit anstrebend, den Sturz mitleidlos üben läßt. Die erdachte lange Suche nach dem Auftraggeber deutet etwas von der Mentalität der in künstlerischer Absicht mißbrauchten Blinden an: das Verblassen von einst Erblicktem, das Schwinden des ehemaligen Wortschatzes, das gewagte und verworfene Mutmaßen, das Ertasten von Gegenständen, Erspüren von Bodenverhältnissen, Erahnen von Tageszeiten, Erfühlen von Witterung, Enträtseln von Geräuschen.

1985   **Uwe Johnson**
                (Biogr. S. 660):
                Ingrid Babendererde

»Reifeprüfung 1953«.

Entst. 1953–1956. Voraussetzungen und Hintergründe des Erzählten, die verschiedenen Fassungen des Ms., das Scheitern einer Veröffentlichung in den fünfziger Jahren behandelt das »Nachwort« von Siegfried Unseld unter Einbeziehung der Verlautbarungen J.s zu seinem ersten Werk.

Schülerdasein, eingewoben in den Alltag einer mecklenburgischen Kleinstadt; das Glück Heranwachsender bei Sport, Spiel, Liebelei verdüstert
durch politisch »veränderten« Lehrstoff, Ausrichtung auf Denkmuster,
Ansprüche der FDJ und Ausschluß aus ihr, Verweis von der Schule;
gezeigt vor allem an der Titelfigur und Mitschülern aus der Abiturklasse
12A.
Früher Beleg für J.s Problemfelder, Menschen, Landschaften, seine De-
tailbeschreibungen, Stileigenheiten.

1985	**Volker Braun**
	(Biogr. S. 742):
	Hinze-Kunze-Roman

Im Schsp. *Hinze und Kunze* (1973; Auff. einer früheren Fassung 1968 in Weimar)
waren der sich qualifizierende Arbeiter und der Parteifunktionär Prototypen der
problemreichen Aufbaujahre nach dem Krieg. In den Kurzszenen der *Berichte von
Hinze und Kunze* (1983) figurierten sie dann als »ein Paar – aber ein ungleiches«,
denn aus dem unterschiedlichen Blickwinkel von Fahrer und Chef urteilten sie »verschieden über sich und die Welt«.

Dem Herr-Diener-Modell von Don Juan und Leporello ähnlicher gemacht, sind Kunze, der Hochrangige, und Hinze, der Untergebene, Test-
personen für angebliches Zusammenhalten »im gesellschaftlichen Interesse«. Der Autor mischt Wirklichkeit und Fiktion, arrangiert Dienstfahrten
und amouröse Abstecher, erfindet derbkomische und pikante Situationen, sucht Widersprüche zwischen Prinzip und Realität, protokolliert
Dialoge, lauert auf Hintersinn, mischt sich ein, kommentiert, tauscht Texte aus, läßt Leerstellen, zitiert, nimmt Kritik vorweg, jongliert mit Wörtern, spricht mit dem Leser, zwingt zum genauen Hinsehen, fordert Weiterdenken.

1985	**Christoph Hein**
	(Biogr. S. 743):
	Horns Ende

R.
Nach einem Parteiverfahren in eine kleine Kurstadt abgeschoben, gehörte
der degradierte Museumsbeamte zu den Außenseitern wie die jährlich
kampierenden Zigeuner. Sein Freitod war und bleibt ein rätselvoll verstö-
rendes Ereignis, dessen Hintergründe nur noch durch Aussagen sich erinnernder Kontaktpersonen Horns aufgehellt werden könnten.
Aus abwechslungsreicher Sicht komponiertes Bild einer Kleinstadt der
fünfziger Jahre mit Spuren zeitbedingter Versehrtheit an exemplarischen
Figuren, älteren und jungen Menschen.

1985   **Waltraud Anna Mitgutsch**
(geb. 1948, Linz, Salzburg, Innsbruck, Boston):
Die Züchtigung

R.
Aufgeschreckt durch eine Fangfrage ihrer unglücklichen zwölfjährigen
Tochter nach der toten Großmutter, gibt eine Ich-Erzählerin ungewöhn-
lich vorbehaltlose Auskunft über ihre vom freudenarmen Bauernhof in
vorstädtisches Kleinbürgertum verpflanzte Mutter, über deren durch Enttäuschung, Lustversagung, Strebertum, Strafrituale definiertes Verhältnis
zu ihr, über ein dorniges Familiengeflecht und den Teufelskreis einer sich
seit Generationen wiederholenden Fehlerziehung, in den auch sie sich
eingebunden glaubt.

1985   **Patrick Süskind**
(geb. 1949, Ambach, München, Paris):
Das Parfüm

»Die Geschichte eines Mörders«.
Fiktive Biographie eines Abnormen, der sich mit genialer Riechbegabung
nicht nur orientiert, sondern zum Erspürer sowie Hersteller betörender
Geruchskreationen ausbildet, als für ihn begehrenswerteste der Aura er-
blühender Mädchen mittels Duftentnahme an den Getöteten bemächtigt
und so, obwohl bereits abgeurteilt, allgemeine Liebesverwirrungen erregt, bei denen er sich voller Haß auf die verführbare Menschheit zerflei-
schen läßt.
Alten Stoff- und Motivbestand abwandelnde, im 18. Jh. quer durch
Frankreich führende, Abstoßendes, Delikates, Erotisches mischende le-
serfreundliche Historie, die auch Ausdeutungen als Parabel nahelegt.

1985   **Thorsten Becker**
(geb. 1958, Oberlahnstein, Köln, Wien, Berlin-West):
Die Bürgschaft

Erz.
Daß er als Bundesbürger dem Kommissar vom Staatssicherheitsdienst für
die Rückkehr eines vorübergehend in Wien tätigen DDR-Bühnenbildners
persönlich gebürgt und Schillers optimistische Dreipersonenvariante des
Freundschaftsbeweises derart aktualisiert habe, schien dem unvoreinge-
nommenen Besucher aus dem Westen sehr bald selbst »durch und durch
unwahrscheinlich«. Aber zu den durch und durch wahrscheinlichen Rei-
seerlebnissen bildete dieses einen effektvollen Kontrast, und für die geist-
reich-amüsanten Berichte des jungen Literaten lieferte es einen furiosen
Schluß.

1986   Reiner Kunze
(Biogr. S. 743/744):
eines jeden einziges leben

»gedichte« in 9 Abteilungen.
Neue, meist durch Bilder inspirierte, kurze, reimlose Texte als Reaktionen auf Gesehenes und Erlebtes: Hausbau, Jahres- und Tageszeiten, Gedicht-Dichter-Leser, Menschen und Orte, Musik und Kunst, Reisen, Autobiographisches.
Der poetische Prozeß an einem Text beispielhaft im »nachwort« beschrieben.

1986   Wolf Biermann
(Biogr. S. 742):
Affenfels und Barrikade

»Gedichte/Lieder/Balladen« in vier Kapiteln.
Eingerahmt von politischen Argumentationstexten Poeme über die Liebe und das Lieder- sowie Gedichtemachen, die letzteren mit dem Aufsatz »Nürnberger Bardentreffen« (1986): »Engagement ist vielleicht sympathisch, aber Solidarität ist bestimmt besser«. Autobiographisch-Intimes und Autobiographisch-Selbstkritisches (»Vom Lesen in den Innerein«) in vielfältiger Formgebung zwischen prosanahem Langgedicht, Balladenstruktur, gereimten Versen, Strophenbildung; Notenbeigaben.

1986   Günter Grass
(Biogr. S. 660):
Die Rättin

Reizwörter für ein Gedicht erhoffend, erbat und erhielt er als Weihnachtsgeschenk eine Ratte. Wenn er sie sich »träumte«, wurde sie sein Dauerdialogpartner über die Zeit vor und nach dem »Großen Knall« als »Ende des dreistufigen Weltkrieges«. Den Informationen der »Rättin« und der zerstörten Welt, über der er in einer Raumfahrtkapsel kreist, hält der Erzähler ein verzweifeltes »Nein, noch gibt es uns« und – freilich wenig tröstliche – Geschichten entgegen, teils ältere, weitergesponnene, so von Oskar Matzerath, dem nunmehrigen 60jährigen Filmproduzenten, von der 107jährigen Anna Koljaiczek, von dem Schiff Dora, jetzt Ilsebill, mit fünf Frauen bei Erforschung der verseuchten Ostsee, teils einer neuen über »Grimms (sterbende) Wälder« und die folgerichtig sterbenden Märchenfiguren.
Durch längere Gedichte gegliedertes, mehrsträngiges politisch-satirisches Erzählwerk mit häufigem Perspektivenwechsel. Versuch, durch Entwurf einer vorstellbaren Zukunft Aufklärung zu mehren und das Ende aufzuschieben.

1986   **Hans Joachim Schädlich**
               (geb. 1935, Reichenbach/Vogtland, Berlin-DDR, Hamburg,
               Berlin-West):
               Tallhover

Tallhover ist keine Individualität, sondern ein Typus: der zu verdeckter
Beobachtung, Kombination, Nachstellung prädestinierte, in preußisch-
deutscher Vergangenheit und bis in neueste Zeit der jeweiligen Macht
dienende Staatsschützer. Zäh verfolgter Oppositioneller selten habhaft
geworden, als lästiger Besserwisser amtsentbunden, sich als Versager füh-
lend, fällt der letzte Typusvertreter im häuslichen Keller ausgebliebene
Todesurteile, schließlich sein eigenes.
Polizeiliches Ordnungsdenken, dessen Hypertrophie und Scheitern an
Gegenkräften mit Sch.s eigentümlichem Prosaduktus aufgezeigt in historisch authentischen oder fingierten Szenen.

1986   **Jurek Becker**
               (Biogr. S. 741):
               Bronsteins Kinder

R.
Halbwaisen: die Tochter, im Krieg bei Bauern versteckt und jetzt vor
aggressiven Anfällen in psychiatrischer Anstalt bewahrt, der nachgeborene-
ne Sohn, der vor allem bei der Konfrontation mit der Selbstjustiz seines
Vaters und zweier weiterer ehemaliger KZ-Häftlinge an einem früheren
Aufseher erkennt, daß und wie auch er ein Opfer des Faschismus ist.
Judenverfolgung, Folgen und Spätfolgen, konkretisiert an unterschiedlich
gezeichneten Personen im Osten Berlins 1973 und 1974 sowie erzählt
vom Sohn unter Verschränkung der beiden Handlungsabläufe.

1986   **Helga Königsdorf**
               (geb. 1938, Gera, Berlin-DDR):
               Respektloser Umgang

»Erzählung«.
Ihre schwere Erkrankung sowie die Gefährdung ihrer wissenschaftlichen
Position und Tätigkeit als Grundlage und Movens einbringend, umkreist
die Ich-Erzählerin vor allem während halluzinatorischer Begegnungen mit
der toten Physikerin Lise Meitner, für sich nach einer Lebensbilanz su-
chend, Probleme der Forscherverantwortung, der Moral gegenüber dem
Nützlichkeitsdenken, des humanen Erbes und Auftrags, der Stellung und
Rolle der Frau.

1987   **Volker Braun**
            (Biogr. S. 742):
            Langsamer knirschender Morgen

Gedichte.

Entst. 1978–1984.

Anders als 164 angehängte leichtfüßige »Berlinische Epigramme« eines
Ichs, das sich »der Freundliche« nennt, bezeugen die formal sperrigen,
mit Stolpersteinen aufhaltenden, thematisch oft anmerkungsbedürftigen
Poeme des DDR-Systemkritikers hinter Anspielungen, Zitaten, Camou-
flagen zwar noch Hoffnung auf das »Frühjahr der Völker«, aber mehr
noch das Aufbegehren gegen eine Konsolidierung des Status quo ohne ein
»Vorwärts«.

1987   **Christa Wolf**
            (Biogr. S. 662):
            Störfall

»Nachrichten eines Tages«.

Entst. Juni bis September 1986.

Meldungen über Tschernobyl, Telephonate über die Hirnoperation ihres
Bruders, Gespräche mit Dorfbewohnern, Familienangehörigen, Fremden
sowie Briefeingänge als Anstöße zu moralischen, technischen, naturwissenschaftlichen, philosophischen, auch poetologischen Erwägungen der
Ich-Erzählerin.

1987   **Peter Handke**
            (Biogr. S. 742/743):
            Nachmittag eines Schriftstellers

»Erzählung«.
Zwischen dem letzten geglückten Satz und der Gewißheit seiner Fortset-
zung, kaum noch bedrängt von der Furcht vor Sprachverlust, gönnt sich
»Der Schriftsteller als ich« seine Freizeit, den Spaziergang hinunter in die
Stadt (Salzburg), die Vorweihnachtstage an Signalen der Natur, seine
Sonderexistenz an begegnenden oder aufgesuchten Menschen intensiv er-
kennend und mit gelöstem Wörterfluß beschreibend.

1987   **Botho Strauß**
            (Biogr. S. 744):
            Niemand anderes

Sammelbd. mit Skizzen, Berichten, Dialogen, die wieder Passanten sowie
Paare durch genaue Beobachtung oder imaginierte Analyse auf ihre Un-
verwechselbarkeit, Zuordnung zu Typen und Einstellung zu unverwech-

selbaren Partnern prüfen. Weitere kritische Notate des »Diaristen« zu aktuellen Denk- und Umgangsmustern, überwölbt von einer unter Zitierung namhafter Kronzeugen vorgetragenen Gesamtschau.

1987   Patrick Süskind
(geb. 1949, Ambach, München, Paris):
Die Taube

Nov.
Störfall im geregelten Leben des Pariser Wachmanns Jonathan Noel: durch Erfahrungen als Kind und Ehemann menschen- sowie ereignisscheu geworden, gerät er beim Anblick einer verirrten Taube vor seiner Mansarde in eine vierundzwanzigstündige Entpersönlichung, deren Zunahme der Autor dieser eigenbrötlerischen Dulderfigur bis kurz vor deren Erlösung steigert.

1987   Hanns-Josef Ortheil
(geb. 1951, Köln, Wiesbaden, Stuttgart):
Schwerenöter

R.
Ungleiche Zwillingsbrüder, deren fiktive Entwicklung mit derjenigen der Bundesrepublik durch gehäufte »res factae« vernetzt ist, als Prototypen deutscher Zwiespältigkeit: Der Ich-Erzähler Johannes, Ästhet, Melancholiker, Kopflastiger, und der bereits bei der Geburt schnellere, den Zeitströmungen zugewandte agile Josef. Historisch durch phantastisch-groteske Konstruktionen sowie geographisch durch die Lebensläufe beider weitausholend.
Heiterer Berichtsgrundton mit vielen Variationen; »Schwere Not« als Krankheit, insofern Anfälle protokollierende Wortkaskaden.

1988   Was sind das für Zeiten

»Deutschsprachige Gedichte der achtziger Jahre«.
Hgg. Hans Bender.
Zwischen 1978 und 1988 veröffentlichte oder entstandene Gedichte von 164 Autoren aus der Bundesrepublik, der DDR, aus Österreich, der Schweiz, einsetzend mit z.B. Peter Huchel, Ernst Meister (1911–1979), Rose Ausländer (1907–1988) und endend mit über 50 Verfassern, die seit 1946 geboren wurden. Zu den Jüngsten gehören aus der Bundesrepublik Jan Koneffke (geb. 1960) und Bernhard Nellessen (geb. 1958), aus der DDR Steffen Mensching (geb. 1958) und Holger Teschke (geb. 1958), aus Österreich Ingram Hartinger (geb. 1949) und Peter Waterhouse (geb. 1956) sowie der Schweizer Hansjörg Schertenleib (geb. 1957). Bemerkenswert ist die mit dem Sammelbd. *Die eigene Stimme – Lyrik der DDR* übereinstimmende Aufnahme von Mensching und Teschke, der Ab-

druck dreier Gedichte von Wulf Kirsten (geb. 1934) aus dem erst 1986 in Leipzig publizierten Bd. *die erde bei Meißen* und dreier Gedichte des in Rumänien geborenen Rolf Bossert (1952–1986). Die Anthologie veranschaulicht die Weiterentwicklung bekannter älterer Autoren und die bei neueren im letzten Jahrzehnt beobachtete sprachlich-formale Vielseitigkeit.

1988   **Die eigene Stimme**

»Lyrik der DDR«.
Hgg. Ursula Heukenkamp, Heinz Kahlau und Wulf Kirsten.
Wirkungschronologisch angeordnete, eine deutliche Zäsur um 1960 mit der Hinwendung zur Subjektivität einräumende Anthologie, die an 90 Autoren die Gesamtentwicklung der DDR-Lyrik aufzeigt. Zurückreichend bis Becher, Brecht, Weinert u.a. enthält sie jeweils zur Hälfte publizierte Gedichte von Schriftstellern, die bis 1935 bzw. danach geboren wurden, und jeweils etwa gleich viele aus den feststellbaren Entstehungsjahren 1971–1975, 1976–1980, 1981–1985. Der Mitherausgeber Kirsten stellt sich mit seinem 1964 entstandenen, die Eigenart des Sprachmaterials bereits bezeugenden Gedicht *die erde bei Meißen* und ähnlichen vor. Während Huchel wegen verweigerter Abdrucksrechte nicht und Sarah Kirsch mit Gedichten bis *Rückenwind* (1976) vertreten ist, fehlen Proben aus DDR-Publikationen von Reiner Kunze. Von Autoren, die noch oder erst zwischen 1978 und 1988 publizierten, erscheint eine große Anzahl auch in der Slg. *Was sind das für Zeiten* von Hans Bender, darunter Erich Arendt (1903–1984), Wolfgang Hilbig (geb. 1941), Uwe Kolbe (geb. 1957), Richard Pietraß (geb. 1946).

1988   **Otto F. Walter**
         (geb. 1928, Rickenbach/Schweiz, Zürich, Olten, Oberbipp):
         Zeit des Fasans

R.
Thomas Winter, beruflich eigenständiger Nachkomme ehemals mächtiger Industriellengenerationen im Land CH, stürzt während eines Besuchs des verfallenden Familiendomizils zunehmend tiefer und damit zunehmend psychisch gefährdet in das Dunkel um rätselhafte Tode und seine eigene Vergangenheit. Vor dem mythischen Hintergrund von Gatten- und Muttermord auf wenige Tage des Jahres 1982 konzentrierte, über sich abwechselnde Mitteilungsstränge transportierte, Einstmaliges und Gegenwärtiges ineinander bindende Darstellung einer beispielhaften Konzernentwicklung, unterschiedlicher Personen aus herrschender und beherrschter Schicht, von Doktrinen und Ideologien sowie von innen- und militärpolitischen Ereignissen in der Schweiz seit den dreißiger Jahren.

1988   **Christoph Ransmayr**
(geb. 1954, Wels/Oberösterreich, Wien):
Die letzte Welt

R. »Mit einem Ovidischen Repertoire«.

Historische Personen und Tatsachen – Ovid, seine *Metamorphosen,* seine
Ausweisung nach Tomi, sein Bekannter, Cotta Maximus Messalinus, – als
Folie für eine Reaktivierung des mythischen Stoffs der »Verwandlungen«
zu teils personalen, teils materiellen, teils gerüchtweise umlaufenden
Metabildungen, auf die als ersichtliche Nachwirkung des Dichters Cotta
bei der vergeblichen Suche nach Ovid und dem Original der Dichtung am
fernen Gestade des Schwarzen Meers stößt, wo sich Landesflüchtige,
Zivilisationsüberdrüssige, Armselige aller Art niederließen.

Das Verfahren in der angehängten Gegenüberstellung der neuen »Metamorphosen« mit korrespondierenden Teilen aus Ovids Werk aufgezeigt.

1988   **Sarah Kirsch**
(Biogr. S. 743):
Allerlei-Rauh

»Eine Chronik«.

Den titelgebenden Märchenstoff paraphrasierende, zwischen Fakten, Fiktion, Reflexion oszillierende datenlose Memorabilien der eigenen Biographie, bewußt in Klartext erzählte Sommererlebnisse in Mecklenburg mit
Christa Wolf, Maxie Wander, deren beider Angehörigen sowie weiteren
Personen vor S. K.s Übersiedlung nach Berlin-West, dann nach »Meer-
umschlungen« und die neuen Erfahrungen mit Menschen, Landschaft,
Natur in oft heraushörbarem daktylisch-hexametrischem Rhythmus.

1989   **Edgar Hilsenrath**
(geb. 1926, Leipzig, Rumänien, Palästina, USA, Berlin-
West):
Das Märchen vom letzten Gedanken

R.

Um Einzelschicksale einer Familie ausgebreitete Leidensgeschichte der
Armenier vor und in dem Ersten Weltkrieg. Drangsalierung, Verfolgung,
Vernichtung eines der Weltverschwörung bezichtigten Volkes als bezie-
hungsvoller Holocaust.

Statt einsträngiger Vermittlung des vom Autor recherchierten Stoffs und
einer realistischen Berichtweise vielfarbige Abfolge von Kurzszenen in
Dialogen zwischen einem sterbenden letzten Familienangehörigen und
dem Märchenerzähler Meddah. Orientalisierende Verschmelzung von
Erinnerungen und Träumen sowie abschließende Überhöhung der Historie ins Mythische.

1989   **Christa Wolf**
                  (Biogr. S. 662):
                  Sommerstück

Frühe Fassungen bereits bis 1982/83, Überarbeitung des Ganzen 1987.
Durch Pseudonyme für sich, ihre Familie, Kollegen, Freunde verfremdeter Rückblick auf eine nicht geplante Zusammenkunft in erworbenen oder gemieteten Bauernhäusern Mecklenburgs und jenen »Jahrhundertsommer«, der für die schreibende alternde Ellen zwar bereits ein »Zustand zwischen Hoffnung und Hoffnungslosigkeit« war, aber trotz der »unfruchtbaren Zeiten« den stadtflüchtigen Intellektuellen eine »Reihe der ländlichen Feste« bescherte.
Kulturpolitische Informationen scheuender, jedoch mit Signalen durchwobener Text, der Hintergründe vermuten läßt.
Vgl. die von Sarah Kirsch bereits 1988 veröffentlichte Rückschau in *Allerlei-Rauh*.

1989   **Christoph Hein**
                  (Biogr. S. 743):
                  Der Tangospieler

R.
Vorbestraft, weil er bei einem Studentenkabarett als ahnungsloser Aushelfer einen politisch aktualisierten Tangotext begleitete, leidet der aus dem Gefängnis entlassene Historiker Dallow unter der Verletzung seiner Selbstachtung, dem mangelnden Verständnis seiner Mitmenschen, der Uneinsichtigkeit seines ehemaligen Richters, für den damals Unrecht war, was inzwischen akzeptiert wird, sowie unter den undurchsichtigen Angeboten zweier Staatspolizisten.
Der Fall Dallow, dessen Auslösung der Autor erst allmählich enthüllt, endet vor dem Einmarsch von DDR-Truppen 1968 in Prag und mit einer erzählerischen Pointe: daß eine solche Behandlung des Brudervolkes nicht denkbar sei, kostete Dallows Nachfolger die Stellung, die so für jenen wieder frei wurde.

1989   **Thomas Hürlimann**
                  (geb. 1950, Zug, Einsiedeln, Zürich, Berlin-West):
                  Das Gartenhaus

»Novelle«.
Auf regelmäßige Gänge zum Grab ihres einzigen Sohnes fixierte Endzeit einer Ehe unterschiedlicher Partner. Die determinierte Verkapselung der Unternehmerstochter und des aus Armut aufgestiegenen Berufsoffiziers kulminiert während sowie trotz der Trauerarbeit.
Der von einem »Verhängnis« angetriebene Zwei-Personen-Konflikt durch einige Rückblenden und Nebenfiguren erweitert zur Abbreviatur einer Schweizer Gesellschaftsschicht.

1989   **Thomas Hettche**
               (geb. 1964, Gießen, Frankfurt a. M.):
               Ludwig muß sterben

R.
Aus der Psychiatrie in die Wohnung seines nach Italien gereisten Bruders
übergewechselt, produziert das Erzähler-Ich unter Wörter- und Bilder-
zwang, was um oder mit ihm vorgeht, zugleich, sich zunehmend in sie
verstrickend, die letzte Lebensphase des todkranken Ludwig.
Von »realen« Vorgängen, Orts- sowie Landschaftsbeschreibungen, Mär-
chenparaphrase, poetologischem Exkurs gelegentlich gehemmter Sprech-
strom aus und über Wahrnehmungsspaltung, Angst, Obsession.

DIETER WELLERSHOFF
DER ROMAN UND DIE
ERFAHRBARKEIT DER WELT

Gebunden

»Dieses Buch will eine Überredung zum Lesen sein«, sagt
Dieter Wellershoff zu seinem Buch über den Roman, »Lesen verstanden als etwas Schöpferisches wie das Spielen
einer Partitur«.
Die Form- und Inhaltsgeschichte des Romans, dargestellt
und analysiert an herausragenden, innovativen Werken,
zeigt sich in der Perspektive dieses Buches als ein bedeut-
sames Stück der menschlichen Bewußtseinsgeschichte
und Welterfahrung, als ständig fortschreitende Entdek-
kung der Außen- und Innenwelt.

KIEPENHEUER & WITSCH